智能决策理论与方法

毕功兵／编著

科学出版社
北京

内 容 简 介

本书以人工智能的发展为契机，以决策理论与方法为核心，阐述了决策分析方法与机器学习、神经网络等人工智能算法。全书大致可分为三大部分，第一部分主要介绍贝叶斯决策、多目标决策、多属性决策、序贯决策、行为决策、知识发现与数据挖掘以及群决策等决策理论；第二部分介绍解决各类决策问题的基本人工智能算法，主要包括群智能算法、机器学习、神经网络与深度学习等；第三部分介绍决策理论与人工智能相结合的实践应用，即智能决策支持系统。各章均配有习题，大部分习题根据管理中的实际问题编撰，注重解决实际问题。本书内容由浅入深，旨在帮助读者理解智能决策这一决策模式。

本书可供进行决策分析或从事人工智能相关工作的人员阅读，也可作为高等院校管理科学与工程、信息管理与信息系统等相关专业学生的教材或参考书。

图书在版编目（CIP）数据

智能决策理论与方法/毕功兵编著. —北京：科学出版社，2024.8
ISBN 978-7-03-074665-8

Ⅰ. ①智… Ⅱ. ①毕… Ⅲ. ①智能决策－高等学校－教材 Ⅳ. ①C934

中国国家版本馆 CIP 数据核字（2023）第 013419 号

责任编辑：陈会迎/责任校对：姜丽策
责任印制：赵 博/封面设计：有道设计

科学出版社 出版
北京东黄城根北街16号
邮政编码：100717
http://www.sciencep.com

三河市骏杰印刷有限公司印刷
科学出版社发行 各地新华书店经销

*

2024年8月第 一 版　开本：787×1092　1/16
2025年2月第二次印刷　印张：26
字数：617 000

定价：88.00元
（如有印装质量问题，我社负责调换）

前　言

党的二十大报告指出："我们要坚持教育优先发展、科技自立自强、人才引领驱动，加快建设教育强国、科技强国、人才强国，坚持为党育人、为国育才，全面提高人才自主培养质量，着力造就拔尖创新人才，聚天下英才而用之。"[①]

智能决策，顾名思义，代表决策分析基础和人工智能算法的有机结合，是指利用人类的知识并借助计算机通过人工智能方法来解决复杂的决策问题。在组织的管理工作中，经常需要制定各种决策。决策分析是帮助组织各级管理人员制定合理决策的一种科学分析方法。人工智能是研究、开发用于模拟、延伸和扩展人的智能的理论、方法、技术及应用系统的一门全新的技术科学。决策分析的理论、技术、应用与人工智能的意识、自我、思维进行有机结合，可以帮助管理人员实施判断，是一种创新性的方法。研究智能决策理论与方法响应了《中华人民共和国国民经济和社会发展第十四个五年规划和2035年远景目标纲要》中提出的"坚持创新在我国现代化建设全局中的核心地位，把科技自立自强作为国家发展的战略支撑"的要求，也符合时代需要。运用智能决策方法解决我国社会主义现代化建设中的实际问题，对提高我国组织的管理水平具有重要意义。

决策分析是一门相对成熟的学科，它的前身是20世纪40年代开始建立的统计决策理论。60年代以后，决策分析以统计决策理论为基础向应用方面发展，研究的范围也日益扩大，从单目标问题扩展到多目标问题，从单个决策人扩展到由多个决策人组成的领导集体，从一次制定决策扩展到多次序贯地制定决策，等等，形成了一个十分活跃的、生机勃勃的研究领域。

繁重的科学和工程计算本来是要人脑来承担的，如今计算机不但能完成这种计算，而且能够比人脑做得更快、更准确。因此当代人已不再把这种计算看作是"需要人类智能才能完成的复杂任务"，人工智能这门科学的具体目标也自然随着时代的变化而发展。人工智能是一门极富挑战性的科学，从事这项工作的研究人员必须懂得计算机知识、心理学和哲学。人工智能包括十分广泛的科学，它由不同的领域组成，如机器学习、计算机视觉等。总的说来，人工智能研究的一个主要目标是使机器能够胜任一些通常需要人类智能才能完成的复杂工作。人工智能诞生于20世纪50年代，进入21世纪以来，学者对它的研究越发深入。它一方面不断获得新的进展，另一方面又转向更有意义、更加困难的目标。目前，人工智能已经能够解决绝大多数有重要实际意义的决策问题，为了节省人力，研究决策分析和人工智能结合解决实际决策问题是完全可行且极具前景的。

本书共分为11章。第1章为贝叶斯决策，介绍以统计决策理论为基础发展起来的决

---

① 《习近平：高举中国特色社会主义伟大旗帜　为全面建设社会主义现代化国家而团结奋斗——在中国共产党第二十次全国代表大会上的报告》，https://www.gov.cn/xinwen/2022-10/25/content_5721685.htm，2022年10月25日。

策分析。第 2 章为多目标决策,介绍其基本概念,并把效用理论推广到多目标决策问题,介绍寻求多目标决策问题的解的更有实用价值的方法。第 3 章为多属性决策,介绍多属性决策指标体系和多属性决策方法。第 4 章为序贯决策,介绍单目标和多目标序贯决策问题的基本分析方法。第 5 章为行为决策,主要介绍行为决策理论及模型应用等。第 6 章为知识发现与数据挖掘。第 7 章为群决策。第 8 章到第 10 章分别介绍群智能算法、机器学习、神经网络与深度学习相关内容。第 11 章介绍智能决策支持系统(intelligent decision support system,IDSS)及其应用。

本书是在毕功兵教授给中国科学技术大学管理学院研究生讲授专业基础课"多目标决策"(2007—2019 年)和"智能决策"(2020—2022 年)的讲稿基础上编撰而成。本书的写作历经两年有余,许多人为此倾注精力,直接参与本书初稿撰写的研究生有:吴娟、郭夕寒、程纪扬、方楠、徐天赐、刘思佳、黄慧娟、曹庆、程卓群、王旭、沈福莉、叶文静、郑玉迟等。毕功兵教授对全书内容负责。由于作者水平有限,不当之处在所难免,恳请读者批评和指正。

最后感谢科学出版社方小丽编辑及其他工作人员为本书出版付出的辛勤劳动!感谢中国科学技术大学研究生教育创新计划项目优秀教材出版专项经费支持,感谢管理学院对本书出版的全部支持!感谢参考文献中所有的作者!

毕功兵
于中国科学技术大学兴证楼
2024 年 8 月

目　录

第1章　贝叶斯决策 ··· 1
　1.1　贝叶斯定理 ·· 1
　1.2　贝叶斯决策问题及基本方法 ··· 23
　1.3　贝叶斯决策信息的价值 ··· 32
　课后习题 ·· 39

第2章　多目标决策 ··· 42
　2.1　多目标决策的概念及特点 ·· 42
　2.2　多目标决策问题的效用函数 ·· 46
　2.3　多目标决策问题的解 ·· 51
　2.4　多目标决策方法 ·· 52
　课后习题 ·· 64

第3章　多属性决策 ··· 67
　3.1　多属性决策指标体系 ·· 67
　3.2　多属性决策方法 ·· 73
　3.3　随机多属性决策方法 ·· 103
　课后习题 ·· 111

第4章　序贯决策 ·· 114
　4.1　单目标确定性序贯决策问题 ··· 114
　4.2　单目标随机性序贯决策 ··· 132
　4.3　多目标序贯决策 ·· 150
　课后习题 ·· 157

第5章　行为决策 ·· 161
　5.1　行为决策概述 ·· 161
　5.2　行为决策理论发展历程 ··· 165
　5.3　行为决策研究理论 ··· 170
　5.4　行为决策模型及应用 ·· 176
　课后习题 ·· 178

第6章　知识发现与数据挖掘 ··· 180
　6.1　数据的快速发展 ·· 180
　6.2　知识发现与数据挖掘相关理论 ··· 183
　6.3　数据挖掘的应用——商务智能 ··· 203
　课后习题 ·· 208

第 7 章 群决策 ··· 209
7.1 群决策概述 ··· 209
7.2 社会选择函数 ··· 214
7.3 社会福利函数 ··· 221
7.4 群决策方法 ··· 226
课后习题 ·· 241
案例分析 ·· 242

第 8 章 群智能算法 ·· 244
8.1 群智能算法产生的背景及其分类 ······························· 244
8.2 遗传算法 ·· 244
8.3 粒子群算法 ··· 253
8.4 蚁群算法 ·· 256
8.5 人工蜂群算法 ··· 262
8.6 萤火虫算法 ··· 263
8.7 布谷鸟搜索算法 ·· 265
课后习题 ·· 266

第 9 章 机器学习 ·· 267
9.1 机器学习的发展历程 ·· 267
9.2 机器学习研究基础 ··· 271
9.3 机器学习算法分类 ··· 275
9.4 机器学习主要算法 ··· 280
9.5 机器学习的应用 ·· 287
课后习题 ·· 290

第 10 章 神经网络与深度学习 ··· 291
10.1 神经网络概述 ·· 291
10.2 深度学习概述 ·· 302
课后习题 ·· 307

第 11 章 智能决策支持系统及其应用 ···································· 308
11.1 决策支持系统 ·· 308
11.2 智能决策支持系统 ·· 332
11.3 智能决策支持系统的应用 ·· 341
课后习题 ·· 394

参考文献 ·· 395

第1章　贝叶斯决策

人们在日常工作和生活中经常会遇到许多需要做出判断和决策的问题。例如，当你对天气不确定时，出门是否要带伞？决策者会根据获得的先验信息做出主观判断。先验信息，是指决策者在进行贝叶斯分析过程中，通过试验收集有关状态的新信息之前所拥有的信息。由于先验状态分布与实际情况存在一定误差，为了提高决策质量，需要通过市场调查或局部试验等收集有关状态的新信息，然后修正先验分布以提高分析的精度。本章主要介绍贝叶斯定理、贝叶斯决策问题及基本方法、贝叶斯决策信息的价值等内容。

1.1　贝叶斯定理

1.1.1　贝叶斯统计基本概念

数理统计的任务是从样本中推断总体。样本具有双重性，当把样本视为随机变量时，它有概率分布，称为总体分布。如果已经知道总体的分布形式，就给了决策者一种信息，称为总体信息，即总体分布或总体所属分布族给决策者的信息。另外一种信息是样本信息，即从总体抽取的样本给决策者提供的信息。最后一种信息称为先验信息，即在抽样之前有关统计问题的一些信息。一般来说，先验信息主要来源于经验和历史资料。先验信息在日常生活和工作中经常可见，很多人有意识或无意识地使用它。基于上述三种信息（总体信息、样本信息和先验信息）进行的统计推断被称为贝叶斯统计。

定义 1.1　参数 θ 在参数空间 Θ 上的任一概率分布，都称作先验分布。

本书用 $\pi(\theta)$ 表示先验分布，表示随机变量 θ 的概率密度，即当 θ 为离散型随机变量时，$\pi(\theta_i)(i=1,2,\cdots)$ 表示事件 $\{\theta_i=\theta\}$ 的概率分布，即概率 $P\{\theta_i=\theta\}$；当 θ 为连续型随机变量时，$\pi(\theta)$ 表示 θ 的密度函数。

在讨论贝叶斯决策方法之前，先回顾概率论与数理统计中的全概率公式和贝叶斯公式。由于难以准确设定状态 θ_i 的先验分布，因此需要通过试验来收集新信息以改进设定的概率分布。由此得到的概率分布称为后验分布，贝叶斯定理指出了先验分布和后验分布之间的关系。

定义 1.2　在获得样本 x 后，θ 的后验分布是在给定 $X=x$ 条件下 θ 的条件分布，记为 $\pi(\theta|x)$。对于有密度函数的情形，它的密度函数为

$$\pi(\theta|x)=\frac{f(x|\theta)\pi(\theta)}{m(x)} \tag{1.1}$$

式（1.1）中的 $f(x|\theta)$ 称为似然函数，$m(x)$ 称为预测密度。

当 Θ 为离散变量时,
$$m(x) = \sum_{\theta_i \in \Theta} f(x|\theta_i)\pi(\theta_i) \tag{1.2}$$

式（1.2）中的 $\pi(\theta_i)$ 为状态 θ_i 的概率；Θ 为非空集，它包含所有可能的自然状态，如前面提到的带伞问题有两个自然状态，即 $\Theta = \{\theta_1, \theta_2\}$，$\theta_1$ 为下雨，θ_2 为不下雨。

当 Θ 为连续变量时,
$$m(x) = \int_{\theta \in \Theta} f(x|\theta)\pi(\theta)\mathrm{d}\theta \tag{1.3}$$

式（1.1）是贝叶斯公式的密度函数形式,它包含了总体、样本和先验三种信息中有关 θ 的一切信息,且排除了一切与 θ 无关的信息。

运用贝叶斯定理去计算后验密度,经常会遇到一些计算上的困难,但运用一类特殊的先验分布——共轭先验,可以解决这些计算困难。我们知道,在区间 $(0,1)$ 上的均匀分布是贝塔分布 $Be(1,1)$,二项分布 $b(n,\theta)$ 中成功概率 θ 的先验分布若取 $Be(1,1)$,则其后验分布也是贝塔分布 $Be(x+1, n-x+1)$,其中 x 为 n 次独立试验中出现成功的次数。先验分布与后验分布同属于一个贝塔分布族,只是其参数不同而已。这一现象不是偶然,经过类似计算可以看出,假如把 θ 的先验分布换成一般的贝塔分布 $Be(\alpha,\beta)$,其中 $\alpha > 0$, $\beta > 0$, θ 的后验分布仍是贝塔分布 $Be(\alpha+x, \beta+n-x)$,此种先验分布被称为 θ 的共轭先验分布。在其他场合还会遇到另外一些共轭先验分布,它的定义一般如定义 1.3 所示。

定义 1.3 设 θ 是总体分布中的参数（或参数向量）,$\pi(\theta)$ 是 θ 的先验密度函数,假如由抽样信息计算的后验密度函数与 $\pi(\theta)$ 有相同的函数形式,则称 $\pi(\theta)$ 是 θ 的（自然）共轭先验分布。常用的共轭先验分布如表 1.1 所示。

表 1.1 常用的共轭先验分布

总体分布	参数	共轭先验分布
二项分布	成功概率	贝塔分布 $Be(\alpha,\beta)$
泊松分布	均值	伽马分布 $Ga(\alpha,\beta)$
指数分布	均值的倒数	伽马分布 $Ga(\alpha,\beta)$
指数分布	均值	倒伽马分布 $IGa(\alpha,\beta)$
正态分布（方差已知）	均值	正态分布 $N(\mu,\tau^2)$
正态分布（均值已知）	方差	倒伽马分布 $IGa(\alpha,\beta)$

应着重指出,共轭先验分布是对某一分布中的参数而言的,如正态均值、正态方差、泊松均值等,离开指定参数及其所在的分布去谈论共轭先验分布是没有意义的。

【例 1.1】 设 Θ 的先验分布 $\pi(\theta)$ 是正态分布 $N(\mu,\tau^2)$,对于给定的 θ,观察 X 的条件概率也是正态分布 $N(\theta,\sigma^2)$,σ^2 为已知,试求后验分布。

解： 令
$$h(x,\theta) = \pi(\theta)f(x|\theta) = (2\pi\sigma\tau)^{-1}\exp\left\{-\frac{1}{2}\left[\frac{(\theta-\mu)^2}{\tau^2} + \frac{(x-\theta)^2}{\sigma^2}\right]\right\}$$

$$\rho = \tau^{-2} + \sigma^{-2} = \frac{\tau^2 + \sigma^2}{\tau^2 \sigma^2}$$

则

$$\frac{1}{2}\left[\frac{(\theta-\mu)^2}{\tau^2} + \frac{(x-\theta)^2}{\sigma^2}\right] = \frac{1}{2}\rho\left[\theta - \frac{1}{\rho}\left(\frac{\mu}{\tau^2} + \frac{x}{\sigma^2}\right)\right]^2 + \frac{(\mu-x)^2}{2(\tau^2+\sigma^2)}$$

从而

$$h(x,\theta) = (2\pi\sigma\tau)^{-1}\exp\left\{-\frac{1}{2}\rho\left[\theta - \frac{1}{\rho}\left(\frac{\mu}{\tau^2} + \frac{x}{\sigma^2}\right)\right]^2\right\}\exp\left\{-\frac{(\mu-x)^2}{2(\tau^2+\sigma^2)}\right\}$$

以及

$$m(x) = \int_{-\infty}^{\infty} h(x,\theta)\mathrm{d}\theta = (2\pi\rho)^{-\frac{1}{2}}(\sigma\tau)^{-1}\exp\left\{-\frac{(\mu-x)^2}{2(\tau^2+\sigma^2)}\right\}$$

于是后验密度为

$$\pi(\theta|x) = \frac{h(x,\theta)}{m(x)} = \left(\frac{\rho}{2\pi}\right)^{\frac{1}{2}}\exp\left\{-\frac{1}{2}\rho\left[\theta - \frac{1}{\rho}\left(\frac{\mu}{\tau^2} + \frac{x}{\sigma^2}\right)\right]^2\right\}$$

因此后验概率也是正态分布，它的期望值 θ 为

$$\theta = \frac{1}{\rho}\left(\frac{\mu}{\tau^2} + \frac{x}{\sigma^2}\right)$$

方差为

$$\rho^{-1} = \frac{\tau^2\sigma^2}{\tau^2+\sigma^2}$$

利用补充信息修正先验状态概率分布，这是贝叶斯决策的关键。具体地说，就是利用式（1.1）—式（1.3）去修正先验分布，使其更加符合实际情况。

1.1.2 充分统计量

基于以上基本定义，张尧庭和陈汉峰（1991）对贝叶斯方法归纳如下。

（1）将未知参数看成随机变量（或随机向量），记为 θ，于是当 θ 已知时，样本 $x_1, x_2, \cdots, x_n$ 的联合分布密度 $p(x_1, x_2, \cdots, x_n; \theta)$ 就可看成是 $x_1, x_2, \cdots, x_n$ 对 θ 的条件密度，记为 $p(x_1, x_2, \cdots, x_n|\theta)$ 或简写为 $p(x|\theta)$。

（2）用 $\pi(\theta)$ 表示 θ 的先验分布，一般根据以往对参数 θ 的知识来确定先验分布（先验分布经常用于表示先验知识），如果没有关于先验参数 θ 的先验知识，$\pi(\theta)$ 应采用在 θ 取值范围内的均匀分布（也称为贝叶斯假设），但这是贝叶斯方法中容易引起争议的一步。

（3）利用条件分布密度 $p(x_1, x_2, \cdots, x_n|\theta)$ 和先验分布 $\pi(\theta)$，可以求出 $x_1, x_2, \cdots, x_n$ 与 θ 的联合分布和样本 $x_1, x_2, \cdots, x_n$ 的分布，于是就可以用它们求得 θ 的条件分布密度，也就是用贝叶斯公式求得后验分布密度 $p(\theta|x_1, x_2, \cdots, x_n)$。

（4）利用后验分布密度 $p(\theta|x_1, x_2, \cdots, x_n)$ 做出对 θ 的推断（估计 θ 或对 θ 进行检验），则

$$p(\theta|x_1,x_2,\cdots,x_n) = \frac{\pi(\theta)p(x_1,x_2,\cdots,x_n|\theta)}{p(x_1,x_2,\cdots,x_n)} \tag{1.4}$$

其中，$p(x_1,x_2,\cdots,x_n) = \int \pi(\theta)p(x_1,x_2,\cdots,x_n|\theta)\mathrm{d}\theta$。

人们为了获得状态的更多信息，会连续进行若干次试验，例如通过 n 次试验，观察到 $\{X_1,X_2,\cdots,X_n\}$。但是直接运用这一组数据去确定后验分布往往非常困难，需要借助于 X 的充分统计量简化计算。现对充分统计量进行简单介绍。首先介绍什么是统计量。

定义 1.4 统计量是随机变量 X 取自总体的一个样本 $X_1,X_2,\cdots,X_n$ 的函数，这个函数不包含任何未知的参数。

例如，随机变量是正态分布，其密度函数为 $N(\mu,\sigma^2)$，如果 μ 和 σ^2 是未知的，则 $X-\mu$ 和 X/σ^2 都不是统计量，但 X 和 $X^2+\lg X^2$ 都是统计量。

一组随机样本 $X_1,X_2,\cdots,X_n$ 的密度为 $f(x_i|\theta)$，$i=1,2,\cdots,n$，其联合密度函数为

$$f_n(x_1,x_2,\cdots,x_n|\theta) = f(x_1|\theta)f(x_2|\theta)\cdots f(x_n|\theta) \tag{1.5}$$

其中，θ 为未知参数。如果能找到一个统计量 $T=r(X_1,X_2,\cdots,X_n)$，可以由它给出样本中所包含的关于参数 θ 的全部"信息"，则称 T 为 θ 的充分统计量。更正规地说，充分统计量的定义如定义 1.5 所示。

定义 1.5 令 $X_1,X_2,\cdots,X_n$ 是一个来自密度 $f(x|\theta)$ 的随机样本，再令 $T=r(X_1,X_2,\cdots,X_n)$ 是一个统计量，设 $T^*=r^*(X_1,X_2,\cdots,X_n)$ 是任何别的统计量，它不是 T 的函数。如果已知 $T=t$，且每个 T^* 的条件分布与 θ 无关，那么称 T 为 θ 的充分统计量。

【例 1.2】 设 $x=(x_1,x_2,\cdots,x_n)$ 是来自正态分布 $N(\mu,\sigma^2)$ 的样本，其密度函数为

$$f(x|\mu,\sigma^2) = (2\pi)^{-\left(\frac{n}{2}\right)}\sigma^{-n}\exp\left\{-\frac{1}{2\sigma^2}\sum_{i=1}^n(x_i-\mu)^2\right\}$$

$$= (2\pi)^{-\left(\frac{n}{2}\right)}\sigma^{-n}\exp\left\{-\frac{1}{2\sigma^2}\left[Q+n(\bar{x}-\mu)^2\right]\right\}$$

其中，$\bar{x}=\frac{1}{n}\sum_{i=1}^n x_i$，$Q=\sum_{i=1}^n(x_i-\bar{x})^2$。

设 $\pi(\mu,\sigma^2)$ 为任意一个先验密度，则 (μ,σ^2) 的后验密度为

$$\pi(\mu,\sigma^2|x) = \frac{\sigma^{-n}\pi(\mu,\sigma^2)\exp\left\{-\frac{1}{2\sigma^2}\left[Q+n(\bar{x}-\mu)^2\right]\right\}}{\int_{-\infty}^{\infty}\int_0^{\infty}\sigma^{-n}\exp\left\{-\frac{1}{2\sigma^2}\left[Q+n(\bar{x}-\mu)^2\right]\right\}\pi(\mu,\sigma^2)\mathrm{d}\sigma^2\mathrm{d}\mu}$$

此外，二维统计量 $T=r(\bar{x},Q)$ 恰好是 (μ,σ^2) 的充分统计量，且 $\bar{x}\sim N(\mu,\sigma^2/n)$，$Q\sim\chi^2(\mu,n-1)$，且 $\bar{x}$ 和 Q 独立，则 $\bar{x}$ 和 Q 的密度函数分别为

$$f(\bar{x}|\mu,\sigma^2) = \frac{\sqrt{n}}{\sqrt{2\pi\sigma^2}}\exp\left\{-\frac{n}{2\sigma^2}(\bar{x}-\mu)^2\right\}$$

$$g(Q|\mu,\sigma^2) = \frac{1}{\Gamma\left(\frac{n-1}{2}\right)(2\sigma^2)^{\frac{n-1}{2}}}Q^{\frac{n-3}{2}}\exp\left\{-\frac{Q}{2\sigma^2}\right\}$$

由于 $\bar{x}$ 和 Q 独立，则 $\bar{x}$ 和 Q 的联合密度函数为

$$f(\bar{x}, Q|\mu, \sigma^2) = \frac{\sqrt{n}/\sqrt{2\pi\sigma^2}}{\Gamma\left(\frac{n-1}{2}\right)(2\sigma^2)^{\frac{n-1}{2}}} Q^{\frac{n-3}{2}} \exp\left\{-\frac{1}{2\sigma^2}\left[Q + n(\bar{x}-\mu)^2\right]\right\}$$

应用相同的先验分布 $\pi(\mu, \sigma^2)$，可得在给定 $\bar{x}$ 和 Q 下的后验密度为

$$\pi(\mu, \sigma^2|\bar{x}, Q) = \frac{\sigma^{-n}\pi(\mu, \sigma^2)\exp\left\{-\frac{1}{2\sigma^2}\left[Q + n(\bar{x}-\mu)^2\right]\right\}}{\int_{-\infty}^{\infty}\int_0^{\infty} \sigma^{-n}\pi(\mu, \sigma^2)\exp\left\{-\frac{1}{2\sigma^2}\left[Q + n(\bar{x}-\mu)^2\right]\right\}\mathrm{d}\mu \mathrm{d}\sigma^2}$$

比较这两个后验密度，可知

$$\pi(\mu, \sigma^2|x) = \pi(\mu, \sigma^2|\bar{x}, Q)$$

由此可见，用充分统计量 $(\bar{x}, Q)$ 得到的后验分布与用样本 x 得到的后验分布是相同的。

在一般情况下，因为需要计算条件分布，用定义 1.5 直接验证一个统计量的充分性是困难的。著名的因子分解定理（定理 1.1）提供了一个判别充分统计量的充要条件，其认为，一个统计量 T 对参数 θ 的充要条件是存在一个 t 与 θ 的函数 $g(t, \theta)$ 和一个样本 $X_1, X_2, \cdots, X_n$ 的函数 $h(X_1, X_2, \cdots, X_n)$，使得对任一样本 $X_1, X_2, \cdots, X_n$ 和任意 θ，样本的密度 $p(x|\theta)$ 可表示为它们的乘积，即

$$p(X_1, X_2, \cdots, X_n|\theta) = g(T(X_1, X_2, \cdots, X_n), \theta)h(X_1, X_2, \cdots, X_n)$$

在贝叶斯统计中，充分统计量也有一个充要条件。下面在定理 1.1 中进行详述。

定理 1.1 令 X 为一个离散随机变量，它的密度 $f(x|\theta)$ 依赖于参数 $\theta \in \Xi$。函数 $T = r(x)$ 对 θ 是充分的，当且仅当密度 $f(x|\theta)$ 能分解为两个函数的乘积，其中一个是 $r(x)$ 和 θ 的函数，另一个仅仅是 x 的函数，即

$$f(x|\theta) = h(x)g(r(x)|\theta) \tag{1.6}$$

其中，Ξ 为包含所有可能的自然状态的非空集，如带伞问题中，$\Xi = \{\theta_1, \theta_2\}$，$\theta_1$ 为下雨，θ_2 为不下雨。

证明 在此，$f(x|\theta) = P_\theta(X = x)$。设 T 对 θ 是充分的，对于给定的 $T = r(x)$，X 的条件分布独立于 θ。因此可以把 $P_\theta(X = x)$ 写为

$$P_\theta(X = x) = P_\theta(X = x, T = r(x)) = P_\theta(T = r(x))P_\theta(X = x|T = r(x)) \tag{1.7}$$

当 T 为 θ 的充分统计量时，$P_\theta(X = x|T = r(x))$ 独立于 θ，可以把它识别为 $h(x)$。定义 $P_\theta(T = r(x)) = g(r(x)|\theta)$，于是可对式（1.7）完成因子分解。现设因子分解成立，接着论证 T 为 θ 的充分统计量。首先，固定 $T = t_0$，对于所有的 $\theta \in \Xi$，有 $P_\theta(T = t_0) > 0$，条件分布可写为

$$P_\theta(X = x|T = t_0) = \frac{P_\theta(X = x, T = t_0)}{P_\theta(T = t_0)} \tag{1.8}$$

当 $r(x) \neq t_0$ 时，式（1.8）中的分子对于所有的 θ 均为零，而当 $r(x) = t_0$ 时，它就是

$$P_\theta(X = x) = h(x)g(r(x)|\theta) \tag{1.9}$$

式（1.8）中的分母可写为

$$P_\theta(T=t_0) = \sum_{x \in A(t_0)} P_\theta(X=x) = \sum_{x \in A(t_0)} g(r(x)|\theta)h(x) \qquad (1.10)$$

其中，

$$A(t_0) = \{x \mid r(x) = t_0\} \qquad (1.11)$$

将以上结果代入式（1.8），可以得到

$$P_\theta\left(X=x|T=t_0\right) = \begin{cases} 0, & r(x) \neq t_0 \\ \dfrac{g(t_0|\theta)h(x)}{g(t_0|\theta)\sum\limits_{x' \in A(t_0)} h(x')}, & r(x) = t_0 \end{cases} \qquad (1.12)$$

这样，$P_\theta\left(X=x|T=t_0\right)$ 对于所有 t_0 独立于 θ。定理1.1得证。

定理1.1不仅对离散变量成立，对于任意的分布族也成立。

【例1.3】 设随机样本 $\{X_1, X_2, \cdots, X_n\}$ 中的变量 $X_1, X_2, \cdots, X_n$ 是独立同分布的，它们均服从正态分布，其密度函数为

$$f(x_1, x_2, \cdots, x_n|\theta) = \frac{1}{(2\pi)^{\frac{n}{2}}\sigma^n} \exp\left\{-\sum_{i=1}^{n} \frac{(x_i-\theta)^2}{2\sigma^2}\right\}$$

其中，θ 为参数；方差 σ^2 是已知数。由于

$$\sum_{i=1}^{n} \frac{(x_i-\theta)^2}{2\sigma^2} = \sum_{i=1}^{n} \frac{x_i^2 - 2x_i\theta + \theta^2}{2\sigma^2} = \sum_{i=1}^{n} \frac{x_i^2}{2\sigma^2} + \left[\frac{n\theta^2}{2\sigma^2} - \frac{n\theta}{\sigma^2}\left(\frac{1}{n}\sum_{i=1}^{n} x_i\right)\right]$$

令

$$\bar{x} = \frac{1}{n}\sum_{i=1}^{n} x_i$$

则

$$f(x_1, x_2, \cdots, x_n|\theta) = \left[\frac{1}{(2\pi)^{\frac{n}{2}}\sigma^n}\exp\left\{-\sum_{i=1}^{n}\frac{x_i^2}{2\sigma^2}\right\}\right] \times \left[\exp\left\{-\frac{n\theta^2}{2\sigma^2} + \frac{n\theta}{\sigma^2}\bar{x}\right\}\right]$$

$$= h(x_1, x_2, \cdots, x_n) g\left(\bar{x} = \frac{1}{n}\sum_{i=1}^{n} x_i \Big| \theta\right)$$

按照因子分解定理，$\bar{x} = \dfrac{1}{n}\sum_{i=1}^{n} x_i$ 是 θ 的充分统计量。

定义 θ 的充分统计量后，就能用充分统计量 $T = r(X)$ 代替 X 去求状态的后验分布，结果如定理1.2所示。

定理1.2 设 T 的预测密度 $m(t)$ 大于零，且因子分解定理成立。如果 $r(x) = t$，则 Θ 的后验密度适合如式（1.13）所示的关系：

$$\pi(\theta|x) = \pi(\theta|t) = \frac{\pi(\theta)g(t|\theta)}{m(t)} \qquad (1.13)$$

证明 根据因子分解定理，有

$$f(x|\theta) = h(x)g(t|\theta) \tag{1.14}$$

而 x 的预测密度 $m(x)$ 为

$$m(x) = \int_{\Xi} \pi(\theta)f(x|\theta)\mathrm{d}\theta = \int_{\Xi} \pi(\theta)h(x)g(t|\theta)\mathrm{d}\theta$$

$$= h(x)\int_{\Xi} \pi(\theta)g(t|\theta)\mathrm{d}\theta = h(x)m(t) \tag{1.15}$$

因此

$$\pi(\theta|x) = \frac{\pi(\theta)f(x|\theta)}{m(x)} = \frac{\pi(\theta)h(x)g(t|\theta)}{h(x)m(t)} = \frac{\pi(\theta)g(t|\theta)}{m(t)} \tag{1.16}$$

根据定理 1.2，可以用 X 的充分统计量计算 Θ 的后验密度。

【例 1.4】 设 $x = (x_1, x_2, \cdots, x_n)$ 是来自正态分布 $N(\theta, 1)$ 的一个样本，样本均值 $\bar{x}$ 是 θ 的充分统计量，若 θ 的先验分布取为正态分布 $N(0, \tau^2)$，其中 τ^2 已知，那么 θ 的后验分布可用充分统计量 $\bar{x}$ 的分布算得，即

$$\pi(\theta|\bar{x}) \propto \exp\left\{-\frac{n}{2}(\bar{x}-\theta)^2 - \frac{\theta^2}{2\tau^2}\right\} \propto \exp\left\{-\frac{1}{2}\left[\theta^2(n+\tau^{-2}) - 2n\theta\bar{x}\right]\right\}$$

$$\propto \exp\left\{-\frac{n+\tau^{-2}}{2}\left(\theta - \frac{n\bar{x}}{n+\tau^{-2}}\right)^2\right\} = N\left(\frac{n\bar{x}}{n+\tau^{-2}}, \frac{1}{n+\tau^{-2}}\right)$$

因此，后验分布是正态分布 $N\left(\dfrac{n\bar{x}}{n+\tau^{-2}}, \dfrac{1}{n+\tau^{-2}}\right)$。

1.1.3 点估计

设 θ 是总体 X 中的未知参数，$\theta \in \Theta$（参数空间）。为了估计参数 θ，可从该总体中抽取样本 $X_1, X_2, \cdots, X_n$，$x = (x_1, x_2, \cdots, x_n)$ 为样本观测值。根据参数 θ 的先验信息选择一个先验分布 $\pi(\theta)$，再根据贝叶斯定理得到 θ 的后验分布 $\pi(\theta|x)$，最后根据这个后验分布对参数 θ 进行参数估计。

点估计就是寻找一个统计量的观测值，将其记作 $\hat{\theta}(x)$，用 $\hat{\theta}(x)$ 去估计 θ。从贝叶斯方法的观点来看，就是寻找样本（或其观测值）的函数 $\hat{\theta}(x)$，使它尽可能地接近 θ。

与经典统计类似，点估计也有一个估计好坏的标准问题。对于给定的标准，应当去寻找最好的估计。在考虑标准时，通常用损失函数、风险函数来描述，所以本节先给出几个定义，然后再来讨论相应的解。这里考虑的参数 θ 都是实值参数，θ 可以是一维的或是多维的。

定义 1.6 在参数 θ 的取值范围 Θ（参数空间）上，定义一个二元非负实函数 $L(\theta, \hat{\theta})$，称为损失函数，即 $\Theta \times \Theta$ 在 $\mathbb{R}$ 上的一个函数。

$L(\theta, \hat{\theta})$ 表示用 $\hat{\theta}$ 去估计 θ 的不同而引起的损失。通常的损失是非负的，因此限定 $L(\theta, \hat{\theta}) \geqslant 0$。常见的损失函数如式（1.17）—式（1.19）所示。其中，式（1.17）为平方损

失函数，式（1.18）为绝对值损失函数，式（1.19）为 0-1 损失函数。

$$L(\theta,\hat{\theta}) = (\theta - \hat{\theta})^2 \tag{1.17}$$

$$L(\theta,\hat{\theta}) = |\theta - \hat{\theta}| \tag{1.18}$$

$$L(\theta,\hat{\theta}) = \begin{cases} 1, & \theta \neq \hat{\theta} \\ 0, & \theta = \hat{\theta} \end{cases} \tag{1.19}$$

定义 1.7 对于损失函数 $L(\theta,\hat{\theta})$，用 $\hat{\theta}(x)$ 去估计 θ 时，称

$$R_{\hat{\theta}(x)}(\theta) = E\left[L(\theta,\hat{\theta})\right] \tag{1.20}$$

为 $\hat{\theta}(x)$ 相应的风险函数，简称风险函数。当 $\hat{\theta}(x)$ 不标明时，用 $R(\theta)$ 来表示 $R_{\hat{\theta}(x)}(\theta)$。

当给定损失函数后，估计应该使风险函数尽量小。当 $L(\theta,\hat{\theta}) = (\theta - \hat{\theta})^2$ 时，

$$R_{\hat{\theta}(x)}(\theta) = E\left[\hat{\theta}(x) - \theta\right]^2 \tag{1.21}$$

这就是 $\hat{\theta}(x)$ 对 θ 的均方误差。

定义 1.8 如果 $\hat{\theta}_*(x)$ 在估计类 G 中使等式

$$R_{\hat{\theta}_*(x)}(\theta) = \min_{\hat{\theta}(x) \in G} R_{\hat{\theta}(x)}(\theta), \ \forall \theta \in \Theta \tag{1.22}$$

成立，则称 $\hat{\theta}_*(x)$ 是 G 中一致最小风险估计。

经典方法的观点指出，给定风险函数 $L(\theta,\hat{\theta})$ 后，定义 1.8 中的一致最小风险估计是理想的估计。从贝叶斯方法的观点来看，由于 $R_{\hat{\theta}_*(x)}(\theta)$ 是 θ 的函数，而参数 θ 是随机变量，它有先验分布 $\pi(\theta)$，于是 $\hat{\theta}(x)$ 的损失应由积分

$$\int_\Theta R_{\hat{\theta}(x)}(\theta)\pi(\theta)\mathrm{d}\theta \tag{1.23}$$

来衡量，记为 $\rho\left(\hat{\theta}_*(x),\pi(\theta)\right)$。当 $\rho\left(\hat{\theta}_*(x),\pi(\theta)\right)$ 达到最小时，贝叶斯观点认为其是最佳估计，由此可以得到定义 1.9。

定义 1.9 若 $\hat{\theta}_*(x)$ 使

$$\rho\left(\hat{\theta}_*(x),\pi(\theta)\right) = \min_{\hat{\theta}(x)} \rho\left(\hat{\theta}(x),\pi(\theta)\right) \tag{1.24}$$

则称 $\hat{\theta}_*(x)$ 是针对 $\pi(\theta)$ 的贝叶斯解，简称贝叶斯解。

从定义 1.9 也可以看出，贝叶斯解不仅与损失函数的选取有关，而且与先验分布 $\pi(\theta)$ 有关。求贝叶斯解，可以得到定理 1.3。

定理 1.3 对于给定的损失函数 $L(\theta,\hat{\theta})$ 及先验分布 $\pi(\theta)$，若样本 x 对 θ 的条件密度为 $f(x|\theta)$，则 $\hat{\theta}(x)$ 的后验风险为

$$R\left(\hat{\theta}(x)\big|x\right) = \int_\Theta L\left[\theta,\hat{\theta}(x)\right]f(x|\theta)\pi(\theta)\mathrm{d}\theta \tag{1.25}$$

如果

$$R\left(\hat{\theta}_*(x)\big|x\right) = \min_{\hat{\theta}(x)} R\left(\hat{\theta}(x)\big|x\right), \ \forall x$$

成立，则 $\hat{\theta}_*(x)$ 就是 $\pi(\theta)$ 相应的贝叶斯解，即有

$$\rho\left(\hat{\theta}_*(x),\pi(\theta)\right) = \min_{\hat{\theta}(x)} \rho\left(\hat{\theta}(x),\pi(\theta)\right) \tag{1.26}$$

定理 1.3 的证明略，详见张尧庭和陈汉峰（1991）。

定理 1.3 说明：如果有一个 θ 的估计使得对于每一个样本观察值 x，后验风险达到最小，它就是所要求的贝叶斯解。定理 1.3 有三个重要的特殊情况，分别见推论 1.1、推论 1.2 和推论 1.3。

推论 1.1 若损失函数的平方损失 $L(\theta,\hat{\theta})=(\theta-\hat{\theta})^2$，则参数 θ 的贝叶斯解就是后验期望 $E(\theta|x)$。

证明 若损失函数 $L(\theta,\hat{\theta})=(\theta-\hat{\theta})^2$，则有

$$R\left(\hat{\theta}(x)\big|x\right)=\int_{\Theta}L\left[\theta,\hat{\theta}(x)\right]f(x|\theta)\pi(\theta)\mathrm{d}\theta=\int_{\Theta}\left[\theta-\hat{\theta}(x)\right]^2f(x|\theta)\pi(\theta)\mathrm{d}\theta \quad (1.27)$$

注意：$\hat{\theta}(x)$ 只是样本 x 的函数，当 x 固定时，它就是一个常数，根据定理 1.3，可以对任意一个 x 选取一个 $\hat{\theta}_*(x)$，使 $\int_{\Theta}\left[\theta-\hat{\theta}_*(x)\right]^2 f(x|\theta)\pi(\theta)\mathrm{d}\theta$ 最小，即选 a 使

$$\int_{\Theta}(a-\theta)^2 f(x|\theta)\pi(\theta)\mathrm{d}\theta \quad (1.28)$$

最小。

式（1.28）对 a 求一阶导数，并令其为 0，得到

$$\frac{\partial}{\partial a}\int_{\Theta}(a-\theta)^2 f(x|\theta)\pi(\theta)\mathrm{d}\theta=2\int_{\Theta}(a-\theta)f(x|\theta)\pi(\theta)\mathrm{d}\theta=0$$

于是得到

$$a=\frac{\int_{\Theta}\theta f(x|\theta)\pi(\theta)\mathrm{d}\theta}{\int_{\Theta}f(x|\theta)\pi(\theta)\mathrm{d}\theta}=E(\theta|x) \quad (1.29)$$

推论 1.2 若损失函数为 0-1 损失函数，即 $L(\theta,\hat{\theta})=\begin{cases}1, & \theta\neq\hat{\theta}\\ 0, & \theta=\hat{\theta}\end{cases}$，则参数 θ 的贝叶斯解就是参数 θ 的后验众数。

推论 1.2 的证明从略，详见张尧庭和陈汉峰（1991）。

推论 1.3 若损失函数为绝对值损失函数，即 $L(\theta,\hat{\theta})=\left|\theta-\hat{\theta}\right|$，则参数 θ 的贝叶斯解就是后验分布的中位数。

推论 1.3 的证明从略，详见茆诗松（1999）。

推论 1.1、推论 1.2 和推论 1.3 的结论用于点估计，就得到三种常用估计方法：后验期望法、后验众数法和后验中位数法。

定义 1.10 使后验密度函数 $\pi(\theta|x)$ 达到最大的后验众数 $\hat{\theta}_{\mathrm{MD}}$ 称为参数 θ 的最大后验估计，也称为后验众数估计；后验分布的中位数 $\hat{\theta}_{\mathrm{Me}}$ 称为参数 θ 的后验中位数估计；后验分布的期望 $\hat{\theta}_E$ 称为参数 θ 的后验期望估计。这三个估计都称为参数 θ 的贝叶斯估计，记为 $\hat{\theta}_B$。

根据定义 1.10 和推论 1.1，当损失函数是平方损失函数时，贝叶斯估计是后验期望 $\hat{\theta}_E$。根据定义 1.10 和推论 1.2，当损失函数是 0-1 损失函数时，贝叶斯估计是后验众数 $\hat{\theta}_{\mathrm{MD}}$。根据定义 1.10 和推论 1.3，当损失函数是绝对值损失函数时，贝叶斯估计是后验中位数 $\hat{\theta}_{\mathrm{Me}}$。

在一般情况下，这三个贝叶斯估计 $\hat{\theta}_E$、$\hat{\theta}_{\mathrm{MD}}$ 和 $\hat{\theta}_{\mathrm{Me}}$ 是不同的，当后验密度函数为对称

函数时，这三种贝叶斯估计重合。例如，如果参数 θ 的后验分布为正态分布，则 $\hat{\theta}_E = \hat{\theta}_{MD} = \hat{\theta}_{Me}$。使用时可根据实际情况选用其中一种估计，接下来以例 1.5 进行说明。

【例 1.5】 为估计不合格品率 θ，今从一批产品中随机抽取 n 件，其中不合格品数 X 服从二项分布 $b(n,\theta)$，根据假设，选取贝塔分布 $Be(\alpha,\beta)$ 作为 θ 的先验分布，它的众数为 $(\alpha-1)/(\alpha+\beta-2)$，它的期望为 $\alpha/(\alpha+\beta)$，其中 α 与 β 已知，由共轭先验分布可知，这时 θ 的后验分布仍为贝塔分布 $Be(\alpha+x,\beta+n-x)$，这时 θ 的后验众数估计 $\hat{\theta}_{MD}$ 和后验期望估计 $\hat{\theta}_E$ 分别为

$$\hat{\theta}_{MD} = \frac{x}{n}$$

$$\hat{\theta}_E = \frac{\alpha + x}{\alpha + \beta + n}$$

这两个贝叶斯估计有所不同。这里选用贝叶斯假设，以 θ 的先验分布为（0,1）上的均匀分布 $U(0,1)$ 为例（$\alpha=\beta=1$ 的贝塔分布），假设其他条件不变，那么 θ 的上述两个贝叶斯估计分别为

$$\hat{\theta}_{MD} = \frac{x}{n}, \quad \hat{\theta}_E = \frac{x+1}{n+2}$$

对这两个贝叶斯估计分别进行如下两点讨论。

第一，在二项分布场合，θ 的最大后验估计就是经典统计中的极大似然估计，也就是说，不合格品率 θ 的极大似然估计就是取特定的先验分布 $U(0,1)$ 下的贝叶斯估计，这种现象是常见的。贝叶斯学派对这种现象的看法是：任何使用经典统计的人都在自觉或不自觉地使用贝叶斯推断，与其不自觉地使用，还不如自动选取更适合的先验分布使推断更富有意义。但是，频率学派不接受这种观点，因为贝叶斯学派至今尚未证明总体分布 $p(x|\theta)$ 中参数的任一经典估计都存在一个先验分布，使得其贝叶斯估计就是该经典估计。

第二，θ 的后验期望估计 θ_E 比后验众数估计 θ_{MD} 更适合，表 1.2 列出了不合格品率 θ 的两种贝叶斯估计的结果比较。在试验 1 与试验 2 中，"抽验 3 个产品没有一件是不合格品" 与 "抽验 10 个产品没有一件是不合格品" 这两个事件在人们心目中留下的印象是不同的，后者的质量要比前者的质量更让人信得过，$\hat{\theta}_{MD}$ 反映不出其中的差别，而 $\hat{\theta}_E$ 可以。类似地，在试验 3 与试验 4 中，"抽验 3 个产品全部不合格" 与 "抽验 10 个产品全部不合格" 在人们心目中也是有差别的，前者的质量很差，而后者的质量已不可救药，$\hat{\theta}_{MD}$ 反映不出其中的差别，而 $\hat{\theta}_E$ 可以。在这些极端情况下，后验期望估计更具有吸引力，在其他场合，这两个估计相差不大，因此在实际中，人们经常选用后验期望估计作为贝叶斯估计。

表 1.2 不合格品率 θ 的两种贝叶斯估计的结果比较

试验号	样本量 n/个	不合格品数 x/个	$\hat{\theta}_{MD} = x/n$	$\hat{\theta}_E = (x+1)/(n+2)$
1	3	0	0	0.200
2	10	0	0	0.083
3	3	3	1	0.800
4	10	10	1	0.917

【例 1.6】 某人打靶,共打了 n 次,命中了 r 次,试估计此人打靶命中的概率 θ。

在经典统计中,θ 的估计为 $\hat{\theta}_C = \dfrac{r}{n}$(它是 θ 的极大似然估计)。当 $n=r=1$ 时,则有 $\hat{\theta}_C = 1$;而当 $n=r=10$ 时,仍然有 $\hat{\theta}_C = 1$。打靶 10 次,每次都命中了,直觉上总感觉此人命中的概率相当大;而打了一次,命中了,此人命中的概率和 10 次每次都命中一样,经典统计的估计结果都是 1,但这与人们心目中的估计结果是不同的。对于 $n=10$、$r=0$,有 $\hat{\theta}_C = 0$;而当 $n=1$,$r=0$ 时,仍然有 $\hat{\theta}_C = 0$。这个结果是不合理的。

前面说过,如果二项分布 $b(n,\theta)$ 中的参数 θ 的先验分布取贝塔分布 $\mathrm{Be}(1,1)$,则其后验分布也是贝塔分布 $\mathrm{Be}(r+1, n-r+1)$,于是参数 θ 的贝叶斯估计(后验期望估计)为 $\hat{\theta}_B = \dfrac{r+1}{n+2}$。

当 $n=r=1$ 时,$\hat{\theta}_B = \dfrac{2}{3}$;当 $n=r=10$ 时,$\hat{\theta}_B = \dfrac{11}{12}$。

通过以上比较,可以看到,参数 θ 的贝叶斯估计 $\hat{\theta}_B = \dfrac{r+1}{n+2}$ 比参数 θ 的经典估计 $\hat{\theta}_C = \dfrac{r}{n}$ 更合理。

【例 1.7】 (续例 1.6)在例 1.6 中,某人打靶,共打了 n 次,命中了 r 次,此人打靶命中的概率为 θ。若 θ 的先验分布取 $\mathrm{Be}(1,1)$,则 θ 的后验分布也是贝塔分布 $\mathrm{Be}(r+1, n-r+1)$。接下来验证如下结论:θ 的后验众数估计 $\hat{\theta}_{\mathrm{MD}}$ 与经典估计为 $\hat{\theta}_C$(极大似然估计)相同,即 $\hat{\theta}_C = \hat{\theta}_{\mathrm{MD}} = \dfrac{r}{n}$。

由于 θ 的经典估计(极大似然估计)为 $\hat{\theta}_C = \dfrac{r}{n}$,所以只需要验证 θ 的后验众数估计 $\hat{\theta}_{\mathrm{MD}} = \dfrac{r}{n}$。

事实上,由于 θ 的后验分布是贝塔分布 $\mathrm{Be}(r+1, n-r+1)$,则后验密度函数为

$$\pi(\theta|x) = \frac{\theta^{(1+r)-1}(1-\theta)^{(1+n-r)-1}}{\mathrm{Be}(1+r, 1+n-r)}, \quad 0 < \theta < 1$$

要使 $\pi(\theta|x)$ 达到最大,只要上式右边的分子达到最大。把上式右边的分子对 θ 求一阶导数,并令其为 0,即

$$0 = \frac{\mathrm{d}}{\mathrm{d}\theta}\left[\theta^{(1+r)-1}(1-\theta)^{(1+n-r)-1}\right] = -\theta^{(1+r)-2}\theta^{(1+r)-1}(1-\theta)^{(1+n-r)-2}(n\theta - 2)$$

解得 $\hat{\theta}_{\mathrm{MD}} = \dfrac{r}{n}$。

【例 1.8】 设 x 是来自如下指数分布的一个观察值,即

$$p(x|\theta) = \mathrm{e}^{-(x-\theta)}, \quad x \geq \theta$$

取柯西分布作为 θ 的先验分布,即

$$\pi(\theta) = \frac{1}{\pi(1+\theta^2)}, \quad -\infty < \theta < \infty$$

这时可得后验密度为

$$\pi(\theta|x) = \frac{e^{-(x-\theta)}}{m(x)(1+\theta^2)\pi}, \quad \theta \leq x$$

为了寻找 θ 的最大后验估计 $\hat{\theta}_{MD}$，对后验密度使用微分法，可得

$$\frac{d}{d\theta}\pi(\theta|x) = \frac{e^{-(x-\theta)}}{m(x)\pi}\left[\frac{e^\theta}{1+\theta^2} - \frac{2\theta e^\theta}{(1+\theta^2)^2}\right] = \frac{e^{-x}e^\theta(\theta-1)^2}{m(x)(1+\theta^2)^2\pi} \geq 0$$

由于 $\pi(\theta|x)$ 的非减性，考虑到 θ 的取值不能超过 x，故 θ 的最大后验估计应为 $\hat{\theta}_{MD} = x$。

1.1.4 区间估计

对于区间估计问题，贝叶斯方法具有处理方便和含义清晰的优点，而经典方法寻求的置信区间常受到批评。

当获得 θ 的后验分布 $\pi(\theta|x)$ 后，可立即求 θ 落在区间 $[a,b]$ 内的后验概率为 $1-\alpha$（$0<\alpha<1$）的区间估计，即

$$P(a \leq \theta \leq b|x) = 1-\alpha \tag{1.30}$$

称 $[a,b]$ 为 θ 的贝叶斯区间估计，又称为贝叶斯可信区间，这是 θ 的后验分布为连续型随机变量的情形。若 θ 为离散型随机变量，对给定的概率 $1-\alpha$，式（1.30）中的区间 $[a,b]$ 不一定存在，而要将左边概率适当放大一点，使 $P(a \leq \theta \leq b|x) \geq 1-\alpha$，这样的区间也是 θ 的贝叶斯可信区间。可信区间的定义一般如定义 1.11 所示。

定义 1.11 设参数 θ 的后验分布为 $\pi(\theta|x)$，对于给定的 x 和概率 $1-\alpha$（$0<\alpha<1$，通常 α 取较小数），若存在两个统计量 $\hat{\theta}_1(x)$ 和 $\hat{\theta}_2(x)$，使得

$$P\left(\hat{\theta}_1(x) \leq \theta \leq \hat{\theta}_2(x)|x\right) \geq 1-\alpha \tag{1.31}$$

则称 $\left[\hat{\theta}_1(x), \hat{\theta}_2(x)\right]$ 为 θ 的可信水平为 $1-\alpha$ 的贝叶斯可信区间，常简称为 θ 的 $1-\alpha$ 的可信区间。满足

$$P\left(\theta \geq \hat{\theta}_L(x)|x\right) \geq 1-\alpha \tag{1.32}$$

的 $\hat{\theta}_L(x)$ 称为 θ 的可信水平为 $1-\alpha$ 的贝叶斯可信下限；满足

$$P\left(\theta \leq \hat{\theta}_U(x)|x\right) \geq 1-\alpha \tag{1.33}$$

的 $\hat{\theta}_U(x)$ 称为 θ 的可信水平为 $1-\alpha$ 的贝叶斯可信上限。这里的可信水平和可信区间与经典统计中的置信水平、置信区间虽是同类概念，但两者还是有本质差别的，主要表现在如下两个方面。

（1）基于后验分布 $\pi(\theta|x)$，在给定 x 和 $1-\alpha$ 后求得可信区间，如 θ 的 $1-\alpha=0.9$ 水平的可信区间为 $[1.2, 2.0]$，可以写成

$$P(1.2 \leqslant \theta \leqslant 2.0 \mid x) = 0.9$$

这时，既可以说"θ 属于这个区间的概率为 0.9"，也可以说"θ 落在这个区间的概率为 0.9"，但对置信区间就不能这样说。因为经典统计方法认为 θ 为未知常数，它要么在[1.2, 2.0]之内，要么在其外，不能说"θ 落在[1.2, 2.0]的概率为 0.9"，而只能说"在 100 次重复使用这个置信区间时，大约有 90 次能覆盖 θ"。这种频率解释对仅使用"置信区间"一次或两次的决策者来说是毫无意义的。相比之下，贝叶斯可信区间简单、自然，容易被人接受和理解。事实上，很多实际工作者把求得的置信区间当可信区间去用。

（2）因为经典统计方法要设法构造一个表达式与 θ 有关，而分布与 θ 无关的枢轴量，所以用此方法求置信区间是一项技术性很强的工作。确定枢轴量的分布相当困难，而可信区间只要利用后验分布，不需要再去寻求另外的分布，所以可信区间的寻求要简单得多。

【例 1.9】 经过早期筛选后的彩电的寿命服从指数分布，它的密度函数为

$$p(t \mid \theta) = \theta^{-1} e^{-t/\theta}, \quad t > 0$$

其中，$\theta > 0$ 为彩电的平均寿命。

现从一批彩电中随机抽取 n 台进行寿命测试，试验到第 r（$r \leqslant n$）台失效为止，其失效时间为 $t_1 \leqslant t_2 \leqslant \cdots \leqslant t_r$，另外 $n-r$ 台彩电直到试验停止（t_r）时还未失效，这样的试验称为截尾寿命试验，所得样本 $t = (t_1, t_2, \cdots, t_r)$ 称为截尾样本，此截尾样本的联合密度函数为

$$p(t \mid \theta) \propto \left[\prod_{i=1}^{r} p(t_i \mid \theta) \right] [1 - F(t_r)]^{n-r} = \theta^{-r} \exp\{-S_r / \theta\}$$

其中，$F(t)$ 为彩电寿命的分布函数；$S_r = t_1 + t_2 + \cdots + t_r + (n-r)t_r$ 称为总试验时间。

为寻求彩电平均寿命 θ 的贝叶斯估计，需要确定 θ 的先验分布，根据国内外的经验，选用倒伽马分布 $\mathrm{IGa}(\alpha, \beta)$ 作为 θ 的先验分布是可行的，接下来的重要任务就是确定超参数 α 与 β，我国各彩电生产厂过去做了大量的彩电寿命试验，其中从 15 个彩电生产厂的实验室和一些独立实验室收集了 13 142 台彩电的寿命试验数据，共计 5 369 812 台时，此外还对 9240 台彩电进行了三年现场跟踪试验，总共进行了 5 547 810 台时试验。在这些试验中，失效台数不超过 250 台，对如此大量的先验信息加工整理后，确认我国彩电平均寿命不低于 30 000 小时，它的 10%分位数 $\theta_{0.1}$ 大约为 11 250 小时，经过一些专家认定，这两个数据是符合我国彩电寿命的实际情况的。

由此可列出如下两个方程：

$$\frac{\beta}{\alpha - 1} = 30\ 000$$

$$\int_0^{11\ 250} \pi(\theta) \mathrm{d}\theta = 0.1$$

其中，$\pi(\theta)$ 为倒伽马分布 $\mathrm{IGa}(\alpha, \beta)$ 的密度函数，即

$$\pi(\theta) = \frac{\beta^\alpha}{\Gamma(\alpha)} \left(\frac{1}{\theta} \right)^{\alpha+1} \mathrm{e}^{-\beta/\theta}, \quad \theta > 0$$

它的数学期望 $E(\theta) = \beta / (\alpha - 1)$。在计算机上求解这两个方程，可得

$$\alpha = 1.956, \quad \beta = 2868$$

这样就得到 θ 的先验分布为 IGa(1.956, 2868)。

把此先验密度与截尾样本密度相乘，可得 θ 的后验密度的核为
$$\pi(\theta|t) \propto p(t|\theta)\pi(\theta) \propto \theta^{-(\alpha+r-1)}\mathrm{e}^{-(\beta+S_r)/\theta}$$

容易看出，这仍然是倒伽马分布的核，故 θ 的后验分布应为倒伽马分布 $\mathrm{IGa}(\alpha+r,\beta+S_r)$。若取后验均值作为 θ 的贝叶斯估计，则有
$$\hat{\theta} = E(\theta|t) = \frac{\beta+S_r}{\alpha+r-1}$$

现随机抽取 100 台彩电，在规定条件下连续进行 400 小时的寿命试验，没有发生一台失效，这时总试验时间为
$$S_r = 100 \times 400 = 40\,000\,（小时），\quad r=0$$

据此，彩电的平均寿命 θ 的贝叶斯估计为
$$\hat{\theta} = \frac{2868+40\,000}{1.956-1} = 44\,841\,（小时）$$

利用上述后验分布 $\mathrm{IGa}(\alpha+r,\beta+S_r)$ 还可获得 θ 的单侧可信下限，为此要编制倒伽马分布的分位数表，这是一项繁重的工作。假如能通过变换把倒伽马分布转换为常用分布，就可回避此项繁重的工作，此种变换是存在的，通过二次变换就可把倒伽马分布转换为 χ^2 分布，具体如下所示。

（1）若 $\theta \sim \mathrm{IGa}(\alpha+r,\beta+S_r)$，则 $\theta^{-1} \sim \mathrm{Ga}(\alpha+r,\beta+S_r)$。

（2）若 $\theta^{-1} \sim \mathrm{Ga}(\alpha+r,\beta+S_r)$，$c>0$，则 $c\theta^{-1} \sim \mathrm{Ga}(\alpha+r,(\beta+S_r)/c)$，若 c 取 $2(\beta+S_r)$，则有
$$2(\beta+S_r)\theta^{-1} \sim \mathrm{Ga}\left(\alpha+r,\frac{1}{2}\right) = \chi^2(2(\alpha+r))$$

上式中右侧的等式是因为：尺度参数为 1/2 的伽马分布就是 χ^2 分布，其自由度为原伽马分布形状参数的 2 倍。

设 $\chi^2_{1-\gamma}(f)$ 是自由度为 $f=2(\alpha+r)$ 的 χ^2 分布的 $1-\gamma$ 分位数，即
$$P\left(2(\beta+S_r)\theta^{-1} \leqslant \chi^2_{1-\gamma}(f)\right) = 1-\gamma$$

由此可得 θ 的 $1-\gamma$ 分位数的可信下限为
$$\hat{\theta}_L = \frac{2(\beta+S_r)}{\chi^2_{1-\gamma}(f)}$$

这里 $\alpha=1.956$，$\beta=2868$，$S_r=40\,000$，$r=0$，于是自由度 $f=2(\alpha+r)=3.912$。当自由度不是自然数时，χ^2 分布的分位数表很少见，但这可以通过线性内插法求得近似值。若取 $1-\gamma=0.9$，则可从 χ^2 分布的分位数表查得 $\chi^2_{0.9}(3)=6.251$，$\chi^2_{0.9}(4)=7.779$，再用线性内插法获得近似值 $\chi^2_{0.9}=7.645$。最后，θ 的 90% 分位数的可信下限为
$$\hat{\theta}_L = \frac{2\times(2868+40\,000)}{7.645} = 11\,215\,（小时）$$

上述计算表明，20 世纪 80 年代我国彩电的平均寿命接近 45 000 小时，而平均寿命的 90%分位数的可信下限为 11 000 小时。

【例 1.10】 设 $x_1,x_1,\cdots,x_n$ 来自正态总体 $N(\mu,\sigma^2)$，求方差 σ^2 的区间估计。

分两种情况来讨论：μ 已知与 μ 未知。

（1）μ 已知。此时 $x_1-\mu, x_2-\mu,\cdots,x_n-\mu$ 就来自 $N(0,\sigma^2)$，不失一般性，此处假定 $\mu=0$，即只要将 $x_1-\mu, x_2-\mu,\cdots,x_n-\mu$ 看作样本就可以了。对 $\mu=0$，有

$$p(x_1,x_2,\cdots,x_n|\sigma^2)=\left(\frac{1}{\sigma\sqrt{2\pi}}\right)^n e^{-1/\left(2\sigma^2\sum_{i=1}^n x_i^2\right)}$$

如果选用广义贝叶斯假设，$\pi(\sigma^2)\propto 1$，$\sigma^2>0$，此时 σ^2 对 $x_1,x_2,\cdots,x_n$ 的后验密度是

$$h(\sigma^2|x_1,x_2,\cdots,x_n)\propto (\sigma^2)^{-\frac{n}{2}}e^{-\left(\frac{1}{2}\sum_{i=1}^n x_i^2\right)/\sigma^2},\quad \sigma^2>0$$

即 σ^2 服从逆 Γ 分布，逆 Γ 分布没有表可查。然而，令 $y=\sum_{i=1}^n x_i^2\Big/\sigma^2$ 后，有

$$P\{y<y_0|x_1,x_2,\cdots,x_n\}=c\int_{\left(\sum x_i^2/\sigma^2\right)<y_0}(\sigma^2)^{-\frac{n}{2}}e^{-\left(\frac{1}{2}\sum_{i=1}^n x_i^2\right)/\sigma^2}d\sigma^2$$

其中，c 为常数。对上式右端积分作变量替换，令 $y=\sum_{i=1}^n x_i^2\Big/\sigma^2$，则 $\sigma^2=\sum_{i=1}^n x_i^2\Big/y$，$d\sigma^2=-\frac{1}{y^2}\sum_{i=1}^n x_i^2 dy$，将其代入积分，有

$$P\{y<y_0|x_1,x_2,\cdots,x_n\}=c\int_{y<y_0}\left(y\Big/\sum_{i=1}^n x_i^2\right)^{\frac{n}{2}}e^{-\frac{1}{2}y}\left(\sum_{i=1}^n x_i^2\right)y^{-2}dy$$

$$=\left(c\Big/\left(\sum_{i=1}^n x_i^2\right)^{\frac{n}{2}-1}\right)\int_{y<y_0}y^{\frac{n-2}{2}-1}e^{-\frac{1}{2}y}dy$$

此时 y 服从自由度为 $n-2$ 的 χ^2 分布。χ^2 分布是有表可查的，从表中查到的 $1-\alpha$ 相应的分位数数值是 $\chi^2_{1-\alpha}(n-2)$，于是

$$P\left\{\sum_{i=1}^n x_i^2\Big/\sigma^2<\chi^2_{1-\alpha}(n-2)\Big|x_1,x_2,\cdots,x_n\right\}=1-\alpha$$

则可得到 σ^2 的 $1-\alpha$ 置信区间是

$$\left(\sum_{i=1}^n x_i^2\Big/\chi^2_{1-\alpha}(n-2),\ \infty\right)$$

这显然是不合适的，因为这样得到的置信区间无上界，在实际中是很少见的。于是由 $\chi^2_{1-\alpha}(n-2)$ 与 $\chi^2_{1-\alpha}(n-2)$ 这两个分位点，可得

$$P\left\{\chi^2_{\alpha/2}(n-2)<\sum_{i=1}^n x_i^2\Big/\sigma^2<\chi^2_{1-\alpha/2}(n-2)\Big|x_1,x_2,\cdots,x_n\right\}=1-\alpha$$

置信区间为

$$\left[\sum_{i=1}^n x_i^2\Big/\chi^2_{1-\alpha/2}(n-2),\ \sum_{i=1}^n x_i^2\Big/\chi^2_{\alpha/2}(n-2)\right]$$

这就比较合理些。

（2）μ 未知。采取先验分布 $\pi(\mu,\sigma) \propto \dfrac{1}{\sigma}$，$\sigma > 0$，于是后验密度是

$$h(\mu,\sigma \mid x_1, x_2, \cdots, x_n) \propto \sigma^{-(n+1)} e^{-\left(\frac{1}{2\sigma^2}\right)\left[s^2 + n(\bar{x}-\mu)^2\right]}$$

其中，$s^2 = \sum_{i=1}^{n}(x_i - \bar{x})^2$，$\bar{x} = \dfrac{1}{n}\sum_{i=1}^{n}x_i$。对 μ 积分，利用正态分布的性质

$$\int_{-\infty}^{\infty} e^{-\left(\frac{n}{2\sigma^2}\right)(\bar{x}-\mu)^2} d\mu = \sigma\sqrt{\dfrac{2\pi}{n}}$$

可得 σ 对 $x_1, x_2, \cdots, x_n$ 的后验密度是

$$h(\sigma \mid x_1, x_2, \cdots, x_n) \propto \sigma^{-(n+1)} e^{-s^2/2\sigma^2} \sigma = \sigma^{-n} e^{-s^2/2\sigma^2}, \quad \sigma > 0$$

于是从 σ 的分布密度，可以导出 σ^2 的分布密度，即

$$P\left\{\sigma^2 < \sigma_0^2 \mid x_1, x_2, \cdots, x_n\right\} = c\int_{\sigma^2 < \sigma_0^2} \sigma^{-n} e^{-s^2/2\sigma^2} d\sigma$$

令 $y = \sigma^2$，$\sigma = y^{1/2}$，$d\sigma = \dfrac{1}{2}y^{-\frac{1}{2}}dy$，代入上式右端得

$$c\int_{y<\sigma_0^2} y^{-\frac{n}{2}} e^{-\frac{s^2}{2y}} \dfrac{1}{2} y^{-\frac{1}{2}} dy = \dfrac{c}{2}\int_{y<\sigma_0^2} y^{\left(-\frac{n-1}{2}+1\right)} e^{-\frac{s^2}{2y}} dy$$

可见 σ^2 是遵从逆伽马分布的，和 μ 已知情形下的方法相同，利用 χ^2 分布表给出置信区间。

区间估计在某些实际问题中是十分重要的。对于贝叶斯方法，要给出参数的区间估计，不必像经典方法那样，去寻枢轴量，导出枢轴量的分布，然后才能给出区间估计；只要直接从参数的后验分布出发，推导参数的后验分布就可以了，如例 1.10 所示，求出 σ 对样本 $x_1, x_2, \cdots, x_n$ 的后验分布，就可以导出 σ^2 对 $x_1, x_2, \cdots, x_n$ 的后验分布，然后对 σ^2 给出区间估计。由此也可以看出贝叶斯方法处理问题确实具有简单、易懂、好用的特点。

1.1.5 假设检验

假设检验是数理统计的一个重要研究对象，是一个典型的决策问题，即根据样本的取值情况，决定接受假设还是拒绝假设。当然，一个点估计或区间估计的问题，也可以看成是一个决策。然而，这两者有很大的区别。假设检验所涉及的决策仅仅是在有限个选项（实际上只有两个：接受假设和拒绝假设）中选择一个，而估计问题涉及的决策是在无限多个选项中选择一个。有限与无限具有本质性的差别。

假设检验是统计推断中的一类重要问题，在经典统计中处理假设检验问题要分以下几步进行。

（1）建立原假设 H_0 与备择假设 H_1，即

$$H_0: \theta \in \Theta_0, \quad H_1: \theta \in \Theta_1$$

其中，Θ_0 与 Θ_1 为参数空间 Θ 中不相交的两个非空子集。

（2）选择检验统计量 $T = T(x)$，使其在原假设 H_0 为真时概率分布是已知的，这在经典方法中是最困难的一步。

（3）对给定的显著性水平 α（$0<\alpha<1$），确定拒绝域 W，使犯第Ⅰ类错误（拒真错误）的概率不超过 α。

（4）当样本观测值 x 落入拒绝域 W 时，就拒绝原假设 H_0，接受备择假设 H_1；否则就保留原假设。

在贝叶斯统计中处理假设检验问题是直截了当的，在获得后验分布 $\pi(\theta|x)$ 后，即可计算两个假设 H_0 与 H_1 的后验概率，即

$$\alpha_i = P(\Theta_i|x)\mathrm{d}\theta, \quad i=0,1$$

随后，比较 α_0 与 α_1 的大小，当后验概率比（或称后验机会比）$\alpha_0/\alpha_1 > 1$ 时接受 H_0；当 $\alpha_0/\alpha_1 < 1$ 时接受 H_1；当 $\alpha_0/\alpha_1 \approx 1$ 时，不宜做判断，尚需进一步抽样或进一步搜集先验信息。

上述两种处理方法相比，贝叶斯假设检验是简单的，它无须选择检验统计量来确定抽样分布，也无须事先给出显著性水平来确定其拒绝域。此外，贝叶斯假设检验容易推广到多重假设检验场景，当有三个或三个以上假设时，应接受具有最大后验概率的假设。

【例 1.11】 设 x 是投掷 n 次硬币出现正面的次数，设硬币出现正面的概率为 θ。现在考虑如下假设检验问题：

$$H_0: \Theta_0 = \{\theta:\theta\leqslant 0.5\}, \quad H_1: \Theta_1 = \{\theta:\theta > 0.5\}$$

若取均匀分布 $U(0,1)$ 作为 θ 的先验分布，θ 的后验分布为 $\mathrm{Be}(x+1, n-x+1)$，则 $\theta \in \Theta_0$ 的后验概率为

$$\begin{aligned}\alpha_0 &= P(\Theta_0|x) = P\{\theta|\theta\leqslant 0.5|x\} = \frac{1}{\mathrm{Be}(x+1, n-x+1)}\int_0^{0.5}\theta^x(1-\theta)^{n-x}\mathrm{d}\theta \\ &= \frac{\Gamma(n+2)}{\Gamma(x+1)\Gamma(n-x+1)}\int_0^{0.5}\theta^x(1-\theta)^{n-x}\mathrm{d}\theta \\ &= \frac{\Gamma(n+2)}{\Gamma(x+1)\Gamma(n-x+1)}\frac{0.5^{n+1}}{x+1}\left[1 + \frac{n-x}{x+2} + \frac{(n-x)(n-x-1)}{(x+2)(x+3)} + \cdots + \frac{(n-x)!x!}{(n+1)!}\right]\end{aligned}$$

当 $n=5$ 时，可以计算 $x=0,1,2,3,4,5$ 时的后验概率、后验概率比，具体计算结果如表 1.3 所示。

表 1.3　$\theta \in \Theta_0$ 和 $\theta \in \Theta_1$ 的后验概率、后验概率比

参数	x					
	0	1	2	3	4	5
α_0	63/64	57/64	42/64	22/64	7/64	1/64
α_1	1/64	7/64	22/64	42/64	57/64	63/64
α_0/α_1	63.00	8.14	1.91	0.52	0.12	0.02

由表 1.3 可知，当 $x=0,1,2$，$\alpha_0/\alpha_1 > 1$ 时，应该接受 Θ_0。比如，在 $x=0$ 时，后验概率比 $\alpha_0/\alpha_1 = 63.00$，表明 Θ_0 为真的概率是 Θ_1 的 63 倍。

从表 1.3 还可以看出，在 $x=3,4,5$，$\alpha_0/\alpha_1<1$ 时，应该拒绝 Θ_0，而接受 Θ_1。

【例 1.12】 设 $x_1,x_2,\cdots,x_n$ 来自正态总体 $N(\mu,1)$，检验 $H_0:\mu=\mu_0$ 是否成立。

现在要考虑的是用什么作为 μ 的先验分布。如果用贝叶斯假设，则有

$$P\left\{\left|\frac{\mu-\bar{x}}{1/\sqrt{n}}\right|\leq u_{1-\frac{\alpha}{2}}\middle| x_1,x_2,\cdots,x_n\right\}=1-\alpha$$

其中，$u_{1-\frac{\alpha}{2}}$ 为标准正态分布 $N(0,1)$ 的 $1-\frac{\alpha}{2}$ 分位点。因此相应的否定域是

$$|\mu_0-\bar{x}|\geq u_{1-(\alpha/2)}/\sqrt{n}$$

这和经典方法是完全一致的。这就是说，经典方法相当于选用了一个无信息的先验分布。虽然这个先验分布是广义的，但它却能导出有意义的结论。

在贝叶斯检验中，两个假设的后验概率的比较是主要方法，但贝叶斯因子也是重要概念，它可帮助我们更深刻地理解贝叶斯假设检验的思想。后验概率比 α_0/α_1 综合反映了先验分布和样本信息对 $\theta\in\Theta_0$ 的支持程度。

【例 1.13】 （续例 1.11）为了说明后验概率比对先验分布的依赖程度，在例 1.12 中，当 $n=5$，$x=1$ 时，取不同先验分布，分别计算后验概率比。若 θ 的先验分布取其共轭先验分布 $\mathrm{Be}(a,b)$，则 θ 的后验分布为 $\mathrm{Be}(x+1,n-x+1)$。

在例 1.11 中，当 $n=5$，$x=1$ 时，若 θ 的先验分布取其共轭先验分布 $\mathrm{Be}(a,b)$，分别计算后验概率比，其具体计算结果如表 1.4 所示。

表 1.4　$\theta\in\Theta_0$ 和 $\theta\in\Theta_1$ 的后验概率比

项目	先验均值				
	0.01667	0.3333	0.5000	0.6667	0.8333
(a,b)	(5, 1)	(5, 1)	(5, 1)	(5, 1)	(5, 1)
α_0/α_1	0.6500	3.4128	8.1400	15.0000	38.6115

从表 1.4 可以看出，不同的先验分布，其对应的后验概率比相差较大。这就说明了后验概率比对先验分布的依赖程度较大。

为了更客观地考虑样本信息和先验分布对 Θ_0 的支持程度，以下引入贝叶斯因子。

定义 1.12 设两个假设 Θ_0 和 Θ_1 的先验概率分别为 π_0 和 π_1，后验概率分别为 α_0 和 α_1，比例 α_0/α_1 称为 H_0 对 H_1 的后验机会比，π_0/π_1 称为先验机会比，则称

$$B^\pi(x)=\frac{\text{后验机会比}}{\text{先验机会比}}=\frac{\alpha_0/\alpha_1}{\pi_0/\pi_1}=\frac{\alpha_0\pi_1}{\alpha_1\pi_0} \tag{1.34}$$

为支持 H_0 的贝叶斯因子。$B^\pi(x)$ 取值越大，对 H_0 的支持程度越高。

需要注意的是，从贝叶斯因子的定义看，它既依赖于数据 x，又依赖于先验分布 π，很多人认为，两种机会比相除会减弱先验分布的影响，突出数据的影响。从定义上看，贝叶斯因子 $B^\pi(x)$ 是反映数据 x 支持 H_0 的程度的。

下面讨论几种不同假设情形下的贝叶斯因子。

（1）简单假设 $\varTheta_0 = \{\theta_0\}$ 对简单假设 $\varTheta_1 = \{\theta_1\}$。

要解释 $B^\pi(x)$ 是合理的，首先看 $\varTheta_0$ 和 $\varTheta_1$ 皆为简单假设的情形，即

$$H_0 : \varTheta_0 = \{\theta_0\}, \quad H_1 : \varTheta_1 = \{\theta_1\}$$

此时，

$$\alpha_0 = P(\varTheta_0 \mid x) = \frac{f(x \mid \theta_0)\pi_0}{f(x \mid \theta_0)\pi_0 + f(x \mid \theta_1)\pi_1} \tag{1.35}$$

$$\alpha_1 = P(\varTheta_1 \mid x) = \frac{f(x \mid \theta_1)\pi_1}{f(x \mid \theta_0)\pi_0 + f(x \mid \theta_1)\pi_1} \tag{1.36}$$

其中，$f(x \mid \theta)$ 为样本的分布。后验机会比为

$$\frac{\alpha_0}{\alpha_1} = \frac{\pi_0 f(x \mid \theta_0)}{\pi_1 f(x \mid \theta_1)} \tag{1.37}$$

因此，

$$B^\pi(x) = \frac{\alpha_0 / \alpha_1}{\pi_0 / \pi_1} = \frac{f(x \mid \theta_0)}{f(x \mid \theta_1)} \tag{1.38}$$

如果要拒绝原假设 H_0，则要求 $\frac{\alpha_0}{\alpha_1} < 1$。由式（1.37）可知，$\frac{\alpha_0}{\alpha_1} < 1$ 等价于

$$\frac{f(x \mid \theta_0)}{f(x \mid \theta_1)} > \frac{\pi_0}{\pi_1} \tag{1.39}$$

即要求两个密度函数值之比要大于临界值，这与著名的 Neyman-Pearson 引理的基本结果类似。从贝叶斯观点看，这个临界值就是两个先验概率比。

由此可见，$B^\pi(x)$ 正是 $\varTheta_0 \leftrightarrow \varTheta_1$ 的似然比，它通常被认为是由数据给出的 $\varTheta_0 \leftrightarrow \varTheta_1$ 的机会比，由于此种情形的贝叶斯因子不依赖于先验分布，仅依赖于样本的似然比，故贝叶斯因子 $B^\pi(x)$ 可视为数据 x 支持 $\varTheta_0$ 的程度。

【例 1.14】 设随机变量 $X \sim N(\theta, 1)$，现在要检验假设

$$H_0 : \theta = 0, \quad H_1 : \theta = 1$$

设 $x_1, x_2, \cdots, x_n$ 是来自正态分布 $X \sim N(\theta, 1)$ 的样本观察值，则在 $\theta = 0$ 和 $\theta = 1$ 时的似然函数分别为

$$f(\bar{x} \mid 0) = \sqrt{\frac{n}{2\pi}} \exp\left\{-\frac{n}{2}\bar{x}^2\right\}$$

$$f(\bar{x} \mid 1) = \sqrt{\frac{n}{2\pi}} \exp\left\{-\frac{n}{2}(\bar{x}-1)^2\right\}$$

于是，贝叶斯因子为

$$B^\pi(x) = \frac{\alpha_0 \pi_1}{\alpha_1 \pi_0} = \frac{f(\bar{x} \mid 0)}{f(\bar{x} \mid 1)} = \exp\left\{-\frac{n}{2}(2\bar{x}-1)\right\}$$

当 $n = 10$，$\bar{x} = 2$ 时，贝叶斯因子为 $B^\pi(x) = 3.06 \times 10^{-7}$，这是一个很小的数，样本数据支持原假设 H_0 的程度很小。

如果要接受 H_0，就要求

$$\frac{\alpha_0}{\alpha_1} = B^\pi(x)\frac{\pi_0}{\pi_1} = 3.06\times 10^{-7} \times \frac{\pi_1}{\pi_0} > 1$$

此时，即使先验概率比 π_0/π_1 的值非常大，都不能满足上述不等式，因此必须拒绝原假设 H_0，而接受 H_1。

（2）复杂假设 Θ_0 对复杂假设 Θ_1。

考虑下列假设检验问题：

$$H_0: \theta \in \Theta_0, \quad H_1: \theta \in \Theta_1$$

其中，Θ_0 和 Θ_1 为参数空间的非空真子集，且 $\Theta_0 \cup \Theta_1 = \Theta$。此时，将先验分布 $\pi(\theta)$ 写成如下形式：

$$\pi(\theta) = \begin{cases} \pi_0 g_0(\theta), & \theta \in \Theta_0 \\ \pi_1 g_1(\theta), & \theta \in \Theta_1 \end{cases}$$

其中，π_0 和 π_1 分别为 Θ_0 和 Θ_1 上的先验概率；$g_0(\theta)$ 和 $g_1(\theta)$ 分别是 Θ_0 和 Θ_1 上的概率密度函数。易见

$$\int_\Theta \pi(\theta)\mathrm{d}\theta = \int_{\Theta_0} \pi_0 g_0(\theta)\mathrm{d}\theta + \int_{\Theta_1} \pi_1 g_1(\theta)\mathrm{d}\theta = \pi_0 + \pi_1 = 1$$

即 $\pi(\theta)$ 是先验密度。

后验概率比为

$$\frac{\alpha_0}{\alpha_1} = \frac{\int_{\Theta_0} f(x|\theta)\pi_0 g_0(\theta)\mathrm{d}\theta}{\int_{\Theta_1} f(x|\theta)\pi_1 g_1(\theta)\mathrm{d}\theta}$$

故贝叶斯因子可表示为

$$B^\pi(x) = \frac{\alpha_0/\alpha_1}{\pi_0/\pi_1} = \frac{\int_{\Theta_0} f(x|\theta)g_0(\theta)\mathrm{d}\theta}{\int_{\Theta_1} f(x|\theta)g_1(\theta)\mathrm{d}\theta} = \frac{m_1(x)}{m_2(x)}$$

因此，$B^\pi(x)$ 还依赖于 Θ_0 和 Θ_1 上的先验密度 g_0 和 g_1，这时贝叶斯因子虽然已不是似然比，但仍可看作 Θ_0 和 Θ_1 上的加权似然比，它部分地消除了先验分布的影响，而强调了样本观测值的作用。当 $B^\pi(x)$ 对 g_0 和 g_1 的选择相对不敏感时，在这种情形下仅仅由数据来决定上述比值就是合理的了。

【例 1.15】 设从正态分布 $N(\theta,1)$ 中随机地抽取容量为 10 的样本，算得样本均值 $\bar{x}=1.5$，现在要检验假设

$$H_0: \theta \leq 1, \quad H_1: \theta > 1$$

若取 θ 的共轭先验分布为 $N(0.5, 2)$，可得 θ 的后验分布为 $N(\mu, \sigma^2)$，其中 μ 和 σ^2 分别为

$$\mu = 1.4523, \quad \sigma^2 = 0.095\,23 = 0.3086^2$$

则 H_0 和 H_1 的后验概率比分别为

$$\alpha_0 = P(\theta \leq 1) = \phi\left(\frac{1-1.4523}{0.3086}\right) = \phi(-1.4657) = 0.0708$$

$$\alpha_1 = P(\theta > 1) = 1 - 0.0708 = 0.9292$$

后验概率比为

$$\frac{\alpha_0}{\alpha_1} = \frac{0.0708}{0.9292} = 0.0762$$

从以上的计算可以看出，H_0 为真的可能性比较小，因此应该拒绝 H_0，接受 H_1，即可以认为 $\theta > 1$。

另外，由于先验分布为 $N(0.5, 2)$，可以计算 H_0 和 H_1 的先验概率分别为

$$\pi_0 = \phi\left(\frac{1-0.5}{\sqrt{2}}\right) = \phi(0.3536) = 0.6368$$

$$\pi_1 = 1 - 0.6368 = 0.3632$$

先验概率比为

$$\frac{\pi_0}{\pi_1} = \frac{0.6368}{0.3632} = 1.7533$$

由此可见，先验信息是支持原假设 H_0 的。

于是，贝叶斯因子为

$$B^\pi(x) = \frac{\alpha_0/\alpha_1}{\pi_0/\pi_1} = \frac{0.0762}{1.7533} = 0.0435$$

由此可见，支持 H_0 的贝叶斯因子的值并不高。

（3）简单原假设对复杂备择假设。

考虑下列假设检验问题：

$$H_0: \theta = \theta_0, \quad H_1: \theta \neq \theta_0$$

这是一类常见的检验问题，这里存在一个对简单原假设的理解问题。当参数 θ 是连续型变量时，用简单假设是不合适的。例如，在参数 θ 表示某种食品的重量时，检验该食品的重量是 500 克也是不现实的，因为该食品的重量恰好是 500 克是罕见的，一般是在 500 克左右，所以在试验中接受丝毫不差的原假设 $\theta = \theta_0$ 是不合理的。合理的原假设与备择假设应该是

$$H_0: \theta \in [\theta_0 - \varepsilon, \theta_0 + \varepsilon], \quad H_1: \theta \notin [\theta_0 - \varepsilon, \theta_0 + \varepsilon]$$

其中，ε 为任意小的正数，使得 $[\theta_0 - \varepsilon, \theta_0 + \varepsilon]$ 与 θ_0 难以区别。例如，ε 可选 θ_0 的容许误差内的一个很小的正数。

下面考虑 $H_0: \theta = \theta_0$，$H_1: \theta \neq \theta_0$ 的贝叶斯检验如何导出。$H_0: \theta = \theta_0$ 不能采用连续密度函数作为先验密度，因为这种密度使 $\theta = \theta_0$ 的先验概率 $\pi(\theta_0) = \pi_0 = 0$，从而使相应的后验概率也为 0。一个有效的方法是给 θ_0 一个正概率 π_0，而对 $\theta \neq \theta_0$ 给一个加权密度 $\pi_1 g_1(\theta)$，即 θ 的先验密度为

$$\pi(\theta) = \begin{cases} \pi_0, & \theta = \theta_0 \\ \pi_1 g_1(\theta), & \theta \neq \theta_0 \end{cases}$$

其中，$\pi_0 + \pi_1 = 1$。事实上，可以把 θ_0 设想为 $[\theta_0 - \varepsilon, \theta_0 + \varepsilon]$ 上的质量，因此上述先验密度有离散和连续两部分。

设样本分布为 $f(x|\theta)$，则得先验分布为

$$m(x) = \int_\Theta f(x|\theta)\pi(\theta)\mathrm{d}\theta = \pi_0 f(x|\theta_0) + \pi_1 m_1(x)$$

其中，

$$m_1(x) = \int_{\{\theta \neq \theta_0\}} f(x|\theta)g_1(\theta)\mathrm{d}\theta$$

由此得到 $\theta = \theta_0$ 和 $\theta \neq \theta_0$ 的后验概率分别为

$$\alpha_0 = P(\Theta_0|x) = \frac{\pi_0 f(x|\theta_0)}{m(x)}, \quad \alpha_1 = P(\Theta_1|x) = \frac{\pi_1 m_1(x)}{m(x)}$$

后验机会比为

$$\frac{\alpha_0}{\alpha_1} = \frac{\pi_0 f(x|\theta_0)}{\pi_1 m_1(x)}$$

因此贝叶斯因子为

$$B^\pi(x) = \frac{\alpha_0/\alpha_1}{\pi_0/\pi_1} = \frac{f(x|\theta_0)}{m_1(x)}$$

可见贝叶斯因子更简单。故实际中，常先计算 $B^\pi(x)$，后计算 α_0 和 α_1，因为由贝叶斯因子的定义和 $\alpha_0 + \alpha_1 = 1$，可推出

$$\alpha_0 = P(\Theta_0|x) = \left[1 + \frac{1-\pi_0}{\pi_0 B^\pi(x)}\right]^{-1}$$

【例1.16】 设随机变量 $X \sim B(n,\theta)$，求以下检验问题：

$$H_0: \theta = 0.5, \quad H_1: \theta \neq 0.5$$

设在 $(-\infty, 0.5) \cup (0.5, +\infty)$ 上的密度 $g_1(\theta)$ 为 $(0,1)$ 上的均匀分布 $U(0,1)$。X 对 $g_1(\theta)$ 的边缘密度为

$$m_1(x) = \int_0^1 C_n^x \theta^x (1-\theta)^{n-x} \mathrm{d}\theta = C_n^x \frac{\Gamma(x+1)\Gamma(n-x+1)}{\Gamma(n+2)} = \frac{1}{n+1}$$

于是贝叶斯因子为

$$B^\pi(x) = \frac{P(x|\theta=0.5)}{m_1(x)} = \frac{C_n^x(0.5)^n}{m_1(x)} = \frac{(n+1)!}{2^n x!(n-x)!}$$

H_0 成立时，后验概率为

$$\alpha_0 = \left[1 + \frac{\pi_1}{\pi_0} \frac{2^n x!(n-x)!}{(n+1)!}\right]^{-1}$$

若取 $\pi_0 = 0.5$，$n = 5$，$x = 3$，则贝叶斯因子为

$$B^\pi(3) = \frac{6!}{2^5 3!2!} = \frac{15}{8} \approx 2$$

由于先验概率比为1，故贝叶斯因子就是后验机会比，$B^\pi(3) \approx 2 > 1$，故应接受 H_0。

1.2 贝叶斯决策问题及基本方法

在不确定天气的情况下，出门是否带伞？在市场需求难以准确预测的情况下，是否应生产一定数量的某种新产品？等等，这类问题称为随机性决策问题。

1.2.1 贝叶斯决策问题

随机性决策问题的一个基本特点是后果的不确定性和后果的效用性。每个随机性决策问题都包含两个方面，即决策人采取的行动（简称决策）和自然状态（简称状态）。在带伞问题中，决策人的决策是带伞或不带伞，状态是下雨或不下雨。在生产问题中，决策人的决策是生产或不生产某种产品，如果生产，应生产多少件；状态是该产品的市场需求量。状态不能由决策人控制，而且决策人不可事先对它进行准确预测。由于状态的不确定性，决策人采取任何行动，都可能产生不同的后果。以带伞问题为例，如决策人带伞，则存在两种可能的后果，即带伞遇雨和带伞不遇雨。如决策人不带伞也会产生两种后果，即不带伞遇雨和不带伞不遇雨。因此，这个带伞问题共有两种决策和四种后果。生产问题中决策人能采用的决策更加复杂。例如，他可以不生产，也可以生产一万件、五万件或十万件，这种产品在市场上的销售可能有三种情况，即畅销、滞销或销路一般，它们是这个问题的状态。由于这个问题的决策有四种，而状态有三种，因此能产生十种可能的后果（不生产只有一种后果）。因为出现的状态是不确定的，所以决策人做出某种决策以后会出现的后果也是不确定的。后果的不确定性是随机性决策问题的主要特征之一。

随机性决策问题的另一个基本特点是需要确定各种后果的效用。效用是后果价值的量化，由于存在不确定性，决策人采取任何决策都会遇到事先不能完全预料的后果，因此，决策人需要承担一定的风险。各个决策人对风险的态度往往不相同。例如，老年人很害怕没有带伞遇到雨，而青年人则较少顾虑。所以同样的后果对不同的决策人会产生不同的效用。此外，即使在没有风险的情况下，不同的决策人对后果也有不同的偏好，在进行定量的决策分析之前，必须确定所有后果的效用。只有这样，决策者才能比较各种决策的优劣从而选择其最喜爱的决策。以上两点，即后果对决策人的不确定性（它又是由状态的不确定性所引起的）和对所有后果赋予效用，是决策分析中的两个关键问题。

综上所述，决策问题包含三个要素。

（1）描述自然界（或社会）各种可能的状态集 $\Theta = \{\theta\}$。

（2）描述决策者可能采取各种行动的行动集 $\mathcal{A} = \{a\}$。

（3）评价决策者所采取行动优劣的损失函数[①] $L(\theta, a)$。它是定义在 $\Theta \times \mathcal{A}$ 上的二元函数。

显然，损失越小决策函数越好。损失函数的类型有很多，常用的有平方损失函数、绝对值损失函数和线性损失函数等。

---

① 收益函数也可达到类似目的，但本章主要使用损失函数。

状态集合 Θ、行动集合 $\mathcal{A}$ 和损失函数 $L(\theta, a)$ 是构造一个决策问题必不可少的三个基本要素。一个决策问题是否能够得到有效解决,就看能否把这三个要素明确地写出来。这三个要素中只要一个变化,例如,状态集合中多或少一个元素,或行动集中多或少一个元素,或损失函数改变了,都会导致决策问题的改变,就变成另一个决策问题了。

然而,仅通过这三个要素很难找到一个较理想的决策方法。这里的关键在于缺少对自然界(或社会)更深入的了解,若能对状态集 $\Theta = \{\theta\}$ 有更多认识,人们的决策水平会提高一步。为此人们想方设法地从自然界或社会中挖掘各种有用的信息。迄今为止,可供决策使用的信息可归纳为如下两种。

(1)先验信息,即人们在过去对自然界(或社会)各种状态发生可能性的认识。它可以用状态集 Θ 上的一个先验分布 $\pi(\theta)$ 来概括。先验信息在前面已讨论并使用过,此处不再赘述。

(2)试验信息或抽样信息,即把自然界(或社会)的状态 θ 放到有用的环境中去观察,或去试验,或去抽样,从获得的样本中了解当今状态 θ 的最新信息。这里的关键就是要确定一个可以观察的随机变量 X,它的概率分布中恰好把 θ 当作未知参数。例如,X 是服从密度函数 $f(x|\theta)$ 的随机变量,对 X 进行 n 次观察或 n 次试验,所得样本 $x = (x_1, x_2, \cdots, x_n)$ 可看作是从分布 $f(x|\theta)$ 中随机抽取的一个样本。样本的密度函数(即似然函数)

$$f(x|\theta) = \prod_{i=1}^{n} f(x_i | \theta) \tag{1.40}$$

概括了抽样信息(总体信息和样本信息)中一切有关 θ 的信息。

对上述两种信息的使用,形成了不同的决策问题,具体如下。

(1)仅使用先验信息的决策问题,称为无数据(或无样本信息)的决策问题。

(2)仅使用抽样信息的决策问题,就是传统的统计决策问题。

(3)先验信息和抽样信息都使用的决策问题,称为贝叶斯决策问题。本节将讨论这一类决策问题。

【例1.17】 某工厂的产品100件装成一箱交运顾客。在向顾客交货前,面临如下两个行动选择。

a_1:一箱中每件逐一检查。

a_2:一箱中一件也不检查。

若工厂选择 a_1,则可保证交货时每件产品都是合格品;但因每件产品的检查费为0.8元,为此工厂要支付80元/箱的检查费。若工厂选择 a_2,工厂可免付每箱检查费80元;但顾客发现不合格产品时,按照合同不允许更换,而且每件要支付12.5元的赔偿费。如果用 θ 表示一箱中产品的不合格率,则容易获得工厂的支付函数为

$$W(\theta, a) = \begin{cases} 80, & a = a_1 \\ 12.5 \times 100\theta, & a = a_2 \end{cases}$$

其中,$\theta \in (0,1)$。

这是一个典型的决策问题。此时相应的损失函数可由支付函数 $W(\theta, a)$ 得到,即

$$L(\theta,a_1)=\begin{cases}80-1250\theta, & \theta\leqslant\theta_0\\ 0, & \theta>\theta_0\end{cases}$$

$$L(\theta,a_2)=\begin{cases}0, & \theta\leqslant\theta_0\\ -80+1250\theta, & \theta>\theta_0\end{cases}$$

其中，$\theta_0=0.064$。

如果工厂从产品检查部门发现，该产品的不合格率 θ 没有超过 0.12 的记录，取 (0,0.12) 上的均匀分布作为 θ 的先验分布，这就构成了一个无数据决策问题。这个决策问题中可以分别计算行动 a_1 和 a_2 的先验期望损失，具体如下：

$$\bar{L}(a_1)=\frac{1}{0.12}\int_0^{\theta_0}(80-1250\theta)\mathrm{d}\theta=8.33\times\left(80\theta_0-\frac{1250\theta_0^2}{2}\right)=21.32$$

$$\bar{L}(a_2)=\frac{1}{0.12}\int_{\theta_0}^{0.12}(-80+1250\theta)\mathrm{d}\theta=8.33\times\left[-80\times(0.12-\theta_0)+1250\times\frac{0.12^2-\theta_0^2}{2}\right]=16.33$$

按照先验期望损失越小越好的原则，应选择行动 a_2。

如果工厂决定先在每箱中抽取两件进行检查，设 X 为不合格品数，则 $X\sim B(2,\theta)$。然后工厂根据 X 的取值（可能取值为 0,1,2）再选择行动 a_1 或 a_2。此时，容易获得工厂的支付函数为

$$W(\theta,a)=\begin{cases}80, & a=a_1\\ 1.6+1250\theta, & a=a_2\end{cases}$$

相应的损失函数可由支付函数 $W(\theta,a)$ 得到，即

$$L(\theta,a_1)=\begin{cases}74.8-1250\theta, & \theta\leqslant\theta_0\\ 0, & \theta>\theta_0\end{cases}$$

$$L(\theta,a_2)=\begin{cases}0, & \theta\leqslant\theta_0\\ -74.8+1250\theta, & \theta>\theta_0\end{cases}$$

其中，$\theta_0=0.062\,72$。

此种利用抽样信息的决策问题就是传统的统计决策问题。再使用 θ 的先验分布 $U(0,0.12)$，则构成了一个贝叶斯决策问题。这些决策问题将在 1.2.2 节进行讨论。

一般来说，抽样信息在决策中是很重要的信息，获得此种信息的费用都比较高，因此应该充分重视和利用。

因此如果已知以下四点，一个贝叶斯问题就被确定了。

（1）有一个可观察的随机变量 X，它的密度函数（或分布律）$f(x|\theta)$ 依赖于未知参数 θ，$\theta\in\Theta$，这里 Θ 是状态集合。通常分布中的 θ 称为参数，因此 Θ 也称为参数空间。

（2）在参数空间上 θ 有一个先验分布 $\pi(\theta)$。

（3）有一个行动集合 $\mathcal{A}$，在对 θ 做区间估计时，行动 a 就是一个区间，θ 上的一切可能区间构成行动集合 $\mathcal{A}$。在对 θ 做假设检验时，$\mathcal{A}$ 只含有两个行动：接受（a_1）和拒绝（a_2）。

（4）在 $\Theta\times\mathcal{A}$ 上定义一个损失函数 $L(\theta,a)$，它表示参数为 θ 时，决策者采用行动 a 所引起的损失。

从上述可以看出，一个贝叶斯决策问题比一般统计决策问题多了两个条件：一个是先验分布，另一个是总体分布。从总体分布抽取一个样本 $x = (x_1, x_2, \cdots, x_n)$，容易获得似然函数。另外，从贝叶斯统计看，一个贝叶斯决策问题比一个贝叶斯推断问题多一个损失函数。或者说，把损失函数引进统计推断就构成了贝叶斯决策问题。这样就把贝叶斯推断与经济效益联系在一起了。

1.2.2 贝叶斯决策的基本方法

利用补充信息修正先验状态概率分布，这是贝叶斯决策的关键。先看一个实例。

【例 1.18】 某公司经营一种高科技产品，若市场畅销，可以获利 15 000 元；若市场滞销，将亏损 5000 元。根据历年的市场销售资料，该产品畅销的概率为 0.8，滞销的概率为 0.2。为了准确地掌握该产品的市场销售情况，准备聘请某咨询公司进行市场调查和分析，该咨询公司对该产品畅销预测的准确率为 0.95，滞销预测的准确率为 0.90。根据市场咨询分析结果，对于是否经营该产品，该公司应如何决策？

设该公司经营高科技产品有两个行动方案，即经营方案（a_1）、不经营方案（a_2）。该产品的市场销售有两种状态，即畅销（θ_1）、滞销（θ_2）。状态变量 θ 的先验分布为
$$P(\theta_1) = 0.8, \quad P(\theta_2) = 0.2$$

据题意，该公司的收益矩阵为
$$Q = (q_{ij})_{2 \times 2} = \begin{pmatrix} 15\,000 & -5000 \\ 0 & 0 \end{pmatrix}$$

于是，由风险型决策的期望值准则，可得
$$E(a_1) = \sum_{j=1}^{2} q_{1j} P(\theta_j) = 15\,000 \times 0.8 + (-5000) \times 0.2 = 11\,000 \text{（元）}$$

$$E(a_2) = \sum_{j=1}^{2} q_{2j} P(\theta_j) = 0$$

因此，按状态变量的先验分布进行决策，最满意的行动方案为 a_1，即由于
$$E(a_1) > E(a_2), \quad a_1 \succ a_2$$

故有
$$a_{\text{opt}} = a_1$$

其中，a_{opt} 为最满意的方案。这表示，不论市场状态是畅销还是滞销，公司均应该做出经营该产品的决策。

如果补充市场调查分析的信息，应该如何决策分析？根据市场预测的准确率，即在实际状态 θ_j（$j=1,2$）的条件下，可以利用预测值 H_i（$i=1,2$）的条件概率 $P(H_i | \theta_j)$ 进行决策。这里预测值 H_1 表示预测市场畅销，H_2 表示预测市场滞销。根据题意，有
$$P(H_1 | \theta_1) = 0.95, \quad P(H_2 | \theta_1) = 0.05$$
$$P(H_1 | \theta_2) = 0.10, \quad P(H_2 | \theta_2) = 0.90$$

市场预测的准确率可以表示为矩阵

$$\begin{array}{c} \quad P(H_i|\theta_1) \quad P(H_i|\theta_2) \\ \begin{array}{c} H_1 \\ H_2 \end{array} \begin{bmatrix} 0.95 & 0.10 \\ 0.05 & 0.90 \end{bmatrix} \end{array}$$

由全概率公式可得咨询公司预测该产品畅销和滞销的概率分别为

$$P(H_1) = \sum_{j=1}^{2} P(\theta_j) P(H_1|\theta_j) = 0.95 \times 0.8 + 0.10 \times 0.2 = 0.78$$

$$P(H_2) = \sum_{j=1}^{2} P(\theta_j) P(H_2|\theta_j) = 0.05 \times 0.8 + 0.90 \times 0.2 = 0.22$$

由贝叶斯公式可得，在不同的预测值 H_i（$i=1,2$）的条件下，状态值 θ_j（$j=1,2$）的条件概率分别为

$$P(\theta_1|H_1) = \frac{P(\theta_1)P(H_1|\theta_1)}{P(H_1)} = \frac{0.8 \times 0.95}{0.78} = 0.9744$$

$$P(\theta_2|H_1) = \frac{P(\theta_2)P(H_1|\theta_2)}{P(H_1)} = \frac{0.2 \times 0.10}{0.78} = 0.0256$$

$$P(\theta_1|H_2) = \frac{P(\theta_1)P(H_2|\theta_1)}{P(H_2)} = \frac{0.8 \times 0.05}{0.22} = 0.1818$$

$$P(\theta_2|H_2) = \frac{P(\theta_2)P(H_2|\theta_2)}{P(H_2)} = \frac{0.2 \times 0.90}{0.22} = 0.8182$$

用补充信息（即市场预测）对状态变量（即畅销或滞销）的先验分布进行修正，得到的状态变量的概率分布称为后验分布。后验分布表示为矩阵，称为后验分布矩阵，即

$$\begin{array}{c} \quad P(\theta_1|H_i) \quad P(\theta_2|H_i) \\ \begin{array}{c} H_1 \\ H_2 \end{array} \begin{bmatrix} 0.9744 & 0.0256 \\ 0.1818 & 0.8182 \end{bmatrix} \end{array}$$

当市场预测为畅销时，即事件 H_1 发生，用后验分布的条件概率值 $P(\theta_1|H_1)$、$P(\theta_2|H_1)$ 代替先验分布的概率值 $P(\theta_1)$、$P(\theta_2)$，再计算方案 a_1、a_2 的期望收益值，即

$$E(a_1|H_1) = \sum_{j=1}^{2} P(\theta_j|H_1) q_{1j} = 0.9744 \times 15\,000 - 0.0256 \times 5000 = 14\,488 \text{（元）}$$

$$E(a_2|H_1) = \sum_{j=1}^{2} P(\theta_j|H_1) q_{2j} = 0 \text{（元）}$$

此时，$a_{\text{opt}}(H_1) = a_1$，表示当预测值 H_1 发生时，最满意的方案为经营该产品。

当市场预测为滞销时，即事件 H_2 发生，用后验分布的条件值 $P(\theta_1|H_2)$、$P(\theta_2|H_2)$ 代替先验分布的概率值 $P(\theta_1)$、$P(\theta_2)$，再计算方案 a_1、a_2 的期望收益值，即

$$E(a_1|H_2) = \sum_{j=1}^{2} P(\theta_j|H_2) q_{1j} = 0.1818 \times 15\,000 - 0.8182 \times 5000 = -1364 \text{（元）}$$

$$E(a_2|H_2) = \sum_{j=1}^{2} P(\theta_j|H_2) q_{2j} = 0 \text{（元）}$$

此时，$a_{opt}(H_2) = a_2$，表示当预测值 H_2 发生时，最满意的方案为不经营该产品。

由例 1.18 可知，贝叶斯决策就是通过市场调查分析获取补充信息，利用补充信息修正状态变量的先验分布。依据风险型决策的期望值准则，用后验分布替代先验分布，使状态变量的概率分布更加符合实际情况，从而做出决策，找出最满意的方案，提高决策的科学性。

设风险型决策问题 (Ω, A, F) 的状态变量为 θ，通过市场调查分析所获取的补充信息用已发生的随机事件 H 或已取值的随机变量 τ 表示，称 H 或 τ 为信息值。信息值的可靠程度用在状态变量 θ 的条件下，信息值 H 的条件分布 $P(H|\theta)$ 表示。在离散的情况下，θ 取 n 个值 θ_j（$j=1,2,\cdots,n$），H 取 m 个值 H_i（$i=1,2,\cdots,m$），则条件分布矩阵

$$\begin{bmatrix} P(H_1|\theta_1) & P(H_1|\theta_2) & \cdots & P(H_1|\theta_n) \\ P(H_2|\theta_1) & P(H_2|\theta_2) & \cdots & P(H_2|\theta_n) \\ \vdots & \vdots & & \vdots \\ P(H_m|\theta_1) & P(H_m|\theta_2) & \cdots & P(H_m|\theta_n) \end{bmatrix}$$

称为贝叶斯决策的似然分布矩阵。此矩阵完整地描述了在不同状态值 θ_j 的条件下，信息值 H_i 的可靠程度。贝叶斯决策的基本方法是：利用市场调查获取的补充信息值 H 或 τ 去修正状态变量的先验分布，即依据似然分布矩阵所提供的充分信息，用贝叶斯公式求出在信息值 H 或 τ 发生的条件下，状态变量 θ 的条件分布 $P(\theta|H)$ 或条件密度函数 $K(\theta|\tau)$（经过修正的状态变量 θ 的分布，称为后验分布，后验分布能够更准确地表示状态变量的概率分布的实际情况）；再利用后验分布对风险型决策问题 (Ω, A, F) 做出决策分析，并测算信息的价值和比较信息的成本，从而提高决策的科学性和效益性。贝叶斯决策的关键，在于依据似然分布，用贝叶斯方法求出后验分布。

贝叶斯决策的基本步骤具体如下。

（1）验前分析。依据市场历年的统计数据和资料，决策分析人员按照自身的经验和判断，应用状态分析方法测算和估计状态变量的先验分布，并计算各可行方案在不同自然状态下的条件结果值，利用这些信息，结合某种决策准则，对各可行方案进行评价和选择，找出最满意方案。由于依据先验分布进行决策，故称为验前分析。如果受客观条件限制，例如时间、人力、物力和财力等条件的限制，不可能更充分地进行市场调查收集信息，决策分析人员仅能完成验前分析这一步骤。

（2）预验分析。如果决策问题十分重要，而且时间和人力、物力、财力允许，应该考虑是否采用市场调查或局部试验等方法补充收集新信息。决策分析人员要对补充信息可能给企业带来的效益和补充信息所花费的成本进行权衡分析。如果信息的价值高于信息的成本，则补充信息给企业带来正效益，应该补充信息。反之如果信息的价值低于信息的成本，则补充信息会给企业带来负效益，大可不必补充信息。这种比较分析补充信息价值和成本的过程，称为预验分析。如果获取补充信息的费用很小，甚至可以忽略不计，本步骤可以省略，直接进行调查和收集信息，并依据获取的补充信息转入下一步骤。

（3）验后分析。经过预验分析，决策分析人员做出补充信息的决定，并通过市场调

查和分析补充信息，为验后分析做准备。验后分析的关键是利用补充信息修正先验分布，得到更加符合市场实际的后验分布。再利用后验分布进行决策分析选出最满意的可行方案，并对信息的价值和成本进行对比分析，对决策分析的经济效益情况做出合理的说明。验后分析和预验分析一样，都是通过贝叶斯公式修正先验分布。两者的不同之处在于，预验分析是依据可能的调查结果，侧重于判断是否补充信息；验后分析是根据实际调查结果，侧重于选出最满意方案。实际操作中这两个步骤有时难以严格区分，往往是同时进行，仅仅在于侧重点有所不同而已。

（4）序贯分析。社会经济实际中的决策问题，情况都比较复杂，可适当地将决策分析的全过程划分为若干阶段，每一阶段都包括先验分析、预验分析和验后分析等步骤。这样多阶段相互连接，前阶段决策结果是后阶段决策的条件，形成决策分析全过程，称为序贯决策。序贯决策属于多阶段决策，本章主要讨论单阶段贝叶斯决策。

下面以实例说明贝叶斯决策的基本方法。

【例 1.19】 某公司为开发某种新产品需要新设备，有三种方案可供选择：引进大型设备（a_1）、引进中型设备（a_2）、引进小型设备（a_3）。市场对该新产品的需求状态也有三种：需求量大（θ_1）、需求量一般（θ_2）、需求量小（θ_3）。根据市场预测，三种方案在三种不同的市场需求状态下，企业的效益用收益矩阵（单位：万元）可表示为

$$Q = (q_{ij})_{3\times 3} = \begin{bmatrix} 50 & 20 & -20 \\ 30 & 25 & -10 \\ 10 & 10 & 10 \end{bmatrix}$$

其中，q_{ij}（$i,j=1,2,3$）为方案 a_i 在需求状态 θ_j 下的收益值。根据历年资料，该产品对各需求状态的概率分别为 $P(\theta_1)=0.3$、$P(\theta_2)=0.4$、$P(\theta_3)=0.3$。为使新产品开发产销对路，该企业利用试销法做市场调查，在市场需求状态 θ_j 的条件下，调查结果值 H_i 的条件概率 $P(H_i|\theta_j)$ 的取值如表 1.5 所示，H_1、H_2、H_3 分别表示调查结果值为需求量大、需求量一般、需求量小。试对该企业新品开发方案进行决策。

表 1.5 $P(H_i|\theta_j)$ 的取值

H	θ_1	θ_2	θ_3
H_1	0.6	0.2	0.2
H_2	0.3	0.5	0.2
H_3	0.1	0.3	0.6

（1）验前分析。设本问题的收益矩阵为

$$Q = (q_{ij})_{3\times 3}$$

验前状态概率向量为

$$P = (p_1, p_2, p_3)^{\mathrm{T}} = (0.3, 0.4, 0.3)^{\mathrm{T}}$$

行动方案向量为

$$A = (a_1, a_2, a_3)^{\mathrm{T}}$$

由风险决策的期望值准则，求得

$$E(A) = \left(E(a_1), E(a_2), E(a_3)\right)^{\mathrm{T}} = QP = \begin{bmatrix} 50 & 20 & -20 \\ 30 & 25 & -10 \\ 10 & 10 & 10 \end{bmatrix} \begin{bmatrix} 0.3 \\ 0.4 \\ 0.3 \end{bmatrix} = (17, 16, 10)^{\mathrm{T}}$$

由于 $a_1 \succ a_2 \succ a_3$，因此，验前分析得到的最满意的方案为

$$a_{\mathrm{opt}} = a_1$$

即投资引进大型设备，且最大期望收益值 $E_1 = E(a_1) = 17$（万元）。

（2）预验分析。由全概率公式，分别求出各需求状态调查结果值 H_i（$i=1,2,3$）的概率，即

$$P(H_1) = \sum_{j=1}^{3} P(\theta_j) P(H_1 | \theta_j) = 0.3 \times 0.6 + 0.4 \times 0.2 + 0.3 \times 0.2 = 0.32$$

$$P(H_2) = \sum_{j=1}^{3} P(\theta_j) P(H_2 | \theta_j) = 0.3 \times 0.3 + 0.4 \times 0.5 + 0.3 \times 0.2 = 0.35$$

$$P(H_3) = \sum_{j=1}^{3} P(\theta_j) P(H_3 | \theta_j) = 0.3 \times 0.1 + 0.4 \times 0.3 + 0.3 \times 0.6 = 0.33$$

再由贝叶斯公式

$$P(\theta_j | H_i) = \frac{P(\theta_j) P(H_i | \theta_j)}{P(H_i)}, \quad i, j = 1, 2, 3$$

及似然分布矩阵数据，计算出

$$P(\theta_1 | H_1) = \frac{P(\theta_1) P(H_1 | \theta_1)}{P(H_1)} = \frac{0.3 \times 0.6}{0.32} = 0.56$$

同理可得

$$P(\theta_2 | H_1) = 0.25, \quad P(\theta_3 | H_1) = 0.19$$
$$P(\theta_1 | H_2) = 0.26, \quad P(\theta_2 | H_2) = 0.57, \quad P(\theta_3 | H_2) = 0.17$$
$$P(\theta_1 | H_3) = 0.09, \quad P(\theta_2 | H_3) = 0.36, \quad P(\theta_3 | H_3) = 0.55$$

于是，后验分布矩阵为

$$\begin{array}{c} \\ H_1 \\ H_2 \\ H_3 \end{array} \begin{array}{ccc} P(\theta_1 | H_i) & P(\theta_2 | H_i) & P(\theta_3 | H_i) \\ \begin{bmatrix} 0.56 & 0.25 & 0.19 \\ 0.26 & 0.57 & 0.17 \\ 0.09 & 0.36 & 0.55 \end{bmatrix} \end{array}$$

当市场调查值 $H = H_1$，即市场调查结果表示该产品需求量大时，用事件 H_1 发生的后验分布替代先验分布，计算各方案的期望收益值：

$$E(a_1 | H_1) = \sum_{j=1}^{3} q_{1j} P(\theta_j | H_1) = 0.56 \times 50 + 0.25 \times 20 + 0.19 \times (-20) = 29.2 \text{（万元）}$$

$$E(a_2 \mid H_1) = \sum_{j=1}^{3} q_{2j} P(\theta_j \mid H_1) = 0.56 \times 30 + 0.25 \times 25 + 0.19 \times (-10) = 21.15 \text{（万元）}$$

$$E(a_3 \mid H_1) = \sum_{j=1}^{3} q_{3j} P(\theta_j \mid H_1) = 0.56 \times 10 + 0.25 \times 10 + 0.19 \times 10 = 10 \text{（万元）}$$

因此，最大期望收益值

$$E(a_{\text{opt}} \mid H_1) = \max\{E(a_1 \mid H_1), E(a_2 \mid H_1), E(a_3 \mid H_1)\} = \tilde{E}_1 = 29.2 \text{（万元）}$$

当市场调查值 $H = H_1$ 时，最满意方案为 a_1，即

$$a_{\text{opt}}(H_1) = a_1$$

应该选择引进大型设备的投资方案。

同样，当市场调查值 $H = H_2$，即市场调查表示该产品需求量一般时，用后验分布计算各方案的期望收益值：

$$E(a_1 \mid H_2) = \sum_{j=1}^{3} q_{1j} P(\theta_j \mid H_2) = 21 \text{（万元）}$$

$$E(a_2 \mid H_2) = \sum_{j=1}^{3} q_{2j} P(\theta_j \mid H_2) = 20.35 \text{（万元）}$$

$$E(a_3 \mid H_2) = \sum_{j=1}^{3} q_{3j} P(\theta_j \mid H_2) = 10 \text{（万元）}$$

因此，最大期望收益值

$$E(a_{\text{opt}} \mid H_2) = \max\{E(a_1 \mid H_2), E(a_2 \mid H_2), E(a_3 \mid H_2)\} = \tilde{E}_2 = 21 \text{（万元）}$$

当市场调查值 $H = H_2$ 时，最满意方案为 a_1，即

$$a_{\text{opt}}(H_2) = a_1$$

此时，仍应引进大型设备。

当市场调查值 $H = H_3$，即市场调查表示该产品需求量小时，用后验分布计算各方案的期望收益值：

$$E(a_1 \mid H_3) = \sum_{j=1}^{3} q_{1j} P(\theta_j \mid H_3) = 0.7 \text{（万元）}$$

$$E(a_2 \mid H_3) = \sum_{j=1}^{3} q_{2j} P(\theta_j \mid H_3) = 6.2 \text{（万元）}$$

$$E(a_3 \mid H_3) = \sum_{j=1}^{3} q_{3j} P(\theta_j \mid H_3) = 10 \text{（万元）}$$

最大期望收益值

$$E(a_{\text{opt}} \mid H_3) = \max\{E(a_1 \mid H_3), E(a_2 \mid H_3), E(a_3 \mid H_3)\} = \tilde{E}_3 = 10 \text{（万元）}$$

故当市场调查值 $H = H_3$ 时，最满意方案为 a_3，即

$$a_{opt}(H_3) = a_3$$

此时，应该选择引进小型设备的投资方案。

该企业通过市场调查所得的期望收益值为

$$E_2 = \sum_{i=1}^{3} \tilde{E}_i P(H_i) = 29.2 \times 0.32 + 21 \times 0.35 + 10 \times 0.33 = 19.99（万元）$$

而该企业在验前分析中，未通过市场调查可获得的最大期望收益值为 $E_1 = 17$ 万元。由此可见，通过市场调查，该企业的期望收益值增加了 $E = E_2 - E_1 = 19.99 - 17 = 2.99$ 万元。

只要市场调查费用不超过 2.99 万元，通过市场调查补充信息在经济上是可行的，应该进行市场调查。如果市场调查费用超过 2.99 万元，市场调查将给企业造成负效益，一般不宜进行市场调查。

1.3　贝叶斯决策信息的价值

利用补充信息修正先验分布，使后验分布更加符合市场实际，提高了决策的科学性和效益性。由此推知，信息本身既有成本，也有价值。那么，如何测算信息的价值？本节将讨论这个问题。

在实际工作中，往往有这样的情况：基于原来对状态参数的认识，提出了关于状态参数的某一概率分布；但是后来，通过进一步的调查，又获得了不少关于状态参数的补充信息。显然，原来的认识虽然较为粗糙，但只要这个认识不是错误的，就应该保留。正确的做法应该是：用后来获得的补充信息修正原来的认识。也就是说，用补充情报改进原来的状态参数的概率分布。把两者合理地结合起来做出决策，才能提高决策效果。例如，某工厂考虑是否产销某种商品，原来估计该商品畅销的可能性很大，因为过去许多年内这类商品一直畅销，但最近的市场调查发现，类似商品并不受消费者欢迎。这时，显然不能对调查来的重要情况置之不理，但也不能不考虑原来的估计，因为许多年的经验表明消费者欢迎这种商品，市场调查信息由于种种原因也不一定完全准确无误。又如，某工厂考虑是否产销某种商品时，认为影响利润的主要因素是有无竞争对手。经过初步调查得知，只有一家公司拥有生产这种商品的设备，而该公司历来对生产该种商品兴趣不大，所以该工厂不准备生产这种商品。但后来情报部门获悉，这家公司正在和外商谈判进口一种原料，而这种原料的主要用途就是生产该种商品。这个补充情报无疑应引起工厂的严密注意，该工厂不得不重新考虑自己的计划。

前面 1.1 节和 1.2 节介绍了利用抽样信息进行贝叶斯决策分析的过程，说明经抽样或试验等手段对状态获得最新信息后再做决策会改善决策结果。但因抽样要推迟决策的时间，又要花费人力、物力、财力且会增加决策分析难度等，对把经济效益放在重要地位的企业家来讲，不得不考虑对所决策问题进行抽样或试验是否值得的问题。为此，企业事先需要做完善的经济分析，把为取得抽样信息而需支付的费用与获得信息后带来的收益进行比较，这就要用到抽样信息期望值的概念。为此，本节先介绍完全信息和完全信息价值的概念。

1.3.1 完全信息价值

通常,将能够提供状态变量真实情况的补充信息称为完全信息。掌握了完全信息,风险决策就转化为确定性决策,这对于解决决策问题无疑是有益的。例如,在例 1.18 中,若状态 θ_j($j=1,2$)发生时 H_1 的条件概率为

$$P(H_1|\theta_1)=1, \quad P(H_1|\theta_2)=0$$

则由式(1.1)和式(1.2),可计算出信息值 H_1 发生时的后验概率。我们会发现

$$P(\theta_1|H_1)=1, \quad P(\theta_2|H_1)=0$$

这表示,当预测市场畅销时,该产品实际进入市场必定畅销,预测值 H_1 是完全信息值。该公司按此信息值决策,经营该产品无任何风险。

下面,给出完全信息价值的概念和计算公式。

1. 完全信息价值的概念

设 H_i 为补充信息值,若存在状态值 θ_0,使得条件概率

$$P(\theta_0|H_i)=1$$

或者当状态值 $\theta \neq \theta_0$ 时,总有

$$P(\theta|H_i)=0$$

则称信息值 H_i 为完全信息值。

设决策问题的收益函数为 $Q=Q(a,\theta)$,其中 a 为行动方案,θ 为状态变量。H_i 为完全信息值,掌握了 H_i 的最满意行动方案为 $a(H_i)$,其收益值为

$$Q(a(H_i),\theta)=\max_a Q(a,\theta) \tag{1.41}$$

验前最满意方案 a_{opt} 的收益值为 $Q(a_{\text{opt}},\theta)$。掌握了完全信息值 H_i 前后收益值的增加量

$$\max_a Q(a,\theta)-Q(a_{\text{opt}},\theta) \tag{1.42}$$

称为在状态变量为 θ 时的完全信息值 H_i 的价值。

例如,在例 1.18 中,若 $P(\theta_2|H_2)=1$,则 H_2 是完全信息值。公司掌握了完全信息值 H_2,最满意方案为 a_2,即不经营该产品,$a(H_2)=a_2$,按先验分布,最满意方案为 a_1,$Q(a_{\text{opt}},\theta_2)=-5000$ 元,于是

$$Q(a(H_2),\theta_2)-Q(a_{\text{opt}},\theta_2)=\max_a Q(a,\theta_2)-Q(a_{\text{opt}},\theta_2)=0-(-5000)=5000\text{(元)}$$

因此,在 $\theta=\theta_2$ 时,完全信息值 H_2 的价值为 5000 元。

如果补充信息值 H_i 对每一个状态值 θ 都是完全信息值,则完全信息值 H_i 对状态值 θ 的期望收益值称为完全信息价值的期望值(expected value of perfect information),简称完全信息价值,记作 EVPI。

2. 完全信息价值的计算

根据完全信息价值的意义,如果信息值 H 对每一状态值 θ 都是完全信息值,则信息

值 H 的完全信息价值 EVPI 可以通过式（1.42）对 θ 求数学期望得到，即

$$\text{EVPI} = E\left[\max_a Q(a,\theta) - Q(a_{\text{opt}},\theta)\right] = E\left[\max_a Q(a,\theta)\right] - E\left[Q(a_{\text{opt}},\theta)\right] \quad (1.43)$$

其中，E 为对状态变量 θ 求数学期望。

式（1.43）可以表示为两种形式。在离散情况时，可写成

$$\text{EVPI} = \sum_{j=1}^{n} p_j \max_{1 \leq i \leq m} q_{ij} - E(a_{\text{opt}}) \quad (1.44)$$

其中，收益矩阵为 $Q = (q_{ij})_{m \times n}$；状态概率为 $P(\theta_j) = p_j$，$j = 1,2,\cdots,n$；$E(a_{\text{opt}})$ 为验前最满意行动方案的期望收益值。

在连续情况时，可写成

$$\text{EVPI} = \int_{-\infty}^{+\infty} p(\theta) \cdot \max_a Q(a,\theta) \mathrm{d}\theta - E(a_{\text{opt}}) \quad (1.45)$$

其中，$p(\theta)$ 为状态变量的密度函数。

从式（1.43）—式（1.45）可以看出，EVPI 实质上是掌握完全信息与未掌握完全信息时，决策者期望收益值的增加量。下面以实例说明计算公式的应用。

【例 1.20】 某工厂准备生产一种新产品，产量可以采取小批、中批、大批三种行动，分别记为 a_1，a_2，a_3，市场销售可为畅销、一般、滞销三种状态，分别记为 θ_1，θ_2，θ_3。三种行动在不同市场状态下的可获利润（单位：万元）如下：

$$Q = \begin{bmatrix} \theta_1 & \theta_2 & \theta_3 \\ 100 & 30 & -60 \\ 50 & 40 & -20 \\ 10 & 9 & 6 \end{bmatrix} \begin{matrix} a_3 \\ a_2 \\ a_1 \end{matrix}$$

这个决策问题的完全信息有三种，第一种是完全可以肯定未来市场是畅销（θ_1）的信息。假如决策者掌握了此种信息，根据收益矩阵 Q，决策者肯定选择行动 a_3，因为这使其收益最大，即 a_3 使得

$$\max_{a_j} Q(\theta_1, a_j) = Q(\theta_1, a_3) = 100$$

类似地，另外两种完全信息分别是肯定未来市场是 θ_2 或 θ_3 发生的信息，根据收益矩阵 Q，决策者肯定选择行动 a_2 或 a_1，因为这也可使其收益最大，即

$$\max_{a_j} Q(\theta_2, a_j) = Q(\theta_2, a_2) = 40$$

$$\max_{a_j} Q(\theta_3, a_j) = Q(\theta_3, a_1) = 6$$

从上述分析来看，完全信息是使决策者收益最大的信息。

由于完全信息不易获得，上述几种最大收益也是不易得到的，假如市场的销售状态的先验分布如表 1.6 所示。

表 1.6 市场销售状态的先验分布

变量	θ_1	θ_2	θ_3
π	0.6	0.3	0.1

由此可求得在有了完全信息时的收益期望值为

$$E^{\theta}\left[\max_{a_j} Q(\theta, a_j)\right] = E^{\theta}[Q(\theta, a_3)] = 63 \text{（万元）}$$

这两者之差（72.6−63 = 9.6 万元）就是这个完全信息给决策者带来的好处，即 EVPI = 9.6 万元。

【例 1.21】 某公司接受对外加工一批高科技产品的任务。该产品材料昂贵，工艺复杂，废品率较高。若产品合格，每件产品可获收益 300 元；若产品不合格，则每件产品要损失 1500 元。根据现有资料分析，该产品的不合格率 $p \sim \text{Be}(1,4)$。试计算此决策问题的完全信息价值。

此问题的收益函数属于连续情况，有两个可行方案，设接受加工该产品的方案为 a_1，不接受加工该产品的方案为 a_2。设每件产品的平均收益值为 Q，则 Q 是行动方案 a 和状态变量 p 的函数，即

$$Q = Q(a, p) = \begin{cases} 300(1-p) - 1500p, & a = a_1 \\ 0, & a = a_2 \end{cases} = \begin{cases} 300 - 1800p, & a = a_1 \\ 0, & a = a_2 \end{cases}$$

由风险决策的期望值准则，有

$$E[Q(a_1, p)] = E(300 - 1800p) = 300 - 1800E(p)$$

而不合格率 $p \sim \text{Be}(1,4)$，由概率统计知识得知，$\text{Be}(\alpha, \beta)$ 的密度函数为

$$f(p) = \begin{cases} \dfrac{\Gamma(\alpha+\beta)}{\Gamma(\alpha)\Gamma(\beta)} p^{\alpha-1}(1-p)^{\beta-1}, & 0 \leqslant p \leqslant 1 \\ 0, & \text{其他} \end{cases}$$

于是，不合格率 p 的概率密度为

$$f(p) = \begin{cases} 4(1-p)^3, & 0 \leqslant p \leqslant 1 \\ 0, & \text{其他} \end{cases}$$

因此

$$E(p) = \int_{-\infty}^{+\infty} p f(p) \mathrm{d}p = \int_0^1 4(1-p)^3 \mathrm{d}p = \frac{1}{5}$$

从而可以求得

$$E[Q(a_1, p)] = 300 - 1800 \times \frac{1}{5} = -60 \text{（元）}$$

显然

$$E[Q(a_2, p)] = 0 \text{（元）}$$

所以

$$E(a_{\text{opt}}) = E(a_2) = 0$$

即验前最满意的方案是不接受加工该产品。

如果掌握了完全信息，即准确知道状态变量 p 的真值，那么由收益函数 $Q(a, p)$ 可知，当不合格率 $p \leqslant 1/6$ 时，最满意行动方案为 a_1（接受加工该产品），期望收益值为 $300 - 1800p$；当不合格率 $p > 1/6$ 时，最满意行动方案为 a_2（不接受加工该产品），期望收益值为 0。因此，

$$\max_{a} Q(a,p) = \begin{cases} 300-1800p, & p \leqslant \dfrac{1}{6} \\ 0, & p > \dfrac{1}{6} \end{cases}$$

由式（1.45）可得

$$\text{EVPI} = \int_0^{\frac{1}{6}} 4(1-p)^3(300-1800p)\mathrm{d}p + \int_{\frac{1}{6}}^{1} 0.4(1-p)^3 \mathrm{d}p - 0 = 84.68 \text{（元）}$$

1.3.2 补充信息价值

在贝叶斯决策的实际工作中，获取完全信息是困难的。一般情况下，信息值 H_i 对状态值 θ_0 来说，条件概率 $P(\theta_0|H_i)<1$，信息值 H_i 并非完全信息。因此，需要讨论补充信息价值的概念及其计算。

1. 补充信息价值的概念

设 H_i（或 τ）为补充信息值，决策者掌握了补充信息值 H_i（或 τ）前后的期望收益值的增加量，或者掌握了补充信息值 H_i（或 τ）前后的期望损失值的减少量，称为补充信息值 H_i（或 τ）的价值。全部补充信息值 H_i（或 τ）价值的期望值，称为补充信息价值的期望值（expected value of additional information），简称补充信息价值，记作 EVAI。

例如，在例 1.18 中，对于补充信息值 H_1，即市场预测畅销，掌握了 H_1 前后的最满意方案都是 a_1。于是，掌握了 H_1 前后期望收益值的增加量为 0 元，即信息值 H_1 的价值为 0 元。

对于补充信息值 H_2，即市场预测滞销，掌握了 H_2 前的最满意方案为 a_1，其期望收益值为

$$E(a_1|H_2) = -1364 \text{（元）}$$

掌握了 H_2 后的最满意方案为 a_2，其期望收益值为

$$E(a_2|H_2) = 0 \text{（元）}$$

于是，掌握了 H_2 前后期望收益值的增加量为

$$E(a_2|H_2) - E(a_1|H_2) = 0 - (-1364) = 1364 \text{（元）}$$

因此，补充信息价值为

$$\text{EVAI} = 0 \times p(H_1) + 1364 \times p(H_2) = 0 \times 0.78 + 1364 \times 0.22 = 300 \text{（元）}$$

2. 补充信息价值的计算

补充信息价值的计算公式有三种形式，可以证明，这三种形式是等价的。

（1）按定义计算，即

$$\text{EVAI} = E_\tau \left\{ E_{\theta|\tau} \left[Q(a(\tau),\theta) - Q(a_{\text{opt}},Q) \right] \right\} \quad (1.46)$$

其中，$a(\tau)$ 为在信息值 τ 下的最满意方案；$E_{\theta|\tau}$ 为在信息值 τ 的条件下状态值 θ 的期望值；E_τ 为信息值 τ 的期望值。

式（1.46）可分为两种情况。在离散情况下，

$$\text{EVAI} = \sum_i \left\{ \sum_j \left[Q(a(H_i),\theta_j) - Q(a_{\text{opt}},\theta_j) \right] P(\theta_j|H_i) \right\} P(H_i) \quad (1.47)$$

其中，$k(\theta|\tau)$ 为在信息值 τ 的条件下 θ 的条件密度；$h(\tau)$ 为信息值 τ 的密度函数。

在连续情况下，则有

$$\text{EVAI} = \int_{-\infty}^{+\infty} \left\{ \int_{-\infty}^{+\infty} \left[Q(a(\tau),\theta) - Q(a_{\text{opt}},\theta) \right] k(\theta|\tau) \mathrm{d}\theta \right\} h(\tau) \mathrm{d}\tau \quad (1.48)$$

（2）按期望收益的增加值计算，即

$$\text{EVAI} = E_\tau \left\{ E_{\theta|\tau} \left[Q(a(\tau),\theta) \right] \right\} - E(a_{\text{opt}}) \quad (1.49)$$

式（1.49）表示，补充信息价值等于掌握补充信息前后，最满意行动方案期望收益值的增加量。

下面，仅以离散情况为例，由式（1.47）推出式（1.49）。

由式（1.47）等号右边可得

$$\sum_i \left[\sum_j Q(a_{\text{opt}},\theta_j) P(\theta_j|H_i) \right] P(H_i) = \sum_j \left[Q(a_{\text{opt}},\theta_j) \sum_i P(\theta_j|H_i) \right]$$
$$= \sum_j \left[Q(a_{\text{opt}},\theta_j) P(\theta_j) \right]$$
$$= E\left[Q(a_{\text{opt}},\theta) \right] = E(a_{\text{opt}})$$

即得式（1.49）。

（3）按期望损失值的减少量计算，即

$$\text{EVAI} = E\left[R(a_{\text{opt}},\theta) \right] - E_\tau \left\{ E_{\theta|\tau} \left[R(a(\tau),\theta) \right] \right\} \quad (1.50)$$

式（1.50）由损失函数的形式给出，表示补充信息价值等于掌握补充信息前后，最满意行动方案期望损失值的减少量。

下面，由式（1.49）推出式（1.50）。由式（1.49）可得

$$\text{EVAI} = \left\{ E_\tau \left[E_{\theta|\tau} \max_a Q(a,\theta) \right] - E\left[Q(a_{\text{opt}},\theta) \right] \right\}$$
$$- \left\{ E_\tau \left[E_{\theta|\tau} \max_a Q(a,\theta) \right] - E_\tau \left[E_{\theta|\tau} Q(a(\tau),\theta) \right] \right\}$$
$$= \left\{ E\left[\max_a Q(a,\theta) \right] - E\left[Q(a_{\text{opt}},\theta) \right] \right\}$$
$$- E_\tau \left\{ E_{\theta|\tau} \left[\max_a Q(a,\theta) - Q(a(\tau),\theta) \right] \right\}$$
$$= E\left[R(a_{\text{opt}},\theta) \right] - E_\tau \left\{ E_{\theta|\tau} \left[R(a(\tau),\theta) \right] \right\}$$

接下来，通过两个实例说明补充信息价值计算公式的应用。

【例 1.22】 试计算例 1.18 中咨询公司提供的补充信息价值。

由式（1.49）可得咨询公司提供的补充信息价值为

$$\text{EVAI} = E_\tau\left\{E_{\theta|\tau}[Q(a(\tau),\theta)]\right\} - E(a_{\text{opt}})$$

并由例 1.18 知

$$E(a_{\text{opt}}) = E(a_1) = 11\,000\,（元）$$

$$a(H_1) = a_1, \quad a(H_2) = a_2$$

于是

$$E_\tau\left\{E_{\theta|\tau}[Q(a(\tau),\theta)]\right\} = \sum_{i=1}^{2}\left\{\sum_{j=1}^{2}Q(a(H_i),\theta_j)P(\theta_j|H_i)\right\}P(H_i)$$

$$= \left\{\sum_{j=1}^{2}Q(a_1,\theta_j)P(\theta_j|H_1)\right\}P(H_1)$$

$$+ \left\{\sum_{j=1}^{2}Q(a_2,\theta_j)P(\theta_j|H_2)\right\}P(H_2)$$

$$= 14\,487.2 \times 0.78 + 0 \times 0.22 = 11\,300\,（元）$$

因此

$$\text{EVAI} = 11\,300 - 11\,000 = 300\,（元）$$

1.3.3　补充信息价值与完全信息价值的关系

从完全信息价值和补充信息价值的定义及计算公式不难证明，任何补充信息价值都是非负的，且不超过完全信息价值，即

$$\text{EVPI} \geqslant \text{EVAI} \geqslant 0 \tag{1.51}$$

事实上，由式（1.50）知

$$\text{EVAI} = E\left[R(a_{\text{opt}},\theta)\right] - E_\tau\left\{E_{\theta|\tau}[R(a(\tau),\theta)]\right\} \tag{1.52}$$

由式（1.43），得

$$\text{EVPI} = E\left[\max_{a}Q(a,\theta) - Q(a_{\text{opt}},\theta)\right] = E\left[R(a_{\text{opt}},\theta)\right] \tag{1.53}$$

于是

$$\text{EVAI} = \text{EVPI} - E_\tau\left\{E_{\theta|\tau}[R(a(\tau),\theta)]\right\} \tag{1.54}$$

式（1.54）等号右边两项均为非负，且第一项显然不小于第二项。因此，有

$$\text{EVPI} \geqslant \text{EVAI} \geqslant 0$$

由式（1.51）可知，信息价值对于管理决策具有普遍意义，任何补充信息不会降低决

第1章 贝叶斯决策

策方案的经济效益。完全信息是一类特殊的补充信息，它是最有价值的信息。同时，这也从理论上说明，信息工作是科学决策中十分重要的不可缺少的环节。

课 后 习 题

1. 举例说明什么是贝叶斯决策问题。

2. 在例 1.17 中，工厂决定现在每箱中抽检三件产品，请在其他条件不变的情况下，考虑如下四个问题。

（1）设 x 为抽检的三件产品中的不合格品数，在给定 x 的条件下，写出不合格品率 θ 的后验分布（$x=0,1,2,3$）。

（2）写出所有的决策函数。

（3）计算每个决策函数的后验风险。

（4）计算后验风险最小的决策函数。

3. 考虑如下损失函数：
$$L(\theta,d) = e^{c(\theta-d)} - c(\theta-d) - 1$$

（1）证明 $L(\theta,d) > 0$。

（2）对 $c=0.1, 0.5, 1.2$，$L(\theta,d)$ 作为 $\theta-d$ 的函数，画出此损失函数的图形。

（3）在这个损失函数下给出贝叶斯估计的表达式。

（4）设 $x_1, x_2, \cdots, x_n$ 是来自正态分布 $N(\theta,1)$ 的一个样本，θ 的先验取无信息先验，即 $\pi(\theta)=1$，请给出 θ 的贝叶斯估计。

4. 设随机变量 $X \sim N(\theta,100)$，θ 的先验分布为 $N(100,225)$，在线性损失函数
$$L(\theta,\delta) = \begin{cases} 3(\theta-\delta), & \delta \leq \theta \\ \delta-\theta, & \delta > \theta \end{cases}$$
下求 θ 的贝叶斯估计。

5. 某公司收到供应商的一大批零件，从中抽验 5 件，假设其中的不合格品数 $x \sim b(5,\theta)$，从以往该供应商各批零件中已知 θ 的先验分布为 Be(1,9)。如果观察值 $x=0$，在以下各个损失函数下给出 θ 的贝叶斯估计。

（1）$L(\theta,a) = (\theta-a)^2$。

（2）$L(\theta,a) = |\theta-a|$。

（3）$L(\theta,a) = \begin{cases} 2(a-\theta), & a \geq \theta \\ \theta-a, & a < \theta \end{cases}$。

6. 在习题 5 中，若建立如下两个假设
$$H_0: 0 \leq \theta \leq 0.15, \quad H_1: \theta > 0.15$$
以及两个行动：a_0（接受 H_0）和 a_1（接受 H_1），在以下几个损失函数下做出贝叶斯假设。

（1）0-1 损失函数。

(2) $L(\theta, a_0) = \begin{cases} 1, & \theta > 0.15 \\ 0, & \theta \leq 0.15 \end{cases}$, $L(\theta, a_1) = \begin{cases} 2, & \theta \leq 0.15 \\ 0, & \theta > 0.15 \end{cases}$。

(3) $L(\theta, a_0) = \begin{cases} 1, & \theta > 0.15 \\ 0, & \theta \leq 0.15 \end{cases}$, $L(\theta, a_1) = \begin{cases} 0.15 - \theta, & \theta \leq 0.15 \\ 0, & \theta > 0.15 \end{cases}$。

7. 某厂家试制某新产品准备投产。有两种可行方案：大批量投产（a_1）和不投产（a_2）。根据统计资料，新产品的销售状态和收益如表 1.7 所示。由于滞销亏损较大，厂家考虑采取试销法，试销费用 60 万元。根据过去的资料，试销对市场情况估计的可靠程度（用收益 q_{ij} 表示，单位：万元）如表 1.8 所示，对此问题：①做出贝叶斯决策分析；②求 EVPI 和 EVAI。

表 1.7 新产品的销售状态和收益 q_{ij}（单位：万元）

a_i	θ_1（畅销）	θ_2（一般）	θ_3（滞销）
	$P(\theta_1) = 0.25$	$P(\theta_2) = 0.30$	$P(\theta_3) = 0.45$
a_1	1500	100	−600
a_2	0	0	0

表 1.8 试销对市场情况估计的可靠程度 q_{ij}

H_i	θ_1（畅销）	θ_2（一般）	θ_3（滞销）
	$P(\theta_1) = 0.25$	$P(\theta_2) = 0.30$	$P(\theta_3) = 0.45$
H_1	0.65	0.25	0.10
H_2	0.25	0.45	0.15
H_3	0.10	0.30	0.75

8. 某公司经营某种商品，可以采取的经营方案有三种：a_1（大批量）、a_2（中批量）、a_3（小批量）。市场销售状态有三种：θ_1（畅销）、θ_2（一般）、θ_3（滞销）。其收益矩阵（单位：万元）已知，即

$$Q = (q_{ij})_{3 \times 3} = \begin{bmatrix} 100 & 30 & -60 \\ 50 & 40 & -20 \\ 10 & 9 & 6 \end{bmatrix}$$

市场销售状态概率为 $P(\theta_1) = 0.2$，$P(\theta_2) = 0.5$，$P(\theta_3) = 0.3$。该公司进行市场预测，其似然分布矩阵为

$$\begin{array}{c} \\ H_1 \\ H_2 \\ H_3 \end{array} \begin{array}{ccc} P(H_i|\theta_1) & P(H_i|\theta_2) & P(H_i|\theta_3) \\ \begin{bmatrix} 0.80 & 0.20 & 0.02 \\ 0.15 & 0.70 & 0.08 \\ 0.05 & 0.10 & 0.90 \end{bmatrix} \end{array}$$

其中，H_1、H_2、H_3 分别为预测市场畅销、一般、滞销。市场预测费用为 5 万元。对此问题：①计算 EVPI；②利用式（1.50）计算 EVAI。

9. 某石油公司考虑在某地钻井，结果可能出现三种情况：无油（θ_1）、少油（θ_2）、多油（θ_3）。石油公司估计三种状态出现的可能性是：$P(\theta_1) = 0.5$，$P(\theta_2) = 0.3$，$P(\theta_3) = 0.2$。钻井费用 7 万元。如果出油少，可收入 12 万元；如果出油多，可收入 27 万元。为了进一步了解地质构造情况，可进行勘探，其结果有三种：构造较差（H_1）、构造一般（H_2）、构造良好（H_3）。根据过去的经验，地质构造和油井出油的关系如表 1.9 所示，勘探费需要 1 万元。试问：①应该怎样根据勘探结果决定是否钻井？②应先行勘探，还是不勘探直接钻井？

表 1.9　地质构造和油井出油的关系 $P(H_i | \theta_j)$

H_i	θ_1 $P(\theta_1) = 0.5$	θ_2 $P(\theta_2) = 0.3$	θ_3 $P(\theta_3) = 0.2$
H_1	0.6	0.3	0.1
H_2	0.3	0.4	0.4
H_3	0.1	0.3	0.5

10. 某公司生产的某产品成箱批发给商业部门，每 500 件装成一箱，每箱产品的次品率有三种，即 10%、20%、30%，相应的概率分别是 0.7、0.2、0.1。出厂前的检验方案有两种，一是整箱产品逐一检验（a_1），每件的检查费均为 0.1 元；二是整箱不检验（a_2），但必须承担商家更换次品费用，一件次品更换费用平均为 0.77 元。对此问题，该公司应选择哪一种检验方案？

第 2 章　多目标决策

2.1　多目标决策的概念及特点

在许多实际情况下，人们在进行决策的时候有多个目标。例如，人们购买商品，希望物美价廉，这就包含两个目标：质量合适、价格合理。出去旅游订宾馆时，人们通常会考虑三个目标：房价低廉、卫生良好、交通便利。在证券投资市场中，人们也希望选择的投资组合满足投资总收益最大、风险最小、交易费用最少的三个目标。在工程系统和社会经济系统中，也存在很多多目标决策的情况。例如，要修建一个水库，如何选择水坝高度是一个典型的多目标决策问题。因为在地质条件允许的情况下，如果水坝高度选得很高，那么它有比较大的库容能拦蓄洪水，还能产生较高的水头去发电。但是同时，在这种情况下淹没的土地和迁移的人口一定很多，这也会造成很大的损失。因此，在选择水坝高度时，至少有三个目标要考虑：发电效益、防洪效益和淹没损失。

2.1.1　问题描述与基本要素

每个多目标决策问题都包含四个要素，它们是：决策单元和决策者、目标和属性、决策情况和决策规则。

1. 决策单元和决策者

组织内具有决策权力的单元称为决策单元。决策者是指拥有决策权并制定决策的领导集团或领导者个人，直接地或者间接地提供最终的价值判断。

决策单元的主要的作用是：接受输入信息、在其内部产生信息、把信息变换为知识、利用知识做出决定。最小的决策单元就是决策者本人，一个更大的决策单元可能包含决策者、分析人、计算机和绘图仪器等。区别决策单元和决策者有利于我们讨论决策情况的范围，理解不同的多目标决策方法的特点。

2. 目标和属性

多目标决策问题必须有目标，否则这个问题将是空洞的或定义不明确的。目标是关于被研究问题中决策者所希望达到的某种状态的陈述。因此，在一个多目标决策问题中，有若干个陈述来表达决策者希望达到的状态。比如在投资组合问题中，有三个陈述来表达决策者希望达到的状态：总收益大、风险小、交易费用少。目标是"希望"的陈述，因此可能实现，也可能不实现。但是它们是对方案的质量或性能进行评估的标准，决策者还是会尽量去达成。

如果有切实可行的方法来评估一个目标被实现的程度，那目标就是可操作的，因此需要给每个目标设定一组属性。属性是一种可测量的量，其（被测量的）值反映了某一特定目标（属性所归属的目标）的完成程度。例如，用"每件多少元"这个属性可以直接度量价格低这个目标的完成程度。在有的问题中，所有目标和相应的属性之间能进行直接的对应。但也有一些问题，目标（尤其是与伦理或价值观有关的目标）没有明显的属性集来直接衡量目标的完成程度。这时，可能存在一种（或一组）属性，它更便于衡量，并且能间接反映目标的完成程度，这种属性称为代用属性。例如，可以用土地淹没的面积去衡量坝高问题中淹没损失小这个目标的完成程度。

每个目标的属性都必须满足两条性质：可理解性和可测性。可理解性是指一个属性的值足以标定相应的目标的完成程度。可测性是指对给定的方案能按照某种标度对一属性赋值。当用一组属性来完整表达多目标决策问题时，其必须具有以下五个性质：完全的、可运算的、可分解的、非多余的和最小的。对于一个给定的多目标决策问题，如果决策问题的所有重要方面都用这组属性表示，则它是完全的；如果这组属性在随后的分析中能被有效地运用，则它是可运算的；如果一决策问题能分解为多个部分，从而简化评估过程，则它是可分解的；如果决策问题中没有某个方面在属性中被重复考虑（即考虑了超过一次），则它是非多余的；如果没有其他的一组属性（它是完全的）表示相同的多目标决策问题，且该属性集合的元素数量较少，则它是最小的。

3. 决策情况

多目标决策问题的决策情况是指决策问题的结构和决策环境。对决策情况的良好描述应该包括：所需投入的类型和数量以及可获得的投入；决策变量集和属性集，以及测量它们的标度；这些变量之间的关系以及决策变量与属性之间的因果关系；决策环境的状态。

4. 决策规则

在做决策的时候，人们会尽量选择"最好的"备选方案。这表示需要根据问题中所有目标的属性值将方案按照优劣进行排序。用于对备选方案进行完整排序的规则称为决策规则。部分决策规则就隐含在目标的陈述中，甚至这些目标的陈述可以完全指定决策规则。例如，在经典的企业管理理论中，决策问题由单一目标"利润最大化"组成，而相应的属性"以元或美元衡量的净利润"则用于衡量给定方案的优劣。因此在这种情况下，决策规则清楚地表示了"选择一个最有可能实现利润最大化的方案"。

然而，鉴于人类行为的复杂性，目前还没有一个统一的理论和方法来描述人类的决策行为。有三种基本模型可以描述决策者的行为或偏好。第一个基本模型基于简单的顺序关系。它认为，如果一个方案 x^* 是一个很好的计划，则没有其他方案 x 使其自身的每个属性值都不低于方案 x^* 相应的属性值（或至少有一个属性值优于方案 x^* 相应的属性值）。这个模式产生了著名的帕累托最优。第二个基本模型是基于有限的目标，产生了满意解和调和解的概念。第三个基本模型是基于价值或效用最大化的概念，这产生了现代效用理论。因此，基于决策者不同的行为模式，就形成了不同的多目标决策概念和技术。

为了指明决策情况，在决策问题的表达中需要有以下内容。

(1) 方案集 X，它是决策变量 X 的 n 维向量集合。一般当 x 的值确定后，方案也就完全指定了。

(2) 目标函数 $f_1(x), f_2(x), \cdots, f_n(x)$，对于每个给定的方案，根据这集函数去确定每个属性 $f_1, f_2, \cdots, f_n$ 的值。

(3) 对决策环境的描述：确定性、已知概率分布的不确定性或未知概率分布的不确定性（风险分析）。

方案集 X 的说明可能是明确的（即有限的）时，我们可以列出所有可能的方案，逐步进行分析和评估。当方案集 X 比较复杂（即无限）时，只能用隐式的形式表示（比如根据因果关系和可用资源的约束等进行表示），对方案集 X 设置约束条件，使用更复杂的数学模型或者形式化的定量程序，如运筹学和系统工程的程序，可能更有利于进行全面分析。当方案集 X 为无限时，如果对决策变量的所有约束都能用不等式表示，即

$$g_1(x) \leq 0$$
$$g_2(x) \leq 0$$
$$\vdots$$
$$g_m(x) \leq 0$$

则方案集 X（也称为决策空间中的可行域）可表示为

$$X = \{x | g_i(x) \leq 0, \ i = 1, 2, \cdots, m, \ x \in R^N\} \tag{2.1}$$

其中，$g_i(x) \leq 0$ 为 x 的纯量实函数。

一个多目标决策问题可以表示为更便于分析的形式，即说明决策单元和决策情况，并求解

$$\mathop{\mathrm{DR}}_{x \in X} [f_1(x), f_2(x), \cdots, f_n(x)] \tag{2.2}$$

式（2.2）的解释为：运用决策规则 DR，按照属性 $f_1, f_2, \cdots, f_n$ 的值，在 X 中选择最好的方案。

【例 2.1】 在确定情况下，一无限个方案的多目标决策问题，有一个最优的决策规则。具体情况如下。

(1) 决策单元和决策者：如果需要，还包括分析人和计算机。

(2) 属性集：$\{f_1, f_2, \cdots, f_n\}$，没有代用属性。

(3) 决策情况（包括模型化和形式化的定量程序）：方案集为

$$X = \{x | x \in R^N, \ g_i(x) \leq 0, \ i = 1, 2, \cdots, m\}$$

其中，x 为 N 维欧几里得空间中的向量；$g_i(x)$ 为定义在 R^N 上的实值函数。对于给定的 x，每个属性 f_j 的指标值（$j = 1, 2, \cdots, n$）分别从实值函数 $f_j(x)$ 去计算，决策环境的状态是确定的和已知的。

(4) 决策规则：首光，尝试使每个属性 $f_1, f_2, \cdots, f_n$ 分别达到极小，如果存在一个方案能使所有属性 $f_1, f_2, \cdots, f_n$ 都达到各自的极小值，那么就选择这个方案；如果不存在这个方案，则选择一个非劣的，且能最好地满足决策单元要求的方案。

求多目标决策问题的非劣解，就是求如式（2.3）所示的向量最优化问题的解（根据

问题的性质求极大值或极小值）：

$$\mathop{\text{opt}}_{x\in X}[f_1(x),f_2(x),\cdots,f_n(x)] \tag{2.3}$$

解式（2.3），求得非劣方案的集合 X^*，如果 X^* 只包含单个元素，当然选择这个方案。但是通常情况下 X^* 包含多个元素，应当从其中选择决策者最偏好的那个方案。这需要确定决策者的偏好结构。多目标决策方法的主要工作是设定决策人的偏好结构。例如，我们可以把决策规则规定为："假设决策人的偏好结构能用一个效用函数 $u(f_1(x),f_2(x),\cdots,f_n(x))$ 来表示，选择一个非劣解，使 $u(\cdot)$ 达到极大"，即求解

$$\max_{x\in X} u(f_1(x),f_2(x),\cdots,f_n(x))$$

2.1.2 决策步骤

多目标决策的步骤是指采用一种规范的方法去求解一个多目标决策问题的全过程。

第一步是决策单元和决策者了解到有一个他所关心的多目标决策问题需要解决，分析情况并提出需要达到的目标。

第二步是构建问题。这一步的任务是把整体目标的概括性的且含糊的陈述转变为一个更具体的、便于分析的目标集合，并且清楚地标明问题中的所有主要因素，如问题的界限和问题所处的环境。

第三步就是构造一个合适的模型。构建模型意味着确定若干的关键变量以及它们之间的逻辑关系，利用这些关系可以对问题进行分析。模型有多种形式，例如决策人的头脑中简单的思维模型、图表模型、实物模型和数学模型。这些模型的作用之一是产生各种行动方案。

第四步是对决策进行分析和评价。在这一步要对各种可行的方案进行比较。此时，需要对每个目标标定一个或几个属性（也称目标函数、决策指标等）。这些属性的值可作为采用某方案时各个目标所达到的程度的一种测度。对于给定的方案，这些属性的值能由模型或由主观判断去获得。应当有一预先规定的决策规则，把每个方案和其他的方案做比较，然后按照优劣次序排列所有方案，并选择排在最前面的方案实施。

如果决策到这里时，结果令人满意，则决策停止，整个决策是一个"开环"的过程。当得到的结果还不能令人满意时，可以使用由实施被选中的方案所得到的信息，再去重新构造多目标决策问题，这就是一个"闭环"过程。

2.1.3 多目标决策的特点

像这种具有多个目标作为择优标准的决策问题，在现实的工作和生活中是大量存在的。一般来说，多目标的决策问题有两个显著特点。第一，是目标间的不可公度性，就是说多个目标之间没有统一的量纲，因此难以用同一标准进行评价比较。例如，水坝高度问题中的发电量以度计，而淹没损失则以亩（1 亩 = 666.67 平方米）计。又如，在订宾馆的问题中，卫生和交通便利的情况也是不方便公度的。第二，是目标间的矛盾性，目

标之间存在一定的矛盾性,即某一方案提高了这个目标的值,却可能损害另一目标的值。例如,在选择投资组合时,高收益的选择也常常伴随着高风险。在选择商品时,也会存在着"便宜没好货,好货不便宜"的现象。

因为多个目标之间存在着不可公度性和矛盾性,所以不能把多个目标归并为单个目标,使用求解单目标决策问题的方法去解决多目标决策问题。克服目标间不可公度的困难,协调目标间的矛盾性,是综合评价要解决的问题。如何根据多目标决策问题的特点,研究它的基本原理和解决方法,这是本章的主要内容。

2.2 多目标决策问题的效用函数

2.2.1 偏好关系

多目标决策问题的效用函数建立在决策单元和决策者的偏好关系的基础上,决策者的偏好关系是指对于一个多目标决策问题,决策者能按自身的偏好对可行方案中的每两个方案进行比较,对比出优劣,然后将所有方案按照优劣次序排列。当比较每两个方案时,将产生次序关系。优先序是一种次序关系,也是一种二元关系,包括一方案优于另一方案、一方案无差异于另一方案、一方案不劣于另一方案。我们用符号"$\succ$"表示严格优先序的"优于",用符号"$\sim$"表示无差异序的"无差异于",用符号"$\succeq$"表示无差异序的"不劣于"。上面这三种优先序如以"$\succeq$"作为基本的关系,则可推得关系"$\succ$"和"$\sim$"。

(1) $x \sim y$ 即 $x \succeq y$ 且 $y \succeq x$。

(2) $x \succ y$ 即 $x \succeq y$ 且非 $y \succeq x$。

如果我们把优先序推广到一般的二元关系,并用 R 去记一方案集的二元关系。令 x, y, z 记这一方案集 X 中的任一方案,则这种二元关系 R 具有以下几条性质。

(1) 传递性:如果 xRy 且 yRx,必有 xRz,则 R 是传递的。

(2) 自反性:如果 xRx,则 R 是自反的。

(3) 非自反性:如果非 xRx,则 R 是非自反的。

(4) 对称性:如果 xRy,必有 yRx,则 R 是对称的。

(5) 非对称性:如果 xRy,必有非 yRx,则 R 是非对称的。

(6) 反对称性:如果 xRy 且 yRx,必有 $x = y$(即 x 和 y 相同),则 R 是反对称的。

(7) 连通性(或完全性):如果 xRy 且/或 yRx 对于所有 $x \in X$、$y \in X$ 成立,则 R 是连通的。

以二元关系"低于"为例,对于一片森林里的树木高度,"低于"关系必然是传递的、非自反的、非对称的、连通的。

有传递性的二元关系才能作为次序关系,加上其他性质就能构成多种次序关系。下面介绍几种常见的次序关系。

有传递性的二元关系称为①预序(或拟序),如果它还是自反的;②弱序(或全预序),如果它还是自反的和连通的;③(自反的)偏序(或偏预序),如果它还是自反的和反对称的；④线性（或简单）序，如果它还是自反的、反对称的和连通的；⑤严格偏序，如果它还是非自反的；⑥严格（或强）序，如果它还是非自反的和连通的。

需要注意的是，优先序$\succeq$应当是一种什么序，这取决于所分析的问题。要把$\succeq$作为一种次序关系，它必须是传递的，这就是说，如果方案甲至少不劣于方案乙，方案乙至少不劣于方案丙，则方案甲至少不劣于方案丙。初看，这似乎是合理的假设，但是也有些实际情况并不存在传递性。例如赏析三位风格不同、朝代不同的诗人的作品，尽管你可以认为诗人甲的诗词至少不劣于诗人乙，诗人乙的作品又至少不劣于诗人丙，但是当你把甲的作品直接和丙的作品进行比较时，你却可能得到结论：诗人丙的作品至少不劣于诗人甲。这个结论并不见得是不合理的，这是他们所处的时代背景不同所造成的结果。因此有些实际问题不能用优先序去分析。

连通性是另外一种性质，在没有仔细检验之前，也不能假设它成立。连通性要求方案集X中的每一对方案x和y，或者x至少不劣于y，或者y至少不劣于x，或者x和y是无差异的，三者必有其一，因此x和y总是可以比较的。但是在人们的意识中不总能分辨每一对方案的优劣，特别是对于道德之类的问题，有时很难做出价值判断。这时，连通性可能并不严格成立。

非自反性和反对称性依赖于优先序的定义，但它们一般与价值判断的一致性和理性无关，因此在使用时，它们不会成为严重的问题。

优先序和次序关系是建立效用理论的基础。

2.2.2 确定情况下的价值函数

我们首先研究价值函数存在的条件，设优先序$\succ$是方案集X的一弱序，方案集X可以划分为可数个无差异类。我们说方案集X中的方案x和y在同一无差异类，当且仅当x无差异于y。

在X上由$\succ$所引起的无差异类的集合记作M，上述条件要求M中的元素和自然数一一对应，从而我们能把M中的元素排列为$X_1, X_2, \cdots, X_i$（X_i表示第i个无差异类）。如果方案$x \in X_i, y \in X_j$，则由X_i的定义有$x \sim y$，$i = j$，或者由在X上$\succeq$的连通性有$x \succ y$或者$y \succ x$，$i \neq j$。

显然，如果$\succeq$在X上为一弱序，则$\succ$在M上是一严格序。

在上述说明后，我们在X上定义价值函数。

定理 2.1 如果$\succeq$是在X上的一弱序，且X的无差异类的集合M是可数的，则存在一实值函数称为价值函数，记作v，使在X中的任何x和y有：$x \succeq y$，当且仅当$v(x) \succeq v(y)$；或者更准确地，$x \succ y$当且仅当$v(x) > v(y)$和$x \sim y$当且仅当$v(x) = v(y)$。

定理 2.2 设v为在X上由优先序$\succeq$所产生的价值函数。令V为定义在$v(X)$上的一严格递增的、单调的实值变换（保序变换），即$V(v_1) \succ V(v_2)$当且仅当$v_1 \succ v_2$，$V(v_1) = V(v_2)$当且仅当$v_1 = v_2$。因此，对于任意$x, y \in X$有$x \succeq y$，当且仅当$V^*(x) \succeq V^*(y)$，而$V^*(x) = V(v(x))$。

定理 2.1 要求 X 的无差异类的集合 M 是可数的，这个条件可以更加宽松。在多目标决策问题中常遇到的情况是：X 是 n 维空间 R^n 中的子集。

定理 2.3 令 X 为 R^n 中的一子集，$\succeq$ 是在 X 上的一弱序。假设：①对于任意 $x, y \in X$，$x \succeq y$ 等价于 $x \succ y$；②对于任意 $x, y, z \in X$，如果 $x \succ y \succ z$，必有一个 $\lambda \in (0,1)$ 使得 $y \sim \lambda x + (1-\lambda) z$。那么，存在一个实值函数 v 满足定理 2.1 的相关要求。

定理 2.3 中的条件①一般被当作单调性，它指出：如果集合中一个方案至少有一个属性的值增加，而任何其他属性的值都不降低，则该方案的优先级也提高。如果方案集 X 为有界，这个条件可以认为是合理的。定理 2.3 中的条件②被当作优先空间中的连续性，它对于建立函数 v 的存在性是必要的。

令 $Y_1, Y_2, \cdots, Y_n$ 表示 n 个属性的可能值的集，令 Y 为属性集 $Y_1, Y_2, \cdots, Y_n$ 的笛卡儿积的集，即 $Y = Y_1^* , Y_2^* , \cdots , Y_n^*$ 还可以表示为 $y = (y_1, y_2, \cdots, y_n)$，且 $y_1, y_2, \cdots, y_n$ 各为 $Y_1, Y_2, \cdots, Y_n$ 中相应的值（严格地说，y 是对应于一个方案 x 的属性向量）。因此，如果一个偏好结构能用某个价值函数 v 来表示，则它是加性的，当且仅当价值函数 $v(y)$ 能表示为

$$v(y) = v_1(y_1) + v_2(y_2) + \cdots + v_n(y_n)$$

或

$$v(y) = k_1 v_1(y_1) + k_2 v_2(y_2) + \cdots + k_n v_n(y_n)$$

其中，v_i 为第 i 个属性的价值函数；k_i（$i = 1, 2, \cdots, n$）为标度常数，$\sum_{i=1}^{n} k_i = 1$。

1. 独立性条件

定义 2.1 属性集 Ω 的子集 Θ 偏好独立于其补集 O，当且仅当对于一个特定的可行值 y，有

$$(y'_\Theta, y^o_\Theta) \succeq (y''_\Theta, y^o_\Theta) \rightarrow (y'_\Theta, y_O) \succeq (y''_\Theta, y_O), \; y_O \in Y_\Theta, \; y'_\Theta, y''_\Theta \in Y_\Theta \tag{2.4}$$

定义 2.2 如果属性集 Ω 的每个非空正常子集 Θ 偏好独立于其补集 O，则称属性集 Ω 互相偏好独立。

值得注意的是，互相偏好独立性是价值函数的加性偏好结构存在的必要条件，而互相偏好独立性在大多数情况下是充分条件。

2. 两个属性情况的加性定理

在两个属性的情况下，需要添加条件才能保证加性价值函数存在。

定义 2.3 在两个属性的决策问题中优先序 $\succeq$ 称为适合消去条件，当对于任何的 $x_1, y_1, a_1 \in Y_1$ 和 $x_2, y_2, a_2 \in Y_2$，有 $(x_1, a_2) \succeq (a_1, y_2)$ 和 $(a_1, x_2) \succeq (y_1, a_2)$ 时，则有 $(x_1, x_2) \succeq (y_1, y_2)$。

消去条件也是加性偏好结构的必要条件。消去条件非常重要，只要能用价值函数表示两个属性的偏好结构，那么消去条件就可以推导偏好独立性并证明偏好的加性结构。因此虽然消去条件验证难度大，但是它仍然有参考价值。

定理 2.4 如果用实值函数 $v(y_1,y_2)$ 表示两个属性的决策问题,并且偏好结构是 $\succeq$ 的,那么

$$(y_1',y_2') \succeq (y_1'',y_2'') \text{ 等同于 } v(y_1',y_2') \geqslant v(y_1'',y_2'') \tag{2.5}$$

于是,①如果满足消去条件,则 $\succeq$ 是互相偏好独立的;②在 Y_1 和 Y_2 上各存在 v_1 和 v_2,使 $x \succeq y$ 等同于 $v_1(x_1)+v_2(x_2) \geqslant v_1(y_1)+v_2(y_2)$。

定义 2.4 在两个属性的决策问题中的优先序 $\succeq$ 称为适合 Thomsen 条件,如果对于任何 $x_1,y_1,a_1 \in Y_1$ 和 $x_2,y_2,a_2 \in Y_2$,有 $(x_1,a_2)\sim(a_1,y_2)$ 和 $(a_1,x_2)\sim(y_1,a_2)$,则必然有 $(x_1,x_2)\sim(y_1,y_2)$。

定理 2.5 如果两个属性的决策问题是 $\succeq$ 的偏好结构且有实值价值函数 $v(x_1,x_2)$,则在 Y_1 和 Y_2 上各存在 v_1 和 v_2 满足定理 2.4 中的条件②,当且仅当 $\{Y_1,Y_2\}$ 是互相偏好独立的,并满足 Thomsen 条件。

3. n 个属性情况的加性定理

首先,互相偏好独立性可以保证 n 个属性情况的加性偏好结构。

定理 2.6 对于具有 n 个属性的决策问题,当 $n \geqslant 3$ 时,设有一定义在 Y 上的价值函数 $v(y) = v(y_1,y_2,\cdots,y_n)$,对于任意 $y',y'' \in Y$,当且仅当 $v(y') \geqslant v(y'')$ 时,有 $y' \succ y''$,则存在分别定义在 $Y_1,Y_2,\cdots,Y_n$ 上的实值函数 $v_1,v_2,\cdots,v_n$,使 $y' \succeq y''$ 和 $v_1(y_1')+v_2(y_2')+\cdots+v_n(y_n') \geqslant v_1(y_1'')+v_2(y_2'')+\cdots+v_n(y_n'')$,当且仅当在该属性集上互相偏好独立条件成立。

直接验证互相偏好独立性十分麻烦,可以使用定理 2.7 简化验证。

定理 2.7 令 X 和 Z 为属性集。$\Omega = \{Y_1,Y_2,\cdots,Y_n\}$ 的两个子集 X 和 Z 有重叠部分,但其中任一个并不包含于另一个集合中,且 X 和 Z 的并集 $X \cup Z$ 不等于 Ω。如果 X 和 Z 各偏好独立于其补集 $\bar{X}$ 和 $\bar{Z}$,则下列属性集合中的每个都偏好独立于其补集:① $X \cup Z$;② $X \cap Z$;③ $X \cap \bar{Z}$ 和 $Z \cap \bar{X}$;④ $(X \cap \bar{Z}) \cup (Z \cap \bar{X})$。

2.2.3 不确定情况下的效用函数

确定情况中,一个给定的方案假设只产生一种后果,因此,方案选定以后,就能肯定而且准确地知道它所产生的后果。但是在很多情况下,后果不仅取决于选择的方案,还依赖于自然状态,自然状态不受决策人的控制,而且也不能事先准确地知道将发生的自然状态,因此决策是在不确定的情况下制定的。

1. 期望效用函数理论

20 世纪 50 年代,冯·诺依曼和莫根施特恩在公理化假设的基础上,运用逻辑和数学工具,建立了不确定条件下对理性人选择进行分析的框架。期望效用函数理论是将个体和群体合二为一的。阿罗和德布鲁将其吸收进瓦尔拉斯均衡的框架,成为处理不确定性决策问题的分析范式,进而构筑起现代微观经济学和由此展开的包括宏观经济学、金融学、计量经济学等在内的宏伟而又优美的理论大厦。

期望效用函数理论的主要内容如下。

如果某个随机变量 X 以概率 P_i 取值 x_i，$i=1,2,\cdots,n$，而某人在确定地得到 x_i 时的效用为 $u(x_i)$，那么，该随机变量给他的效用便是

$$U(X) = E[u(X)] = P_1 u(x_1) + P_2 u(x_2) + \cdots + P_n u(x_n) \qquad (2.6)$$

其中，$E[u(X)]$ 为随机变量 X 的期望效用。因此 $U(X)$ 称为期望效用函数，又叫冯·诺依曼-莫根施特恩效用函数。另外，要说明的是，期望效用函数失去了保序性，不具有序数性。

2. 加性效用函数的存在性

我们来定义属性的价值独立性（或称加性独立性），它是加性效用函数存在的充要条件。

令 $X_1, X_2, \cdots, X_m$ 是属性集 Y 中的任何正常子集，它们的并集是 $X_1 \cup X_2 \cup \cdots \cup X_m = Y$。价值独立性的定义如定义 2.5 所示。

定义 2.5 当对于 Y 中的任何两个展望 $\tilde{y}(p)$ 和 $\tilde{y}(q)$，它们对应的联合概率分布各为 p 和 q，有关系 $\tilde{y}(p) \sim \tilde{y}(q)$，$p_{xi} = q_{xi}$，$i=1,2\cdots,m$，则称 $X_1, X_2, \cdots, X_m$ 具有价值独立性。其中，p_{xi} 和 q_{xi} 均为在子集 X_i 上的边缘概率分布。这就是说，在 $X_1, X_2, \cdots, X_m$ 上的任何两个展望的无差异关系仅依赖于其边缘概率分布，而不依赖于其联合概率分布。

价值独立性一个重要的特点是，它是对称的，即如果 X 价值独立于其补集，那么反过来其补集也价值独立。

定理 2.8 定义在 Y 上的 n 个属性的效用函数是 $u(y)$，如果对于任何 $y', y'' \in Y$ 有 $y' \succeq y''$，当且仅当 $u(y') \geq u(y'')$，则效用函数 $u(y)$ 能分解为如式（2.7）所示的加性形式，即

$$u(y) = \sum_{i=1}^{n} u\left(y_i, \overline{y_i^0}\right) = \sum_{i=1}^{n} k_i u_i(y_i) \qquad (2.7)$$

当且仅当在属性 $Y_1, Y_2, \cdots, Y_n$ 上价值独立性成立，而且：① u 规范化为 $u(y_1^0, y_2^0, \cdots, y_n^0) = 0$ 和 $u(y_1^*, y_2^*, \cdots, y_n^*) = 1$；② u_i 是 y_i 的一个规范化的条件效用函数，$u_i(y_i^0) = 0$，$u_i(y_i^*) = 1$；③ $k_i = u\left(y_i^*, \overline{y_i^0}\right)$，$i=1,2,\cdots n$。

3. 加性形式的效用函数的估计

这里，我们只简单介绍估计加性形式的效用函数的方法，更一般形式的方法可参阅 Keeney 等（1979）。

对于多目标决策问题，我们应首先验证其独立性条件，从而判断它是否能分解，如能分解，应当采用何种分解形式。例如，当已知存在一个效用函数时，首先验证属性集 Q 中的效用独立性条件（采用减弱了的充分条件）；当这种独立性被满足时，可以进一步验证价值独立性条件；如它也被满足，则可采用加性形式。

假设有关的独立性被满足，效用函数能化为加性形式，则

$$u(y) = \sum_{i=1}^{n} k_i u_i(y_i) \qquad (2.8)$$

式（2.8）中的效用函数 u 和分量效用函数 u_i（$i=1,2,\cdots,n$）已被规范化，即 $u(y^*)=1$，$u(y^0)=0$ 和 $u_i(y_i^0)=0$，$u_i(y_i^*)=1$，$i=1,2,\cdots,n$。分量效用函数 u_i 的估计方法是假设其他属性的值均被固定，只改变 y_i，即可化为单属性的估计问题。我们在此只考虑标度常数 k_i（$i=1,2,\cdots,n$）的估计。对下标集 $\{1,2,\cdots,n\}$ 中的任何子集 T，记 y_T 为一属性集，如 i 属于 T，则第 i 个属性为 y_i^*，如 i 不属于 T，则第 i 个属性为 y_i^0。继续定义

$$k_T = \sum_{i \in T} k_i \qquad (2.9)$$

令 $(P_T, y^*; (1-p_r), y^0)$ 为一个抽奖，P_T 为后果 y^* 出现的概率，$1-p_r$ 为后果 y^0 出现的概率。设决策人认为此抽奖和一个确定的后果 y_T 无差异（对于给定的 y，这可以由估计抽奖的概率 p_r 去得到），则 $u(y_r)$ 必须等于这个抽奖的期望效用。由于抽奖的期望效用为 p_r，而 $u(y_T) = k_T$，因此对于所有 T、P_T，确定了 k_T 的值以后，就能解一组联立方程求得 k_i（$i=1,2,\cdots,n$）。

2.3 多目标决策问题的解

2.3.1 非劣解

非劣解（non-inferior solution）是多目标规划的基本概念之一，对于包括定量和定性属性的多目标决策问题，其非劣解是指在所给的可供选择的方案集中，已找不到使每一指标都能改进的解。在多目标规划中，它即指有效解和较多最优解。

一般来说，多目标规划问题的绝对最优解是不存在的。当绝对最优解不存在时，需要引入新的"解"的概念——非劣解，又称非控解（non-dominance solution）、有效解（efficient solution）、帕累托最优解（Pareto-optimal solution）、锥最优解（cone-optimal solution）。

向量优化问题是一类其决策规则要求每个属性的值尽可能优（尽可能大或尽可能小）的多目标决策问题。它可以用数学模型表示为

$$\max f(x) = \{f_1(x), f_2(x), \cdots, f_n(x)\} \qquad (2.10)$$

受约束于

$$g_1(x) \leqslant 0$$
$$g_2(x) \leqslant 0$$
$$\vdots$$
$$g_p(x) \leqslant 0$$

设 $f(x)$ 为多目标决策问题向量目标函数，其分量 $f_j(x)$，$j=1,2,\cdots,n$ 均越大越优。对于 $x^* \in X$，若在 X 中不存在 x 使 $f_j(x) \geqslant f_j(x^*)$，且至少对一个目标 j 使得 $f_j(x) \leqslant f_j(x^*)$ 成立，则称 x^* 为向量优化问题的非劣解。

非劣解是指这样的方案（记作 A），在可行解集中再也找不到另一方案 B，方案 B 的各目标函数值（属性值）都不劣于方案 A 的相应目标值，而且 B 至少有一个目标比方案 A 优。

例如，表 2.1 是关于有两个目标、三个可行解问题的描述。

表 2.1　有两个目标、三个可行解问题的描述

解	属性 f_1	属性 f_2	解的性质
x_1	7	8	非劣解
x_2	9	7	非劣解
x_3	6	5	劣解

三个解分别记为 x_1、x_2 和 x_3。假设属性的值越大越优。结合上文分析我们可以得到：解 x_3 劣于 x_1 和 x_2，称为劣解。解 x_1 和 x_2 均为该问题的非劣解。

2.3.2　非劣解求解（充分必要条件）

称向量优化问题（2.10）的可行解 $x^* \in X$ 满足库恩–塔克条件（Kuhn-Tucker conditions），如果存在实数 $\lambda_i \geq 0$（$i=1,2,\cdots n$）和实数 $\mu_j \geq 0$（$j=1,2,\cdots,m$），满足

$$\mu_j g_j(x^*) = 0, \quad j=1,2,\cdots,m \tag{2.11}$$

$$\sum_{i=1}^{n} \lambda_i > 0 \tag{2.12}$$

$$\sum_{i=1}^{n} \lambda_i \nabla f_i(x^*) - \sum_{i=1}^{m} \mu_i \nabla g_i(x^*) = 0 \tag{2.13}$$

假设 $f_i(x)$（$i=1,2,\cdots n$）和 $g_j(x)$（$j=1,2,\cdots,m$）都是连续可微的函数，$f_i(x)$ 是凹函数，并且至少存在一个 k（$1 \leq k \leq n$）使得 $f_k(x)$ 是严格凹的，可行域 X 是 R^N 中的凸集，则如果 $x^* \in X$ 满足库恩–塔克条件，x^* 就是向量优化问题（2.10）的一个非劣解。

假设 $f_i(x)$（$i=1,2,\cdots n$）和 $g_j(x)$（$j=1,2,\cdots,m$）都是连续可微的函数，且存在一个 k，其中 $1 \leq k \leq n$，使得由向量组构成的矩阵

$$\left\{ \nabla f_i(x^*), \nabla g_j(x^*) \middle| i=1,2,\cdots,n,\ i \neq k;\ g_j(x^*)=0,\ j=1,2,\cdots,m \right\}$$

满秩，则若 $x^* \in X$ 是问题（2.10）的一个非劣解，x^* 必须满足库恩–塔克条件。

2.4　多目标决策方法

与多属性决策问题不同的是，多目标决策问题的备选方案是无限的。近些年的文献中对多目标决策方法的分类多种多样，下面对这些方法进行简单介绍。

无偏好方法指的是一类在求解过程中不考虑管理决策偏好的方法。全局准则是这类方法中最广为人知的一种方法。指标分类的方法不需要依赖任何数据，而是从管理决策

的偏好出发,这种方法将最小化总偏差引起的偏差比例作为目标函数,得到每个目标函数的理想值(Umarusman,2018)。

先验方法指的是在求解过程之前,从管理决策中获取偏好信息的一类方法。目标规划是此类方法中最流行的方法。在目标规划中可以使用多个相互冲突的目标。此外,目标规划能够并行解决复杂的目标系统问题,解决问题时需要跨多目标进行检测(Hezam et al.,2016)。另外,此类方法还有字典排序法和效用函数法。

后验方法指的是在求解过程之后,从管理决策中获得偏好信息的一类方法。约束是这一类中最常用的方法,由 Haimes(1971)提出,它是选择一个目标函数进行优化,而将其他的目标函数转换为补充约束,从而提供了一个总是可能被证明是糟糕的帕累托最优的解决方案。系统地改变创建补充约束的目标函数的值,从而创建均匀分布的帕累托极限(Chircop and Zammit-Mangion,2013)。此外,常用的技术还有加权和法、多目标优化的演化(evolutionary multi-objective optimization,EMO)方法、非支配排序遗传算法Ⅱ(non-dominated sorting genetic algorithm Ⅱ,NSGA-Ⅱ)和多目标粒子群优化(multi-objective particle swarm optimization,MOPSO)算法。

交互方法是一种在多目标决策中管理决策者扮演重要角色的方法。这种方法是通过迭代地获取偏好信息来进行求解。逐步进行法是这一组中最流行的方法。逐步进行法是一个迭代的发现过程,在其中最适当的妥协是在一定数量的循环之后实现的。每个循环"m"由一个计算阶段和一个决策阶段组成,即分析师和管理决策者之间的对话。在决策阶段,管理决策者调查计算阶段的结果,并可能提供关于他/她的目标的新信息(Benayoun et al.,1971)。

2.4.1 目标规划法

目标规划法是查恩斯和库伯于 1961 年提出来的。目标规划法克服了线性规划目标单一的缺点,是一种实用的多目标决策方法。这种方法对单层次目标准则体系的决策问题十分有效,在管理决策中的应用越来越广泛。

在多目标决策分析的实际问题中,往往有多个决策目标,这些目标有时相互矛盾,度量单位也不尽相同。多目标线性规划是解决此类问题的常用方法。多目标线性规划的一般形式是

$$\min Z_k = \sum_{j=1}^{n} C_{kj} X_j, \quad k = 1, 2, \cdots, K \tag{2.14}$$

$$\text{s.t.} \begin{cases} \sum_{j=1}^{n} a_{ij} X_j \leqslant b_i, & i = 1, 2, \cdots, m \\ X_j \geqslant 0, & j = 1, 2, \cdots, n \end{cases} \tag{2.15}$$

这里,Z_k($k=1,2,\cdots,K$)是第 k 个目标函数。为了求解多目标线性规划,需要解决两个问题。第一,如何将多目标规划转化为单目标规划求解?第二,K 个目标函数对于决策者来说,有主次轻重之分,如何表示多目标的主次顺序?求解多目标线性规划的方法很多,

目标规划法是其中的有效方法之一。其基本思路是，对每一个目标函数引进一个期望值。由于条件限制，这些目标值未必都能达到。引入正、负偏差变量，表示实际值与期望值的偏差，并将目标函数转化为约束条件，与原有约束条件构成新的约束条件组。引入目标的优先等级和权系数，构造新的单一的目标函数，从而将多目标问题转化为单目标问题求解。

下面，我们用目标规划法求解多目标线性规划问题。

1. 目标函数的期望值

对于多目标线性规划的每一个目标函数值 Z_k（$k=1,2,\cdots,K$），根据实际情况和决策者的偏好，确定一个期望值 e_k。尽管 K 个目标的期望值难以全部达到，但是可以寻求可行解使这些目标的期望值最接近地得以实现。

2. 正、负偏差变量

对每一个目标函数值，分别引入正、负偏差变量 d_k^+、d_k^-，且 $d_k^+ \geq 0$，$d_k^- \geq 0$（$k=1,2,\cdots,K$）。正偏差变量 d_k^+ 表示第 k 个目标超出期望值 e_k 的差值，负偏差变量 d_k^- 表示第 k 个目标未达到期望值 e_k 的差值。对同一个目标函数，d_k^+ 和 d_k^- 至少有一个为零，即 $d_k^+ \times d_k^- = 0$。引入偏差变量之后，目标函数就变成了约束条件，成为约束条件组的一部分。这样形成的约束条件称为目标约束，称原有的约束条件为绝对约束。

3. 准则函数

各个目标函数引入期望值和偏差变量后，已并入约束条件组，需要构造新的目标函数。目标规划模型的目标函数称为准则函数，是一个对所有偏差变量取最小值的单一综合性的目标函数。构造准则函数，多目标问题就转化为单目标问题。准则函数的一般形式是

$$\min Z = f\left(d_k^+, d_k^-\right) \quad (2.16)$$

其具体形式有以下三种。

（1）要求某个目标恰好达到期望值，正、负值偏差变量 d_k^+、d_k^- 都应该取最小值，可取和式 $d_k^+ + d_k^-$，使其达到最小值。准则函数的形式为

$$\min f\left(d_k^+, d_k^-\right) \quad (2.17)$$

（2）要求某个目标不低于期望值，即该目标的正偏差变量 d_k^+ 不受限制，负偏差变量 d_k^- 取最小值。准则函数形式为

$$\min f\left(d_k^-\right) \quad (2.18)$$

（3）要求某个目标不高于期望值，即该目标的负偏差变量 d_k^- 不受限制，正偏差变量 d_k^+ 取最小值。准则函数形式为

$$\min f\left(d_k^+\right) \quad (2.19)$$

将各目标不同形式取最小值的偏差变量相加，就得到准则函数 $\min Z = f\left(d_k^+, d_k^-\right)$。

4. 优先因子和权系数

各个目标有主次之分。为此，引进优先因子 P_i（$i=1,2,\cdots,l$），表示目标属于第 i 个

优先级别，共有 l 个优先等级。例如，$P_l \cdot d_k^+$ 表示第 k 个正偏差变量列入第 l 级优先级别。优先因子 P_i 不仅作为一种记号，还可以看作偏差变量的一种特殊正系数，参加一般运算。相邻优先级别的关系是 $P_i \gg P_{i+1}$，规定级别 P_i 比 P_{i+1} 有更大的优先权。首先必须保证级别 P_i 的目标实现，其后再考虑 P_{i+1} 级目标。由于 P_i 和 P_{i+1} 不是同一级别的量，对于任意正数 M，均有 $P_i > MP_{i+1}$，如 $P_1 > 50P_2$ 等。

在同一优先级别中，为了区分不同目标偏差变量的重要程度，引入权系数 w_{ij}，$\sum_{j=1}^{k} w_{ij} = 1$。权系数的数值根据实际情况而定。

根据上述讨论，目标规划模型的一般形式是

$$\min Z = \sum_{i=1}^{l}\left[P_i \cdot \sum_{k=1}^{K}\left(w_{ik}^+ d_k^+, w_{ik}^- d_k^-\right)\right] \quad (2.20)$$

$$\text{s.t.} \begin{cases} \sum_{j=1}^{n} a_{ij} X_j \leq b_i, & i=1,2,\cdots,m \\ \sum_{j=1}^{n} c_{kj} x_j - d_k^+ + d_k^- = e_k, & k=1,2,\cdots,K \\ X_j \geq 0, & j=1,2,\cdots,n \\ d_k^+, d_k^- \geq 0, & k=1,2,\cdots,K \end{cases} \quad (2.21)$$

目标规划法的建模步骤如下。

（1）假设决策变量。
（2）建立约束条件。
（3）建立各个目标函数。
（4）确定各目标期望值，引入偏差变量，将目标函数化为约束方程。
（5）确定各目标优先级别和权系数，构造准则函数。

分析实际问题建立模型，是应用目标规划解决实际问题的关键而困难的一步。

【例 2.2】 某纺织厂生产尼龙布和棉布，平均生产能力是每小时 1 千米，工厂开工能力为每周 80 小时，根据市场预测，每周最大销售量为尼龙布 70 千米、棉布 45 千米。单位利润为尼龙布每米 2.5 元、棉布每米 1.5 元。厂家确定的四级管理目标如下。

P1：保证正常生产，避免开工不足。
P2：限制加班时间，不超过 10 小时。
P3：尽量达到最大销售量——尼龙布 70 千米，棉布 45 千米。
P4：尽可能减少加班时间。

试对该厂尼龙布和棉布生产进行决策分析。

解：设尼龙布和棉布的周生产量分别为 x_1 千米和 x_2 千米。先分析约束条件，并引入各目标约束的偏差变量。

（1）开工能力约束。每周开工 80 小时，由于尼龙布和棉布的生产能力是每小时 1 千米，设其生产时间分别是 x_1 小时和 x_2 小时，并设开工时间的正、负偏差变量为 d_1^+、d_1^-，则有

$$x_1 + x_2 - d_1^+ + d_1^- = 80$$

(2) 销售量约束。尼龙布和棉布最大周销售量分别为 70 千米、45 千米，设尼龙布和棉布的正、负偏差变量分别为 d_2^+、d_2^-、d_3^+、d_3^-，于是有

$$x_1 - d_2^+ + d_2^- = 70$$
$$x_2 - d_3^+ + d_3^- = 45$$

(3) 加班时间约束。加班时间不超过 10 小时，设正、负偏差变量分别为 d_4^+、d_4^-，于是有

$$x_1 + x_2 - d_4^+ + d_4^- = 90$$

再分析优先级别，确定权系数和建立准则函数。

P1 级目标——避免开工不足，即最小化开工时间的负偏差变量，即 $P_1 \cdot d_1^-$。

P2 级目标——加班时间不超过 10 小时，即 $P_2 \cdot d_4^+$。

P3 级目标——尽量达到最大销售量，应包括 d_2^-、d_3^-，并取和式 $d_2^- + d_3^-$；由于尼龙布和棉布的单位利润分别为 2.5 元/米、1.5 元/米，权系数应取比例 2.5：1.5 = 5：3，即 $P_3(5d_2^- + 3d_3^-)$。

P4 级目标——尽可能减少加班时间，即 $P_4 \cdot d_1^+$。

综上所述，该问题的目标规划模型为

$$\min Z = P_1 \cdot d_1^- + P_2 \cdot d_4^+ + P_3(5d_2^- + 3d_3^-) + P_4 \cdot d_1^+$$

$$\text{s.t.} \begin{cases} x_1 + x_2 - d_1^+ + d_1^- = 80 \\ x_1 - d_2^+ + d_2^- = 70 \\ x_2 - d_3^+ + d_3^- = 45 \\ x_1 + x_2 - d_4^+ + d_4^- = 90 \\ x_1, x_2, d_i^+, d_i^- \geq 0, \quad i = 1, 2, 3, 4 \end{cases}$$

2.4.2 化多为少方法

对于一般的单层次多目标决策模型，经常采用将其化为单目标决策模型来求解。其方法大致可分为两类，一类是转化为一个单目标问题，另一类是转化为多个单目标问题。关键问题是如何转化，这方面已有不少方法。

一般单层次多目标决策模型可表示为

$$\max F(x) = (f_1(x), f_2(x), \cdots, f_m(x))^T \tag{2.22}$$

$$\text{s.t.} \quad x \in X \tag{2.23}$$

其中，$f_1(x), f_2(x), \cdots, f_m(x)$ 为 m 个目标函数；x 为满足某些约束条件的 n 维点集。

1. 主要目标法

在有些多目标决策问题中，各种目标的重要程度往往不一样。其中重要程度最高和最为关键的目标，称为主要目标。其余的目标则为非主要目标。例如，在单层次多目标决策模型（2.22）中，假定 $f_1(x)$ 为主要目标，其余 $m-1$ 个目标为非主要目标。此时，希

望主要目标达到极大值，并要求其余的目标满足一定的条件，即

$$\max f_1(x) \tag{2.24}$$
$$\text{s.t.} \begin{cases} f_i(x) \geqslant a_i, & i = 2,3,\cdots,m \\ x \in X \end{cases}$$

通过求解这个单目标决策问题式，可得单层次多目标决策模型（2.22）的一个弱有效解。

2. 线性加权和法

考虑多目标决策问题式，对 m 个目标函数 $f_1(x), f_2(x), \cdots, f_m(x)$ 分别赋以权系数 λ_i（其中 $i = 1, 2, \cdots, m$），构成新的目标函数（评价函数）：

$$U(x) = \sum_{i=1}^{m} \lambda_i f_i(x) \tag{2.25}$$

将求解多目标决策问题式转化为求解如式（2.26）所示的单目标决策问题：

$$\max U(x) = \sum_{i=1}^{m} \lambda_i f_i(x) \tag{2.26}$$
$$\text{s.t.} \quad x \in X$$

由于多目标决策问题中，关于目标的度量单位和数量级不同，一般先应进行标准化处理。

运用线性加权和法求解多目标决策问题的难点是如何找到合理的权系数，下面介绍几种确定权系数的方法。

1) α-法

我们以两个目标的多目标决策问题为例，解释 α-法确定权系数的原理。设多目标决策问题为

$$\max \left(f_1(x), f_2(x) \right)^{\text{T}} \tag{2.27}$$
$$\text{s.t.} \quad x \in X$$

将其化作单目标决策问题：

$$\max U(x) = a_1 f_1(x) + a_2 f_2(x) \tag{2.28}$$
$$\text{s.t.} \quad x \in X$$

其中，a_1、a_2 由方程组

$$a_1 f_1^* + a_2 f_2^0 = c_1 \tag{2.29}$$
$$a_1 f_1^0 + a_2 f_2^* = c_1 \tag{2.30}$$

来确定。其中，$f_1^* = \max_{x \in X} f_1(x) = f_1(x^{(1)})$，$f_2^* = \max_{x \in X} f_2(x) = f_2(x^{(2)})$，$f_1^0 = f_1(x^{(2)})$，$f_2^0 = f_2(x^{(1)})$。$c_1$ 可为任意常数（$c_1 \neq 0$），因此，

$$a_1^* = \frac{c_1(f_2^* - f_2^0)}{f_1^* f_2^* - f_1^0 f_2^0} \tag{2.31}$$

【例 2.3】 设有多目标决策问题

$$\max(f_1(x), f_2(x))^\mathrm{T}$$
$$\text{s.t.} \begin{cases} 2x_1 + x_2 \leqslant 4 \\ x_1 + x_2 \leqslant 3 \\ x_1, x_2 \geqslant 0 \end{cases}$$

其中，$f_1(x) = -4x_1 - x_2$，$f_2(x) = 3x_1 + 2x_2$，试用 α-法求解。

解：先分别对目标函数 $f_1(x)$、$f_2(x)$ 求得其最优解，它们是 $f_1^* = \max_{x \in X} f_1(x) = f_1(0,0) = f_1(x^{(1)}) = 0$，$f_2^* = \max_{x \in X} f_2(x) = f_2(x^{(2)}) = f_2(1,2) = 7$。然后求出 $f_1^0 = f_1(x^{(2)}) = 6$，$f_2^0 = f_2(x^{(1)}) = 0$。

由此可得 $a_1^* = \dfrac{7}{13}$，$a_2^* = \dfrac{6}{13}$。

于是 $U(x) = a_1^* f_1(x) + a_2^* f_2(x) = \dfrac{1}{13}(-10x_1 + 5x_2)$。容易求得

$$\max_{x \in X} U(x) = U(0,3) = \dfrac{15}{13}$$

2）λ-法

设有多目标决策问题公式，λ-法确定权系数的原理是将其化作如式（2.32）所示的单目标决策问题：

$$\max U(x) = \sum_{i=1}^{m} \lambda_i f_i(x) \tag{2.32}$$
$$\text{s.t.} \quad x \in X$$

其中，λ_i 取 $\dfrac{1}{f_i^*}$，$f_i^* = \max_{x \in X} f_i(x)$。

3）平方和加权法

对多目标决策问题公式，设有 m 个规定值 $f_1, f_2, \cdots, f_m$，要求 m 个目标函数 $f_1(x), f_2(x), \cdots, f_m(x)$ 分别与规定值的相差尽量小。这时可构造评价函数

$$U(x) = \sum_{i=1}^{m} \lambda_i (f_i(x) - f_i^*)^2 \tag{2.33}$$

目标函数为 $\max_{x \in X} U(x)$。其中，λ_i 为权系数。

2.4.3 多维效用并合方法

1. 并合模型

多目标决策问题有 s 个评价准则，有 m 个可行方案 a_i（$i = 1, 2, \cdots, m$）。相应的效用函数为 $f_1, f_2, \cdots, f_m$，在 s 个评价准则下的效用值分别是 $f_1(x), f_2(x), \cdots, f_j(x)$，$j = 1, 2, \cdots, s$。将 s 个分效用并合为总效用，并依据总效用对可行方案进行评价选优。

这种多目标决策方法，称为多维效用并合方法。这种方法主要用来解决序列型多层次目标准则体系问题。

效用并合有一定的规则和程序。假设经过系统分析,构建了序列型多层次目标准则体系。在最低一层准则层,各准则按序列关系分属各类,相应的效用也分属各类,其他各层次子目标所标记的记号均表示各子目标的效用值。效用并合规则和程序是由下而上、分类逐层进行的。首先,将最低一层各准则的效用值分类,并按某种规则并合,得到倒数第二层各子目标的并合效用值,称为初级并合。同样,对初级并合的效用值分类,然后按某种规则进行第二级并合,得到倒数第三层各子目标的并合效用值……最后,第二层目标效用值按某种规则并合,得到可行方案对整个多层结构目标准则体系的总效用值。这一总效用值体现了可行方案在目标准则体系上的整体特征,以及决策主体的总体偏好,称为可行方案的满意度。这种并合过程可以用多维效用并合模型表示。

2. 并合规则

首先我们需要了解 n 维效用函数的概念。首先,设效用 $u_1, u_2, \cdots, u_n$ 分别在 $[0,1]$ 上取值,n 元函数 $W = W(u_1, u_2, \cdots, u_n)$ 为 n 维效用函数。其定义域为 n 维效用空间上有 2^n 个顶点的凸多面体,曲面 $W = W(u_1, u_2, \cdots, u_n)$ 称为 n 维效用平面。比如,二维效用函数就是 $W = W(u_1, u_2)$,其定义域是坐标平面 u_1, u_2 上的一个正方形,称为二维效用平面。值域是 W 轴上的区间 $[0,1]$,曲面 $W = W(u_1, u_2)$ 称为二维效用曲面。

在多目标决策中,根据决策目标的不同属性,效用并合采取不同方式进行,这里我们讨论几种常用的二维效用并合规则。

1)距离规则

二维效用并合的距离规则满足如下条件:当二维效用同时达到最大值时,并合效用才达到最大值;当二维效用同时取最小值时,并合效用取零效用值;二维效用之一达到最大值,不能使并合效用达到最大值。二维效用平面上其余各点的效用值,与该点并合效用最大值点的距离成正比。因此,这种并合规则称为距离规则。

按照距离规则所满足的条件,二维效用函数 $W = W(u_1, u_2)$ 应该满足条件:① $W(1,1) = 1$;② $W(0,0) = 0$;③ $0 < W(1, u_2) < 1$,$0 < u_2 < 1$,$0 < W(u_1, 1) < 1$,$0 < u_1 < 1$;④ $W = W(u_1, u_2)$ 的取值与距离 $d = \sqrt{(1-u_1)^2 + (1-u_2)^2}$ 成正比例变化。

根据上述条件,可导出二维效用函数的距离规则计算公式,设效用最大值点为 $Q^*(1,1)$,效用最小值点为 $Q^0(0,0)$,即有 $W(Q^*) = 1$,$W(Q^0) = 0$。点 Q^* 与 Q^0 之间的距离为 $\sqrt{2}$,点 $Q(u_1, u_2)$ 与点 Q^0 之间的距离为 $d = \sqrt{(1-u_1)^2 + (1-u_2)^2}$。于是,根据条件④,有比例式

$$\frac{W(Q^*) - (Q)}{d} = \frac{W(Q^*) - W(Q^0)}{\sqrt{2}} \tag{2.34}$$

即

$$\frac{1 - W(u_1, u_2)}{d} = \frac{1}{\sqrt{2}} \tag{2.35}$$

从而解得

$$W = W(u_1, u_2) = 1 - \frac{d}{\sqrt{2}} = 1 - \sqrt{\frac{1}{2}\left[(1-u_1)^2 + (1-u_2)^2\right]} \qquad (2.36)$$

式（2.34）、式（2.35）和式（2.36）可以推广到多维情形。n维效用空间是一个有2^n个顶点的凸多面体，其中必有唯一点$Q^*(1,1,\cdots,1)$是并合效用最大值点，即$W(Q^*)=1$；也必有唯一的零效用值点$Q^0(0,0,\cdots,0)$，即$W(Q^0)=0$。n维效用空间任一点$Q(u_1,u_2,\cdots,u_n)$与Q^*之间的距离为

$$d = \sqrt{\sum_{i=1}^{n}(1-u_i)^2} \qquad (2.37)$$

点Q^*与Q^0之间的距离为$\sqrt{n}$。于是，同样可以推出n维效用并合的距离规则，计算公式为

$$W(u_1, u_2, \cdots, u_n) = 1 - \sqrt{\frac{1}{n}\sum_{i=1}^{n}(1-u_i)^2} \qquad (2.38)$$

2）代换规则

二维效用并合的代换规则适合如下情况：二维效用对决策主体具有同等重要性，只要其中一个目标的效用取得最大值，无论其他效用取何值，即使取得最低水平，并合效用也会达到最高水平，与二维效用达到最高水平一样。形象地说，代换规则反映了效用之间的"一好遮百丑"的特征。

设代换规则所确定的二维效用函数为$W = W(u_1, u_2)$，根据代换规则的特点，此效用函数应满足条件：① $W(1,1)=1$；② $W(0,0)=0$；③ $W(1,u_2)=1, 0 \leq u_2 \leq 1$，$W(u_1,1)=1$，$0 \leq u_1 \leq 1$。

由上述条件，容易导出代换规则的二维效用并合公式为

$$W(u_1, u_2) = 1 - (1-u_1)(1-u_2) = u_1 + u_2 - u_1 u_2 \qquad (2.39)$$

推广到多维情形，即在n维效用空间中，除了n个顶点的并合效用值为零以外，凸多面体效用空间的其余$2^n - 1$个顶点的总效用值均等于1，n维效用并合的代换规则公式为

$$W(u_1, u_2, \cdots, u_n) = 1 - \prod_{i=1}^{n}(1-u_i) \qquad (2.40)$$

例如，设备运行可靠性目标可以分解为设备自身可靠性和维修保养两个子目标，这两个子目标的效用之间可以相互替代。设备可靠性好，即使维修保养差一些，也能保证设备可靠运行。同样，维修保养好，即使可靠性较差，也能保证设备运行可靠，二维效用并合宜用代换规则。

3）加法规则

二维效用并合的加法规则适用于以下情况：二维效用的变化具有相关性，对并合效用的贡献没有本质差异，并且可以相互线性补偿。完满的总效用只有当二维效用值均达到最高水平才能实现，加法规则反映了两个目标效用之间"好坏搭配"的特征。

加法规则所确定的二维效用函数$W = W(u_1, u_2)$，应满足如下条件：① $W(1,1)=1$；

② $W(0,0) = 0$；③ $W(1,0) = \rho_1$，$W(0,1) = \rho_2$，并且 $\rho_1 + \rho_2 = 1$。根据上述条件，容易导出加法规则的二维效用并合公式为

$$W = W(u_1, u_2) = u_1\rho_1 + u_2\rho_2, \quad \rho_1 + \rho_2 = 1 \tag{2.41}$$

其中，ρ_1、ρ_2 为常数，$0 \leq \rho_1, \rho_2 \leq 1$，称为二维效用 u_1, u_2 的权系数，表示二维效用各自在并合中的重要程度。

推广到一般情形，即 n 维效用空间各顶点的并合效用值除了 $W(Q^*) = 1$、$W(Q^0) = 0$ 外，其余 $2^n - 2$ 个顶点的并合效用值均在 0 和 1 之间，其中仅有一维效用值为 1，其余维效用值为 0 的 n 个点的并合效用值大小，由该效用对并合效用的重要程度来决定。加法规则的 n 维并合效用公式为

$$W(u_1, u_2, \cdots, u_n) = \sum_{i=1}^{n} \rho_i u_i \tag{2.42}$$

其中，$\sum_{i=1}^{n} \rho_i = 1$，$0 \leq \rho_i \leq 1$，$i = 1, 2, \cdots, n$。$\rho_i$ 称为第 i 个目标效用的权系数。

例如，居民消费水平目标可以分解为吃、用两个子目标，其中一个子目标效用值减少，而另一个子目标效用值增加，可以认为它们之间相互能够补偿，居民消费水平并没有下降。因此，吃和用这两个子目标效用的并合适用于加法规则。

4）乘法规则

乘法规则适用于如下情况：两个目标效用对于并合效用具有同等重要性，相互之间完全不能替代。只要其中任意一个目标效用值为 0，无论另一个目标效用取值多大，并合效用均为 0。这种情况恰好与代换规则相反，乘法规则反映了两个目标效用之间"不可偏废"的特征。

乘法规则所确定的二维效用函数 $W = W(u_1, u_2)$，应满足如下条件：① $W(1,1) = 1$；② $W(0,0) = 0$；③ $W(1,0) = W(0,1) = 0$。根据乘法规则与代换规则的关系，容易导出乘法规则的二维效用并合公式为

$$W(u_1, u_2) = 1 - (1 - u_1)(1 - u_2) = u_1 + u_2 - u_1 u_2 \tag{2.43}$$

令 $W = 1 - W'$，$u_1 = 1 - u_1$，$u_2 = 1 - u_2$，于是，乘法规则并合效用计算公式为

$$W(u_1, u_2) = u_1 u_2 \tag{2.44}$$

乘法规则效用并合更一般的计算公式是

$$W(u_1, u_2) = u_1^{\rho_1} u_2^{\rho_2} \tag{2.45}$$

其中，ρ_1、ρ_2 为正的常数，当 $\rho_1 = \rho_2 = 1$ 时，即为式（2.44）。

推广到 n 维效用空间，其凸多面体的 2^n 个顶点，除点 Q^* 的并合效用值等于 1 之外，其余 $2^n - 1$ 个顶点的并合效用值均为 0，n 维效用并合乘法规则的计算公式为

$$W(u_1, u_2, \cdots, u_n) = \prod_{i=1}^{n} u_i \tag{2.46}$$

更一般的计算公式是

$$W(u_1, u_2, \cdots, u_n) = \prod_{i=1}^{n} u_i^{\rho_i} \tag{2.47}$$

也可以将其表示为对数形式，即

$$W(u_1, u_2, \cdots, u_n) = \prod_{i=2}^{n} \rho_i \ln u_i \quad (2.48)$$

其中，ρ_i（$i=1,2,\cdots,n$）为正的常数，当$\rho_i = 1$时，即为式（2.46）。

例如，某一管理信息系统的运行功能和可靠性两个子目标效用的并合关系，适用乘法规则。功能强而可靠性差的系统，或者可靠性好而功能差的系统，其总体运行质量都是差的。功能和可靠性对用户同等重要，两者相互之间不能替代和补偿。

5）混合规则

混合规则适用于各目标效用之间存在较为复杂的关系，是更为一般的情况，当代换、加法和乘法三规则选用哪一种拿不准时，可以使用混合规则。

混合规则的二维效用并合公式，可由代换规则二维效用并合公式变化而得，用c_1u_1、c_2u_2、γ分别代替u_1、u_2、-1，则有

$$W(u_1, u_2) = c_1 u_1 + c_2 u_2 + \gamma c_1 u_1 c_2 u_2 \quad (2.49)$$

其中，$\gamma \geqslant -1$称为形式因子，γ取不同值分别表示上述三种规则之一。当$\gamma \neq 0$时，经过简单恒等变形，式（2.49）可以化为较为规范的形式，即

$$1 + \gamma W = (1 + \gamma c_1 u_1)(1 + \gamma c_2 u_2) \quad (2.50)$$

当形式因子$\gamma = -1$，且$c_1 = c_2 = 1$时，式（2.49）化为代换规则形式，即

$$W(u_1, u_2) = u_1 + u_2 - u_1 u_2 \quad (2.51)$$

当形式因子$\gamma = 0$，且$c_1 + c_2 = 1$时，式（2.49）化为加法规则形式，即

$$W = u_1 c_1 + u_2 c_2 \quad (2.52)$$

当$\gamma \gg 0$时，式（2.49）近似于乘法规则形式，即

$$W \approx \gamma c_1 u_1 c_2 u_2 \quad (2.53)$$

推广到n维情形，混合规则的n维效用并合公式为

$$1 + \gamma W = \prod_{i=1}^{n}(1 + \gamma c_i u_i) \quad (2.54)$$

还有其他一些多维效用并合规则，例如向量范数规则、向量距离规则、向量比率规则等，这里不作一一介绍。

2.4.4 多目标决策的演化算法

许多来自工程、科学和商业的优化问题涉及复杂的目标与约束函数，以及其他违背可证明的优化算法通常需要的假设的实际情况。问题的可微性、凸性和规律不能期望在大多数实际问题中出现。尽管经典的基于梯度和凸规划的方法是当问题满足假设时的最佳方法，但对于可普遍应用于任何问题以获得最优或接近最优解的替代方法的需求日益增长，我们介绍一种新兴的搜索和优化方法——演化算法（evolutionary computation）。演化算法在每次迭代中使用一个解的种群，并使用一系列模拟自然进化原理的操作符，通过迭代来获得更好的种群。演化算法的总体方法及其操作符对不同问题类的自定义灵活性，其直接搜索方法适用于各种各样的优化问题。

演化算法与经典的基于点的方法相比有三个独特的方面。①并行处理能力：演化算法在每次迭代中处理多个解决方案，从而在整个搜索空间中建立了一种隐式的并行性。这使得演化算法能够同时评估多个不同区域，提高了全局搜索的效率。②问题定制能力：演化算法的操作符（如遗传算法）可以根据具体问题定制，充分利用问题的特定信息。这种灵活性使得演化算法可以针对不同类型的优化问题进行优化，而非一概而论。③随机性和全局收敛性：每个演化算法操作符都具有随机性质，这有助于避免陷入局部最优解，演化算法通过随机性来探索搜索空间，同时又倾向于朝着有利的解决方向前进，从而增加了发现全局最优解的可能性。

总体而言，尽管基于点的优化方法对于寻找单个最优解有其优势，但在处理多准则优化问题时，演化算法更为适用。多准则优化问题通常涉及多个冲突的目标，导致多个帕累托最优解的存在。演化算法能够有效地找到这些帕累托最优解集合，为决策者提供多个选择，使其能够基于分析选择一个最适合的解决方案。

因此，随着演化算法在多准则优化问题中的成功应用，它已成为解决实际问题中复杂优化需求的首选方法之一。

1. 类型 0：后验方法

类型 0 是一种朴素的基于 EMO 的决策方法。EMO 首先被应用以找到一些帕累托最优解，然后应用多准则决策方法从整个集合中选择一个或几个首选解。这种方法也被称为后验多准则决策方法（Deb，2001），因为多准则决策方法是在 EMO 解决方案被找到后连续应用的。虽然存在过多的可能性，但在 EMO 研究中主要采用了三种方法。在第一种（折中的编程）方法中，EMO 解决方案以最小的标准化值作为最终的优选解。第二种方法称为权衡分析，其使用相邻的 EMO 解决方案计算每个 EMO 解决方案的权衡值。第三种方法，即伪权值方法，使用式（2.55）计算每个 EMO 解的伪权值向量：

$$w_i^X = \frac{\left(f_i^{\max} - f_i(X)\right)/\left(f_i^{\max} - f_i^{\min}\right)}{\sum_{m=1}^{M}\left(f_m^{\max} - f_m(X)\right)/\left(f_m^{\max} - f_m^{\min}\right)} \quad (2.55)$$

目标值的最小值和最大值为 EMO 解决方案集的目标值。

2. 类型 1：EMO 辅助的多准则决策方法

大约从 2005 年开始，多目标优化方法与多准则决策方法结合，称为 EMO 辅助的多准则决策方法，它结合了两种方法的优点。多准则决策方法使用基于点的优化方法在每个级别中找到一个单一的首选解决方案。第一种类型的集成是用电子商务方法替代优化任务，以找到多个首选解决方案，而不是单个解决方案。这一修改允许决策者分析感兴趣区域中的多个解决方案，从而全面了解回报率中的解决方案的权衡和结构，为决策者在每个级别上提供更自信的应用程序。基于参考点（reference）的 NSGA-II（R-NSGA-II）（Deb et al.，2009）和基于 EMO 的光束搜索（Deb and Kumar，2007b）是类型 1 方法的两个例子。

3. 类型2：EMO-多准则决策集成方法

在类型 2 集成方法中，为了实现 EMO 方法的单一应用，尝试了多层多准则决策方法。例如，参考方向的多准则决策方法（Korhonen and Laakso，1986）在为下一层选择单个解决方案之前，试图沿着首选参考方向在有限步中找到多个帕累托最优解。由于 EMO 可以在一次运行中找到和存储多个解决方案，因此基于 NSGA-II 的参考方向（reference direction-NSGA-II，RD-NSGA-II）在单一模拟中能够找到多个参考方向的解决方案（Deb and Kumar，2007a）。类型 2 的方法还允许决策者提供多个但不同的首选项信息源，以便并行考虑。例如，R-NSGA-II、基于 EMO 的光束搜索、RD-NSGA-II 分别允许处理多个参考点、多个光束和多个参考方向，从而使决策者更加开放和灵活，可以同时聚焦于多个感兴趣的区域。

4. 类型3：交互式 EMO-多准则决策方法

交互式 EMO-多准则决策方法涉及更多的交互式 EMO 方法，其核心思想是在演化算法（通常是 EMO）中每隔几代之后，引入决策者的偏好信息来辅助最终的决策过程。（Tomczyk and Kadziński，2019）。这使一个 EMO 将注意力集中在管理决策的 ROI 上，而不是在整个帕累托最优集上寻找一个广泛的点集。这些研究对于未来的应用更加实用，因为它们消除了多准则决策方法的最终结果对最初选择的首选解决方案的依赖。由于 EMO 从寻找整个帕累托最优集的概念开始，在第一个多准则决策任务时，管理决策将在整个帕累托最优集上呈现出许多具有代表性的折中解决方案（尽管没有一个是充分收敛的），因此，管理决策者在选择一个或多个首选 ROI 之前，可以对问题的不同折中方案有一个全面的看法。一个实用的、更全面的交互式 EMO-多准则决策方法必须包括灵活的方式，使管理决策者能够在需要时返回到早期决策并改变管理者的选择。EMO 方法还必须在每个层次上利用管理决策的偏好信息来学习创建新的但更理想的解决方案的方法。机器学习的最新进展和多准则决策文献可能有助于这方面的研究。

EMO 方法试图在一次模拟运行中找到接近帕累托最优集的多个良好收敛的折中解决方案，从而在解决多准则问题的参数标量版本问题时，减少基于点的优化方法的多个应用的需要。因为一个多准则决策任务最终需要通过管理决策的参与来选择一个首选的折中方案，所以在解决多准则问题时，EMO 后面跟着一个多准则决策任务是一个自然的顺序。

课 后 习 题

1. 某企业拟在若干种产品中选一种投产，每种产品的生产周期均为两年。现仅考虑两种属性：第一年的现金收益 X 和第二年的现金收益 Y。设现金收益可以精确预计；企业的偏好如下。

（1）X、Y 是互相偏好独立的。

（2）$x > x' \Leftrightarrow x \geqslant x'$。

（3）$y > y' \Leftrightarrow y \geqslant y'$。

（4）$(100, 400) \sim (200, 300)$，$(0, 600) \sim (100, 200)$。

设有下列产品对。

（1）$(0, 100)$，$(100, 100)$。

（2）$(0, 400)$，$(200, 200)$。

（3）$(100, 500)$，$(200, 300)$。

（4）$(0, 500)$，$(150, 200)$。

每对产品中只能生产其中之一。企业应该如何选择，为什么？

2. 某个人想去度假，他根据两个属性来确定休假的优劣，x 表示每天的日照时间，y 表示每天的费用。决策分析人在与他讨论后确定：①他的偏好效用是相互独立的；②x 的边际效用是线性的，日照愈长愈好；③y 的边际效用也是线性的，费用愈小愈好；④他认为下列属性 (x,y) 的无差异对成立，即 $(10, 16) \sim (8, 12)$，$(15, 16) \sim (12, 8)$。

他面临的度假地有两种选择。

A：$x = 10$，$y = 14$。

B：$y = 15$，有 25% 的可能性是 $x = 13$，75% 的可能性是 $x = 4$。

他应该选择哪一地点度假？

3. 设有两个目标的问题为
$$\max y = f(x_1, x_2) = \{f_1(x_1, x_2), f_2(x_1, x_2)\}$$

而
$$y_1 = f_1(x_1, x_2) = 5x_1 - 2x_2$$
$$y_2 = f_2(x_1, x_2) = -x_1 + 4x_2$$

受约束于
$$-x_1 + x_2 \leqslant 3$$
$$x_1 + x_2 \leqslant 8$$
$$x_1 \leqslant 6, \quad x_2 \leqslant 4, \quad x_1, x_2 \geqslant 0$$

分别用加权法和目标规划法求解。

4. 设有一个两目标的决策问题为
$$\min\{f_1(x), f_2(x)\}$$

受约束于
$$x \geqslant 0, \quad x \in R$$

其中，R 为一维欧几里得实空间；$f_1(x) = x - 1$；$f_2(x) = (x-3)^2 + 1$。

求解此问题的非劣解。

5. 某人拟购买住宅一栋，有四所房屋（x_1、x_2、x_3、x_4）可供他选择，房屋的合意程度用五个目标（属性）衡量，即价格、使用面积、与工作地点之间的距离、设备、环境，分别用 y_1、y_2、y_3、y_4、y_5 表示。最后两个属性——设备和环境可以量化。其决策矩阵如表 2.2 所示。

表 2.2 决策矩阵

方案	属性				
	y_1/万元	y_2/平方米	y_3/千米	y_4/个	y_5
x_1	3.0	100	10	7	7
x_2	2.5	80	8	3	5
x_3	1.8	50	28	5	11
x_4	2.2	70	12	5	9

其中，环境无量纲，按单位标准量化成不同等级。这五个目标中使用面积、设备、环境都是效益型目标，它们的属性值愈大愈好；但价格和与工作地点之间的距离则为成本型目标，它们的属性值愈小愈好。设决策人对属性值进行成对比较后，得到的矩阵 A 为

$$\begin{bmatrix} 1 & 1/3 & 1/2 & 1/4 & 1/5 \\ 3 & 1 & 2 & 1 & 1/2 \\ 2 & 1/2 & 1 & 1/2 & 1/2 \\ 4 & 1 & 2 & 1 & 1 \\ 5 & 2 & 2 & 1 & 1 \end{bmatrix}$$

请利用线性加权和法求解。

第3章 多属性决策

多属性决策也称有限方案多目标决策，是指在考虑多个属性的情况下，选择最优备选方案或进行方案排序的决策问题，它是现代决策科学的一个重要组成部分。它的理论和方法在工程、技术、经济、管理和军事等诸多领域中都有广泛的应用。多属性决策主要解决的问题是评估及选择。多属性决策方法有一些共通要素：多个选择方案，在做群体决策之前，决策者必须先要衡量可行的方案数；多个评估属性，在做群体决策之前，决策者必须先要衡量可行的属性数；对于属性的权重分配，不同的属性决策者会有不同的偏好倾向，因此会分配不同的权重给不同的属性。本章将讨论多属性决策基本原理，介绍常用的多属性决策方法及应用实例。

3.1 多属性决策指标体系

社会经济体系规模庞大、因素众多、层次结构复杂，不可能仅通过单一的指标全面、准确地评价系统的基本特征和要素之间的关系，而是需要由多个相互关联、相互依存的评价指标，按照一定层次结构组合来实现。基于此，具有特定评价功能的有机整体，称为多属性决策的指标体系。

多属性决策模型一般设置以下几种类型的指标。

（1）效益型指标。属性值越大越好（比如利润）。

（2）成本型指标。属性值越小越好（比如成本价）。

（3）固定型指标。属性值越接近某个固定值越好（比如生产标注宽度）。

（4）偏离型指标。属性值越偏离某个固定值越好。

（5）区间型指标。属性值越接近某个固定区间越好。

（6）偏离区间型指标。属性值越偏离某个固定区间越好。

上述指标可以进一步分解为若干个小类指标，形成指标树，构成指标体系。在同一社会经济体系，不同时期、环境和决策主体的情况下，指标体系的设置不同。

3.1.1 指标体系设置的原则

多属性决策指标体系设置应遵循以下原则。

（1）系统性原则。指标体系反映决策系统的整体性能和综合情况，指标体系的整体评价功能大于单个分析指标的简单总和。注意，指标体系应层次清楚、结构合理、相互关联、协调一致。要抓住主要因素，既要反映直接效果，又要反映间接效果，以保证决策的全面性和可信度。

（2）可比性原则。决策分析是根据系统的整体属性和效用值的比较进行方案排序，可比性越强，决策结果的可信度越大。决策指标和评价标准的制定要客观实际，便于比较。指标间要避免显著的包含关系，隐含的相关关系要以适当的方法加以消除。不同量纲的指标应该按特定的规则进行标准化处理，化为无量纲指标，便于整体综合评价。指标处理要保持同趋势化，以保证指标间的可比性。

（3）科学性原则。以科学理论为指导，以客观系统内部要素以及其间的本质联系为依据，定性和定量分析相结合，正确反映系统整体和内部相互关联的数量特征。定量指标要注意绝对量和相对量结合使用，绝对量反映总量和规模，相对量反映强度和密度。定性指标可进行适当的量化处理。两者结合，便于建模和综合评价。

（4）实用性原则。决策指标含义要明确，数据要规范，口径要一致，资料收集要可靠。指标设计必须符合国家和地方的方针、政策、法规，口径和计算要与通用的会计、统计、业务核算协调一致。决策模型设计要有可操作性，计算分析简便，结构模块化，计算程序化，便于在计算机上操作实现。

3.1.2 决策指标的标准化

指标体系中的单个指标均有不同的量纲，如产值的单位为万元、产量的单位为万吨、投资回收期的单位为年等，为综合评价带来了许多困难。将不同量纲的指标，通过适当的变换，化为无量纲的标准化指标，即决策指标的标准化。

设有 n 个决策指标 f_j（$1 \leqslant j \leqslant n$），$m$ 个可行方案 a_i（$1 \leqslant i \leqslant m$），$m$ 个方案的单个决策指标构成的矩阵

$$X = (x_{ij})_{m \times n} \tag{3.1}$$

称为决策矩阵。

决策指标根据指标变化方向，大致分为效益型（正向）指标和成本型（逆向）指标。效益型指标具有越大越优的性质，成本型指标具有越小越优的性质。

下面集中介绍常用的指标标准化的方法。

1. 向量归一化法

在决策矩阵 $X = (x_{ij})_{m \times n}$ 中，令

$$y_{ij} = \frac{x_{ij}}{\sqrt{\sum_{i=1}^{m} x_{ij}^2}}, \quad 1 \leqslant j \leqslant n, \quad 1 \leqslant i \leqslant m \tag{3.2}$$

则矩阵 $Y = (y_{ij})_{m \times n}$ 称为向量归一标准化矩阵。显然，矩阵 Y 的列向量的模等于 1，即 $\sum_{i=1}^{m} y_{ij}^2 = 1$。

经过向量归一化处理后，其指标值均满足 $0 \leqslant y_{ij} \leqslant 1$。此外，正、逆向指标的方向没有发生变化，即正向指标在归一化变换后，仍是正向指标；逆向指标在归一化变换后，仍是逆向指标。

2. 线性比例变换法

在决策矩阵 $X = (x_{ij})_{m \times n}$ 中，对于正向指标 f_j，取 $x_j^* = \max\limits_{1 \leq i \leq m} x_{ij} \neq 0$，则

$$y_{ij} = \frac{x_{ij}}{x_j^*}, \quad 1 \leq j \leq n, \quad 1 \leq i \leq m \tag{3.3}$$

对于逆向指标 f_j，取 $x_j^* = \min\limits_{1 \leq i \leq m} x_{ij}$，则

$$y_{ij} = \frac{x_j^*}{x_{ij}}, \quad 1 \leq j \leq n, \quad 1 \leq i \leq m \tag{3.4}$$

矩阵 $Y = (y_{ij})_{m \times n}$ 称为线性比例标准化矩阵。

经过线性比例标准化变换之后，标准化指标满足 $0 \leq y_{ij} \leq 1$；并且，正、逆向指标均化为了正向指标，最优值为 1，最劣值为 0。

3. 极差变换法

在决策矩阵 $X = (x_{ij})_{m \times n}$ 中，对于正向指标 f_j，取 $x_j^* = \max\limits_{1 \leq i \leq m} x_{ij}$，$x_j^0 = \min\limits_{1 \leq i \leq m} x_{ij}$，则

$$y_{ij} = \frac{x_{ij} - x_j^0}{x_j^0 - x_j^*}, \quad 1 \leq j \leq n, \quad 1 \leq i \leq m \tag{3.5}$$

对于逆向指标 f_j，取 $x_j^* = \min\limits_{1 \leq i \leq m} x_{ij}$，$x_j^0 = \max\limits_{1 \leq i \leq m} x_{ij}$，则

$$y_{ij} = \frac{x_j^0 - x_{ij}}{x_j^0 - x_j^*}, \quad 1 \leq j \leq n, \quad 1 \leq i \leq m \tag{3.6}$$

矩阵 $Y = (y_{ij})_{m \times n}$ 称为极差变换标准化矩阵。

经过极差变换之后，均有 $0 \leq y_{ij} \leq 1$；并且，正、逆向指标均化为了正向指标，最优值为 1，最劣值为 0。

4. 标准样本变换法

在决策矩阵 $X = (x_{ij})_{m \times n}$ 中，令

$$y_{ij} = \frac{x_{ij} - \overline{x_j}}{s_j}, \quad 1 \leq j \leq n, \quad 1 \leq i \leq m \tag{3.7}$$

其中，样本均值 $\overline{x_j} = \frac{1}{m} \sum\limits_{i=1}^{m} x_{ij}$，样本均方差 $s_j = \sqrt{\frac{1}{m-1} \sum\limits_{i=1}^{m} \left(x_{ij} - \overline{x_j}\right)^2}$。矩阵 $Y = (y_{ij})_{m \times n}$ 称为标准样本变换矩阵。

经过标准样本变换之后，标准化矩阵的样本均值为 0、方差为 1。

5. 定性指标量化处理方法

在多属性决策指标体系中，有些指标是定性指标。对定性指标的量化处理通常是将这些指标根据问题性质划分为若干级别，分别赋以不同量值。一般可以划分为五个级别，

最优值赋 10 分，最劣值赋 0 分，其余级别赋以适当分值。定性指标量化处理的具体赋值见表 3.1。

表 3.1 定性指标量化处理的具体赋值

指标	等级				
	很低	低	一般	高	很高
正向指标	1	3	5	7	9
逆向指标	9	7	5	3	1

【例 3.1】 某航空公司在国际市场上购买货机，按六个决策指标对不同型号的货机进行综合评级。这六个指标是：最大速度 f_1、最大航程 f_2、最大负载 f_3、价格 f_4、可靠性 f_5、灵敏度 f_6。现有四种型号的货机可供选择，具体指标值如表 3.2 所示，请写出决策矩阵，并进行标准化处理。

表 3.2 四种型号货机的各指标值

机型 a_i	指标 f_j					
	最大速度 f_1/马赫	最大航程 f_2/千米	最大负载 f_3/千克	价格 f_4/($\times 10^7$ 美元)	可靠性 f_5	灵敏度 f_6
a_1	2.0	1 500	20 000	5.5	一般	很高
a_2	2.5	2 700	18 000	6.5	低	一般
a_3	1.8	2 000	21 000	4.5	高	高
a_4	2.2	1 800	20 000	5.0	一般	一般

解：在决策指标中，f_1、f_2、f_3 是正向指标，f_4 是逆向指标，对 f_5、f_6 需进行量化处理，得到决策矩阵

$$X = (x_{ij})_{4 \times 6} = \begin{bmatrix} 2.0 & 1\,500 & 20\,000 & 5.5 & 5 & 9 \\ 2.5 & 2\,700 & 18\,000 & 6.5 & 3 & 5 \\ 1.8 & 2\,000 & 21\,000 & 4.5 & 7 & 7 \\ 2.2 & 1\,800 & 20\,000 & 5.0 & 5 & 5 \end{bmatrix}$$

接下来，根据不同方法对其进行标准化处理。
（1）向量归一化法。标准化矩阵为

$$Y = (y_{ij})_{4 \times 6} = \begin{bmatrix} 0.4671 & 0.3662 & 0.5056 & 0.5063 & 0.4811 & 0.6708 \\ 0.5839 & 0.6591 & 0.4550 & 0.5983 & 0.2887 & 0.3127 \\ 0.4204 & 0.4882 & 0.5308 & 0.4143 & 0.6736 & 0.5217 \\ 0.5139 & 0.4392 & 0.5056 & 0.4603 & 0.4811 & 0.3727 \end{bmatrix}$$

（2）线性比例变换法。标准化矩阵为

$$Y = (y_{ij})_{4\times6} = \begin{bmatrix} 0.80 & 0.56 & 0.95 & 0.82 & 0.71 & 1.00 \\ 1.00 & 1.00 & 0.86 & 0.69 & 0.43 & 0.56 \\ 0.72 & 0.74 & 1.00 & 1.00 & 1.00 & 0.78 \\ 0.88 & 0.67 & 0.95 & 0.90 & 0.71 & 0.56 \end{bmatrix}$$

（3）极差变换法。标准化矩阵为

$$Y = (y_{ij})_{4\times6} = \begin{bmatrix} 0.28 & 0 & 0.67 & 0.50 & 0.51 & 1.00 \\ 1.00 & 1.00 & 0 & 0 & 0 & 0 \\ 0 & 0.42 & 1.00 & 1.00 & 1.00 & 0.50 \\ 0.57 & 0.52 & 0.67 & 0.25 & 0.50 & 0 \end{bmatrix}$$

3.1.3 决策指标权重的确定

在决策指标体系中，每个指标对实现系统目标和功能的重要程度都不相同。权重表示指标的相对重要程度，或表示一种效益替换另一种效益的比例系数。合理确定和适当调整指标权重，体现了决策指标体系中，各评价因素轻重有度，更能增加决策指标的可比性。确定指标权重的方法，通常有两种，即主观赋权法和客观赋权法。根据主观经验和判断，用某种特定法则测算出指标权重的方法，称为主观赋权法。根据决策矩阵提供的评价指标的客观信息，用某种特定法则确定指标权重的方法，称为客观赋权法。主观赋权法依赖经验和主观判断，难免带有一定的主观性。客观赋权法虽然依据客观指标信息，但指标信息数据采集优势难免受到随机干扰，在一定程度上影响其真实可靠性。因此，两种赋权方法各有利弊，在实际应用中应该有机结合。

下面，介绍几种确定指标权重的常用方法。

1. 相对比较法

相对比较法是一种主观赋权法，是将所有指标分别按行和列构成一个正方形的表。根据三级比例标度，指标两两比较进行评价，并记入表中相应位置，再将各指标评分值按行求和，得到各指标评分总和，最后进行归一化处理，求得各指标的权重系数。

设有 n 个决策指标 $f_1, f_2, \cdots, f_n$，按三级比例标度两两相比较并评分，其分值设为 a_{ij}。三级比例标度的含义是

$$a_{ij} = \begin{cases} 1, & f_i 比 f_j 重要 \\ 0.5, & f_i 与 f_j 同样重要 \\ 0, & f_j 比 f_i 重要 \end{cases}$$

评价构成矩阵 $A = (a_{ij})_{m\times n}$。显然，$a_{ii} = 0.5$，$a_{ij} + a_{ji} = 1$，指标 f_i 的权重系数为

$$\omega_i = \frac{\sum_{i=1}^{n} a_{ij}}{\sum_{i=1}^{n}\sum_{j=1}^{n} a_{ij}}, \quad i = 1, 2, \cdots, n \tag{3.8}$$

使用相对比较法时，任意两个指标之间的相对重要程度要有可比性。这种可比性在主观判断评分时，应满足比较的传递性，即若 f_1 比 f_2 重要，f_2 比 f_3 重要，则 f_1 比 f_3 重要。

【例 3.2】 在例 3.1 购买货机问题中，用相对比较法确定六个决策指标的权重。

解：列出表 3.3，按三级比例标度，两两比较给出评分值，并根据式（3.8）计算各指标的权重 ω_i，结果见表 3.3 最后一列。

表 3.3 各指标评分值 a_{ij} 及其权重 ω_i

指标	f_1	f_2	f_3	f_4	f_5	f_6	评分总计	权重 ω_i
f_1	0.5	1.0	1.0	1.0	0.5	0	4.0	0.22
f_2	0	0.5	0.5	0.5	0	0	1.5	0.08
f_3	0	0.5	0.5	0.5	0	0	1.5	0.08
f_4	0	0.5	0.5	0.5	0	0	1.5	0.08
f_5	0.5	1.0	1.0	1.0	0.5	0	4.0	0.22
f_6	1.0	1.0	1.0	1.0	1.0	0.5	5.5	0.31

2. 连环比率法

连环比率法也是一种主观赋权法。这种方法以任意顺序排列指标，按此顺序从前到后，相邻两指标比较相对重要性，依次赋以比率值，并赋以最后一个指标的得分值为 1；接着，从后到前，按比率值依次求出各指标的修正评分值；最后，归一化处理各指标的权重。

设有 n 个决策指标 $f_1, f_2, \cdots, f_n$，连环比率法的步骤如下。

（1）将 n 个指标以任意顺序排列，不妨设为 $f_1, f_2, \cdots, f_n$。

（2）从前到后，依次赋以相邻两指标相对重要程度的比率值，指标 f_i 与 f_{i+1} 比较，赋以指标 f_i 以比率值 r_i（$i = 1, 2, \cdots, n-1$），比率值 r_i 以三级比例标度赋值，即

$$r_i = \begin{cases} 3(\text{或}1/3), & f_i \text{比} f_{i+1} \text{重要（或相反）} \\ 2(\text{或}1/2), & f_i \text{比} f_{i+1} \text{较为重要（或相反）}, \quad i = 1, 2, \cdots, n-1 \\ 1, & f_{i+1} \text{比} f_i \text{重要} \end{cases}$$

并赋以 $r_n = 1$。

（3）计算各指标的修正评分值。赋以 f_n 的修正评分值 $k_n = 1$，根据比率值 r_i 计算各指标的修正评分值，即

$$k_i = r_i k_{i+1}, \quad i = 1, 2, \cdots, n-1 \tag{3.9}$$

（4）归一化处理。求出各指标的权重系数值，即

$$\omega_i = \frac{k_i}{\sum_{i=1}^{n} k_i}, \quad i = 1, 2, \cdots, n \tag{3.10}$$

【例 3.3】 用连环比率法计算例 3.1 中六个决策指标的权重。

解：按照连环比率法的四个步骤，依次列表计算，结果如表 3.4 所示。

表 3.4 按照连环比率法计算得到的各指标数值

f_i	比率值 r_i	修正评分值 k_i	指标权重值 ω_i
f_1	3	1/2	0.20
f_2	1	1/6	0.07
f_3	1	1/6	0.07
f_4	1/3	1/6	0.02
f_5	1/2	1/2	0.20
f_6	1	1	0.40
求和		2.5	1.00

计算结果与例 3.2 结果接近。但计算过程表明，连环比率法相对比较简便。

3.2 多属性决策方法

3.2.1 概述

多属性决策方法是多准则决策方法的重要组成部分。该方法的主要特点是在决策问题中存在数量有限的备选方案。参考 Kahraman 等（2015）提供的分类，具体有：两两比较方法、等级高于的方法、基于距离的方法、基于交互的方法、基于效用的方法和其他方法。下面将对这六种方法进行简要描述。

1. 两两比较方法

该方法是基于决策过程中因素（标准、备选方案）属性的方法。这类方法中第一个也是最流行的方法是层次分析法（analytic hierarchy process，AHP），由 Saaty（1988）提出。这个问题处理的层次结构是，目标在顶部，标准在它下面，备选方案在最底部（Kilic et al.，2014）。除了经典类型外，在许多应用中还有各种各样的模糊版本。当因素之间存在依赖关系时，可采用 Saaty（2004）提出的网络分析法（analytic network process，ANP），它是 AHP 的推广。与 AHP 类似，ANP 也存在模糊版本。然而，在 ANP 中有一个网络结构，而不是层次结构。ANP 的主要步骤可以表示为网络结构的形成、属性的形成和获得局部优先级权值，最后形成未加权的、加权的、限制的超矩阵，并获得最终的优先级权值（Kilic et al.，2015）。Rezaei（2015）提出的最好最坏方法（best-worst method，BWM）通过采用一种新的技术来比较替代方案，克服了属性中的不一致问题，而且与其他多准则决策（multi-criteria decision-making，MCDM）方法相比，进行的比较较少。除了这三种方法之外，还有基于属性的不同方法，它们将在"其他"类中被考虑。

2. 等级高于的方法

等级高于的关系是通过考虑一个选项相对于另一个选项的优越性来决定的。优势被定义为"至少和"或"不差"。消去与选择转换（elimination et choice translating reality，ELECTRE）方法，偏好顺序结构评估法（preference ranking organization method for enrichment assessment，PROMETHEE），以及相关数据的组织、存储和合成（organisation，rangement et Synthèse de données relarionnelles，ORESTE）方法是此类方法中最流行的三种。ELECTRE 方法基于多属性效用理论（multi-attribute utility theory，MAUT），在不影响结果的情况下，考虑较少的数据，提高了有效性，按顺序减少替代方案的数量（Chatterjee et al.，2010）。PROMETHEE 是 Brans（1982）提出，并由 Brans 和 Vincke（1985）进一步发展的最流行的 MCDM 方法之一。PROMETHEE 是一种从相互冲突的标准中对有限范围内的备选方案进行排序和选择的优先方法。与其他多标准分析方法相比，PROMETHEE 在设计和实现上也是一种相当简单的测序方法（Behzadian et al.，2010）。Roubens（1982）引入了 ORESTE 方法来解决缺乏定量数据且标准权重未知的常见 MCDM 问题。其目标是将表征为排序的标准显著性水平与表征为排序备选方案的评价值相结合，获得每个备选方案的偏好得分（Liao et al.，2018）。

3. 基于距离的方法

这类方法根据到理想解的最短距离来选择最佳方案。TOPSIS（technique for order of preference by similarity to ideal solution，逼近理想解的偏好排序技术）、多准则优化和折中方案（visekriterijumska optimizacija i kompromisno resenje，VIKOR）和基于组合距离的评估（combination distance based assessment，CODAS）方法是此类方法中最流行的三种。TOPSIS 法是 Hwang 和 Yoon（1981）提出，并由 Yoon（1987）开发的一种 MCDM 方法，根据与理想解的接近程度确定最合适的替代方案（Kilic and Yalcin，2021）。VIKOR 方法已被改进为一种 MCDM 方法，用于求解准则不可测量和互相冲突的离散多准则问题。它专注于从一系列的备选方案中进行排序和选择，并为标准相冲突的问题确定折中的解决方案。CODAS 方法是由 Ghorabaee 等（2016）引入的，它基于到负理想点的欧氏距离和汉明距离来衡量替代方案的整体性能。

4. 基于交互的方法

如果决策问题中的因素相互影响，则可采用基于交互的方法。决策试验和评价实验室（decision making trial and evaluation laboratory，DEMATEL）方法、灰色关联分析（grey correlation analysis，GRA）方法和 Choquet 积分方法是这类方法中最流行的三种方法。DEMATEL 方法是基于图论开发的，可以通过可视化的方法来分析和解决问题。这种结构建模方法包含有向图（因果影响图）的版本，引入了各因素之间的相互依赖关系和有效影响值（Lin，2013）。GRA 方法探索了系统中一个基本驱动程序和所有其他驱动程序之间的模糊关系。灰色关联分析方法已被广泛应用于与工程和工业相关的决策环境（Rajesh and Ravi，2015）。Choquet 积分方法为了找到最佳的交互作用，不仅关注特定的学科，也关注它们的子集。Choquet 积分方法是加权平均法、有序加权平均法和最大最小算子的广义版本（Xu and Xia，2011）。

5. 基于效用的方法

在多属性效用理论的环境下，出现了不同的多属性效用管理方法。在建议的方法中，加权和法（weighted sum method，WSM）和加权积法（weighted product method，WPM）得到了广泛认可。为了提高 WSM 和 WPM 的精度，Zavadskas 等（2014）引入了在 WSM 和 WPM 中使用聚合算子的加权聚合和积评估（weighted aggregated sum product assessment，WASPAS）方法。逐步权重评估比分析（step-wise weight assessment ratio analysis，SWARA）是另一种流行的方法，它在 2010 年获得改进并实施，以选择一种合理的纠纷解决方法。SWARA 方法的基本属性是在检测其权重的过程中预测专家或特殊利益集团关于每个标准的重要性比率的意见的概率（Zolfani and Saparauskas，2014）。复杂比例评估（complex proportional assessment，COPRAS）方法允许决策者考虑解决方案在不同标准下的相对性能。这种方法假定被检查的版本的重要性和效用程度对系统有直接成比例的依赖关系，可以确定备选方案的标准、价值和标准权重（Yazdani et al.，2011）。

6. 其他方法

其他方法包括公理化设计、数据包络分析（data envelopment analysis，DEA）、简单多属性评级技术（simple multiple attribute rating technology，SMART）等。

3.2.2 基本信息方法

多属性决策问题的特点是决策者在进行决策时了解真实的自然状态，可以确切地知道各种行动的后果。经典多属性决策研究中的主流方法都属于这类问题的决策方法，它们不仅实用，而且是求解其他非经典多属性决策问题的基础。

解决多属性决策问题的方法有许多，可以分为无偏好信息方法和多属性信息方法。

1. 无偏好信息方法

无偏好信息方法有许多经典的方法，如属性占优法、最大最小法、最大最大法等。这些方法并不需要决策者的偏好信息就可以优选出最佳方案。

1）属性占优法

如果甲方案在某个或多个属性上劣于乙方案，而在其他属性上，这两个方案相当，则甲方案被占优。决策方案的数量可以通过删除被占优方案来减少。换句话说，可以在进行决策之前对方案进行筛选，删除被占优方案，在余下的占优方案集中再进行决策。占优筛选的过程如下。

（1）比较第一个和第二个方案，如果其中一个是被占优的，则删去。

（2）用没有被占优的方案去和另一个比较，如果有被占优的，删去被占优的方案。

（3）重复第（2）步，直到所有的方案都进行了比较，之后，剩下的方案就构成占优方案集。

【例 3.4】 某工厂决定购买叉车。后勤部门提供了可以购买的四种型号的叉车的特性。该部门认为应该考虑六种特征属性：最大速度 X_1、里程 X_2、最大载荷 X_3、购买价格 X_4、可靠性 X_5 和机动性 X_6。每个方案的六种属性值如表 3.5 所示。

表 3.5 每个方案的六种属性值

方案 A_i	属性						
	最大速度 X_1/(米/秒)	里程 X_2/公里	最大载荷 X_3/千克	购买价格 X_4/万元	可靠性 X_5	机动性 X_6
A_1	2.0	1 500	20 000	5.5	中	很高
A_2	2.5	2 700	18 000	6.5	低	中
A_3	1.8	2 000	21 000	4.5	高	高
A_4	2.2	1 800	20 000	5.0	中	中

可用决策矩阵表示上述叉车选择问题，即

$$D = \begin{bmatrix} 2.0 & 1\,500 & 20\,000 & 5.5 & 中 & 很高 \\ 2.5 & 2\,700 & 18\,000 & 6.5 & 低 & 中 \\ 1.8 & 2\,000 & 21\,000 & 4.5 & 高 & 高 \\ 2.2 & 1\,800 & 20\,000 & 5.0 & 中 & 中 \end{bmatrix}$$

在该问题中，所有的方案不存在占优关系。但是，如果 A_1 和 A_4 有相同的机动性（X_6），那么 A_4 将占优 A_1，因为除了在属性 X_3 和 X_5 上两个方案具有相同的属性值外，在其他属性上方案 A_4 都优于 A_1。

Calpine 和 Golding（1976）给出了当 m 个方案关于 n 个属性比较时占优集元素个数期望值的公式。考虑当决策矩阵所有元素区间为 0 到 M 的随机数时的特例。将方案最后一个属性值（效益型）按大小以降序排列，随机选择时选到第 r 个方案的概率是 $1/m$，令 $p(m,n)$ 为该方案对于所有 n 个属性占优的概率。由于是降序排列，第 r 个方案不会劣于它后面的方案，当然它也不会比它前面的方案占优。因此，对于第 r 个方案为非劣方案的充分必要条件是在前面 $n-1$ 个属性上第 r 个方案不被占优。所以对于第 r 个方案，其不被占优的概率是 $p(r, n-1)/m$。可得任意方案不被占优的概率是

$$p(m, n) = \sum_{r=1}^{m} p(r, n-1) \Big/ m = [p(m, n-1) + (m-1)p(m-1, n)]/m$$

占优方案的平均个数为 $a(m, n) = mp(m, n) = \dfrac{a(m, n-1)}{m} + a(m-1, n)$。

由于 $a(m, 1) = a(1, n) = 1$，$a(m, n)$ 可以通过递归计算得到。$a(m, n)$ 的近似值可以表示为

第 3 章 多属性决策

$$a(m,n) \approx 1 + \ln m + \frac{(\ln m)^2}{2!} + \frac{(\ln m)^3}{3!} + \cdots + \gamma \frac{(\ln m)^{n-2}}{(n-2)!} + \frac{(\ln m)^{n-1}}{(n-1)!}$$

其中，γ 为欧拉常数，取 0.5772。

2）最大最小法

由短板效应可以知道，整体的性能由最差的属性决定，决策者应该检查每个方案，选择在最低属性上具有最合适值的方案。这种方法是选择属性最小值中最大的值，因此称为最大最小法。

在该方法中，只有最差的属性能代表方案，所有其他的属性均被忽略了。如果最差的属性值来源于不同的属性，通常可以按照不同方案属性值的大小来进行选择，所以，最大最小法只能用于属性间的值可以进行比较的情形，即所有的属性必须按照相同的尺度，当然也可以不必是数量化的属性尺度。选中的方案 A^+ 是

$$A^+ = \left\{ A_k \middle| x_{ks} = \max_{1 \leqslant i \leqslant m} \left(\min_{1 \leqslant j \leqslant n} x_{ij} \right), \; s, j \in N, \; k, i \in M \right\} \tag{3.11}$$

其中，所有的 x_{ij} 具有相同的尺度，M 和 N 分别为可行方案和决策指标的集合。

使用相同尺度的一个方法是使用和理想方案的接近程度。一个属性值与最偏好的属性值的比率为

$$r_{ij} = \frac{x_{ij}}{x_j^+} \tag{3.12}$$

其中，j 为效益型准则。一个形式更复杂的 r_{ij} 可以定义为

$$r_{ij} = \frac{x_{ij} - x_j^-}{x_j^+ - x_j^-} \tag{3.13}$$

其中，$x_j^+ = \max\limits_{1 \leqslant i \leqslant m} x_{ij}$，$i \in M$；$x_j^- = \min\limits_{1 \leqslant i \leqslant m} x_{ij}$，$i \in M$；$x_j^+ = \max\limits_{1 \leqslant i \leqslant m} x_{ij}$，$i \in M$；$x_j^- = \min\limits_{1 \leqslant i \leqslant m} x_{ij}$，$i \in M$。

相应地，最大最小法步骤变为

$$\max_{1 \leqslant i \leqslant m} \min_{1 \leqslant j \leqslant n} r_{ij}, \quad j \in N, \; i \in M \tag{3.14}$$

【例 3.5】 考虑将定性属性量化了的叉车选择问题决策矩阵，即

$$D = \begin{bmatrix} 2.0 & 1\,500 & 20\,000 & 5.5 & 5 & 9 \\ 2.5 & 2\,700 & 18\,000 & 6.5 & 3 & 5 \\ 1.8 & 2\,000 & 21\,000 & 4.5 & 7 & 7 \\ 2.2 & 1\,800 & 20\,000 & 5.0 & 5 & 5 \end{bmatrix}$$

最大最小法需要决策矩阵中所有元素的测量尺度相同。因此通过式（3.13）对所有属性进行转换，可以得到

$$D = \begin{bmatrix} 0.80 & 0.56 & 0.95 & 0.82 & 0.71 & 1.00 \\ 1.00 & 1.00 & 0.86 & 0.69 & 0.43 & 0.56 \\ 0.72 & 0.74 & 1.00 & 1.00 & 1.00 & 0.78 \\ 0.88 & 0.67 & 0.95 & 0.90 & 0.71 & 0.56 \end{bmatrix}$$

使用最大最小法可以发现：A_1 的最小属性值是 0.56（X_2），A_2 的最小属性值是 0.43

(X_5)，A_3 的最小属性值是 0.72（X_1），A_4 的最小属性值是 0.56（X_6）。因此，上述 4 个最小值中最大的是 0.72，方案 A_3 由于具有最大最小值将被选择。

3）最大最大法

与最大最小法不同，最大最大法根据方案属性的最大值来进行选择（MacCrimmon，1968）。在这种方法中，每一个最大值都会被识别出来，然后通过比较这些最大值来选择具有最大值的方案。

在最大最大法的步骤中，只用最大的属性来表示方案，其他的 $n-1$ 个属性均被忽略，而且所有的属性必须按照相同的尺度来对比。选中的方案 A^+ 是

$$A^+ = \left\{ A_k \mid x_{ks} = \max_{1 \leq i \leq m} \left(\max_{1 \leq j \leq n} x_{ij} \right), \ s,j \in N, \ k,i \in M \right\} \quad (3.15)$$

可比较性假设和最大最大法的不完全属性使其对于一般的决策来说不是很有用的方法。当然，和最大最小法一样，在特定的环境下，最大最大法还是很有用的，如在足球队中常用最大最大法的步骤来挑选队员（Dawes，1964）。

【例 3.6】 考虑使用正则化的叉车选择问题决策矩阵，即

$$D = \begin{bmatrix} 0.80 & 0.56 & 0.95 & 0.82 & 0.71 & 1.00 \\ 1.00 & 1.00 & 0.86 & 0.69 & 0.43 & 0.56 \\ 0.72 & 0.74 & 1.00 & 1.00 & 1.00 & 0.78 \\ 0.88 & 0.67 & 0.95 & 0.90 & 0.71 & 0.56 \end{bmatrix}$$

使用最大最大法可以发现：A_1 的最大属性值是 1.00（X_6），A_2 的最大属性值是 1.00（X_1 和 X_2），A_3 的最大属性值是 1.00（X_3、X_4、X_5），A_4 的最大属性值是 0.95（X_3）。因此，方案 A_1、A_2、A_3 由于都具有最大值，都可以作为选择方案。

需要注意的是，最大最小法和最大最大法都使用了专门退化加权的方法，即给每个方案属性赋予不同的权重。例如，最大最小法赋予最差的属性权重为 1，其他的属性权重为 0；最大最大法赋予最好的属性权重为 1，其他属性权重为 0。

最大最小法描述每个方案最坏的结果，然后选择在最坏的结果中最好的方案。这种办法是极其悲观的，因为对于每个可能的选择，它只考虑最坏的情形，而忽略了其他方面的选择。最大最大法则正好相反，它是极其乐观的，它描述决策者选择具有最好的可能结果的方案。

Hurwicz 法是上述两种方法的混合，它考虑了最坏和最好两种情况。选中的方案 A^+ 是

$$A^+ = \left\{ A_k \mid x_{ks} = \max_{1 \leq i \leq m} \left[\alpha \min_{1 \leq j \leq n} x_{ij} + (1-\alpha) \max_{1 \leq j \leq n} x_{ij} \right], \ s,j \in N, \ k,i \in M \right\}$$

权重 α 是悲观-乐观指数，它在各决策者间变化（$0 \leq \alpha \leq 1$）。α 的值越大，表示决策者越悲观。很明显，当 $\alpha=1$ 时，变为最大最小法；当 $\alpha=0$ 时，变为最大最大法。

虽然这种方法对于单个实例是有用的，但明显不是适合所有的多属性问题。

2. 多属性信息方法

决策者可以表达他对属性或方案的偏好信息。通常，对属性的偏好信息比对方案

的偏好信息更容易获得。绝大多数多属性决策方法需要这种信息来进行属性内部和属性间的比较。

1）标准水平法

为了获得资格证，人们必须满足一定绝对的标准。决策者设立了人们必须接受的最小的属性值（标准等级）。任何不满足最小属性值的方案（候选人）都将被否定，这种方法就叫作联合法（Dawes，1964），或者 Simon（1955）所述的满意法。此外，如果评价一个方案是建立在最大的属性值上的，那么这种方法就叫作分离法。具体内容如下。

A. 联合法

例如，一个钢琴兴趣班要招一名小提琴老师。评价老师的能力就被限定在他钢琴和小提琴较差的能力上，因为他不可能用小提琴方面的能力来弥补钢琴上的不足，反之也是如此（Dawes，1964）。兴趣班就要从两个方面来考虑，删除不合格的候选人。在联合法中，所有的标准必须被达到以保证方案可以被接受。如果对于每个 $j \in N$ 都有

$$x_{ij} \geq x_j^0 \tag{3.16}$$

其中，x_j^0 为对于 x_j 的标准等级，即阈值，那么决策者就认为方案 A_i 是可以接受的。

要用这个方法，决策者必须提供每个属性最小的可以接受的属性值。这些筛选值在方案的选择中起到了关键作用：如果太高，则没有方案被剩下；太低，则留下太多的方案等待挑选。因此，通过逐渐增加最小的标准等级，重复挑选，就可能将方案筛选为一个。

【例 3.7】 在叉车选择问题中，决策者在各个属性上有如下最低的要求：$x^0 = (2.0, 1500, 20\,000, 5.0, 中, 中)$，那么方案 A_1 和 A_4 将被接受，而其他方案由于不满足最低要求将被排除。

联合法通常不用于选择方案，而是用于区分方案为可以接受和不可以接受两类。Dawes（1964）开发了一种决策者区分方案的方法：考虑 n 个平均权重的独立属性，令 r 为方案被拒绝的概率，P_c 为随机选择方案值在联合阈值之上的概率，那么

$$P_r = 1 - P_c^n$$

由于被拒绝的概率等于 1 减去所有属性都可以被接受的概率，可以得到

$$P_c = (1-r)^{1/n}$$

联合法并不要求所有的属性信息都是数字形式的，不需要关于属性相对重要性的信息。这种方法是属性间不可补偿的。如果简单地用对于每个属性最小的分割值，就没有方案集可以被记为特别好的属性值。由于联合法非常直观，因而在实际中一直被大量使用。

B. 分离法

分离法是一种通过最大的属性值来评价方案的方法。例如，选择职业足球队员就常用此法，因为通常需要足球运动员在带球过人、跑步、射门等某一方面有特长（Dawes，1964）。当

$$x_{ij} \geq x_j^0, \quad \exists j \in N \tag{3.17}$$

其中，x_j^0 为 x_j 的期望等级，那么 A_i 就是可接受方案。

分离法保证所有个体在某一方面有特长，而联合法保证拒绝任何在某方面特别差的个体。

【例 3.8】 在叉车选择问题中，假设决策者在各属性上有如下期望的要求：x^0 = (2.4, 2500, 21 000, 4.5, 很高, 很高)，那么方案 A_1、A_2、A_3 将被接受，而方案 A_4 由于不能在任何属性上满足期望要求将被排除。

需要注意的是，对于分离法，被拒绝的概率等于在所有属性上都不满足的概率，即

$$r = (1-P_d)^n$$

其中，r 为方案被拒绝的概率；P_d 为随机选择方案值在非联合的分割等级之上的概率，$P_d = 1 - r^{1/n}$。

与联合法相同，分离法不需要属性信息是数字形式的，也不需要属性相对重要性的信息。

2）基数偏好方法

这部分的方法需要决策者提供属性的基数偏好信息，通常由属性权重集的形式来表述属性间的偏好信息。

A. 线性分配法

该方法以一个属性先后作用和合成的线性补偿过程为特点。在这个过程中，只有序数数据而不是基数数据被用作输入。这样的信息要求是有吸引力的，因为不需要数量化定性属性。

转换属性间的排序为总的排序有一个简单办法：使用每个方案排序等级之和，将它们按从低到高的顺序排列。例如，表 3.6 为考虑具有相同权重的属性间偏好的排序结果。

表 3.6 考虑具有相同权重的属性间偏好的排序结果

排序	X_1	X_2	X_3
第一	A_1	A_1	A_2
第二	A_2	A_3	A_1
第三	A_3	A_2	A_3

总名次 rank(A_1) = 1+1+2 = 4，rank(A_2) = 2+3+1 = 6，rank(A_3) = 3+2+3 = 8。但是这个方法没有完全考虑补偿性的假设，因为它只考虑了各属性间方案的排序和，而没有考虑属性的排序。因此，虽然它简单易用，但不能满足基本的线性补偿的要求，需要找到一个同时使用包含在属性间排序的所有信息和连续使用这些信息作为排序和的综合排序方法。

可以设计一个使用这种简单方法的补偿性模型。定义权矩阵 Π 为一个 $m \times n$ 的非负矩

阵（陈珽，1987），其元素 Π_{ik} 表示 A_i 排列在第 k 属性顺序的频数。各属性权重相等时，Π 矩阵为

$$\Pi = \begin{matrix} A_1 \\ A_2 \\ A_3 \end{matrix} \begin{bmatrix} 2 & 1 & 0 \\ 1 & 1 & 1 \\ 0 & 1 & 2 \end{bmatrix}$$

如果任何属性的排序中出现多个方案具有相同的排序级别，则可再引入几个属性和原属性来均分原来的属性权重值。如果 A_i 被作为整体中的第 k 个排列，则 Π_{ik} 测量的是 A_i 对于总排序的贡献。Π_{ik} 的值越大表明 A_i 最大可能排在整体第 k 位。因此，问题变为对于每个 A_i，找到 k（$k=1,2,\cdots,m$），使得 $\sum_{k=1}^{m}\Pi_{ik}$ 最大化，这是一个 $m!$ 的比较问题。对于较大的 m，建议使用线性规划模型。

一般地，定义排列矩阵 P 为一个 $m \times m$ 矩阵，如果 A_i 被赋予总排序级别 k，其元素 $P_{ik}=1$，其他元素 $P_{ij}=0$，$j=1,\cdots,n$，$j \neq k$。线性分配法可以用如下线性规划形式表达，即

$$\max \sum_{i=1}^{m}\sum_{k=1}^{m}\Pi_{ik}P_{ik} \tag{3.18}$$

$$\text{s.t.} \begin{cases} \sum_{k=1}^{m}P_{ik}=1, & i=1,2,\cdots,m \tag{3.19} \\ \sum_{i=1}^{m}P_{ik}=1, & k=1,2,\cdots,m \tag{3.20} \end{cases}$$

如果方案 i 被赋予排序 k，那么 $P_{ik}=1$，并且方案 i 只能被赋予一个排序。同样，一个给定的排序 k 只能有一个方案赋予它，所以有上述约束式（3.19）和式（3.20）。

令式（3.18）—式（3.20）表示的线性规划问题的最优排列矩阵为 P^+。那么，最优排序可以通过将方案集 n 个方案构成的行向量 A 乘以 P^+ 得到。

【例 3.9】 由叉车选择问题原始决策矩阵可以得到如表 3.7 所示的属性空间偏好。

表 3.7 叉车选择问题的属性空间偏好

排序	X_1	X_2	X_3	X_4	X_5	X_6
1	A_2	A_2	A_3	A_3	A_3	A_1
2	A_4	A_3	A_1, A_4	A_4	A_1, A_4	A_3
3	A_1	A_4		A_1		A_2, A_4
4	A_3	A_1	A_2	A_2	A_2	

对于属性 X_3、X_5 和 X_6，都有排序相同的方案，因此可以转变为表 3.8 的形式。其中每个排序具有相同排序一半的权重。决策者的权重向量为 $w=(0.2,0.1,0.1,0.1,0.2,0.3)$，那么 Π 矩阵变为

$$\Pi = \begin{matrix} A_1 \\ A_2 \\ A_3 \\ A_4 \end{matrix} \begin{bmatrix} 0.3 & 0.15 & 0.45 & 0.1 \\ 0.3 & 0 & 0.15 & 0.55 \\ 0.4 & 0.4 & 0 & 0.2 \\ 0 & 0.45 & 0.4 & 0.15 \end{bmatrix}$$

表 3.8　叉车选择问题的属性空间偏好（转换后）

排序	X_{31}	X_{32}	X_{51}	X_{52}	X_{61}	X_{62}
1	A_3	A_3	A_3	A_3	A_1	A_1
2	A_1	A_4	A_1	A_4	A_3	A_3
3	A_4	A_1	A_4	A_1	A_2	A_4
4	A_2	A_2	A_2	A_2	A_4	A_2

相应的线性规划为

$$\max \sum_{i=1}^{4} \sum_{k=1}^{4} \Pi_{ik} P_{ik}$$

$$\text{s.t.} \begin{cases} \sum_{k=1}^{4} P_{ik} = 1, & i = 1, 2, 3, 4 \\ \sum_{i=1}^{4} P_{ik} = 1, & k = 1, 2, 3, 4 \\ P_{ik} \geq 0, & \text{对于全部的} i \text{和} k \end{cases}$$

最优排列矩阵 P^+ 为

$$P^+ = \begin{bmatrix} 0 & 0 & 1 & 0 \\ 0 & 0 & 0 & 1 \\ 1 & 0 & 0 & 0 \\ 0 & 1 & 0 & 0 \end{bmatrix}$$

对 A 使用排列矩阵可以得到最优序为 $A \cdot P^+ = A^+ = (A_3, A_4, A_1, A_2)$。

需要注意的是，这种方法是在属性间排序集合和属性权重集的基础上给出整体方案的偏好排序。模型的数学形式产生了一种特殊的线性分配问题。为了方便计算，可用很多有效的线性分配计算机代码完成，因此不需要特别的软件包来完成。

这种方法的特点是它是一个属性相互作用和综合的线性补偿过程。但输入中只使用序数数据，而不是基数数据，这样较弱的信息需求是很有吸引力的。

除了能够决定最好的方案外，这个方法在应用上还有特别的优点。在数据收集方面，所需要的只是属性间的排序，因此可以消除对已有的补偿方法烦琐的需要，如非常冗长的"支付"分析过程就可以省略。这个过程也规避了在运用回归分析中需要构建适的属性内部刻度指标时遇到的明显难题。这种方法不仅省去了冗长的数据收集工作，也满足了补偿的假设，而其他的依靠最小值的方法则不能满足。例如，按方面删除法和字典法都不是真正补偿性的。

B. 简单加性加权法

简单加性加权法（simple additive weighting method，SAW）大概是最广泛使用的多属性决策方法。

对于简单加性加权法中的每个属性，决策者赋予一个作为变量参数的权重。为了反映决策者对属性边际价值的评价，决策者也要对属性间的值进行数值测度。通过将每个属性值的测度比率与赋予属性的重要性权重相乘，然后将所有属性的乘积结果相加，便能获得每个方案的总分。得到每个方案的总分后，具有最高分值的方案就是决策者需要的方案。假设决策者赋予属性一个重要性权重 $w=(w_1,w_2,\cdots,w_n)$，那么，最偏好的方案 A^+ 是

$$A^+=\left\{A_i\Big|f(A_i)=\max_{1\leqslant i\leqslant m}\left[\left(\sum_{j=1}^n w_j x_{ij}\right)\Big/\sum_{j=1}^n w_j\right]\right\} \quad (3.21)$$

其中，x_{ij} 为第 i 个方案关于第 j 个属性的数量化测度结果；$f(A_i)$ 为加性加权函数。通常权重是标准化的，$\sum_{j=1}^n w_j=1$。

【例 3.10】 考虑叉车选择问题数量化的决策矩阵，即

$$D=\begin{array}{c}A_1\\A_2\\A_3\\A_4\end{array}\begin{bmatrix}2.0 & 1\,500 & 20\,000 & 5.5 & 5 & 9\\2.5 & 2\,700 & 18\,000 & 6.5 & 3 & 5\\1.8 & 2\,000 & 21\,000 & 4.5 & 7 & 7\\2.2 & 1\,800 & 20\,000 & 5.0 & 5 & 5\end{bmatrix}$$

将决策矩阵规范为可以进行数量比较的决策矩阵，即

$$D=\begin{array}{c}A_1\\A_2\\A_3\\A_4\end{array}\begin{bmatrix}0.80 & 0.56 & 0.95 & 0.82 & 0.71 & 1.00\\1.00 & 1.00 & 0.86 & 0.69 & 0.43 & 0.56\\0.72 & 0.74 & 1.00 & 1.00 & 1.00 & 0.78\\0.88 & 0.67 & 0.95 & 0.90 & 0.71 & 0.56\end{bmatrix}$$

假设决策者赋予属性权重向量为 $w=(0.2,0.1,0.1,0.1,0.2,0.3)$。那么各方案的加权平均值为

$$A_1=\sum_{j=1}^6 w_j x_{ij}=0.835,\quad A_2=0.709,\quad A_3=0.852,\quad A_4=0.738$$

C. 加权积法

在加权积法中，只有在不同的测度单元被正则化为一个无维的尺度后才可以进行属性值的集结。然而，如果对属性使用乘积关系，就不需要进行这样的转换。在属性值间使用乘积时，权重变为属性值的幂。具体来说，对于效益型属性，幂是正的；对于成本型属性，幂是负的。

方案 A_i 的评价值为

$$V(A_i)=V_i=\prod_{j=1}^n x_{ij}^{w_j},\quad i\in M \quad (3.22)$$

由于幂的性质，加权积法要求所有的比率都大于 1。对于某个属性上分数形式的比率，

可以将该属性上所有的属性值分别乘以 10^x，以使该属性上的所有比率都符合要求。

加权积法得到的方案值从数字上看没有上限，其值也没有实际意义。所以，需要将其与标准值进行比较。可以使用理想方案 A^+ 作为比较对象，各方案和理想方案值的比率可以按如式（3.23）所示的方法计算，即

$$R_i = \frac{V(A_i)}{V(A^+)} = \frac{\prod_{j=1}^n x_{ij}^{w_j}}{\prod_{j=1}^n \left(x_j^+\right)^{w_j}} \quad (3.23)$$

其中，x_j^+ 为属性 j 的最优值。显然 $0 \leq R_i \leq 1$，A_i 的偏好随着 R_i 的增大而增加。

需要注意的是，简单加性加权法潜在的假设是属性在偏好上独立，即单个属性值对于整体评价的影响与其他属性值相互独立。因此，决策者对于一个属性值的偏好不会受到其他属性值的影响。

简单加性加权法使用一个方案所有属性值的乘法与加法算术运算，因此属性值必须是数字形式的，而且是可以比较的。另外，必须找到一个合理的能反映属性重要性权值的依据。

例如，在例 3.10 中由权重向量 $w = (0.2, 0.1, 0.1, 0.1, 0.2, 0.3)$ 表示的各个属性重要性可知，X_1 的重要性是 X_2 的两倍，但说一个属性的重要性是另一个属性的两倍的依据是相当含糊的。虽然特征向量法、最小加权法、信息熵方法等被推荐用于决定这样的属性值，但是决策者在赋予权重数值时仍必须非常小心。

属性值必须是可以比较的数字形式，因为会对它们进行属性间的合并。例如，一个属性的最好值必须和另一个属性的最好值具有近似相等的值。

当赋予的权重和属性值变为可比较的数字形式后，仍有一些固定的假设。例如，一个特别高的属性值 1 和相应的属性权重 0.1 的乘积，与低于平均值的属性值 0.33 和属性权重 0.3 的乘积相同，这意味着它们在加权的平均值中具有相同的作用，因此可以互相替代。这就有可能导致解释属性值与权重乘积的困难。

由于各种属性的互补性，属性通常不能被单独考虑后再相加，因此简单加性加权法有可能导致错误的结果。但当属性没有重要的互补性，能够被单独考虑时，简单加性加权法便是非常有用的多属性决策方法。这个方法能够为每个方案得出一个不同的评价数据，可以产生唯一的选择。这种方法由于很直观经常被使用。

不确定情形下的效用函数同样能用于确定情形下，称为价值函数 $V(x_1, x_2, \cdots, x_n)$，价值函数有以下性质：

$$V(x_1, x_2, \cdots, x_n) \succeq V(x_1', x_2', \cdots, x_n') \cdot (x_1, x_2, \cdots, x_n) \succeq (x_1', x_2', \cdots, x_n')$$

对于独立的属性，价值函数的形式为

$$V(x_1, x_2, \cdots, x_n) = \sum_{j=1}^n w_j v_j(x_j) = \sum_{j=1}^n w_j r_j \quad (3.24)$$

其中，$v_j(\cdot)$ 为第 j 个属性的价值函数；r_j 为第 j 个属性值变换为可以比较的测度后的值。一个效用函数可以是价值函数，但一个价值函数不一定是效用函数。因此，一个有效的加性效用函数可以代替简单加权函数。

简单加性加权法假设多个属性的效用可以分解成单个属性的效用。在问题的属性是相互补偿的或相互替代的情况下，很难期望属性使用可分解的加法形式。这时总的效用可能以拟加法或多线性的形式得到。

3）TOPSIS 法

TOPSIS 法假设每个属性的效用单调递增，那么确定的理想方案就由所有可能的最优属性值构成，负理想解则由所有可能的最差属性值构成。可以将关于 m 个方案 n 个属性的多属性决策问题视作在 n 维空间中的 m 个点构成的几何系统中进行处理。此时，所有的方案可以作为该系统的解。决策方法可以是选择与理想解在几何空间上具有最小欧氏距离的方案。关于这个方案是否同时具有到负理想解最远的距离还有争议。有时所选择的与理想解的欧氏距离最小的方案到负理想解的距离比其他方案小。例如，方案 A_1 到理想解和负理想解的距离都比方案 A_2 小，这就很难判断是否选择 A_1（Yoon and Hwang，1995）。为此，TOPSIS 法通过与理想解的相对接近程度，同时考虑到理想解和负理想解的距离来判断方案的优劣。

TOPSIS 法评价如下包含 n 个属性 m 个方案的决策矩阵：

$$D = \begin{matrix} A_1 \\ A_2 \\ \vdots \\ A_i \\ \vdots \\ A_m \end{matrix} \begin{bmatrix} x_{11} & x_{12} & \cdots & x_{1j} & \cdots & x_{1n} \\ x_{21} & x_{22} & \cdots & x_{2j} & \cdots & x_{2n} \\ \vdots & \vdots & & \vdots & & \vdots \\ x_{i1} & x_{i2} & \cdots & x_{ij} & \cdots & x_{in} \\ \vdots & \vdots & & \vdots & & \vdots \\ x_{m1} & x_{m2} & \cdots & x_{mj} & \cdots & x_{mn} \end{bmatrix}$$

其中，A_i 为第 i 个考虑的方案；x_{ij} 为第 i 个方案关于第 j 个属性的数值结果。TOPSIS 法假设决策矩阵的每个属性是单调递增或单调递减的函数。换句话说，对于效益型属性，属性的数值结果越大越好；而对于成本型属性，结果越小越好。再则，任何表达为非数字形式的结果应该被合适的测度方法数量化。由于不可能所有的属性都被赋予相等的权重，这个方法需从决策者那里获得权重集。为了简单化，TOPSIS 法一般将按以下的步骤进行。

（1）建立标准化决策矩阵。这个步骤试着把各种类型的属性范围转换为无量纲的属性，使属性间可以进行比较。一个方法是将每个属性的结果按总的属性向量的规范划分。决策矩阵 R 的元素为

$$r_{ij} = \frac{x_{ij}}{\sqrt{\sum_{i=1}^{m} x_{ij}^2}} \tag{3.25}$$

因此，每个属性都有同样长度的向量。

（2）建立加权标准化决策矩阵。决策者提供的权重向量 $w = (w_1, w_2, \cdots, w_j, \cdots, w_n)$，$\sum_{j=1}^{n} w_j = 1$ 在这一步中被考虑到决策矩阵中。加权标准化决策矩阵通过矩阵 R 的每列与其相应的权重 w_j 相乘得到。因此，加权标准化决策矩阵 V 等于

$$V = \begin{bmatrix} v_{11} & v_{12} & \cdots & v_{1j} & \cdots & v_{1n} \\ \vdots & \vdots & & \vdots & & \vdots \\ v_{i1} & v_{i2} & \cdots & v_{ij} & \cdots & v_{in} \\ \vdots & \vdots & & \vdots & & \vdots \\ v_{m1} & v_{m2} & \cdots & v_{mj} & \cdots & v_{mn} \end{bmatrix} = \begin{bmatrix} w_1 r_{11} & w_2 r_{12} & \cdots & w_j r_{1j} & \cdots & w_n r_{1n} \\ \vdots & \vdots & & \vdots & & \vdots \\ w_1 r_{i1} & w_2 r_{i2} & \cdots & w_j r_{ij} & \cdots & w_n r_{in} \\ \vdots & \vdots & & \vdots & & \vdots \\ w_1 r_{m1} & w_2 r_{m2} & \cdots & w_j r_{mj} & \cdots & w_n r_{mn} \end{bmatrix}$$

（3）确定理想解和负理想解。令两个假设的方案 A^+ 和 A^- 定义为

$$A^+ = \left\{ \left(\max_i v_{ij} \middle| j \in J \right), \left(\max_i v_{ij} \middle| j \in J' \right) \middle| i \in M \right\} = \{v_1^+, v_2^+, \cdots, v_j^+, \cdots, v_n^+\} \quad (3.26)$$

$$A^- = \left\{ \left(\min_i v_{ij} \middle| j \in J \right), \left(\min_i v_{ij} \middle| j \in J' \right) \middle| i \in M \right\} = \{v_1^-, v_2^-, \cdots, v_j^-, \cdots, v_n^-\} \quad (3.27)$$

其中，J 为效益型属性集合；J' 为成本型属性集合；方案 A^+ 和 A^- 分别为最偏好和最不偏好的方案。

（4）计算距离。每个方案的距离通过 n 维欧氏距离来测量。每个方案与理想方案的距离为

$$S_{i+} = \sqrt{\sum_{j=1}^{n} (v_{ij} - v_j^+)^2}, \quad i \in M \quad (3.28)$$

同样，每个方案与负理想方案的距离为

$$S_{i-} = \sqrt{\sum_{j=1}^{n} (v_{ij} - v_j^-)^2}, \quad i \in M \quad (3.29)$$

（5）计算与理想解的相对接近程度。A_i 与 A^+ 的相对接近程度定义为

$$C_{i+} = \frac{S_{i-}}{S_{i+} + S_{i-}}, \quad 0 < C_{i+} < 1, \quad i \in M \quad (3.30)$$

很明显，如果 $A_i = A^+$，那么 $C_{i+} = 1$；如果 $A_i = A^-$，那么 $C_{i+} = 0$。当 C_{i+} 趋近 1 时，方案 A_i 接近 A^+。

（6）排列偏好顺序。依据 C_{i+} 的降序，方案集此时能按偏好属性排列。

【例 3.11】 在叉车选择问题中，数量化的决策矩阵为

$$D = \begin{matrix} A_1 \\ A_2 \\ A_3 \\ A_4 \end{matrix} \begin{bmatrix} 2.0 & 1\,500 & 20\,000 & 5.5 & 5 & 9 \\ 2.5 & 2\,700 & 18\,000 & 6.5 & 3 & 5 \\ 1.8 & 2\,000 & 21\,000 & 4.5 & 7 & 7 \\ 2.2 & 1\,800 & 20\,000 & 5.0 & 5 & 5 \end{bmatrix}$$

并且假设属性权重向量为 $w = (0.2, 0.1, 0.1, 0.1, 0.2, 0.3)$。

（1）计算标准化决策矩阵：

$$R = \begin{bmatrix} 0.4671 & 0.3662 & 0.5056 & 0.5063 & 0.4811 & 0.6708 \\ 0.5839 & 0.6591 & 0.4550 & 0.5983 & 0.2887 & 0.3727 \\ 0.4204 & 0.4882 & 0.5380 & 0.4143 & 0.6736 & 0.5217 \\ 0.5139 & 0.4392 & 0.5056 & 0.4603 & 0.4811 & 0.3727 \end{bmatrix}$$

（2）计算加权标准化决策矩阵：

$$V = \begin{bmatrix} 0.0934 & 0.0366 & 0.0506 & 0.0506 & 0.0962 & 0.2012 \\ 0.1168 & 0.0659 & 0.0455 & 0.0598 & 0.0577 & 0.1118 \\ 0.0841 & 0.0488 & 0.0531 & 0.0414 & 0.1347 & 0.1565 \\ 0.1028 & 0.0439 & 0.0506 & 0.0460 & 0.0962 & 0.1118 \end{bmatrix}$$

（3）确定理想解 A^+ 和负理想解 A^-：

$$A^+ = \left\{ \max_{i \in M} v_{i1}, \max_{i \in M} v_{i2}, \max_{i \in M} v_{i3}, \max_{i \in M} v_{i4}, \max_{i \in M} v_{i5}, \max_{i \in M} v_{i6} \right\}$$

$$= \{0.1168, 0.0659, 0.0531, 0.0598, 0.1347, 0.2012\}$$

$$A^+ = \left\{ \min_{i \in M} v_{i1}, \min_{i \in M} v_{i2}, \min_{i \in M} v_{i3}, \min_{i \in M} v_{i4}, \min_{i \in M} v_{i5}, \min_{i \in M} v_{i6} \right\}$$

$$= \{0.0841, 0.0366, 0.0455, 0.0414, 0.0577, 0.1118\}$$

（4）计算距离：

$$S_{i+} = \sqrt{\sum_{j=1}^{6} (v_{ij} - v_j^+)^2}, \quad i = 1, 2, 3, 4$$

$$S_{1+} = 0.0545, \quad S_{2+} = 0.1197, \quad S_{3+} = 0.0580, \quad S_{4+} = 0.1009$$

$$S_{i-} = \sqrt{\sum_{j=1}^{6} (v_{ij} - v_j^-)^2}, \quad i = 1, 2, 3, 4$$

$$S_{1-} = 0.0083, \quad S_{2-} = 0.0439, \quad S_{3-} = 0.0920, \quad S_{4-} = 0.0458$$

（5）计算与理想解的相对接近程度：

$$C_{1+} = \frac{S_{1-}}{S_{1+} + S_{1-}} = 0.132, \quad C_{2+} = 0.268, \quad C_{3+} = 0.613, \quad C_{4+} = 0.312$$

（6）根据 C_{i+} 的大小，排列方案的偏好顺序为

$$A_3 \succ A_4 \succ A_2 \succ A_1$$

需要注意的是，也许最广为人知和广泛使用的多属性决策方法就是简单加性加权法，但是这种方法过于简单，以至于一些决策者不愿接受它的结果。接下来用 TOPSIS 法的概念再次审查简单加性加权法。

简单加性加权法选择具有最大加权平均值的方案，即

$$A^+ = \left\{ A_i \middle| f(A_i) = \max_{1 \leqslant i \leqslant m} \sum_{j=1}^{n} w_j r_{ij} \middle/ \sum_{j=1}^{n} w_j \right\} \tag{3.31}$$

其中，r_{ij} 为 A_i 关于 j 个效益型属性的标准化值（成本型指标通过标准化相应转换为效益型指标），并且 $\sum_{j=1}^{n} w_j = 1$。选择的方案 A^+ 可以改写为

$$A^+ = \left\{ A_i \middle| f(A_i) = \max_{1 \leqslant i \leqslant m} \sum_{j=1}^{n} v_{ij} \right\} \tag{3.32}$$

令 TOPSIS 法中的距离度量为曼哈顿距离，即各维距离绝对值之和，而不是欧氏距离（Dasarathy，1976），那么 A_i 和 A_k 的距离可以表示为

$$S_{ik} = \sum_{j=1}^{n} |v_{ij} - v_{kj}|, \quad i,k \in M, \quad i \neq k \tag{3.33}$$

这个曼哈顿距离度量法有如式（3.34）所示的有用的关系：

$$S_{i+} + S_{i-} = K, \quad i \in M \tag{3.34}$$

其中，K 为正的常数。这种关系说明任何与理想方案距离最短的方案也必定与负理想方案的距离最长，但应注意，这在欧氏距离测量中不一定满足。现在与理想解的相对接近程度简化为

$$C_{i+} = \frac{S_{i-}}{K}, \quad i \in M \tag{3.35}$$

假设选择的方案 A^+ 能被描述为

$$A^+ = \left\{ A_i | f(A_i) = \max_{1 \leq i \leq m} C_{i+} \right\} \tag{3.36}$$

也能证明

$$A^+ = \left\{ A_i | f(A_i) = \max_{1 \leq i \leq m} \sum_{j=1}^{n} v_{ij} \right\} = \left\{ A_i | f(A_i) = \max_{1 \leq i \leq m} C_{i+} \right\} \tag{3.37}$$

现在使用曼哈顿距离可以得到简单加性加权法是 TOPSIS 法的一个特例的结论。

上述数例中，C_{i+} 在不同距离测量方法中的值如表 3.9 所示。

表 3.9 不同距离测量方法的 C_{i+} 数值

方案	欧式距离	曼哈顿距离
A_1	0.643	0.596
A_2	0.268	0.244
A_3	0.614	0.629
A_4	0.312	0.328

虽然方案有相近的值，欧式距离测量的最好方案是 A_1，偏好顺序为 (A_1, A_3, A_4, A_2)；而曼哈顿距离测量的最好方案则是 A_3，偏好顺序为 (A_3, A_1, A_4, A_2)。

TOPSIS 法使用属性的基数偏好信息，需要属性的权重集；它的解依赖于决策者赋权的方法。幸好已有一些可靠的确定权重的方法可以增强 TOPSIS 法的实用性。此外，TOPSIS 法假设每个属性具有单调递增或单调递减的效用。这个单调性的要求是合情合理的，非单调性的效用是很少见的，例如房子中最优房间数或身体中血糖数目等，这些情况的最优效用处于属性值域的中间。

TOPSIS 法的两种不同距离测量方法已在前面介绍，这里用"支付"的概念进行比较。"支付"是指一个属性的变化替代另一个属性变化的比率。无差异曲线是根据给定的值函数描绘的，决策者被假定可以对无差异曲线上的任何方案给出相同的偏好值。任何点的"支付"或边际替代率（marginal rate of substitution，MRS）是该点斜率的负倒数。因此，如果无差异曲线已经给出，就可以计算边际替代率。从数学上讲，经过点 (v_1, v_2) 的无差异曲线为

$$f(v_1, v_2) = c \tag{3.38}$$

其中，f 为一个值函数；c 为常量。那么在 (v_1, v_2) 能够得到边际替代率，即

$$\lambda = -\frac{dv_1}{dv_2}\Big|_{v_1,v_2} = \frac{\partial f / \partial v_2}{\partial f / \partial v_1}\Big|_{v_1,v_2} \tag{3.39}$$

简单加性加权法和曼哈顿距离测量的 TOPSIS 法具有值函数

$$f(v_1, v_2) = v_1 + v_2 \tag{3.40}$$

边际替代率 $\lambda = 1$。这意味着简单加性加权法中属性的边际替代率是常量，并且无差异曲线是斜率为 -1 的直线。固定的边际替代率是边际替代率中的一个特例，这意味着局部的边际替代率也是整体的边际替代率。

欧氏距离测量的 TOPSIS 法有值函数

$$f(v_1, v_2) = \frac{S_{i-}}{S_{i-} + S_{i+}} = \frac{\sqrt{(v_1 - v_1^-)^2 + (v_2 - v_2^-)^2}}{\sqrt{(v_1 - v_1^-)^2 + (v_2 - v_2^-)^2} + \sqrt{(v_1 - v_1^+)^2 + (v_2 - v_2^+)^2}} = c \tag{3.41}$$

边际替代率现在可以表示为

$$\lambda = \frac{S_{i-}^2(v_2^+ - v_2) + S_{i+}^2(v_2 - v_2^-)}{S_{i-}^2(v_1^+ - v_1) + S_{i+}^2(v_1 - v_1^-)} \tag{3.42}$$

除了到理想解和负理想解距离相等的点外，可以确定 λ 与 v_1 和 v_2 的值有关。当距离相等时，$S_{i-} = S_{i+}$，则

$$\lambda = \frac{v_2^+ - v_2}{v_1^+ - v_1} \tag{3.43}$$

值函数也可以改写为

$$cS_{i+}^2 - (1-c)S_{i-}^2 = 0 \tag{3.44}$$

其中，$0 < c < 1$。式（3.44）表示一个双曲线变化，它到理想解和负理想解两个固定点的加权距离的差为 0。

3.2.3 综合信息方法

多属性决策的基本方法都是基于单种来源信息的方法，而诸如 AHP、蒙特卡罗方法（Monte Carlo method）、数据包络分析以及多属性决策敏感性分析等方法，由于综合考虑了多种来源信息，因此它们常被作为综合方法来处理较为复杂的决策问题。

1. AHP

AHP 是美国运筹学家 Saaty 于 20 世纪 70 年代初提出的。从本质上看，它是人类对复杂问题层次结构理解的形式化，并以其实用、简洁和系统化等优点受到广泛重视，迅速地应用到各个领域的多属性决策问题中。多属性决策中使用 AHP 的优点是使决策者形象化地使用属性层次结构来分析复杂的决策问题成为可能。对于复杂和较大的递阶层次结构问题，AHP 更具有鲁棒性。

在 AHP 中，通过构造层次结构和进行比率分析，可以将各属性上决策者定性的判断与定量的分析结合起来，整个过程合乎人类决策思维活动的要求，大大提高了决策的有效性和机动性。

1）建立递阶层次结果

将 AHP 应用于复杂的决策问题，首先要分析问题的结构，构造出一个层次分析的结构模型。在这样的结构模型中，决策问题分解为被称作元素的组成部分，如各层准则、属性、约束、方案等，然后按其属性把这些元素分组，形成互不相交的层次，上一层次对相邻的下一层次的全部或部分元素起支配作用，这样就形成了层次间自上而下的逐层支配关系，这就是一种递阶层次关系。通过对问题进行尽可能充分的了解和详尽的分析研究，建立一个有效的合理的递阶层次结构，这对于成功解决问题具有决定性意义。

层次大体可以分为三类。

（1）最高层：顶层只有一个元素，一般它是所需解决问题的总的目标要求，故也称总目标层。

（2）中间层：包括为了实现总目标所涉及的中间环节，它可以由若干个层次组成，包括所需考虑的约束、多级子准则等。

（3）最低层：包括为实现准则可供选择的各种措施、备选方案，故称为方案层。

定义 3.1 如果集合 E 中所有的元素都满足自反性、对称性和传递性，则称 E 为有序集；如果还满足完备性，则称为整体有序集，否则称为局部有序集。

对于有序集 E 中任意元素 x，所有被 x 占优的元素集合用 X^- 表示，所有占优于 x 的元素集合用 X^+ 表示，即有如下定义。

定义 3.2 E 为有序集，$\forall x, y \in E$，记

$$X^- = \{y \mid x 占优于 y, y \in E\}$$

$$X^+ = \{y \mid y 占优于 x, y \in E\}$$

定义 3.3 设 H 是带有唯一最高目标元素 c 的有限的局部有序集，如果它满足以下三个条件，则称 H 为一个递阶层次。

（1）存在 H 的一个划分 $\{L_k\}$，$k=1,2,\cdots,m$，其中 $L_1=\{c\}$，每个划分 L_k 称为一个层次。

（2）对于每个 $x \in L_k$，$1 \leqslant k \leqslant m-1$，$X^-$ 非空且 $X^- \subseteq L_{k+1}$。

（3）对于 $x \in L_k$，$2 \leqslant k \leqslant m$，$X^+$ 非空，且 $X^+ \subseteq L_{k-1}$。

由定义 3.3 不难推出递阶层次结构具有下述性质。

（1）H 中任意一个元素一定属于一个层次，且仅属于一个层次，不同层次元素集的交是空集。

（2）同一层次中任意两个元素之间不存在支配或从属关系。

（3）L_k（$2 \leqslant k \leqslant m$）中任意一个元素必然至少受 L_{k-1} 中的一个元素支配，且只能受 L_{k-1} 中的元素支配；同时 L_k（$1 \leqslant k \leqslant m-1$）中每个元素至少支配 L_{k+1} 中的一个元素，且只能支配 L_{k+1} 中的元素。

（4）属于不相邻的两个层次的任意两个元素之间不存在支配关系。

递阶层次结构和树状结构既有联系又有区别,树状结构属于不完全的层次结构,即上层的每一个元素不能全部支配相邻的下层的所有元素;而递阶层次结构却未必是树状结构。树状结构的连接线之间是不相交的,即相邻层两元素之间不相交,而层次结构一般是相交的。

【例 3.12】 以叉车选择问题为例,其层次结构如图 3.1 所示。

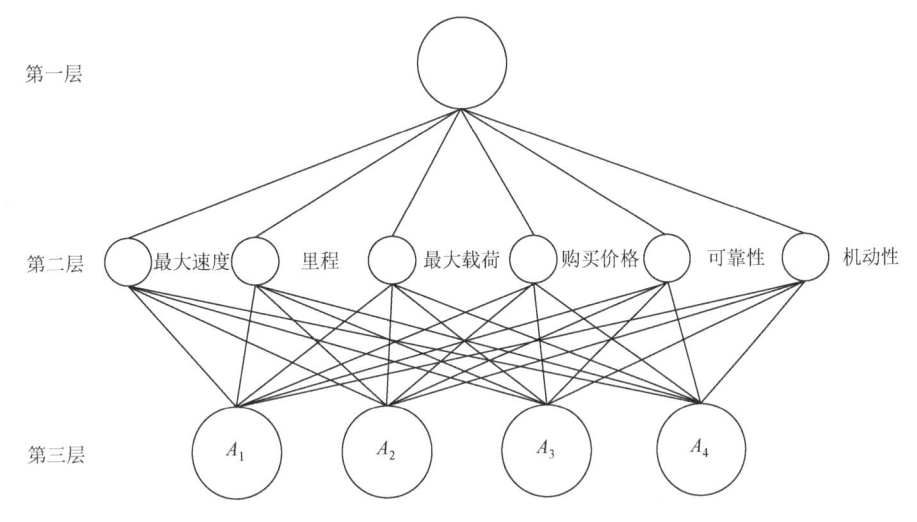

图 3.1 叉车选择问题的层次结构图

2) 构造比较判断矩阵

在建立递阶层次结构以后,上下层次之间元素的隶属关系就被确定了。假定以顶层元素 X_0 为准则,所支配的下一层次(L_1)的元素为 $X_1, X_2, \cdots, X_n$,要通过两两相互比较的方法求出它们对于准则 X_0 的相对重要性,即相应的权重 $w_1, w_2, \cdots, w_n$。为此,决策者要反复进行如下的判断:针对准则 X_0, L_1 层中的两个元素 X_1、X_2 哪一个更重要,重要多少,并按表 3.10 所示的 1—9 的标度进行相对重要程度赋值(记为 a_{ij})。这样对于准则 X_0,下层 n 个被比较的元素构成了一个两两比较的判断矩阵,即

$$A = (a_{ij})_{n \times n} \tag{3.45}$$

其中,a_{ij} 为元素 X_i 与 X_j 相对于 X_0 的 1—9 的重要性标度量化值。

表 3.10 重要性标度的相关定义及解释

重要性标度	两两比较重要性定义	解释
1	两者同样重要	两者对目标的贡献相同
3	前者比后者稍微重要	经验和判断偏向前者重要于后者
5	前者比后者明显重要	经验和判断强烈认为前者重要于后者
7	前者比后者非常重要	非常强烈地认为前者重要于后者,可以实践证实
9	前者比后者极端重要	有最肯定的证据表明前者比后者重要得多,实践已反复证实

续表

重要性标度	两两比较重要性定义	解释
2,4,6,8	表示相邻判断的中间值	两者对目标的贡献位于上述相邻标度之间
倒数	如果 i 相比于 j 具有上述标度，则 j 相比 i 就为该标度值的倒数	
有理数	按标度成比例转换	使用 n 个数值来获得判断矩阵的一致性

显然判断矩阵具有下述性质：①如果对于 $\forall i,j \in N$，有 $a_{ij} > 0$，$a_{ji} = 1/a_{ij}$，$a_{ii} = 1$，则称判断矩阵 A 为正互反矩阵；②如果对于 $\forall i,j \in N$，有 $a_{ij} \times a_{jk} = a_{ik}$，则称 A 为完全一致性矩阵。

由上述矩阵的性质易知，对于 n 阶判断矩阵 A，仅需给出其上（或下）三角的 $n(n-1)/2$ 个元素就可以了。判断矩阵中的每个元素可以通过使用表 3.10 所给出的绝对数标度产生，从而计算出元素重要性比率。在表 3.10 中，量化定性等级时所用的 1—9 标度的描述性解释表示等级的级差是等间隔的。当 AHP 应用于不同场合时，有时从另外的角度，如优劣性、贡献大小、可靠性等来做两两比较判断，可以使用其他的特性，如优越性等来代替重要性进行定性描述。

选择 1—9 中的整数及其倒数作为量化标度的主要原因是它符合人们进行判断时的心理习惯。许多实验心理学研究表明，普通人在对一组事物的某种属性同时做比较，并使判断保持满意的一致性时，所能正确辨别属性的等级或事物的个数一般是 5—9 个。Saaty（1988）取 1—9 且级差为 1 的离散数作为定性等级的量化值，并基本获得社会认同，得到了广泛应用。鉴于 AHP 属于定性定量相结合的决策方法，一般应用于非结构化或半结构化的复杂系统。对它进行任何单调变换都是允许应用的保序变换。整个决策评价过程主要是保持备选方案原有的优劣顺序，因此，亦不排斥采用其他标度的可能性。在同一层次中元素的总数也以小于 9 个为宜，即式（3.45）中的 $n \leq 9$；当 $n > 9$ 时，可分为若干组，使每个组的元素少于 9 个为好。

AHP 是在无法对属性用比例标度或区间标度时，明确测量其物理特征时的测度手段。一般序标度只能表征元素某属性之间的优序关系，经过保序变换得到层次总排序的导出标度，仅有元素间的优序关系方面的实际意义，而不具有实际物理意义。由 AHP 求出的权系数，包括单权和综合权，它们之间不满足比例关系。如果算得方案 A_3 的可靠性权值 $w_3^s = 0.636$，而 A_2 的可靠性权值 $w_2^s = 0.043$，并不能认为 A_3 的可靠度是 A_2 的 14.8 倍。

依上所述，若图 3.1 所示的层次结构图中的第三层元素方案 A_1、A_2、A_3、A_4 以相邻上层（第二层）的可靠性（X_5）为准则，则决策者构造的上三角判断矩阵如表 3.11 所示，共有 $n(n-1)/2 = 4 \times (4-1)/2 = 6$ 个元素。按式（3.10）填满后的四阶判断矩阵如表 3.12 所示。

表 3.11 以 X_5 为准则构造的上三角判断矩阵

方案	A_2	A_3	A_4
A_1	5	1/5	1
A_2	—	1/9	1/5
A_3	—	—	5

表 3.12　以 X_5 为准则的四阶判断矩阵

方案	A_1	A_2	A_3	A_4
A_1	1	5	1/5	1
A_2	1/5	1	1/9	1/5
A_3	5	9	1	5
A_4	1	5	1/5	1

类似地，决策者以机动性 X_6 为准则构造的四阶判断矩阵如表 3.13 所示，第二层属性对总目标的判断矩阵如表 3.14 所示。

表 3.13　以 X_6 为准则的四阶判断矩阵

方案	A_1	A_2	A_3	A_4
A_1	1	5	3	5
A_2	1/5	1	1/3	1
A_3	1/3	3	1	3
A_4	1/5	1	1/3	1

表 3.14　第二层属性对总目标的判断矩阵

属性	X_1	X_2	X_3	X_4	X_5	X_6
X_1	1	7	8	3	1/3	5
X_2	1/7	1	3	1/5	1/8	1/3
X_3	1/8	1/3	1	1/7	1/9	1/5
X_4	1/3	5	7	1	1/5	3
X_5	3	8	9	5	1	7
X_6	1/5	3	5	1/3	1/7	1

3）计算元素相对权重

在这一步要根据判断矩阵 $A = (a_{ij})_{n \times n}$，求出这 n 个元素对于准则 X_0 的相对权重向量 $w = (w_1, w_2, \cdots, w_n)^T$，并进行一致性检验。这包括两部分内容：一个是权重的计算，另一个是判断矩阵的一致性检验。

A. 权重计算方法

a）算术平均法

对于一个一致的判断矩阵 A，它的每一列归一化后就是相应的权重向量。当 A 不一致时每一列归一化后近似于权重向量，算术平均法就是采用这 n 个列向量的算术平均作为权重向量。

将判断矩阵 $A=(a_{ij})_{n\times n}$ 按列归一化，即让 $(a_{ij})_{n\times n}$ 变为

$$\left(a_{ij}\bigg/\sum_{i=1}^{n}a_{ij}\right)_{n\times n}=\left(\overline{a_{ij}}\right)_{n\times n} \tag{3.46}$$

当判断矩阵 A 具有完全一致性时，有

$$a_{ij}=\frac{a_{ik}}{a_{jk}}, \quad i,j,k\in N \tag{3.47}$$

从式（3.46）的矩阵 $\left(\overline{a_{ij}}\right)_{n\times n}$ 中，任取第 l 行中的任意两个元素 $\overline{a_{ik}}$ 和 $\overline{a_{ik'}}$，有

$$\overline{a_{ik}}=\overline{a_{ik'}} \tag{3.48}$$

由式（3.48）可见，矩阵 $\left(\overline{a_{ij}}\right)_{n\times n}$ 中各列对应的元素 $\overline{a_{ij}}$（$i\in N, j\in N$）均相等，所以，对于具有完全一致性的判断矩阵 A 来说，它的每一列向量归一化后就是相应的权重向量。因此，有

$$w_i=\left(\frac{1}{n}\sum_{i=1}^{n}a_{ij}\right)\bigg/\sum_{k=1}^{n}a_{kj} \tag{3.49}$$

当 A 矩阵不完全一致，但具有满意的一致性时，各列向量虽不完全相等，但相差不大，故近似用均值式作为权重向量。

类似地，有

$$\frac{(Aw)_i}{w_i}\approx\frac{(Aw)_j}{w_j}, \quad i,j\in N \tag{3.50}$$

也用其均值求最大特征根，即

$$\sum_{i=1}^{n}\frac{(Aw)_i}{nw_i}=\lambda_{\max} \tag{3.51}$$

算术平均法计算步骤总结如下。

步骤 1：使用式（3.46）将判断矩阵 $A=(a_{ij})_{n\times n}$ 按列归一化。

步骤 2：按行加总，即

$$\overline{w_i}=\sum_{j=1}^{n}\overline{a_{ij}}, \quad i\in N \tag{3.52}$$

步骤 3：再归一化，得权重系数为

$$w_i=\frac{\overline{w_i}}{\sum_{j=1}^{n}\overline{w_j}}, \quad i\in N \tag{3.53}$$

步骤 4：求最大特征根，即

$$\lambda_{\max}=\sum_{i=1}^{n}\frac{(Aw)_i}{nw_i} \tag{3.54}$$

b）几何平均法

如果对 A 的每个列向量求几何平均，然后进行归一化，得到的列向量就是权重向量。其公式为

$$w_i = \frac{\left(\prod_{j=1}^{n} a_{ij}\right)^{1/n}}{\sum_{k=1}^{n}\left(\prod_{j=1}^{n} a_{kj}\right)^{1/n}}, \quad i \in N \tag{3.55}$$

几何平均法计算步骤如下。

首先，将 A 的元素按行相乘。

其次，将乘的结果开 n 次方。

再次，进行归一化处理，即得所求权重向量 w。

最后，求最大特征根，即

$$\lambda_{\max} = \sum_{i=1}^{n} \frac{(Aw)_i}{nw_i} \tag{3.56}$$

在精度要求不高的情况下，算术平均法和几何平均法均可用来近似计算 w 和 $\lambda_{\max}$（Saaty，1988）。

c）特征根法

特征根法也被称为特征向量法或幂法，它用来求解判断矩阵 A 的特征根问题，即

$$Aw = \lambda_{\max} w \tag{3.57}$$

其中，$\lambda_{\max}$ 为 A 的最大特征根；w 为相应的特征向量，所得到的 w 经归一化后就可作为权重向量，这种方法称为特征根法。特征根法在 AHP 中有特别重要的理论意义及实用价值。由正互反矩阵的 Perron-Frobenius 定理可知 $\lambda_{\max}$ 存在且唯一，w 的分量均为正分量，可以用特征根法求出 $\lambda_{\max}$ 及相应的特征向量 w。

特征根法的计算步骤如下。

首先，任取与 A 矩阵同阶归一化的初始向量 $w^0 = \left(w_1^0, w_2^0, \cdots, w_n^0\right)^{\mathrm{T}}$，归一化处理就是要求 w_i^0（$i \in N$）满足 $w_i^0 > 0$，且 $\sum_{i=1}^{n} w_i^0 = 1$。

其次，计算 $\bar{w}^{q+1} = Aw^q$，$q = 0, 1, 2, \cdots$。

再次，进行归一化处理，$w^{q+1} = \bar{w}^{q+1} \Big/ \sum_{i=1}^{n} \bar{w}_i^{q+1}$。

最后，对给定的精度 $\varepsilon > 0$，当

$$\left|w_i^{q+1} - w_i^q\right| < \varepsilon, \quad i \in N \tag{3.58}$$

成立时，$w = w^{q+1}$ 即为所求 A 矩阵最大特征根 $\lambda_{\max}$ 对应的权重特征向量 w，且

$$\lambda_{\max} = \sum_{i=1}^{n} \bar{w}_i^{q+1} / nw_i^q \tag{3.59}$$

特征根法是对 A 矩阵求绝对值最大的特征根 $\lambda_{\max}$ 和相应的特征向量 w 的一般方法。

当 A 为 n 阶方阵时,其特征根 λ_i 按绝对值大小排序为
$$|\lambda_1| \geqslant |\lambda_2| \geqslant \cdots \geqslant |\lambda_n| \tag{3.60}$$

设 U_i 为 λ_i 对应的线性无关的特征向量,则空间里任意向量
$$w = \sum_{i=1}^{n} a_i U_i \tag{3.61}$$

实际上,特征根法,就是对某一同阶初始向量 w^0,反复乘以判断矩阵 A,依次得到 $w^1, w^2, \cdots, w^q$,即
$$w^{q+1} = A w^q, \quad q = 0, 1, 2, \cdots \tag{3.62}$$

通过向量序列 $\{w^q\}$ 的变化情况,可确定绝对值最大的特征根 $|\lambda_1| = \lambda_{\max}$,以及与之相应的特征向量 U_1。因为
$$w^{q+1} = A w^q = A^q w^0 = \sum_{i=1}^{n} a_i \lambda_i^q U_i = \lambda_1^q \sum_{i=1}^{n} a_i \left(\frac{\lambda_i}{\lambda_1}\right)^q U_i \tag{3.63}$$

所以,当 $q \to \infty$, $i = 2, 3, \cdots, n$ 时,有 $\left(\frac{\lambda_i}{\lambda_1}\right)^q \to 0$,故
$$w^{q+1} = A^q w^0 \approx a_1 \lambda_1^q (U_1) \tag{3.64}$$

取 w^{q+1} 和 U_1 都是 λ_1 相应的特征向量。

又因为 $\dfrac{w_i^{q+1}}{w_i^q} \approx \dfrac{a_1 \lambda_1^q (U_1)_i}{a_1 \lambda_1^{q-1} (U_1)_i} = \lambda_1$,故可用其均值求最大特征根,即
$$\lambda_{\max} = |\lambda_1| = \frac{1}{n} \sum_{i=1}^{n} \frac{(w^{q+1})_i}{(w^q)_i} \tag{3.65}$$

d) 最小二乘法

确定权重向量 $w = (w_1, w_2, \cdots, w_n)^T$,使残差平方和
$$\sum_{1 \leqslant i \leqslant j \leqslant n} \left(a_{ij} - w_i / w_j\right)^2 \tag{3.66}$$

最小的方法称为最小二乘法,它是一个非线性优化问题。

e) 对数最小二乘法

用拟合方法确定权重向量 $w = (w_1, w_2, \cdots, w_n)^T$,使残差平方和
$$\sum_{1 \leqslant i \leqslant j \leqslant n} \left[\ln a_{ij} - \ln(w_i / w_j)\right]^2 \tag{3.67}$$

最小,这就是对数最小二乘法。

当判断矩阵 $A = \{a_{ij}\}$ 不一致时,假定实际排序向量为 $w = (w_1, w_2, \cdots, w_n)^T$,那么矩阵的元素应有
$$a_{ij} = f_{ij}(w_i, w_j; a_i, a_j; \cdots; u_i, u_j) = \frac{w_i}{w_j} g_{ij}(\cdot) \tag{3.68}$$

其中,$g_{ij}(\cdot)$ 为扰动参数,g_{ij} 的变量与 f_{ij} 的变量相同。当 $\lim g_{ij}(\cdot) = 1$ 时,扰动趋于 0。此时判断矩阵趋于一致,w_i / w_j 就是 a_{ij} 的理想估计。因此,向量 w 的确定应使 $g_{ij}(\cdot)$ 尽量接近 1。

此外，在特征根法中，通过求解方程

$$\sum_{j=1}^{n} a_{ij} w_j = \lambda_{\max} w_i, \quad i \in N \tag{3.69}$$

解得排序权值 $w_1, w_2, \cdots, w_n$，这实际上就是在满足条件 $\sum_{j=1}^{n} g_{ij}(\cdot) = \lambda_{\max}$ 下的排序向量。从拟合的角度考虑选择 $w_1, w_2, \cdots, w_n$ 的方法，其原则就是能使 $g_{ij}(\cdot)$ 尽量接近于 1。这可用极小化函数

$$\sum_{i=1}^{n} \sum_{j=1}^{n} \ln^2 g_{ij}(\cdot) \tag{3.70}$$

来达到，则 w 的选择应满足

$$\min \sum_{i,j=1}^{n} \left(\ln a_{ij} - \ln w_i + \ln w_j \right)^2 \tag{3.71}$$

满足式（3.71）的排序向量就是在对数最小二乘意义下的排序向量。

将式（3.71）对 w_k（$k \in N$）取偏导数，并令

$$\frac{\partial}{\partial w_k} \left[\sum_{i,j=1}^{n} \left(\ln a_{ij} - \ln w_i + \ln w_j \right)^2 \right] = 0, \quad k \in N$$

可以推导得

$$w_k = \left(\prod_{j=1}^{n} w_j \right)^{1/n} \left(\prod_{j=1}^{n} a_{kj} \right)^{1/n} = t \left(\prod_{j=1}^{n} a_{kj} \right)^{1/n}, \quad k \in N \tag{3.72}$$

其中，$t = \left(\prod_{j=1}^{n} w_j \right)^{1/n}$。将得到的解向量归一化，最终有

$$w_k = \frac{\left(\prod_{j=1}^{n} a_{kj} \right)^{1/n}}{\sum_{i,j=1}^{n} \left(\prod_{j=1}^{n} a_{kj} \right)^{1/n}}, \quad k \in N \tag{3.73}$$

这个结果就与特征根法的结果相同。

由于对数最小二乘法是一个线性优化问题，因而计算简便，在模糊决策、群组判断和残缺判断等问题中都得到了应用。

除以上这些方法外，其他权重计算方法还有最小偏差法、梯度特征向量法、广义特征根法（或称非线性特征根方法）等。在这些方法中，特征根方法较早被提出并得到了广泛应用，它对 AHP 的发展有重要作用。由于权重向量经常被用来排序，因此也常常把它称为排序向量。

B. 一致性检验

在构造判断矩阵时，由于客观事物的复杂性、主体认识的局限性和多样性，判断经常伴随有误差，判断矩阵一般不可能具有完全一致性。这就是 AHP 要求对 n 阶判断矩阵进行 $n(n-1)/2$ 次两两比较的原因。设想如果仅用 $n-1$ 次判断确定元素的排序，那么其中

任何一个判断错误必将导致不合理的排序结果；而进行 $n(n-1)/2$ 次两两比较判断，就可以从不同角度的反复比较中集结更多信息，最终导出一个比较合理的反映决策者判断的排序。这对带有误差的多个判断可以起到一定的相互抵偿修正作用，使总的排序结果具有良好的保序性。经过 Saaty（1988）等的理论研究和社会实践，一致性检验的方法步骤总结如下。

首先，计算一致性指数（consistency index，CI），即

$$CI = \frac{\lambda_{max} - n}{n-1} \quad (3.74)$$

其中，n 为判断矩阵的阶数。

其次，查找 n 的平均随机一致性指标（random index，RI）。

RI 是计算机从 1—9 标度的 17 个标度值 $\left(\frac{1}{9}, \frac{1}{8}, \cdots, \frac{1}{2}, 1, 2, \cdots, 9\right)$ 中，随机地抽样，填满 n 阶矩阵的上（或下）三角阵中的 $n(n-1)/2$ 个元素，形成随机正互反矩阵，用特征根法求出 λ_{max}，再代入求出 CI，经过多次重复求得的平均值。Saaty（1988）给出了样本容量 100—500 的 1—15 阶矩阵的 RI 值。表 3.15 给出了样本容量为 1000 的 RI 值（王莲芬和许树柏，1990）。

表 3.15 样本容量为 1000 的 RI 值

阶数(n)	1	2	3	4	5	6	7	8
RI	0	0	0.52	0.89	1.12	1.26	1.36	1.41
阶数(n)	9	10	11	12	13	14	15	
RI	1.46	1.49	1.52	1.54	1.56	1.58	1.59	

再次，计算一致性比例（consistency ratio，CR），即

$$CR = CI/RI \quad (3.75)$$

当 CR＜0.1 时，即要求决策者判断的一致性与随机生成判断的一致性之比小于 10%时，认为判断矩阵的一致性是可以接受的。反之，当 CR≥0.1 时，应该对判断矩阵适当修正，以保持一定程度的一致性。此时，CR = 0。

为了检验一致性，必须计算矩阵的最大特征根 λ_{max}，除了特征根法以外都要另行计算 λ_{max}。这可以在求出 w 后，用公式

$$\lambda_{max} = \frac{1}{n}\sum_{i=1}^{n}\frac{(Aw)_i}{w_i} = \frac{1}{n}\sum_{i=1}^{n}\left[\frac{\sum_{j=1}^{n}a_{ij}w_j}{w_j}\right] \quad (3.76)$$

求得，其中 $(Aw)_i$ 为向量 Aw 的第 i 个分量。

最后，计算各层组合权重。

以上仅得一组元素对其上一层中某个元素的权重向量，而决策最终需要各层元素对总准则的相对权重，以便于对备选方案进行抉择。这就需要自上而下地将单层元素权重

进行合成,取得最低层相对于最高层的合成权重。

设已求出第 $k-1$ 层上 n_{k-1} 个元素相对于总准则的合成权重向量为 $w^{k-1}=\left(w_1^{k-1},w_2^{k-1},\cdots,w_{n_{k-1}}^{k-1}\right)$,第 k 层上 n_k 个元素对第 $k-1$ 层上第 j 个元素为准则的单权重向量为 $P^{j(k)}=\left(P_1^{j(k)},P_2^{j(k)},\cdots,P_{n_k}^{j(k)}\right)^T$,其中不受 j 支配的元素的权重取零值。$P^{(k)}=\left(P^{1(k)},P^{2(k)},\cdots,P^{n_{k-1}(k)}\right)_{n_k\times n_{k-1}}$,表示 k 层上 n_k 个元素对 $k-1$ 层上各元素的合成权重,那么 k 层元素对顶层总准则的合成权重向量 $w^{(k)}$ 可表示为

$$w^{(k)}=\left(w_1^{(k)},w_2^{(k)},\cdots,w_{n_{k-1}}^{(k)}\right)^T=P^{(k)}w^{k-1} \tag{3.77}$$

或

$$w_i^{(k)}=\sum_{j=1}^{n_{k-1}}P_{ij}^{j(k)}w^{k-1},\quad i=1,2,\cdots,n_k \tag{3.78}$$

由此递推得

$$w^{(k)}=P^{(k)}P^{(k-1)}\cdots w^2 \tag{3.79}$$

其中,$P^{(k-1)}$ 为第 $k-1$ 层对上一层各元素的权重构成的 $n_{k-1}\times n_{k-2}$ 矩阵;w^2 为第二层元素对总准则的单权重向量。

同样地,需要从上到下逐层进行一致性检验。若已求得以 $k-1$ 层上元素 j 为准则的一致性指数 $\text{CI}_j^{(k)}$、平均随机一致性指标 $\text{RI}_j^{(k)}$ 以及一致性比例 $\text{CR}_j^{(k)}$($j=1,2,\cdots,n_{k-1}$),那么 k 层的综合指标分别为

$$\text{CI}^{(k)}=\left(\text{CI}_1^{(k)},\text{CI}_2^{(k)},\cdots,\text{CI}_{n_{k-1}}^{(k)}\right)w^{k-1} \tag{3.80}$$

$$\text{RI}^{(k)}=\left(\text{RI}_1^{(k)},\text{RI}_2^{(k)},\cdots,\text{RI}_{n_{k-1}}^{(k)}\right)w^{k-1} \tag{3.81}$$

$$\text{CR}^{(k)}=\frac{\text{CI}^{(k)}}{\text{RI}^{(k)}} \tag{3.82}$$

当 $\text{CR}^{(k)}<0.1$ 时,认为递阶层次结构在 k 层水平以上的所有判断具有整体满意的一致性。

2. 蒙特卡罗方法

蒙特卡罗方法是一种以概率统计理论和方法为基础的数值计算方法,亦称为随机模拟,有时也称作随机抽样(random sampling)技术(Metropolis and Ulam,1949)或统计试验(statistical testing)方法。

它的基本思想是:首先建立一个概率模型或随机过程,使它的参数等于问题的解;其次通过对模型或过程的观察或抽样试验来计算所求参数的统计特征;最后给出所求解的近似值。解的精确度可用估计值的标准误差来表示。

1)一般原理

首先构造一个概率空间,然后在该概率空间中确定一个依赖于随机变量 x 的统计量 $g(x)$,其数学期望

$$E(g)=\int g(x)\mathrm{d}F(x) \tag{3.83}$$

正好等于所要求的值 G，其中 $F(x)$ 为 x 的分布函数；最后产生随机变量的简单子样 $x_1, x_2, \cdots, x_N$，用其相应的统计量 $g(x_1), g(x_2), \cdots, g(x_N)$ 的算术平均值

$$G_N = \frac{1}{N}\sum_{i=1}^{N} g(x_i) \tag{3.84}$$

作为 G 的近似估计。

蒙特卡罗方法的最关键一步是确定一个统计量，其属性期望正好等于所要求的值。这个统计量一般称为无偏统计量。由于各种原因，如确定属性期望为 G 的统计量 $G(x)$ 有困难，或为其他目的，蒙特卡罗方法有时也用 G 的渐近无偏估计代替一般过程中的无偏估计 G_N，并用此渐近无偏估计作为 G 的近似估计。蒙特卡罗方法的最低要求是确定一个与计算步数 N 有关的统计估计量 G_N，当 $N \to \infty$ 时，G_N 便依据概率收敛于所要求的值 G。

2）收敛性

由前面的分析可知，蒙特卡罗方法是由统计量 $g(x)$ 的简单子样 $g(x_1), g(x_2), \cdots, g(x_N)$ 的算术平均值作为所求解的近似值。由大数定律可知，如果 $g(x_1), g(x_2), \cdots, g(x_N)$ 独立同分布，且具有有限期望值，即

$$E(|g|) = \int |g(x)| \mathrm{d}F(x) < +\infty \tag{3.85}$$

则

$$P\left(\lim_{N \to \infty} G_N = G\right) = 1 \tag{3.86}$$

这表明，当统计量 $g(x)$ 的子样数 N 充分大时，其均值以概率 1 收敛于其期望值。

如果无偏估计量 $g(x)$ 满足条件

$$E(|g|^r) = \int |g(x)|^r \mathrm{d}F(x) < +\infty, \quad 1 \leqslant r \leqslant 2$$

则

$$P\left(\lim_{N \to \infty} N^{\frac{r-1}{r}}(G_N - G) = 0\right) = 1 \tag{3.87}$$

即 G_N 依概率 1 收敛于 G 的速度为 $N^{\frac{r-1}{r}}$，也就是说，蒙特卡罗方法的收敛速度为所确定的无偏统计量，且此收敛速度是 N 次绝对可积的，但不会超过 $N^{-1/2}$。

3）误差

根据中心极限定理，如果 $g(x_1), g(x_2), \cdots, g(x_N)$ 独立同分布，且具有有限的异于零的方差，则对于任意非负的 x，均有

$$\lim_{N \to \infty} P\left(|G_N - G| < \frac{x\sigma}{\sqrt{N}}\right) = \frac{1}{\sqrt{2\pi}}\int_{-x}^{x} \mathrm{e}^{-t^2/2}\mathrm{d}t \tag{3.88}$$

其中，σ 为随机变量 $g(x)$ 的均方差。因此，当 N 足够大时，就可以认为

$$P\left(|G_N - G| < \frac{x\sigma}{\sqrt{N}}\right) \approx \frac{1}{\sqrt{2\pi}}\int_{-x}^{x} \mathrm{e}^{-t^2/2}\mathrm{d}t = 1 - \alpha \tag{3.89}$$

其中，α 为置信度；$1-\alpha$ 为置信水平。

根据以上结果，可以按问题要求确定置信水平，然后按照正态积分表确定 x，而近似估计 G_N 与真值 G 之间的误差就可以用式（3.90）近似得到，即

$$|G_N - G| < \frac{x\sigma}{\sqrt{N}} \tag{3.90}$$

通常取 x 为 0.6745、1.96 或 3，相应的置信水平依次为 0.5、0.95 或 0.997。

4) 费用

根据上述误差公式，若问题所要求的误差为 ε，置信水平为 $1-\alpha$，x 是按照正态积分表由置信水平确定的，则有

$$\frac{x\sigma}{\sqrt{N}} \leqslant \varepsilon$$

则子样容量必须满足

$$N \geqslant \left(\frac{x\sigma}{\varepsilon}\right)^2$$

进一步假设每计算一次无偏统计量所需要的费用是 C（如计算时间等），则蒙特卡罗方法的总费用应该是

$$NC \approx \left(\frac{x\sigma}{\varepsilon}\right)^2 C = \left(\frac{x}{\varepsilon}\right)^2 \sigma^2 C \tag{3.91}$$

就是说，蒙特卡罗方法的费用与无偏统计量的方差 σ^2 及费用 C 的乘积 $\sigma^2 C$ 成正比。

上述结果表明，在相同条件下，即在相同误差和置信水平要求下，一个蒙特卡罗方法的好坏完全取决于 $\sigma^2 C$ 的大小，其值越小，相应的方法则越好。

5) 决策运用

在多属性决策中，蒙特卡罗方法可以用于属性权重或属性值为序数型的决策问题。下面将以属性权重为序数而属性值为基数的序基型决策问题和属性权重与属性值均为序数的序序型决策问题为例，介绍蒙特卡罗方法的运用。

A. 序基型决策问题

属性的相对重要性顺序是较为普遍的一种决策问题，对于这类问题，可以利用蒙特卡罗方法将其转化成一系列的基基型决策问题，得到一系列的方案综合排序向量，再统计各方案在各排序位数上的比例，以此比例来确定序基型决策问题的排列顺序。其具体内容和步骤如下。

首先，产生随机的属性权重。不失一般性，设各属性的相对重要性排序为 $x_1 \succeq x_2 \succeq \cdots \succeq x_n$，也即属性权重系数满足 $w_1 \geqslant w_2 \geqslant \cdots \geqslant w_n$。在 [1, 10] 区间产生 w_1 的随机数，然后依次在 $[1, w_j]$（$j = 1, 2, \cdots, n-1$）区间产生 w_{j+1} 的随机数，直到 $j+1 = n$ 为止，并使这 k 次的随机数归一化，即

$$\overline{w}_j^k = \frac{w_j^k}{\sum_{j=1}^n w_j^k}, \quad j \in M, \quad k \in T \tag{3.92}$$

其次，求解基基型多属性决策问题。产生属性权重 $\overline{w}^k$（$k \in K$）后，原序基型问题变为基基类问题，即可用简单加性加权法求综合效用，即

$$U^k(x_i) = (w^k)^{\mathrm{T}} F(x_i) = \sum_{j=1}^n w_j^k f_j(x_i) \tag{3.93}$$

由 $U^k(x_i)$ 即可得各方案 x_i 的第 k 次排序向量。

重复上述两个步骤足够多的次数（如为 t 次），则可得到 t 个排序向量。

再次，统计各方案排在各个位次上的次数 D_{il}。将上述每次所得的方案排序结果记录到一个排序计数 D_{il} 中，即每次模拟得一排序向量后，可知第 i 个方案排在第 l 位（$l \in N$），就给 D_{il} 加 1，如 4 个方案的某次排序向量为 (3, 1, 4, 2)，则分别给 D_{13}、D_{21}、D_{34}、D_{42} 单元各加 1。在重复模拟 t 次后，D_{il} 的（累加）数表示第 i 个方案排在第 l 位的次数（$i, l \in N$），其中 $D_{il} \leq t$。

最后，计算各方案的排序优势度矩阵 P，即

$$P = (P_{il})_{n \times n}$$

其元素

$$P_{il} = D_{il} / t$$

其中，P_{il} 为第 i 个方案排在第 l 位的相对优势。根据模拟过程可知

$$\sum_{j=1}^{n} P_{il} = 1, \quad i, l \in N$$

因此对行所对应的方案而言，有一相对优势排序的最大值，此最大值所在的列数即为该方案的最终排序位数。由此可得到各方案的最终排序结果。

B. 序序型决策问题

对于属性权重和属性值均为序数的决策问题，求解时可用求解序基型问题的蒙特卡罗方法和优序法相结合，求解的具体内容和步骤如下（徐玖平，1992）。

首先，用上述序基型问题的方法求权重系数，将序序型问题转化为序基型问题。

其次，求解序基型问题。分为以下三个步骤。

步骤 1：求单属性 j 下，第 i 个方案优于第 l 个方案的排序等级差，即

$$r_{il}^j = \begin{cases} -(\sigma_i^j - \sigma_l^j), & \sigma_i^j - \sigma_l^j \leq 0 \\ 0, & \text{其他} \end{cases} \tag{3.94}$$

其中，σ_i^j、σ_l^j 分别为第 j 属性下，方案 x_i、x_l 的排序位数。

步骤 2：求两方案在全部 m 个属性下的综合排序等级差，即

$$R_{il}^k = \sum_{j=1}^{m} r_{il}^j \overline{w}_j^k, \quad i, l \in N \tag{3.95}$$

步骤 3：求 x_i 相对全部方案的总优先程度值，即

$$I_i^k = \sum_{j=1}^{n} R_{il}^k, \quad i, l \in N \tag{3.96}$$

根据 I_i^k 由大到小可得第 k 次（$k = 1, 2, \cdots, t$）模拟方案集 R 的排序结果。当 $k < t$ 时，返回到步骤 1，否则转下一步。

最后，统计各次模拟的结果（同序基型问题），并计算各方案的排序优势度矩阵（同序基型问题），由排序优势度矩阵 P，按其行或列即可确定出原问题各方案的排序结果。

3.3 随机多属性决策方法

3.3.1 随机决策原理

在前面的决策问题中,所有与决策问题有关的事实和因素都是事先确切知道的,是确定条件下的多属性决策。但是,有许多问题需要在不确定条件下做出决策。由于未来自然状态的不确定性,决策者无论采取什么方案,都会因为自然状态的不同而出现不同的后果。由此可知,随机多属性决策问题的特点如下:①决策者面临选择时存在多个备选方案;②自然状态存在不确定性,每个自然状态有相应不同的后果集;③后果的价值待定,需要结合不同的自然状态和属性来评价后果。与确定多属性决策相比,除了方案集 A 外,随机多属性决策问题还需要给出下列要素。

第一,状态集。状态集即自然状态的集合(或称状态空间、参数空间),用来表示所有可能的自然状态,记作 $S = \{S_1, S_2, \cdots, S_h\}$,亦可记作 θ 或 Ω。在火灾保险问题中,$S = \{S_1, S_2\}$,其中 S_1 表示在保险有效期内发生火灾,S_2 表示在保险有效期内不发生火灾。

第二,后果集。后果集 $X = \{x_{ij}^k\}$ 与确定多属性决策的属性集 X 类似,它是决策问题各种可能后果 x_{ij}^k($i \in M$, $j \in N$, $k = 1, 2, \cdots, h$)的集合,x_{ij}^k 表示决策者采取方案 A_i 时,在真实的自然状态 S_k 下在属性 j 上的后果的评价值。

第三,信息集。信息集亦称样本空间、观测空间或测度空间。在决策时,为了获取与自然状态 S 有关的信息以减少其不确定性,往往需要进行调查研究,调查所得的结果是随机变量,记作 Z。信息集 $Z = \{z_1, z_2, \cdots, z_n\}$。

假设方案集 A 有 m 个方案。通过建立二元级别优先关系,在属性集 X 上进行局部或整体的比较。当选择方案 A_i 且对于属性 j 的自然状态为 S_k^j($k = 1, 2, \cdots, h$)时,可以得到方案 A_i 关于属性 j 在状态 S_k^j 的评价 x_{ij}^k。所有方案将在 n 个属性上进行评价,可以得到各属性上关于自然状态的评价分布,如表 3.16 所示。对于某一属性 j,其概率分布 f_{ij} 可由各方案在各种自然状态下的评价值 x_{ij}^k 来描述,如表 3.17 所示。

表 3.16 各属性上关于自然状态的评价分布表

方案及权重	属性				
	S_1^1	$\cdots$	S_k^j	$\cdots$	S_h^n
A_1	f_{11}	$\cdots$	f_{1j}	$\cdots$	f_{1n}
$\vdots$	$\vdots$		$\vdots$		$\vdots$
A_i	f_{i1}	$\cdots$	f_{ij}	$\cdots$	f_{in}
$\vdots$	$\vdots$		$\vdots$		$\vdots$
A_m	f_{m1}	$\cdots$	f_{mj}	$\cdots$	f_{mn}
权重	w_1^1	$\cdots$	w_k^j	$\cdots$	S_h^n

表 3.17　属性 j 上关于概率的评价表

方案及概率	自然状态					
	S_1^j	$\cdots$	S_k^j	$\cdots$	S_h^j
A_1	x_{11}^1	$\cdots$	x_{1j}^k	$\cdots$	x_{1n}^h
$\vdots$	$\vdots$		$\vdots$		$\vdots$
A_i	x_{i1}^1	$\cdots$	x_{ij}^k	$\cdots$	x_{in}^h
$\vdots$	$\vdots$		$\vdots$		$\vdots$
A_m	x_{m1}^1	$\cdots$	x_{mj}^k	$\cdots$	x_{mn}^h
概率	P_1	$\cdots$	P_k	$\cdots$	P_h

随机决策问题的基本特点之一是自然状态的随机性。由于自然状态的随机性，决策者无论采取什么方案，所产生的后果都会因自然状态的不同而不同。为了能对决策进行定量化研究，有必要定量地表达自然状态的非确定性。众所周知，概率是定量表达不确定性的重要工具，这一节将对设定自然状态的概率分布所涉及的问题与相应的处理方法进行分析和讨论。

1. 概率的定义

在相同条件下进行了 n 次随机试验，其中事件 A 发生的次数 n_A 称为事件 A 发生的频数。比值 n_A/n 称为事件 A 发生的频率，记作 $f_n(A)$，即

$$f_n(A) = n_A/n \tag{3.97}$$

古典概率的定义为

$$P(A) = \lim_{n \to \infty} f_n(A) \tag{3.98}$$

概率公理化的定义如定义 3.4 所示。

定义 3.4　E 是随机试验，S 是 E 的样本空间，对 E 的每一事件 A，对应有确定的实数 $P(A)$，若 $P(A)$ 满足以下三个条件，则称 $P(A)$ 为事件 A 发生的概率。

（1）非负性：$P(A) \geq 0$。
（2）规范性：$P(S) = 1$。
（3）可列可加性：定义两两不相容事件 A_k，$k=1,2,\cdots$，对于 $\forall i \neq j$，$A_i \cap A_j = \varnothing$，有

$$P\left(\bigcup_k A_k\right) = \sum_k P(A_k) \tag{3.99}$$

概率是在多次重复试验中，对随机事件 A 发生的可能性大小的度量。在实际的决策问题中，自然状态的概率往往无法通过重复试验获得，也并不都包含等可能的基本事件。因此，就需要有一种能在频率观点不适用、实际上无法进行随机试验时设定概率的方法，这就是主观概率（subjective probability）；与此同时，把定义 3.4 所规定的概率称为客观概率（objective probability）。

客观概率论认为概率是系统固有的客观性质,是在相同条件下重复试验时频率的极限。主观概率论认为概率是观察的而非系统的性质,是观察者对系统处于某状态的信任程度。

由于历史原因,客观概率论者习惯使用"概率"一词,采用记号 $P(\theta)$ 表示自然状态 θ 的概率;而主观概率论者习惯用"似然率",采用记号 $\pi(\theta)$ 表示自然状态 θ 的似然率。在本书中对概率和似然率的用法不严格区分,但尽可能用记号 $\pi(\theta)$ 表示似然率。

2. 先验分布

在决策分析中,尚未通过试验收集状态信息时所拥有的信息称为先验信息。由先验信息所确定的概率分布称为先验分布(prior distribution)。

客观概率在理论上可以直接算出,只要确定所考查的事件的相对频率即可;而主观概率是由个人根据先验信息和相关知识思考决定的。对于具备典型特征的事件,可以迅速而客观地根据概率论知识赋予适当的概率;而对那些不具备典型特征的事件,概率的设定就有高度的主观性。由于在实际的决策问题中所遇到的概率的设定大部分属于后者,因此本节主要讨论如何设定概率,并在设定概率时充分反映决策者拥有的信息和信念。

为了保证概率分布具有唯一性,先做以下假设。

假设 3.1 部分小于全体:若事件 A 是事件 B 的一部分,即 B 包含 A,记作 $A \subset B$,则事件 B 发生的可能性不会小于事件 A,即 $P(B) \geqslant P(A)$。

假设 3.2 若 $A_1 \supset A_2 \supset A_3 \cdots$ 是离散的事件序列,B 是某个固定事件,且对任意的 $i = 1, 2, \cdots$,有 $P(A_i) \geqslant P(B)$,则 $\sum_{i=1}^{\infty} P(A_i) \geqslant P(B)$。

假设 3.3 在 $[0,1]$ 区间存在均匀分布的随机变量。

主观概率最简单的设定方法是通过对一些事件进行比较,确定它们的相对似然性。比如,要找出 $P(E)$,只要将 E 与 E^c 做比较,若感觉 E 发生的机会是 E^c 的两倍,则显然有 $P(E) = 2/3$,$P(E^c) = 1/3$。当与效用理论一起考虑时,可以建立一种正式的公理体系,这样的体系认为主观概率存在而且具有一般概率的性质。

此外,主观概率可以通过一个简单的"猜数字游戏"来考虑。决定 $P(E)$ 时可以设想是在猜数字游戏,若 E 出现,则损失的效用为 z;若 E^c 出现,则获得的效用为 $(1-z)$,当然 $0 \leqslant z \leqslant 1$,1 代表某个适当的效用价值。选取 z 使猜数字游戏成为"公平的",即总效用为 0,写为方程即

$$\text{猜数字游戏的期望效用} = (-z)P(E) + (1-z)(1-P(E))$$

解得

$$P(E) = \frac{1-z}{(1-z)-(-z)} = 1-z \tag{3.100}$$

可以调整 z 值,使决策者感到 E 出现与否无差异时便可得主观概率 $P(E)$。

在量化主观概率时要特别小心,要保证所设定的主观概率具有合理性。此外,以上两种方法均只适用于状态数较少的场合。在状态数较多时,可以采用下面连续型随机变量的先验分布设定方法。

对于连续型随机变量离散化的先验分布设定，主要是使用直方图法和利用相对似然率改进的直方图法。这两种方法适用于自然状态 θ 的取值是实轴的某个区间的情况，两者都是将区间离散化，把 θ 的取值范围划分为若干个子区间 $\theta_1, \theta_2, \cdots, \theta_n$；然后设定每个子区间的似然率 $\pi(\theta_i)$，其中 $i \in N$，并根据 $\pi(\theta_i)$ 做出直方图；最后把直方图变换成概率密度函数曲线。两者的不同之处在于相对似然率改进的直方图法是使用相对似然率来为各子区间赋值。它们共同的缺点在于：子区间的划分没有标准，确定每个子区间的似然率 $\pi(\theta_i)$ 不容易，拟合所得的概率密度函数通常尾部误差很大。

3. 决策准则

在严格不确定的情况下主要有如下四种决策准则，现在分别使用决策矩阵来进行讨论。所用到的决策矩阵主要为损失矩阵 L 和效用矩阵 U，两者元素值的转换为 $l_{ji} = -u_{ij}$。

1）悲观准则

悲观准则也称极小化极大准则，其思路是考察方案 A_i（$i \in M$）可能出现的最坏后果，即最大的损失 s_i，也即

$$s_i = \max_j l(\theta_j, A_i), \quad j \in N$$

决策者应选择方案 A_k 使最大的损失 l 尽可能小，即选择 A_k 使

$$s_k = \min_i \{s_i\} = \min_i \max_j \{l_{ji}\}, \quad j \in N, \quad i \in M \tag{3.101}$$

根据式（3.101），将这一准则称作极小化极大准则的理由是显而易见的。

当决策表中的元素是效用值 u_{ij} 或价值函数 v_{ij} 时，该准则是使各方案的最小效用（价值）最大化，即极大化极小效用，即选择 A_k 使

$$s'_k = \max_i \{s'_i\} = \max_i \min_j \{u_{ij}\}, \quad j \in N, \quad i \in M \tag{3.102}$$

采用该原则者极端保守，是悲观主义者，总是假设自己会遇到最糟糕的情况。

2）乐观准则

与上述悲观主义方法相对立的是一种乐观主义方法：只考虑方案 A_i 各种可能的后果中最好的或损失最小的后果。定义方案 A_i 的乐观主义损失 o_i 为

$$o_i = \min_j \{l_{ji}\}, \quad j \in N$$

其中，o_i 为采用方案 A_i 时可能导致的最佳后果。于是乐观准则是极小化极小损失，即选择 A_k 使

$$o_k = \min_i \{o_i\} = \min_i \min_j \{l_{ji}\}, \quad j \in N, \quad i \in M \tag{3.103}$$

由式（3.103）可知，乐观准则亦称极小化极小准则。这种准则的实质是在损失矩阵中找出损失最小的元素 l_{hk}，决策者选择对应的方案 A_k。

当决策表中的元素是效用值 u_{ij} 或价值函数 v_{ij} 时，乐观准则是使各行动的最大效用（价值）最大化，即极大化极大效用，即选择 A_k 使

$$o'_k = \max_i \{o'_i\} = \max_i \max_j \{u_{ij}\}, \quad j \in N, \quad i \in M \tag{3.104}$$

3）折中准则

在现实生活中很少有人像极小化极大准则所显示的那么悲观，也很少有人像极小化极小准则那么乐观，因此决策者应根据这两种准则的加权平均值来排列方案的优劣次序，其中的权 λ 称为乐观系数（Arrow and Hurwicz，1977）。λ 由决策者个人给定，并适用于他所面临的所有决策问题。

$$(1-\lambda)s_k + \lambda o_k = \min_i\{(1-\lambda)s_i + \lambda o_i\} = \min_i\{(1-\lambda)\max_j l_{ji} + \lambda \min_j l_{ji}\}, \quad j \in N, \quad i \in M \tag{3.105}$$

使用这种方法首先要确定 λ。为此可让决策者对表 3.18 所示的确定乐观系数 λ 的决策表进行判断。调整表中的损失值 l（$0 \leq l \leq 1$），直到决策者认为 A_1 与 A_2 两者无差别时，即可确定 $\lambda = 1 - l$。一旦确定 λ，可用它求解决策者所面临的其他决策问题。当决策表中的元素是效用值 u_{ij} 或价值函数 v_{ij} 时，乐观准则是选择 A_k，使

$$(1-\lambda)s'_k + \lambda o'_k = \max_i\{(1-\lambda)\min_j u_{ij} + \lambda \max_j u_{ij}\}, \quad j \in N, \quad i \in M$$

表 3.18 确定乐观系数 λ 的决策表

参数	A_1	A_2
θ_1	0	1
θ_2	1	1
s_i	1	1
o_i	0	1
$(1-\lambda)s_k + \lambda o_k$	$1-\lambda$	1

4）后悔值准则

真实的自然状态是决策者所无法控制的，在用损失矩阵 $(l_{ji})_{n \times m}$ 进行决策时，决策者会把采用一种方案 A_i 在某一自然状态 θ_j 下的结果与同样的自然状态下采用不同的方案的结果 l_{ji} 加以比较。因此定义了一个后果的后悔值 r_{ji}，它是采取方案 A_i 时在状态 θ_j 下的损失 l_{ji} 与状态为 θ_j 时采用不同方案的最佳结果 $\min_i\{l_{ji}\}$ 的差，即

$$r_{ji} = l_{ji} - \min_i\{l_{ji}\}, \quad i \in M \tag{3.106}$$

应该用由 r_{ji} 构成的后悔值表 $(r_{ji})_{n \times m}$ 取代由 l_{ji} 构成的决策表，再用 Wald 的悲观准则求解。Wald 提出每种方案的优劣用最大后悔值 p_i 作为指标来衡量，即

$$p_i = \max_j\{r_{ji}\}, \quad j \in N \tag{3.107}$$

其中，p_i 为采取方案 A_i 时的最大后悔值。然后，再选择使 p_i 极小化的方案。也就是说，选择 A_k 使

$$p_k = \min_i\{p_i\} = \min_i\{\max_j\{r_{ji}\}\}, \quad j \in N, \quad i \in M \tag{3.108}$$

3.3.2 随机 AHP

随机 AHP 重在研究自然状态的随机性对决策的影响。其随机状态可采用区间标度来表示，而随机性对决策的影响则主要用决策方案排序的变化，即排序中出现序反转的概率来度量。此外，随机不确定性对整个多属性决策的影响还需要通过各属性上排序的合成来考虑。

1. 区间判断矩阵

判断的随机不确定性通常有两种形式：一是对事件的发生不确定，二是对判断的准确性不确定。在一定准则下的两两比较的判断中，由于获得信息的不完全，通常产生的是第二种形式的不确定性，这导致判断往往有误差产生。可以通过使用建立在一定数值区间上的判断来概括这样的不确定性，从而减小判断的误差。基于数值区间的两两比较称为区间相互比较，或简称为区间判断。可以用随机变量对判断进行量化，采用随机变量表示其标度，即标度在固定的区间内随机变化。由于它的概率分布无法确知，可以假设为均匀分布，从而简化问题。为了与确定型 AHP 的标度一致，总是假定区间标度的上下限分别为 9 和 1/9。这里给出区间标度在随机 AHP 中的数学定义。

定义 3.5 如果随机变量 x 满足 $p(L \leqslant x \leqslant U)=1$，其中 $\frac{1}{9} \leqslant L \leqslant U \leqslant 9$，则称 x 为区间标度。

区间标度用于判断的定量化，为方便计，通常用它的上下限表示组成的区间。

定义 3.6 满足以下三个条件的 $A=(a_{ij})$ 为区间判断矩阵。

（1）$a_{ii}=1, \quad \forall i$。

（2）a_{ij} 为区间标度，$\forall i, j$。

（3）$a_{ij}=\dfrac{1}{a_{ji}}, \quad \forall i, j$。

一般用 a_{ij} 的上下限区间形式表示区间判断矩阵，即

$$A=\left(\left[a_{ij}^L, a_{ij}^U\right]\right) \tag{3.109}$$

典型的区间成对判断矩阵为

$$A=\begin{bmatrix} 1 & \left[a_{12}^L, a_{12}^U\right] & \left[a_{13}^L, a_{13}^U\right] & \cdots & \left[a_{1n}^L, a_{1n}^U\right] \\ \left[\dfrac{1}{a_{12}^U}, \dfrac{1}{a_{12}^L}\right] & 1 & \left[a_{23}^L, a_{23}^U\right] & \cdots & \left[a_{2n}^L, a_{2n}^U\right] \\ \left[\dfrac{1}{a_{13}^U}, \dfrac{1}{a_{13}^L}\right] & \left[\dfrac{1}{a_{23}^U}, \dfrac{1}{a_{23}^L}\right] & 1 & \cdots & \left[a_{3n}^L, a_{3n}^U\right] \\ \vdots & \vdots & \vdots & & \vdots \\ \left[\dfrac{1}{a_{1n}^U}, \dfrac{1}{a_{1n}^L}\right] & \left[\dfrac{1}{a_{2n}^U}, \dfrac{1}{a_{2n}^L}\right] & \left[\dfrac{1}{a_{3n}^U}, \dfrac{1}{a_{3n}^L}\right] & \cdots & 1 \end{bmatrix}$$

显然，若 $a_{ij}^L = a_{ij}^U \in \left[\frac{1}{9}, \cdots, \frac{1}{2}, 1, 2, \cdots, 9\right]$，$\forall i, j$，则 A 转化为确定型判断矩阵。与区间判断矩阵相联系的是区间特征向量，它也是一个随机变量，其中 $a_{ij}^L \leq a_{ij}^U$，$\forall i, j \in N$。

定义 3.7 令 A 为区间判断矩阵，称满足 $Aw = \lambda_{\max} w$ 的随机变量 w 为区间特征向量。

随机 AHP 的单一准则下的排序主要研究两个问题。其一，如何由区间判断矩阵求解区间特征向量，以此作为单一准则下被比较元素的排序向量。其二，排序向量序反转的概率估计问题。这两个问题从理论上和计算上都是相当困难的。

若区间判断值为离散型随机变量，它从集合 $\left\{\frac{1}{9}, \cdots, \frac{1}{2}, 1, 2, \cdots, 9\right\}$ 中取值，区间特征向量的计算涉及 $\left[a_{ij}^L, a_{ij}^U\right]$，$\forall i, j$ 的各种可能取值组合而成的判断矩阵。

若区间判断值为连续型随机变量，w 在 $\mathbb{R}$ 上是有界和闭的。对于连续型随机变量，用 w^L、w^U、$\overline{w}$ 分别表示 w 的上限、下限及期望值，区间特征向量可以表示为 $I(w) = [I(w_1), I(w_2), \cdots, I(w_n)]^T$，其中 $I(w_i) = \left[w_i^L, w_i^U\right]$ 为估计量，需要对区间判断矩阵元素的概率分布做出假定，从而求解特征向量。特征向量是 n 维变量，统计方法可以用于其每个分量，但不能用于整个向量。因此只能在单个分量上推导研究排序反转的统计方法，然后使用它们来推导整个向量。

定义 3.8 令 $I(w) = [I(w_1), I(w_2), \cdots, I(w_n)]^T$ 为区间特征向量，令 x_i 表示主特征向量的第 i 个分量，它是随机变量。若 $0 < p(x_i > x_j) < 1$，则称区间特征向量的第 i 个分量与第 j 个分量出现序反转，序反转概率用 p_{ij} 表示。若对给定的 i，存在 k 使得
$$0 < p(x_i > x_k) < 1 \tag{3.110}$$
则称区间特征向量第 i 个分量出现序反转。若存在 i, k（$i \neq k$）使得式（3.110）成立，称区间特征向量出现序反转。

序反转是方案排序不确定性的一种度量，若 $I(w_i) \cap I(w_j) = \varnothing$，或者 $p(x_i > x_j) = 0$，或者 $p(x_j > x_i) = 0$，此时方案 i 和 j 不可能出现序反转。当 $I(w_i)$ 和 $I(w_j)$ 的区间长度等于 0 时，两个分量序反转的讨论转化为确定型排序问题，不会出现序反转。因此出现序反转的情况只在 $I(w_i) \cap I(w_j) \neq \varnothing$ 的情况下发生。此时，p_{ij} 不仅与 $I(w_i) \cap I(w_j)$ 有关，与 w_i 和 w_j 的分布也有关。

2. 排序反转概率

令 $I_{ij} = \left[a_{ij}^L, a_{ij}^U\right]$，$I(w_i) = \left[w_i^L, w_i^U\right]$ 为特征向量第 j 个元素关于成对比较的变动区间，即如果对于所有的 i, j，$a_{ij} \in I_{ij}$，那么 $w_i \in I(w_i)$，其中 w_i 是互反矩阵 $A = (a_{ij})$ 右主特征向量的第 i 个元素。区间 $I(w_i)$，$i = 1, 2, \cdots, n$ 在正实数集合 $\mathbb{R}^+$ 上是有界和闭的。令 $a_{ij}^{(k)} \in I_{ij}$（$k \in M$，$i, j \in N$）是容量为 m 的随机样本。令 X_i 表示右主特征向量元素的随机变量。很明显，给定 i, j，如果 $I(w_i) \cap I(w_j) = \varnothing$，则要么 $p(x_i > x_j) = 1$，要么 $p(x_j > x_i) = 1$，即第 i 个和第 j 个元素不会使排序反转。此外，如果 $I(w_i) \cap I(w_j) \neq \varnothing$，那么对于某些值 $a_{ij} \in I_{ij}$（$i, j \in N$），排序就可能被反转。令方案对 (A_i, A_j) 排序反转的概率为 p_{ij}，

它是 $I(w_i) \cap I(w_j)$ 的函数。令 $F_i(x_i)$ 为特征向量第 i 个元素的累积概率分布，即 $F_i(x_i) = p(X_i \leq x_i)$。有如下两种情况需要考虑。

（1）$I(w_i) \subseteq I(w_j)$ 或者 $I(w_j) \subseteq I(w_i)$。

（2）$I(w_i) \cap I(w_j) \neq \varnothing$，但 $I(w_i) \subsetneq I(w_j)$，$I(w_j) \subsetneq I(w_i)$。

在第（1）种情况下，排序反转的概率为

$$p_{ij} = \begin{cases} F_j(w_i^U) - F_j(w_i^L), & I(w_i) \subseteq I(w_j) \\ F_i(w_j^U) - F_i(w_j^L), & I(w_j) \subseteq I(w_i) \end{cases}$$

在第（2）种情况下，有

$$p_{ij} = \begin{cases} [F_i(w_i^U) - F_i(w_j^L)][F_j(w_i^U) - F_j(w_j^L)], & w_i^L < w_j^L < w_i^U > w_j^U \\ [F_i(w_j^U) - F_i(w_i^L)][F_j(w_j^U) - F_j(w_i^L)], & w_j^L < w_i^L < w_j^U < w_i^U \end{cases}$$

所有方案中出现不确定排序的概率 p 为

$$p = 1 - \prod_{1 \leq i < j \leq n}(1 - p_{ij}), \quad i \in N \tag{3.111}$$

而第 i 个方案出现不确定排序的概率 p_i 为

$$p_i = 1 - \prod_{j=1}^{n}(1 - p_{ij}), \quad i \in N \tag{3.112}$$

上述概率 p 只能测量特征向量关于 I_{ij} 变化的稳定性，而不能对方案真实排序的准确性进行测量，因为方案的真实排序是未知的。

当由 a_{ij} 表示随机变量的期望值，且随机变量服从正态分布时，可以证明特征向量的每一个分量服从贝塔分布，当矩阵的阶数增大时，则近似地服从截尾正态分布。

令 $\bar{w}_i$ 和 s_i 分别为特征向量 $\psi^{(k)}$（$k \in M$）的第 i 个元素的样本均值和方差，那么估计 w^L、w^U、$\bar{w}$ 供选择的方法有两种。

第一种方法可分为两步。首先按照对区间判断矩阵每一个元素的分布的假设，设计在判断区间的随机抽样方案，计算样本矩阵的特征向量，以此模拟每一个分量的概率分布；然后在 I_{ij} 中选择有限个 $x_{ij}^{(1)}, x_{ij}^{(2)}, \cdots, x_{ij}^{(m)}$，使得

$$I_{ij} = \bigcup_{k=1}^{m-1}\left|x_{ij}^{(k)}, x_{ij}^{(k+1)}\right|, \quad \forall i, j \tag{3.113}$$

计算对应于 $A_k = (a_{ij}^{(k)})$ 的特征向量，以此决定 w^L、w^U、$\bar{w}$ 的估计值。这种方法的计算效率很差，即使对于小矩阵也是如此。

第二种方法需要先假定 w_i 的概率分布，一般总是假定它服从正态分布；然后从 I_{ij} 中随机地进行 m 次抽样，计算对应的特征向量和每一个分量的样本均值 $\bar{w}_i$ 与方差 s_i；最后在一定的显著水平下对 w_i 是否服从正态分布进行统计检验。若检验通过，则 w_i 的变化区间为

$$\hat{I}(w_i) = \left[\bar{w}_i - t_{\frac{\alpha}{2}, n-1} s_i, \bar{w}_i + t_{\frac{\alpha}{2}, n-1} s_i\right] \tag{3.114}$$

检验 w_i 的概率分布归结为检验假设

$$H_0: w \sim N(\bar{w}_i, s_i) \tag{3.115}$$

推荐使用两种检验：Kolmogorov-Smirnov 检验和 χ^2 检验。

课 后 习 题

1. 设有五个可行方案 a_i（$i = 1, 2, \cdots, 5$）、四个决策指标 f_j（$j = 1, 2, 3, 4$）的决策问题。其中，f_1, f_2, f_3 为正指标，f_4 为逆指标。其决策矩阵为

$$X = (x_{ij})_{5 \times 4} = \begin{bmatrix} 0 & 2 & 7 & 2 \\ 4 & 4 & 8 & 6 \\ 4 & 2 & 14 & 3 \\ 14 & 1 & 15 & 4 \\ 10 & 2 & 20 & 2 \end{bmatrix}$$

分别用向量归一化法、线性比例变换法、极差变换法对决策矩阵进行标准化处理。

2. 某人拟购置一套住房，有四家房地产公司的四套住宅供他选择，评价指标为价格（f_1）、使用面积（f_2）、距离工作单位的路程（f_3）、设备（f_4）、环境（f_5）。其中设备和环境为定性指标，四套住宅各指标的评价数据如表 3.19 所示。写出该问题的决策矩阵，并使用第 1 题中的三种方法对矩阵进行标准化处理。

表 3.19 四套住宅各指标的评价数据

A_i	价格/万元	使用面积/米^2	距离工作单位的路程/千米	设备	环境
A_1	3.0	100	10	7	7
A_2	2.5	80	8	3	5
A_3	1.8	50	20	5	9
A_4	2.2	70	12	5	9

3. 在第 1 题中，设四个决策指标的权重向量为

$$w = (0.4, 0.3, 0.2, 0.1)^T$$

试分别用简单加性加权法和 TOPSIS 法进行决策。

4. 在第 2 题中，设五个决策指标的权重向量为

$$w = (0.0682, 0.2113, 0.1177, 0.2767, 0.3261)^T$$

试用简单加性加权法和 TOPSIS 法进行决策。

5. 某公司利润分配方案的层次结构如图 3.2 所示。

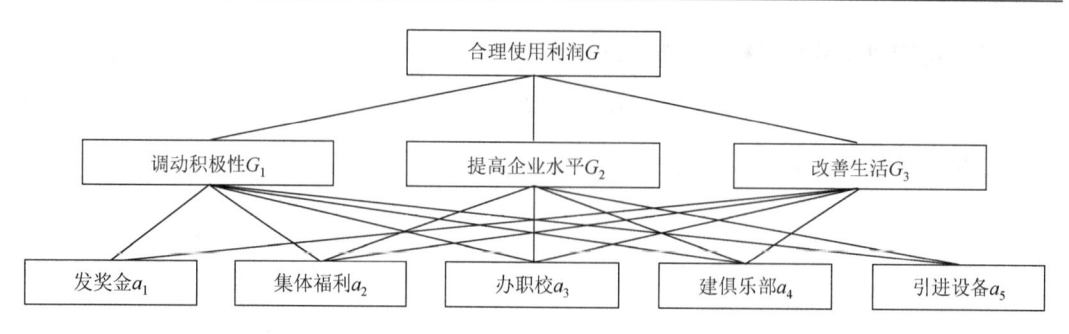

图 3.2 某公司利润分配方案的层次结构

构造的判断矩阵如表 3.20 至表 3.23 所示。试用 AHP 为公司选择最优的利润分配方案。

表 3.20 三个属性对总目标的判断矩阵

G	G_1	G_2	G_3
G_1	1	1/5	1/3
G_2	5	1	1/3
G_3	3	1/3	1

表 3.21 以 G_1 为准则的五阶判断矩阵

a_i	a_1	a_2	a_3	a_4	a_5
a_1	1	2	3	4	7
a_2	1/2	1	3	2	5
a_3	1/3	1/3	1	1/2	2
a_4	1/4	1/2	2	1	3
a_5	1/7	1/5	1/2	1/3	1

表 3.22 以 G_2 为准则的四阶判断矩阵

a_i	a_2	a_3	a_4	a_5
a_2	1	1/7	1/3	1/5
a_3	7	1	5	3
a_4	3	1/5	1	1/3
a_5	5	1/3	3	1

表 3.23 以 G_3 为准则的四阶判断矩阵

a_i	a_1	a_2	a_3	a_4
a_1	1	1	3	3
a_2	1	1	3	3
a_3	1/3	1/3	1	1
a_4	1/3	1/3	1	1

第4章 序贯决策

许多决策问题需要多次做出决定。例如一家商店各种商品每月的进货量，一家工厂每月的生产计划、一台机器定期的维修等，都需要按一定周期进行安排，这就构成了序贯决策问题。这里"序贯"一词的意义是指按顺序地多次进行。也有人称这类问题为动态规划问题。

一般的序贯决策问题又包含确定的和随机的两大类。

4.1 单目标确定性序贯决策问题

4.1.1 最短路问题

单目标确定性序贯决策的一个例子即最短路问题。如图 4.1 所示，从 A_0 铺设一条管道到 A_6 地，必须要经过 5 个中间站。第一站可以选择 $\{A_1, B_1\}$，第二站可以选择 $\{A_2, B_2, C_2, D_2\}$，第三站可以选择 $\{A_3, B_3, C_3\}$，第四站可以选择 $\{A_4, B_4, C_4\}$，第五站可以选择 $\{A_5, B_5\}$。连接两点间的管道的距离用图上两点连线上的数字表示，两点间没有连线的表示两点间不能铺设管道。现在要选择一条从 A_0 到 A_6 的管道路线，使总距离最短。

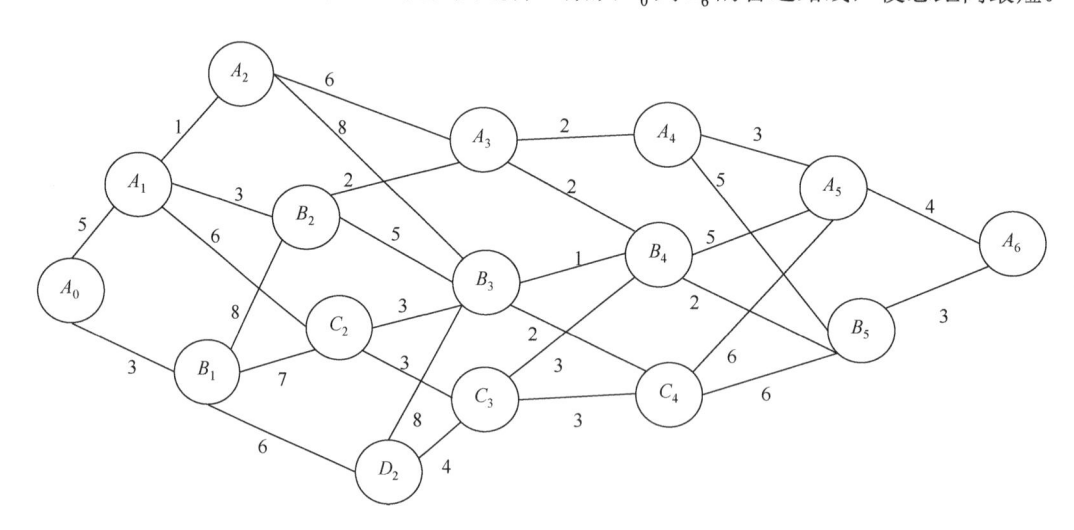

图 4.1 最短路问题

解决这个问题有两种方法。

第一种是穷举法。第一段：路线选择有 A_0A_1、A_0B_1。第二段：如果在 A_1，路线选择有 A_1A_2、A_1B_2、A_1C_2；如果在 B_1，路线选择有 B_1B_2、B_1C_2、B_1D_2。两段一共有 $2\times3=6$ 种

选择。以此类推，从 A_0 到 A_6 的共有 $2\times3\times2\times2\times2\times1=48$ 种不同的路线。将以上各段距离加起来，可以得到每条路线的距离，称为指标值。比较这 48 条不同的路线，得出最短距离的路线，结果是 $A_0 \to A_1 \to B_2 \to A_3 \to B_4 \to B_5 \to A_6$，最短距离是 17。可以看出，当段数很多且每一段的选择也很多时，穷举法的计算量将变得非常庞大。

第二种是动态规划法。如果某一条路线是最优路线，那么无论从该路线的哪一点开始，到达终点的那一段路线，仍然是从该点到达终点的所有可能选择的不同路线的最优路线。这一事实称为"最优化原理"。根据"最优化原理"，可以从后段开始逐段往前求最优子路径。

（1）$k=6$ 时，设 $f_6(A_5)$ 表示从 A_5 到 A_6 的最短距离，$f_6(B_5)$ 表示从 B_5 到 A_6 的最短距离，则

$$f_6(A_5)=4, \quad f_6(B_5)=3$$

（2）$k=5$ 时，有以下三种情况。

第一，从 A_4 出发，可以选择到 A_5 或到 B_5。$f_5(A_4)$ 表示从 A_4 到 A_6 的最短距离，$d_5(A_4,A_5)$ 表示 A_4 到 A_5 的距离，$d_5(A_4,B_5)$ 表示 A_4 到 B_5 的距离，$u_5(A_4)$ 表示相应的选择（即决策），则

$$f_5(A_4)=\min\begin{Bmatrix}d_5(A_4,A_5)+f_6(A_5)\\d_5(A_4,B_5)+f_6(B_5)\end{Bmatrix}=\min\begin{Bmatrix}3+4\\5+3\end{Bmatrix}=7$$

$u_5(A_4)=A_5$，最短路线为 $A_4 \to A_5 \to A_6$。

第二，从 B_4 出发，可以选择到 A_5 或到 B_5。$f_5(B_4)$ 表示从 B_4 到 A_6 的最短距离，$d_5(B_4,A_5)$ 表示 B_4 到 A_5 的距离，$d_5(B_4,B_5)$ 表示 B_4 到 B_5 的距离，$u_5(B_4)$ 表示相应的选择，则

$$f_5(B_4)=\min\begin{Bmatrix}d_5(B_4,A_5)+f_6(A_5)\\d_5(B_4,B_5)+f_6(B_5)\end{Bmatrix}=\min\begin{Bmatrix}5+4\\2+3\end{Bmatrix}=5$$

$u_5(B_4)=B_5$，最短路线为 $B_4 \to B_5 \to A_6$。

第三，从 C_4 出发，类似地，有

$$f_5(C_4)=\min\begin{Bmatrix}d_5(C_4,A_5)+f_6(A_5)\\d_5(C_4,B_5)+f_6(B_5)\end{Bmatrix}=\min\begin{Bmatrix}6+4\\6+3\end{Bmatrix}=9$$

$u_5(C_4)=B_5$，最短路线为 $C_4 \to B_5 \to A_6$。

（3）$k=4$ 时，有

$$f_4(A_3)=\min\begin{Bmatrix}d_4(A_3,A_4)+f_5(A_4)\\d_4(A_3,B_4)+f_5(B_4)\end{Bmatrix}=\min\begin{Bmatrix}2+7\\2+5\end{Bmatrix}=7$$

$u_4(A_3)=B_4$，最短路线为 $A_3 \to B_4 \to B_5 \to A_6$。

$$f_4(B_3)=\min\begin{Bmatrix}d_4(B_3,B_4)+f_5(B_4)\\d_4(B_3,C_4)+f_5(C_4)\end{Bmatrix}=\min\begin{Bmatrix}1+5\\2+9\end{Bmatrix}=6$$

$u_4(B_3)=B_4$，最短路线为 $B_3 \to B_4 \to B_5 \to A_6$。

$$f_4(C_3)=\min\begin{Bmatrix}d_4(C_3,B_4)+f_5(B_4)\\d_4(C_3,C_4)+f_5(C_4)\end{Bmatrix}=\min\begin{Bmatrix}3+5\\3+9\end{Bmatrix}=8$$

$u_4(C_3) = B_4$，最短路线为 $C_3 \to B_4 \to B_5 \to A_6$。

（4）$k=3$ 时，有

$$f_3(A_2) = \min\begin{cases} d_3(A_2,A_3)+f_4(A_3) \\ d_3(A_2,B_3)+f_4(B_3) \end{cases} = \min\begin{cases} 6+7 \\ 8+6 \end{cases} = 13$$

$u_3(A_2) = A_3$，最短路线为 $A_2 \to A_3 \to B_4 \to B_5 \to A_6$。

$$f_3(B_2) = \min\begin{cases} d_3(B_2,A_3)+f_4(A_3) \\ d_3(B_2,B_3)+f_4(B_3) \end{cases} = \min\begin{cases} 2+7 \\ 5+6 \end{cases} = 9$$

$u_3(B_2) = A_3$，最短路线为 $B_2 \to A_3 \to B_4 \to B_5 \to A_6$。

$$f_3(C_2) = \min\begin{cases} d_3(C_2,B_3)+f_4(B_3) \\ d_3(C_2,C_3)+f_4(C_3) \end{cases} = \min\begin{cases} 3+6 \\ 3+8 \end{cases} = 9$$

$u_3(C_2) = B_3$，最短路线为 $C_2 \to B_3 \to B_4 \to B_5 \to A_6$。

$$f_3(D_2) = \min\begin{cases} d_3(D_2,B_3)+f_4(B_3) \\ d_3(D_2,C_3)+f_4(C_3) \end{cases} = \min\begin{cases} 8+6 \\ 4+8 \end{cases} = 12$$

$u_3(D_2) = C_3$，最短路线为 $D_2 \to C_3 \to B_4 \to B_5 \to A_6$。

（5）$k=2$ 时，有

$$f_2(A_1) = \min\begin{cases} d_2(A_1,A_2)+f_3(A_2) \\ d_2(A_1,B_2)+f_3(B_2) \\ d_2(A_1,C_2)+f_3(C_2) \end{cases} = \min\begin{cases} 1+13 \\ 3+9 \\ 6+9 \end{cases} = 12$$

$u_2(A_1) = B_2$，最短路线为 $A_1 \to B_2 \to A_3 \to B_4 \to B_5 \to A_6$。

$$f_2(B_1) = \min\begin{cases} d_2(B_1,B_2)+f_3(B_2) \\ d_2(B_1,C_2)+f_3(C_2) \\ d_2(B_1,D_2)+f_3(D_2) \end{cases} = \min\begin{cases} 8+9 \\ 7+9 \\ 6+12 \end{cases} = 16$$

$u_2(B_1) = C_2$，最短路线为 $B_1 \to C_2 \to B_3 \to B_4 \to B_5 \to A_6$。

（6）$k=1$ 时，有

$$f_1(A_0) = \min\begin{cases} d_1(A_0,A_1)+f_2(A_1) \\ d_1(A_0,B_1)+f_2(B_1) \end{cases} = \min\begin{cases} 5+12 \\ 3+16 \end{cases} = 17$$

$u_1(A_0) = A_1$，最短路线为 $A_0 \to A_1 \to B_2 \to A_3 \to B_4 \to B_5 \to A_6$。

比较动态规划法和穷举法，动态规划法不仅能够大幅减少计算量，还丰富了计算的结果：①得到了 A_0 到 A_6 的最短路线和最短距离；②得到了其他各点到 A_6 的最短路线和最短距离。

多阶段决策过程的最优决策和其中某一单阶段的最优决策的答案一般是不同的。例如从 A_0 出发，只走一段的最优选择是 A_0B_1，但是就到达 A_6 的全过程来说，第一段的最优选择是 A_0A_1。因此，对于多阶段决策过程不能只顾眼前效益，需要将眼前效益与未来效益结合起来考虑做出最优决策。

4.1.2 动态规划的基本概念

使用动态规划法求解多阶段决策问题，首先要对实际问题建立动态规划模型，因此需要引入动态规划的基本概念。

1. 阶段

阶段是对整个过程的自然划分。将所给问题的过程，按时间或空间特征分解成若干个相互联系的阶段，也便于按次序求出每个阶段的解。描述阶段的变量称为阶段变量。在多数情况下，阶段变量是离散的，常用字母 k 表示。此外，也有阶段变量是连续的情形，如果过程可以在任意时刻做出决策，且任意两个不同时刻之间允许有无穷多个决策时，阶段变量就是连续的。

2. 状态

状态是每个阶段开始时面临的自然状况或客观条件。描述各阶段状态的变量称为状态变量，常用 x_k 表示第 k 阶段的状态变量，状态变量 x_k 的取值集合称为状态集合，记为

$$X_k = \left\{ x_k^{(1)}, x_k^{(2)}, \cdots, x_k^{(r)} \right\} \tag{4.1}$$

动态规划中的状态应该有如下性质：当某阶段状态给定以后，在这阶段以后，过程的发展不受这阶段以前各阶段状态的影响。也就是说，过程的发展只受当前状态的影响，过去的历史只能通过当前的状态影响未来的发展。这种性质称为无后效性。如果所选定的变量不具备无后效性，就不能作为状态变量来构造动态规划模型。

3. 决策

决策是当某阶段状态给定以后，从该状态到下一阶段某一状态的选择。描述决策的变量称为决策变量，常用 $u_k(x_k)$ 表示第 k 阶段的处于 x_k 状态的决策。$u_k(x_k)$ 是状态 x_k 的函数。在实际问题中，决策变量的取值往往限制在一定范围内，称此范围为允许决策集合，常用 $D_k(x_k)$ 表示第 k 阶段从 x_k 出发的允许决策集合，显然有 $u_k(x_k) \in D_k(x_k)$。

4. 策略

由每阶段决策 $u_k(x_k)$ 组成的决策序列称为全过程策略，简称策略。从第 0 阶段开始到第 $n-1$ 阶段为止过程的决策序列，记为 $p_{0n}(x_0)$，即

$$p_{0n}(x_0) = \{u_0(x_0), u_1(x_1), \cdots, u_{n-1}(x_{n-1})\} \tag{4.2}$$

由第 k 阶段开始到终点为止的过程，称为原过程的后部子过程（或 k 子过程），其决策函数序列 $\{u_k(x_k), u_{k+1}(x_{k+1}), \cdots, u_{n-1}(x_{n-1})\}$ 称为 k 子过程策略，简称 k 子策略，记为 $p_{kn}(x_k)$，即

$$p_{kn}(x_k) = \{u_k(x_k), u_{k+1}(x_{k+1}), \cdots, u_{n-1}(x_{n-1})\} \tag{4.3}$$

在实际问题中可供选择的策略有一定的范围。所有可供选择的策略所组成的集合，

称为允许策略集合，用 P 表示，即

$$p_{0n}(x_0) \in P_{0n}(x_0) \text{ 或 } p_{kn}(x_k) \in P_{kn}(x_k)$$

允许策略集中使问题达到最优效果的策略称为最优策略。

5. 状态转移

动态规划中，当前阶段的状态是上一阶段状态和上一阶段决策的结果。给定第 k 阶段的状态 x_k，当前阶段的决策为 $u_k(x_k)$，则第 $k+1$ 阶段的状态 x_{k+1} 也就完全确定了。一般来说，x_{k+1} 的值随 x_k 和 u_k 的变化而变化，它们的关系表现为

$$x_{k+1} = T_k(x_k, u_k) \tag{4.4}$$

式（4.4）表示由第 k 阶段到第 $k+1$ 阶段的状态转移规律，称为状态转移方程。

6. 指标函数

用来衡量所选定策略优劣的数量指标称为指标函数。处于状态 x_k，采取决策 u_k 而得到的报酬（或费用）称为第 k 阶段的报酬函数，记为 $v_k(x_k, u_k)$，它是定义在 $X_k \times D_k$ 上的函数。考虑从第 k 阶段到过程终点的 k 子过程，目标函数可表示为

$$V_{kn} = V_{kn}(x_k, u_k, u_{k+1}, \cdots, u_{n-1}) = V_{kn}(x_k, p_{kn}(x_k)) \tag{4.5}$$

最优目标函数值为

$$f_k(x_k) = \underset{p_{kn}(x_k) \in P_{kn}(x_k)}{\text{opt}} V_{kn}(x_k, p_{kn}(x_k)) = V_{kn}(x_k, p_{kn}^*(x_k)) \tag{4.6}$$

其中，opt 表示取最优。在很多实际问题中，目标函数还满足以下递推关系：对任意的 k，$0 \leq k < n$，有

$$V_{kn} = V_{kn}(x_k, u_k, V_{k+1,n}(x_k, u_k, u_{k+1}, \cdots, u_{n-1})) \tag{4.7}$$

或者

$$V_{kn}(x_k, p_{kn}(x_k)) = V_{kn}(x_k, u_k, V_{k+1,n}(x_{k+1}, p_{k+1,n}(x_{k+1}))) \tag{4.8}$$

常见的目标函数形式有以下三种。

（1）过程和它的任一子过程的指标是它所包含的各阶段指标之和，即

$$V_{kn}(x_k, p_{kn}(x_k)) = \sum_{i=k}^{n-1} v_i(x_i, u_i) \tag{4.9}$$

其中，$v_i(x_i, u_i)$ 为第 i 阶段的指标，此时

$$V_{kn}(x_k, p_{kn}(x_k)) = v_k(x_k, u_k) + V_{k+1,n}(x_{k+1}, p_{k+1,n}(x_{k+1})) \tag{4.10}$$

（2）过程和它的任一子过程的指标是它所包含的各阶段的指标的乘积，即

$$V_{kn}(x_k, p_{kn}(x_k)) = \prod_{i=k}^{n-1} v_i(x_i, u_i) \tag{4.11}$$

此时，

$$V_{kn}(x_k, p_{kn}(x_k)) = v_k(x_k, u_k) \cdot V_{k+1,n}(x_{k+1}, p_{k+1,n}(x_{k+1})) \tag{4.12}$$

（3）过程和它的任一子过程的指标是它所包含的各阶段的指标的最小值，即

$$V_{kn}(x_k, p_{kn}(x_k)) = \min_{k \leq i \leq n-1} [v_i(x_i, u_i)] \tag{4.13}$$

此时，
$$V_{kn}(x_k, p_{kn}(x_k)) = \min\left[v_k(x_k, u_k), V_{k+1,n}(x_{k+1}, p_{k+1,n}(x_{k+1}))\right] \tag{4.14}$$

从上面的叙述可以看出，在初始状态给定时，指标函数是策略确定的函数。指标函数的最优值称为最优值函数，用 $f_k(x_k)$ 表示，即

$$f_k(x_k) = \underset{\{u_k, u_{k+1}, \cdots, u_{n-1}\}}{\text{opt}} V_k(x_k, u_k, u_{k+1}, \cdots, u_{n-1}) \tag{4.15}$$

其中，opt 表示取最优。实际问题中取最大时即为 max，取最小时即为 min。

动态规划法基于贝尔曼（Bellman）等人提出的最优化原理。最优化原理可表述为："一个过程的最优策略具有这样的性质：即无论初始状态及初始决策如何，对于先前决策所形成的状态而言，其以后的所有决策应构成最优策略。"

4.1.3 动态规划建模与求解

1. 动态规划建模

动态规划建模就是分析问题并建立问题的动态规划基本方程。建立动态规划模型时，要做到以下几点。

（1）识别问题的多阶段特征，按时间或空间的先后顺序适当地划分阶段。对于非时序的静态问题需要人为地赋予"时段"。

（2）正确地选择状态变量，使其满足两个必要特征：①能够确切地描述过程的演变，即过程演变的各阶段状态变量的取值能够直接或间接地确定；②无后效性，即由第 k 阶段的状态 x_k 出发的后部子过程，可以看作是一个以 x_k 为初始状态的独立过程。

（3）确定决策变量 u_k 及每个阶段的允许决策集合 $D_k(x_k)$。

（4）根据状态变量和决策变量的含义写出状态转移方程：$x_{k+1} = T_k(x_k, u_k)$。

（5）根据题意写出指标函数 V_{kn}、最优指标函数 $f_k(x_k)$ 以及递推关系和边界条件。

2. 逆序解法与顺序解法

由于寻优方向与多阶段决策过程的实际行进方向相反，从最后一段开始计算，逐段前推，求解全过程的最优策略，称为逆序解法。顺序解法的寻优方向和过程的行进方向相同，计算时从第一阶段开始逐段向后递推。顺序解法和逆序解法本质上并无区别，一般来说，当初始状态给定时可用逆序解法，当终止状态给定时可用顺序解法。若给定了一个初始状态和一个终止状态，则两种方法均可使用，但是如果给定了一个初始状态，终止状态有多个时，使用顺序解法比较简便。

顺序解法的数学建模中，阶段 k 与状态变量 x_k 与前述相同，不同之处主要有以下三点。

（1）状态转移方式不同。决策变量 $u_k(x_{k+1})$ 表示第 $k+1$ 阶段各状态 x_{k+1} 到第 k 阶段状态 x_k 的决策，状态转移方程为

$$x_k = T_k(x_{k+1}, u_k) \tag{4.16}$$

(2) 指标函数的定义不同。顺序解法中定义最优指标函数 $f_k(x_{k+1})$ 表示从第 k 阶段到状态 x_{k+1} 的前部子过程的最优值。

(3) 基本方程形式不同。具体又分为两种。

第一种情况下，当指标函数为阶段指标和形式时，在逆序解法中 $V_{kn}(x_k, p_{kn}(x_k)) = \sum_{i=k}^{n-1} v_i(x_i, u_i)$，基本方程为

$$\begin{cases} f_k(x_k) = \underset{u_k \in D_k}{\mathrm{opt}} \{v_k(x_k, u_k) + f_k(x_{k+1})\}, & k = 1, 2, \cdots, n \\ f_n(x_{n+1}) = 0 \end{cases}$$

但是，在顺序解法中 $V_{1k}(x_k, p_{kn}(x_k)) = \sum_{i=1}^{k} v_i(x_{i+1}, u_i)$，基本方程为

$$\begin{cases} f_k(x_{k+1}) = \underset{u_k \in D_k}{\mathrm{opt}} \{v_k(x_{k+1}, u_k) + f_{k-1}(x_k)\}, & k = 1, 2, \cdots, n \\ f_0(x_1) = 0 \end{cases}$$

第二种情况下，当指标函数为阶段指标积形式时，在逆序解法中 $V_{kn}(x_k, p_{kn}(x_k)) = \prod_{i=k}^{n-1} v_i(x_i, u_i)$，基本方程为

$$\begin{cases} f_k(x_k) = \underset{u_k \in D_k}{\mathrm{opt}} \{v_k(x_k, u_k) \cdot f_k(x_{k+1})\}, & k = 1, 2, \cdots, n \\ f_n(x_{n+1}) = 1 \end{cases}$$

但是，在顺序解法中 $V_{1k}(x_k, p_{kn}(x_k)) = \prod_{i=1}^{k} v_i(x_{i+1}, u_i)$，基本方程为

$$\begin{cases} f_k(x_{k+1}) = \underset{u_k \in D_k}{\mathrm{opt}} \{v_k(x_{k+1}, u_k) \cdot f_{k-1}(x_k)\}, & k = 1, 2, \cdots, n \\ f_0(x_1) = 1 \end{cases}$$

4.1.4 不定期动态规划

前面介绍的多阶段决策过程，其阶段数都是事先给定的。在给定阶段序数的条件下，考虑在各阶段做出决策，使目标函数最优。但是，有些实际问题，其阶段数不是事先给定的，而是需要根据问题的条件和优劣指标来确定的未知数。这种阶段不事先给定的决策过程称为不定期决策过程。

1. 不定期最优路线

最短路问题是一般最优路线问题的特例。现在介绍一般最优路线问题。

设有 n 个点，编号为 $1, 2, \cdots, n$，任意两点 i 和 j 之间都有一条路径连接，路径长度为 C_{ij}，$C_{ij} \geq 0$，$1 \leq i, j \leq n$，试求由任一点到固定点 n（称为靶点）的最短距离。现给定 $n = 5$，不定期最优路线问题的路径及各点之间的距离如图 4.2 所示。

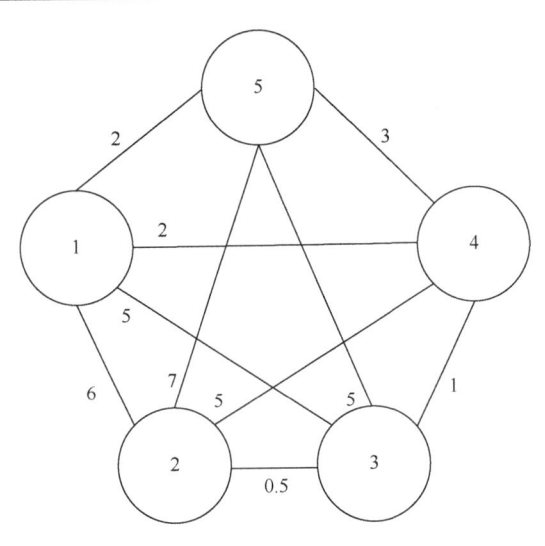

图4.2 不定期最优路线问题的路径及各点之间的距离（$n=5$）

首先，要注意的是，对于路线中途是否经过别的点，经过多少个别的点都没有限制。也就是说，如果把两点间的路径当作一段，则对所求路线的段数不事先加以限制。例如，从第1点到第5点（靶点）的最短路线只需走一段，即 $C_{15}=2$；从第2点到第5点的最短路线则需走三段，即 $C_{23}+C_{34}+C_{45}=4.5$。因此，在这种问题中，阶段数事先不能确定，要由问题的条件及优劣指标来确定，即最优段数 k^* 是在确定最优路线的同时被确定的。

在定期决策过程的问题中，描述过程演变时，不仅要给出状态变量的值，还要指明此状态是第几段的状态，即给出相应的阶段序号 $k(x_k)$，对于决策变量 $u_k(x_k)$ 也是如此。在定期决策中，必须给出初始状态 x_0 以及每一状态下的决策序列 $\{u_0(x_0), u_1(x_1), \cdots, u_n(x_n)\}$，这样从 x_0 到 x_n 的演变才能完全确定。对于不定期最优路线问题，由于阶段序数已不必要，因而决策变量成为状态变量 x 的单一函数，即所有各个阶段都是同一个决策函数：

$$\{u(x), u(x), \cdots\} \tag{4.17}$$

可见，当决策函数 $u(x)$ 确定时，对于给定的初始点，由初始点到靶点的线路就完全确定了。因此，最优路线问题归结为求最优决策函数 $u^*(x)$ 的问题。

假设给定出发点 i，采用某一决策 $u(x)$，则由点 i 到靶点 n 的路线就完全确定了，此路线的距离（目标函数）V 的值也就完全确定了，即 V 是 i 与 $u(x)$ 的函数：$V=V(i, u(x))$。因此，最优路线问题归结为求满足式（4.18）的最优决策 $u^*(x)$：

$$V(i, u^*(x)) = \min_{u(x)} V(i, u(x)) \tag{4.18}$$

令 $u(i)=j$，则有

$$V(i, u(x)) = C_{ij} + V(j, u(x)) \tag{4.19}$$

于是可证明：$u^*(x)$ 是最优决策的充要条件是它满足

$$V(i, u^*(x)) = \min_{1 \leq j \leq n} \left[C_{ij} + V(j, u^*(x)) \right] \tag{4.20}$$

如果规定目标最优值函数为

$$f(i) = \min_{u(x)} V(i, u(x)) = V(i, u^*(x)) \quad (4.21)$$

那么一般最优路线问题的数学模型为

$$\begin{cases} f(i) = \min_{1 \leqslant j \leqslant n}\left[C_{ij} + f(i)\right], & i = 1, 2, \cdots, n-1 \\ f(n) = 0 \end{cases} \quad (4.22)$$

与过去的动态规划模型不同，一般最优路线问题的数学模型不是递推方程，而是单一函数 $f(x)$ 的函数方程，是终端（靶点）固定而始端自由的最优路线问题的模型。

2. 函数迭代法

由于模型与过去的动态规划模型不同，它的阶段数是不确定的，所以，不知道走多少步才能得到最优路线。但是可以这样考虑：先求走一步所得的最优距离，再求走两步所得的最优距离，再求走三步所得的最优距离……然后从这些最优距离中求出最优者，从而也就得到了最优者的段数（即最优段数）和最优路线。这种解法，就是函数迭代法。下面就利用函数迭代法求解。

（1）假设从 i 点走一步到靶点 5 的最优距离为 $f_1(i)$，则显然有：$f_1(1) = C_{15} = 2$，最优决策为 $u_1^*(1) = 5$；$f_1(2) = C_{25} = 7$，最优决策为 $u_1^*(2) = 5$；$f_1(3) = C_{35} = 5$，最优决策为 $u_1^*(3) = 5$；$f_1(4) = C_{45} = 3$，最优决策为 $u_1^*(4) = 5$；$f_1(5) = C_{55} = 0$，最优决策为 $u_1^*(5) = 5$。

（2）假设从 i 点走两步到靶点 5 的最优距离为 $f_2(i)$，则根据最优化原理

$$\begin{cases} f_2(i) = \min_{1 \leqslant j \leqslant 5}\left[C_{ij} + f_1(i)\right], & i = 1, 2, 3, 4 \\ f_2(5) = 0 \end{cases}$$

有

$$f_2(1) = \min_{1 \leqslant j \leqslant 5}\left[C_{1j} + f_1(j)\right]$$
$$= \min\left[C_{11} + f_1(1), C_{12} + f_1(2), C_{13} + f_1(3), C_{14} + f_1(4), C_{15} + f_1(5)\right]$$
$$= \min\left[0 + 2, 6 + 7, 5 + 5, 2 + 3, 2 + 0\right] = 2$$

$$u_2^*(1) = f_2(2) = \min_{1 \leqslant j \leqslant 5}\left[C_{2j} + f_1(j)\right]$$
$$= \min\left[C_{21} + f_1(1), C_{22} + f_1(2), C_{23} + f_1(3), C_{24} + f_1(4), C_{25} + f_1(5)\right]$$
$$= \min\left[6 + 2, 0 + 7, 0.5 + 5, 5 + 3, 7 + 0\right] = 5.5$$

$$u_2^*(2) = 3$$

$$f_2(3) = \min_{1 \leqslant j \leqslant 5}\left[C_{3j} + f_1(j)\right]$$
$$= \min\left[C_{31} + f_1(1), C_{32} + f_1(2), C_{33} + f_1(3), C_{34} + f_1(4), C_{35} + f_1(5)\right]$$
$$= \min\left[5 + 2, 0.5 + 7, 0 + 5, 1 + 3, 5 + 0\right] = 4$$

$$u_2^*(3) = 4$$

$$f_2(4) = \min_{1 \leqslant j \leqslant 5}\left[C_{4j} + f_1(j) \right]$$
$$= \min\left[C_{41} + f_1(1), C_{42} + f_1(2), C_{43} + f_1(3), C_{44} + f_1(4), C_{45} + f_1(5) \right]$$
$$= \min[2+2, 5+7, 1+5, 0+3, 3+0] = 3$$
$$u_2^*(4) = 5$$

（3）假设从 i 点走三步到靶点 5 的最优距离为 $f_3(i)$，则根据

$$\begin{cases} f_3(i) = \min_{1 \leqslant j \leqslant 5}\left[C_{ij} + f_2(j) \right], & i = 1, 2, 3, 4 \\ f_3(5) = 0 \end{cases}$$

计算得：$f_3(1) = 2$，最优决策 $u_3^*(1) = 5$；$f_3(2) = 4.5$，最优决策 $u_3^*(2) = 3$；$f_3(3) = 4$，最优决策 $u_3^*(2) = 4$；$f_3(4) = 3$，最优决策 $u_3^*(4) = 5$。

（4）假设从 i 点走四步到靶点 5 的最优距离为 $f_4(i)$，则根据

$$\begin{cases} f_4(i) = \min_{1 \leqslant j \leqslant 5}\left[C_{ij} + f_3(j) \right], & i = 1, 2, 3, 4 \\ f_4(5) = 0 \end{cases}$$

计算得：$f_4(1) = 2$，最优决策 $u_4^*(1) = 5$；$f_4(2) = 4.5$，最优决策 $u_4^*(2) = 3$；$f_4(3) = 4$，最优决策 $u_4^*(3) = 4$；$f_4(4) = 3$，最优决策 $u_4^*(4) = 5$。

由于共有 5 个点，因而从任一点出发到靶点，最多走 4 步。若多走几步，则会出现走回头路或环路的现象，显然不是最优路线。计算出走 1 至 4 步的最优距离 $f_1(i)$、$f_2(i)$、$f_3(i)$、$f_4(i)$ 并比较，可以得出从 i 点到靶点的最优距离和最优步数，具体如下。

从点 1 到点 5 的最优步数为 1，最优距离为 2，最优路线为 $1 \to 5$。

从点 2 到点 5 的最优步数为 3，最优距离为 4.5，最优路线为 $2 \to 3 \to 4 \to 5$。

从点 3 到点 5 的最优步数为 2，最优距离为 4，最优路线为 $3 \to 4 \to 5$。

从点 4 到点 5 的最优步数为 1，最优距离为 3，最优路线为 $4 \to 5$。

如果从任一点出发到靶点，走三步与走四步的最优距离一样，决策函数也一样；继续计算走五步、六步……的最优距离仍然一样，决策函数也仍然一样，即

$$f_3(i) = f_4(i) = \cdots, \qquad u_3^*(i) = u_4^*(i) = \cdots$$

这说明当迭代次数 $k \geqslant 3$ 时，$\{f_k(i)\}$ 一致收敛于 $f(i)$，$\{u_i^*(i)\}$ 一致收敛于 u^*。在迭代过程中，若出现 $f_k(i) = f_{k-1}(i)$，则计算可以停止，这说明该问题走 k 步即可得到最优解，即 $f(i)$ 以及最优决策 $u_k^*(i)$。

通过前面具体例题的解法可以看到，对一般的最优路线模型求解步骤如下。

第一步，选定一初始函数 $f_1(i)$，即令

$$\begin{cases} f_1(i) = C_{in}, & i = 1, 2, \cdots, n-1 \\ f_1(n) = 0 \end{cases} \tag{4.23}$$

第二步，利用递推关系求 $\{f_k(i)\}$，即

$$\begin{cases} f_k(i) = \min_{1 \leqslant j \leqslant n}\left[C_{ij} + f_{k-1}(j) \right], & i = 1, 2, \cdots, n-1 \\ f_k(n) = 0, \quad k = 2, 3, \cdots \end{cases} \tag{4.24}$$

其中，$f_k(i)$ 为由点 i 出发，最多走 k 步（可能有踏步的）到达靶点的最短距离。当存在 k_0 时，出现

$$f_{k_0}(i) = f_{k_0+1}(i) \quad （对所有 i 均成立） \tag{4.25}$$

则迭代停止，$f(i)$ 即为所求各出发点 i 到靶点 n 的最短距离，并由 $f_{k_0}(i)$ 求出相应的 $u^*_{k_0}(i)$。

函数迭代法的基本思想是以段数（步数）作为参数，先求在各个不同段数下的最优策略，然后从这些最优解中再选出最优者，同时也就确定了最优段数。

3. 策略迭代法

求解一般最优路线问题的函数迭代法必须先根据实际问题选定一个初始目标最优值函数 $f_1(i)$ 作为迭代的开始，然而有些实际问题需要根据经验选择目标最优值函数，这往往比较困难，而选择初始最优策略则容易得多。下面介绍策略迭代法。

策略迭代法的基本思想是先选定任意一个初始策略

$$u_0(i), \quad i = 1, 2, \cdots, n-1$$

然后按某种方式求得新策略

$$u_1(i), u_2(i), \cdots$$

直至最终求出最优策略。若某个 k，对所有 i 都有

$$u_k(i) = u_{k+1}(i) \tag{4.26}$$

则称策略序列 $u_1(i), u_2(i), \cdots$ 收敛，此时策略 $\{u_k(i) | i = 1, 2, \cdots, n-1\}$ 就是最优策略。

接下来，判断给出的策略是否有回路。设 $i_1, i_2, \cdots, i_p \in \{1, 2, \cdots, n\}$，$n$ 是靶点，策略函数 $u_k(i)$ 如表 4.1 所示。

表 4.1 策略函数 $u_k(i)$

i	i_1	i_2	$\cdots$	i_p
$u_k(i)$	$u_k(i_1)$	$u_k(i_2)$	$\cdots$	$u_k(i_p)$

如果策略 $u_k(i)$ 使得某一点后续路径会返回至该点，则称此策略有回路；否则称此策略没有回路。例如，无回路的策略函数 $u_0(i)$ 如表 4.2 所示。

表 4.2 无回路的策略函数 $u_0(i)$

i	1	2	3	4
$u_0(i)$	5	3	4	5

又如，有回路的策略函数 $u_0(i)$ 如表 4.3 所示。

表 4.3 有回路的策略函数 $u_0(i)$

i	1	2	3	4
$u_0(i)$	5	3	2	5

表 4.3 中的策略有一回路：$2 \to 3 \to 2$。但是，要注意的是，有回路的初始策略，将导致策略迭代法的第二步无解。

策略迭代法的具体步骤如下。

第一步，选定一无回路的初始策略 $u_0(i)$：
$$\{u_0(i)|i=1,2,\cdots,n-1\}$$
其中，$u_0(i)$ 表示在此策略下由点 i 到达的下一点，$u_0(i) \in \{1,2,\cdots,n\}$。

第二步，由策略 $u_k(i)$ 求目标函数 $f_k(i)$，即从方程组
$$\begin{cases} f_k(i) = C_{i,u_k(i)} + f_k(u_k(i)), & i=1,2,\cdots,n-1 \\ f_k(n) = 0, & k=0,1,2,\cdots \end{cases} \quad (4.27)$$
解出 $f_k(i)$。其中，$C_{i,u_k(i)}$ 已知，n 为靶点。

第三步，由目标函数 $f_k(i)$ 求策略 $u_{k+1}(i)$，即求
$$\min_{u_k(i)}\left[C_{i,u_k(i)} + f_k(u_k(i))\right], \quad u_k(i) = \{1,2,\cdots,n\} \quad (4.28)$$
的解。设其解为 $u_k^*(i)$，并记
$$u_k^*(i) = u_{k+1}(i)$$

第四步，按第二步、第三步反复迭代，可逐次求得策略序列
$$\{u_1(i),\cdots,u_k(i),\cdots\}$$
和函数序列
$$\{f_1(i),\cdots,f_k(i),\cdots\}$$
直到找到某一数 k，对所有的 i 都有
$$u_k(i) = u_{k+1}(i)$$
则策略 $\{u_k(i)|i=1,2,\cdots,n-1\}$ 就是最优策略。相应的函数 $\{f_k(i)|i=1,2,\cdots,n-1\}$ 就是目标最优值函数。

下面用策略迭代法求解图 4.2 中的不定期最优路线问题。

（1）选取一初始策略 $u_0(i)$：$u_0(1)=5$，$u_0(2)=4$，$u_0(3)=5$，$u_0(4)=3$，这一策略是无回路的。

（2）由 $u_0(i)$ 求 $f_0(i)$，即
$$\begin{cases} f_0(i) = C_{i,u_0(i)} + f_0(u_0(i)), & i=1,2,\cdots,n-1 \\ f_0(n) = 0, & k=0,1,2,\cdots \end{cases}$$
策略 $u_0(1)$、$u_0(3)$ 直达靶点，故可计算出：
$$f_0(1) = C_{1,5} + f(5) = 2 + 0 = 2$$
$$f_0(3) = C_{3,5} + f_0(5) = 5 + 0 = 5$$
$$f_0(4) = C_{4,3} + f_0(3) = 1 + 5 = 6$$
$$f_0(2) = C_{2,4} + f_0(4) = 5 + 6 = 11$$

（3）由 $f_0(i)$ 求 $u_1(i)$。由
$$\min_{u(i)}\left[C_{i,u(i)} + f_0(u(i))\right]$$

求出它的解 $u_1(i)$，记 $u(i) = j$，则有

$$\min_{u(i)}\left[C_{i,u(i)} + f_0(u(i))\right] = \min_j\left[C_{ij} + f_0(j)\right], \quad j = \{1,2,3,4,5\}$$

当 $i = 1$ 时，

$$\min_j\left[C_{1j} + f_0(j)\right]$$
$$= \min[C_{11} + f_0(1), C_{12} + f_0(2), C_{13} + f_0(3), C_{14} + f_0(4), C_{15} + f_0(5)]$$
$$= \min[0+2, 6+11, 5+5, 2+6, 2+0] = 2$$

所以 $u_1(1) = 5$（不选含 C_{ii} 的项）。

当 $i = 2$ 时，

$$\min_j\left[C_{2j} + f_0(j)\right] = \min[6+2, 0+11, 0.5+5, 5+6, 7+0] = 5.5$$

所以 $u_1(2) = 3$。

当 $i = 3$ 时，

$$\min_j\left[C_{3j} + f_0(j)\right] = \min[5+2, 0.5+11, 0+5, 1+6, 5+0] = 5$$

所以 $u_1(3) = 5$。

当 $i = 4$ 时，

$$\min_j\left[C_{4j} + f_0(j)\right] = \min[2+2, 5+11, 1+5, 0+6, 3+0] = 3$$

所以 $u_1(4) = 5$。

因此第一次迭代策略为 $\{u_1(i)\} = \{5, 3, 5, 5\}$。

（4）以 $u_1(i)$ 为初始策略，继续使用第二步、第三步进行迭代。由 $u_1(i)$ 求 $f_1(i)$，则有

$$f_1(1) = C_{1,5} = 2$$
$$f_1(3) = C_{3,5} = 5$$
$$f_1(4) = C_{4,3} = 3$$
$$f_1(2) = C_{2,3} + f_1(3) = 0.5 + 5 = 5.5$$

接着，由 $f_1(i)$ 求 $u_2(i)$，即由 $\min_j\left[C_{ij} + f_1(j)\right]$ 求解 $u_2(i)$，具体如下。

当 $i = 1$ 时，

$$\min_j\left[C_{1j} + f_1(j)\right] = \min[0+2, 6+5.5, 5+5, 2+3, 2+0] = 2$$

所以 $u_2(1) = 5$。

当 $i = 2$ 时，

$$\min_j\left[C_{2j} + f_1(j)\right] = \min[6+2, 0+5.5, 0.5+5, 5+3, 7+0] = 5.5$$

所以 $u_2(2) = 3$。

当 $i = 3$ 时，

$$\min_j\left[C_{3j} + f_1(j)\right] = \min[5+2, 0.5+5.5, 0+5, 1+3, 5+0] = 4$$

所以 $u_1(3) = 4$。

当 $i = 4$ 时，

$$\min_{j}\left[C_{4j}+f_{1}(j)\right]=\min\left[2+2,5+5.5,1+5,0+3,3+0\right]=3$$

所以 $u_2(4)=5$。

因此第二次迭代策略为 $\{u_2(i)\}=\{5,3,4,5\}$。

继续由 $u_2(i)$ 求 $f_2(i)$，则有

$$f_2(1)=C_{1,5}=2$$
$$f_2(4)=C_{4,5}=3$$
$$f_2(3)=C_{3,4}+f_2(4)=1+3=4$$
$$f_2(2)=C_{2,3}+f_2(3)=0.5+4=4.5$$

然后由 $f_2(i)$ 求 $u_3(i)$，即由 $\min_{j}\left[C_{ij}+f_2(j)\right]$ 求解 $u_3(i)$，用与前面同样的方法，可以解得 $u_3(1)=5$，$u_3(2)=3$，$u_3(3)=4$，$u_3(4)=5$。

因此第三次迭代策略为 $\{u_3(i)\}=\{5,3,4,5\}$。

上述计算结果如表 4.4 所示。

表 4.4 迭代结果记录

函数	i			
	1	2	3	4
$u_0(i)$	5	4	5	3
$f_0(i)$	2	11	5	6
$u_1(i)$	5	3	5	5
$f_1(i)$	2	5.5	5	3
$u_2(i)$	5	3	4	5
$f_2(i)$	2	4.5	4	3
$u_3(i)$	5	3	4	5

由上面计算结果，可以得到：$u_2(i)=u_3(i)$，对所有 i 成立，说明迭代可以终止。因此最优策略为

$$\{u^*(i)\}=\{5,3,4,5\}$$

各点到靶点（点 5）的最优路线和最短距离如表 4.5 所示。

表 4.5 各点到靶点的最优路线和最短距离

最优路线	最短距离
$1\to 5$	2
$2\to 3\to 4\to 5$	4.5
$3\to 4\to 5$	4
$4\to 5$	3

4.1.5 连续动态规划

多阶段决策过程的时间参量是离散的，本节叙述连续决策过程，即时间参量是连续变量的过程。连续决策过程的最优化，通常称为最优控制，它的主要内容是：在满足一定的约束条件下，寻求最优控制的规律（或控制策略），使一组目标函数（或泛函数）达到极大或极小。动态系统的最优控制与动态规划有密切联系。本节从最优控制问题来建立连续型动态规划模型，说明最优控制论的最大值原理和动态规划的最优化原理的关系，最后研究其解法。

考虑下面的例子：登月火箭到达月球表面时必须软着陆，火箭进入月球的引力范围后，当垂直自由降落到与月球表面的距离为 h（约几百米）时，要求火箭速度为零，并且燃料消耗最少。火箭质量（包括燃料）为 m，月球引力为 mg，火箭推力 $F = -k\dfrac{\mathrm{d}m}{\mathrm{d}t}$，其中 $\dfrac{\mathrm{d}m}{\mathrm{d}t}$ 为燃料消耗率，k 为常数。

当 $t = t_0$ 时，火箭开始减速；$t = T$ 时，火箭速度减为 0，运行的距离 $x(T) = h$。这一过程的运动方程为

$$m\frac{\mathrm{d}^2 x}{\mathrm{d}t^2} = -k\frac{\mathrm{d}m}{\mathrm{d}t} - mg \tag{4.29}$$

$$m(t_0) = m_0, \quad m(T) = m_T$$

问题是确定 $\dfrac{\mathrm{d}m}{\mathrm{d}t}$，使火箭制动阶段燃料消耗最小，即

$$\min c = \int_{t_0}^{T} \left[-\frac{\mathrm{d}m(t)}{\mathrm{d}t} \right] \mathrm{d}t = m(t_0) - m(T) = m_0 - m_T \tag{4.30}$$

其中，c 为火箭质量减少量，即燃料消耗量。

连续决策过程控制问题的动态方程的一般形式为

$$\dot{x}_i = f_i(t, x_1, \cdots, x_n, u_1, \cdots, u_m), \quad i = 1, 2, \cdots, n \tag{4.31}$$

写成向量形式为

$$\dot{x}_i = f[t, X(t), U(t)] \tag{4.32}$$

其中，$\dot{x} = \dfrac{\mathrm{d}x}{\mathrm{d}t}$；$f$ 为 n 维向量函数，$f^{\mathrm{T}} = [f_1, f_2, \cdots, f_n]$；$X(t)$ 为 n 维状态向量，$X^{\mathrm{T}} = [x_1, x_2, \cdots, x_n]$；$U(t)$ 为 m 维控制向量，$U^{\mathrm{T}} = [u_1, u_2, \cdots, u_n]$。

如果这一系统是完全可控的，则对于任意给定的两个状态 X_0 和 X_1，一定存在一种控制规律，在有限的时间内，使系统从 X_0 转移到 X_1。$X_0 = X(t_0)$ 表示初始时刻 t_0 的状态，称为初始状态（始点），$X_1 = X(t_1)$ 表示终端时刻 t_1 的状态，称为终端状态（靶点）。终端状态可以是已知的，也可以是未知的，但一般都满足一定的约束，称为终端约束，表示为 $N(t_1, X(t_1)) = 0$。三种系统终端状态如图 4.3 所示。

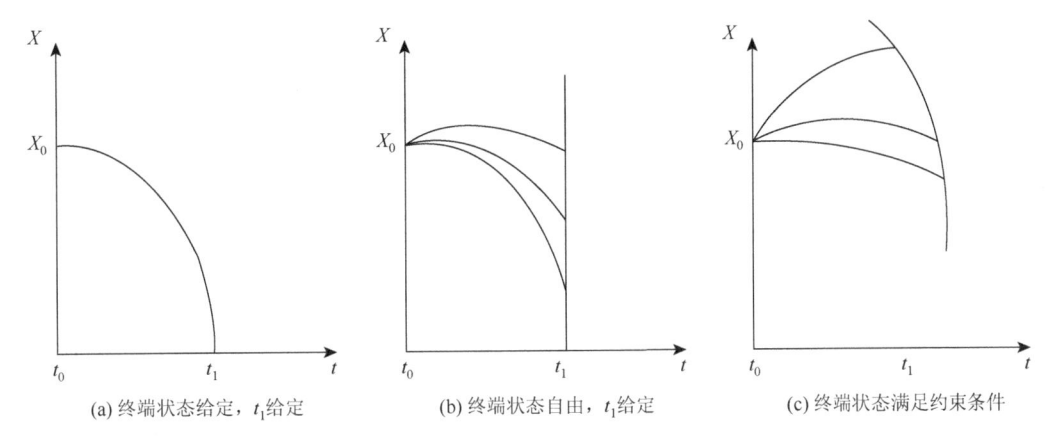

(a) 终端状态给定，t_1给定 (b) 终端状态自由，t_1给定 (c) 终端状态满足约束条件

图 4.3 三种系统终端状态

允许控制集合是由问题的性质所决定的全体控制函数 U 的集合，通常已知一个紧凸集 $\Omega \in R^n$，且取

$$\Delta = \left\{ U^T = (u_1, u_2, \cdots, u_n) \middle| u_i \text{逐段连续且} U(t) \in \Omega \right\}$$

性能指标与系统状态和所受的控制有关，但是并不是仅仅取决于某个固定时刻的控制变量和状态变量，而是与状态转移过程中的控制规律 $U(t)$ 和状态轨线 $X(t)$ 有关，所以性能指标是一个泛函，即

$$C(U) = g[t_1, X(t_1)] + \int_{t_0}^{t_1} f_0[t, X(t), U(t)] dt \tag{4.33}$$

其中，f_0 为标量函数，它是向量 X 和 U 的函数；g 为标量，与终端时间 t_1 及靶点 $X(t_1)$ 有关，称为终端性能指标；$C(U)$ 为标量，对每个控制函数都有一个对应值。

最优控制问题的表述为：求允许控制函数 $U(t)$，使过程从初始状态 X_0 出发，经过一段时间，到达目标集 $N(t_1, X(t_1)) = 0$ 且使性能指标泛函 C 达到极值（最优）。使 C 达到最优的控制泛函称为最优控制，用 $U^*(t)$ 表示。

将 $U^*(t)$ 代入

$$\dot{x}_i = f[t, X(t), U(t)]$$

可以求得最优轨线 $X^*(t)$。

再将 $U^*(t)$、$X^*(t)$ 代入

$$C(U) = g[t_1, X(t_1)] + \int_{t_0}^{t_1} f_0[t, X(t), U(t)] dt$$

可以得出最优泛函极值 $C^* = C(U^*(t))$。

连续决策过程的最优化原理可以简单表述为：如果将最优轨线分为两段，则最后一段本身也是最优轨线。

如果这一条轨线是最优的，则一定使性能指标泛函

$$C_0 = \int_{t_0}^{t_1} f_0[t, X(t), U(t)] dt \tag{4.34}$$

为最优。

设当 $t = t'$ 时，状态为 $X(t')$，$t_0 < t' < t_1$，则后部子过程的性能指标泛函

$$C_1 = \int_{t'}^{t_1} f_0[t, X(t), U(t)]\mathrm{d}t \tag{4.35}$$

也为最优。

最优化原理说明，如果从 t_0 到 t_1 的控制是最优的，则不管 $t = t'$ 时过程是怎样转移到状态 $X(t')$ 的，一旦 $X(t')$ 已知，从 t' 到 t_1 的控制［以 $X(t')$ 作为后段轨线的初始状态］也是最优的。

1. 连续型动态规划模型

由具有下述意义的 $\{X, U, f, v, J\}$ 构成的决策过程称为连续型决策过程，亦称连续型动态规划。

（1） X 为状态空间，连续函数 $x(t) = (x_1(t), x_2(t), \cdots, x_n(t))^\mathrm{T} \in X$（$t_0 \leqslant t \leqslant T$）是 t 时刻系统的状态。

（2） U 为决策空间，连续函数 $u(t) = (u_1(t), u_2(t), \cdots, u_n(t))^\mathrm{T} \in U$（$t_0 \leqslant t \leqslant T$）是 t 时刻所采取的决策。

（3） $\dot{x} = f(x, u, t)$ 是系统的状态方程，f 在 $[t_0, T]$ 上连续。

（4） $v = F(x, u, t)$ 是系统的报酬函数，且当 $t = T$ 时，系统终端报酬为 $S(x(t))$。

（5） J 是在 $[t_0, T]$ 上对应于 $u(t)$ 的目标函数。

连续型动态规划模型的数学表达为

$$\begin{cases} V(x, t) = \max_u \left\{ \int_{t_0}^{t+\delta} F(x, u, \tau)\mathrm{d}\tau + V(x, t+\delta) \right\} \\ V(x, T) = S(x(t)) \\ \dot{x} = f(x, u, t) \end{cases}$$

2. 最优性的必要条件——HJB 方程

定理 4.1 揭示了连续型动态规划最优解（或最优控制）存在的必要条件，并给出了求最优解的必要依据、思想和方法。

定理 4.1 设 F、f 和 V 充分可微，则 $u^*(t)$ 是 $[t_0, T]$ 上最优控制（决策）的必要条件是 $u^*(t)$ 满足

$$-V_t(x, t) = \max_u [\nabla_x V(x, t) \cdot f(x, u, t) + F(x, u, t)] \tag{4.36}$$

方程（4.36）称为 HJB（Hamilton-Jacobi-Bellman）方程。

由于 $u^*(t)$ 使 $\nabla_x V(x, t) \cdot f(x, u, t) + F(x, u, t)$ 达到最大值，所以必要条件又称为最优控制问题的最大值原理。

证明 由于 F、f 和 V 充分可微，故可将它们在点 (x, t) 展成泰勒级数，即

$$x(t + \delta | u) = x(t) + \delta \frac{\mathrm{d}x}{\mathrm{d}t} + o(\delta) = x(t) + \delta f(x, u, t) + o(\delta)$$

$$\begin{aligned} V(x(t+\delta|u), t+\delta) &= V(x(t) + \delta f(x, u, t) + o(\delta), t+\delta) \\ &= V(x, t) + \nabla_x V(x, t)[\delta f(x, u, t) + o(\delta)] + \delta V_t(x, t) + o(\rho) \\ &= V(x, t) + \delta[\nabla_x V(x, t) \cdot f(x, u, t) + V_t(x, t)] + o(\delta)\nabla_x V(x, t) + o(\rho) \end{aligned}$$

其中，$\rho = \sqrt{[\delta f(x,u,t)+o(\delta)]^2+\delta^2}$。显然，当 $\delta \to 0$ 时，$\rho \to 0$，$\dfrac{o(\rho)}{\rho} \to 0$，$\dfrac{\rho}{\delta} \to \sqrt{f^2+1}$。

又因为

$$\int_t^{t+\delta} F(x(\tau|u),u,\tau)\mathrm{d}\tau = \delta F(x(t|u),u,t)+o(\delta) \tag{4.37}$$

将式（4.37）和 $V(x(t+\delta|u),t+\delta)$ 代入原问题，可得

$$V(x,t) = \max_u \left\{ \begin{aligned} &\delta F(x(t|u),u,t)+o(\delta)+V(x,t)+\delta[\nabla_x V(x,t)\cdot f(x,u,t)+V_t(x,t)] \\ &+o(\delta)\nabla_x V(x,t)+o(\rho) \end{aligned} \right\}$$

$$0 = \max_u \left\{ F(x(t|u),u,t)+\dfrac{o(\delta)}{\delta}+\nabla_x V(x,t)\cdot f(x,u,t)+V_t(x,t)+\dfrac{o(\delta)}{\delta}\nabla_x V(x,t)+\dfrac{o(\rho)}{\rho}\cdot\dfrac{\rho}{\delta} \right\}$$

当 $\delta \to 0$ 时，

$$-V_t(x,t) = \max_u [\nabla_x V(x,t)\cdot f(x,u,t)+F(x,u,t)]$$

成立。

推论 4.1 设 F、f 和 V 充分可微，令

$$\lambda(t) = V_x(x,t), \quad H(x,u,\lambda,t) = F(x,u,t)+\lambda f(x,u,t)$$

如果上述动态规划问题存在最优解 $u^*(t)$，则有以下两点结论。

（1）由

$$\left.\dfrac{\partial H}{\partial u}\right|_{u^*} = F_u(x,u^*,t)+\lambda f_u(x,u^*,t) = 0$$

可解出：

$$u^*(t) = g(x,\lambda,t), \quad \lambda = -\dfrac{F_u(x,u^*,t)}{f_u(x,u^*,t)} \tag{4.38}$$

（2）$\dfrac{\mathrm{d}\lambda}{\mathrm{d}t} = -H_x$，$\dfrac{\mathrm{d}x}{\mathrm{d}t} = f(x,u^*,t)$。

证明 （1）因为 $u^*(t)$ 是最优解，满足最优性的必要条件，因此必然使 $H(x,u,\lambda,t)$ 达到极大值。

（2）因为 $u^*(t)$ 是最优解，则

$$-V_t(x,t) = V_x(x,t)\cdot f(x,u^*,t)+F(x,u^*,t)$$

所以

$$-V_{tx}(x,t) = V_{xx}(x,t)\cdot f(x,u^*,t)+V_x(x,t)\cdot f_x(x,u^*,t)+F_x(x,u^*,t)$$

即

$$V_{xx}\cdot f+V_{tx} = -F_x-V_x\cdot f_x = -H_x \tag{4.39}$$

又因为

$$\dfrac{\mathrm{d}V_x}{\mathrm{d}t} = V_{xx}\dfrac{\mathrm{d}x}{\mathrm{d}t}+V_{xt} = V_{xx}\cdot f+V_{tx}$$

所以 $\dfrac{\mathrm{d}\lambda}{\mathrm{d}t} = -H_x$，$\dfrac{\mathrm{d}x}{\mathrm{d}t} = f(x,u^*,t)$。

4.2 单目标随机性序贯决策

在实际问题中,过程可能不是确定的。例如,对于确定的 x_k 和 u_k,相应的 x_{k+1} 不是确定的量,而是具有某种概率分布的随机变量,它的概率分布和 x_k、u_k 有关。对于随机多阶段决策这种过程,如果给定初始状态 x_0(可以是固定值,也可以是具有给定概率分布的随机变量)和策略 $\{u_0(x_0), u_1(x_1), \cdots, u_{n-1}(x_{n-1})\}$,则状态序列 $\{x_0, x_1, \cdots, x_{n-1}, x_n\}$ 形成一个具有概率结构的离散参数的马尔可夫过程。相似地,状态转移由概率分布确定,给出初始状态 x_0 和控制 $U(t,x)$,状态过程 $x(t)$ 形成具有确定概率结构的连续参数的马尔可夫过程。

4.2.1 马尔可夫过程

1. 随机性序贯决策的例子

实际生活中有很多随机性序贯决策的例子。

例如,机器最优维修策略问题。一台设备有两种运行状态:运转和故障。维修工人定期检查此设备,例如每班一次。如果设备在检查时是好的,则继续运转。如果出了故障,则进行修理。如果设备正常运转一班则获得报酬 r_1 元;如果出故障,则报酬为 0。设备本班正常运转,下一班仍继续运转的概率为 p,出故障的概率为 $1-p$。设备出故障后有两种修理方法。一种为快修,当班修理好的概率为 q_1,付修理费 r_1 元(即报酬为 $-r_1$ 元);当班没有修好的概率为 $1-q_1$,不付修理费。另一种为常规修理,当班修好的概率为 q_2($q_1 > q_2$),付修理费 r_2 元($r_1 > r_2$);当班没有修好的概率为 $1-q_2$,不付修理费。设备前一班未修好下一班采用相同的方法继续修理,修好的概率和应付的费用同前。试问采用什么方法修理能使一段时间的期望总报酬最大?

再如,库存管理问题。商店每月末都要对各种商品盘存,即检查各种商品的存货量。现在只研究其中一种商品。在盘存以后,商店将决定这种商品下个月的进货量。假设每月只进货一次。最理想的情况是:这种商品月底的存货量加上进货量刚好等于下月的销售量。但是由于销售量取决于市场情况,是随机的,这个理想情况很难达到,因此它是一随机性的序贯决策问题。如果商品供过于求,则商店需付出折旧费,如果供不应求,则商店需付出营业损失费。试问采用什么方法能使一段时间内,该商店的期望总费用(包括折旧费和营业损失费)最小?

2. 状态概率

状态概率是指一个随机过程在第 t 个周期处在某个状态 i($i=1,2,\cdots,m$)的概率。如果系统现在处于状态 i,下一时刻转移到状态 j 的概率,仅仅是 i 和 j 的函数而与系统到达状态 i 之前的历史无关。可以列出一组概率 p_{ij},它是系统处于状态 i 并在下一时刻转移到状态 j 的条件概率,称为状态转移概率。因为系统下一次转移后必然处在其中某一状态（包括停留在状态 i），所以 $\sum_{j=1}^{m} p_{ij} = 1$，$0 \leqslant p_{ij} \leqslant 1$。所有状态转移概率构成的 $m \times m$ 的状态转移矩阵 $P = [p_{ij}]$，称为随机矩阵。

以一个玩具制造商的经营过程为例。假设玩具制造商可以处于两种状态之一：玩具畅销，称为状态 1；玩具滞销，称为状态 2。假设当玩具制造商处于状态 1 时，下一星期仍处于状态 1 的概率是 $\frac{1}{2}$；当他处于状态 2 时，便研制新玩具，新玩具畅销的概率是 $\frac{2}{5}$，仍然滞销的概率是 $\frac{3}{5}$。设 $p_{11} = \frac{1}{2}$，$p_{12} = \frac{1}{2}$，$p_{21} = \frac{2}{5}$，$p_{22} = \frac{3}{5}$，写成矩阵，有

$$P = [p_{ij}] = \begin{bmatrix} \frac{1}{2} & \frac{1}{2} \\ \frac{2}{5} & \frac{3}{5} \end{bmatrix}$$

转移矩阵 P 完全描述了马尔可夫过程。可以用这个矩阵来回答关于过程的所有问题。例如，如果已知玩具制造商开始处于状态 1，想知道其 n 个星期以后仍旧处于状态 1 的概率是多少。为了回答这个问题，定义状态概率为 $\pi_i(n)$，表示系统初始状态已知，n 次转移后处于状态 i 的概率。因此，有

$$\sum_{i=1}^{m} \pi_i(n) = 1 \tag{4.40}$$

$$\pi_j(n+1) = \sum_{i=1}^{m} \pi_i(n) p_{ij}, \quad n = 0, 1, 2 \cdots \tag{4.41}$$

定义一个状态概率的行向量 $\pi(n)$，其元素为 $\pi_i(n)$，那么

$$\pi(n+1) = \pi(n)P, \quad n = 0, 1, 2 \cdots \tag{4.42}$$

由递推得

$$\pi(1) = \pi(0)P$$
$$\pi(2) = \pi(1)P = \pi(0)P^2$$
$$\pi(3) = \pi(2)P = \pi(0)P^3$$
$$\vdots$$

一般地，

$$\pi(n) = \pi(0)P^n, \quad n = 0, 1, 2 \cdots$$

即初始状态概率向量 $\pi(n)$ 右乘转移矩阵 P 的 n 次幂，可以得出 n 次转移后处于任一状态的概率 $\pi(n)$。

如果玩具制造商开始处于状态 1，即 $\pi_1(0) = 1$，$\pi_2(0) = 0$，$\pi(0) = [1 \quad 0]$，则

$$\pi(1) = \pi(0)P = [1 \quad 0] \begin{bmatrix} \frac{1}{2} & \frac{1}{2} \\ \frac{2}{5} & \frac{3}{5} \end{bmatrix} = \begin{bmatrix} \frac{1}{2} & \frac{1}{2} \end{bmatrix}$$

即一个星期以后，玩具制造商的玩具畅销和滞销的概率相同。

两个星期后玩具制造商的状态概率为

$$\pi(2) = \pi(1)P = \begin{bmatrix} \frac{1}{2} & \frac{1}{2} \end{bmatrix} \begin{bmatrix} \frac{1}{2} & \frac{1}{2} \\ \frac{2}{5} & \frac{3}{5} \end{bmatrix} = \begin{bmatrix} \frac{9}{20} & \frac{11}{20} \end{bmatrix}$$

三个星期后玩具制造商的状态概率为

$$\pi(3) = \pi(2)P = \begin{bmatrix} \frac{9}{20} & \frac{11}{20} \end{bmatrix} \begin{bmatrix} \frac{1}{2} & \frac{1}{2} \\ \frac{2}{5} & \frac{3}{5} \end{bmatrix} = \begin{bmatrix} \frac{89}{200} & \frac{111}{200} \end{bmatrix}$$

此处，因为

$$P^3 = \begin{bmatrix} \frac{89}{200} & \frac{111}{200} \\ \frac{111}{250} & \frac{139}{250} \end{bmatrix}$$

$\pi(3)$ 还可以由 $\pi(3) = \pi(0)P^3$ 直接得到。

玩具制造商初始状态为 1 的逐次状态概率 $\pi_i(n)$ 如表 4.6 所示。

表 4.6　玩具制造商初始状态为 1 的逐次状态概率

概率	n						
	0	1	2	3	4	5	…
$\pi_1(n)$	0	0.5	0.45	0.445	0.444 5	0.444 45	…
$\pi_2(n)$	1	0.5	0.55	0.555	0.555 5	0.555 55	…

结果发现，随着 n 的增大，$\pi_1(n)$ 趋向 $\frac{4}{9}$，$\pi_2(n)$ 趋向 $\frac{5}{9}$。如果玩具制造商开始时处于状态 2，即 $\pi_1(0) = 0$，$\pi_2(0) = 1$，则多次转移后的状态概率 $\pi_i(n)$ 如表 4.7 所示。

表 4.7　玩具制造商初始状态为 2 的逐次状态概率

概率	n						
	0	1	2	3	4	5	…
$\pi_1(n)$	0	0.4	0.44	0.444	0.444 4	0.444 44	…
$\pi_2(n)$	1	0.6	0.56	0.556	0.555 6	0.555 56	…

随着 n 的增大，$\pi_1(n)$ 仍然趋向 $\frac{4}{9}$，$\pi_2(n)$ 也仍然趋向 $\frac{5}{9}$。因此，当状态转移次数很大时，状态转移概率似乎与初始状态无关，很多马尔可夫过程具有这样的性质。如果一个马尔可夫过程的极限状态概率与初始条件无关，那么将其称为完全各态历经过程，我们称这个过程具有各态历经性。对于一个完全各态历经过程，定义 π_i 为转移次数趋于无

穷大时系统处于状态i的概率，则分量为π_i的行向量π是n趋于无穷大时$\pi(n)$的极限，称为极限状态概率，即

$$\pi = \lim_{n \to \infty} \pi(n)$$

由于

$$\pi(n+1) = \pi(n)P$$

因此，

$$\pi = \pi P$$

又因为各种状态出现的可能性之和为 1，即

$$\sum_{i=1}^{m} \pi_i = 1$$

则根据上面表达式组成的联立方程组，可以求出任何完全各态历经过程的极限状态概率。

以玩具制造商的故事为例，有

$$\begin{cases} \pi_1 = \frac{1}{2}\pi_1 + \frac{2}{5}\pi_2 \\ \pi_2 = \frac{1}{2}\pi_1 + \frac{3}{5}\pi_2 \\ \pi_1 + \pi_2 = 1 \end{cases}$$

该方程组有唯一解：$\pi_1 = \frac{4}{9}$，$\pi_2 = \frac{5}{9}$。这与从$\pi_i(n)$表中推出的极限状态概率相同。

3. z-变换

考虑一个离散时间函数$f(n)$，$n = 0, 1, 2, 3, \cdots$。对于一个在数值上随n变化而不比几何序列增加得更快的时间函数，可以定义一个z-变换$f(z)$，使得

$$f(z) = \sum_{n=0}^{\infty} f(n) z^n \tag{4.43}$$

$f(n)$与其z-变换$f(z)$之间的关系是唯一的：每一个时间函数仅有一个变换，该变换的逆变换是原来的时间函数。可以用z-变换来研究马尔可夫过程，因为马尔可夫过程的瞬时概率是几何序列。下面给出典型时间函数的z-变换。以阶梯函数为例，即

$$f(n) = \begin{cases} 1, & n = 0, 1, 2, \cdots \\ 0, & n < 0 \end{cases}$$

它的z-变换是

$$f(z) = \sum_{n=0}^{\infty} f(n) z^n = 1 + z + z^2 + z^3 + \cdots \quad \text{或} \quad f(z) = \frac{1}{1-z} \tag{4.44}$$

对于几何数列$f(n) = a^n$，$n \geq 0$，有

$$f(z) = \sum_{n=0}^{\infty} f(n) z^n = \sum_{n=0}^{\infty} (az)^n \quad \text{或} \quad f(z) = \frac{1}{1-az}$$

注意，如果

$$f(z) = \sum_{n=0}^{\infty} a^n z^n$$

则

$$\frac{\mathrm{d}f(z)}{\mathrm{d}z} = \sum_{n=0}^{\infty} na^n z^{n-1}$$

且

$$\sum_{n=0}^{\infty} na^n z^n = z\frac{\mathrm{d}f(z)}{\mathrm{d}z} = z\frac{\mathrm{d}}{\mathrm{d}z}\left(\frac{1}{1-az}\right) = \frac{az}{(1-az)^2} \quad (4.45)$$

因此，可以推出，当时间函数是 $f(n) = na^n$ 时，其 z-变换是

$$f(z) = \frac{az}{(1-az)^2} \quad (4.46)$$

特别地，如果变换为 $f(z)$ 的时间函数 $f(n)$ 向右平移一个单位变为 $f(n+1)$，则平移后的函数的变换为

$$\sum_{n=0}^{\infty} f(n+1)z^n = \sum_{n=1}^{\infty} f(n)z^{n-1} = z^{-1}[f(z) - f(0)] \quad (4.47)$$

容易推出一些离散时间函数的 z-变换，如表 4.8 所示。

表 4.8　离散时间函数的 z-变换

离散时间函数	z-变换
$f(n)$	$f(z)$
$f_1(n) + f_2(n)$	$f_1(z) + f_2(z)$
$kf(n)$	$kf(z)$
$f(n-1)$	$zf(z)$
$f(n+1)$	$z^{-1}[f(z) - f(0)]$
a^n	$\dfrac{1}{1-az}$
1	$\dfrac{1}{1-z}$
na^n	$\dfrac{az}{(1-az)^2}$
n	$\dfrac{z}{(1-z)^2}$
$a^n f(n)$	$f(az)$

4. 马尔可夫过程的 z-变换分析

将向量 $\pi(n)$ 的 z-变换记作 $\Pi(z)$。向量和矩阵的 z-变换就是对它的元素分别取 z-变换。对方程 $\pi(n+1) = \pi(n)P$ 两边取 z-变换，可以得到

$$z^{-1}[\Pi(z) - \pi(0)] = \Pi(z)P$$

整理得

$$\Pi(z) - z\Pi(z)P = \pi(0)$$
$$\Pi(z)(I - zP) = \pi(0)$$

最后可得

$$\Pi(z) = \pi(0)(I - zP)^{-1}$$

其中，I 为单位矩阵。$I - zP$ 的逆是恒存在的。可以用变换后的表达式 $\Pi(z) = \pi(0)(I - zP)^{-1}$ 来求解马尔可夫过程。

以玩具制造商的问题为例，有

$$P = \begin{bmatrix} \dfrac{1}{2} & \dfrac{1}{2} \\ \dfrac{2}{5} & \dfrac{3}{5} \end{bmatrix}$$

$$I - zP = \begin{bmatrix} 1 - \dfrac{1}{2}z & -\dfrac{1}{2}z \\ -\dfrac{2}{5}z & 1 - \dfrac{3}{5}z \end{bmatrix}$$

$$(I - zP)^{-1} = \begin{bmatrix} \dfrac{1 - \dfrac{3}{5}z}{(1-z)\left(1 - \dfrac{1}{10}z\right)} & \dfrac{\dfrac{1}{2}z}{(1-z)\left(1 - \dfrac{1}{10}z\right)} \\ \dfrac{\dfrac{2}{5}z}{(1-z)\left(1 - \dfrac{1}{10}z\right)} & \dfrac{1 - \dfrac{1}{2}z}{(1-z)\left(1 - \dfrac{1}{10}z\right)} \end{bmatrix}$$

其中，$(I - zP)^{-1}$ 的每个元素都是 z 的函数，且以 $(1-z)\left(1 - \dfrac{1}{10}z\right)$ 为分母。可以将每一个元素拆分为两项的和，即

$$(I - zP)^{-1} = \begin{bmatrix} \dfrac{\dfrac{4}{9}}{1-z} + \dfrac{\dfrac{5}{9}}{1 - \dfrac{1}{10}z} & \dfrac{\dfrac{5}{9}}{1-z} + \dfrac{-\dfrac{5}{9}}{1 - \dfrac{1}{10}z} \\ \dfrac{\dfrac{4}{9}}{1-z} + \dfrac{-\dfrac{4}{9}}{1 - \dfrac{1}{10}z} & \dfrac{\dfrac{5}{9}}{1-z} + \dfrac{\dfrac{4}{9}}{1 - \dfrac{1}{10}z} \end{bmatrix}$$

$$= \dfrac{1}{1-z}\begin{bmatrix} \dfrac{4}{9} & \dfrac{5}{9} \\ \dfrac{4}{9} & \dfrac{5}{9} \end{bmatrix} + \dfrac{1}{1 - \dfrac{1}{10}z}\begin{bmatrix} \dfrac{5}{9} & -\dfrac{5}{9} \\ -\dfrac{4}{9} & \dfrac{4}{9} \end{bmatrix}$$

令 $H(n)$ 为 $(I-zP)^{-1}$ 的各个元素取逆变换得到的矩阵，则

$$H(n) = \begin{bmatrix} \frac{4}{9} & \frac{5}{9} \\ \frac{4}{9} & \frac{5}{9} \end{bmatrix} + \left(\frac{1}{10}\right)^n \begin{bmatrix} \frac{5}{9} & -\frac{5}{9} \\ -\frac{4}{9} & \frac{4}{9} \end{bmatrix}$$

且取 $\Pi(z) = \pi(0)(I-zP)^{-1}$ 的逆变换，得

$$\pi(n) = H(n)\pi(0) = \pi(0)H(n)$$

$$H(n) = P^n$$

因此可以找到一个计算转移概率矩阵的 n 次幂的简便方法。矩阵 $H(n)$ 的第 ij 个元素表示 0 时刻系统处于状态 i 而时刻 n 系统处于状态 j 的概率。

如果玩具制造商初始处于状态 1，则

$$\pi(0) = \begin{bmatrix} 1 & 0 \end{bmatrix}, \quad \pi(n) = \begin{bmatrix} \frac{4}{9} & \frac{5}{9} \end{bmatrix} + \left(\frac{1}{10}\right)^n \begin{bmatrix} \frac{5}{9} & -\frac{5}{9} \end{bmatrix}$$

或者

$$\pi_1(n) = \frac{4}{9} + \frac{5}{9}\left(\frac{1}{10}\right)^n, \quad \pi_2(n) = \frac{5}{9} - \frac{5}{9}\left(\frac{1}{10}\right)^n$$

随着 n 的增大，$\pi_1(n)$ 趋向 $\frac{4}{9}$，$\pi_2(n)$ 趋向 $\frac{5}{9}$；它们趋向于过程的极限状态概率。

如果玩具制造商初始处于状态 2，则

$$\pi(0) = \begin{bmatrix} 0 & 1 \end{bmatrix}, \quad \pi(n) = \begin{bmatrix} \frac{4}{9} & \frac{5}{9} \end{bmatrix} + \left(\frac{1}{10}\right)^n \begin{bmatrix} -\frac{4}{9} & \frac{4}{9} \end{bmatrix}$$

$$\pi_1(n) = \frac{4}{9} - \frac{4}{9}\left(\frac{1}{10}\right)^n, \quad \pi_2(n) = \frac{5}{9} + \frac{4}{9}\left(\frac{1}{10}\right)^n$$

随着 n 的增大，$\pi_1(n)$、$\pi_2(n)$ 趋向于过程的极限状态概率。

一般情况下，$H(n)$ 有如下性质。

首先，在它的分量矩阵中总是至少有一个随机矩阵，并且它是从矩阵 $(I-zP)^{-1}$ 的 $\frac{1}{1-z}$ 的项所产生的。如果过程是完全各态历经的，那么，在 $H(n)$ 中恰有一个随机矩阵，这个矩阵的各行是相同的，且每一行都是过程的极限状态概率向量，可称这一部分是 $H(n)$ 的稳定状态部分，记作 S。

其次，$H(n)$ 中的其余项表示过程的瞬时性质，它们是系数形式为 $a^n, na^n, n^2a^n, \cdots$ 的矩阵，$|a| \leq 1$。$H(n)$ 的瞬时部分是 n 的函数，记作 $T(n)$。对于完全各态历经过程，有 $|a| \leq 1$，因此，瞬时部分随着 n 的增大而消失。组成 $T(n)$ 的矩阵的每一行之和为 0。瞬时部分加起来必须为 0，因为它们可以作为极限概率的摄动来考虑。行之和为 0 的矩阵称为微分矩阵，因此 $T(n)$ 也称为微分矩阵。

最后，对于完全各态历经过程，有

$$H(n) = S + T(n) \tag{4.48}$$

某些状态的极限状态概率可以等于 0，称为瞬时状态，可以肯定在经过一个相当长的

时间以后，系统不会处于这些状态。例如，矩阵

$$P = \begin{bmatrix} \dfrac{3}{4} & \dfrac{1}{4} \\ 0 & 1 \end{bmatrix}$$

描述了一个二状态过程，它有一个瞬时状态：如果系统处于状态 1，它转移到状态 2 的概率是 $\dfrac{1}{4}$，但是，一旦它转移到状态 2，那么系统就永远停留在状态 2。状态 1 是瞬时状态，状态 2 是"吸收"状态。

应用 z-变换分析，可以得到

$$I - zP = \begin{bmatrix} 1 - \dfrac{3}{4}z & -\dfrac{1}{4}z \\ 0 & 1-z \end{bmatrix}$$

$$(I - zP)^{-1} = \begin{bmatrix} \dfrac{1-z}{(1-z)\left(1-\dfrac{3}{4}z\right)} & \dfrac{\dfrac{1}{4}z}{(1-z)\left(1-\dfrac{3}{4}z\right)} \\ \dfrac{0}{(1-z)\left(1-\dfrac{3}{4}z\right)} & \dfrac{1-\dfrac{3}{4}z}{(1-z)\left(1-\dfrac{3}{4}z\right)} \end{bmatrix} = \dfrac{1}{1-z}\begin{bmatrix} 0 & 1 \\ 0 & 1 \end{bmatrix} + \dfrac{1}{1-\dfrac{3}{4}z}\begin{bmatrix} 1 & -1 \\ 0 & 0 \end{bmatrix}$$

因此，

$$H(n) = \begin{bmatrix} 0 & 1 \\ 0 & 1 \end{bmatrix} + \left(\dfrac{3}{4}\right)^n \begin{bmatrix} 1 & -1 \\ 0 & 0 \end{bmatrix}$$

系统开始处于状态 1，即 $\pi(0) = \begin{bmatrix} 1 & 0 \end{bmatrix}$，那么

$$\pi_1(n) = \left(\dfrac{3}{4}\right)^n, \quad \pi_2(n) = 1 - \left(\dfrac{3}{4}\right)^n$$

如果系统开始处于状态 2，即 $\pi(0) = \begin{bmatrix} 0 & 1 \end{bmatrix}$，那么

$$\pi_1(n) = 0, \quad \pi_2(n) = 1$$

可以看到，状态 1 的极限状态概率等于 0，所以，它的确是瞬时状态。

瞬时状态并不一定会把系统引入"吸收"状态，系统可以离开瞬时状态并且进入一个状态集合，系统在这个状态集合中随机转移但不会超出集合。这样的状态集合，称为马尔可夫过程的一个循环链。仅有一个循环链的马尔可夫过程必定是完全各态历经过程。如果过程有两个或两个以上循环链，那么当系统从一个链的某一状态开始时，它就只在这个链中转移而不会转移到另一个链的状态中。在这个意义上，每一个循环链都是一个广义的"吸收"状态。

由于可能存在多个循环链，需要修正对 $H(n)$ 稳定状态部分 S 的认识。现在，极限状态概率分布依赖系统的初始状态，S 的第 i 行表示当系统从第 i 个状态开始时的极限状态概率分布，因此随机矩阵 S 的各行不再相同。例如，矩阵

$$P = \begin{bmatrix} 1 & 0 & 0 \\ 0 & 1 & 0 \\ \dfrac{1}{3} & \dfrac{1}{3} & \dfrac{1}{3} \end{bmatrix}$$

描述了一个三状态过程，它包含两个循环链：状态 1 构成一个循环链；状态 2 构成另一个循环链。状态 3 是瞬时状态，它可能将系统引向两个循环链中的任何一个。由 P 可得

$$I - zP = \begin{bmatrix} 1-z & 0 & 0 \\ 0 & 1-z & 0 \\ -\dfrac{1}{3}z & -\dfrac{1}{3}z & 1-\dfrac{1}{3}z \end{bmatrix}$$

$$(I-zP)^{-1} = \begin{bmatrix} \dfrac{(1-z)\left(1-\dfrac{1}{3}z\right)}{(1-z)^2\left(1-\dfrac{1}{3}z\right)} & 0 & 0 \\ 0 & \dfrac{(1-z)\left(1-\dfrac{1}{3}z\right)}{(1-z)^2\left(1-\dfrac{1}{3}z\right)} & 0 \\ \dfrac{\dfrac{1}{3}z(1-z)}{(1-z)^2\left(1-\dfrac{1}{3}z\right)} & \dfrac{\dfrac{1}{3}z(1-z)}{(1-z)^2\left(1-\dfrac{1}{3}z\right)} & \dfrac{\dfrac{1}{3}z(1-z)}{(1-z)^2\left(1-\dfrac{1}{3}z\right)} \end{bmatrix}$$

$$= \dfrac{1}{1-z}\begin{bmatrix} 1 & 0 & 0 \\ 0 & 1 & 0 \\ \dfrac{1}{2} & \dfrac{1}{2} & 0 \end{bmatrix} + \dfrac{1}{1-\dfrac{1}{3}z}\begin{bmatrix} 0 & 0 & 0 \\ 0 & 0 & 0 \\ -\dfrac{1}{2} & -\dfrac{1}{2} & 1 \end{bmatrix}$$

所以，

$$H(n) = \begin{bmatrix} 1 & 0 & 0 \\ 0 & 1 & 0 \\ \dfrac{1}{2} & \dfrac{1}{2} & 0 \end{bmatrix} + \left(\dfrac{1}{3}\right)^n \begin{bmatrix} 0 & 0 & 0 \\ 0 & 0 & 0 \\ -\dfrac{1}{2} & -\dfrac{1}{2} & 1 \end{bmatrix} = S + T(n)$$

如果系统开始处于状态 1，则

$$\pi_1(n) = 1, \quad \pi_2(n) = \pi_3(n) = 0$$

如果系统开始处于状态 2，则

$$\pi_1(n) = \pi_3(n) = 0, \quad \pi_2(n) = 1$$

如果系统开始处于状态 3，则

$$\pi_1(n) = \pi_2(n) = \frac{1}{2}\left[1-\left(\frac{1}{3}\right)^n\right], \quad \pi_3(n) = \left(\frac{1}{3}\right)^n$$

综上，如果系统开始处于状态 1 或状态 2，则它永远停留在开始状态；如果系统开始处于状态 3，则多次转移以后，它有 $\frac{1}{2}$ 的概率处于状态 1，有 $\frac{1}{2}$ 的概率处于状态 2。因此，也可以用 z-变换来处理多链的马尔可夫过程。

接下来再来讨论周期链的情况。一个周期链是具有以下性质的循环链：系统如果现在处在某一状态，在经过 $p, 2p, 3p, 4p, \cdots$（p 为整数）次转移后，必定还处于该状态。最简单的周期链是周期为 2 的二状态系统，其转移矩阵为

$$P = \begin{bmatrix} 0 & 1 \\ 1 & 0 \end{bmatrix}$$

如果系统开始处于状态 1，在经过偶数次转移后，它总是会回到状态 1，经过奇数次转移后，它总是会回到状态 2。因为

$$I - zP = \begin{bmatrix} 1 & -z \\ -z & 1 \end{bmatrix}$$

$$(I - zP)^{-1} = \begin{bmatrix} \dfrac{1}{(1-z)(1+z)} & \dfrac{z}{(1-z)(1+z)} \\ \dfrac{z}{(1-z)(1+z)} & \dfrac{1}{(1-z)(1+z)} \end{bmatrix}$$

$$= \frac{1}{1-z}\begin{bmatrix} \dfrac{1}{2} & \dfrac{1}{2} \\ \dfrac{1}{2} & \dfrac{1}{2} \end{bmatrix} + \frac{1}{1+z}\begin{bmatrix} \dfrac{1}{2} & -\dfrac{1}{2} \\ -\dfrac{1}{2} & \dfrac{1}{2} \end{bmatrix}$$

所以

$$H(n) = \begin{bmatrix} \dfrac{1}{2} & \dfrac{1}{2} \\ \dfrac{1}{2} & \dfrac{1}{2} \end{bmatrix} + (-1)^n \begin{bmatrix} \dfrac{1}{2} & -\dfrac{1}{2} \\ -\dfrac{1}{2} & \dfrac{1}{2} \end{bmatrix}$$

如果系统开始处于状态 1，则

$$\pi_1(n) = \frac{1}{2}\left[1+(-1)^n\right], \quad \pi_2(n) = \frac{1}{2}\left[1-(-1)^n\right]$$

这个表达式与直观观察的结果相同。然而，矩阵 $T(n)$ 的某些部分当 n 很大时并没有消失，而是不断摆动。$T(n)$ 仍然可以考虑为 S 所定义的极限状态概率的摄动。S 的极限状态概率的解释是它们表示在将来任意选择的一个时刻，系统处在每一个状态的概率。对于周期过程，以前的极限状态概率的概念是不合适的，因为系统在将来任何时刻所处的状态是已知的。但是在考虑一个周期内的马尔可夫过程的极限状态概率时，上述解释仍是有意义的。

5. 有报酬的马尔可夫过程

一个有 m 个状态的马尔可夫过程，假设当它从状态 i 转移到状态 j 时，获得报酬 r_{ij}。过程的报酬用元素为 r_{ij} 的报酬矩阵 R 表示。马尔可夫过程随着状态的转移产生一系列报酬，因此报酬是一个随机变量，其概率分布由马尔可夫过程的概率关系决定。如果一个马尔可夫过程现在处于状态 i，在 n 次转移后，期望收益是多少？

定义 $v_i(n)$ 表示系统处于状态 i 并经过 n 次转移后的总期望收益，有

$$v_i(n) = \sum_{j=1}^{m} p_{ij}\left[r_{ij} + v_j(n-1)\right], \quad i=1,2,\cdots m, \quad n=1,2,3,\cdots \tag{4.49}$$

或者

$$v_i(n) = \sum_{j=1}^{m} p_{ij} r_{ij} + \sum_{j=1}^{m} p_{ij} v_j(n-1), \quad i=1,2,\cdots m, \quad n=1,2,3,\cdots \tag{4.50}$$

定义状态 i 的即时期望报酬为

$$q_i = \sum_{j=1}^{m} p_{ij} r_{ij}, \quad i=1,2,\cdots,m \tag{4.51}$$

上述转移方程式（4.49）和式（4.50）也可以写成向量形式，即

$$v(n) = q + Pv(n-1), \quad n=1,2,3,\cdots \tag{4.52}$$

仍然以玩具制造商的问题为例。假设玩具制造商玩具畅销（处于状态 1），下一星期玩具仍然畅销，获得 9 个单位报酬（$r_{11}=9$）；如果这个星期玩具滞销（处于状态 2），下个星期仍然滞销，则损失 7 个单位报酬（$r_{22}=-7$）。如果玩具从畅销到下个星期滞销或者从滞销到下个星期畅销，获得的报酬都是 3 个单位（$r_{12}=r_{21}=3$），则报酬矩阵为

$$R = \begin{bmatrix} 9 & 3 \\ 3 & -7 \end{bmatrix}$$

前面有状态转移矩阵

$$P = \begin{bmatrix} 0.5 & 0.5 \\ 0.4 & 0.6 \end{bmatrix}$$

因此，可求得即时报酬矩阵为

$$q = \begin{bmatrix} 6 \\ -3 \end{bmatrix}$$

从向量 q 可以看出，如果现在玩具畅销，则下个星期的期望报酬是 6 个单位；如果现在玩具滞销，则下个星期的期望损失是 3 个单位。

如果玩具制造商 n 个星期后停止营业，他希望知道那时的总期望收益。这个期望收益依赖于他现在的玩具是畅销还是滞销。因此必须指定一组边界值 $v_i(0)$，表示玩具商在停止经营时的期望收益。比如，停止经营时，玩具制造商将商店出售，$v_1(0)$ 表示商店出售时玩具为畅销状态的商店出售价格，$v_2(0)$ 表示玩具为滞销状态的商店出售价格。为了计算简便，在此例中，令 $v_i(0)=0$。

用 z-变换来分析有报酬的马尔可夫问题。将总期望向量 $v(n)$ 的 z-变换记作 $\mathcal{V}(z)$，则

$$\mathcal{V}(z) = \sum_{n=0}^{\infty} v(n) z^n \tag{4.53}$$

对方程

$$v(n+1) = q + Pv(n) \tag{4.54}$$

取 z-变换,得

$$z^{-1}\left[\mathcal{V}(z) - v(0)\right] = \frac{1}{1-z} q + P\mathcal{V}(z)$$

$$\mathcal{V}(z) - v(0) = \frac{z}{1-z} q + zP\mathcal{V}(z)$$

$$(I - zP)\mathcal{V}(z) = \frac{z}{1-z} q + v(0)$$

或者

$$\mathcal{V}(z) = \frac{z}{1-z}(I - zP)^{-1} q + (I - zP)^{-1} v(0)$$

其中,$(I-zP)$ 的逆在求解状态概率时已经出现过。报酬的出现并不影响过程的概率结构。

对于玩具制造商问题,$v(0) = 0$,因此

$$\mathcal{V}(z) = \frac{z}{1-z}(I - zP)^{-1} q \tag{4.55}$$

在前面已经求得

$$(I - zP)^{-1} = \frac{1}{1-z}\begin{bmatrix} \frac{4}{9} & \frac{5}{9} \\ \frac{4}{9} & \frac{5}{9} \end{bmatrix} + \frac{1}{1-\frac{1}{10}z}\begin{bmatrix} \frac{5}{9} & -\frac{5}{9} \\ -\frac{4}{9} & \frac{4}{9} \end{bmatrix}$$

则有

$$\frac{z}{1-z}(I - zP)^{-1} = \frac{z}{(1-z)^2}\begin{bmatrix} \frac{4}{9} & \frac{5}{9} \\ \frac{4}{9} & \frac{5}{9} \end{bmatrix} + \frac{z}{(1-z)\left(1-\frac{1}{10}z\right)}\begin{bmatrix} \frac{5}{9} & -\frac{5}{9} \\ -\frac{4}{9} & \frac{4}{9} \end{bmatrix}$$

$$= \frac{z}{(1-z)^2}\begin{bmatrix} \frac{4}{9} & \frac{5}{9} \\ \frac{4}{9} & \frac{5}{9} \end{bmatrix} + \frac{10}{9}\left[1-\left(\frac{1}{10}\right)^n\right]\begin{bmatrix} \frac{5}{9} & -\frac{5}{9} \\ -\frac{4}{9} & \frac{4}{9} \end{bmatrix}$$

令矩阵 $F(n)$ 表示 $\frac{z}{1-z}(I-zP)^{-1}$ 的逆变换,则

$$F(n) = n\begin{bmatrix} \frac{4}{9} & \frac{5}{9} \\ \frac{4}{9} & \frac{5}{9} \end{bmatrix} + \frac{10}{9}\left[1-\left(\frac{1}{10}\right)^n\right]\begin{bmatrix} \frac{5}{9} & -\frac{5}{9} \\ -\frac{4}{9} & \frac{4}{9} \end{bmatrix}$$

对 $\mathcal{V}(z) = \frac{z}{1-z}(I-zP)^{-1}q$ 取逆变换,则

$$v(n) = F(n)q \tag{4.56}$$

其中，$q = \begin{bmatrix} 6 \\ -3 \end{bmatrix}$，因此

$$v(n) = n\begin{bmatrix} 1 \\ 1 \end{bmatrix} + \frac{10}{9}\left[1 - \left(\frac{1}{10}\right)^n\right]\begin{bmatrix} 5 \\ -4 \end{bmatrix}$$

或者

$$v_1(n) = n + \frac{50}{9}\left[1 - \left(\frac{1}{10}\right)^n\right]$$

$$v_2(n) = n - \frac{40}{9}\left[1 - \left(\frac{1}{10}\right)^n\right]$$

当 n 变得很大时，渐进关系为

$$v_1(n) = n + \frac{50}{9}, \quad v_2(n) = n - \frac{40}{9}$$

值得注意的是，当 n 很大时，$v_1(n)$ 和 $v_2(n)$ 的斜率都为 1，其斜率表示每一次转移的平均报酬。如果玩具制造商在很长时间以后才停业，则每一个星期取得 1 单位的期望收益。

接下来研究渐近性质，即一个长期（n 很大）过程的总期望收益有什么性质。对于方程

$$\mathcal{V}(z) = \frac{z}{1-z}(I-zP)^{-1}q + (I-zP)^{-1}v(0)$$

已经证明 $(I-zP)^{-1}$ 的逆变换可以写成 $S + T(n)$ 的形式，则

$$(I-zP)^{-1} = \frac{1}{1-z}S + \mathcal{T}(z) \tag{4.57}$$

其中，$\mathcal{T}(z)$ 为 $T(n)$ 的 z-变换，将其代入上面的方程，可以得到

$$\mathcal{V}(z) = \frac{z}{(1-z)^2}Sq + \frac{z}{1-z}\mathcal{T}(z)q + \frac{1}{1-z}Sv(0) + \mathcal{T}(z)v(0) \tag{4.58}$$

通过式（4.58），可以分析 $v(n)$ 的各个部分，其中 $\frac{z}{(1-z)^2}Sq$ 表示大小为 Sq 的跳跃；$\frac{z}{1-z}\mathcal{T}(z)q$ 表示大小为 $\mathcal{T}(1)q$ 的梯步与随 n 增大而趋于 0 的几何项的和；$\frac{1}{1-z}Sv(0)$ 表示大小为 $Sv(0)$ 的阶梯；$\mathcal{T}(z)v(0)$ 表示随 n 增大而趋于 0 的几何项。因此，当 n 很大时，$v(n)$ 的渐近形式为

$$v(n) = nSq + \mathcal{T}(1)q + Sv(0) \tag{4.59}$$

令 $g = Sq$，g 是分量为 g_i 的列向量，g_i 是各个即时报酬的加权和，则

$$g_i = \sum_{j=1}^{m} s_{ij}q_j \tag{4.60}$$

g_i 也表示系统处于开始状态且转移次数很大时，每一次转移的平均收益。等价地，它是

$v_i(n)$ 的渐近线的斜率。$\mathcal{T}(1)q + Sv(0)$ 表示 $v(n)$ 的渐近线在 $n=1$ 处的截距。记 v_i 为 $v_i(n)$ 的渐近截距，则对充分大的 n，有

$$v_i(n) = ng_i + v_i \tag{4.61}$$

用 v 表示分量为 v_i 的列向量，即 $v = \mathcal{T}(1)q + Sv(0)$，则当 n 充分大时，有

$$v(n) = ng + v$$

以玩具制造商问题为例，有

$$(I - zP)^{-1} = \frac{1}{1-z}\begin{bmatrix} \frac{4}{9} & \frac{5}{9} \\ \frac{4}{9} & \frac{5}{9} \end{bmatrix} + \frac{1}{1-\frac{1}{10}z}\begin{bmatrix} \frac{5}{9} & -\frac{5}{9} \\ -\frac{4}{9} & \frac{4}{9} \end{bmatrix} = \frac{1}{1-z}S + \mathcal{T}(z)$$

$$S = \begin{bmatrix} \frac{4}{9} & \frac{5}{9} \\ \frac{4}{9} & \frac{5}{9} \end{bmatrix}, \quad \mathcal{T}(z) = \frac{1}{1-\frac{1}{10}z}\begin{bmatrix} \frac{5}{9} & -\frac{5}{9} \\ -\frac{4}{9} & \frac{4}{9} \end{bmatrix}$$

又因为

$$q = \begin{bmatrix} 6 \\ -3 \end{bmatrix}, \quad g = Sq = \begin{bmatrix} 1 \\ 1 \end{bmatrix}$$

以及 $v(0) = 0$，则

$$v = \mathcal{T}(1)q = \begin{bmatrix} \frac{50}{9} \\ -\frac{40}{9} \end{bmatrix}$$

由此可得，

$$v_1(n) = n + \frac{50}{9}, \quad v_2(n) = n - \frac{40}{9}$$

该结果与前述一致。

4.2.2 求解序贯决策的值迭代法

前面我们讨论了有报酬的马尔可夫过程，目的是根据过程的分析给出管理决策，因此本节将学习根据递推关系给出求解过程的方法。

假设玩具制造商可以通过其他运营管理活动改变马尔可夫过程的概率和报酬。例如，当玩具畅销时，玩具制造商可以通过广告改变玩具从畅销变成滞销的概率，但是由于增加了广告费的支出，每星期的利润下降。假设处于状态 1 时使用广告后的转移概率分布为 $[p_{1j}] = [0.8 \quad 0.2]$，报酬分布为 $[r_{1j}] = [4 \quad 4]$。当玩具制造商处于状态 1 时，可以选择方式 1——不做广告，也可以选择方式 2——做广告。用上标 k 表示采用的方式，具体如下。在状态 1 采用方式 1 时，$[p_{1j}^1] = [0.5 \quad 0.5]$，报酬分布 $[r_{1j}^1] = [9 \quad 3]$；在状态 1 采用方式 2

时，$[p_{1j}^2]=[0.8 \quad 0.2]$，报酬分布$[r_{1j}^2]=[4 \quad 4]$。当玩具滞销时，玩具制造商可以通过增加研发经费增加玩具畅销的概率，当玩具制造商处于状态 2 时，可以选择方式 1——不增加经费，也可以选择方式 2——增加研究经费，则$[p_{2j}^1]=[0.4 \quad 0.6]$，报酬分布$[r_{2j}^1]=[3 \quad -7]$，$[p_{2j}^2]=[0.7 \quad 0.3]$，报酬分布$[r_{2j}^2]=[1 \quad -19]$。假设$q_i^k$表示系统采用方式$k$从状态$i$实现一次转移的期望即时报酬，则

$$q_i^k = \sum_{j=1}^m p_{ij}^k r_{ij}^k \tag{4.62}$$

假设玩具制造商n个星期后停止营业，n称为剩余的阶段数。玩具制造商希望知道下次转移时应该采取什么方式使n个星期的总获得最大。定义$d_i(n)$表示阶段n状态i的决策。当对于所有的阶段n和状态i，决策$d_i(n)$给定时，一个"策略"就被确定了。

重新定义$v_i(n)$，令其表示系统处于状态i经过n个阶段，并使用最优策略的总期望收益，有

$$v_i(n+1) = \max_k \sum_{j=1}^m p_{ij}^k \left[r_{ij}^k + v_j(n) \right] \tag{4.63}$$

式（4.63）称为值迭代方程，其还可以写作

$$v_i(n+1) = \max_k \left[q_i^k + \sum_{j=1}^m p_{ij}^k v_j(n) \right] \tag{4.64}$$

求解上述递推关系式（4.64），可以得出玩具制造商在每个阶段、每个状态应该采用的方式，以及过程在每个阶段的期望获得。应用式（4.64）还必须给出过程的一组边界值$v_j(0)$。为了分析简便，本节令$v_1(0)=v_2(0)=0$。

当$n=1$时，$v_1(1)=\max_k q_i^k = 6$，因此阶段 1 处于状态 1 时，采用方式 1 更好，且最大报酬为 6。$v_2(1)=\max_k q_i^k = -3$，因此处于状态 2 时采用方式 1 更好，且最大报酬为−3。在计算得出的$v_j(1)$的基础上，继续使用递推关系式（4.64）计算，可以得出玩具制造商问题的值迭代结果（表 4.9）。

表 4.9 玩具制造商问题的值迭代结果

收益和决策	状态转移次数 n					
	0	1	2	3	4	…
$v_1(n)$	0	6	8.2	10.22	12.222	…
$v_2(n)$	0	−3	−1.7	0.23	2.223	…
$d_1(n)$	—	1	2	2	2	…
$d_2(n)$	—	1	2	2	2	…

从表 4.9 中可以看出，例如玩具制造商初始处于状态 1，并打算经营三个星期，则下一周应该采用做广告的方式 [$d_1(3)=2$]，经营结束时，他能获得的最大期望报酬为 10.22。当$n=2,3,4$时，对于每种状态，采用第二种方式都更有利。可以证明，当n很大时，使

用迭代方程都能收敛到最优决策。在本例中，当 $n=2$ 时就已经收敛为方式 2。但是在很多问题中，很难得出合适的收敛结果。

使用值迭代法求解序贯决策有很大的限制，很多企业不会确定在某个固定时刻终止运营，一般来说，大多数不断运行的系统没有确定的终点。对于 $v_i(n)$ 需要迭代充分大的次数，才有可能终止，因此这种方法不是很有效，我们希望找到一种对于无限期的过程直接分析的方法。但是针对短期问题时，值迭代法依然是有效的。

4.2.3 求解序贯决策的策略迭代法

策略迭代法可以用较少的几次迭代算出最优策略，它由两部分组成：定值运算和策略改进程序。

1. 定值运算

假设在给定策略下操作系统，那么就得到一个给定的有报酬的马尔可夫过程。$v_i(n)$ 表示系统处于状态 i 经过 n 个阶段，并使用给定策略的总期望收益，即

$$v_i(n) = q_i + \sum_{j=1}^{m} p_{ij} v_j(n-1), \quad i=1,2,\cdots,m, \quad n=1,2,3,\cdots \tag{4.65}$$

其中，q_i 为一次转移的期望报酬。

前面已经证明，对于完全各态历经过程，当 n 充分大时，$v_i(n)$ 有渐进形式，即

$$v_i(n) = ng + v_i$$

本节考虑阶段数非常大的系统，因此，可以应用上述渐近形式的方程。根据上述两个方程，可推得

$$ng + v_i = q_i + \sum_{j=1}^{m} p_{ij} \left[(n-1)g + v_j \right], \quad i=1,2,\cdots,m \tag{4.66}$$

或者

$$ng + v_i = q_i + (n-1)g \sum_{j=1}^{m} p_{ij} + \sum_{j=1}^{m} p_{ij} v_j, \quad i=1,2,\cdots,m \tag{4.67}$$

又因为

$$\sum_{j=1}^{m} p_{ij} = 1$$

于是

$$g + v_i = q_i + \sum_{j=1}^{m} p_{ij} v_j, \quad i=1,2,\cdots,m \tag{4.68}$$

我们得到了关于 v_i、g 和过程的状态转移概率、报酬的 m 个线性方程。但是，m 个 v_i 和一个 g，一共有 $m+1$ 个未知量，如果对每个 v_i 都加上一个常数 a，则

$$g + v_i + a = q_i + \sum_{j=1}^{m} p_{ij}(v_j + a) \tag{4.69}$$

对式（4.69）进行化简，可以得到

$$g + v_i = q_i + \sum_{j=1}^{m} p_{ij} v_j \tag{4.70}$$

因此，v_i 的值不能由这 m 个线性方程组成的方程组确定。如果令一个 v_i（例如 v_m）等于 0，则只有 m 个未知量，于是可以通过这 m 个方程组成的方程组求解。然而，这样求解的 v_i 与原来同时考虑 $m+1$ 个未知量对方程组求得的 v_i 相比存在一定差值。对于转移很多次的过程，这个差值变得不那么重要。令 $v_m = 0$，由此解出的 v_i 称为策略的相对值。

2. 策略改进程序

在第 3 章，对于阶段 n 截止的最优策略，在阶段 $n+1$ 时，对状态 i 的所有方式极大化就可以确定状态 i 采用的最好的方式，即极大化

$$q_i^k + \sum_{j=1}^{m} p_{ij}^k v_j(n)$$

当 n 很大时，将 $v_i(n)$ 的渐进形式代入，即

$$q_i^k + \sum_{j=1}^{m} p_{ij}^k (ng + v_j)$$

将其作为每个状态要被极大化的检验数。因为 $\sum_{j=1}^{m} p_{ij}^k = 1$，$ng \sum_{j=1}^{m} p_{ij}^k$ 与 k 无关，所以，在确定状态 i 的决策时，极大化 $q_i^k + \sum_{j=1}^{m} p_{ij}^k v_j$ 的程序可以概述如下：对每一个状态 i，用旧策略所确定的相对值，对状态 i 的所有方式，极大化检验数 $q_i^k + \sum_{j=1}^{m} p_{ij}^k v_j$。方式 k 成为状态 i 的决策 d_i，当每个状态的这种步骤都完成时，一个新的策略就被确定了。

策略迭代法指的是将定值运算和策略改进程序用循环迭代结合起来，在所有可行策略中找到有最高获利的策略。其中，定值运算用给定策略的 p_{ij} 和 q_i，令 $v_m = 0$ 解式（4.68），求出对应值 g；而策略改进程序是对每个状态 i，用原策略的相对值 v_i，极大化 $q_i^k + \sum_{j=1}^{m} p_{ij}^k v_j$，其中方式 k 是状态 i 的新决策。

策略迭代法的证明如下。

假设对系统已经得出某个策略 A，但是由策略改进程序得出了一个不同于 A 的策略 B。用上标 A 和 B 分别表示策略 A 和策略 B，即需要证明 $g^B \geq g^A$。

已知策略 B 在策略 A 的基础上实施策略改进程序，则

$$q_i^B + \sum_{j=1}^{m} p_{ij}^B v_j^A \geq q_i^A + \sum_{j=1}^{m} p_{ij}^A v_j^A, \quad i = 1, 2, \cdots, m \tag{4.71}$$

令

$$\gamma_i = q_i^B + \sum_{j=1}^{m} p_{ij}^B v_j^A - q_i^A - \sum_{j=1}^{m} p_{ij}^A v_j^A \geq 0 \tag{4.72}$$

对策略 A 和策略 B，有

$$g^A + v_i^A = q_i^A + \sum_{j=1}^m p_{ij}^A v_j^A, \quad i = 1, 2, \cdots, m \tag{4.73}$$

$$g^B + v_i^B = q_i^B + \sum_{j=1}^m p_{ij}^B v_j^B, \quad i = 1, 2, \cdots, m \tag{4.74}$$

$$\begin{aligned}g^B - g^A + v_i^B - v_i^A &= q_i^B - q_i^A + \sum_{j=1}^m p_{ij}^B v_j^B - \sum_{j=1}^m p_{ij}^A v_j^A \\ &= \gamma_i - \sum_{j=1}^m p_{ij}^B v_j^A + \sum_{j=1}^m p_{ij}^A v_j^A + \sum_{j=1}^m p_{ij}^B v_j^B - \sum_{j=1}^m p_{ij}^A v_j^A \\ &= \gamma_i + \sum_{j=1}^m p_{ij}^B (v_j^B - v_j^A)\end{aligned} \tag{4.75}$$

又因为

$$g = \sum_{i=1}^m \pi_i q_i \tag{4.76}$$

所以有

$$g^B - g^A = \sum_{i=1}^m \pi_i^B \gamma_i \tag{4.77}$$

其中，π_i^B 为状态 i 在策略 B 下的极限状态概率。

因为 $\pi_i^B \geq 0$，$r_i \geq 0$，所以 $g^B - g^A \geq 0$。特别地，如果对策略 B 的任何循环状态能使检验数改进的话，g^B 大于 g^A。

接着，再证明不可能存在一个更好的策略，且该策略不是由策略改进程序的某次迭代求出的。运用反证法，假设对策略 A 和 B 有 $g^B \geq g^A$，策略改进程序已经在策略 A 上收敛，于是对所有状态，有 $r_i \leq 0$，因 $\pi_i^B \geq 0$ 对一切 i 成立，所以 $g^B - g^A \leq 0$，与假设矛盾。因此不可能存在一个更好的策略且该策略不是由策略改进程序的某次迭代求出的。

3. 策略迭代法的应用

以玩具制造商的问题为例来说明策略迭代法的应用。

玩具制造商有四个可行的策略，事先并不知道无限期的将来使用哪个策略会使他每星期的平均获利最大。选择极大化每个状态的期望报酬的策略作为一个初始策略，假设初始策略为方式 1，于是有

$$d = \begin{bmatrix} 1 \\ 1 \end{bmatrix}, \quad P = \begin{bmatrix} 0.5 & 0.5 \\ 0.4 & 0.6 \end{bmatrix}, \quad q = \begin{bmatrix} 6 \\ -3 \end{bmatrix}$$

首先进行定值运算，令 $v_2 = 0$，求解方程组：

$$g + v_1 = 6 + 0.5v_1 + 0.5v_1, \quad g + v_2 = -3 + 0.4v_1 + 0.6v_1$$

解得

$$g = 6, \quad v_1 = 9, \quad v_2 = 0$$

然后实施策略改进程序，具体如表 4.10 所示。

表 4.10　玩具制造商问题的策略改进程序

状态 i	方式 k	检验数 $q_i^k + \sum_{j=1}^{m} p_{ij}^k v_j$
1	1	$6 + 0.5 \times 10 + 0.5 \times 0 = 11$
1	2	$4 + 0.8 \times 10 + 0.2 \times 0 = 12$
2	1	$-8 + 0.4 \times 10 + 0.6 \times 0 = -4$
2	2	$-5 + 0.7 \times 10 + 0.3 \times 0 = 2$

由表 4.10 中结果可得出新的策略为

$$d = \begin{bmatrix} 2 \\ 2 \end{bmatrix}, \quad P = \begin{bmatrix} 0.8 & 0.2 \\ 0.7 & 0.3 \end{bmatrix}, \quad q = \begin{bmatrix} 4 \\ -5 \end{bmatrix}$$

但是不能保证这个策略就是最优策略，因此继续进行迭代程序。

令 $v_2 = 0$，求解方程组：

$$g + v_1 = 4 + 0.8v_1 + 0.2v_1, \quad g + v_2 = -5 + 0.7v_1 + 0.3v_1$$

解得

$$g = 2, \quad v_1 = 10, \quad v_2 = 0$$

此时应该再进行策略改进程序，可以发现相对值与前面迭代的相对值是相同的，两次迭代得到的策略相同，于是得出最优策略为 $d = \begin{bmatrix} 2 \\ 2 \end{bmatrix}$。

4.3　多目标序贯决策

现有文献从不同的侧面对多目标决策问题进行简化，构成不同的数学模型来分析。总的来看，现有关于多目标序贯决策的分析方法大致可以分为以下四类。

（1）序贯决策过程为确定的、有限周期的过程，不考虑相邻两周期的状态转移，只以状态集进行简单的划分，即把状态的任意非空集划分为一个有序的集合 $(X_1, X_2, \cdots, X_n)$。$X_1, X_2, \cdots, X_n$ 是非空不相交的子集，X_t 表示在第 t 周期可能的状态集。此外，策略没有实值的效用函数，只有策略之间的优先关系，这种分析方法称为优序动态规划。

（2）序贯决策过程是确定的、无限周期的，状态从一个周期按给定的规则转移到下一周期。策略没有实值的效用函数，只有策略之间的优先关系，这种分析方法称为顺序动态规划。

（3）序贯决策过程是确定的、有限周期的，状态从一个周期按给定的规则转移到下一周期。多目标的报酬函数为向量函数，这种情况下，需要寻求此序贯决策的锥最优解。

（4）序贯决策过程为无限周期的马尔可夫决策过程，状态从一个周期按给定的转移概率转移到下一周期。多目标的报酬函数为一折扣的向量函数，这种情况下，也需要寻求此序贯决策的锥最优解。

4.3.1 优序动态规划

1. 模型建立

设一个有 n 个周期的序贯决策，将第 t 个周期可能的状态 x 构成的集合记作 X_t。整个过程可能状态的集合 $\mathcal{X} = \{X_1, X_2, \cdots, X_t, \cdots, X_n\}$，其中 $X_1, X_2, \cdots, X_n$ 是非空不相交的子集。定义 $X^t = X_t \bigcup X^{t-1}$，$X^t$ 表示 X_t 和 X^{t-1} 的并集。令 $X_0 = \varnothing$（空集），$X^n = \mathcal{X}$（全集）。当 $x \in X_t$ 时，定义 $X_x = \{x\} \bigcup X^{t-1}$。

每个状态 $x \in \mathcal{X}$ 都有决策集 D_x，决策 $u \in D_x$。x 和 u 的联系用决策规则 δ 表示，$u = \delta(x)$。决策规则 δ 的集合记作 $\Delta = \underset{x \in \mathcal{X}}{\times} D_x$，它是 D_x 在 $\mathcal{X}$ 上的笛卡儿积。

对任何 $\delta \in \Delta$ 和 $\mathcal{X}' \subseteq \mathcal{X}$，在函数 δ 之下 $\mathcal{X}'$ 的镜像称为策略，记作 $\delta(\mathcal{X}')$，它包含对 $\mathcal{X}'$ 中所有状态由 δ 所联系的那些决策。特殊地，$\delta(x)$ 是 δ 联系到 x 的决策。策略的递归结构为 $\delta(X_x) = \delta(x) \times \delta(X^{t-1})$，策略 $\delta(X^{t-1})$ 添加一个联系到状态 $x \in X_t$ 的决策 $\delta(x)$，即得到一个新的策略 $\delta(X_x)$，把所有 $x \in X_t$ 的策略 $\delta(X_x)$ 合并，得到下一个策略 $\delta(X^t)$。策略 $\delta(X_x)$ 的集合记作 Δ_x，$\Delta_x = \{\delta(X_x) | \delta \in \Delta, x \in \mathcal{X}\}$。

需要求解的序贯决策问题是：当二元关系的集合 $P_x \subseteq \Delta_x \times \Delta_x$ 具有某种优先结构时，在一定的公设下寻求决策规则 $\delta \in \Delta$，使对于每个 $x \in \mathcal{X}$，策略 $\delta(X_x)$ 都达到最优。

2. 优先结构

二元关系 $P_x \subseteq \Delta_x \times \Delta_x$ 的优先结构是决策人对集合 Δ_x 中策略的偏好程度。如果他偏好 $\gamma(X_x)$ 的程度不超过 $\delta(X_x)$，记作 $\delta(X_x) \succeq \gamma(X_x)$，简记为 $\delta \succeq_x \gamma$。

假设 4.1 二元关系 P_x 是自反的、传递的和连通的。

具有假设 4.1 性质的 P_x 称为全预序（或弱序），Δ_x 称为全预序集。如果策略 $\lambda \in \Delta_x$，对于所有的策略 $\alpha \in \Delta_x$，有 $\lambda \succeq_x \alpha$，称 λ 在 x 最优。将在 Δ_x 中对于 x 最优的所有策略的集合记作 Δ_x^*，假设对于所有的 $x \in \mathcal{X}$，Δ_x^* 存在。

假设 4.2 对于所有的 $x \in \mathcal{X}$，$\Delta_x^* \neq \varnothing$。

如果决策集 D_x 是有限的或紧的，则假设 4.2 必然成立。

假设 4.3 对于 $x \in X_t$ 和 $\alpha, \beta \in \Delta_x$，有 $\alpha(x) = \beta(x)$，并且对于所有的 $y \in X^{t-1}$，如果 $\beta(X_y) \succeq \alpha(X_y)$，则 $\beta \succeq_x \alpha$。

假设 4.3 称为单调性假设，它说明如果对于 x 以前所有的状态（即 X^{t-1} 中的所有状态），策略 $\beta(X_y)$ 至少和另一个策略 $\alpha(X_y)$ 一样好，则对这两个策略添加同样的决策 $\alpha(x) = \beta(x)$ 不会使 β 在 X_x 上劣于 α。

3. 策略求解

如果假设 4.1—假设 4.3 被满足，那么对于一个多目标的、确定的、有限周期的序贯决策问题，运用下述动态规划的递归步骤构造的策略 δ 是最优的。

取 $\delta(X^0) = \varnothing$，$t = 1, 2, \cdots, n$，令 $\delta(X^t) = \left[\bigtimes_{x \in X_t} \delta(x)\right] \times \delta(X^{t-1})$，对于每个 $x \in X_t$，选择 $\delta(x) \in D_x$，对于所有 $u_x \in D_x$，满足 $\delta(x) \times \delta(X^{t-1}) \succeq_x u_x \times \delta(X^{t-1})$。

证明 当 $t = 1$ 时，有 $\delta(x) \succeq_x u_x$。由假设 4.2 可知，存在 $\delta(X_x)$，对于 $x \in X_1 = X^t$ 都是最优。

假设存在 $\delta(x_y)$，对于所有 $y \in X_t$ 都是最优的，则对于所有 $\lambda \in \Delta_x$，$y \in X^{t-1}$，有 $\delta(X_y) \succeq_y \lambda(X_y)$。

由假设 4.3，有 $\lambda(x) \times \delta(X^{t-1}) \succeq_x \lambda(x) \times \lambda(X^{t-1})$。又由传递性可得，$\delta(X_x) = \delta(x) \times \delta(X^{t-1}) \succeq_x \lambda(x) \times \lambda(X^{t-1}) = \lambda(X_x)$。因此，$\delta(X_x)$ 对所有的 $x \in X_t$ 也是最优的。因为 $\delta(X^{t-1})$ 和 $\delta(x)$ 存在，所以 $\delta(X_x)$ 存在。$\delta(X^n) = \delta$，即得证。

4.3.2 顺序动态规划

1. 模型建立

设有一无限周期的序贯决策序列集 Φ_x：

$$\Phi_x = \left\{(x, u_1, x_2, u_2, \cdots) \middle| u_t \in D_{x_t}, x_{t+1} = T(x_t, u_t)\right\}$$

其中，D_{x_t} 为第 t 个周期对应于状态 x_t 的决策集；$x_{t+1} = T(x_t, u_t)$ 为决策 u_t 的作用下，从状态 x_t 转移到 x_{t+1} 的状态转移方程。

决策规则 δ 把每个状态 $x \in X$ 映射为决策 u，$u \in D_x$。δ 的集合记作 $\Delta = \bigtimes_{x \in X} D_x$。定义序列 $\pi = (\delta^1, \delta^2, \cdots)$，$\delta^t \in \Delta$ 为一非平稳策略，策略 π 的集合记作 N，则

$$N = \left\{(\delta^1, \delta^2, \cdots) \middle| \delta^t \in \Delta\right\} = \bigtimes_{t=1} \Delta = \bigtimes_{t=1} \bigtimes_{x \in X} D_x$$

特别地，平稳策略定义为 $\pi = (\delta, \delta, \cdots)$，记作 δ^∞。

对于 Φ_x 中的每一序列 $p = (x, u_1, x_2, u_2, \cdots) \in \Phi_x$，有和它对应的策略 $\pi \in N$ 使 $u_t = \delta^t(x_t)$；反之，对于每个策略 $\pi \in N$ 和 $x \in X$，有和它对应的唯一的序列 $p = (x, u_1, x_2, u_2, \cdots) \in \Phi_x$，使 $u_t = \delta^t(x_t)$，$x_{t+1} = T(x_t, u_t)$。

这个模型与 4.3.1 节的模型类似，可以采用策略的优先结构去代替效用函数，按照这种优先结构去寻求过程的最优策略。

2. 优先结构

定义序列集 Φ_x 的优先结构满足下列假设。

假设 4.4 定义二元关系 $\theta_x \subseteq \Phi_x \times \Phi_x$，$\theta_x$ 满足自反性、传递性和连通性。θ_x 为全预序（或弱序），Φ_x 为全预序集。

对 θ_x 定义一保底函数 f，f 把 θ_x 映射到本身，即对于序列 a 和 b，如果 $a \succeq b$，则 $f(a) \succeq f(b)$。

假设 4.5 如果 $p \succeq p'$，$x = T(y, v)$，$y \in X$ 和 $v \in D_y$，则 $(y, v, p) \succeq (y, v, p')$。

如果 p 和 p' 有相同的初始状态 x，且 $p \succeq p'$，则不论状态 x 在哪个周期达到，产生 p 的序列不劣于产生 p' 的序列。例如，在第一个周期，当 $x_1 = x$ 时，决策 u 不是最优，则在第 t（$t > 1$）个周期，决策 u 也不是最优。

假设 4.6 对于任何 $x \in X$，令 $p^j = (x, u_1^j, x_2^j, u_2^j, \cdots) \in \Phi_x$，$j = 0, 1, 2, \cdots$。当 $x_t^j = x_t^0$，$u_t^j = u_t^0$，$t = 1, 2, \cdots, j$ 时，p^j 和 p^0 重合。如果 $p^1 \preceq p^2 \preceq p^3 \preceq \cdots$，则 $p^j \preceq p^0$。

假设 4.6 有局限性，有很多序列不能满足此性质。例如，采用折扣指标的确定的序贯决策过程、采用平均指标的确定的序贯决策过程都不能满足此性质。

3. 平稳策略

现在论证，当 θ_x 的优先结构满足假设 4.4、假设 4.5 和假设 4.6 时，一个确定的序贯决策有最优平稳策略存在的充分必要条件。为此，首先需证明定理 4.2。

定理 4.2 令 $\pi \in N$，$\delta \in \Delta$，满足假设 4.4、假设 4.5 和假设 4.6，如果 $T_\delta \pi = (\delta, \pi) = (\delta, \delta^1, \delta^2, \cdots) \succ (\delta^1, \delta^2, \cdots) = \pi$，则 $\delta^\infty \succ \pi$；如果 $T_\delta \pi \succeq \pi$，则 $\delta^\infty \succeq \pi$。

证明 如果 $T_\delta \pi \succ \pi$，则 $T_\delta^2 \pi = T_\delta[T_\delta \pi] \succ T_\delta \pi \succ \pi$，$T_\delta^n \pi \succ T_\delta^{n-1} \pi \succ \cdots \succ T_\delta \pi \succ \pi$，即 $\pi = (\delta^1, \delta^2, \cdots) \prec (\delta, \delta^1, \delta^2, \cdots) \prec \cdots$。由假设 4.6 可得，$\delta^\infty \succ \pi$。类似地，可证 $\delta^\infty \succeq \pi$。

接下来，我们给出最优平稳策略存在的充分必要条件。

定理 4.3 存在一个最优平稳策略，当且仅当对于每个 $x \in X$，$p \in \Phi_x$，有 $p_x \in \Phi_x$。

证明 首先，证明存在一个最优策略 $\pi^* \in N$，使 $p^{\pi^*}(x) = p$。

假设不存在 $\pi \in N$，使 $p^\pi(x) = p_x$（已设 p_x 是相对于 x 的最优序列），则在 X 中另有初始状态 x^1 与 x^2 以及某一大于 1 的整数使 p_1 和 p_2 中的第 t 个周期的状态相同，但第 t 次决策不同。令 $p_j = \left(x, u_1^j, x_2^j, u_2^j, \cdots, x_t^j, v^j\right)$，$j = 0, 1, 2, \cdots$，其中 $x_t^1 = x_t^2 = y$，$v^j = \left(u_t^j, x_{t+1}^j, u_{t+1}^j, x_{t+2}^j \cdots\right)$。通过假设 4.5 可以证明 $p_1 \sim \left(x^1, u_1^1, \cdots, y, v^2\right)$，它在 $x_t^1 = y$ 处所取的决策和 p_2 中所取的决策相同。因此必然有 $v^1 \sim v^2$。这说明把第 t 次决策依赖于序列的初始状态的那些策略删除掉无损于最优性。这意味着存在 $\pi^* \in N$ 且其为最优。

其次，证明若 $\delta \in \Delta$，有 $\delta^\infty \succeq \pi^*$。

设 $\pi^* = (\delta, \delta^1, \delta^2, \cdots)$ 和 $\pi = (\delta^1, \delta^2, \delta^3, \cdots)$。由 π^* 的最优性可知，$T_\delta \pi = \pi^* \succeq \pi$，从而 $\delta^\infty \succeq \pi$，对其两侧取 T_δ，则 $\delta^\infty = T_\delta \delta^\infty \succeq T_\delta \pi = \pi^*$，因此 δ^∞ 为最优。

如果 δ^∞ 为最优策略，则 $p^{\delta^\infty}(x) \succeq p^\pi(x)$ 对于所有 $\pi \in N$，$x \in X$ 成立。又因为 $p \in \Phi_x$，所以有 N，使 $p = p^\pi(x)$。因此对于所有的 $p \in \Phi_x$，$x \in X$，有 $p^{\delta^\infty}(x) \succeq p$。定理 4.3 得证。

定理 4.2 以及定理 4.3 论证了最优平稳策略存在的充分必要条件，接下来将寻求最优平稳策略的方法。可以将求马尔可夫决策过程最优解中常用的策略改进算法进行推广应用。

4. 策略的改进

定理 4.4 如果对于所有的 $\delta \in \Delta$，有 $\pi^* \succeq (\delta, \pi^*)$，则假设 4.4、假设 4.5 和假设 4.6 保证了 $\pi^* \in N$ 是最优策略。

证明 当 $\pi^* \succeq (\delta, \pi^*)$，根据假设 4.4 和假设 4.5，有

$$\pi^* \succeq (\delta^1, \delta^2, \delta^3, \cdots, \delta^k, \pi^*), \quad k < \infty \qquad (4.78)$$

令 $\pi = (\delta^1, \delta^2, \delta^3, \cdots)$，根据假设 4.6 有 $\pi^* \succeq \pi$。由于 $\pi \in N$ 的任意性，因此 π^* 是最优策略。

定理 4.5 令 $\gamma \in \Delta$，由假设 4.4、假设 4.5 和假设 4.6 可得，要么 γ^∞ 为最优，要么存在另一平稳策略 δ^∞，使 $\delta^\infty \succeq \gamma^\infty$。

证明 定理 4.5 的证明是构造性的，取 $\gamma \in \Delta$，且令

$$G(x, y) = \left\{ u \mid u \in D_x, \left(x, u, p^{\gamma^\infty}[T(x, u)]\right) \succ p^{\gamma^\infty}(x) \right\}, \quad x \in X \qquad (4.79)$$

如果 $\bigcup_{x \in X} G(x, y)$ 为非空，取 $\delta \in \Delta$，使

$$\delta(x) = \begin{cases} \gamma(x), & G(x, y) = \varnothing \\ G(x, y) \text{中的任何元素}, & G(x, y) \neq \varnothing \end{cases}$$

当 $G(x, y) \neq \varnothing$ 时，$(\delta, \gamma^\infty) \succeq_x \gamma^\infty$。因此推得 $\delta^\infty \succeq \gamma^\infty$。

当 $G(x, y) = \varnothing$ 时，由自反性可推得 $(\delta, \gamma^\infty) \succeq_x \gamma^\infty$。

因此，γ^∞ 为最优。

在假设 4.4、假设 4.5 和假设 4.6 下，如果 X 和 D_x 是有限集，则平稳策略的序列收敛于最优策略。

5. 随机性序贯决策过程

令 X 表示所有可能状态的集，令 D_x 表示每个状态 $x \in X$ 所有可以采取的决策的集，假设 X 和 D_x 是有限集。决策规则 δ 把每个状态 $x \in X$ 映射为决策 u，$u \in D_x$。δ 的集合记作 $\Delta = \bigtimes_{x \in X} D_x$。$N$ 为由 Δ 中的所有元素构成的所有序列的集，$N = \left\{ (\delta^1, \delta^2, \cdots) \mid \delta^t \in \Delta \right\} = \bigtimes_{t=1}^\infty \Delta$。

对于一随机性序贯决策过程，如果决策 $u_1 = u^k$ 时的一步状态转移概率矩阵 P^k 给定，则第 t 个周期的状态概率 $q(t)$ 和第 $t+1$ 个周期的状态概率 $q(t+1)$ 满足

$$q(t+1) = (P^k)^\mathrm{T} q(t) \qquad (4.80)$$

也可以写作 $q_{t+1} = T(q_t, u_t)$。如果 $u_t = \delta^t(x_t)$，则 $q_{t+1} = T(q_t, \delta^t)$。

对序贯决策过程做了如上规定以后，可以令 Φ_x 为随机过程的状态概率和决策规则所有可能实现的序列的集合，即

$$\Phi_x = \left\{ (q, \delta^1, q_2, \delta^2, \cdots) \mid \delta^t \in \Delta, q_{t+1} = T(q_t, u_t) \right\}$$

建立了在 $\{\Phi_x\}$ 上的优先关系后，则只需研究在 N 中的策略，就能求得最优序列。

4.3.3 多目标序贯决策问题的锥最优解

假设策略的优先关系为偏预序，因此不能求出最优解，只能求出锥最优解。对于确定的、有限周期的多目标序贯决策问题可以采用动态规划求解，对于随机的、无限周期的多目标序贯决策问题可以采用策略改进算法求解。

1. 锥最优解

定义 D 为 R^l [l 为目标函数 $V(\cdot)$ 的维数] 中的一个闭凸锥,借助 D 定义在 R^l 上的优先关系 $\succeq$ 如下。

对任意一对 R^l 中的元素 (y_1, y_2),当 $y_1 - y_2 \in D$ 时,$y_1 \succeq y_2$。

容易证明优先关系 $\succeq$ 具有自反性、传递性和反对称性,因为优先关系 $\succeq$ 为一偏预序。如果策略 $\pi^* \in N$ 满足不存在另外的策略 $\pi \in N$,使得 $V(\pi) \succeq V(\pi^*)$,则策略 $\pi^* \in N$ 为锥最优策略。锥最优策略 π^* 的集用 N^* 表示,符号 cop 表示锥最优,$\underset{\pi \in N}{\mathrm{cop}} V(\pi)$ 表示在 N 上求 $V(\pi)$ 的锥最优解。特殊地,当 D 为非负锥,y^i 是 y 的第 i 个分量时,锥最优解即非劣解。

定义 $Y = V(N) = \{y \mid y = V(\pi), \pi \in N\}$ 为目标域。对任意一个给定的 $Z \subset R^l$,如果满足不存在另外的 $z \in Z$,使得 $z \succeq z^*$,则 z^* 称为 Z 锥极点。

对于第 i 个周期的状态 x_i,锥最优策略 π^* 为

$$\underset{\pi_i \in N}{\mathrm{cop}} V_i(x_i, \pi_i) = \underset{\pi_i \in N}{\mathrm{cop}} \Phi_i \left[\left(x_i, u_i, V_{i+1}\left(T_i(x_i, u_i), \pi_{i+1} \right) \right) \right] \tag{4.81}$$

2. 多目标马尔可夫决策过程

在单目标序贯决策中,推导出马尔可夫决策过程的基本方程为

$$g + v_i = q_i + \sum_{j=1}^{m} p_{ij} v_j, \quad i = 1, 2, \cdots, m \tag{4.82}$$

接下来只研究折扣模型。令 $g = 0$,折扣率为 ρ,则

$$v_i = q_i + \rho \sum_{j=1}^{m} p_{ij} v_j, \quad i = 1, 2, \cdots, m \tag{4.83}$$

用决策规则 $\delta \in \Delta$ 代替决策 $u \in U$,则

$$v_i = q_i^{\delta(i)} + \rho \sum_{j=1}^{m} p_{ij}^{\delta(i)} v_j, \quad i = 1, 2, \cdots, m \tag{4.84}$$

因为研究的是一个多目标(一个向量)的马尔可夫决策过程,则式(4.84)中的 v_i、$q_i^{\delta(i)}$ 不是纯量报酬函数,而是向量函数。向量马尔可夫决策过程的优化问题仍然为选择一平稳策略 $\pi = (\delta, \delta, \delta, \cdots) = \delta^\infty$,使向量函数达到最优。

3. 策略的改进

本节向量函数的最优是借助锥最优去定义的,并且用符号 cop 表示锥最优。如果把策略改进算法从纯量马尔可夫决策过程推广到向量马尔可夫决策过程,则在迭代过程的策略改进阶段,应选择一决策规则 $\delta \in \Delta$ 使目标报酬函数 v_i 达到最优。

为了记法简便,定义算子 T_δ,即

$$T_\delta v_i = q_i^{\delta(i)} + \rho \sum_{j=1}^{m} p_{ij}^{\delta(i)} v_j, \quad i = 1, 2, \cdots, m \tag{4.85}$$

引入算子后，求锥最优解可以简写为

$$\underset{\delta \in \Delta}{\text{cop}} T_\delta v_i, \quad i = 1, 2, \cdots, m$$

在实际计算中，由于可行决策 Δ 规则中的元素远远大于可行决策集 U 中的元素，因此把从 Δ 中选择决策规则 δ 改为从 U 中选择决策 u，计算要简便很多。因此改为求

$$\underset{u \in U}{\text{cop}} T_u v_i, \quad i = 1, 2, \cdots, m$$

由于锥最优是对所有可能的初始状态求解，因此上式又可以简记为 $\underset{u \in U}{\text{cop}} T_u v$。

求一向量函数的锥最优解的集，即求该函数的锥极点的集。$\underset{u \in U}{\text{cop}} T_u v$ 的锥极点的集记作 $\left[\bigcup_{u \in U} T_u v\right]^*$。容易证明，如果能找到一个 δ'，使 $T_{\delta'} v$ 属于 $v + D$ 和 $\left[\bigcup_{u \in U} T_u v\right]^*$ 的交集，则 $T_{\delta'} v \succeq v$。根据策略改进算法，用决策规则 δ' 代替 δ，则构成新的平稳策略 $\pi' = \delta'^\infty$。

令 $\pi_n = \delta_n^\infty$ 被定义为如下的递归形式：①取一任意决策规则 $\delta_n \in \Delta$ 和平稳策略 $\pi_n = \delta_n^\infty$，$n = 0$；②对于每个 $n \geq 0$，选择一决策规则 $\delta_{n+1} \in \Delta$，使

$$T_{\delta_{n+1}} V(\pi_n) \in (V(\pi_n) + D) \cap \left[\bigcup_{u \in U} T_u V(\pi_n)\right]^* \tag{4.86}$$

则有：① $V(\pi_0) \preceq V(\pi_1) \preceq \cdots \preceq V(\pi_n) \preceq V(\pi_{n+1}) \preceq \cdots$；②如果对于某个 N，有

$$(V(\pi_N) + D) \cap \left[\bigcup_{u \in U} T_u V(\pi_n)\right]^* = V(\pi_N) \tag{4.87}$$

则 $T_{\delta_{n+1}} V(\pi_N) = V(\pi_N)$，因此 $V(\pi_{N+1}) = V(\pi_N)$。故沿 π_0 出发的链 $\{V(\pi_0), V(\pi_1), \cdots, V(\pi_N)\}$ 达到 π_N 以后不能改进。

当 $V(\pi_n)$ 是向量函数时，π_N 不一定是锥最优的，用锥最优方程可以判定一个策略是否为锥最优。

4. 最优策略的判定

定义算子 Φ 为

$$\Phi V(\pi) = \left[\bigcup_{u \in U} T_u V(\pi_n)\right]^* \tag{4.88}$$

令 $V(\pi^*)$ 为 Φ 的固定点，如果 $V(\pi^*) \in \Phi V(\pi^*)$，则称方程

$$V(\pi) = \Phi V(\pi) \tag{4.89}$$

为锥最优方程。

如果对于 Φ 的任何固定点 $V(\pi)$，

$$V_i(\pi^*) \preceq V_i(\pi) \rightarrow V_i(\pi^*) = V_i(\pi), \quad i = 1, 2, \cdots, m \tag{4.90}$$

成立〔其中，$V_i(\pi)$ 为 $V(\pi)$ 的第 i 个分量〕，则称 $V(\pi^*)$ 是最大的。

策略 π^* 为锥最优，当且仅当它的向量期望折扣报酬 $V(\pi^*)$ 是 Φ 的一个最大固定点［或 $V(\pi^*)$ 是锥最优方程的最大解］。

课后习题

1. 请对以下概念做出解释。
（1）最优性原理。
（2）无后效性。
（3）马尔可夫性。
（4）马尔可夫链。
（5）多步转移概率。
（6）各态历经性。
（7）"吸收"状态。

2. 请给出有限马尔可夫链具有各态历经性的一个充分条件和求极限状态概率的方法。

3. 如果随机过程的一步转移概率矩阵为

$$P = \begin{bmatrix} 0 & 1 & 0 \\ \frac{1}{2} & 0 & \frac{1}{2} \\ 0 & 1 & 0 \end{bmatrix}$$

请判断该马尔可夫链是否具有遍历性。

4. 求下列函数的 z-变换。

$$f(n) = \begin{cases} 1, & n = 0, 1, 2, \cdots \\ 0, & n < 0 \end{cases}$$

$$f(n) = a^n, \quad n \geqslant 0$$

$$f(n) = na^n, \quad n \geqslant 0$$

5. 已知 $f(n)$ 的 z-变换为 $f(z)$，请推导 $f(n+1)$ 的 z-变换。

6. 玩具制造商从事新玩具的经营。他可以处于两种不同的状态之一：如果生产的玩具在市场上销路很好，则处于状态 1；否则处于状态 2。假设当他处于状态 1 时，在下一星期仍然处于状态 1 的概率是 $\frac{1}{2}$，转移到状态 2 的概率是 $\frac{1}{2}$；当他处于状态 2 时，尝试制造新玩具并在一星期之后回到状态 1 的概率是 $\frac{2}{5}$，仍然处于状态 2 的概率是 $\frac{3}{5}$。利用 z-变换分析马尔可夫过程，并指出极限状态概率。

7. 接上例。假设玩具制造商有成功的玩具（处于状态 1），在下一个星期仍有成功的玩具（从状态 1 转移到状态 1），则获得 9 个单位的报酬，即 $r_{11} = 9$。如果玩具不成功，下个星期仍然不成功（从状态 2 转移到状态 2），则损失 7 个单位的报酬，即 $r_{22} = -7$。如果从成功转移到不成功或从不成功转移到成功,则都将获得 3 个单位的报酬,即 $r_{12}=r_{21}=3$。假设玩具制造商将在 n(n 很大)个星期后停止营业,将生意出卖给别人的残值为 0。请利用 z-变换分析玩具制造商经营很久后每个星期的期望报酬。

8. 接上例。假设现在玩具制造商能采取行动改变支配过程的概率和报酬。当玩具制造商有成功的玩具时,可以刊登广告来减少玩具从有利变为不利的机会。记玩具制造商处于状态 1 时,不刊登广告为方式 1,刊登广告为方式 2。当玩具制造商有不成功的玩具时,增加研究经费可以增大获得成功玩具的概率。记处于状态 2 时,原来的研发方式为方式 1,增加研究经费的研究方式为方式 2。玩具制造商的序贯决策问题相关参数具体如表 4.11 所示。

表 4.11 玩具制造商的序贯决策问题相关参数

状态 i	方式 k	转移概率 p_{i1}^k	转移概率 p_{i2}^k	报酬 r_{i1}^k	报酬 r_{i2}^k	期望即时报酬 $q_i^k = \sum_{j=1}^N p_{ij}^k r_{ij}^k$
1(成功玩具)	1(不刊登广告)	0.5	0.5	9	3	6
	2(刊登广告)	0.8	0.2	4	4	4
2(失败玩具)	1(原经费)	0.4	0.6	3	−7	−3
	2(增加研究经费)	0.7	0.3	1	−19	−5

(1)玩具制造商希望知道在无限期的将来应用哪个策略,才能使他每星期的平均获利最大。用策略改进算法求解该问题。

(2)假设折扣因子 $\beta=0.9$,用策略改进算法求玩具制造商的最优策略。

9. 出租汽车问题。考虑出租汽车司机,他的活动范围围绕三个城镇——A、B 和 C 进行。如果他在城镇 A,他有如下三种可采取的方式。

第一,沿路招揽乘客。

第二,把汽车开到最近的出租汽车站去排队等候。

第三,停车等电话叫唤。

如果他在城镇 C,有相同的三种方式,但是如果他在城镇 B,第三种方式不会出现。用状态 1、2 和 3 分别代表在城镇 A、B 和 C。从一个城镇采用已知的方式到下一个城镇的概率和报酬如表 4.12 所示。

表 4.12 出租汽车问题的概率和报酬表

状态 i	方式 k	概率 p_{i1}^k	概率 p_{i2}^k	概率 p_{i3}^k	报酬 r_{i1}^k	报酬 r_{i2}^k	报酬 r_{i3}^k	期望即时报酬 $q_i^k = \sum_{j=1}^N p_{ij}^k r_{ij}^k$
1	1	1/2	1/4	1/4	10	4	8	8
	2	1/16	3/4	3/16	8	2	4	2.75
	3	1/4	1/8	5/8	4	6	4	4.25

续表

状态 i	方式 k	概率 p_{i1}^k	p_{i2}^k	p_{i3}^k	报酬 r_{i1}^k	r_{i2}^k	r_{i3}^k	期望即时报酬 $q_i^k = \sum_{j=1}^{N} p_{ij}^k r_{ij}^k$
2	1	1/2	0	1/2	14	0	18	16
	2	1/16	7/8	1/16	8	16	8	15
3	1	1/4	1/4	1/2	10	2	8	7
	2	1/8	3/4	1/8	6	4	8	4
	3	3/4	1/16	3/16	4	0	2	4.5

用策略改进算法求出租车司机的最优策略。

10. 一台设备有两种运行状态，即运转和故障，维修工人定期检查此设备，例如每班一次，如果设备在检测时是好的，则继续运转。如果出了故障，则进行修理。设备在本班运转，到下班仍运转，则获得报酬 r_1 元。如出故障，则报酬为 0。设设备在本班运转到下班仍能继续运转的概率为 p，出故障的概率为 $1-p$。设备出故障后有两种修理方法：一种为快修，当班修好的概率为 q_1，付修理费 r_2 元（即报酬为 $-r_2$ 元），当班未修好的概率为 $1-q_1$，不付修理费；另一种为常规修理，当班修好的概率为 q_2，付修理费 r_3 元，当班未修好的概率为 $1-q_2$，不付修理费。设备前一班未修好，下一班采用相同的方法继续修理，修好的概率和应付的费用与前面相同。试问采用什么方法修理能使一段时间的期望总报酬最大？

将快修记作 u^1，常规修理记作 u^2，运转记作 1，故障记作 2。

（1）设 $p=0.5$，$q_1=0.8$，$q_2=0.6$，$r_1=20$，$r_2=10$，$r_3=6$。

一步转移矩阵 P^k 和一步转移损失矩阵 R^k（$k=1,2$）分别为

$$P^1 = \begin{bmatrix} 0.5 & 0.5 \\ 0.8 & 0.2 \end{bmatrix}, \quad P^2 = \begin{bmatrix} 0.5 & 0.5 \\ 0.6 & 0.4 \end{bmatrix}$$

和

$$R^1 = \begin{bmatrix} -20 & 0 \\ 10 & 0 \end{bmatrix}, \quad R^2 = \begin{bmatrix} -20 & 0 \\ 6 & 0 \end{bmatrix}$$

用策略改进算法求该马尔可夫决策问题的解。

（2）设上题中的策略被随机化，构成如下的线性规划问题：

$$\min\{-10y_1^1 - 10y_1^2 + 8y_2^1 + 3.6y_2^2\}$$

受约束于

$$y_1^1 + y_1^2 + y_2^1 + y_2^2 = 1$$
$$y_1^1 + y_1^2 - 0.5y_1^1 - 0.8y_2^1 - 0.5y_1^2 - 0.6y_2^2 = 0$$
$$y_2^1 + y_2^2 - 0.5y_1^1 - 0.2y_2^1 - 0.5y_1^2 - 0.4y_2^2 = 0$$
$$y_1^1, y_1^2, y_2^1, y_2^2 \geq 0$$

解以上线性规划问题，求决策问题的最优策略。

（3）考虑决策者对时间的偏好。设折扣率 $\rho=0.9$，用策略改进算法求最优策略。

（4）设折扣率 $\rho = 0.9$，求解如下线性规划问题的最优策略。
$$\min\{-10y_1^1 - 10y_1^2 + 8y_2^1 + 3.6y_2^2\}$$
受约束于
$$y_1^1 + y_1^2 - 0.9(0.5y_1^1 + 0.8y_2^1 + 0.5y_1^2 + 0.6y_2^2) = 0.5$$
$$y_2^1 + y_2^2 - 0.9(0.5y_1^1 + 0.2y_2^1 + 0.5y_1^2 + 0.4y_2^2) = 0.5$$
$$y_1^1, y_1^2, y_2^1, y_2^2 \geqslant 0$$

11. 考虑一个在线游戏公司，公司计划再经营四年之后就关闭且不考虑关闭后的残值。每年玩家的量仅依赖于前一年的量，玩家的量分为高、低两类。如果玩家的量高，公司预期利润会是 800 万元；如果量低，利润为 400 万元，在每年的年底会提取这一年的利润。公司有权采取某些措施，这些措施会影响公司的服务性能，未来玩家的量也可能因此而改变，不过一些措施可能代价不菲，即这些措施会减少即期利润。具体地说，公司可以选择：①不采取任何措施，无任何花费；②只对服务系统做定期维护，耗资 100 万元；③全面升级服务系统，耗资 300 万元。当玩家的量在前一年为高，如果不采取任何措施，在接下来的一年玩家的量维持高水平的概率为 0.4；如果只对服务系统做定期维护，玩家的量维持在高水平的概率是 0.8；如果对系统全面升级，玩家的量维持在高水平的概率会提高到 1。当玩家的量在前一年为低，如果不采取任何措施，在接下来的一年，玩家的量维持在低水平的概率为 0.9；如果只对服务系统做定期维护，仍处于低水平的概率是 0.6；如果对系统全面升级，玩家的量维持在低水平的概率为 0.2。假设折扣因子是 0.9，公司在前一年的玩家的量为低，请为这个公司确定最优（利润最大化）策略。表 4.13 中列出了此问题的全部参数。

表 4.13 在线游戏公司的策略参数

状态 i	选择 k	概率 p_{i1}^k	概率 p_{i2}^k	期望即时报酬 $q_i^k = \sum_{j=1}^{2} p_{ij}^k r_{ij}^k$
1 （量高）	1（无措施）	0.4	0.6	560
	2（定期维护）	0.8	0.2	620
	3（全面升级）	1	0	500
2 （量低）	1（无措施）	0.1	0.9	440
	2（定期维护）	0.4	0.6	460
	3（全面升级）	0.8	0.2	420

第 5 章 行 为 决 策

在之前章节中介绍的决策往往是借助古典决策理论来分析市场和消费者行为，也即建立在包括"经济人"假设在内的一系列严格的假设的基础上。"经济人"假设是指假定人的思考和行为都是目标理性的，唯一试图获得的经济好处就是物质性补偿的最大化。通过"经济人"假设和"最大化原则"，古典决策理论对于消费理论的研究往往是利用预算约束和无差异曲线来界定消费者的效用最大化条件，并在"经济人"假设的前提下，将消费者的个人选择转化为该消费者在这些条件约束下，以追求个人效用函数最大化为目标而做出的选择。

在现实经济活动中，非理性消费行为其实是广泛存在的，而且这种行为无法利用传统经济学理论进行合理解释。以购买一本书为例，古典决策理论认为，引导消费者是否购买的原因是他们获得的效用，也即这本书的价值，如果该书价格低于消费者认为的价值，那么消费者就会选择购买。但是实际上，消费者获得的效用和购买行为可能还与选择本身的"体系结构"等其余因素有关。例如价格预期，假定现在是十月，如果凭经验该书会在一个月后的"双十一"降价，那么消费者会延迟购买。又如购买用途，如果买这本书仅仅只为娱乐，那么 100 元的价格会稍显昂贵，但如果用于文化修养和个人发展，那么消费者可能会更愿意花钱。再如预期收益，如果这本是稀有藏本，具有极高的收藏价值，而且有很大的可能性会在日后升值，那么大多数人会选择溢价购买。同样，根据消费者个人内在认知过程的不一致，某一项选择会有不同的表现形式和构成要素。产品特性、定价和销售策略、营销技巧这些外部因素也会影响消费者的购买决定。

因此，如果简单根据所采用的参考点去估计产品价格，会导致同一产品在保持价格不变的情况下，可能看起来特别实惠或是不值。对于消费者和企业而言，根据古典决策理论来做出市场判断其实往往与实际情况相差较大，从而导致利益受损。尤其是现在，消费者的行为往往更加具有非理性和难以预测性，这就要求企业相较于传统的大批量、模式化、标准化、确定性的生产经营模式，更需要采用体验化、个性化、定制化的生产经营手段。这同样要求相关理论能够更准确地把握传统经济学中难以解释的消费者非理性、非经济动机的行为，从而更精准地指导企业的决策以适应竞争日益激烈和不断变化的市场新环境。因此，切斯特·巴纳德（Chester Barnard）、詹姆斯·马奇（James March）、赫伯特·西蒙（Herbert Simon）和理查德·西尔特（Richard Cyert）等学者在关于个人、团体及组织的理论中提出了行为决策理论。本章将对行为决策理论的概述、发展历程、研究理论、模型及应用等进行进一步介绍。

5.1 行为决策概述

西蒙在《管理行为》一书中指出，理性的和经济的标准都无法确切说明管理的决策过程，进而提出了"有限理性"标准和"满意度"原则。有限理性是指介于完全理性和非完全理性之间的一定限制下的理性。有限理性是为了抓住问题的本质而在简化决策变量的条件下表现出来的理性行为。"满意度"原则指的是追求满意原则而非最优原则，也即求得满意解而非最优解。事实上，在处理实际系统优化问题过程中，由于人们对系统结构、状态、参数了解不充分，或对系统信息掌握不完备，要求的系统严格的最优解是不现实或不必要的，因此在这种情况下，退而求其次，求满意解更加切实可行。同时，影响决策者进行决策的不仅有经济因素，还有其个人的行为表现，如态度、情感、经验和动机等。决策者在决策过程中的行为并不是完全理性的，只是部分理性的，或者是有限理性的。

20 世纪 50 年代以前，基于"经济人"假设提出的古典决策理论更为盛行。古典决策理论强调决策者需要以经济角度来进行决策，也就是以经济利益最大化为目的进行决策。古典决策理论要求决策者必须全面掌握有关决策环境的信息情报，且要充分了解有关备选方案的情况；同时决策者应建立一个合理的层级结构，以确保命令的有效执行。但由于古典决策理论中决策者进行决策的目的始终在于使本组织获取最大的经济利益，忽视了非经济因素在决策中可以在一定程度上影响和指导实际的决策活动。因此针对古典决策理论中的不足和弊端，经济学家开始了更为全面的行为决策理论研究，其在逐步发展后渐渐代替了古典决策理论。

5.1.1 有限理性假说

社会协作系统学派的创始人切斯特·巴纳德认为，人并非完全理性的"经济人"，而是只具有有限的决策能力和选择能力。他从"有限理性"的原则出发对古典经济学家的完全理性的"经济人"的认识进行了修正，并在其著作《经理人员的职能》一书中详细阐述了自己的观点，具体如下。

（1）每个正常的、身体健康的、适合于合作的人并不像科学管理理论所讲的那样，是"机器的附属物"，也不是单纯接受命令的"被动的生产工具"，而是具有选择能力、决定能力、自由意志的。

（2）这种选择能力是有限的，主要是因为人是各种物的、生物的、社会力量的合成物，而这些合成要素综合起来提供的可能性是有限的，这就使得人们只能具有在一个有限的范围内进行自由选择的能力。

（3）虽然选择某个时刻可能是极为有限的，但坚持朝一定的方向反复选择，可能最终会使得人的物的、生物的、社会的要素发生很大的变化。

巴纳德认为，决策是人的有意识的合乎逻辑的行动。作为企业组织的决策，肯定是有意识并合乎逻辑的。决策总是以上一个层次的目标为根据，当上一个层次的目标确定后，决策就是把上一个层次比较一般的和模糊的目标变为更具体、明确的目标，再经过下一个层次的决策，使实现目标的方法和途径更加明确。经过这样反复的、不断的精细化决策过程，企业目标就能实现。因此，尽管人的选择能力和决策能力是有限的，但"通过连续的决策，目的和环境在一系列的阶段中反复互相影响，越来越精细。一系列的决策（每一个决策本身显然是微小的）大都是无意识地实现的，但累积起来就实现了一般目的和一条经验路径"。

美国管理学家和社会科学家、决策理论学派的重要代表人物赫伯特·西蒙继承并发展了巴纳德关于人的决策能力有限性的思想，在其著作《管理行为》中对完全理性的"经济人"假设提出了质疑："单独一个人的行为，不可能达到任何较高程度的理性。由于他所必须寻找的备选方案如此纷繁，他为评价这些方案所需的信息如此之多，因此，即使近似的客观理性，也令人难以置信。"

西蒙认为，要达到完全理性，就必须符合以下三个条件。

（1）每一个人做决策时，必须了解影响决策的每一个因素。

（2）每一个人做决策时，必须能够完全估计到每一种可能的结果及其发生的概率。

（3）每一个人都有能力对每一种结果的偏好程度进行排序。

西蒙认为，事实上没有人能够达到以上三个条件，因此"完全理性"的人不存在，人的行为动机是"愿意理性，但只能有限地做到"。他指出，由于人们通常都不可能获得与决策相关的全部信息，况且人的大脑思维能力是有限的，因此任何个人在一般条件下都只能拥有"有限理性"，人们在决策时不可能追求"最优"的结果，而只能追求"满意"的结果。

5.1.2 行为决策定义

由于有限理性假设的提出，众多专家学者逐渐将注意力从描述决策问题和具体决策分析方法上转到考虑决策者本身的认知局限性、经历、情绪等心理因素对决策的影响上，因此行为决策理论应运而生。行为决策理论是从组织行为学的角度探讨决策过程的理论。行为决策理论在认知心理学发展的基础上，对理性决策模型提出了质疑，认为完全理性在现实中是不可能存在的，并通过研究决策者在判断和选择信息时的处理机制以及所受的内外部环境影响，也就是在理性决策模型的基础上，加入了行为变量对决策行为的影响，并提出了"有限理性"的概念。

行为决策是探讨"人们在实际中是怎样决策的"以及"为什么会这样决策"的描述性和解释性研究相结合的理论。研究中主要采用实证研究方法，其研究范式是先提出有关人们决策行为特征的假设，然后从实验、统计调查、访谈等方法中得到的现实资料来证实或证伪所提出的假设，从而得出结论。该理论的基础是心理学，特别是认知心理学和社会心理学。综上所述，理性决策理论假设人们是完全理性的，告诉人们应该采用怎样的逻辑步骤或模型去决策；而行为决策是通过实证的方法研究人们的实际决策过程，描述决策者真实的决策行为，从中归纳出行为特征，并从认知和心理方面进行解释，提炼行为变量并改进理性决策模型。从决策理论发展过程看，先有理性决策，然后出现行为决策；但从研究内容的逻辑关系看，以描述性研究为主要特征的行为决策应该是规范性研究（理性决策）的先行阶段。

5.1.3 行为决策意义

在行为决策理论研究中，由于存在不确定性，个体在追求效用最大化的同时，必须考虑他人的选择，这种内生的根本不确定性才是行为决策的核心内容。

行为决策理论的主要内容包含以下五点。

（1）人的理性介于完全理性和非理性之间，即人是有限理性的，这是因为在高度不确定等极其复杂的现实决策环境中，人的知识、想象力和计算力是有限的。

（2）决策者在识别和发现问题时容易受知觉偏差的影响，而在对未来的状况做出判断时，直觉的运用往往多于逻辑分析方法的运用。知觉偏差，是指由于认知能力有限，决策者仅把问题的部分信息当作认知对象。

（3）受决策时间和可利用资源的限制，决策者即使充分了解和掌握了有关决策环境的信息情报，也只能做到尽量了解各种备选方案的情况，而不可能做到全部了解，决策者的选择往往是相对的。

（4）在风险型决策中，与经济利益的考虑相比，决策者对待风险的态度起着更为重要的作用。决策者往往厌恶风险，倾向于接受风险较小的方案，尽管风险较大的方案可能带来较为可观的收益。

（5）决策者在决策时往往只求满意的结果，而不愿费力寻求最佳方案。

5.1.4　行为决策特点

行为决策理论的研究有三个特点。

（1）出发点是决策者的行为，以实际调查为依据，对在不同环境中观察到的行为进行比较，然后归纳出结论。

（2）研究集中在决策者的认知和主观心理过程上，如人们做决策时的动机、态度和期望等，而不是这些行为所完成的实际业绩，即关注决策行为背后的心理解释，而不是对决策正误进行评价。

（3）从认知心理学的角度，研究决策者在判断和选择信息中的处理机制及其所受的内外部环境的影响，进而提炼出理性决策理论所没有考虑到的行为变量，修正和完善理性决策模型。正如丹尼尔·卡尼曼（Daniel Kahneman）在前景理论中所做的那样——用财富的变化量代替绝对量、用决策权重代替概率，这比预期效用值理论更符合决策的实际。

5.1.5　行为决策与古典决策的区别

"理性决策"是古典决策理论中提出的概念，但在后来的实际运用中，被认为是一个比较理想化且不可被实现的概念。理性决策所推崇的决策模式，也就是"理性决策模型"，简称理性模型（rational model），最早是建立在传统经济学理论之上的，主要用于解释经济市场的决策现象，以"经济人"的假设为前提，形成了有效的分析框架，舍弃了一些次要变量，使问题的分析得以简化。理性决策模型可以简单概括为以下几点。

（1）决策过程中必须获得全部有效的信息。

（2）寻找出与实现目标相关的所有决策方案。

（3）能够准确地预测出每一个方案在不同的客观条件下所能产生的结果。

(4) 非常清楚那些直接或间接参与公共政策制定的人们的社会价值偏向及其所占的相对比重。

(5) 可以选择出最优化的决策方案。

可以看出，理性决策围绕着决策人的决策过程，主要体现了以下四个原则。

(1) 决策者必须了解全部影响因素。

(2) 决策者必须知道所有的可能方案。

(3) 决策者必须知道所有方案对应的结果。

(4) 决策者必须不被个人情绪和喜好影响，而选择最优方案。

综上，行为决策和理性决策的区别可以概括为以下三点。

(1) 所评估的对象不同。理性决策的评估对象是决策结果，而行为决策的评估对象是决策过程。

(2) 所研究的基本面不同。理性决策把决策者的行为因素对决策结果的影响忽略不计，研究的是决策行为中过程对结果的影响，强调的是通过减少数据误差来优化决策；而行为决策考虑的是实际决策行为中的现实因素（尤其是人的行为认知）对决策结果的影响，研究的是决策者的认知和主观心理过程，强调决策者是有限理性的，因为实际决策环境中充满了高度不确定性，但是人的经验、知识、想象力和计算力是有限的。

(3) 所提倡的理念不同。理性决策提倡最优选，而行为决策退而求其次，认为只要达到"令人满意"的结果就可以了。

5.2 行为决策理论发展历程

根据邵希娟和杨建梅（2006）的研究，可以将行为决策理论的发展历程大致分为三个阶段。在这三个阶段中，决策行为的实证研究一直贯穿其中，而决策行为的实证研究方法在很大程度上对行为决策理论的发展起着推动抑或限制的作用。可以说，决策行为实证研究方法的发展对行为决策理论的发展起着关键的作用。

5.2.1 萌芽期：判断和选择的信息处理过程的研究阶段

行为决策理论发展的萌芽阶段大致为20世纪50年代至70年代中期。该阶段的研究主要集中在探索理性决策理论的不足和弊端上，其研究往往处在规范性研究的先行阶段，没有划分出独立的研究领域。

在这一阶段有两个非常著名的理性决策的悖论，即1952年提出的阿莱悖论（Allais paradox）和1961年提出的埃尔斯伯格悖论（Ellsberg paradox），这两个理性决策悖论引起了研究者对人们实际"决策过程"的探索。

阿莱悖论由法国经济学家、诺贝尔经济学奖获得者莫里斯·阿莱在1952年提出。他做了一个著名的实验，设计了一个对100人进行测试的赌局，具体如下。

赌局A：100%的机会得到100万元。

赌局 B：10%的机会得到 500 万元，89%的机会得到 100 万元，1%的机会什么也得不到。

实验结果：绝大多数人选择 A 而不是 B。也就是说，赌局 A 的期望值（100 万元）虽然小于赌局 B 的期望值（139 万元），但是 A 的效用值大于 B 的效用值。

然后阿莱使用新赌局对这些人继续进行测试。

赌局 C：11%的机会得到 100 万元，89%的机会什么也得不到。

赌局 D：10%的机会得到 500 万元，90%的机会什么也得不到。

实验结果：绝大多数人选择 D 而非 C。也就是说，赌局 C 的期望值（11 万元）小于赌局 D 的期望值（50 万元），而且 C 的效用值小于 D 的效用值。

阿莱设计这个赌局，来证明预期效用理论以及预期效用理论所依据的理性选择公理本身存在逻辑不一致的问题。

1954 年，萨维奇（Savage）由直觉的偏好关系推导出概率测度，从而得到一个由效用和主观概率来线性规范人们行为选择的主观期望效用理论。他认为该理论是用来规范人们的行为的，理性人的行为选择应该和它保持一致性。在他的理论中，有一个饱受争议的确凿性原则（sure-thing principle），它表明行为选择的优先性不应受到在两个行为具有完全相同结果的状态下其他因素的影响，只要两个行为在某种情形之外是一致的，那么在这种情形之外发生的变化肯定不会影响此情形下行为人对两个行动的偏好次序关系。

1961 年，丹尼尔·埃尔斯伯格（Daniel Ellsberg）在一篇论文中通过两个例子向主观期望效用理论提出了挑战。他的第一个例子是提问式的，表述如下。

在你面前有两个都装有 100 个红球和黑球的缸Ⅰ和缸Ⅱ，你被告知缸Ⅱ里面红球的数目是 50 个，缸Ⅰ里面红球的数目是未知的。如果一个红球或者黑球分别从缸Ⅰ和缸Ⅱ中取出，那么它们分别被标为红Ⅰ、黑Ⅰ、红Ⅱ和黑Ⅱ。从这两个缸中随机取出一个球，要求你在球被取出前猜测球的颜色，如果你的猜测正确，那么你就获得 100 美元，如果猜测错误，那么什么都得不到。为了测定你的主观偏好次序，你被要求回答下面的问题。

（1）你偏爱猜测红Ⅰ的出现，还是黑Ⅰ的出现，还是对它们的出现没有偏见？

（2）你偏爱猜测红Ⅱ，还是黑Ⅱ？

（3）你偏爱猜测红Ⅰ，还是红Ⅱ？

（4）你偏爱猜测黑Ⅰ，还是黑Ⅱ？

埃尔斯伯格发现大多数人对问题 1 和问题 2 的回答是没有偏见。但是对问题 3 的回答是更偏爱于猜测红Ⅱ的出现，对问题 4 的回答是更偏爱于猜测黑Ⅱ的出现。

他认为，按照萨维奇的理论，假定你猜测红Ⅱ，那么作为一个观察者，将实验性地推断你认为红Ⅱ的出现比红Ⅰ的出现更有可能。同时你猜测黑Ⅱ，则可推断你认为黑Ⅱ比黑Ⅰ更有可能发生。但是，根据概率论的知识，这是不可能的，因为，如果黑Ⅱ比黑Ⅰ更有可能出现，那么红Ⅰ一定比红Ⅱ更有可能出现，所以，不可能从你的选择中推断出概率，也就是说你的行为选择根本不是在概率的启迪性判断下做出的。因此，在不确定情形下，主观概率不能赋值，没有概率测度能被确定。

埃尔斯伯格给出的另外一个例子直接针对确凿性原则，表述如下。

在一个缸里装有 30 个红球和 60 个不知道比例的黑球和黄球。从缸中随机取出一个球，要求人们对下面两种情形下的四种行为进行选择。

行为 I 是对红球的一个赌，当一个红球被取出可以得到 100 美元，其他颜色的球被取出则什么都得不到。

行为 II 是对黑球的一个赌，当一个黑球被取出可以得到 100 美元，其他颜色的球被取出则什么都得不到。

行为 III 是对红球或者黄球的一个赌，当红球和黄球被取出可以分别得到 100 美元，黑球被取出则什么都得不到。

行为 IV 是对黑球或者黄球的一个赌，当黑球和黄球被取出可以分别得到 100 美元，红球被取出则什么都得不到。

可以看到，这两种情形的区别仅仅在于第二种情形多了一个有完全等同结果的状态，即黄球被取出可以得到 100 美元。根据确凿性原则，人们对行为 I 和行为 II 之间的偏好关系应该和对行为 III 和行为 IV 之间的偏好关系相一致。就是说，如果在第一种情形下选择了行为 I，那么在第二种情形下应该选择行为 III；如果在第一种情形下选择了行为 II，那么在第二种情形下应该选择行为 IV。

但是，埃尔斯伯格发现大多数人在第一种情形中选择了行为 I，同时在第二种情形中选择了行为 IV；较少一些人在第一种情形中选择了行为 II，同时在第二种情形中选择了行为 III。这两种选择模式都违背了确凿性原则，因此，人们实际的行为选择明显与主观期望效用理论的结果不相一致。此外，他还得到一个重要的发现。他说："在重新思考所有他们按照这个原则'犯错的'决定后，许多人——他们不仅是富有经验的，而且是理智的——都决定他们希望坚持他们的选择。其中包括一个先前感觉对这个原则有'首位的信奉'的人，他们发现在这些情形里，他们违背了确凿性原则，许多人很惊讶，一些人很沮丧。"

埃尔斯伯格所揭示的问题确实对主观期望效用理论产生了严重的冲击，因为他进行实验的对象不少是统计学家和经济学家，不仅这些人中的大多数，其中包括萨维奇本人都做出了"错误的"选择，而且有不少人在重新思考过后仍然不愿意改变自己的选择，这似乎说明主观期望效用理论并不具有规范性的作用。

风险是概率分配已知的情形，而不确定是概率分配不清楚的情形。因此，埃尔斯伯格悖论和阿莱悖论的不同在于，前者暗示了在风险和不确定情形下的决策应该有所不同。

阿莱悖论和埃尔斯伯格悖论等理性决策悖论引起了研究者对人们实际"决策过程"的探索，但促成这方面研究成果的出现主要是由于认知心理学的发展。过去心理学家曾认为"大脑"是一个"刺激—反馈"的机器，而从 20 世纪 60 年代开始，旧的比喻被渐渐遗弃，将大脑比喻成一个"信息处理器"的理论渐渐主导了认知心理学，同时这个比喻又引出了诸如"问题解决""决策过程"等新的研究课题。

在萌芽期，行为决策理论的主要研究对象可分为"判断"和"抉择"两大类。"判断"在研究中的含义是"人们在估计某一事物发生概率的时候，整个决策过程是如何进行的"

(埃尔斯伯格悖论讨论的就是这个问题);"抉择"在研究中的含义是"人们在面对多个可选事物的情况下,是如何做挑选的"(阿莱悖论讨论的就是这个问题)。行为决策理论的研究框架基于认知心理学,认为人的"判断"和"抉择"过程实际是信息处理过程,该过程有四个环节——信息获取、信息处理、信息输出、信息反馈;主要研究内容是探索和描述人们在"判断"和"抉择"中是如何具体进行每一个环节的。

行为决策理论在这个阶段主要的研究方法是心理学实验方法,通过心理学实验探索人们在进行"判断"和"抉择"背后的心理因素,然后就这些心理因素对决策行为中的"判断"和"抉择"的影响进行理论探讨。应该说行为决策理论在这个阶段还是解释了许多理性决策理论无法解释的经济现象。但是,受到研究方法的限制,在这个阶段,行为决策理论对决策行为的研究显得比较单薄,加上理性决策理论正处在发展的高潮期,行为决策理论在学术界并没有得到重视。

5.2.2 兴起期:与理性决策模型对照研究阶段

行为决策理论研究发展的第二个阶段从 20 世纪 70 年代中期开始,持续到 80 年代中后期。从 20 世纪 70 年代中期开始,学者将第一阶段的研究成果和理性决策模型进行对照后发现:①人的认知并不符合理性模式,在有限认知能力的限制下,面对不确定的、不完全的、复杂的信息,人的认知与理性模式常常产生系统性的偏差;②现实生活中,决策不仅以现状为基础,而且会考虑到现状产生的过程,即历史会以一种非完全理性的方式影响未来的决策;③人们在运用各种经验去判断未来事件出现的概率时,往往会系统性地破坏概率论中的各种定则。决策者本人对各种因素重要性的权衡、对随机性的判断受环境、个人知识结构以及情绪的强烈影响。这一阶段的研究内容主要是:揭示人们决策过程中的"判断"和"选择"行为与理性决策模型前提下的不一致之处;解释其背后的原因;指出传统理论的不足。

行为决策学在这个阶段已经成为一门独立的研究学科,扩大到了微观经济决策、宏观经济决策和管理决策领域,特别是对金融证券投资的研究取得了突破性进展,从而产生了"行为经济学"及其分支"行为金融学"。

在这个阶段,行为决策理论的研究对象扩大到了决策过程的所有环节——情报阶段、设计阶段(包含判断)、抉择阶段和实施阶段,对各个阶段中决策者的具体决策进行了深入的探索,并取得丰富的研究成果。可以说,行为决策理论中关于偏离传统最优行为的"决策偏差"绝大部分是在这个时期研究发现的。值得注意的是,行为决策理论在这个阶段已经开始建立起基于人们实际决策行为的描述性决策模型,1979 年卡尼曼和阿莫斯·特沃斯基(Amos Tversky)在前景理论中提出的描述性决策框架就是一个具有代表性的模型,这一模型与传统的决策模型相比已经发生了很大的变化。结合这个模型,卡尼曼和特沃斯基运用心理学对传统经济学进行大胆创新,修正了传统经济学的基本假设,开创了行为经济学研究的新领域。经过大量实验研究,他们总结发现了许多偏离传统最优行为的决策偏差[如确定效应(certainty effect)、反射效应(reflection effect)、锚定效应(anchoring effect)、过度反应、过度自信等现象],并在总结实验成果的基础上提出了充分展示人类决策行为复杂性和不确定性的前景理论。卡尼曼也由于在该领域杰出的贡献而获得了 2002 年诺贝尔经济学奖。

行为决策理论研究在这个阶段的主要研究方法包括观察法、调查法（主要是问卷调查法、访谈调查法）和实验法（心理学实验和经济学实验）等，而且随着实验经济学的逐渐成熟，行为决策研究的方法有逐渐向经济学实验方法靠拢的趋势。多种实证研究方法的应用，尤其是经济学实验法的逐渐成熟和应用，使得人们对实际决策行为的规律有了一个比较全面的认识，为后来行为决策理论的蓬勃发展，尤其是在经济、金融、管理等领域的广泛应用奠定了坚实基础。

5.2.3 蓬勃发展期：行为变量嵌入理性决策模型阶段

行为决策理论发展的第三个阶段是从 20 世纪 80 年代中后期开始至今。行为理论研究在这个阶段不再是对传统理论的挑战，而是概括行为特征、提炼行为变量，然后将其运用到理性决策的分析框架之中。这种向传统理论领域的渗透与第一阶段的混淆完全不同——改善和替代后的决策模型不仅考虑客观的备选方案以及环境对它们的影响，而且包含了决策者认知局限性、主观心理因素以及环境对决策者的心理影响等因素，这样得到的模型普适性更强，传统的理性决策模型成了这个模型的特例。可以说，这种渗透正是行为决策理论逐步走向成熟的一个标志。行为决策理论在这个阶段最具影响力的研究应属其应用于金融领域的研究，具有代表性的研究至少包括 BSV 模型（bounded rationality, satisficing, and viability model，有限理性-满意化-可行性模型）、DHS 模型（disappointment, habit-formation, self-control model，失望-习惯形成-自我控制模型）、HS 模型（heuristics and satisficing model，启发式-满意化模型）、BHS 模型（bounded rationality, heuristics, and satisficing model，有限理性-启发式-满意化模型）等四个投资者心态模型以及行为资产定价模型、行为组合模型等。投资者心态模型能够对金融市场中价格对信息的过度反应（over reaction）和反应不足（under reaction）现象进行较好的解释，而行为资产定价模型和行为组合模型更是对传统资本资产定价模型进行了普适性更强的修正。

在第三阶段，行为决策理论的主流研究范式为：①识别具体领域的传统决策模型及其假设；②揭示理论和实际不一致现象，而这种不一致现象是由于人的认知能力、心理因素所导致的；③归纳行为特征，增加行为变量或用考虑行为因素后的变量替代原模型中的变量，得到新的决策模型；④对新模型进行实证检验，寻找该模型的新推论，并论证其正确与否。

从研究范式可以看出，在行为决策理论研究的第三阶段中，以演绎法为特征的理论研究开始增多，但实证研究方法还是主要的研究方法，只是实证分析的对象已经不是决策行为，而是基于决策行为规律提出的经济、金融、管理等领域中的一些命题假设。需要重点指出的是，虽然这个阶段的研究开始转向行为决策模型的构建和检验，但模型的构建和检验均建立在对人们实际决策行为的实证分析之上。在文化背景研究逐渐融入和复杂系统研究方法不断引入的情况下，对实际决策行为进行描述的精确度要求越来越高，对其研究方法的要求自然也就越来越高。

在行为决策理论的发展过程中，对人们实际决策行为进行描述性研究的方法起着十分重要的作用。在行为决策的萌芽阶段，由于人们实际决策行为的实证分析方法局限于心理学实验，行为决策研究的对象无法涵盖决策的整个过程，也无法与理性决策研究的领域脱钩。在行为决策理论发展的第二阶段，由于观察法、调查法和实验法的引入，尤其是经济学实验法的日渐成熟，行为决策理论开始兴起并成为一个独立的研究学科。到了第三阶段，由于经济学实验法的广泛应用和对其他实证研究方法的不断吸收，行为决策理论取得了长足的发展，并逐渐在现代决策理论中占据重要的地位。因此，可以认为，对人类实际决策行为进行描述性研究的方法在很大程度上决定了行为决策理论发展的进程。

5.3 行为决策研究理论

5.3.1 前景理论

前景理论也被称为展望理论，是 1979 年由美国普林斯顿大学心理学教授丹尼尔·卡尼曼和阿莫斯·特沃斯基提出的。该理论将心理学研究应用于经济学中，认为个人的参考点不同，会有不同的风险态度，对不确定情况下的人为判断和决策研究做出了突出贡献。针对长期以来沿用的理性人假设，前景理论从实证研究出发，从人的心理特质、行为特征揭示了影响选择行为的非理性心理因素。利用前景理论可以对风险与收益的关系进行实证研究。

前景理论认为人们通常不是从财富的角度考虑问题，而是从输赢的角度考虑，关心收益和损失的多少。

1. 前景理论内容

在前景理论中往往假设：大多数人在面临获利的时候是风险规避的；大多数人在面临损失的时候是风险偏好的；大多数人对损失比对获得更为敏感。

在此前提下，个人选择往往呈现出五种特性。

1）确定效应

在确定的收益和"赌一把"之间，多数人会选择确定的好处。例如，让一个人在①收益 100 元和②有 50%的概率收益 200 元、50%的概率收益 0 元之间做选择。在该案例中，两种方案的期望收益相同，都为 100 元，按照古典决策的期望效用理论，两种方案是无差的，然而实际上多数人会选①，因为可以稳得 100 元，而不愿意冒风险选择有可能收益更大的②选项。也就是说，相对于仅仅是可能的结果，人们对确定结果会过度加权。

2）反射效应

在确定的损失和"赌一把"之间，做一个抉择，多数人会选择"赌一把"。例如，让一个人在①损失 100 元和②有 51%的概率损失 200 元、49%的概率损失 0 元之间做选择，多数人会选②，因为人们愿意冒更大的风险对确定的损失进行规避，而事实上②的期望损失更大。

3）损失规避

白捡的 100 元所带来的快乐，难以抵消丢失 100 元所带来的痛苦。假设有一个赌博游戏，投掷一枚均匀的硬币，正面为赢，反面为输。如果赢了可以获得 5 万元，输了失去 5 万元。从整体上来说，这个赌局输赢的可能性相同，就是说这个游戏的结果期望值为零，是绝对公平的赌局。但大量类似实验的结果证明，多数人不愿意玩这个游戏。这个现象可以用损失规避效应解释，虽然出现正反面的概率是相同的，但是人们对"失"比对"得"敏感。想到可能会输掉 5 万元，这种不舒服的程度超过了想到有同样可能赢来 5 万元的快乐，即大多数人对损失和获得的敏感程度不对称，面对损失的痛苦感要大大超过面对获得的快乐感。卡尼曼认为人们面对同样数量的收益和损失时，认为损失更加令他们难以忍受，同量的损失带来的负效用为同量收益的正效用的 2.5 倍。

4）迷恋小概率事件

很多人都买过彩票，虽然中奖的可能微乎其微，可还是有人心存侥幸。同时，很多人都买过保险，虽然倒霉的概率非常小，可还是想规避这个风险。在小概率事件面前，人类对风险的态度是矛盾的，一个人可以是风险喜好者，同时又是风险厌恶者。传统经济学无法解释这个现象。这就是弗里德曼-萨维奇悖论。

买保险还是买彩票？弗里德曼和萨维奇发现，购买保险是规避风险，而投注彩票则是招致风险。但现实生活却是同一个人会同时购买保险和彩票，甚至达到同一数量级。例如，2003 年，新加坡保险密度为 1620 美元，人均彩票购买量为 1550 美元。

前景理论指出，在涉及收益时，决策者是风险的厌恶者；涉及损失时，决策者是风险喜好者。但涉及小概率事件时，风险偏好又会发生离奇的转变。人们在认为合适的情况下可能会选择"赌一把"。

5）参照依赖

多数人对得失的判断往往根据参考点决定。举例来说，在"其他人的年收入为 6 万元，你的年收入为 7 万元"和"其他人的年收入为 9 万元，你的年收入为 8 万元"的选择题中，大部分人会选择前者。事实上，在相同的条件下，人们总是喜欢把得与失、成与败的标准定格在和其他参照物的比较之下，从而做出不同的心理反应和行为反应。研究认为：人们在做决策时，并不是计算一个物品的真正价值，而是用某种比较容易评价的参照物来判断。

综上，前景理论引申出的四个基本结论如下。

（1）大多数人在面临获利的时候是风险厌恶的（确定效应）。

（2）大多数人在面临损失的时候是风险偏好的（反射效应）。

（3）大多数人对损失比对收益更敏感（损失规避）。

（4）大多数人对得失的判断往往根据参考点决定（参照依赖）。

简言之，人在面临获利时，不愿冒风险；而在面临损失时，人人都成了冒险家。人们对损失所带来的痛苦比对获得所带来的喜悦更敏感，而损失和获利是相对于参考点而言的，改变评价事物时的参考点，就会改变对风险的态度。

2. 前景理论决策过程

前景理论将选择过程分为两个阶段：开始的编辑阶段和之后的评价阶段。编辑阶段，对所提供的前景进行初步分析，形成对这些前景更简单的表述。评价阶段，对编辑过的前景进行评估，并选择最高价值的前景。

1）编辑阶段

编辑是对不同的"前景"进行简化和重新编码。重新编码包括编码、整合、分解、删除这些主要操作。在人们的决策中观察到的很多异常都源自编辑阶段。个体凭借"框架"和"参考点"等采集与处理信息。

框架，即对问题的表征形式，同一个问题可以有多种表征形式，不同的框架导致决策产生不同的结果。框架受多种因素影响，如框架维度（框架维度不完备，有效的决策思路就可能被遗漏在决策框架之外）、框架焦点（框架的焦点因每个人的知识经验、价值观的不同而不同）、框架边界（框架边界以外的信息通常被忽略，边界以外的信息是决策的盲点）、框架固化（不同的知识经验、生活环境、价值观可以为不同的人设定不同的框架，决策框架一旦形成，就倾向于稳定和固化）。

参考点，即表征信息，是形成获益或损失框架的重要依据，也是做出决策的重要依据。人们在评价事物时，总要与一定的参考物相比较，当对比的参考物不同时，即使相同的事物也会得到不同的比较结果，因此，参考点是一种主观评价标准。由于参考点的动态变化，决策者在收益区也可能表现出风险偏好，在损失区也可能表现出风险厌恶。

2）评价阶段

在评价阶段，假设决策者对每一个被编辑过的前景加以评价，然后选择最高价值的前景。该过程主要依赖价值函数和权重函数进行，选择加权"价值函数"的最大值 V，V 是各价值 v 和权重 π 的线性加权和。

$$V(f) = v(\Delta x)\pi_i \tag{5.1}$$

价值函数 v 是决策者根据实际收益或损失产生的主观感受价值，由卡尼曼和特沃斯基提出，可表示为

$$v(\Delta x) = \begin{cases} \Delta x^\alpha, & \Delta x \geq 0 \\ -\lambda(-\Delta x)^\beta, & \Delta x < 0 \end{cases} \tag{5.2}$$

其中，Δx 为 x 偏离某一参考点 x_0 的大小，$\Delta x \geq 0$ 说明获得收益，$\Delta x < 0$ 说明遭受损失；α 和 β 分别为决策者对于收益和损失的敏感程度，$\alpha > 0$，$\beta < 1$。$\lambda > 1$ 表示相对于收益，决策者对于损失更敏感。

这种价值函数设定反映了前景理论的重要特性，价值载体是财富或福利的变化而不是最终状态。这个假设符合人类感知和判断的基本原则，同时体现了确定效应、反射效应和损失规避。

对于收益或损失的决策权重函数，卡尼曼和特沃斯基认为决策权重是决策者根据结果出现的概率做出的某种主观判断，它们不服从概率公理，不应该被解释为对程度或信仰的测量。决策权重函数具体可表示为

$$\begin{cases} \pi(p)^+ = \dfrac{p^\theta}{\left[p^\theta + (1-p)^\theta\right]^{1/\theta}} \\ \pi(p)^- = \dfrac{p^\delta}{\left[p^\delta + (1-p)^\delta\right]^{1/\delta}} \end{cases} \quad (5.3)$$

其中，$\theta > \delta$，其含义为：人们一般会高估小概率而低估中大概率，当概率接近 1 时，又会回到"真实"状态，即面对中大概率时，收益情形下的风险厌恶要比损失情形下的风险偏好更明显。

5.3.2 后悔理论

后悔理论，也称遗憾理论，是 1982 年由 Bell、Loomes 和 Sugden 提出的一种行为决策理论。该理论认为，人们往往不仅关心自己可以得到的，而且会把将要选择方案的结果与其他备选方案中可获得的结果相比较。Bell 将后悔描述为将一件给定事件的结果或状态与将要选择的状态进行比较所产生的情绪。例如，当在熟悉的和不熟悉的品牌之间进行选择时，消费者可能考虑到选择不熟悉的品牌要比选择熟悉的品牌造成效果不佳时的遗憾要大，因而，消费者很少选择不熟悉的品牌。后悔理论的核心思想是：决策者会对自己所处的现实状况与本可能处于的状况（决策者在过去选择其他方案）进行比较，如果决策者发现自己选择其他方案能够得到更好的结果，那么内心可能会感到后悔；反之，就会感到欣喜。因此，当面临新的选择时，决策者会回忆自己之前的经历，并且形成可能面临的后悔或欣喜的预期。

决策者在决策时会受到以下两个因素的影响：①选择备选对象所能获得的结果；②后悔和欣喜的预期。

后悔理论主要包括预期后悔理论（anticipated regret theory）和后悔厌恶理论（regret aversion theory），下面分别进行介绍。

1. 预期后悔理论

Bell、Loomes 和 Sugden 提出的后悔理论属于预期后悔理论，该理论将情感与动机的因素合并到期望结构中。预期后悔理论认为个人会评估他对未来事件或情形的预期反应，这些预期情绪将改变效用函数，决策者在决策中会力争将后悔的程度降至最低。在决策时，如果要选择熟悉的方案与不熟悉的方案，决策者更偏向于选择更熟悉的那个，因为这样造成的后悔程度远比选择其他方案造成的后悔程度小。许多研究证明了预期后悔理论。例如，Ritov 和 Baron（1990）发现，当母亲预期到自己的孩子将死于接种疫苗的后悔心情时，就不愿意给孩子接种此种疫苗，即便死于疾病的机会远远大于死于接种疫苗的机会。Parker 等（1996）的研究表明，如果人们因违规驾驶而产生生命和财产损失的后悔心情事先得到提醒，他们关于安全驾驶的态度和信念就会发生极大的变化。

2. 后悔厌恶理论

Zeelenberg 等（1996）发现人们总是倾向于做出后悔最小化的选择，而不是风险最小化的选择。这一研究结果恰好解决了为什么有时人们倾向于安全性的选择，有时却倾向于冒险的矛盾决策行为。例如，母亲做出不给孩子接种疫苗的决定便是此种行为一个典型。这表明，相对于风险厌恶，决策者更倾向于表现出后悔厌恶。近来，更多的研究者更倾向于将后悔厌恶看作是一个决策动机。Humphrey（2004）从理论和实验两方面证实了后悔厌恶作为一个决策动机从而影响决策这一观点的合理性。无论如何看待后悔厌恶，其对决策的巨大影响力是毋庸置疑的。其既不同于风险厌恶，也不同于损失厌恶。与这二者相比，后悔厌恶似乎对决策具有更大的影响力（如股票投资者不愿抛出持续跌价的股票；母亲不愿给孩子注射相对更安全的疫苗；沉没成本效应等）。在后悔厌恶理论中，决策者在决策时更愿意安于现状，如果选择其他方案会导致效用降低，那么他会比因安于现状而降低同等效用更加后悔。

5.3.3 过度反应理论

过度反应理论说明了市场总是会出现过度反应的现象，人们由于一系列的情绪与认知等心理因素，会在投资过程中表现出加强的投资心理，从而导致市场出现过度反应。

经典的经济学和金融理论认为，个体在投资活动中是理性的。他们在进行投资决策时会进行理智的分析，当股票价格低于上市公司的内在价值时，投资者开始买入股票；而当股票价格高于上市公司的内在价值时，开始卖出股票。证券市场也由此形成了一种价值投资的氛围，但事实并非如此。投资领域中存在着价格长期严重偏离其内在价值的情况，主要原因是上市公司未来的价值本身具有许多不确定性，正是这种不确定性引发了投资者心理上的非理性因素，投资者共同的非理性投机形成了市场的暴涨和崩盘现象。

过度反应理论认为，投资者对于受损失的股票会变得越来越悲观，而对于获利的股票会变得越来越乐观。他们对于利好的消息和利空的消息都会表现出过度反应。当牛市来临时，股票价格会不断上涨，涨到让人不敢相信，远远超出上市公司的投资价值；而当熊市来临时，股票价格会不断下跌，直到跌到让大家无法接受的程度。之所以出现这种情况，除了投资者的从众心理在起作用外，还有投资者像普通人一样的非理性的情绪状态，以及由此产生的认知偏差。当市场价格持续上涨时，投资者会倾向于越来越乐观。因为他们的实际操作已经产生了盈利。这种成功的投资行为会增强其乐观的情绪状态，在信息加工上将造成选择性认知偏差，即投资者会对利好消息过于敏感，而对于利空消息表现麻木。这种情绪和认知状态又会加强其行为上的买入操作，进而形成一种相互加强效应或者说恶性循环；而当市场价格持续下跌时，情况刚好相反，投资者会变得越来越悲观。因为他们的实际操作已经产生了亏损，这种失败的投资操作会加强其悲观情绪，同样会造成选择性认知偏差，即投资者会对利好消息表现麻木。这种情绪和认知状态又会加强其行为上的卖出操作，进而形成一种相互加强效应或者说恶性循环。这就是过度反应现象。

过度反应现象的产生原因有以下几点。

（1）投资者过度自信。过度自信是导致过度反应的根本原因。过度自信是指人们倾向于过度相信自己的判断，而低估这种可能存在的偏差。在经验性环境下人们对自己的判断一般都会过于自信，而过于自信就会出现虚假。当虚假的结果重复呈现在面前时，人们就会从中受到强化，其经济行为表现就是过度反应。

（2）羊群行为的影响。羊群行为是指受其他投资者采取的某种投资策略的影响而采取相同的投资策略，即投资人的选择完全甚至过度依赖于舆论，或者说投资人的选择纯粹是对大众行为的模仿，而不是基于自己所挖掘的信息。简单来说就是，他人的行为会影响个人的决策，并对最终的决策结果造成影响。羊群行为强化了股价的上升或下跌，直接导致股价的超涨或超跌等过度反应现象的发生。

（3）正反馈交易者。由于正反馈交易者存在"与他人相关"的心理偏差，容易形成羊群行为，从而导致正反馈交易者采用一种很特殊，但也很简单的交易策略：在价格上升时买进，在价格下跌时卖出。这种交易策略最终会强化过度反应的产生。

5.3.4 过度自信理论

大量的认知心理学的文献认为，人是过度自信的，尤其对其自身知识的准确性过度自信。人们系统性地低估某类信息并高估其他信息。

Gervais 等（2002）将过度自信定义为，认为自己知识的准确性比事实中的程度更高的一种信念，即对自己的信息赋予的权重大于事实上的权重。关于主观概率测度的研究也发现确实存在过度估计自身知识准确性的情况。

Griffin 和 Tversky（1992）发现：人们在回答极度困难的问题时，倾向于过度自信；在回答容易问题时，倾向于不自信；当从事的是可预测性较强，有快速、清晰反馈的重复性的任务时，人们倾向于仔细推算，如专业桥牌运动员和气象学者在决策时都倾向于仔细推算。

Kunda（1987）发现人们期望好事情发生在自己身上的概率高于发生在别人身上的概率，甚至对于纯粹的随机事件有不切实际的乐观主义。人们会有不切实际的积极的自我评价，往往认为自己的能力、前途等会比其他人好。过度自信的人往往有事后聪明的特点，夸大自己预测的准确性，尤其是当他们期望一种结果，而这种结果确实发生时，他们往往会过度估计自己在产生这种合意结果中的作用。Daniel 等（1998）认为成功者会将自己的成功归因于自己知识的准确性和个人能力，这种自我归因偏差会使成功者过度自信。

过度自信的人在做决策时，会过度估计突出而能引人注意的信息，尤其会过度估计与其信念一致的信息，并倾向于搜集那些支持其信念的信息，而忽略那些不支持其信念的信息。当某些观点得到活灵活现的信息、重要的案例和明显的场景支持的时候，人们会更自信，并对这些信息反应过度；而当某些观点得到相关性强的、简洁的、统计性的和基本概率信息支持的时候，人们通常会低估这些信息，并对这些信息反应不足。

简单说来，过度自信是指，人们过度相信自己的判断能力，高估了自己成功的概率和私人信息的准确性。

造成过于自信的一个很重要的原因就是人们很难想象事情会以什么样的方式发展。由于不能预见到事情可能的各种发展方向，决策者就会对所知道的事情将来可能的发展过于自信。

和没有经验的人相比，有经验的人不太容易犯过于自信的毛病，因为他们更多地知道事情发展的多样性。Russo 和 Schoemaker（1992）指出，有经验的桥牌运动员叫牌的时候比较有把握，因为他们考虑到了各种可能的情况以及对手的出牌情况；相比之下，比较缺乏经验的运动员常常无法赢得自己觉得可以赢的牌局，原因就是他们没有考虑到各种可能的情况。俗话说"水满无声，半桶水晃荡"，正是这个道理。当人认为自己充满自信的时候，也许实际上是"半桶水"在作怪。

证实偏见也是导致过于自信的因素之一。如果你是某位球员的球迷，喜欢他的比赛，那么你肯定会对他未来的表现充满信心。就算他哪次比赛失了手，你也能找到各种各样为其辩护的理由，一厢情愿地认定其明年的表现一定非常出色。为自己的观点找理由，或者说只关注和自己的观点一致的证据，而不关注也不收集和自己的观点相抵触的证据，这种行为就是证实偏见，也就是总倾向于寻找和自己一致的意见和证据。它的一个后果就是过于自信。由于人们只看到了对自己有利的信息，他们就非常乐观地相信自己的判断，越来越觉得自己的判断是对的，而不知道真理到底是什么。

过度自信的表现形式有两种。一是，人们估值的置信区间太小。例如，人们认为，置信区间包含真实值的概率有 98%，而事实上置信区间包含真实值的概率只有 60%左右，即人们估值的置信区间太小了。二是，人们估计事件发生的概率很不准确。例如，人们估计某一事件完全可能发生，而实际发生的可能性只有 80%；人们确信不可能发生的事件实际发生的可能性却有 20%。为此，人们对事件发生概率的估计经常走向极端，过高地或过低地估计那些他们认为应该发生或不应该发生事件的可能性。

过度自信的特征表现为以下四个方面。第一，Griffin 和 Tversky（1992）曾发现，人们面对的问题难度越大，就越容易产生过度自信，这就是"难度效应"（difficulty effect）。第二，当反馈缺失或模糊时，人们往往难以意识到自己判断的偏差，从而持续表现出过度自信。第三，Zakay 和 Tuvia（1998）的研究表明，人们做出某种决策的时间越短，对该决策准确性的自信心就越大。第四，研究发现，个人专业知识的增加并不会减轻其过度自信的程度；当事件难以预测和把握时，专家比普通人往往更趋于过度自信。

5.4 行为决策模型及应用

5.4.1 水平差异化：霍特林模型

消费者对于水平差异化的偏好，往往可以利用霍特林模型进行刻画。水平差异化是指同类产品之间的不同特征的差异。该特征指的是颜色、大小、重量、款式等产品的横向属性。这种属性相对于产品服务、质量这样的横向属性而言，通常是不可排序的，没有高低之分。例如，消费者对于两本书的喜爱程度、对两个演员的偏好程度、对产品不同包装的偏好程度等，这些都没有一个可以适用于所有人的普适化答案，但这种偏好确实存在，它取决于不同消费者的主观好恶。

霍特林模型是 1929 年由哈罗德·霍特林（Harold Hotelling）提出的，是一个考虑空间差异的产品决策模型，主要用于解释企业选址和定价行为。

在霍特林模型中，假设有一条小路，长度为 L（为方便化，在不失普适性的前提下，以下将 L 标准化为 1），路两端有两家销售同质产品的零售商，即除空间位置差异外，这两家的商品在质量、样式等方面无差异。假设消费者密度为 1，即在单位长度上有 1 单位消费者。记边缘消费者（marginal consumer），即从两家零售商购买产品无差异的消费者为 $\bar{x}$，则霍特林模型如图 5.1 所示。

图 5.1 霍特林模型

记消费者的产品估值为 v，零售商 i 的零售价格为 p_i（$i=1,2$）。由于消费者离不同零售商的距离不同，消费者还需要付出旅行成本，包括时间、交通成本。记单位距离的旅行成本为 t，t 同样反映了产品之间的横向差异，t 越大，产品横向/空间差异越大。此时，位于 x 处的消费者从零售商 1 处购买产品所获得的效用为 $u_1 = v - tx - p_1$，从零售商 2 处购买产品所获得的效用为 $u_2 = v - t(1-x) - p_2$。对于在 $\bar{x}$ 的边缘消费者而言，$u_1(\bar{x}) = u_2(\bar{x})$，即 $v - t\bar{x} - p_1 = v - t(1-\bar{x}) - p_2$。此时，$\bar{x} = \dfrac{t + p_2 - p_1}{2t}$。可以很明显地看出，由于旅行成本的存在，位于边缘消费者左边的消费者会选择从零售商 1 处购买产品，位于边缘消费者右边的消费者会选择从零售商 2 处购买产品。由于产品总需求为 1 单位且市场被完全覆盖，所以，零售商 1 的市场需求为 $\bar{x}$，零售商 2 的市场需求为 $1 - \bar{x}$。从 $\bar{x}$ 的表达式可以看出，t 越大，价格差对于市场需求的影响越小。

当市场不被完全覆盖时，两家零售商局部垄断市场，则 $v - t\bar{x} - p_1 = 0$，零售商 1 的市场需求为 $(v - p_1)/t$。类似地，可以求得零售商 2 的市场需求为 $(v - p_2)/t$。在这种情况下，市场需求为 t 的减函数。

将经典霍特林模型进行拓展，可以考虑产品客户化的影响。通过产品客户化可以更好地满足消费者的差异化需求，从而降低旅行成本 t。假设两种产品的客户化水平为 $k_i \in [0,1]$（$i=1,2$）。k_i 越大，制造商 i 就可以客户化更多的相关属性，从而降低消费者的 t。位于 x 处的消费者从零售商 1 处购买产品所获得的效用为 $u_1 = v - p_1 - (1-k_1)tx$，从零售商 2 处购买产品所获得的效用为 $u_2 = v - p_2 - (1-k_2)t(1-x)$。其中，$(1-k_i)t$ 为客户化后的"旅行成本"。当产品完全客户化时（$k_i = 1$），"旅行成本"会消失。虽然提高客户化程度可以提高消费者效用，有助于提高产品需求，但同样也会给制造商带来额外成本。因此对于制造商而言如何决定客户化水平至关重要。

5.4.2 垂直差异化

垂直差异化是指假设不同的消费者对产品和服务各项特征的偏好相同，都认为产品的特征数量和消费数量越多越好，但是，对于额外增加一单位消费或者额外增加一项特征的评价却不相同。

消费者的效用与产品质量正相关，当消费高质量产品时，消费者可以获得更高的正效用。因此，产品质量越高，消费者的支付意愿越高。然而，不同消费者对于相同产品的质量偏好是异质的。由此，在购买单一种类产品时，消费者购买单位产品的效用为

$$u(p,q) = \theta q - p \tag{5.4}$$

其中，q 为产品质量；p 为产品零售价格；θ 为消费者的质量支付意愿，反映了消费者对质量的偏好。一般假设 θ 服从区间[0,1]上的均匀分布。该假设中，区间也可以拓展到 $[0,\bar{\theta}]$，其中 $\bar{\theta} > 0$ 为消费者的最高质量支付意愿。该拓展一般不影响结论，因此大多数研究都把该区间标准化为[0,1]。由于只有当效用非负时，消费者才会选择购买产品，即 $u(p,q) \geq 0$，也即 $\theta \geq p/q$，因此只有质量支付意愿高于 p/q 的消费者才会选择购买商品。特别地，当 p/q 大于 θ 的上界，也即 $p/q > 1$ 时，没有消费者愿意购买商品。因此对于零售商而言，其零售价格 $p < q$。当市场规模标准化为 1 时，市场需求应为 $1 - p/q$。

在该效用函数下，还可以将质量扩展到 $q \in [\underline{q}, \bar{q}]$ 的有界区间上，且质量支付意愿 $\theta \in [a, a+1]$，$a \geq 0$；甚至可以对效用函数进行扩展，如 $u(p,q) = v(\theta,q) - p$，即产品质量不同时，零售价格也不同。

以上的传统垂直差异化模型将质量/服务看作一个整体。现实中，可以根据服务/质量的特征将其分为二维甚至多维。例如，假设某一产品由 n 个质量特征 q_i（$i=1,2,\cdots,n$）构成，对于消费者而言，这些特征越明显越好，消费者对于这 n 个属性的支付意愿存在差异。在此情况下，消费者效用可以设为

$$u = v + \sum_{i=1}^{n} \theta_i q_i - p, \quad i = 1, 2, \cdots, n \tag{5.5}$$

其中，v 为产品的内在价值；θ_i 为消费者对于质量特征 q_i 的支付意愿。θ_i（$i=1,2,\cdots,n$）独立且同服从区间[0,1]上的均匀分布。通过构造这一消费者效用函数，可以研究制造商如何设计质量的多个属性并分析其定价决策。

课 后 习 题

1. 为什么要进行行为决策，它的意义是什么？
2. 行为决策的特点是什么？
3. 行为决策的定义是什么？它与古典决策有什么不同？
4. 请简述行为决策理论是怎样发展的，并写出每个时期的主要研究内容及代表发现。

5. 有哪些具有代表性的行为决策研究理论？请简要介绍理论内容。
6. 前景理论是什么？前景理论怎样决策？
7. 后悔理论的具体内容是什么？后悔理论主要包括哪两项理论？请简要概述并举例说明。
8. 假设某一产品由 n 个质量特征 q_i（$i=1,2,\cdots,n$）构成。对于消费者而言，这些特征越明显越好；消费者对于这 n 个属性的支付意愿存在差异。那么，消费者效用怎样表示？
9. 在考虑消费者偏好的情况下，如何用霍特林模型表示两种产品的需求？

第 6 章　知识发现与数据挖掘

基于数据库的知识发现是指从大量数据中提取有效、新颖、潜在有用、最终可被理解的模式的高级处理过程。

6.1　数据的快速发展

6.1.1　数据量的激增

进入数据信息时代后，数据超载的问题不断暴露，在数据采集、存储工具和技术不断创新的社会背景下，数据集的分析和理解能力仍有较大的进步空间。随着社会的进步和信息通信技术的发展，全球数据量迅猛增加，呈现出数据量大、增长速度快、类型多样三个主要特征，"大数据"被大众用来形象地描述信息爆炸时代产生的海量数据。2011 年，全球知名咨询公司麦肯锡在《海量数据，创新、竞争和提高生成率的下一个新领域》的研究报告中提到，"数据，已经渗透到当今每个行业和业务职能领域，成为重要的生产因素。人们对于海量数据的挖掘和运用，预示着新一波生产率增长和消费者盈余浪潮的到来"。

近年来，全球数据规模呈几何级数增长，不仅数据存量大，数据的产生速度也在不断创造新的纪录。据国际信息技术咨询企业——国际数据公司（International Data Corporation，IDC）的报告，预计到 2030 年全球的数据存储量将达到 2500ZB（ZB 表示泽字节，$1ZB=2^{70}B$）。2014—2019 年全球大数据存储量统计及增长情况如图 6.1 所示。目前，需要处理的数据量已经远远超过现有技术的处理能力，大量的数据因无法或来不及处理，而成了未利用的、价值不明的"暗数据"，据国际商业机器公司（International Business Machines Corporation，IBM）的研究报告，大多数企业仅对其所有数据的 1%进行了分析应用[①]。

作为人口和制造大国，我国数据产生规模巨大，大数据资源极为丰富。据 IDC 的统计数据，2018 年，中国的数据产量约占全球数据产量的 23%，其次是美国，具体情况如图 6.2 所示。2019 年，中国数据产量总规模为 3.9ZB，同比增长 30%，人均数据产量为 3TB（太字节，$1TB = 2^{10}GB = 2^{40}B$），同比增长 25%，如图 6.3 所示。

---

① http://www.npc.gov.cn/npc/c2/c30834/201910/t20191030_301783.html。

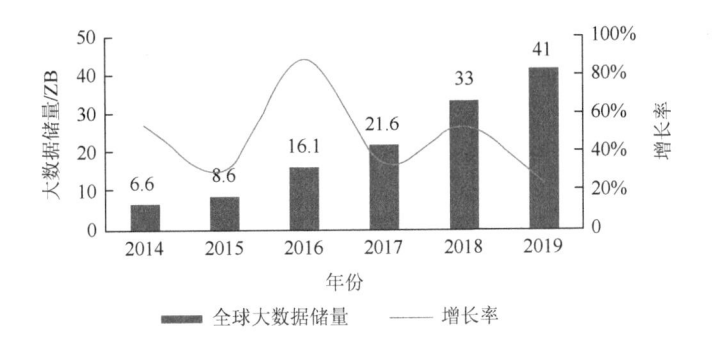

图 6.1　2014—2019 年全球大数据存储量统计及增长情况

数据来源：IDC、前瞻产业研究院

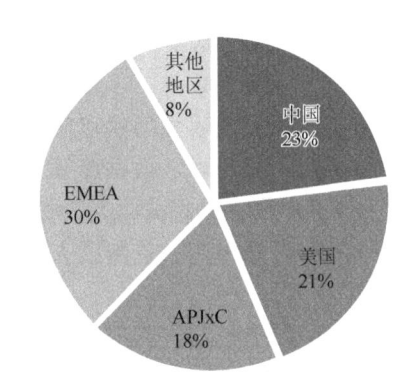

图 6.2　2018 年全球大数据产量区域分布情况

EMEA 指代欧洲、中东、非洲（Europe, Middle East and Africa）；APJxC 指代日本及其他亚太地区（Asia Pacific and Japan）

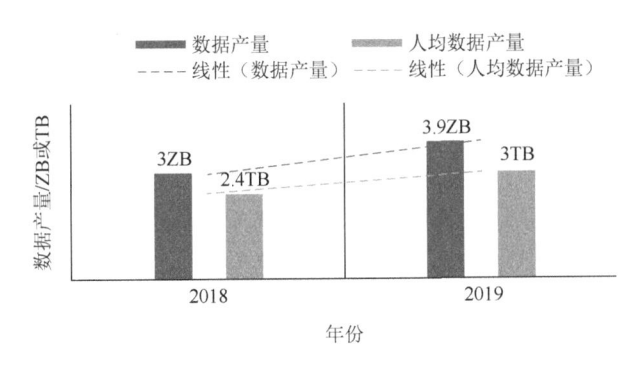

图 6.3　2018 年和 2019 年的中国数据产量及人均数据产量

资料来源：中国信息通信研究院、前瞻产业研究院

数据的快速增加促进了计算机运算速度和存储能力的发展，众多国家也投入更多资金用于建设数据中心，提升数据存储、分析运用的能力。中国 IDC 圈（中国权威的数据中心及云计算产业媒体平台）及前瞻产业研究院的数据显示，2020 年全球数据中心行业的整体市场规模达到了 933 亿美元，如图 6.4 所示。

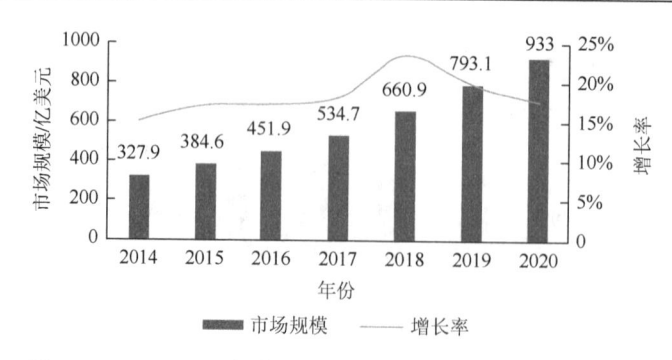

图 6.4　2014—2020 年全球数据中心行业市场规模及增长情况

资料来源：中国 IDC 圈、前瞻产业研究院

6.1.2　数据的价值

数据挖掘是目前人工智能和数据库领域研究的热点问题，它是一种决策支持过程，通过人工智能、机器学习、模式识别、统计学、数据库等技术，自动化地分析企业的数据，并做出归纳性的推理，从中挖掘出潜在的模式，为决策者制定企业战略和市场开拓、产品营销等策略提供支持。数据的价值归根到底是帮助人们建立对事物的洞察和形成正确的决策，具体如下。

（1）帮助人们获得知识和洞察。利用数据能够形成对于事物的精准刻画，帮助人们了解事物的全貌特征，减少信息的不对称性。

（2）帮助人们形成正确的决策。数据能够让人们发现问题，并形成正确的判断与决策，告诉人们应该做什么，以及如何实施。

（3）帮助人们做出快速决策。在瞬息万变的市场竞争中，商机稍纵即逝，通过数据分析能够缩短人们的分析时间、降低决策成本、提高决策效率。特别是在信息爆炸的万物互联时代，数据能帮助人们在纷繁复杂的信息网络中，快速找到优化的路径和决策，在市场竞争中赢得"时间差"优势。

（4）帮助人们少犯错误。数据能够通过统计与分析，预测即将发生什么、发生的可能性大小，以及提前获知可能的风险。例如，通过数据分析发现异常情况，实时预警，帮助人们降低决策风险，及时止损，减少试错成本。

随着大数据时代的到来，人们对于数据价值的快速、准确挖掘的需要越来越成为各行业从业人员的共识，大数据技术的应用领域越来越多，如电子商务和智能交通、电子政务和智慧城市、安防领域的智能识别和舆情检测。尤其是 2019 年的疫情发展加深了人们对于防疫洞察能力的关注，由于疫情的突发性高、传染性强、扩散性广、风险性大，防控工作任务艰巨、时间紧迫、形势严峻。在这场疫情阻击战中，大数据、云计算、人工智能等快速发展的新一代信息通信技术加速与交通、医疗、教育等领域的深度融合，让疫情防控的组织和执行更加高效，成了抗疫的强有力武器。除此之外，数据挖掘在金融、汽车、餐饮、电信、能源、物流等领域的应用也更加广泛。

例如，AutoTrader 是世界上最大的汽车销售站点，每天都会有大量的用户对网站上的信息进行点击，通过使用数据分析软件进行数据挖掘，AutoTrader 能够通过每天的数据分析，找出用户的访问模式，对产品的喜欢程度进行判断，并设置特定的服务，而且取得了成功。在制造业领域中，半导体的生产和测试都会产生大量的数据，利用数据挖掘进行过程分析，能够以较高的效率快速地找出存在的问题，以降低生产成本，提高质量。在保险公司里，通过数据挖掘能够建立预测模型，辨别出可能的欺诈行为，避免道德风险，在降低成本的同时提高企业利润。随着数据科学的不断发展，更多的第三方平台兴起，为企业进行数据分析预测提供了更多的选择，如数据科学众包平台 Kaggle 聚集了大量的顶尖科学家，通过数据助力企业和社会的进步。

6.1.3 数据挖掘与智能决策

数据挖掘不同于传统的简单数据分析，在信息时代，数据的可伸缩性、高维性，异种数据和复杂数据，数据所有权与分布，非传统分析等因素，使得人们对于数据分析的能力提出了更高的要求。决策制定者正在被大量的数据淹没，数字信息从生产车间、用户在线平台、政府行业规划、国家政策等各方源源不断地涌来，令企业的组织能力、分析能力和信息存储能力捉襟见肘。人们对于决策的智能、科学、及时、准确、全面等方面的要求不断提升，这一趋势在近年来的理论和技术研究中也有较好的体现。"知识发现"一词首次出现在 1989 年举行的第十一届 AAAI（Association for the Advancement of Artificial Intelligence，人工智能促进协会）学术会议上，之后有关知识发现的专题研讨会不断召开，如 1995 年，在加拿大蒙特利尔召开了第一届知识发现国际学术会议，随后，每年召开一次这样的会议。1997 年，Kluwer Academic Publishers（Kluwer 学术出版社，于 2004 年被 Springer 收购）创刊并出版了第一本该领域的学术刊物《数据挖掘与知识发现》（*Data Mining and Knowledge Discovery*）；加州大学伯克利分校主导开发的 Sequoia 2000 项目把知识发现列为数据库研究领域中的重要课题之一。作为大规模数据库中的先进数据分析工具，知识发现与数据挖掘的研究已经成为数据库及人工智能领域的热点。特别是随着数据库系统的使用、数据仓库与联机分析处理（online analytical processing，OLAP）、数据挖掘的重要技术和智能决策支持系统的使用，数据挖掘能力不断得到提升，为决策者在制定决策时提供更加科学有效的支撑。

6.2 知识发现与数据挖掘相关理论

6.2.1 知识发现与数据挖掘概述

1. 什么是知识发现与数据挖掘？

数据库中的知识发现有多种不同的定义，较为广泛应用的是由 Microsoft Research Labs（微软研究院）的 Fayyad 等（1996）提出的，他们认为知识发现是指从大量数据中提取有效、新颖、潜在有用、最终可被理解的模式的高级处理过程。该概念强调了知识发现是基于现实的数据基础由多步骤构成的处理过程，以及知识发现的目标是提取有效、新颖、潜在有用、最终可被理解的模式。Han 和 Kamber（2006）认为数据挖掘是从大量的、不完全的、有噪声的、模糊的、随机的实际应用数据中，提取隐含在其中的但又是潜在有用的信息和知识的过程。吴兰岸等（2016）认为虽然 Fayyad 将数据挖掘作为知识发现的一个核心过程，但也有较多的资料中并没有对这两个概念进行区分。从概念上可以观察到，知识发现与数据挖掘在研究对象、方法、结果的表现形式等方面都是非常接近的，知识发现主要流行于人工智能和机器学习领域，而数据挖掘更多出现在统计学、数据分析、数据库和管理信息系统等领域中。此外，亚太知识发现和数据挖掘会议等一般国际会议也并未对两者进行区分。因此本节采用数据挖掘的广义定义，即数据挖掘是从存放在数据库、数据仓库或其他信息源中的大量数据中挖掘有趣知识的过程。

知识发现是一个反复迭代的人机交互处理过程。从数据输入到获取有价值的信息需要经历多个步骤，且其中有些需要人工辅助完成，如数据筛选步骤等。典型的数据库中的知识发现过程如图 6.5 所示，从宏观上可以大体分为三个部分：数据处理、数据挖掘和结果的解释与评估。

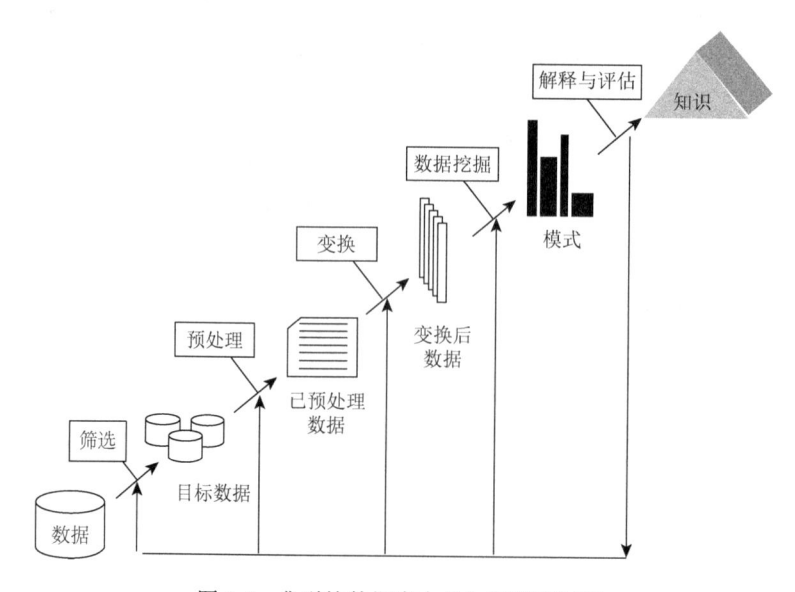

图 6.5　典型的数据库中的知识发现过程

通常原始数据必须加以处理才能适合分析，处理一方面能够提升数据的质量，另一方面能让数据更好地适应特定的数据分析工具和程序，从而改善数据分析工作，并降低成本、提高分析质量、节约时间。

（1）数据处理包含数据筛选、数据预处理和数据变换三个子步骤。其中数据筛选的目的是明确任务操作的目标数据，是根据用户的需要从原始数据库（如通过调研得到的一手数据、通过网站数据爬虫得到的平台交易信息、政府部门对外公布的数据库等）中抽取数据。数据预处理一般包括消除噪声、处理缺失值、删除重复记录、完成数据类型或度量转换等，通过采用一些重要的思想和方法，如聚集、抽样、变量变换等来选择所需要分析的数据，以及创建和改变数据属性。由于收集和存储数据的方式多种多样，数据预处理可能是整个知识发现过程中最费力、最耗时的步骤。数据变换是为了消减数据维数，即从原始数据中找到真正能够用于分析的有效数据。

（2）数据挖掘是知识发现过程中不可或缺的一部分，它能够使用不同的智能方式通过融合多学科的方法来提取数据模式或模型。一般而言，数据挖掘包括三个步骤，即确定数据挖掘的任务、选择算法和进行数据挖掘。

第一步，确定数据挖掘的任务。数据挖掘的任务包括预测性和描述性两大类，见表6.1。预测性任务的目标是指根据部分数据的属性值，按照一定的规律，发现或找到某一特定数据的属性值，根据该属性值往往能够对未来的趋势进行一定的预测，如通过对零售交易数据的分析，判断下一年或下半年的订单采购量，并进行提前订货，从而降低缺货风险、提升规模效益。描述性任务是指找到不同数据之间的关系（如相关、聚类、异常），本质上，描述性数据挖掘往往是探查性的，需要后续处理技术进行验证和解释结果。

表 6.1 两种主要的数据挖掘任务

任务类型	方法举例	数据之间的关系
预测性任务	分类模型、预测模型	自变量与因变量
描述性任务	关联分析、聚类分析	相关、聚类、轨迹、异常

第二步，在确定数据挖掘的任务后，需要进一步分析找到合适的挖掘算法。一般而言，同一个数据挖掘任务可以由不同的算法完成，选择实现的算法要考虑两方面的因素。一是不同数据的特点。由于每一种算法和模型的适用范围都有它的局限性，因此在面对不同类型的数据时，需要用与之相适应的算法来进行挖掘工作，从而提高分析结果的一致性和规范性；且在数据处理阶段，通过数据预处理能够在一定程度上判断下一步所需的算法类型。二是用户或实际运行的系统的要求。在一些情况下，用户可能希望获取描述性的、容易理解的知识，而另一些情况下，用户可能需要获取预测精确度尽可能高的预测性知识。

一般来说，数据挖掘的算法包含四种类型，即分类模型、预测模型、聚类分析、关联分析，前两种属于有监督学习，后两种属于无监督学习，无监督学习也属于描述性的模式识别与发现。

有监督学习与预测性任务相对，即存在目标变量，需要探索特征变量和目标变量之间的关系，在目标变量的监督下学习和优化算法。有监督学习包括分类模型和预测模型（图6.6），两者最大的区别在于，前者的目标变量是离散型，如是否逾期、是否通过面试等，而后者的目标变量是连续型，如某一年度公司的营业额。一般而言，分类模型包括逻辑回归、决策树、K-最近邻（K-nearest neighbor，KNN）、贝叶斯网络、支持向量机（support vector machine，SVM）、神经网络、随机森林等；预测模型包括线性回归、回归树、神经网络、SVM等。

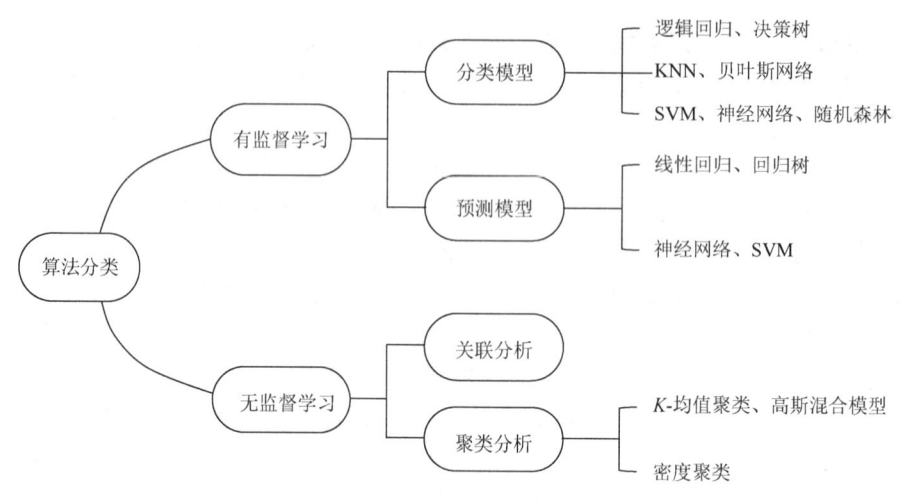

图 6.6 数据挖掘相关算法举例

无监督学习是知识发现过程中的核心技术之一，通过访问大量的数据，能够获得数据之间的趋势关系，且访问的数据越多，机器就越容易观察和研究可能有价值的集群。常见的无监督学习方法有聚类分析和关联分析。聚类分析用来探索数据中隐藏的模式或分组关系，常见的聚类算法包括 K-均值（K-means）聚类、高斯混合模型、密度聚类等；关联分析的目的在于找出项目之间的内在联系，所发现的模式通常用关联规则或频繁项集的形式表示，关联分析可以应用于生物信息学、网页挖掘、科学数据分析等。具体的数据挖掘的对象和算法分别将在 6.2.3 节和 6.2.4 节进行详细介绍。

第三步，进行数据挖掘。这是整个数据挖掘过程中的一个重要步骤，即通过运用选择的算法，从数据库中获取用户感兴趣的数据，并以一定的方式（如产生式规则等）表现出来。

（3）结果的解释与评估。数据挖掘阶段发现的模式，在经过用户或机器的评估后，可能存在冗余或无关的模式，从而需要将其剔除；也有可能数据模式不满足用户的要求，从而需要返回数据挖掘阶段甚至数据处理阶段，如重新选取数据或采用新的数据变换方法等，通过不断地评估来提升数据分析的效果。由于数据挖掘的结果最终是呈现给用户的，因此，数据知识的可理解性是必须具备的，这包括对知识一致性的检查，如逻辑上是否符合社会认知等，最终要尽量通过直观的方式向用户呈现，如对结果进行可视化处理等。

2. 数据挖掘的相关领域

随着新的数据集的发展，通过传统的方式进行数据分析已经无法满足用户需要。一方面当前数据分析的难度上升，包括前面提到的可伸缩性、高维性、异种数据和复杂数据、非传统的分析等问题；另一方面，用户更多地关注数据背后的隐含信息的价值，从而希望得到的信息更加高效、全面、及时。面对这些现实挑战，来自不同学科的专家、学者共同探讨解决方法，着手开发可以处理不同数据类型的更高效、可伸缩的工具。在众多研究人员的努力投入下，一种结合多学科、多领域思想的数据分析方法——数据挖掘，渐渐得到应用，如图 6.7 所示。特别地，这些学科、领域的思想也融入了数据挖掘方法的发展中，主要包括：①统计学的抽样、估计和假设检验；②人工智能、模式识别和机器学习的搜索算法、建模技术和学习理论；③最优化算法、进化算法、高性能计算、可视化和信息检索等。

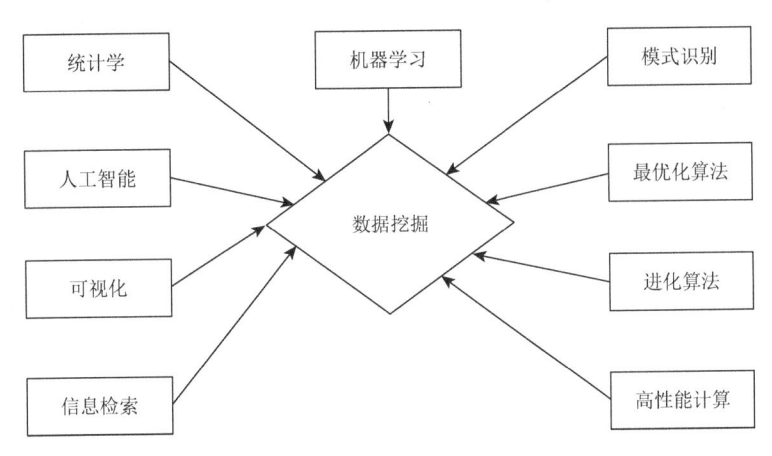

图 6.7 结合多学科、多领域思想的数据分析方法——数据挖掘

此外，数据库等硬件设施的进步对数据挖掘技术的应用也起到了极大的促进作用。数据库技术的迅速发展及数据库管理系统的广泛应用，使得数据建模、查询语言、查询处理与优化方法，以及索引和存取方法的公认原则已经建立，从而能够在满足高度可伸缩性的前提下，处理非常大的、相对结构化的数据集。数据库系统储存的海量数据构成数据仓库，为数据分析提供了强大的基础，数据背后隐藏着大量的重要信息，人们希望能够通过对其进行更高层次的分析，进一步利用数据为科学决策提供策略性参考。

机器学习所关注的问题是"计算机程序如何随着经验积累自动提高性能"，而根据定义可以知道，数据挖掘是为了从大量数据中挖掘有趣模式或知识。并非所有被挖掘的数据都是有趣的或者有用的，且通过数据挖掘识别所有的有趣模式显然是不合实际的，因此需要研究人员不断优化程序，从而更高效地获取有价值的模式。例如，通过兴趣度度量对所挖掘出来的模式进行排序，过滤掉不合适的模式，提高搜索性能。机器学习凭借着其自我学习、自我优化的强大优势，能够基于大量的数据输入，自动识别复杂的模式，并做出智能的决策。

6.2.2 数据预处理

1. 为什么要进行数据预处理？

1）数据类型

通常，数据集可以看作数据对象的集合。数据对象包括记录、事件、案例、向量、模式、样本、观测或实体，它是一组用以刻画对象基本特性的属性描述，属性有时也叫作变量、特性、字段、特征或维。在分析数据类型之前，首先介绍几个概念。

A. 属性的概念

定义 6.1 属性（attribute）是对象的性质或特性，它因对象而异，随时间而变化。

数据的属性能够较好地反映数据所具有的特征，如天气是晴朗、阴天或是下雨，一天中的室外温度的变动等。这里需要注意的是，天气的属性是符号，包括有限的参考项；而温度是数值属性，可以取连续的数值进行表示。在《多元统计分析》（第二版）中，数据的属性分为三种类型，即名称属性（状态属性）、顺序属性和数量属性（袁志发和宋世德，2009）。

名称属性即用名称把总体中各个个体描述为若干不同的状态，每个个体具有一种状态，各状态之间无一定的顺序。其中，比较常见的是二元属性，如人的性别分为男性和女性、项目运行结果分为成功和失败等。

顺序属性即具有多种顺序状态的属性，如学习成绩按照分数段划分为 A、B、C、D 四个状态等级，其中 D 为不合格。又如用户学历分为小学、初中、高中、本科、研究生、博士研究生六级，可用 1、2、3、4、5、6 来进行表示。顺序属性之间有排列方向。

数量属性即用数值来表示的属性，如重量、长度等。数量属性可分为离散数量属性和连续数量属性两类，有的将数量属性分为比例量和区间量两种。虽然顺序属性和数量属性都可以用数值进行表示，但数量属性值之间没有等级差异，只是量的标度。

为了便于分析，用户在获取一定数量的数据样本时，需要对其进行一定的整理。假定有包含 n 个个体、p 个属性的样本如表 6.2 所示。

表 6.2 包含 n 个个体、p 个属性的样本数据

属性	个体			
	$X_{(1)}$	$X_{(2)}$	…	$X_{(n)}$
1	X_{11}	X_{12}	…	X_{1n}
2	X_{21}	X_{22}	…	X_{2n}
⋮	⋮	⋮		⋮
p	X_{p1}	X_{p2}	…	X_{pn}

表 6.2 中的样本可表示成矩阵形式，即

$$X_{pn} = \left(X_{(1)}, X_{(2)}, \cdots, X_{(n)}\right) \begin{pmatrix} X_{11} & \cdots & X_{1n} \\ \vdots & & \vdots \\ X_{p1} & \cdots & X_{pn} \end{pmatrix}$$

其中，X_{ij} 为样本中第 j 个个体的总体变量 $X_{(j)}$ 的第 i 个分变量。若为样本值，将 X_{ij} 换为 x_{ij} 即可。显然，$X_{(j)}$ 是第 j 个个体的 p 维随机向量（样本）或 p 维统计数据向量（实现值）。

其实，数据并非数字或符号。然而，为了更加准确地表达数据的特征，常常需要一定的测量标度。

定义 6.2 测量标度（measurement scale）是将数值或符号值与对象的属性相关联的规则（函数）。

形式上，测量过程是使用测量标度将一个值与特定对象的特定属性相关联。不仅在研究中，在日常生活中也一直将特定情形与数据的属性联系在一起。例如，在医院里，人们拿到自己对应的序号进行排队候诊；某一夏令营活动中，同学们很快地找到了各自的组别等。可以看到，在特定的情形下，对象属性的"物理值"被映射为了数值或符号值。

B. 属性的类型

属性的类型能够告知数据分析员测量值的哪些性质与属性的基本性质是一致的，属性是否拥有特定的价值或信息等，如 ID 一般只是用来区别不同的用户，对其进行数据分析没有什么意义。Pang-Ning Tan 在 2011 年根据数值的性质将属性类型分为了四类：标称、序数、区间和比率，如表 6.3 所示。

表 6.3 不同的属性类型

属性类型		描述	举例	操作或结果
分类的（定性的）	标称（=、≠）	标称属性的值仅仅只是不同的名字，即标称值只提供足够的信息以区分对象	邮政编码、用户 ID	众数、熵、列联相关、卡方检验
	序数（<、>）	序数属性的值可以提供足够的信息来确定对象的序	矿石硬度（好、较好、最好）	中位数、百分位、秩相关
数值的（定量的）	区间（+、-）	对于区间属性，值之间的差是有意义的，即存在测量单位（+、-）	日期、摄氏温度、华氏温度	均值、标准差、皮尔逊相关、t 检验、F 检验
	比率（×、/）	对于比率变量，差和比率都是有意义的	绝对温度、货币量、年龄	几何平均、百分比变差

此外，属性类型是能够进行变换的，就像单位一样，如华氏温度与摄氏温度之间的转换。

统计学家也利用数值形式将属性类型分为离散型和连续型，离散型属性存在有限个或无限个数值，如某运动员两分钟内做俯卧撑的个数。通常，离散型属性用整数变量表示。二元属性是特殊的离散属性，它只包含两种可能的取值，如真/假、是/否、0/1 等，在实际统计中，为了方便记录以及进行数据分析，通常采用布尔变量，或者用只取两个值——0 或 1 的整数变量表示。连续型属性是取实数值的属性。连续型属性在现实生活中十分常见，如记录时间、长度等，通常，连续型属性采用浮点变量表示，在实践中，只能用有限的精度测量和表示，连续型属性的相关举例见表 6.4。

表 6.4 连续型属性的相关举例（某数据集取样）

日期	价格/美元	剩余时间/天	项目周期/天	状态
2021/5/22	100	6	7	Open
2021/5/22	100	5	7	Open
2021/5/22	100	4	7	Open

注：Open 表示数据状态为开放

C. 数据特征

由于数据类型的多种多样，单一形式的数据统计会造成分析上的极大困难，而适应于不同情境的数据类型的不断出现，为分析带来了便利。在讨论具体的数据类型前，必须强调数据的三个重要特征：维度、稀疏性和分辨率。

维度是数据集中的对象具有的属性数目。由于数据类型的多样性，数据集中可能包含不同类型的数据，其中有日期型、文本型、数值型数据，且随着信息时代的发展，数据集的维度越来越高，甚至有时在分析高维数据时会陷入维数灾难。因此，数据预处理的一个重要的动机就是降维，称为维归约。

稀疏性是指在二维表中含有大量空值或零值的数据，即数据存在信息不完全，且在信息爆炸式增长的当下，只要存在无用元素都可以称为数据稀疏，如 MovieLens 数据集的稀疏度是 4.5%，Netflix 是 1.2%，Delicious 是 0.046%。研究人员发现，在线购物平台中，平均每个用户的商品浏览数量可能不超过 20，稀疏度达到 $20/(8\times 10^8) = 2.5\times 10^{-8}$，小于百万分之一，且随着时间的推移，数据库的稀疏趋势将越来越明显。一般而言，数据规模越大，数据越稀疏。实际上，数据的稀疏性是一个优点，因为只有非零值才需要存储和处理，具有稀疏性的数据能够节省大量的计算时间和存储空间。

分辨率是记录数据的最小度量单位，不同分辨率下数据呈现的形式或性质是不一样的。数据的模式也依赖于分辨率，如果数据分辨率太高，可能看不出数据的模式，或者数据的模式被掩埋在了噪声中；如果数据分辨率太低，数据的模式可能不会出现。因此，在研究一定的数据特征时，往往需要根据实际需要对分辨率进行调整。

考虑到数据的三个特性，在记录数据时往往需要采用不同的工具进行汇总，下面简要介绍几种不同类型的数据：记录数据、基于图形的数据以及有序数据。

记录数据包含事务数据（购物篮数据）、数据矩阵和稀疏数据矩阵。①事务数据是一种特殊类型的记录数据，其中每个记录（事务）涉及一系列的项。在实际商品采购中，顾客一次购物买到的所有商品就构成了一个事务，而购买的商品是项，因此这一类型也形象地称为购物篮数据。②如果一个数据集中的所有数据对象能够用一个 $m\times n$ 的矩阵表示，其中，一个对象一行（共有 m 行），一个属性一列（共有 n 列），数据对象都具有相同的数值属性集，可以看作多维空间中的点（向量），这样的矩阵称作数据矩阵或模式矩阵。数据矩阵是由数值属性分类构成的，可以使用标准的矩阵操作对数据进行变换和处理。一种基于数据矩阵的分析方法叫作矩阵数据分析法，是确定因素重要性的方法。③稀疏数据矩阵是一种特殊的数据矩阵，其中属性的类型相同并且是非对称的，即只有非零值才是重要的。

基于图形的数据有两种特殊的情况，采用图形来呈现数据和利用图形来反映不同数据之间的联系。在当今时代，几乎所有的网站都采用了结构化方式进行设计呈现，一方面体现了界面友好，另一方面能够以一定的逻辑思路或数据对象之间的联系进行数据存储，方便不同用户的个性化需要。此外，有的数据本身就是高度结构化且不可拆分的，因此在实际应用中至少采用最小的结构单元。

有序数据是指数据的属性具有时间或空间序的联系，如时序数据、序列数据、空间数据。相比一般的数据类型，有序数据的位置具有一定的实际意义，如根据数据呈现的时间排序能够更好地体现信息变化的趋势,并且时间相近的数据之间往往存在较大的关联性,因此在进行数据分析时,需要考虑时间自相关问题,如在众包竞赛项目中,前期用户的参赛情况对于后期参赛选手的行为抉择会带来较大的影响,如竞争效应或羊群效应。有些数据对象还具有空间属性,如位置或区域属性,通过考虑数据之间的距离关系,能够找到一定的关联性,如经济发达地区的光环效应,邻近发达地区的城市往往发展也相对较快。

2)数据质量

在实践过程中,虽然人们期望数据是理想的,但随着互联网时代的不断发展,数据的类型多式多样,大量的数据在采集到数据库中之后,往往由于缺乏有效的工具,并没有转化成有价值的信息。因此,为了提升数据的使用率,分析人员需要提前对数据样本进行观察,并寻找合适的处理工具或方法,进而提升数据的质量,如完整性、时效性、准确性、价值度等,以期从数据源头控制质量。然而人的认知能力往往是有限的,在数据分析之前,人们无法知道可能存在的所有情况,或者由于研究目标并不明确而导致得到的结果不符合需要等。数据挖掘过程中常常会遇到数据质量问题,因此,数据挖掘的一个重要目标是在处理和分析数据时,能够检测到这些问题、纠正错误,并在必要时使用可以容忍低质量数据的算法。以下分别从数据收集和数据应用两个方面来具体说明。

A. 数据收集问题

数据收集方面的具体问题如表 6.5 所示。

表 6.5 数据收集方面的问题

问题类型	问题描述	举例	处理方法
测量误差和数据收集错误	人工测量与收集过程中,测量值与真实值之间存在差异	输入错误、输入不规范等	—
噪声和伪像	存在着错误或异常(偏离期望值)的数据,这些数据对数据的分析造成了干扰(观测值=真实值+噪声)	高斯属性噪声等	人工检查、统计模型、分箱、聚类、回归
精度、偏倚和准确率	数据集的精度(重复测量值之间的接近程度)和准确率(被测量的测量值与实际值之间的接近度)较低,且存在偏倚(测量值与被测量值之间的系统的变差)	—	—
离群点	在样本空间中,存在与其他样本点的一般行为或特征不一致的点	小学班级中,身高为 1.7 米的学生	合理选择离群点的判断方法,准确找到离群点,明确产生的原因,进行清理/保留分析
遗漏值	由于一定的原因而造成的数据缺失现象,遗漏值的表现形式有三种:完全随机遗漏、随机遗漏和非随机遗漏	受访者往往对于敏感问题会选择性回答	删除含有缺失值的个案、使用可能值插补缺失值(均值插补、利用同类均值插补、极大似然估计、多重插补)、忽略遗漏值
不一致的值	各类数据的矛盾性、不相容性,如由于数据冗余、并发控制不当或各种故障、错误造成的问题	违反一定的语义规则或逻辑常识,如人的身高是负值	数据库系统应用、基于标记的查询回答、聚类
重复数据	包含重复或几乎重复的数据对象	重复记录等	去重

注:离群点和噪声数据是不一样的,离群点既有可能是真实数据产生的,也有可能是噪声带来的,且对于离群点的分析是有必要和有价值的,而噪声数据则需要尽量避免

B. 数据应用问题

因为数据库太大，并且数据大都来自多个异构数据源，所以极易受噪声、缺失值和数据不一致等情况的侵扰。因此高质量的数据是成功进行数据挖掘的基础，也是获取高质量信息或知识的前提条件。在应用数据过程中，得到的数据需要满足实际的需要，高质量的数据往往涉及多个方面，如时效性、完整性、准确性、一致性、可信性和可解释性。

关于数据的时效性，在2018年中国软件产业年会上，华中科技大学计算机学院金海教授在提到"双11"数据时讲道："在大数据时代，数据量大已经不是我太关注的问题，数据处理的时效性是面临的最大挑战，如果不能对数据进行及时处理，这些数据的价值就没有了，这就是大数据处理最大的挑战。"并非所有的数据都能给统计人员一定的时间，让其进行研究进而得到结论，大量数据充斥的今天，人们往往更关心数据的时效性。这也很形象地反映了"快"的生活节奏，如2022年北京冬奥会上，运动员的表现能够向移动用户端进行即时推送，以满足中国人热情澎湃的心理需要。

数据完整性是信息安全的三个基本要点之一，在传输、存储信息或数据的过程中，要确保信息或数据不被未授权篡改或在篡改后能够被迅速发现，通常使用数字签名、散列函数等手段保证数据完整。数据完整性包括保护数据的正确性、有效性和相容性，防止错误的数据进入数据库造成无效操作。

数据的准确性指数据汇总记录的信息和数据是否准确、是否存在异常或者错误的信息。准确性要求数据表中记录的信息与业务过程中真实发生的事实一致。

一致性一般体现在跨度很大的数据仓库体系中，如阿里巴巴的数据仓库内部有很多业务数据仓库分支，对于同一份数据，必须保证其一致性，也就是多个业务数据仓库间的公共数据，必须在各个数据仓库中保持一致。区块链技术由于其区块结构以及区块链的不可篡改的重要特性，能够很好地保持数据的一致性。

影响数据质量的另外两个因素是可信性和可解释性，可信性是在数字资源长期保存中衡量信息资源质量的一个重要方面，高可信性正向影响着数字资源长期保存活动的有效性，并与资源的真实性和完整性密切相关（李泽锋，2010）。可信性反映了有多少数据是用户可以信赖的，它涉及在应用过程中，数据对象的内容完整、可追溯、可复用等一系列活动。可解释性是指数据能够被理解的程度。在机器学习中，数据的可解释性被定义为"让神经网络具有清晰的符号化的内部知识表达，去匹配人类自身的知识框架，从而使人们可以在语义层面对神经网络进行诊断和修改"。一个可解释性高的机器学习模型更容易被人理解，随着数据挖掘的发展，可解释性的重要性也不断凸显，人们对通过机器学习获取的知识或信息的可理解性提出了更高的要求。

高质量的决策必然依赖于高质量的数据，因此数据预处理是数据挖掘过程中的重要步骤。检测数据异常、尽早地调整数据并归约待分析的数据，将在决策过程中得到高回报。

2. 如何进行数据预处理？

数据挖掘的首要前提是确保消除"脏数据"，包含冗余数据、缺失数据、不确定数据和不一致数据,包含以下几个方法:数据清洗、数据集成、数据归约和数据变换。

1)数据清洗

数据清洗技术包括消除重复数据、填充缺失数据、消除噪声数据等。例如,为了提高数据挖掘的速度和精度,有必要去除数据集中的重复记录。通常的做法是将每一个实例都与其他的实例进行比较,找出与之相同的实例。对于实例中的数值型属性而言,可以采用统计学的方法进行检测,根据不同的数值型属性的均值和标准方差值,设置不同属性的置信区间来识别异常属性对应的记录,并进行消除。对于数据缺失值的清洗可以通过忽略不完整数据和基于填充技术的缺失值插补算法两种方式进行,常用的缺失值插补算法大体分为两大类,一类是统计学方法,另一类是分类、聚类方法。

2)数据集成

数据集成是将多文件或多数据库运行环境中的异构数据进行合并处理,解决语义的模糊性问题,该部分主要涉及数据的选择、数据的冲突问题以及不一致数据的处理。

3)数据归约

数据归约是在对发现任务和数据本身内容理解的基础上,寻找依赖于发现目标的数据的有用特征,以减缩数据模型,从而在尽可能保持数据原貌的前提下最大限度地减少数据量,提高大数据挖掘的效率。其主要有两个途径——维归约和数量归约,分别针对数据库中的属性和记录。目前海量数据上的数据归约技术是数据预处理的重要问题之一。目前归约过程中涉及的重要技术可以分为针对高危数据的降维处理、实例归约、离散化技术、不平衡学习等方面(孔钦等,2018)。

4)数据变换

数据变换是找到数据的特征表示,用维变换或转换来减少有效变量的数目或找到数据的不变式,包括规格化、切换和投影等操作。数据变换是将数据转换成适合于各种挖掘模式的形式,根据其后所使用的数据挖掘算法,决定选择使用何种数据变换方法。

大数据时代,数据类型和组织模式多样化、关联关系繁杂、质量良莠不齐等内在的复杂性使得在数据感知、表达、理解和计算等多个环节面临着巨大的挑战。数据预处理一方面可以保证数据挖掘的正确性和有效性,另一方面,对数据格式和内容的调整,能够使数据更符合挖掘的需要。

6.2.3 数据挖掘的对象

1. 关系数据库

数据库系统也称为数据库管理系统,由一些相关数据组成,并通过软件程序管理和存储这些数据。数据库管理系统提供数据库结构的定义、数据检索语言、数据存储、并发、共享和分布式机制、数据访问授权等功能。关系数据库由表组成,每个表有一个唯一的表名。属性(列或域)集合组成表结构,表中数据按行存放,每一行称为一个记录。记录间通过键值加以区别。关系表中的一些属性域描述了表间的联系,这种语义模型就是实体关系模型。关系数据库是目前最流行、最常见的数据库之一,为数据挖掘研究工作提供了丰富的数据源。

2. 面向对象数据库

面向对象数据库是基于面向对象程序设计的范例，其每一个实体作为一个对象。与对象相关的程序和数据封装在一个单元中，通常用一组变量描述对象，此单元等价于实体关系模型和关系模型中的属性。对象通过消息与其他对象或数据库系统进行通信。对象机制提供了一种获取消息并做出反应的模式。类是对象共享特征的抽象。对象是类的实例，也是基本运行实体。可以把对象类按级别分为类和子类，实现对象间属性共享。

3. 数据仓库

数据仓库可以把来自不同数据源的信息以同一模式保存在同一个物理地点。其构成需要经历数据清洗、数据格式转换、数据集成、数据载入及阶段性更新等过程。严格地讲，数据仓库是面向问题的、集成的、随时间变化的、相对稳定的数据集，为管理决策提供支持。面向问题是指数据仓库的组织围绕一定的主题，不同于日复一日地操作和事务处理型的组织，而是通过排斥对决策无用的数据等手段提供围绕主题的简明观点。集成性是指数据仓库将多种异质数据源集成为一体，如关系数据库、文件数据、在线事务记录等。随时间变化是指数据仓库包含历史数据信息（比如，过去的5—10年的信息）。相对稳定是指数据仓库要将分散在各个具体应用环境中的数据转换后才能使用，所以，它不需要事务处理、数据恢复、并发控制等机制。

数据仓库根据多维数据库结构建模，每一维代表一个属性集，每个单元存放一个属性值，并提供多维数据视图，允许通过预计算快速地对数据进行总结。尽管数据仓库中集成了很多数据分析工具，但仍然需要像数据挖掘等更深层次、更自动化的数据分析工具。

4. 文本数据库

文本数据库是包含用文字描述的对象的数据库。这里的文字不是通常所说的简单的关键字，而是长句子或图形，比如产品说明书、出错或调试报告、警告信息、简报等文档信息。文本数据库可以是无结构的，也可以是半结构的。数据挖掘可以揭示对象类的通常描述，如关键字与文本内容之间的关联、基于文本对象的聚类等。

5. 多媒体数据库

多媒体数据库存储图像、音频、视频等数据。多媒体数据库管理系统提供在多媒体数据库中对多媒体数据进行存储、操纵和检索的功能，特别强调多种数据类型（比如图像、声音等）的同步和实时处理。主要应用在基于图片内容的检索系统、语音邮件系统、视频点播系统等方面。多媒体数据库的挖掘、存储和检索技术需要集成标准的数据挖掘方法，还要构建多媒体数据立方体，运用基于模式相似匹配的理论等。

6. 空间数据库

空间数据库包含空间关系信息，如地理数据库、超大规模集成电路（very large scale integration circuit, VLSI）芯片设计数据库、医学图像数据库和卫星图像数据库等。空间

数据可以用 n 维位图、像素图等光栅格式表示（如二维气象卫星图像数据可以用光栅格式表示，每一个像素记录一个降雨区域），也可以用向量形式表示（如道路、桥梁、建筑物等基本地理结构可以用点、线、多边形等几何图形表示为向量格式）。数据挖掘可以揭示地理数据中某种类型区域中的建筑物特征（如湖边建筑物特征等），所以，对空间数据库的数据挖掘工作具有重要意义。

7. 时态数据库和时间序列数据库

这两种数据库均存储与时间有关的信息。时态数据库通常存储与时间属性相关的数据，这些属性可以是具有不同语义的时间戳。时间序列数据库存储随时间顺序变化的数据，比如股市中的变化数据等。时间可以是财政年、教学年、日历年等，也可以是季度或月。数据挖掘技术可以用于发现对象演变特性或数据库中数据的变化趋势。

8. 异构数据库和遗产数据库

异构数据库由一组互连并自治的成员数据库组成。这些成员相互通信，以便交换信息和回答查询。一个成员数据库中的对象可以与其他成员数据库中的对象有很大差别。将它们的语义同化到整个异构数据库中十分困难。很多企业凭借信息技术开发的长期历史（包括运用不同的硬件和操作系统）获得遗产数据库。遗产数据库是一组异构数据库，包括关系数据库、对象数据库、层次数据库、网状数据库、多媒体数据库、文件系统等。这些数据库可以通过内部网络或互联网络连接。

9. Web 数据库

Web（万维网）数据库指在互联网中以 Web 查询接口方式访问的数据库资源。促进互联网发展的因素之一就是 Web 技术。Web 已经不再局限于仅仅由静态网页提供信息服务，动态网页的出现使得交互式的信息查询服务成为可能，从而使得信息数据库服务成为可能。Web 数据库就是将数据库技术与 Web 技术融合在一起，使数据库系统成为 Web 的重要组成部分。这一结合不仅把 Web 与数据库的所有优势集合在了一起，而且充分利用了大量已有数据库的信息资源。

Web 数据库由数据库服务器、中间件、Web 服务器、浏览器四部分组成。它的工作过程可简单地描述成：用户通过浏览器端的操作界面以交互的方式经由 Web 服务器来访问数据库。用户向数据库提交的信息以及数据库返回给用户的信息都是以网页的形式显示的。Web 数据库目前是一个巨大的、分布广泛的全球性信息服务中心，它涉及新闻、广告、消费信息、金融管理、教育、电子商务等其他信息服务，还包含丰富的动态超链接信息，以及 Web 页面的访问和使用信息，这为数据挖掘提供了丰富的资源。

6.2.4 数据挖掘的算法

1. 关联分析

在数据挖掘的知识模式中，关联规则模式是比较重要的一种。关联规则是数据中一种简单但很实用的规则，属于描述性模式。

1) 基本概念

关联规则挖掘是发现大量数据集中项之间有趣的关联或相关关系。关联规则是形如 $X \Rightarrow Y$ 的蕴含式，X、Y 为属性-值对集（或称为项目集），$X \cap Y$ 为空集。在数据库中若 $S\%$ 的实例同时包含 X 和 Y，则关联规则 $X \Rightarrow Y$ 的支持度为 $S\%$；若 $C\%$ 的实例包含属性-值对集 X，也包含属性-值对集 Y，则关联规则 $X \Rightarrow Y$ 的可信度为 $C\%$。

在数据建模中，基于预处理数据的关联规则有很多，但绝大多数对用户是无用的，为了在建模过程中提高模型在实际应用中的准确性，通常用最小支持度和可信度来衡量关联规则，只有支持度和可信度分别大于用户指定的最小值的关联规则才是符合要求的关联规则模型。需要注意的是，最小支持度和可信度是由用户或领域专家设定的。

设 $I = \{i_1, i_2, \cdots, i_m\}$ 是二进制文字的合集，式中的元素称为项。记 D 为交易 T 的集合，这里交易是项的集合，并且 $T \subseteq I$。每一个交易对应有唯一的标识，如交易号，记作 TID。设 X 是一个 I 中项的集合，如果 $X \subseteq T$，那么称交易 T 包含 X。一个关联规则是形如 $X \Rightarrow Y$ 的蕴含式，这里 $X \subset I$，$Y \subset I$，并且规则 $X \Rightarrow Y$ 在交易数据库 D 中的支持度是交易集中包含 X 和 Y 的交易数与所有交易数之比，记为 $\text{support}(X \Rightarrow Y)$，即

$$\text{support}(X \Rightarrow Y) \stackrel{\text{def}}{=\!=} \frac{|\{T : X \cup Y \subseteq T, T \in D\}|}{|\{T : X \subseteq T, T \in D\}|} \tag{6.1}$$

给定一个交易集 D，挖掘关联规则问题就是产生支持度和可信度分别大于用户给定的最小支持度和最小可信度。

2) 关联规则挖掘任务和种类

A. 关联规则挖掘任务

给定一个事务数据库 D，求出所有满足最小支持度 min_supp 和最小可信度 min_conf 的关联规则。该问题可分解为两个子问题：第一，求出 D 中满足最小支持度 min_supp 的所有频繁项目集；第二，利用频繁项目集生成满足最小可信度 min_conf 的所有关联规则。第一个子问题的求解是关联规则挖掘的关键部分，因此提高该问题的解决效率是当今学者的主要研究方向。第二个子问题的解决方法较为简单，对每个频繁项目集 L，计算其所有的非空子集，对每个子集，考察规则 $A - (L - A)$，如果该规则的可信度大于最小可信度 min_conf，则输出此规则。

B. 关联规则挖掘种类

表 6.6 是关联规则的挖掘种类。

表 6.6　关联规则挖掘种类

分类标准		特征
基于规则中处理的变量的类别	布尔型关联规则	处理的值都是离散的、种类化的，它显示了这些变量之间的关系
	数值型关联规则	可以和多维关联或者多层关联规则结合起来，对数值型字段进行处理，将其进行动态的分割，或直接对原始的数据进行处理，当然数值型关联规则中也可包含种类变量

续表

分类标准		特征
基于规则中数据的抽象层次	单层关联规则	所有变量都没有考虑现实的数据是具有多个不同层次的
	多层关联规则	对数据的多层性进行了充分的考虑
基于规则中涉及的数据的维数	单维关联规则	只涉及数据的一个维度，如用户购买的物品
	多维关联规则	要处理的数据涉及多个维度

2. 聚类分析

1）相关概念

聚类分析的目的是利用计算机技术将一个数据集划分成若干类，并使同一类内的对象具有最大的相似性。不同类对象的类间相似性应尽可能小。一般先确定聚类统计量，然后利用统计量对样本或者变量进行聚类。根据分类对象的不同，聚类分析可分为样本聚类和变量聚类两种。对 n 个样本进行分类处理的方法称为 Q 型聚类，用来衡量样本个体之间属性相似程度的统计量称为"距离系数"；对 n 个变量进行分类处理的方法称为 R 型聚类，用来衡量变量之间属性相似程度的统计量称为"相似系数"。进行聚类分析时，出于不同的目的和要求，可选择不同的统计量和聚类方法。因此聚类的结果是允许有差异的。

2）数据的变换

设有 n 个样本，每个样本有 m 个指标，它们的观测值用矩阵可以表示为

$$X = (x_1, x_2, \cdots, x_n) = \begin{bmatrix} x_{11} & x_{12} & \cdots & x_{1n} \\ x_{21} & x_{22} & \cdots & x_{2n} \\ \vdots & \vdots & & \vdots \\ x_{m1} & x_{m2} & \cdots & x_{mn} \end{bmatrix}$$

其中，x_{ij} 为第 j 个样本第 i 个指标的观测值。矩阵 X 称为样本观测值矩阵。

由于每个样本中各变量的观测值具有不同的测量单位和不同的数量级，就有必要做数据变换，或者用下列五种方法（表 6.7）之一进行调整，得到无量纲数据，以消除其中不合理的数据，提高分类效果。

表 6.7 常用的数据变换方法

序号	数据变换方法	公式	均值	标准差
1	标准化法	$x_{ij}^* = \dfrac{x_{ij} - \overline{x_i}}{S_i}$	0	1
2	正规化法	$x_{ij}^* = \dfrac{x_{ij} - \min\limits_{1 \leq j \leq n}(x_{ij})}{\max\limits_{1 \leq j \leq n}(x_{ij}) - \min\limits_{1 \leq j \leq n}(x_{ij})}$	0.5	$\dfrac{S_i}{\max\limits_{1 \leq j \leq n}(x_{ij}) - \min\limits_{1 \leq j \leq n}(x_{ij})}$
3	极大值正规化法	$x_{ij}^* = \dfrac{x_{ij}}{\max\limits_{1 \leq j \leq n}(x_{ij})}$	[0.5, 1]	$\dfrac{S_i}{\max\limits_{1 \leq j \leq n}(x_{ij})}$

续表

序号	数据变换方法	公式	均值	标准差
4	均值正规化法	$x_{ij}^* = \dfrac{x_{ij}}{\overline{x_i}}$	1	—
5	极差标准化法	$x_{ij}^* = \dfrac{x_{ij} - \overline{x_i}}{\max\limits_{1 \leqslant j \leqslant n}(x_{ij}) - \min\limits_{1 \leqslant j \leqslant n}(x_{ij})}$	0	1

注：$\overline{x_i} = \dfrac{1}{n}\sum\limits_{j=1}^{n} x_{ij}$，$S_i = \sqrt{\dfrac{1}{n-1}\sum\limits_{j=1}^{n}(x_{ij} - \overline{x_i})^2}$，其中 $i = 1, 2, \cdots, m$，$j = 1, 2, \cdots, n$

3）相似度度量

聚类分析过程的质量取决于所选择的相似性度量标准，在一般情况下，聚类算法不是计算两个样本之间的相似程度，而是用特征空间中的距离作为度量标准来计算两个样本的相异程度。

A. Q 型聚类相似性度量方法

Q 型聚类相似性度量方法用于对样本进行聚类。描述样本之间的相似程度常用"距离"来度量。两个样本之间的距离越小，表示两者之间的相似度越大。令 $D = \{x_1, x_2, \cdots, x_n\}$ 为 n 维空间中的一组对象，d_{ij} 是 x_i 和 x_j 之间的距离。当 x_i 和 x_j 相似时，距离 $d(x_i, x_j)$ 取值很小；当 x_i 和 x_j 不相似时，$d(x_i, x_j)$ 取值会很大。常用的距离公式如下。

闵可夫斯基距离（Minkowski distance）。x_i 和 x_j 是相应的特征，n 是特征的维数。x_i 和 x_j 的闵可夫斯基距离度量的形式为

$$d(x_i, x_j) = \left(\sum_{p=1}^{n} \left| x_{ip} - x_{jp} \right|^p \right)^{\frac{1}{p}} \tag{6.2}$$

特别地，当 $p = 1, 2, \infty$ 时，分别可得到如下三种距离。

曼哈顿距离（Manhattan distance）。当 $p = 1$ 时，闵可夫斯基距离演变为曼哈顿距离，即

$$d(x_i, x_j) = \sum_{p=1}^{n} \left| x_{ip} - x_{jp} \right| \tag{6.3}$$

欧氏距离。当 $p = 2$ 时，闵可夫斯基距离演变为欧氏距离，即

$$d(x_i, x_j) = \left(\sum_{p=1}^{n} \left| x_{ip} - x_{jp} \right|^2 \right)^{\frac{1}{2}} \tag{6.4}$$

切比雪夫距离（Chebyshev distance）。当 $p = \infty$ 时，闵可夫斯基距离演变为切比雪夫距离，即各属性之差的最大值：

$$d_{ij} = \max_{1 \leqslant p \leqslant m} \left| x_{ip} - x_{jp} \right| \tag{6.5}$$

以上几种距离中，通常最常用的是欧氏距离和平方欧氏距离，其特点是对坐标系进行平移和旋转变换之后，欧氏距离不变，因此对象仍然保持原来的相似结构。

B. R 型聚类相似性度量方法

R 型聚类相似性度量方法用于对变量进行聚类。变量之间的近似程度常用"相似系

数"来度量。两个变量之间的相似系数的绝对值越接近于1，表示两者关系越密切；绝对值越接近于零，表示关系越疏远。

对于任意变量 x_i, x_j（$i, j = 1, 2, \cdots, m$），实值函数 C_{ij} 称为变量 x_i 与 x_j 的相似系数。常用的相似系数有以下两种。

第一种是余弦相似度：

$$C_{ij} = \cos\alpha_{ij} = \frac{\sum_{p=1}^{n} x_{ip} x_{jp}}{\sqrt{\left(\sum_{p=1}^{n} x_{ip}^2\right)\left(\sum_{p=1}^{n} x_{jp}^2\right)}}, \quad i, j = 1, 2, \cdots, m \tag{6.6}$$

第二种是皮尔逊相关系数：

$$C_{ij} = \frac{\sum_{p=1}^{n}\left(x_{ip} - \overline{x_i}\right)\left(x_{jp} - \overline{x_j}\right)}{\sqrt{\sum_{p=1}^{n}\left(x_{ip} - \overline{x_i}\right)^2}\sqrt{\sum_{p=1}^{n}\left(x_{jp} - \overline{x_j}\right)^2}} \tag{6.7}$$

其中，

$$\overline{x_i} = \frac{1}{n}\sum_{p=1}^{n} x_{ip}, \quad \overline{x_j} = \frac{1}{n}\sum_{p=1}^{n} x_{jp}, \quad i, j = 1, 2, \cdots, m$$

C. 类间距离测度

设有两个类 C_i 和 C_j，它们分别有 m 和 n 个元素，类的中心分别是 r_i 和 r_j，类的重心（类内元素平均值）分别为 z_i 和 z_j。设 $x_i \in C_i$，$x_j \in C_j$，这两个元素间的距离记为 $d(x_i, x_j)$，类间距离记为 $D(C_i, C_j)$。聚类分析类间距离测度方法如表6.8所示。

表6.8　聚类分析类间距离测度方法

序号	类间距离测度方法	定义	公式表示
1	最短距离法	两个类中最近的两个元素间的距离	$D_S(C_i, C_j) = \min d(x_i, x_j)$
2	最长距离法	两个类中最远的两个元素间的距离	$D_L(C_i, C_j) = \max d(x_i, x_j)$
3	中心法	两个类的中心间的距离	$D_Z(C_i, C_j) = d(x_i, x_j)$
4	类平均法	两个类中任意两个元素间的距离	$D_G(C_i, C_j) = \frac{1}{mn}\sum_{x_i \in C_i}\sum_{x_j \in C_j} d(x_i, x_j)$
5	重心法	两个类的中心距离的平方	$D_R(C_i, C_j) = \frac{mz_i + nz_j}{m+n}$

4）聚类分析的方法

聚类分析的内容非常丰富，采用不同的聚类算法，对于相同的数据集可能有不同的划分结果，很多文献从不同角度对聚类分析方法进行了分类，如表6.9所示。

表6.9 主要的聚类分析方法

分类标准	类型	聚类方法举例及相关说明
按照聚类的标准	统计聚类方法	系统聚类法、动态聚类法、分解法、加入法、有序样本聚类、重叠聚类、模糊聚类等（要求数据需预先给定，不能动态地增加新的数据对象）
	概念聚类方法	COBWEB（context-oriented binary web encoding，面向上下文的二进制网络编码）、OLOC（overlapping local concept clustering，重叠局部概念聚类）、基于列联表的方法
按照聚类处理的数据类型	数值型数据聚类方法	其所分析的数据的属性为数值数据，可直接比较大小
	离散型数据聚类方法	K-模式聚类算法（K-modes clustering algorithm）、ROCK（robust clustering using links，基于链接的鲁棒聚类）算法、CATUS（clustering categorical data using summaries，基于摘要的分类数据聚类）算法和STIRR（scalable iterative and recursive clustering for categorical data，用于分类数据的可扩展迭代递归聚类）算法
	混合型数据聚类方法	可同时处理数值型数据和离散型数据，其典型算法为K-原型算法
按照聚类的尺度	基于距离的聚类算法	常用的距离定义有欧氏距离和马氏距离，该算法聚类标准易于确定、容易理解，对数据维度具有可伸缩性，但对独立点敏感，只能发现具有类似大小和密度的圆形或球状聚类
	基于密度的聚类算法	该算法通常需要规定最小密度门限值，对噪声数据不敏感，可以发现不规则的类，但当类或子类粒度小于密度计算单位时，会被遗漏
	基于互联性的聚类算法	此算法基于图或超图模型，不适合处理太大的数据集
按照聚类的原理	划分聚类方法	
	层次聚类方法	
	密度聚类方法	
	网格聚类方法	
	模型聚类方法	

良好的聚类算法的特征包括：良好的可伸缩性、较强的处理不同类型数据的能力及处理噪声数据的能力、对样本顺序的不敏感性、在约束条件下具有较好的表现、易解释性和易用性。

3. 分类与预测

数据挖掘的重要应用是对大量数据的分类。分类和预测是两种数据分析形式，可用于提取描述重要数据类的数据模型或预测未来的趋势。分类是预测分类数据（离散值），而预测是建立连续值函数模型。分类问题目前已开发出许多相符的算法，如决策树算法、统计学方法、贝叶斯方法、神经网络、粗糙集、基于数据库的方法和其他的分类方法等。

（1）决策树算法。决策树算法是数据挖掘领域研究分类问题常采用的方法。一方面是由于决策树构造的分类器易于理解；另一方面，采用决策树分类，其速度快于其他分类方法，且得到的分类准确性好于其他方法。决策树算法通常分为树的生成和剪枝。树的生成采用自上而下的递归分治法，剪枝则是剪去那些可能增大树的错误预测率的分枝，生成最优决策树的问题是一个非确定多项式问题。目前，决策树算法通过启发式属性选择策略来实现。

（2）贝叶斯方法。贝叶斯方法是一种基于统计学的分类方法，可预测一个类成员关系的可能性，即给定样本属于一个特定类的概率。数据挖掘领域主要使用两种贝叶斯方法，即朴素贝叶斯方法和贝叶斯网络方法。前者使用贝叶斯公式进行预测，把从训练样本中计算出的各个属性值和类别频率比作为先验概率，并假定各个属性之间是独立的；然后利用贝叶斯公式及有关概率公式计算各实例的条件概率值，进而选取其中概率值最大的类别作为预测值。后者是一个带有注释的有向无环图，以有效表示大的变量集的联合概率分布，适合用来分析大量变量之间的相互关系，其利用贝叶斯公式的学习和推理能力，可实现预测、分类等数据挖掘任务。事实上，贝叶斯网络也是一种适合表示不确定性知识的方法。贝叶斯网络的构造涉及网络结构和网络参数两部分的学习。但是获得最优结构和参数都是非确定多项式问题，因此出现了许多启发式的方法。

（3）神经网络。神经网络的研究已在许多方面取得了进展，学者提出了大量的网络模型，发现了许多学习算法。人工神经网络在模式分类、机器视觉、机器听觉、智能计算、机器人控制、信号处理、组合优化求解、医学诊断、数据挖掘等领域具有很好的应用。

4. 序列模式

序列模式是给定一个由不同序列组成的集合，其中每个序列由不同的元素有序地排列，每个元素由不同项目组成，并由用户定义一个最小支持度，序列模式挖掘就是从所有满足最小支持度的序列中找出所有最大序列，每一个最大序列就是一个序列模式。目前序列模式已经在市场趋势预测、客户购买行为模式分析、疾病检测、自然灾害、科学实验、DNA 序列分析等领域获得了广泛应用。序列模式的常用算法有 AprioriAll（Apriori-based algorithm for mining all frequent sequences，基于 Apriori 的全序列频繁模式挖掘算法）、GSP（generalized sequential pattern mining，广义序列模式挖掘）算法、PrefixSpan（prefix-projected sequential pattern mining，前缀投影序列模式挖掘）算法、IUS（incremental utility-based sequence mining，增量效用序列模式挖掘）算法、ISM（incremental sequence mining，增量序列模式挖掘）算法、ISE（incremental sequence extraction，增量序列模式提取）算法等，其中 IUS 算法是较为先进的一种增量式挖掘算法。

用于序列模式挖掘的事务数据库是由顾客代号、事务发生时间、事务发生时所购买的商品代号所组成的，并以顾客代号和事务发生时间为关键字进行排序。算法一般分为两个阶段：①频繁序列的发现；②规则的产生。算法的计算量主要集中在第一阶段，如何快速确定频繁序列是提高算法效率的关键。

设 D 为原数据库，其中包含原来的各种数据；d 代表新增加的数据库，U 代表更新后的数据库，$U=D+d$。support(S,D) 表示序列 S 在数据库 D 中的支持度，Min_supp 表示频繁序列的最小支持度，$\text{Min}_{nbd_{\text{supp}}}$ 表示最小负边界序列支持度［其中 n 表示负的（negative），b 表示边界（border）］。C^D 和 L^D 分别表示数据库 D 中的候选和频繁序列集合，C_mD 和 L_mD 分别为 D 中长度为 m 的候选和频繁序列集合。sep_m 为长度为 m 的序列。

定义 6.3 当 $k \geq 3$（k 表示序列长度）时，一个序列长度为 k 的序列 α，产生的子序列是指构成这个 k 序列的两个 $k-1$ 序列 β 和 γ，其中 β 的 $k-2$ 后缀与 γ 的 $k-2$ 后缀相同，β 与 γ 连接起来，去掉一个相同的 $k-2$ 序列后，就构成了新的序列。

定义 6.4 所有序列都不是频繁序列，但是所有序列产生的子序列都是频繁序列所组成的合集，这样的集合称为负边界。负边界中的序列称为负边界序列，数据库 D 的负边界用 $NB(D)$ 表示。

定义 6.5 最小负边界序列支持度与最小支持度的性质类似，由用户定义，用来控制负边界中序列的一个条件。在 IUS 算法中，负边界中的序列 α 还必须满足

$$NB(D) = \left\{\alpha \mid \alpha \in C^D - L^D \text{ 且 } support(\alpha) > Min_{nbd_{supp}}\right\} \tag{6.8}$$

定义 6.6 设已知序列 $sep_m = \langle e_{i1}, e_{i2}, \cdots, e_{im}\rangle$，在 D 中 sep_m 发生的次数记为 $occur(sep_m, D)$，则 sep_m 在 D 中的支持度定义为

$$support(sep_m, D) \stackrel{def}{=\!=} \frac{occur(sep_m, D)}{|D|} \tag{6.9}$$

定理 6.1 S_b 为 D 中的一个频繁序列，对于任意序列 $S_a \subseteq S_b$，有 $occur(S_a, D) \geqslant occur(S_b, D)$。

定理 6.2 S 为 D 中的一个频繁序列，S_a、S_b 分别是 U 中的频繁序列，若 $S_a \notin L^D$，$S_b \notin L^D$，且 $S_a = \langle\langle S\rangle\langle S_1\rangle\rangle$，$S_b = \langle\langle S_2\rangle\langle S\rangle\rangle$，那么序列 S_1、S_2 在 D 中至少发生一次。

5. 回归分析

回归分析是一种应用极为广泛的数量分析方法。它用于分析事物之间的统计关系，侧重考察变量之间的数量变化规律，并通过回归方程的形式描述和反映这种关系，从而帮助人们准确把握变量受其他一个或多个变量影响的程度，进而为预测提供科学依据。虽然进行回归分析的自变量和因变量之间并没有严格确定的函数关系，但可以寻找到它们之间的数学表达形式。回归分析主要解决以下几个方面的问题。①确定几个特定的变量之间是否存在相关关系，如果存在的话，找出它们之间合适的数学表达式。②根据一个或几个变量的值，预测或控制另一个变量的取值，并且可以知道这种预测或控制能达到什么样的精确度。③进行因素分析。例如，在共同影响一个变量的许多变量（因素）之间，找出哪些是重要因素，哪些是次要因素，这些因素之间又有什么关系等。回归模型一般分为线性回归和非线性回归，线性回归是回归分析中最重要的组成部分。

1）一元线性回归模型

A. 回归模型的建立

一元回归分析考察因变量 y 和自变量 x 之间的关系，对于 x 和 y，通过观测得到若干数据 (x_i, y_i)。在此基础上，获得 y 对 x 的回归关系式——$y = a + bx + e$，$e \sim N(0, \sigma^2)$，其中 a、b 是回归系数。

B. 回归系数估计

利用最小二乘法计算 a、b 的值，从而估计 y_i 的值。可用 $d = \sum_{i=1}^{n}\{y_i - (a + bx_i)\}^2$ 来刻画拟合效果，d 达到最小值时，表示拟合的直线最靠近原始的 n 个数据点。一般情况下，n 对 (x_i, y_i) 不完全相等，则 a、b 的最小二乘估计为

$$\hat{a} = \bar{y} - \hat{b}\bar{x} \tag{6.10}$$

$$\hat{b} = \sum_{i=1}^{n}(x_i - \bar{x})(y_i - \bar{y}) \bigg/ \sum_{i=1}^{n}(x_i - \bar{x})^2 \qquad (6.11)$$

其中，$\bar{x}$、$\bar{y}$ 为 x_i、y_i 的平均值。

C. 显著性检验

回归系数的计算是依据若干样本实现的，抽样不同会导致获得的回归系数也不相同。此时需要通过样本对总体情况做出推断，也就是要对回归方程和回归系数进行显著性检验，以检验 y 和 x 之间确实存在线性关系。回归方程的显著性检验是利用方差分析所获得的 F 检验值，检测回归模型总体线性关系的显著性。

对于基于 n 个样本计算的线性回归关系式 $y_i = a + bx_i + e$，检验原假设 $b = 0$。如果否定该假设，说明上述模型确实存在；反之，则认为该模型不存在。令 $U = \sum_{i=1}^{n}\left(\widehat{y_i} - \bar{y}\right)^2$，$Q = \sum_{i=1}^{n}\left(y_i - \overline{y_i}\right)^2$，$F = U(n-2)/Q$。在原假设下 F 服从自由度为 $(1, n-2)$ 的 F 分布，根据样本计算 F 的值，同时查 F 分布表的自由度为 $(1, n-2)$ 时 $1-\alpha$ 分位数的值 F_0。如果 $F > F_0$，则拒绝该假设，因此可以认为该线性回归关系确实存在。

2）多元线性回归模型

在实际问题中，因变量常常受多个自变量的影响，因此有必要进行多个自变量的回归分析。在 m 个自变量的情况下，线性回归模型变为 $y = a + \sum_{i=1}^{m}b_i x_i + e$，同样采用最小二乘法，求出各回归系数 a 和 b_i，并对回归关系进行显著性检验，包括回归方程的显著性检验和回归系数的显著性检验。

3）非线性回归

并不是任意非线性关系都可以用线性关系来近似，因此在某些情况下必须考虑变量间的非线性关系。非线性回归可分为两种情况，即已知曲线类型和未知曲线类型。如果已知曲线类型，回归效果会比较有保证。通常可以根据专业经验和散点图来判断曲线的方程类型，然后用显性方法和曲线拟合方法来确定回归系数，最后进行显著性验证。对于未知曲线类型，常用方法为多项式回归，即设 $y = a + b_1 x + b_2 x^2 + \cdots + b_k x^k$，同时令 $x_i = b_i x_i$，此时就转化为多元线性回归关系，然后根据上述理论进行计算和检验。

6.3 数据挖掘的应用——商务智能

6.3.1 商务智能概述

1. 商务智能的功能与特点

本质上，商务智能可以促使企业通过分析企业运营数据，获得高价值的知识或信息，使企业在合适的时间采用合适的方法把合适的知识或信息交给合适的人。商务智能具有以下四个功能。

（1）商务智能具有数据获取、数据选择、数据转换与数据集成的能力，以及挖掘大量数据中潜在信息的能力、高效存储和维护大量数据的能力。

（2）商务智能具有 Legacy（传统的或遗留的数据分析和报告生成）、OLTP（online transaction processing，联机事务处理）与 OLAP 等多种各具特色的数据分析、查询信息和生成报告的能力。

（3）商务智能具有对比分析和趋势预测能力。

（4）商务智能具有辅助企业建模的企业优化能力。

商务智能具有以下三个特点。

（1）商务智能是一个综合性和开放性的系统，目标是增强企业运营能力，它的开放性表现在面向企业内外环境，同外界环境保持动态互联。

（2）商务智能拥有强大的数据分析能力，它集成了 Legacy、OLTP 与 OLAP 等多种各具特色的数据分析技术。

（3）商务智能能够挖掘数据与信息中潜在的知识。

2. 商务智能的体系结构

商务智能系统运用数据仓库、数据挖掘与 OLAP 等计算技术来分析和处理业务数据。它能从不同的数据源搜集到有用的数据，进行清洗与整理、转换、重构等操作，并将其存入数据仓库和数据集市；然后使用查询工具、数据挖掘工具、OLAP 工具等适当的分析管理工具分析处理信息，实现特定主题信息存储，使其成为决策者所能使用的决策知识；最后采用适合的方式将知识展现在决策者面前，为决策者提供决策信息，借助决策支持工具帮助决策者制定决策方案，从而实现商务智能应用。商务智能的基本体系结构如图 6.8 所示。

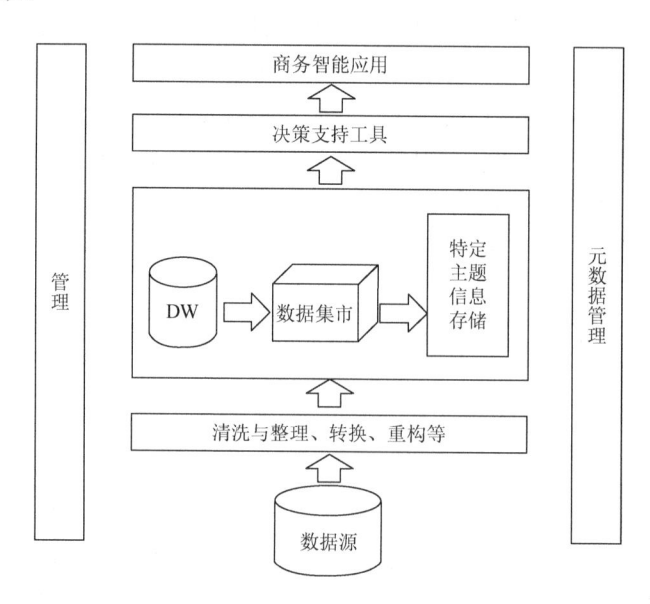

图 6.8　商务智能的基本体系结构

数据仓库主要从各个业务系统中收集大量的数据，通过对数据的清洗、转换、切割等过程，根据特定主题构建面向全局的数据视图，能够为分析提供大量的历史数据支撑。OLAP 对数据进行多维度分析，构建不同的模型，使用户能够从多个角度对数据进行比较分析和基本统计，可以实现数据的直观展示效果，为数据挖掘提供显性的认识。进一步，数据挖掘以数据仓库和 OLAP 为基础，构建算法和选择模型，对数据进行推理分析，为用户提供潜在的有用知识，以帮助其做决策。同时，数据挖掘还涉及方法库、模型库和知识库，三者相互结合、相互认证，从而实现智能数据分析。

在商务智能中，数据仓库解决了数据库内数据不一致、系统平台孤立的问题，实现了数据的内在统一和系统的衔接；数据挖掘则对规范的数据仓库中的数据进行分析，能够简化数据分析的过程，确保了数据来源的广泛性和完整性，提高了数据处理的效率和能力。二者具有很好的协同性，能够以不同的主题形式为智能决策挖掘信息，并构建一个信息数据共享平台，从而实现信息数据的智能分析。

6.3.2 商务智能在相关领域中的应用

商务智能是企业应对激烈竞争的必要选择，它契合行业特殊需求，贴近企业业务流程，能够满足企业发展需要。商务智能的应用领域越来越广泛，除了在企业的顾客关系管理、财务分析和人力资源管理等领域得到比较多的应用以外，近年来，在生命科学、制药和电子商务等领域也得到了初步应用。下面简要介绍几大行业的商务智能应用情况。

1. 商务智能在金融行业的应用

金融是较早引入商务智能的行业之一。很多金融企业拥有较完整的业务处理系统，并实现了业务数据的大集中，为实施商务智能项目提供了基础。商务智能可以给金融企业带来如下价值。

（1）整合金融企业资源，进行成本控制、获利分析和绩效评估。

（2）评估、模拟、分析与控制市场风险、信用风险以及运营风险。

（3）开发、保留和利用金融顾客关系，发展增值服务和个性化服务。

民生银行为迅速增加资产规模和扩大业务范围，保证在高速增长期内实现高利润率和股东价值最大化，从 2002 年开始实施商务智能项目。经过调研，民生银行选择 NCR Teradata 作为实施企业级数据仓库系统的合作伙伴。整个项目分为三期，第一期从 2003 年 4 月开始，到 2003 年底顺利结束。在此期间，NCR Teradata 为民生银行设计了企业级数据仓库逻辑数据模型，完成了民生银行核心业务系统和其他 13 个外围系统的数据整合，构建了民生银行统一的基础数据平台。项目第二期历时一年，至 2004 年底结束，主要工作包括数据仓库系统扩展和客户关系管理系统实施，其中数据仓库系统扩展包括新的数据源加载、数据质量的改进、备份与恢复以及管理信息系统建设和数据接口实现等工作。客户关系管理使用 TCRM（total customer relationship management，全面客户关系管理）5.0 系统，实现顾客服务渠道的整合、顾客行为分析、产品关联分析、顾客交叉细分以及示范性营销的设计与实施等功能。项目第三期是不断完善数据仓库系统。

民生银行借助数据仓库，集中统一存储和管理全行账户、顾客和交易数据等历史数据，实现了以顾客为中心的营销，不仅显著提升了营销活动效率，更明显降低了营销活动成本。

2. 商务智能在物流行业的应用

物流管理商务智能是指通过从物流信息系统中提取相关数据，并借助信息处理技术，完成数据的分析工作，其构建的动态发展视图更加直观。商务智能为现代物流提供了三个重要功能，即集成不同数据结构、提供数据关系的认知能力以及强化管理决策的科学性。从其应用效果来看，控制以及计划的表现效果较为明显，实现了效率提高和技术创新。此外，借助于商务智能的应用，不仅优化了企业内部决策科学性，还实现了企业提供对外服务的目的（孙惠，2018）。以下从四个方面探讨商务智能在物流管理中的应用。

1）智能化仓储管理

商务智能能够实现货物从入库到出库的实时化管理，并以此为基础，创建数据仓库，从而为数据分析人员创建特定的数据处理环境，帮助管理人员发现深层管理问题，捕捉企业发展的数据信息，提供直观的信息描述。此外，利用商务智能系统能够实现快速的供需反应，帮助管理人员完成企业管理决策，实现物流库存的动态管理，降低库存成本，提高库存周转效率，进而提高企业经营效益。

2）智能化运输系统

利用智能商务系统搭建实时动态的物流运营信息，可以为管理者与客户提供更为准确与及时的物流信息，结合电子识别、电子跟踪、无线射频等多项先进技术，实现对货物的运输过程全方位的跟踪。此外，物流运营数据还能够提供车辆数据、交通信息和路况的综合导航服务，在降低运输风险的同时，确保货物及时到达。

3）个性分析

个性分析是指识别具体的问题并采取措施从而提高客户满意度。借助于商务智能，物流企业能够对于管理中所存在的问题有较为清晰的认知，利用商务智能系统所提供的数据模型，完成分析和决策。此外，能够进一步对库存管理、配送路线、客户关系等层面进行个性化提升。

4）物流信息的快速查询

在传统物流管理中，不同用户的数据界面以及系统支持内容是完全不一致的，且有许多数据均未进行任何的加工和处理，这必然会大幅降低物流企业的资源利用效率。通过商务智能进行规范数据，并进一步提炼和挖掘数据，能够形成智能化的数据管理，提高资源利用效率。用户还能够借助于商务智能，接入他人的数据库以及联网关系数据，通过整合信息，深度剖析与挖掘各层次的用户内容。

3. 商务智能在制造业中的应用

制造业以产品为核心，关注成本等生产要素，有别于其他的行业。商业智能产品在制造业领域的核心是通过数据提取、整理、分析，最终根据分析结果制定有关策略，对资源进行合理配置，达到节约成本、提高效益的目的。商务智能能够帮助经营和决策者发现企业本身的问题与不足，并且给他们提供一种可能的结果设想，帮助其选择最佳的方案和渠道，来影响执行层面的行为。目前制造业中的商务智能应用的案例主要涉及以下几个方面。

（1）操作现场和研制。实现技术流程与生产作业流程的有机结合。

（2）售后服务。

（3）决策支持。商务智能能够利用现代信息技术收集、管理和分析结构化与非结构化的商务数据信息，提高商务决策水平，完善商务流程，提升商务绩效。

（4）营销管理。例如，在汽车销售中，借助商务智能，能够对日常工作情况实现流程化管理，并及时完成数据的上报。此外，通过完成各种复杂的报表生成和数据分析，企业管理人员能够及时、深入、全面地了解全国各地、不同时段、不同车型的销售情况等各种信息。

（5）办公系统。例如，中国铝业集团有限公司中的氧化铝系统通过加强和完善生产管理、提高资源共享和团队协作程度，最大限度地实现了公司内部资源的高效利用，提高了综合统计、分析、处理数据的能力和报表设计的效率。

4. 商务智能在医疗领域的应用

在医疗领域，商务智能研究的宗旨在于整合、优化海量数据，如临床数据、药品数据、诊断数据及用户数据等，并识别其中有价值的潜在模型。

1）医学疾病预测与辅助诊断

疾病预测、预警和预后分析一直以来是医疗信息学的研究重点。在当前的医疗环境中，利用关联规则挖掘技术对正常人的各项生命体征数据与病人的数据进行分析对比，可以挖掘出相关联系；而对某些疾病的前兆特征进行时间序列分析，可以进行疾病预警。另外，通过数据挖掘技术能够获取疾病之间的并发关系。在临床辅助诊断方面，通过将医学专业从业人员的诊断经验转化为计算机可识别的逻辑规则，结合计算机数据挖掘技术，用户只要在系统中输入患者的症状信息，系统就可以快速给出病人的疾病诊断，提供医学参考和决策支持，因此减少了医生的主观判断失误，提高了诊断的效率和准确性。

2）医疗信息挖掘与潜在医学模式发现

在医学信息挖掘方面，如何明确基因在疾病中的作用是生命科学的一个研究重点。通过引入商务智能中的自然语言处理技术，能够较好地解决信息抽取的问题。自2004年起，一个名为Text Retrieval Conference（TREC，文本检索会议）的会议活动提出了一系列关于生物基因组知识发现的自动标注和编码任务。在潜在医学模式发现方面，众多学者的研究也极大地推动了医疗水平的进步，如Sandeep和Gitanjali（2011）基于病人患病的时序数据，结合疾病的共现率，使用Apriori算法对疾病发生频次进行预测，得到了共现模式。

课 后 习 题

1. 什么是数据挖掘？什么是知识发现？简述知识发现的主要过程。
2. 简述为什么要进行数据预处理，以及如何进行数据预处理。
3. 数据挖掘的模式有哪些？
4. 聚类方法涉及哪些数据变换方法？它们之间的区别是什么？

第7章 群 决 策

多准则决策问题可以分成单个决策者的多目标决策和多个决策者的群决策两大类，而单个决策者的多目标决策和多属性决策问题的求解已经分别在第 2 章和第 3 章讲述过了，本章将介绍关于多人决策问题的理论与求解。本章会介绍几种经典的群决策方法，以及与群决策的支持和协作相关的内容。众所周知，在社会中人们往往一起工作，小组（或团队）需要在组织中做出许多复杂的决策，而组织决策复杂性的增长推动了对会议和小组工作的需求。由于团队成员可能在不同地点、不同时间工作，因此对群体的支持需要强调沟通的重要性，以及在不同场景下所采用的各种群决策方法。

7.1 群决策概述

7.1.1 群决策的概念

20 世纪以来，随着社会的高速发展和科学技术的进步，我们所需要获取和处理的知识与信息大幅增加，导致各种各样错综复杂的决策问题层出不穷，单个决策者进行独立决策的情况逐渐减少，而相对地由多个决策者参加决策，即进行群决策的情况普遍增加，包括团队决策、产品设计、政策和战略制定、软件系统创建等。群决策的出现正是为了满足这些实际的复杂决策问题对于多领域知识的需求，同时兼顾多方利益，但是群决策又会带来内部冲突处理等问题，这是处理复杂决策问题时所必须面对的。

1. 对多领域知识和信息的需求

随着各领域科技水平的高速进步，各种不同类型的复杂决策问题不断涌现，单凭领导者的经验和智慧很难捕捉到所有有效信息，或者解决所有的决策问题，所以需要一个由具有不同领域知识和经验的专家组成的团队，从而弥补领导者个人经验、知识和精力的不足，只有在收集整合多方意见后才能进行最终决策。例如，在企业的生产经营决策中，与其说是企业的领导者个人在做决策，不如说是由企业负责人领导一群团队成员共同决策。

2. 对多方利益兼顾的需要

从广义上来说，任何重大决策都会影响不同的群体，因此在如今公正、民主的社会中，每一项重要的决策都需要考虑到可能会覆盖的群体。各群体的代表组成各自的代表大会或委员会，对每一个重要的决策都提出成员的意见，然后提请大会或委员会批准。所以，如今所需要面对的决策问题往往是多目标、多属性、多领域的，同时具有一定程度的不确定性，由于决策内容及其过程的复杂性，只靠单个人的学识经验和权威是难以完成决策的，需要建立一个具有丰富的多元化知识结构、可以互相补充、能够运用科学的理论方法的决策群体，以保证决策的科学性。

3. 对处理冲突的策略的需求

在决策过程中，冲突是每个决策者必须面对的问题，在典型的社会选择问题中，人们难以完全满足每个不同利益群体之间的要求，从而导致冲突的必然发生，合作和竞争构成了不同决策者之间的主要关系，而群决策中处理冲突的策略也可以通过合作和竞争的程度来进行划分。

合作是指对自己的约束，即在满足他人利益的同时保障自己的利益；而冲突则是指为增加自己的利益而发生的博弈和策略行为。处理冲突的策略主要分为五种，即竞争（强制）、回避、妥协、迁就（克制）和双（多）赢。竞争（强制）策略是高度武断的不合作行为，即为了自己的利益，强制性地牺牲他人的利益；回避策略的合作和竞争的程度都比较低，对自己和他人的利益都不太在意；妥协策略的合作和竞争程度都处于中间值，追求权宜的解决方法；迁就（克制）策略的合作精神最强且竞争意愿最低，愿意牺牲自身利益来满足他人利益；双（多）赢策略即互相协作，将双方或多方利益都考虑在内，开诚合作。

因此，虽然决策的组织和实现方式各有不同，但由多人构成的决策群体在决策理论中都称为群（group），其所做的决策称为群决策（group decision-making）。

群决策也称为群体决策，是集数学、政治学、经济学、管理学、社会心理学、行为科学和决策科学等多门学科研究于一体的交叉学科，是指以群体为决策主体所进行的决策活动。由个人决策过渡到群决策是人类社会决策活动的一大进步。因为现代人类的决策活动涉及的信息面广、影响因素多，要想实现决策的科学化，单凭某一个人的能力是不可能很好地完成的，它需要集中群体的优势和众人的智慧才能做出最佳决策。

有学者对群决策进行分析和总结后，给出了一个群决策的定义，即群决策是把不同成员的关于方案集合中方案的偏好按某种规则集结为决策群体的一致或妥协的群体偏好序。也有学者认为，由多个决策者针对同一问题进行一项联合行动决策，然后把不同成员的方案偏好按某种规则集结为决策群体的一致或妥协的群体偏好序就称为群决策。

7.1.2 群决策的基本假设

群决策理论建立在个体决策理论的基础上，因此，个体决策理论的假设也是群决策假设的前提，如决策者理性假设、偏好的传递性要求等；此外，由于需要多个决策者共同做出，群决策也需要自己的研究假设。一般而言，群决策的基本假设如下。

（1）群决策一般来说是复杂的非结构化决策问题，任何决策者都难以仅靠自己的知识经验做出完美的决策。

（2）需要一个以上的决策者构成决策群体，进行协同决策，并影响整个决策过程、决策机理以及决策的质量和复杂性。

（3）决策准则往往是影响决策结果的重要因素，给定其他因素不变，不同准则的采用会导致决策结果的不同，多种决策规则和目标的权衡取舍使群决策需要综合多学科的知识。

（4）群体中的个体独立地做出选择和判断，在已知的共同条件下进行选择，不排除决策者之间沟通交流，对自己的偏好和选择进行改进，以达成具有群体一致性的最终结果。

（5）群决策的结果是具有某种一致性的群体意见和判断，是需要对每个决策者的偏好进行妥协（帕累托原则），通过信息的互补、意见的折中来减少决策的风险和不确定性。

因此，群决策过程一般可以描述为：决策者针对共同的决策问题给出自己的判断和偏好，然后按照某种商定的预设规则进行群意见的集结和方案的选择，根据群体偏好进行排序选择，以给出方案的排序，或在不满足一致性的情况下调整决策者偏好，直到达成群体一致的决策为止。

1. 社会选择理论

著名的诺贝尔经济学奖得主肯尼斯·J. 阿罗（Kenneth J. Arrow）创作的经济学著作《社会选择与个人价值》是现代群决策的基础理论之一，也是现代新福利经济学的重要发展成果，他研究了如何把个人偏好集合成社会偏好，把个人选择集合成社会选择的过程。阿罗在书中应用符号逻辑工具，独立构成了社会选择理论，提出并证明了阿罗不可能定理（Arrow's impossibility theorem），即不论采用什么方法，都不可能从个人偏好顺序推导出群体偏好顺序，产生社会选择。这也向"少数服从多数"原则的天然合理性发起了挑战，触及了政治生活和经济机制中的敏感问题，使社会选择理论发展到了一个新的阶段。因此，社会选择理论是群决策发展的重要理论依据。

2. 群体效用理论

冯·诺依曼和摩根斯坦的经典著作《博弈论与经济行为》建立了决策的效用理论，将二人博弈推广到 n 人博弈结构，并将博弈论系统地应用于经济学领域，奠定了现代效用理论和博弈论学科的基础与理论体系。20 世纪 50 年代的效用理论认为决策过程源自人类的主观判断与行动，它采纳了概率论与期望理论的原理，通过概率量化不确定性，进而构建以期望效用值作为核心评价标准的效用函数模型。1966 年 R. A. Howard 发表的论文《决策分析：应用决策理论》，系统地总结了应用贝叶斯决策理论进行决策活动的步骤，一步步构建出其学科体系。H. Raiffa 和 William Edwards Deming 等分别领导各自所在高校的决策理论研究群体，同样取得了许多创新性的研究成果，奠定了效用理论作为现代决策理论基础的地位。

3. 行为决策理论

行为决策理论是从组织行为学的角度探讨决策过程的理论，起源于阿莱悖论和爱德华兹悖论的提出，其最早是用于解决理性决策理论中一些棘手的问题。群体行为决策理论的出发点是决策者的决策行为，重点研究决策者的非理性行为，而行为决策理论中关于群决策研究的主要方向是其他决策者对决策执行过程的影响。赫伯特·西蒙认为，组织决策的一个根本特征是在组织中决策的传递性前提,即团队中的每一个成员在做出决策时必须考虑其他人的选择,而这也作为行为决策理论的开创性研究,使得现代行为理论成了群决策理论中必不可少的一部分。

4. 模糊决策理论

1965 年,美国控制论专家、数学家扎德(Zadeh)在《信息与控制》杂志上发表了论文《模糊集合》,标志着模糊数学学科的诞生,扎德也被公认为系统理论及其应用领域最有贡献的学者之一,被誉为"模糊集之父"。模糊决策方法把研究对象以及反映它的模糊概念作为模糊集合,再对模糊对象集合进行建模运算及分析。模糊集合论以模糊数学为基础,研究有关非精确的现象,客观世界中,大量存在着许多亦此亦彼的模糊现象。20 世纪 80 年代以来,模糊决策理论得到了迅速的发展。模糊决策理论更接近于实际,特别是对冲突的消除、群决策分析、近似推理、大系统问题等具有较好的效果。

5. 证据理论

证据理论也称 DS 理论(Dempster-Shafer theory),是由 20 世纪 60 年代的数学家 A. P. Dempster 首先提出,再由他的学生 Shafer 于 1976 年开始进一步拓展改进的一种不精确推理理论,他在著作《证据的数学理论》中引入信任函数概念,构建了一套用"证据"和"组合"来解决不确定性推理的数学方法。证据理论基于人们对客观世界的认识,根据人们所掌握的相关知识和经验,对不确定性事件给予不确定性度量。这样可以使得不确定性度量更加贴合人们的思维习惯,以适用于管理决策问题,同时将证据理论描述不确定性的优点应用于群决策中,从而拓展了群决策的研究范围。

7.1.3 群决策的优势、不足及流程

1. 群决策的优势与不足

与个体决策相比,群决策的优点主要表现在:群决策有利于集中不同领域专家的智慧,应对日益复杂的决策问题。通过这些专家的广泛参与,专家可以对决策问题提出建设性意见,有利于在决策方案得以贯彻实施之前,发现其中存在的问题,提高决策的针对性。

群决策能够利用更多的知识优势,借助于更多的信息,形成更多的可行性方案。由于决策群体的成员来自不同的部门,从事不同的工作,熟悉不同的知识,掌握不同的信息,容易形成互补性,进而能够挖掘出更多令人满意的行动方案。

群决策还有利于充分利用其成员不同的教育程度、经验和背景。具有不同背景、经验的不同成员在选择要收集的信息、要解决的问题的类型和解决问题的思路上往往都有很大差异,他们的广泛参与有利于提高决策时考虑问题的全面性,从而提高决策的科学性。

群决策提供了决策的可接受性,有助于决策的顺利实施。由于决策群体的成员具有广泛的代表性,所形成的决策是在综合各成员意见的基础上形成的对问题趋于一致的看法,因而有利于有关部门或人员的理解和接受,在实施中也容易得到有关部门的相互支持与配合,从而在很大程度上有利于提高决策实施的质量。另外,群决策使人们勇于承

担风险。有关研究表明，在群决策中，许多人都比个人更勇于承担风险。

然而，并不是所有成员都认为团队决策或者开会是有益的。首先，群决策的速度、效率可能低下。群决策鼓励各个领域的专家、员工积极参与，力争以民主的方式拟定出最满意的行动方案。在这个过程中，如果处理不当，就可能陷入盲目讨论的误区之中，既浪费了时间，又降低了速度和决策效率，从而限制了管理人员在必要时做出快速反应的能力。因此有些人认为开会是必需的，另一些人则认为是浪费时间。在一次会议中，很多事情都可能出错，参与者可能不清楚它的目的，可能缺乏重点，或者可能有隐藏的议程；许多与会者可能不敢直言不讳，或者少数人可能在讨论中占据主导地位。

2. 群决策的流程

群决策过程与一般决策过程相似，但步骤更多。群决策过程的步骤如图 7.1 所示。

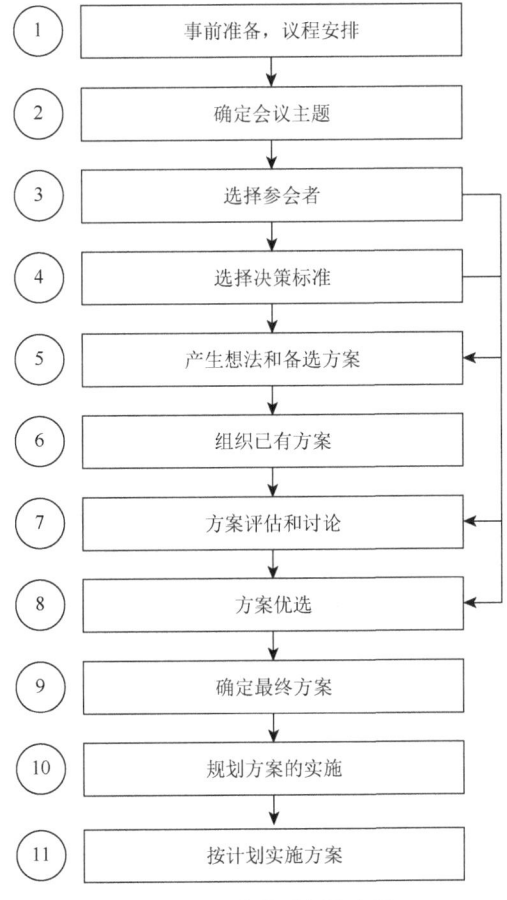

① 事前准备，议程安排
② 确定会议主题
③ 选择参会者
④ 选择决策标准
⑤ 产生想法和备选方案
⑥ 组织已有方案
⑦ 方案评估和讨论
⑧ 方案优选
⑨ 确定最终方案
⑩ 规划方案的实施
⑪ 按计划实施方案

图 7.1 群决策过程的步骤

具体地，群决策流程可以分为如下的步骤。
（1）确定会议时间、地点，准备有关议程。
（2）确定会议主题（例如，问题定义）。

（3）选择会议参与者。
（4）选择评估备选方案和所选解决方案的标准。
（5）产生可供选择的想法和备选方案（头脑风暴）。
（6）将产生的已有方案组织成类似的小组。
（7）评估备选方案，讨论和集思广益。
（8）方案优选，确定一个短名单（决赛方案）。
（9）确定最终的解决方案。
（10）规划解决方案的实施。
（11）按计划实施解决方案。

该过程是按顺序显示的，但如图 7.1 所示，其中的一些步骤可能会出现循环。此外，如果没有找到解决方案，该流程可能需要从头开始。

在进行决策的过程中，特别需要注意以下原则。
（1）团队做出的决定需要付诸实施。
（2）团队中的成员通常具有平等的地位。
（3）会议的结果在一定程度上取决于与会者的知识、意见和判断，以及他们对会议结果的支持。
（4）会议的结果取决于小组的组成及其决策过程。
（5）团队成员可以通过与与会的高级成员谈判、仲裁解决意见分歧。
（6）一个小组的成员可以在同一地点面对面开展会议，也可以是一个虚拟团队，他们可以在不同时间、不同地点以线上形式组织会议。

7.2 社会选择函数

社会选择函数是反映社会选择（集体决策）与所有代理人个人偏好之间关系的函数。在进行群决策时，人们需要一种公平合理的决策方法，将群体偏好集结成社会偏好，从而正确反映群中成员意愿。社会选择就是要根据社会中各成员的价值观及其对不同方案的选择产生社会性的决策，即把社会中各成员的偏好排序集结成单一的社会偏好排序。为此，首先从投票及计数方法的角度来进行研究，即将社会选择函数作为集结方法。

7.2.1 社会选择函数的性质

社会选择函数，即采用某种与群中成员的偏好有关的数量指标（投票计票规则）来反映群体对各候选人的总体评价（偏好集结），这种指标称为社会选择函数，用 $F(D)$ 表示。其中，D 是每个投票人的偏好集合；$F(D)$ 是群体偏好。偏好可以用 1、0、-1 表示，对于给定的方案对 (x, y)，1 表示 x 优于 y，0 表示 x 与 y 无差异，-1 表示 y 优于 x。

社会选择函数应具备如下的性质。
（1）明确性：能够从投票者的每一种偏好得出明确而唯一的排序。

（2）中性（对偶性）：对候选人的公平性，社会选择机制对于所有候选人应是相同的。

（3）匿名性（平等原则）：对投票人的公平性，每个投票人权重相同。

（4）单调性（正的响应）：若某个投票人将 A 的位置往前排，而其他投票人的偏好不变，则 A 的相对地位不比原来差。

（5）一致性（弱帕累托性）：当所有投票人认为 A 优于 B 时，A 应取胜。

（6）齐次性：若某投票人 a 认为 A 与 B 无差异，则等价于两个投票人 a_1 和 a_2，其中 a_1 认为 A 优于 B，a_2 认为 B 优于 A，除此之外，a_1、a_2 的偏好与 a 的偏好均相同。

（7）帕累托性：当每个投票人都认为 A 不劣于 B 时，则群体应持同样的态度。

社会选择函数的优劣可以通过这些性质判断。设计优良的社会选择函数是群决策研究者的重要任务之一。常见的社会选择函数包括 Condorcet 函数、Borda 函数、Copeland 函数、Nanson 函数、Dodgson 函数、Kemeny 函数和 Cook-Seiford 函数等。

7.2.2 Condorcet 函数

孔多塞（Condorcet）提出的社会选择原则（以下简称 Condorcet 原则）可表述为：在从多个候选人中选择一个时，如果存在某个候选人 x，能在与其他候选人逐一比较时，按过半数决策规则击败其他所有人，则 x 称为 Condorcet 候选人，应该由他当选；如果不存在，则应按 Condorcet 函数 $F_c(x)$ 值的大小来排列候选人 x 的优劣次序。$F_c(x)$ 是一种极大化极小函数，它是 x 与其他所有候选人逐一比较时得票最少的那一次的所得票数。Condorcet 函数的定义如定义 7.1 所示。

定义 7.1 若 x 与所有候选人逐一比较，均能按过半数获胜，则 x 应当获胜，x 称为 Condorcet 候选人。若不存在 Condorcet 候选人，则按

$$F_c(x) = \min_{y \in A\{x\}} N(x \succ y) \tag{7.1}$$

值的大小排序。其中，$N(x \succ y)$ 为支持 x 优于 y 的票数；A 为方案集。对于集合 A 和集合 B，$A \setminus B = \{x \mid x$ 属于 A 且 x 不属于 $B\}$。

【例 7.1】 假定某个体偏好分布表如表 7.1 所示，试用 Condorcet 函数进行群决策。

表 7.1 个体偏好分布表

个体人数/人	偏好排序
23	$a \succ b \succ c$
17	$b \succ c \succ a$
2	$b \succ a \succ c$
8	$c \succ b \succ a$
10	$c \succ a \succ b$

注：a、b、c 分别表示不同的方案

由表 7.1 可知，所有候选人两两比较的结果是：$a \succ_G b$，$b \succ_G c$，且 $c \succ_G a$。出现超过一半票数的循环，因此需要使用 Condorcet 函数来求解，具体如下。

由 $N(a \succ_i b) = 33$，$N(a \succ_i c) = 25$，可推出 $F_c(a) = 25$。
由 $N(b \succ_i a) = 27$，$N(b \succ_i c) = 42$，可推出 $F_c(b) = 27$。
由 $N(c \succ_i a) = 35$，$N(c \succ_i b) = 18$，可推出 $F_c(c) = 18$。
综上，群决策的结果是 $b \succ_G a \succ_G c$。

要对 $F_c(x)$ 的值进行求解，可以将两两比较的结果列成矩阵形式，即

$$C = \begin{bmatrix} - & 33 & 25 \\ 27 & - & 42 \\ 35 & 18 & - \end{bmatrix}$$

其中，候选人 x 所在行中的最小值即 $F_c(x)$。需要说明的是，矩阵中的对角线表示和自己相比，偏好是一样的，因此用横线表示。

Fishburn 认为 Condorcet 函数满足明确性、中性、匿名性、单调性、一致性和齐次性，因此是较好的社会选择函数。

7.2.3 Borda 函数

Borda（1733—1799）是法国数学家与航海家。他提出的方法是由投票人根据偏好对各候选方案排序，设备选方案数为 n，第 i 个投票人将方案 x 排于第 k_i 位，则方案 x 的得分 $F_B(x)$ 为 x 与其他候选人逐一比较 $n-1$ 次中所得票数的总和，统计各方案得分大小并按 $F_B(x)$ 值的大小从高到低选择。

定义 7.2 Borda 函数的定义为

$$F_B(x) = \sum_i (n - k_i) = \sum_{y \in A\{x\}} N(x \succ y) \tag{7.2}$$

【例 7.2】 用 Borda 函数求解例 7.1。

计算 Borda 分，将 2、1、0 分别赋予排在第一、第二、第三位的候选人，则 a、b、c 三个方案的得分分别如下。

a 的 Borda 分：$2 \times 23 + 1 \times (2 + 10) = 58$。
b 的 Borda 分：$2 \times (17 + 2) + 1 \times (23 + 8) = 69$。
c 的 Borda 分：$2 \times (10 + 8) + 1 \times 17 = 53$。

由于 $F_B(b) > F_B(a) > F_B(c)$，因此 $b \succ_G a \succ_G c$。

Borda 分还可以通过表示候选人之间两两比较结果的矩阵来计算，$F_B(x)$ 的值是 x 所在行各元素的总和。Fishburn 认为 Borda 函数同样满足明确性、中性、匿名性、单调性、一致性和齐次性。

7.2.4 Copeland 函数

Copeland 提出了一种确定社会选择的合理方法的 Copeland 函数。

定义 7.3 Copeland 函数的定义为

$$F_{cp}(x) = N\{y | y \in A 且 x \succ_G y\} - N\{y | y \in A 且 y \succ_G x\} \tag{7.3}$$

并以 $F_{cp}(x)$ 的大小来为 x 排序。

这里的 $N\{y|y \in A \text{且} x \succ_G y\}$ 表示 x 能按过半数决策规则击败的方案集 A 中的候选人个数，$N\{y|y \in A \text{且} y \succ_G x\}$ 表示在方案集 A 中能按过半数规则击败 x 的候选人个数，因此 $F_{cp}(x)$ 是 x 在与其他候选人逐一比较时获胜次数与失败次数之差，具体见例 7.3。

【例 7.3】 用 Copeland 函数求解例 7.1。

对各方案进行成对比较，有

$$N(a \succ_i b) = 33 > N(b \succ_i a) = 27$$
$$N(a \succ_i c) = 25 < N(c \succ_i a) = 35$$
$$N(b \succ_i c) = 42 > N(c \succ_i b) = 18$$

因此

$$F_{cp}(a) = N\{y|y \in A \text{且} a \succ_G y\} - N\{y | y \in A \text{且} y \succ_G a\} = 1 - 1 = 0$$

且有

$$F_{cp}(b) = 1 - 1 = 0, \quad F_{cp}(c) = 1 - 1 = 0$$

根据 Copeland 函数，此问题的群决策结果为 $a \sim_G b \sim_G c$，成平局，即不可能做出选择。

例 7.4 表明 Copeland 函数可用于解决一些不满足传递性的问题。

【例 7.4】 设有 9 个投票者，要从 5 个候选者 $A = \{a,b,c,d,e\}$ 中选出一人，已知各投票者的偏好次序：有两位投票者认为 $a \succ b \succ c \succ d \succ e$，$d \succ b \succ e \succ c \succ a$，$c \succ a \succ d \succ e \succ b$，$e \succ d \succ a \succ c \succ b$，有一位投票者认为 $b \succ c \succ e \succ a \succ d$。

候选人两两比较的结果如下：

$$N(a \succ_i b) = 6, \quad N(b \succ_i a) = 3, \quad N(a \succ_i c) = 4, \quad N(c \succ_i a) = 5$$
$$N(a \succ_i d) = 5, \quad N(d \succ_i a) = 4, \quad N(a \succ_i e) = 4, \quad N(e \succ_i a) = 5$$
$$N(b \succ_i c) = 5, \quad N(c \succ_i b) = 4, \quad N(b \succ_i d) = 3, \quad N(d \succ_i b) = 6$$
$$N(b \succ_i e) = 5, \quad N(e \succ_i b) = 4, \quad N(c \succ_i d) = 5, \quad N(d \succ_i c) = 4$$
$$N(c \succ_i e) = 5, \quad N(e \succ_i c) = 4, \quad N(d \succ_i e) = 6, \quad N(e \succ_i d) = 3$$

用有向线段表示候选人两两比较的关系，箭头方向表示从优向劣的指向，结果如图 7.2 所示。

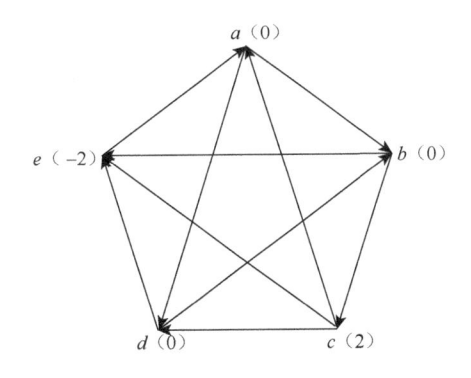

图 7.2 两两比较有向图

由图 7.2 可知，其中有若干个多数票循环，$(a \succ b \succ c \succ a)$，$(a \succ b \succ e \succ a)$，$(a \succ d \succ e \succ a)$，$(b \succ c \succ d \succ b)$，$(a \succ b \succ c \succ e \succ a)$，$(a \succ b \succ c \succ d \succ e \succ a)$，由此可以看出这个群的排序是不传递的，此时 Copeland 函数值为

$$F_{cp}(a) = F_{cp}(b) = F_{cp}(d) = 0, \quad F_{cp}(c) = 2, \quad F_{cp}(e) = -2$$

最终根据 Copeland 函数得出的排序是 $c \succ_G a \succ_G b \succ_G d \succ_G e$，即 a、b、d 平局，c 胜出，e 成绩最差。若通过 Borda 函数求解，则 $d \succ_G a \succ_G c \succ_G b \succ_G e$，即 d 胜出；若用 Condorcet 函数求解，则 $a \succ_G b \succ_G d \succ_G b \succ_G e$，得不出结果。

7.2.5　Nanson 函数

Nanson 函数是英国数学家 Nanson 提出的社会选择函数，其实质是按 Borda 得分进行淘汰的过程。在过程的每一步，得分最低的候选人被淘汰，直到无人可被淘汰为止。

定义 7.4　Nanson 函数的定义为

$$F_N(x) = \max j : x \in A_j \tag{7.4}$$

即若方案 x 在第 j 次被淘汰，则 x 的 Nanson 函数值等于 j，$F_N(x)$ 的值最大的方案为当选者。

在整个淘汰过程中，与其他候选人逐一相比均能获胜（或成平局）的候选人不会被淘汰。Nanson 还证明了若存在 Condorcet 候选人，他一定能当选，因此，Nanson 函数符合 Condorcet 原则。Nanson 的淘汰过程可表述如下：

令 $A_1 = A$，对 $j \geqslant 1$，令

$$A_{j+1} = A_j \setminus \{x \in A_j : F_B(x) \leqslant F_B(y), \quad \forall y \in A_j\}$$

且

$$\exists y \in A \ \text{使} \ F_B(x) < F_B(y)$$

其中，$F_B(x) = \sum\limits_{y \in A \setminus \{x\}} N(x \succ_i y)$ 为 Borda 分。

上述式子的含义是通过淘汰集合 A_j 中 Borda 分最小的方案 x 得到集合 A_{j+1}。

令 $F_N(x) = \max\{j : x \in A_j\}$，即方案 x 在第 j 次被淘汰，则 x 的 Nanson 函数值等于 j。$F_N(x)$ 的值最大的方案最终当选。

【例 7.5】　用 Nanson 函数求解例 7.1。

先令 $A_1 = A = \{a,b,c\}$，计算 Borda 分：$F_B(a) = 58$，$F_B(b) = 69$，$F_B(c) = 53$。

c 由于得分最低而被淘汰，$F_N(c) = 1$，且得 $A_2 = a,b$；这时有 $23 + 10 = 33$，认为 $a \succ b$，所以 $F_B(a) = 33$，$F_B(b) = 27$，b 被淘汰，$F_N(b) = 2$，且 $A_3 = A_2 \setminus \{b\} = \{a\}$；最后只剩下 a，a 胜出，$F_N(a) = 3$。社会选择的排序为 $a \succ_G b \succ_G c$。

【例 7.6】　用 Nanson 函数解例 7.4。

令 $A_1 = A = a,b,c,d,e$。各候选人的 Borda 分为

$$F_B(a) = 4 \times 2 + 3 \times 2 + 2 \times 2 + 1 \times 1 + 0 \times 2 = 19$$

$$F_B(b) = 4 \times 1 + 3 \times 4 + 2 \times 0 + 1 \times 0 + 0 \times 4 = 16$$

$$F_B(c) = 4\times 2 + 3\times 1 + 2\times 2 + 1\times 2 + 0\times 1 = 17$$
$$F_B(d) = 4\times 2 + 3\times 2 + 2\times 2 + 1\times 2 + 0\times 1 = 20$$
$$F_B(e) = 4\times 2 + 3\times 0 + 2\times 3 + 1\times 2 + 0\times 2 = 16$$

b、e 得分最低，先被淘汰，因此 $F_N(b) = F_N(e) = 1$，$A_2 = A_1 \setminus \{b, e\} = \{a, c, d\}$，此时有如下结论。

（1）两个投票人认为 $a \succ c \succ d$。
（2）两个投票人认为 $c \succ a \succ d$。
（3）两个投票人认为 $d \succ a \succ c$。
（4）两个投票人认为 $d \succ c \succ a$。
（5）一个投票人认为 $c \succ a \succ d$。

因此，a、c、d 的 Borda 分为

$$F_B(a) = 2\times 2 + 1\times 5 + 0\times 2 = 9$$
$$F_B(c) = 2\times 3 + 1\times 4 + 0\times 2 = 10$$
$$F_B(d) = 2\times 4 + 1\times 0 + 0\times 5 = 8$$

淘汰得分最低的 d，$F_N(d) = 2$，且 $A_3 = A_2 \setminus \{d\} = \{a, c\}$。

此时由于有 4 人认为 $a \succ c$，但 5 人认为 $c \succ a$，即 Borda 分为：$F_B(a) = 4$，$F_B(c) = 5$。候选人 a 的得分低于 c，a 被淘汰，这时有 $F_N(a) = 3$，$A_4 = A_3 \setminus \{a\} = c$，由于只剩一个候选人，所以候选人 c 当选，$F_N(c) = 4$。社会选择的排序是 $c \succ_G a \succ_G d \succ_G b \succ_G e$。

Fishburn 指出 Nanson 函数满足明确性、中性、匿名性、一致性和齐次性，但不满足单调性。

7.2.6 Dodgson 函数

Dodgson 是英国的数学家，他所提出的社会选择函数的基本思路是：根据候选人要能成为简单过半数胜者或非失败者，需要改变偏好序的投票人数来给候选人打分，分值越小越好。

设有 n 个投票人、m 个候选人，候选人之间成对比较的结果记为 n_{jk}，即 $n_{jk} = N(x \succ_i y)$，其中 $j, k = 1, 2, \cdots, m$ 且 $j \neq k$。用 n_0 表示候选人 a_j（$j = 1, 2, \cdots, m$）作为简单过半数胜者（或非失败者）至少应得的票数，则有

$$n_0 = \begin{cases} n/2, & n\text{为偶数} \\ (n+1)/2, & n\text{为奇数} \end{cases}$$

定义 7.5 Dodgson 函数的定义为

$$F_D(a_j) = \sum_{k=1}^{m} \frac{|n_0 - n_{jk}| + (n_0 - n_{jk})}{2}, \quad j = 1, 2, \cdots, m \tag{7.5}$$

$F_D(a_j)$ 的值越小，a_j 越优。

在计算 $F_D(\cdot)$ 时，也可用候选人之间成对比较的结果构成 Dodgson 矩阵，即

$$\begin{bmatrix} 1 & n_{12}/n_{21} & \cdots & n_{1m}/n_{m1} \\ n_{21}/n_{12} & 1 & \cdots & n_{2m}/n_{m2} \\ \vdots & \vdots & & \vdots \\ n_{m1}/n_{1m} & n_{m2}/n_{2m} & \cdots & 1 \end{bmatrix}$$

并对第 j 行中 $n_{jk} < n_{kj}$ 的各项求 n_0 与 n_{jk} 之差，然后相加即可得到 $F_D(a_j)$。

【例 7.7】 用 Dodgson 函数解例 7.1。

成对比较的结果为

$$N(a \succ_i b) = 33, \quad N(b \succ_i a) = 27, \quad N(a \succ_i c) = 25$$
$$N(c \succ_i a) = 35, \quad N(b \succ_i c) = 42, \quad N(c \succ_i b) = 18$$

出现了多数票循环 $a \succ_G b$，$b \succ_G c$，$c \succ_G a$。

将成对比较的结果列入 Dodgson 矩阵，有

$$\begin{bmatrix} 1 & 33/27 & 25/35 \\ 27/33 & 1 & 42/18 \\ 35/25 & 18/42 & 1 \end{bmatrix}$$

由于 $n_0 = 30$，$n_{13} = 25$，候选人 a 要能在与 c 比较时不成为失败者，至少需要 5 位投票人改变偏好序，由原先认为 $c \succ_i a$ 变成 $a \succ_i c$，因此 $F_D(a) = 5$；类似地，有 $F_D(b) = 3$，$F_D(c) = 12$。由 $F_D(b) < F_D(a) < F_D(c)$，可得社会选择的排序是

$$b \succ_G a \succ_G c$$

【例 7.8】 用 Dodgson 函数解例 7.4。

由各候选人之间成对比较的结果可得 Dodgson 矩阵如下：

$$\begin{bmatrix} 1 & 6/3 & 4/5 & 33/27 & 33/27 \\ 3/6 & 1 & 5/4 & 3/6 & 5/4 \\ 5/4 & 4/6 & 1 & 5/4 & 5/4 \\ 4/5 & 6/3 & 4/5 & 1 & 6/3 \\ 5/4 & 4/5 & 4/5 & 3/6 & 1 \end{bmatrix}$$

$n_0 = 5$，a 相对 c、e 各需增加一票才能获胜，因此 $F_D(a) = 2$；b 相对 a、d 各需增加三票才能获胜，所以 $F_D(a) = 6$；c 只需在与 b 相比时增加一票，故 $F_D(c) = 1$；d 相对 a、c 各需增加一票才能获胜，$F_D(d) = 2$；e 相对 b、c、d 分别需增加 1 票、1 票、2 票，故 $F_D(e) = 4$。由 $F_D(c) < F_D(a) = F_D(d) < F_D(e) = F_D(b)$，社会选择的排序是

$$c \succ_G a \succ_G d \succ_G e \succ_G b$$

Dodgson 函数的缺点是不满足单调性。

还有一些其他的社会选择函数，如 Kemeny 函数（可以使社会的排序与各投票人对各方案的偏好序有最大的一致性）、Cook-Seiford 函数（研究如何确定与各成员的排序最为一致的群排序，即调和序问题）、本征向量函数等。

7.3 社会福利函数

从社会选择的投票及计票方法的角度出发研究群决策的方法称为社会选择函数,而从经济角度出发研究群决策的方法称为社会福利函数,社会福利函数试图指出社会所追求的目标应该是什么,以及应该考虑哪些因素:是某些人的利益或效用,还是所有人的利益或效用?当人们之间的利益或效用相冲突时,应该如何处理这些不同的利益或效用?纵观福利经济学的发展历史,各位学者对社会福利函数的研究在经历了古典效用主义时期、转折时期之后,又进入了困惑时期和古典效用主义复兴时期。迄今为止,对社会福利函数的研究仍在继续,而现代的社会福利函数理论则强调了平等、正义、福利等问题的重要性,再度强调了效率并不是社会所应追求的唯一目标。

7.3.1 社会福利函数的概念

社会福利函数是福利经济学研究的一个重要内容,指使社会中资源和商品分配产生最大社会福利的方法。其概念在1938年由Bergson首次提出,并由萨缪尔森加以发展,他们认为社会福利是一种可以度量的量,可以据此来进行社会状态的比较和优劣判断,这就是社会福利函数。

由于社会中有很多成员,社会福利取决于社会成员所得到的福利,而每个成员对于等量的资源分配感受到的满足度(福利)不同,因此,还必须进行二次判断,以对决策给社会成员造成的后果进行评价。首先以个人价值观为基础进行福利判断,二次判断则可以由社会成员对各种社会状况的排序确定,即先根据个人对各种社会状况的排序,得到相应的效用值,由此求出相应的效用函数,并以此作为整个社会福利函数的基础。因此,社会福利函数也是一种群决策规则,其本质是从个人对社会状况的排序得出社会总排序的方法。

阿罗提出了社会福利的不可能定理,是社会福利理论的集大成者。但由于在方案数 $m>2$ 时过半数决策规则可能导致所得到的社会排序违背传递性公理,人们为了得到传递的社会排序,主张放宽阿罗提出的某些条件(具体见7.3.2节)。有从条件1着眼,即在个人选择的可行集上施加限制的,如Black条件、Coombs条件以及Romero分叉;有主张放松条件4以强制社会排序传递的,如Bowman-Colantoni法;也有从放弃条件3着手的,像Goodman-Markowitz法;还有从效用的基数性出发,得到满足全部阿罗条件的社会福利函数的。上述方法将在下面分别讨论,并对社会选择函数应具备的性质和社会福利函数应满足的条件加以比较。

7.3.2 阿罗不可能定理

1951年,阿罗在其现已成为经济学经典著作的《社会选择与个人价值》中,采用数学公理化方法对传统投票选举方式进行了深入研究。他试图探讨这些方式是否能够产生符合大多数人意愿的领导者,或者将每个个体的偏好次序综合成整个群体的偏好次序。结果,阿罗得出了一个令人震惊的结论:在绝大多数情况下,这是不可能实现的!更准确地说,当至少有三名候选人和两位选民时,不存在一种满足阿罗公理的选举规则。或者也可以说,随着候选人和选民的增加,"程序民主"必将越来越远离"实质民主"。

1. 社会福利函数的阿罗条件(应具备的性质)

公理 7.1 连通性:任意两个方案 x 与 y 均可比较优劣。

公理 7.2 传递性:x 优于 y,y 优于 z,那么 x 优于 z。

任何二元关系要成为完全序,即要对 A 中方案排序,公理 7.1 和公理 7.2 是必须满足的。在这两条公理的基础上,阿罗认为社会福利函数还应满足如下 5 个条件。

条件 1:完全域。①方案数不少于 3;②社会福利函数定义在所有可能的个人偏好分布上;③群中至少有两个成员。

条件 2:单调性。对除 x 以外的方案进行成对比较时偏好不变,而在 x 与其他方案进行成对比较时,要么偏好不变,要么 x 变得更有利,因此 x 的社会位置不比原来差。

条件 3:无关方案独立性。设 A_1 是方案集 A 的子集,若排序的分布发生变化但每个成员对 A_1 中各方案进行比较时偏好不变,则社会关于 A_1 中方案的偏好次序无论是从原来的偏好分布中得出的,还是从发生了变化的偏好分布中得出的,应该完全相同。

条件 4:非强加性,即公民主权。社会偏好来自个体偏好。若存在一个社会福利函数,不管社会中任何个人做何选择,总有方案 x 优于 y,甚至即使所有成员都认为 y 优于 x,社会也得不出 y 优于 x,则称这种社会福利函数为强加性的。

条件 5:非独裁性。社会中没有哪个成员具有这样的权力:只要他认为 x 优于 y,不管其余所有成员的偏好如何,社会也认为 x 优于 y。

2. 阿罗不可能定理的标准描述

定理 7.1 若方案总数为 2,则过半数决策方法是一种满足条件 2—条件 5 的社会福利函数。它能对每一种个人排序集合产生一个社会排序。

定理 7.2 (一般可能性定理)若至少存在 3 个方案,社会中的成员可以对它们以任何方式自由排序,则满足条件 2 和条件 3 且所产生的社会排序满足连通性和传递性的社会福利函数要么是独裁的,要么是强加的。

在阿罗不可能定理的证明过程中,决定性子群的概念被用来描述社会选择规则中潜在的独裁者。决定性子群的定义如下:若对于任一方案对 (x,y),只要子群 V 认为 x 优于 y,无论其他成员的偏好为何,均有 x 优于 y,则 V 是决定性子群。

3. 阿罗不可能定理的意义

(1)没有任何方法能合并个人的偏好序以获得能满足某些朴素条件的社会排序结果,即如果对成员的排序不加限制,则没有任何表决方式能排除投票悖论。这从思想上削弱了获胜者的信任程度。

(2)市场机制也不能产生合理的社会选择。因为如果消费者的价值观能由投票人的个人排序表示，那么公民主权说与集体理性学说是矛盾的。

任何表决体制都有受人操纵的倾向。若实施任何防投票策略，则当有两个以上候选人时都可能产生一个独裁者。

社会福利函数的设计主要是通过放松阿罗条件，使得应用过半数决策方法、Borda法或某种加权法产生的社会排序不会出现投票悖论现象。主要的社会福利函数有：Black-Arrow 单峰偏好函数、Coombs 条件、Bowman-Colantoni 法、Goodman-Markowitz 法、基数效用函数等。

7.3.3 Black-Arrow 单峰偏好函数

单峰偏好理论是由邓肯·布莱克（Duncan Black）在其著作《委员会与选举理论》一书中提出的，旨在通过修正阿罗的 5 个条件来解决投票悖论问题，其大意是限定每个投票者的偏好只有一个峰值。

单峰偏好，是指投票者在一组按某种标准排列的备选方案中，有一个最为偏好的选择，而从这个方案向任何方面的偏离，投票者的偏好程度或效用都是递减的。如果一个人具有双峰或多峰偏好，则他从最为偏好的方案偏离时，其偏好程度或效用会下降，但之后会再上升。布莱克证明了如果假设各个投票者的偏好都是单峰偏好，那么最终投票的结果就可以避免阿罗悖论，社会成员个人的偏好之和可以得出确定的、唯一的社会总体偏好，而这种社会总体偏好恰好是个人偏好处于所有投票者偏好峰的中点上的人，高于其偏好的投票者数量和低于其偏好的投票者数量正好相等，这也就是著名的中间投票人模式（median voter model）。布莱克由于对这个问题的开创性研究而被戈登·图洛克（Gordon Tullock）称为公共选择学派的奠基人。

社会中任何成员对方案集中各方案的排序可以用二维图形来表示。如图 7.3 所示，圆点表示方案，水平坐标为各方案的分布，纵坐标的高低表示方案在成员心目中的偏好度，以各个圆点纵向相对位置的高低表示方案的优先次序。例如，方案集 $A = \{w, x, y, z\}$，成员 i 的偏好序 $x \succ_i y$ 可以用图 7.3 中所示的曲线表示，随着方案在横坐标上相对位置的不同，可以得到图 7.3（a）、图 7.3（b）、图 7.3（c）三条偏好曲线。

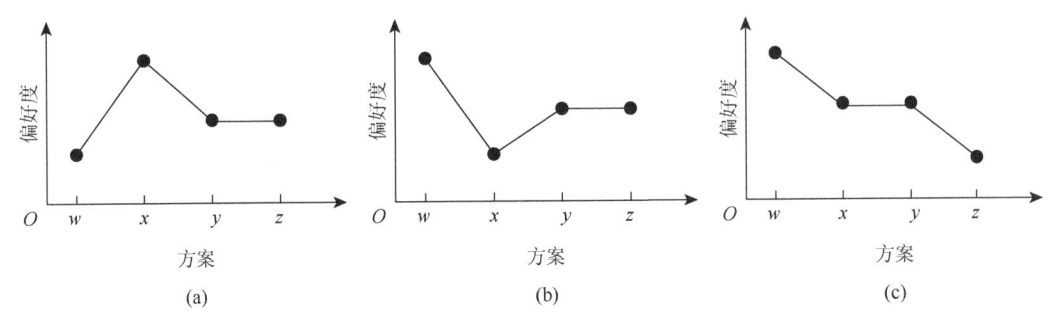

图 7.3 单峰偏好示意图

具体的做法是，从左向右按峰点出现的先后为偏好曲线编号，序号居中的偏好曲线的峰点所对应的方案必定是社会作为整体最偏爱的方案。将最受欢迎的方案移去后，用同样的办法可得到在社会整体优先序中居第二位的方案。如此继续，直到所有方案的次序均被排定为止。当投票者人群体能够构造出至少一条方案排列顺序，使得群体中所有个人偏好曲线都具备单峰形状时，便称该投票人群体具备单峰偏好。单峰偏好的假设是有现实背景的。例如，选民对政党的排序具有单峰偏好；又如，在经济方面，公民对于税收与福利也具有单峰偏好。

阿罗证明了当社会成员的个数为奇数时，用于布莱克提出的单峰偏好，对任何数目的方案进行排序的过半数决策方法是满足 5 个阿罗条件（其中条件 1 中的②改为"社会福利函数定义在所有可能的单峰偏好分布上"）的社会福利函数。

【例 7.9】 5 名投票人 A、B、C、D、E 对四项提案 a、b、c、d 的偏好顺序如图 7.4 中五条垂直轴表示的那样，在平面直角坐标系中，若安排四项提案在横轴上的排列顺序为 c、a、d、b，就能使得五名投票人的偏好曲线都呈现单峰状。

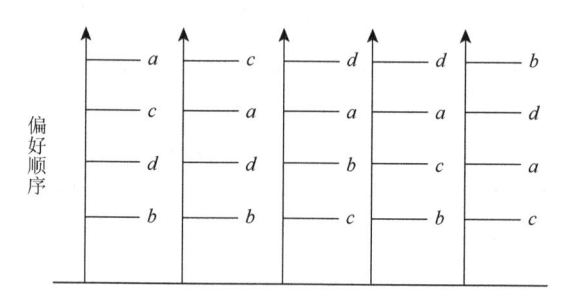

图 7.4 投票群体 A、B、C、D、E 对四项提案的偏好顺序

如图 7.5 所示，此时可以看到最优方案为投票人 C 的峰值选择，即 d 方案。去掉 d 方案后第二位为 a，最后排序为 $d \succ_G a \succ_G b \succ_G c$。

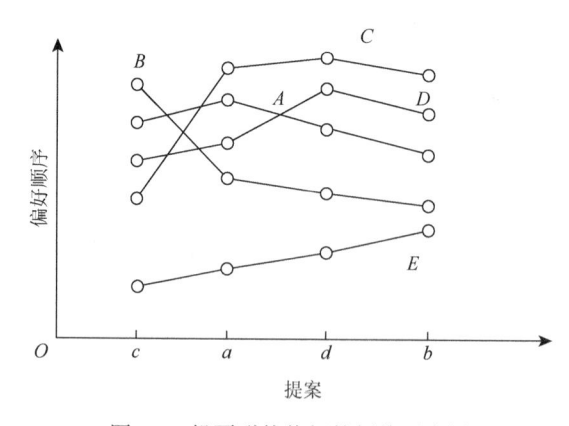

图 7.5 投票群体偏好的折线示意图

然而，对于如图 7.6 所示的 F、G、H 三名投票人的偏好顺序，无论怎么安排四项备选提案在坐标轴上的排列顺序，都无法使三名投票人的偏好曲线同时呈现单峰状。

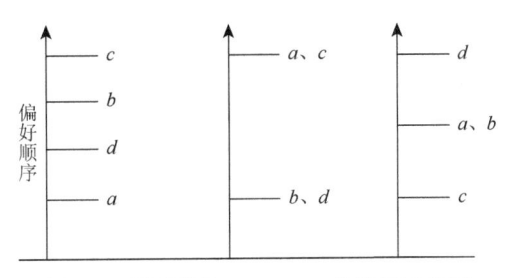

图 7.6 投票群体 F、G、H 的偏好示意图

定义 7.6 单峰性指对方案集中任意 3 个方案构成的子集 $A_1 = \{a, b, c\}$，其中至少有一个方案绝不会被社会中的任何成员排列到第三位。

Coombs 提出的相关定义也与 Black 条件类似，具体如下。

定义 7.7 令 π 为方案集 A 上的数值函数，它给方案 a_j 赋值 $\pi(a_j)$；设成员 i 有一数值理想点 I_i，i 将根据 $\pi(a_j)$ 与理想点的距离的绝对值 $|\pi a_j - I_i|$ 的大小来排列方案 a_j 的优劣，距离越小越优。若社会中各成员 $i = 1, 2, \cdots, n$ 的偏好序都是对共同的 $\pi(a_j)$，$j = 1, 2, \cdots, m$ 按上述方式得到的各自的 I_i（$i = 1, 2, \cdots, n$），即称该成员 i 的偏好分布符合单峰性。

Coombs 条件与 Black 条件的区别在于：Coombs 条件将方案集 A 中各方案 a_j 按照某种共同的、社会的（或客观的）标准将 π_j 排列在数值参照轴上，设成员 i 的理想点 O_i 为区间 $[V_i^1, V_i^2]$ 中的一点；假设参照轴是弹性极好的材料制成的，将 V_i^1、V_i^2 两点固定，在点 O_i 处施力使 O_i 沿参照轴的垂直方向上移，并根据各方案在此过程中位移的大小来排列各方案在 i 心目中的优劣。

若 $[V_i^1, V_i^2]$（$i = 1, 2, \cdots, n$）关于 O_i 对称（即 $V_i^2 - O_i = O_i - V_i^1$），且两个固定的端点距理想点 O_i 足够远，至少有 $V_i^2 > \pi_m$，$V_i^1 < \pi_1$（π_i 是方案 I 在参考轴上的坐标，且已根据数值大小重新排列，满足 $\pi_1 \leq \pi_2 \leq \cdots \leq \pi_m$），则所得的各成员的排序满足 Coombs 条件；若 $[V_i^1, V_i^2]$ 不一定对称，且允许 $V_1 \geq \pi_m$，$V_2 \leq \pi_m$，则所得的排序满足 Black 条件。

定理 7.3 若方案 x、y、z 在公共的数值参考轴（例如实轴）上的次序是 $x \sim y \sim z$，即 $\pi(x) < \pi(y) < \pi(z)$，且各成员遵守 Coombs 条件，则任何成员的排序都不可能是 $x \succ_i z \succ_i y$ 或 $z \succ_i x \succ_i y$，即方案 y 不可能被排在最后面。

定义 7.8 令 C 是过半数决策方法的传递性条件，则比例 $f_c(m) = F_c(m) / m!$ 称作条件 C 所允许的个人选择的多样性程度。其中 $F_c(m)$ 是遵循条件 C 时成员 i 所可能采取的不同的排序种类的最大值，$m!$ 是在不加任何约束时可使用的排序种类的数目。

需要说明的是，定义 7.8 只考虑了线性序，即强序，而不考虑无差异的情况。

定理 7.4 对 Coombs 条件，有

$$f_c(m) = \frac{m(m-1)}{2} + 1 \tag{7.6}$$

证明 设各方案沿共同的数值参考轴按各自的横坐标值排定，当某个成员的理想点从左向右移动时，相应的排序要发生变化。当只考虑线性序时，这种变化仅发生在每两个方案的中点处，当方案数为 m 时，中点有 $\frac{m(m-1)}{2}$ 个，因此结论是显而易见的。

类似地，对 Black 条件，$F_b(m) = 2^{m-1}$，因此 $f_b(m) = 2^{m-1} / m!$。

由定理 7.3 与定理 7.4 可以得到 Coombs 条件和 Black 条件的多样性程度，具体地，$f_c(m)$ 和 $f_b(m)$ 的值如表 7.2 所示。

表 7.2 多样性程度表

f	\multicolumn{7}{c}{m}
	3	4	5	6	7	10	20
$f_c(m)$	0.667	0.292	0.912	0.022	0.004	1.3×10^{-5}	0.8×10^{-16}
$f_b(m)$	0.667	0.333	0.133	0.044	0.013	1.4×10^{-5}	2.2×10^{-13}

表 7.2 中的数值说明，Black 条件所允许的多样性程度并不是产生传递社会序的最大个人偏好序规模，Kelly 在 1991 年所证明的只是对个人偏好序施加基本约束集时允许的个人偏好序的最大值，而不是 Sen 给出的位次限制所允许的多人偏好序的最大值。

另外，除 Black 条件和 Coombs 条件外，还有 Romero 分叉和 Romero 拟单峰条件、Bowman-Colantoni 法（群偏好限制），以及 Goodman-Markowitz 法（偏好等级比较）等方法用于分析和解决群决策问题。

7.4 群决策方法

7.4.1 群决策方法概述

一般来说，决策指的是按组织目标的要求，在组织内外部条件的约束下，对多个可行的行动方案进行选择并执行选择结果的管理活动，其科学的决策程序包括提出问题、确定目标、确定备选方案、方案评价和决策执行等几个阶段，每个阶段都可以采用不同的方法。由于参与决策的群体成员在知识、经验、判断能力等个人特征以及决策目标、优先观念等方面存在差异，对方案优劣的认识也就不尽相同，如何集结群中各位成员的意见是群决策研究的关键，核心问题也就在于如何设计群决策机制。

具体来说，不同的群决策问题可以大致分类如下。

（1）按决策者职能分为专家决策和公共决策：专家决策需要各类型专业人员通过专业知识对现有的决策方案进行评价和选择；而公共决策则涉及社会公众的普遍性问题。

（2）按决策环境分为确定性决策和不确定性决策：确定性决策指决策规则确定、信息可靠的决策问题，决策者可以精确预测未来的局势；不确定性决策指决策者无法确定问题的未来发展，并且很难准确计算未来状态的概率。同时，另有一种不确定的风险性决策介于以上两者之间，表示决策问题的未来发展和状态难以预测，但决策者可以根据先验或后验概率来对结果进行分析计算。

（3）按模型形式分为结构化决策与非结构化决策：结构化决策指问题的结构明确，决策的过程和方法已知，可以从多种方案中选择最优方案；非结构化决策问题指问题结构和决策过程复杂，没有确定的规律可以遵循，难以找到明确的方法和通用模型，如开辟新市场、重大项目投资、厂址选择等，都是典型的非结构化决策。

（4）按群成员关系分为合作决策与非合作决策：合作决策是从伦理道德观念出发，追求群体作为整体的利益的集体决策，它主要研究各成员决策时如何分配合作所得的收益，即收益分配问题；非合作决策指群体中各成员都追求最大化自身的利益，可能与其他成员对立，即存在利益冲突的对策（或称博弈）问题。

（5）按决策过程中的沟通情况可分为交互式和非交互式决策：沟通是群决策行为的独有特征，在群体成员间及各个决策阶段间的沟通和交互是保证群决策有效性的关键，团队成员可以通过互相交流，逐步修正、完善方案，最终达成一致。其模式与决策者所共存的组织结构密切相关，但也有很多决策行为是在无法沟通的情况下进行的。

（6）按群体的组织结构可分成层次型（hierarchy）、多头政治型（polyarchy）和委员会（committee）决策。层次型群体结构由 n 个决策层次组成，决策信息从底层或顶层开始流动，只有每一层的决策者接受了某个备选方案，该方案才会被送到下一层进行决策，否则该方案就会被放弃；这种群决策结构的决策权力一般由底层向上逐渐递增，顶层决策者拥有最大的决策权力，可以否决其他决策者的意见。多头政治型结构则是由 n 个决策者同时对备选方案进行评估，所有的成员都拥有同样的决策权力，只要任何一个成员接受了方案，该方案就被决策群体接受。委员会结构则是联合 n 个成员同时对方案进行评估，通常采用多数票决策规则来决定接受哪一个方案。

群决策中的各种方法可以归类为下述三个层次。

（1）作为决策科学基础的决策方法学：重点研究决策的基本概念、原理、步骤等，也是群决策科学体系中发展最快、比较成熟的部分。

（2）作为决策科学中间层次的决策行为学：主要关注决策者的行为在群决策中的表现，影响决策者行为心理的、知识的、信息的、文化的、方法的因素，以及他们之间的关系。目前在此领域的研究有待于大力发展。

（3）作为决策科学最高层次的组织决策学：将一个组织的全部决策过程作为一个系统，探究各子系统之间的各种联系，充分利用各种有利因素，最大限度消除和防范各种冲突和消极因素，提高整体决策的效率和水平。在本书中主要涉及方案评价、选择阶段的方法，在此阶段的方法，涉及不同领域的多种方法，有票决制、社会选择理论、委员会理论、队论（team theory）与分散决策、递阶优化、专家评估、一般均衡理论、对策论、谈判与仲裁理论等。

7.4.2 票决制

选举作为民主社会中表达民众意愿的基本形式，是最典型的群决策方法之一，而票决制正是最经典、最常见的传统选举机制。票决是一个多准则决策过程，即投票加计票。利用投票表决进行选择的历史悠久，形式繁多，本节对一些常用的投票表决法进行简单的介绍，包括在选票上不反映投票人对候选人或备选方案偏好的非排序式选举制，以及在选票上反映投票人偏好的选举制，即排序式选举方式。在对一些常用的投票表决法进行简单的介绍时，通常的程序是：在投票开始前先介绍投票以及与投票有关的若干主要的选择规则，讨论这些规则是否公平合理，用评价标准来衡量上述社会选择规则的优劣。

1. 只有一个方案最终当选的情形

在一次投票中，有多种方法可以由多位投票者选出唯一方案，其中最重要也最常见的两种方法如下。

（1）计点式投票法（简单多数获胜机制）：有多个候选方案可供选择，而每位投票人只有一票，以无记名投票的方式投出。这种方法常被用于如今西方国家的政治选举中。由于它常常用于两个候选人竞争的场合，所以此时最常采用的计票方法是简单多数获胜机制，即非 A 即 B，得票更多的一方最终胜出。

（2）多轮决胜（绝对多数获胜机制）：当候选方案多于两个时，只有当某方案获得一半以上的投票才能获胜；如果第一轮没能决出胜负，即没有任何一个方案的得票数大于一半，则可采用取舍投票法、前两位晋级制（二次投票法）、反复投票法等方法进行第二轮或多轮投票直至决出胜负。

需要注意的是，上述两种方法的特点是一人一票，同时不分权重，即只有第一，不考虑第二。其中最直观、最简单方便的选举方法是获票最多者当选的计点式投票法，它也是人们最早采用且最常采用的方法。当候选人数超过两个时，计点式投票法并不可靠，即它不适合用于两个以上候选人竞争一个职位的情况，此时用成对比较的 Condorcet 原则就能严格而真实地反映群体中多数成员的意愿。

2. 可能存在两个或多个方案同时获胜的情形

在不同的票决系统中，确实存在两个或多个方案同时获胜的情形，尤其在没有一个方案能显著胜出的场合。这类情况通常在以下几种票决制中出现。

（1）一次性非转移式投票法：每位投票人仅投一票，按简单多数机制确定获胜方案，得票多的前两个或多个方案获胜。

（2）复式投票法：目标需要产生多少个方案，每位投票者就投多少张票，但每个方案只能投一次，最后按得票多少确定胜负。该种表决法只适用于存在共同利益的团体或者组织内部，不适合完全对立的政治选举，因为如果选举中存在激烈的党派竞争，那么就有可能使得所有岗位都集中于实力稍强的某一党派内部，即使该党派只在整体上稍强一点点。

（3）受限制投票法：投票人的投票数少于当选数，然后按得票多少确定胜负。比如，某一选举需要选出三个代表，但是每位投票者只能投两票。该方法并不能完全解决复式票决中的问题，所以很少被采用。

（4）累加式投票法：投票人的可投票数等于待选席位数，且可以任意分配选票，既可以全部投给某一个人，也可以随意分配。这种方法有利于小党派或者少数派。

（5）名单制投票法：例如，由各党派按一定顺序提出候选人名单，然后由投票人直接投票给某个党派，再根据党派得票情况按比例分配席位，各党派根据获得的席位数按候选人名单顺序确定最终当选的方案或名额。各党派常用的分配席位的方法主要有最大均值法和最大余额法。

最大均值法：设第 i 个党派的得票数为 n_i，且已经获得 k_i 个席位，则下一个席位分配

给 $\dfrac{n_i}{k_i+1}$ 最大的党派。该方法对大党有利。

最大余额法：设第 i 个党派的得票数为 n_i，总席位数为 m，选举配额为 $Q = \sum\limits_i n_i / m$，则第 i 个党派第一轮获得 n_i/Q 个席位，剩余席位数为 $m - \sum\limits_i (n_i/Q)$，按各党派剩余票数 $n_i - Q(n_i/Q)$ 的多少分配。

【例 7.10】 某地区有 2400 位选民，4 个党派提出了各自的竞选名单 A、B、C、D，竞争 5 个席位。假设投票的结果如表 7.3 所示。

表 7.3 投票结果表

名单	A	B	C	D	合计
得票数/张	870	680	520	330	2400

首先，用最大均值法进行分配。其基本原则是逐一分配席位，每次都把席位分配给平均每个席位得票数最多的名单。

具体步骤如下。先分第一个席位，在分配前将每个名单的得票数除以 1，这时各名单的每个席位平均得票数就是上述得票数，由于名单 A 的得票数 870 最大，所以名单 A 赢得第一席。在分配第二席时，名单 A 已获得了 1 席，若第二席还分给名单 A，其除数为 2；其余名单除数仍取 1，因此有表 7.4。此时名单 B 的平均值最大，名单 B 得第二个席位。分第三个席位时，A、B 的除数均取 2，C、D 的除数仍为 1，由于名单 C 的平均值最大，因此第三席给 C。分第四席时，A、B、C 的除数均取 2，D 的除数仍为 1。由于名单 A 的平均值最大，第四席由 A 获得，即名单 A 共获得了 2 席。在分最后一席时 B 的均值最高，第五席由名单 B 获得，见表 7.5。采用最大均值法的最终结果是 A、B 各得 2 席，C 得 1 席，而 D 得 0 席。

表 7.4 最大均值法运算表

名单	得票总数/张	除数	平均值/张
A	870	2	435
B	680	1	680
C	520	1	520
D	330	1	330

表 7.5 最大均值法的分配结果表

名单	得票总数/张	除数	平均值/张
A	870	3	290
B	680	2	340
C	520	2	260
D	330	1	330

其次，用最大余额法进行分配。其分配步骤是先求总票数 n 与总席位数 m 的商，即 $Q=(\sum n_i)/m$，然后按各名单得票数中包含 Q 的数量分配席位，有多余席位时，根据余数来分配多余席位。在例 7.10 中，$Q=2400/5=480$，所以每获得 480 票即可获得一个席位，因此由表 7.6 可知，名单 A、B、C 可各得 1 席，还剩余 2 席；由于 A、D 的余额最大，各再得 1 席。用最大余额法分配的结果是 A 得 2 席，B、C、D 各得 1 席。

在例 7.10 中，同样的投票结果，席位的分配结果将因使用方法的不同而改变。可以证明：最大均值法对大党派有利，最大余额法对小党派有利。

表 7.6　最大余额法的分配结果表

名单	得票数/张	Q/张	初始分配	余额/张
A	870	480	1	390
B	680	480	1	200
C	520	480	1	40
D	330	480	0	330

票决制的以上所有方法可总结为表 7.7。

表 7.7　票决制方法总结

应选方案数量	投票法	计票法	其他名称
一个	计点式投票法	简单多数	简单多数式，相对多数式
	二次投票法	过半数	绝对多数式，决赛式
	反复投票法	过半数	
	取舍投票法	过半数	
两个或多个	一次性非转移式投票法	简单多数	多人选区计点式
	复式投票法	简单多数	
	受限制投票法	简单多数	
	累加式投票法	简单多数	
	名单制投票法	最大均值，最大余额	投票选党派式

3. 排序式选举与投票悖论

至此所介绍的大多是非排序式选举方法，它们并不能可靠地解决两个以上候选人竞争单一职位的问题，它有可能导致并不受大部分群中成员欢迎的候选人当选。因此在投票时，不仅要让投票人表达他最希望看到多个候选人中的哪一个被选上，还应该让投票人说明他是以何种方式对这些候选人排序的，即在投票时表达他对各候选人的偏好次序，这就是排序式选举，又称偏好选举。

偏好选举最早由 Borda 在 18 世纪提出，投票人需要通过投票表达对各候选人的偏好次序，然后对候选人从高到低进行评分，累加得分最高者获胜。

设群体由 n 个成员构成，用 $N=\{1,2,\cdots,n\}$ 表示群中成员的集合，$i=1,2,\cdots,n$ 表示成员个体；以小写字母 a、b、c 或 x、y、z 等表示候选人或备选方案，所有方案的合集为 A。用 $\succ_i$、$\sim_i$ 表示群体中成员 i 的偏好，$x \succ_i y$ 表示第 i 个成员认为候选方案 x 优于 y，$x \sim_i y$ 表示第 i 个成员认为 x 与 y 同样好；$x \succ_G y$ 表示群体整体认为 x 优于 y，$x \sim_G y$ 表示群体整体认为 x 与 y 同样好；$Nx \succ_i y$ 表示群体中认为 x 优于 y 的数目。

因此，简单过半数决策规则可定义为：对 $x,y \in A$，若 $Nx \succ_i y > Ny \succ_i x$，$\forall y \in A\setminus\{x\}$，则 x 获胜。其中，$A\setminus\{x\}$ 表示方案集 A 去掉方案 x 以后的集合。

【例 7.11】 一个群体有 60 个成员，要从 a、b、c 三个候选人中选举一位领导者，这 60 个成员的态度是：23 人认为 $a \succ c \succ b$，19 人认为 $b \succ c \succ a$，16 人认为 $c \succ b \succ a$，2 人认为 $c \succ a \succ b$。

根据 Condorcet 原则，a 与 b 相比时，有 $23+2=25$ 个成员认为 $a \succ b$，另外 $19+16=35$ 个成员认为 $b \succ a$，按过半数票决规则，有 $b \succ_G a$。

同理，a 与 c 相比时，有 $c \succ_G a$；b 与 c 相比时，有 $c \succ_G b$。

以上结果表明，按过半数决策规则，群体意见是 $c \succ_G b \succ_G a$，在必须选出一人时，候选人 c 将会当选。此时，c 是 Condorcet 候选人，他能在两两比较中分别击败 a 和 b。

由于简单过半数决策规则的合理性与简明性，它被广泛用于从两个备选方案（或候选人）中选择一人的投票表决。但从多个方案中选择一个时，这一规则也存在着很大的局限。孔多塞发现，在对多个候选人进行两两比较时，有时会出现多数票的循环，即投票悖论。

早在 18 世纪，法国思想家孔多塞就提出了著名的投票悖论，也称作"孔多塞悖论"，具体如下。假设甲、乙、丙三人，面对 A、B、C 三个备选方案，有如表 7.8 所示的偏好排序。

表 7.8 偏好排序

投票人	备选方案的偏好排序
甲	$A \succ B \succ C$
乙	$B \succ C \succ A$
丙	$C \succ A \succ B$

由于甲乙都认为 B 好于 C，根据少数服从多数原则，社会也应认为 B 好于 C；同样乙丙都认为 C 好于 A，社会也应认为 C 好于 A。所以社会应认为 B 好于 A。但是，甲丙都认为 A 好于 B，所以出现了矛盾。投票悖论反映了直观上良好的民主机制潜在的不协调，使得投票表决的结果不具有传递性和稳定性，也就难以得到投票结果。备选方案越多，出现投票悖论的概率越大。

7.4.3 多目标群决策方法

现实生活中常常要由一群决策人在众多的备选对象（候选人、方案等）中进行选择，例如，大到诺贝尔奖获得者，小到地区最佳男女演员的评选。由于有许多合乎条件的申请人或被提名者，要从中择一就必须由评委对申请人或被提名者加以比较、排序、分档、计分，这绝非一件容易的事情。至于大型综合利用工程和涉及公众利益的社会经济问题的决策，开始时很可能并没有可供选择的已知方案，凭借群体中的个人也无法得到可行方案，而必须需要依靠各领域的专家，发挥众人的才智，在决策问题的求解过程中逐步形成各种方案（这里所说的方案也可以是若干行动的有序组合），并在方案的评价过程中不断改进方案，最终做出选择并且确定实施办法。其中涉及的因素更多，分析评价和决策过程也更为复杂。

一般地，这一类决策包括一系列步骤，通常有筹备、筛选、评价和决策等几个阶段。仍以获奖者的评选为例，在筹备阶段应当详细通告申请人应具备的条件；筛选阶段则要用各种方法淘汰不合格或显然处于劣势的候选人；在评价阶段要对合格候选人进行全面考察；在决策阶段由委员会提出决定性的建议，若委员会中意见分歧较大，可以列举各候选人的优缺点、对每个候选人的赞成或反对的理由，交由主席或上级主管部门负责人决定。本节主要讨论在多准则情况下，群决策过程中的评价与决策的具体方法，即如何用数学或系统的方法得出群体对方案的评价并做出选择。

对方案评价的实质是决策人对方案偏好的表达。由于群中成员对方案的评价有多项标准（即准则），而各方案又各有优劣，有时总体性能也不相上下。例如，高等院校基层单位负责人的选择，要根据候选人的教学经验、科研能力、行政管理能力和政治素质等多种因素加以衡量，而几个候选人在不同方面互有优劣，不同的决策人对各候选人的总体优劣有不同意见，这时就要用适当方法根据有关准则进行全面评价。这些准则有的可以定量描述，有的则只能定性说明。可定量描述的准则可以用赋值、打分或以基数效用函数来评价；而定性的准则只能通过方案的两两比较给出次序关系。因此，多准则群决策的评价方法中有基数性方法（即基数法），也有序数性方法。

基数法是指根据某准则为各方案赋值时，这些数的大小不仅表示方案的优劣，还表示优劣的程度；而序数法的实质是排序，即根据某准则为各方案定值打分时，只是用这些值的大小来反映方案的优劣次序，而不反映优劣的程度。因为序数只有大小区别，没有大多少的含义，凡是能进行定量测度的场合，为了评价的准确性，应尽量采用基数法。

下面介绍一类给定决策准则（多准则）的群决策问题。

设参与决策的专家成员有 n 名，要评价 m 种备选方案，有 p 个评价准则。每个团队成员可以采用相同的准则，则专家 i （$i=1,2,\cdots,n$）对各备选方案的评价可记为

$$A^i = \left[a_{jl}\right]^i = \begin{bmatrix} a_{11} & a_{12} & \cdots & a_{1p} \\ a_{21} & a_{22} & \cdots & a_{2p} \\ \vdots & \vdots & & \vdots \\ a_{m1} & a_{m2} & \cdots & a_{mp} \end{bmatrix}, \quad i=1,2,\cdots,n \qquad (7.7)$$

$A^i_{j\cdot} = \left[a_{j1}, a_{j2}, \cdots, a_{jp}\right]^i$ 表示成员 i 根据准则 l （$l=1,2,\cdots,p$）对候选方案 j 的评价；
$A^i_l = \left[a_{1l}, a_{2l}, \cdots, a_{ml}\right]^i$ 表示成员 i 根据准则 l 对候选方案 j （$j=1,2,\cdots,m$）的评价。

该问题的求解是要由成员根据 p 种不同的准则对 m 个候选方案进行评价,得到 A^i,进而得到群体评价 G。该过程可以认为是一种映射,其函数为

$$\psi:\{A^i|i=1,2,\cdots,n\}\rightarrow\{G\} \tag{7.8}$$

这种映射可以通过排序、打分、投票等方式得到,该映射函数需要体现出团队成员在进行评价时所使用的所有不同准则。其方法主要分为序数法和基数法。

1. 序数法

如前所述,评价矩阵 A^i($i=1,2,\cdots,n$)包含了成员根据各种准则对各备选对象的排序信息,因此所有的评价方法都应从评价矩阵入手。

无论是基数法还是序数法,在对备选对象进行评价时都有许多途径,包括一致准则法和个体各自评价法。当团队中各成员能够就采用什么评价准则及各准则的权重达成一致意见时可以采用一致准则法;否则就用个体各自评价法,先由群体中的每个成员各自对方案的总体优劣做出评价,再集结群中成员的评价,形成群体决策。

1) 一致准则法

在用一致准则法时,首先要从 A^i 中得出根据各准则 l 的排序矩阵,即

$$B_l^{\mathrm{T}}=\begin{bmatrix} a_{1l}^1 & a_{1l}^2 & \cdots & a_{1l}^n \\ a_{2l}^1 & a_{2l}^2 & \cdots & a_{2l}^n \\ \vdots & \vdots & & \vdots \\ a_{ml}^1 & a_{ml}^2 & \cdots & a_{ml}^n \end{bmatrix}, \quad l=1,2,\cdots,p \tag{7.9}$$

其中,元素 a_{jl}^i 为团队成员 i 根据准则 l 对备选对象 j 的评价,与 A^i 中的 a_{jl} 值相同。根据 B_l',可以计算群中各成员对各备选对象在准则 l 下的 Borda 分,即在矩阵各列中,性能值最高的备选对象得 $m-1$ 分,性能为第二位的得 $m-2$ 分,以此类推,最差的候选对象得 0 分。准则 l 即使是无法定量的准则,如道德水平等,让各成员根据印象为各候选人排序给出准则 l 下的 Borda 分亦非难事。在各成员根据准则 l 为各候选对象打分之后,计算候选对象 j 的总得分 b_{jl},即

$$b_{jl}=\sum_{i=1}^n a_{jl}^i, \quad j=1,2,\cdots,m \tag{7.10}$$

根据 b_{jl} 的大小,可以对各候选人的优劣次序进行排序。同时定义一个 0-1 矩阵,即一致性矩阵 $\Pi^l=\{\pi_{jk}^l\}$。Π^l 是一个 $m\times m$ 的非负矩阵,当根据 b_{jl} 候选对象 j 被排在第 k 位时,$\pi_{jk}^l=1$,否则等于 0。因此,Π^l 中每行(或每列)中有一个元素,也只有一个元素为 1,余者均为 0。

为了区别各准则的优劣和不同,可以对各准则加权。设权向量 $W=(w_1,w_2,\cdots,w_p)$,且 $\sum_{l=1}^p w_l=1$,$w_l>0$,$l=1,2,\cdots,p$,这种方法也叫简单加性加权法。

通过 Π^l 和 W,可以计算得到群的加权一致性矩阵 $G=\{g_{jk}\}$,其中

$$g_{jk}=\sum_{l=1}^p \pi_{jk}^l w_l, \quad j,k=1,2,\cdots,m \tag{7.11}$$

因此，原问题中求得候选对象 j 的排序，就可以转化为求解如式（7.12）所示的线性规划问题，即

$$\max \sum_{j=1}^{m}\sum_{k=1}^{m} g_{jk} x_{jk}$$

$$\text{s.t.} \begin{cases} \sum_{j=1}^{m} x_{jk} = 1, & k = 1, 2, \cdots, m \\ \sum_{k=1}^{m} x_{jk} = 1, & j = 1, 2, \cdots, m \end{cases} \quad (7.12)$$

此问题的解 $x_{jk}=1$ 表示候选对象 j 处于第 k 位。

【例 7.12】 根据准则 C_1、C_2、C_3，6 位不同领域的专家对 5 个可行方案 a_2, a_3, a_4, a_5, a_6 进行排序，所得排序矩阵如下所示。

$$A^1 = \begin{matrix} a_2 \\ a_3 \\ a_4 \\ a_5 \\ a_6 \end{matrix} \begin{bmatrix} 5 & 3 & 3 \\ 2 & 1 & 2 \\ 3 & 4 & 4 \\ 4 & 5 & 5 \\ 1 & 1 & 2 \end{bmatrix} \quad A^2 = \begin{matrix} a_2 \\ a_3 \\ a_4 \\ a_5 \\ a_6 \end{matrix} \begin{bmatrix} 3 & 4 & 4 \\ 2 & 2 & 1 \\ 5 & 3 & 5 \\ 4 & 5 & 2 \\ 1 & 1 & 3 \end{bmatrix} \quad A^3 = \begin{matrix} a_2 \\ a_3 \\ a_4 \\ a_5 \\ a_6 \end{matrix} \begin{bmatrix} 3 & 4 & 4 \\ 1 & 1 & 2 \\ 5 & 3 & 5 \\ 4 & 5 & 1 \\ 2 & 2 & 3 \end{bmatrix}$$

$$A^4 = \begin{matrix} a_2 \\ a_3 \\ a_4 \\ a_5 \\ a_6 \end{matrix} \begin{bmatrix} 4 & 1 & 3 \\ 2 & 3 & 1 \\ 5 & 4 & 5 \\ 3 & 2 & 4 \\ 1 & 5 & 2 \end{bmatrix} \quad A^5 = \begin{matrix} a_2 \\ a_3 \\ a_4 \\ a_5 \\ a_6 \end{matrix} \begin{bmatrix} 4 & 4 & 4 \\ 1 & 2 & 1 \\ 5 & 5 & 5 \\ 3 & 3 & 2 \\ 2 & 1 & 3 \end{bmatrix} \quad A^6 = \begin{matrix} a_2 \\ a_3 \\ a_4 \\ a_5 \\ a_6 \end{matrix} \begin{bmatrix} 1 & 5 & 5 \\ 3 & 1 & 2 \\ 5 & 4 & 4 \\ 4 & 3 & 3 \\ 2 & 2 & 1 \end{bmatrix}$$

以上述矩阵为基础，每个准则对应一个矩阵，因此可得 Borda 分矩阵和总得分，具体如下。

对准则 C_1，有

$$B_l^{\mathrm{T}} = \begin{matrix} a_2 \\ a_3 \\ a_4 \\ a_5 \\ a_6 \end{matrix} \begin{bmatrix} 5 & 3 & 3 & 4 & 4 & 1 \\ 2 & 2 & 1 & 2 & 1 & 3 \\ 3 & 5 & 5 & 5 & 5 & 5 \\ 4 & 4 & 4 & 3 & 3 & 4 \\ 1 & 1 & 2 & 1 & 2 & 2 \end{bmatrix}$$

其中，每一列对应一位专家给出的评价。

由 B_l'，可得 Borda 分矩阵为 $B = \begin{matrix} a_2 \\ a_3 \\ a_4 \\ a_5 \\ a_6 \end{matrix} \begin{bmatrix} 0 & 2 & 2 & 1 & 1 & 4 \\ 3 & 3 & 4 & 3 & 4 & 2 \\ 2 & 0 & 0 & 0 & 0 & 0 \\ 1 & 1 & 1 & 2 & 2 & 1 \\ 4 & 4 & 3 & 4 & 3 & 3 \end{bmatrix}$，总得分为 $\begin{matrix} a_2 \\ a_3 \\ a_4 \\ a_5 \\ a_6 \end{matrix} \begin{bmatrix} 10 \\ 19 \\ 2 \\ 8 \\ 21 \end{bmatrix}$

因此对于各方案，根据准则 C_1 得到的群排序是 $\{a_6 \succ a_3 \succ a_2 \succ a_5 \succ a_4\}$。

同样,根据准则 C_2,得到的各方案群排序是 $\{a_3 \succ a_6 \succ a_2 \succ a_4 \succ a_5\}$,由于 a_4、a_5 的 Borda 分均为 7,所以这两个方案无差异,此时

$$\Pi^2 = \begin{bmatrix} 0 & 0 & 1 & 0 & 0 \\ 1 & 0 & 0 & 0 & 0 \\ 0 & 0 & 0 & 0.5 & 0.5 \\ 0 & 0 & 0 & 0.5 & 0.5 \\ 0 & 1 & 0 & 0 & 0 \end{bmatrix}$$

根据准则 C_3,得到的各方案群排序是 $\{a_3 \succ a_6 \succ a_5 \succ a_2 \succ a_4\}$,此时

$$\Pi^3 = \begin{bmatrix} 0 & 0 & 1 & 0 & 0 \\ 1 & 0 & 0 & 0 & 0 \\ 0 & 0 & 0 & 0 & 1 \\ 0 & 0 & 1 & 0 & 0 \\ 0 & 1 & 0 & 0 & 0 \end{bmatrix}$$

加权一致性矩阵为

$$G = \begin{bmatrix} 0 & 0 & w_1+w_2 & w_3 & 0 \\ w_2+w_3 & w_1 & 0 & 0 & 0 \\ 0 & 0 & 0 & 0.5w_2 & w_1+w_3+0.5w_2 \\ 0 & 0 & w_3 & w_3+0.5w_2 & 0.5w_2 \\ w_1 & w_2+w_3 & 0 & 0 & 0 \end{bmatrix}$$

最后假设各位专家协商之后同意取 $W = \{0.28, 0.32, 0.4\}$,则

$$G = \begin{bmatrix} 0 & 0 & 0.6 & 0.4 & 0 \\ 0.72 & 0.28 & 0 & 0 & 0 \\ 0 & 0 & 0 & 0.16 & 0.84 \\ 0 & 0 & 0.4 & 0.44 & 0.16 \\ 0.28 & 0.72 & 0 & 0 & 0 \end{bmatrix}$$

由此可得最终的专家群体排序结果为

$$a_3 \succ a_6 \succ a_2 \succ a_5 \succ a_4$$

2)个体各自评价法

若团队中各成员有各自不同的评价准则集,或者虽有相同的准则集,但无法就权向量 W 达成一致意见,则可采用个体各自评价法。

采用个体各自评价法时,首先由团队中的领导者根据准则 l($l = 1, 2, \cdots, p_i$),对各备选对象排序,得到 A^i,并求出 i 的权向量 W^i,由 A^i 及 W^i 计算 i 的加权一致性矩阵 $F^i = |f_{jk}^i|$,其中

$$f_{jk}^i = \sum_{l=1}^{p_i} \pi_{jk}^l W_l^i \tag{7.13}$$

原问题就可以转化为求解如式(7.14)所示的指派问题,即

$$\max \sum_{j=1}^{m}\sum_{k=1}^{m} f_{jk}^{i} x_{jk}^{i}$$

$$\text{s.t.} \begin{cases} \sum_{j=1}^{m} x_{jk}^{i} = 1, & k=1,2,\cdots,m \\ \sum_{k=1}^{m} x_{jk}^{i} = 1, & j=1,2,\cdots,m \end{cases} \qquad (7.14)$$

该问题的解 $x_{jk}^{i}=1$ 表示团队成员 i 将备选对象 j 排在第 k 位。

用上述方法求出成员 i（$i=1,2,\cdots,n$）对各备选对象的排序后，再用 Borda 法集结 n 个成员的意见，即可形成群的排序。

由例 7.12 可知：

$$A^1 = \begin{matrix} & C_1 & C_2 & C_3 \\ a_2 \\ a_3 \\ a_4 \\ a_5 \\ a_6 \end{matrix} \begin{bmatrix} 5 & 3 & 3 \\ 2 & 1 & 2 \\ 3 & 4 & 4 \\ 4 & 5 & 5 \\ 1 & 1 & 2 \end{bmatrix}$$

设 $W^1 = \{0.2, 0.3, 0.5\}$，则加权一致性矩阵为

$$F^1 = \begin{matrix} a_2 \\ a_3 \\ a_4 \\ a_5 \\ a_6 \end{matrix} \begin{bmatrix} 0 & 0 & 0.8 & 0 & 0.2 \\ 0.3 & 0.7 & 0 & 0 & 0 \\ 0 & 0 & 0.2 & 0.8 & 0 \\ 0 & 0 & 0 & 0.2 & 0.8 \\ 0.7 & 0.3 & 0 & 0 & 0 \end{bmatrix}$$

由此，可求得专家 1 对方案的排序是 $\{a_6 \succ_1 a_3 \succ_1 a_2 \succ_1 a_4 \succ_1 a_5\}$。

同样，若专家 2 的权向量为 $W^2 = \{0.4, 0.3, 0.3\}$，则各方案排序为
$$\{a_6 \succ_1 a_3 \succ_1 a_2 \succ_1 a_5 \succ_1 a_4\}$$

若专家 3 的权向量为 $W^3 = \{0.2, 0.4, 0.4\}$，则各方案排序为
$$\{a_3 \succ_1 a_6 \succ_1 a_4 \succ_1 a_2 \succ_1 a_5\}$$

若专家 4 的权向量为 $W^4 = \{0.3, 0.3, 0.4\}$，则各方案排序为
$$\{a_3 \succ_1 a_6 \succ_1 a_2 \succ_1 a_5 \succ_1 a_4\}$$

若专家 5 的权向量为 $W^5 = \{1/3, 1/3, 1/3\}$，则各方案排序为
$$\{a_3 \succ_1 a_6 \succ_1 a_5 \succ_1 a_2 \succ_1 a_4\}$$

若专家 6 的权向量为 $W^6 = \{0.3, 0.2, 0.5\}$，则各方案排序为
$$\{a_6 \succ_1 a_3 \succ_1 a_5 \succ_1 a_4 \succ_1 a_2\}$$

为了获得群体对各备选对象的排序，可以用 Borda 法，由优先序矩阵：

$$\begin{array}{c}\text{专家} \quad 1 \quad 2 \quad 3 \quad 4 \quad 5 \quad 6 \\ \begin{array}{c}a_2 \\ a_3 \\ a_4 \\ a_5 \\ a_6\end{array}\begin{bmatrix}3 & 3 & 4 & 3 & 4 & 5 \\ 2 & 2 & 1 & 1 & 1 & 2 \\ 4 & 5 & 3 & 5 & 5 & 4 \\ 5 & 4 & 5 & 4 & 3 & 3 \\ 1 & 1 & 2 & 2 & 2 & 1\end{bmatrix}\end{array}$$

可得相应的 Borda 分矩阵为 $\begin{bmatrix}2 & 2 & 1 & 2 & 1 & 0 \\ 3 & 3 & 4 & 4 & 4 & 3 \\ 1 & 0 & 2 & 0 & 0 & 1 \\ 0 & 1 & 0 & 1 & 2 & 2 \\ 4 & 4 & 3 & 3 & 3 & 4\end{bmatrix}$，总得分为 $\begin{array}{c}a_2 \\ a_3 \\ a_4 \\ a_5 \\ a_6\end{array}\begin{bmatrix}8 \\ 21 \\ 4 \\ 6 \\ 21\end{bmatrix}$

因此群体对备选方案的综合排序是

$$a_3 \sim a_6 \succ_G a_2 \succ_G a_5 \succ_G a_4$$

这说明，由于 6 位专家所给出的序数信息，不宜使用处理基数信息的多准则决策方法，例如线性加权和法。在本章中介绍的各种方法（除基数效用函数外）均可用于方案的排序，并不是非用 Borda 法不可。

2. 基数法

当委员会各成员能够根据各种准则给出各备选对象有关性能（属性）的基数信息时，就可以用基数法。群体对备选方案集进行评价和排序与一般的多属性决策不同，主要区别在于前者需要集结群中各成员的意见，形成集体的意见。与前面介绍的序数法一样，基数法也可以分为一致准则法和个体各自评价法两类。在群中成员能够就评价准则及各准则的权重达成一致意见时采用一致准则法，否则用个体各自评价法。采用一致准则法要先把各委员对方案评价的基数信息集结成群体的评价，再用适当的多属性决策方法评定各备选方案的优劣次序；而个体各自评价法则先用适当方法得出各委员对方案的排序，再把个体排序集结成群体排序。

基数法中，专家 i 依据准则 l 确定方案 j 的评分，然后采用某种规范化方法得到各方案的统一专家评价。从原则上讲，任何一种用于多属性决策问题的方法，如线性加权和法、TOPSIS 法和 ELECTRE 方法等都可以使用，也可以使用 AHP 依据准则 l 给出各方案两两比较的判断矩阵，从而得到各方案的专家评价。由于 TOPSIS 法能充分利用有关信息，求解的思路清晰，下面主要以 TOPSIS 法为例讨论求解多准则群决策问题的步骤。

1）一致准则法

设委员会中各成员能够就评价准则达成一致意见：共采用 p 种准则；各准则的重要性用权向量 $W = (w_1, w_2, \cdots, w_p)$ 表示，其中 $\sum_{l=1}^{p} w_l = 1$，$w_l > 0$，$l = 1, 2, \cdots, p$；用 $A^i = \{a_{jl}^i\}$，$i = 1, 2, \cdots, n$ 表示委员中 n 个成员对方案 j（$j = 1, 2, \cdots, m$）在各准则下的评价，则以 TOPSIS 法为基础的多准则群决策方法共有如下四步。

第一步，产生规范化的加权决策矩阵。

用向量规范化的方法求得决策矩阵，即

$$d_{jl}^i = a_{jl}^i \bigg/ \sqrt{\sum_{i=1}^m \left(a_{jl}^i\right)^2}, \quad i=1,2,\cdots,n, \quad l=1,2,\cdots,p \tag{7.15}$$

为了得到群决策矩阵 $C = \{c_{jl}\}$，由于群体中各成员有相同的权力，即对方案的评价具有相同的重要性，令

$$c_{jl} = \frac{1}{n}\sum_{i=1}^n d_{jl}^i, \quad j=1,2,\cdots,m, \quad l=1,2,\cdots,p \tag{7.16}$$

因此，群体规范化加权决策矩阵为

$$U = \{u_{jl}\} = \{w_l c_{jl}\}, \quad j=1,2,\cdots,m, \quad l=1,2,\cdots,p \tag{7.17}$$

在规范化的决策矩阵的基础上，接下来的步骤与第 3 章中介绍的 TOPSIS 法一样。

第二步，确定理想点 U^* 和负理想点 U^0。

理想点 $U^* = u_1^*, u_2^*, \cdots, u_p^*$，其中

$$u_l^* = \begin{cases} \max_j u_{jl}, & \text{效益型准则} \\ \min_j u_{jl}, & \text{成本型准则} \end{cases}, \quad l=1,2,\cdots,p \tag{7.18}$$

负理想点 $U^0 = u_1^0, u_2^0, \cdots, u_p^0$，其中

$$u_l^0 = \begin{cases} \max_j u_{jl}, & \text{效益型准则} \\ \min_j u_{jl}, & \text{成本型准则} \end{cases}, \quad l=1,2,\cdots,p \tag{7.19}$$

第三步，计算距离。

方案 j 到理想点的距离为

$$S_j^* = \sqrt{\sum_{i=1}^p \left(u_{jl} - u_l^*\right)^2}, \quad j=1,2,\cdots,m \tag{7.20}$$

方案 j 到负理想点的距离为

$$S_j^0 = \sqrt{\sum_{i=1}^p \left(u_{jl} - u_l^0\right)^2}, \quad j=1,2,\cdots,m \tag{7.21}$$

方案 j 与理想点的相对接近程度为

$$G_j = \frac{d_j^0}{d_j^* + d_j^0} \tag{7.22}$$

第四步，根据 G_j 的大小确定方案 j 的优先次序，G_j 越大则方案 j 越优。

2）个体各自评价法

个体各自评价法主要用于群中各成员所用准则不同的情况。为了方便表达，设成员 i（$i=1,2,\cdots,n$）所使用准则集的并集为 $C = \{c_1, c_2, \cdots, c_p\}$，成员 i 的权向量为 $W^i = \left(w_1^i, w_2^i, \cdots, w_p^i\right)$，且 $\sum_{l=1}^p w_l^i = 1$，$w_l^i \geqslant 0$。若成员 i 不采用准则 k，则 $w_k^i = 0$，其他记号与一致准则法相同。

在以 TOPSIS 法为基础时，第一步为计算成员 i 的规范化加权决策矩阵 $U^i = \{u_{jl}^i\}$，其中 $u_{jl}^i = w_l^i d_{jl}^i$；然后用第二步到第四步求得成员 i 对方案集的排序。得到成员 i 对方案集的排序后，再从之前介绍的社会选择函数中选择一种适当方法（如 Borda 法）集结个体排序，以形成群体排序。

在使用个体各自评价法时，若不用 TOPSIS 法而用简单加性加权法，可以在向量规范化后用式（7.23）计算 G_j，按 G_j 的大小排列方案 j 的优劣次序。

$$G_j = \sum_{i=1}^{n}\sum_{l \in C_1} w_l^i d_{jl}^i - \sum_{i=1}^{n}\sum_{l \in C_2} w_l^i d_{jl}^i \tag{7.23}$$

其中，C_1 为所有效益型准则的集合；C_2 为所有成本型准则的集合。

7.4.4　一种新型群决策支持方法：众包

1. 众包的概念

众包是指将任务外包给一大群人。这样做的一个主要原因是，群体的智慧有可能改善决策，帮助解决难题。因此，众包可以看作是一种应用集体智慧的方式。

随着全球化的推进，外包服务应运而生，在全球化 3.0 时代每个人都能以个体为单位参与全球合作与竞争，似乎把外包发挥到极致就成了众包，但二者之间却有着本质的不同。宝洁公司负责科技创新的前副总裁拉里·休斯顿（Larry Huston）评价道："外包是指我们雇佣人员提供服务，劳资双方的关系到此为止，其实和雇佣关系没什么两样。但是现在我们的做法是从外部吸引人才的参与，使他们参与到这广阔的创新与合作过程中。这是两种完全不同的概念。"也就是说，与外包不同的是，众包的核心包含着与用户共创价值的理念。

众包有几个定义，因为它在许多领域有多种用途。学术界的主流观点认为，众包是指组织出于以下几个原因将工作外包或部分外包：属于内部可能不必要的技能、工作需要快速执行、问题太复杂而无法解决、需要特殊的创新。众包的核心思想是将人的知识、智慧、经验和技能通过互联网转换成能创造实际收益的互联网新模式。人类的知识和智慧将会因为互联网而被无限放大和传播，并创造出令人惊讶的社会财富。下面举一些例子。

猪八戒网是一站式企业服务平台，平台可提供品牌营销、软件开发、知识产权、财税、科技咨询、办公空间等多种解决方案，满足公司各个阶段专业服务需求。

一品威客是一个电子商务交易平台，面向中国千万级中小企业和供应商，提供基于网络的创意交易服务，致力于打造一个非实物产品诚信买卖的"阿里巴巴"。

戴尔的 Ideastorm 平台可以让客户对其喜欢的 Ideastorm 的功能进行投票，包括新的功能。戴尔公司将目光聚焦在技术人群上，例如技术人员可以在 Linux（https://linux.org/）社区对其喜欢的 Ideastorm 功能进行讨论，提交想法，社区成员会对提交的想法进行投票。

宝洁的研究人员在 InnoCentive 网站和 NineSigma 网站（https://www.ninesigma.com/）上发布他们的问题，并向解决问题的人提供现金奖励。

乐高公司有一个名为 LEGO IDEAS（https://ideas.lego.com/）的平台，用户可以通过该平台提交新乐高套装的创意，并对大众提交的创意进行投票。如果提交的想法被商业化，那么提出这些想法的人就会获得版税。

百事公司（Pepsico）积极向公众征求其对乐事品牌薯片新口味的意见。通过多年的"Do Us a Flavor"（乐味一番）活动，公司收集了大量消费者的创意建议，这些活动显著促进了品牌与消费者之间的互动，并为销售额的增长做出了重要贡献。

加拿大的城市创建了实时电子城市地图，告知骑自行车的人高危地区的情况，以使街道更安全。当用户遇到碰撞、自行车被盗、道路危险等情况时，可以在地图上进行标记。

好时公司（Hershey）把在温暖的气候下运输巧克力的潜在解决方案众包了出去，该众包项目的奖金为 25 000 美元。

通过以上实例可以说明众包的许多优势，例如广泛接触专业知识、提高性能和速度、加强问题解决能力和创新能力。

2. 众包的主要类型

众包先驱者将众包应用分为以下类型（或模型）。

（1）集体智慧（collective intelligence/wisdom）。参与者在群体中解决问题，并提供新的见解和想法，实现产品、流程或服务的创新。

（2）人群创建（crowd creation）。参与者创建各种类型的内容，并与他人分享（付费或免费）。创建的内容可能用于解决问题、做广告或积累知识。内容创建也可以通过将大任务分成小任务来完成（例如，贡献内容来创建维基百科）。

（3）群众投票（crowd voting）。参与者对想法、产品或服务发表意见和进行评级，并对所呈现的信息进行评估和过滤。美国偶像大赛的投票就是一个例子。

（4）群众支持和资金筹措（crowd support and funding）。参与者为社会或商业事业做出贡献和支持，比如提供捐款、为新的企业提供小额资金。

3. 众包的过程

众包的过程因其应用场景而异，并取决于要解决的具体问题的性质和使用的方法。尽管执行的细节可能有所不同，但大多数企业的众包都包括以下步骤。

（1）确定问题和要外包的任务。

（2）选择目标人群（或公开发布）。

（3）向群体发布任务。

（4）让群众参与完成任务（例如，产生想法、解决问题）。

（5）收集用户生成的内容。

（6）由提出请求的管理层或专家对提交的材料质量进行评估。

（7）选择最佳的解决方案。

（8）奖励、补偿参赛者（获胜者）。

（9）实现解决方案。

需要注意的是，在流程中可能会出现返回到前面步骤的循环。

4. 众包在群决策中的作用

群体可以在合作或竞争的模式下提供想法和方案。然而，在决策过程的不同阶段，群体的作用可能有所不同。群体参与可以用来决定如何回应竞争对手的行为，或者评估一个提议的设计是否有效等。赫伯特·西蒙的决策过程模型常常被用来描述群体的潜在角色。西蒙的模型包括实施前的三个主要阶段：情报（为解决问题或利用机会而收集和分享信息，识别问题并确定问题的重要性）、设计（提出想法和备选方案）、选择（评估备选方案，并选择最佳的行动方案）。众包可以为管理决策过程提供不同类型的支持，大多数的众包应用都处于设计阶段（例如，创意生成和共同创造）和选择阶段（投票）。

课 后 习 题

1. 请给出群决策的定义。
2. 列出群决策的基本假设。
3. 描述群决策过程的步骤。
4. 列举并讨论群决策的优势和不足。
5. 为什么要研究群决策？简述群决策与多目标决策的异同。
6. 什么是投票悖论？什么是策略行为？
7. 讨论社会选择函数与社会福利函数之间的区别与共同点。
8. 阿罗不可能定理有什么现实意义？
9. 某团队由 30 人组成，现要从 a、b、c、d 四个候选人中选出一人担任某职务。已知群中成员的偏好如下。

（1）8 位成员认为：$a \succ b \succ c \succ d$。
（2）4 位成员认为：$b \succ c \succ d \succ a$。
（3）6 位成员认为：$b \succ d \succ a \succ c$。
（4）5 位成员认为：$c \succ d \succ a \succ b$。
（5）5 位成员认为：$d \succ a \succ c \succ b$。
（6）2 位成员认为：$d \succ c \succ b \succ a$。

问题①：用你所知道的各种方法分别确定由谁入选。问题②：你认为选谁合适？为什么？

10. 某团队由 18 人组成，已知群中成员对五种方案的偏好如下。

（1）4 位成员认为：$a \succ b \succ c \succ d \succ e$。
（2）3 位成员认为：$b \succ c \succ e \succ a \succ d$。
（3）4 位成员认为：$c \succ a \succ d \succ e \succ b$。
（4）3 位成员认为：$d \succ b \succ e \succ c \succ a$。
（5）3 位成员认为：$e \succ d \succ a \succ c \succ b$。

（6）1位成员认为：$e \succ a \succ d \succ b \succ c$。

试通过5种社会选择函数给出群体方案排序。

11. 某团队中有 $n = 2s$ 个成员，对三个方案 a、b、c 的偏好如下：

$$a \succ_i b \succ_i c, \quad i = 1, 2, \cdots, s$$
$$b \succ_i c \succ_i a, \quad i = s+1, s+2, \cdots, 2s$$

试证明：①所有成员的偏好都满足单峰条件；②采用多数票原则时的群体偏好为 $a \sim_G b$, $b \succ_G c$, $c \sim_G a$。

12. 某委员会原有三位成员，编号为1、2、3，备选方案为 a、b、c，三位成员的偏好序如下：

$$c \succ_1 b \succ_1 a$$
$$b \succ_2 a \succ_2 c$$
$$a \succ_3 c \succ_3 b$$

（1）求群体序。

（2）若委员会新增两个成员（编号为4、5），原成员的偏好序不变，新成员应该如何表达偏好（满足单峰条件）？

（3）原成员偏好序不变时，成员4、5能否联合控制委员会的决策？

13. 设有四个方案、两个目标、三个专家。决策目标的权重向量 $W = (0.5, 0.5)^T$，专家的权重系数为 t。采用五级评分制。三个专家单独对方案评价，其评价矩阵分别为

$$U^1 = \begin{bmatrix} 1 & 4 \\ 2 & 1 \\ 3 & 2 \\ 4 & 3 \end{bmatrix}, \quad U^2 = \begin{bmatrix} 3 & 2 \\ 1 & 3 \\ 4 & 1 \\ 2 & 4 \end{bmatrix}, \quad U^3 = \begin{bmatrix} 2 & 4 \\ 3 & 3 \\ 1 & 1 \\ 4 & 2 \end{bmatrix}$$

试用个体各自评价法进行群体决策。

案 例 分 析

竞技体育，指为了战胜对手，取得优异运动成绩，最大限度地发挥和提高个人、集体在运动、心理能力等方面的潜力所进行的科学的、系统的训练与竞赛。随着竞技体育在世界范围内的快速发展，国家也在不断加大这方面的投入，推动竞技体育朝着健康、可持续的方向日益进步，越来越多的普通人也加入其中，国民综合健康素质不断提高。通常的竞技体育项目按运动成绩的评定方法不同，可以分为测量类、评分类、命中类、制胜类、得分类五种（Yang et al., 2009）。测量类项群的运动成绩一般是由裁判测量竞赛选手的跳高高度、短跑速度、投掷远度以及举重类项目的重量来决定的。评分类项群的运动成绩通常是依据某个竞赛的评分标准和要求，通过裁判员的主观意识来评定，相对应地给予参赛选手应有的动作完成分。命中类项群的运动成绩由选手在比赛中命中某目标次数的多少来决定。制胜类项群的运动成绩是通过比赛中命中某一目标次数的多少来决定的，它既包括命中对方的得分，又包括制胜对方直接获胜的得分。得分类项群的运

动成绩通过依据不同竞赛项目特有的一些准则，最终通过得分的高低来决定。目前已有的竞赛成绩按上述不同分类划分，未来不排除其他项目有进一步分类的可能。

传统的主观性竞赛，一般是指技能评分类项目。在这类竞赛项目中，裁判员通过具体的运动竞赛规则标准对参赛选手的竞技能力进行主观评判，从而给出选手的竞赛成绩（Timme et al.，2017）。在这类主观性竞赛中，裁判员的主观意愿对比赛结果有着巨大的影响。

目前对主观性评分类比赛的评分方法是，集结所有裁判的评分，先删除其中的最高分和最低分，将剩下的分数取平均值作为参赛选手最终的分数，通过对最终分数按高低排序来确定选手的比赛名次。虽然这种方式可以排除最高分和最低分对选手分数的影响，但不能改变裁判员的主观意愿对比赛结果的影响。裁判员评分的随机误差较大，甚至在一些项目中，不同裁判员的打分标准都不一致。

通过对导致裁判评分标准不一致的原因进行分析，可以得出结论：裁判员水平高低的不同会导致评分不具有可比性。业余裁判往往会根据自己的感觉印象和思维模式来打分，分数的可靠性不高。很多学者为了确保竞赛的成绩具有客观性，都是从评分制度上进行改革，但是没有从根本上保证裁判评分标准的一致性（Liu et al.，2011），也很少有根据个人偏好对比赛结果进行排序的。因此，如何确保裁判的评价标准一致，以及比赛结果足够客观、公平、公正，仍然是如今迫切需要解决的问题。

第 8 章　群智能算法

8.1　群智能算法产生的背景及其分类

8.1.1　群智能算法产生的背景

在工程和科学领域，数学优化问题无处不在。为了给优化问题提供足够好的解决方案，特别是对于传统方法无法解决的需要无限计算能力的问题，很多学者尝试使用仿生学和自然启发的系统与算法去处理。从认知自然的实践中，人们发现，生物体和自然生态系统可以通过自身的演化，解决高度复杂的优化问题，那么人类可以尝试模拟自然生态机制来帮助解决现实中复杂的优化问题。因此，学者开启了群智能算法的研究，研究结果发现该算法具有较高的性能和较大的优化驱动力，提供了一个鲁棒性很强的解决方案，具有广泛的应用前景。

8.1.2　常见的群智能算法分类

常见的群智能算法主要有如下几类。
（1）蚁群优化（ant colony optimization，ACO）算法，也称蚁群算法，于 1992 年提出。
（2）粒子群优化（particle swarm optimization，PSO）算法，也称粒子群算法，于 1995 年提出，简单且易于实现，是目前应用最为广泛的群智能算法。
（3）遗传算法（genetic algorithm，GA），于 1975 年提出。
（4）人工蜂群（artificial bee colony，ABC）算法，于 2005 年提出。

除了上述几种常见的群智能算法以外，还有一些并不是广泛应用的群智能算法，比如萤火虫算法、布谷鸟搜索算法、蝙蝠算法以及磷虾群算法等。

8.2　遗　传　算　法

8.2.1　遗传算法简介

遗传算法是一种最基本的进化算法，通常被归类为一种全局搜索技术。作为进化计算研究领域的一个分支，它可以模仿生物繁殖过程的自然选择，并得到"最适合"的解。遗传算法最早由约翰·霍兰（John Holland）教授于 1975 年提出，该算法的灵感来自自然选择和适者生存的生物过程（Holland，1992）。一个解集定义为一个染色体的集合，对解集的改进是通过世代交叉实现的。改进解集的目的是通过选择竞争染色体来清除不良的解，并将遗传物质传递给后代。在每次迭代中，竞争解与其他的解进行重组，以获得目标函数值或"适应度"值更好的解。由此产生的更好的解决方案被用来取代种群中较差的解。

遗传算法的主要应用领域包括运营管理（设施布局、行程安排、库存控制、预测与网络设计）、多媒体（信息安全、图像处理、视频加工、医学成像、游戏）、无线网络（负载平衡、定位、带宽和信道分配）等（Katoch et al.，2021）。

8.2.2 遗传算法的基本概念与术语

为了模拟自然界中的生物遗传和进化机制，人们早就针对不同的问题设计了许多不同的编码方法来表达问题的可行解决办法，并产生了许多不同的遗传算子来模拟不同情况下的生物遗传特性。于是由不同的编码方法和不同的遗传算子组成了不同的遗传算法。然而，这些遗传算法都有一个共同的特征，即它们都可以通过模仿生物遗传进化过程中的选择、交叉和变异机制来完成对问题最优解的自适应搜索过程。Goldberg 基于这一共性得出了基本遗传算法（simple genetic algorithm，SGA），该算法仅使用了三种基本的遗传算子，即选择算子、交叉算子和变异算子。基本遗传算法所描述的框架也是各种遗传算法的基本框架。

以一个初始生物种群为起点，竞争结束后，一些个体被淘汰，不能进入种群，而另一些个体进入种群。竞争的过程遵循着生物进化中"物竞天择，适者生存"的基本规律，因此存在着生物对环境适应的竞争标准或评价标准。需要注意的是，适应度高的个体有更大概率进入种群，但不一定最终能够进入种群；适应度低的个体不太可能进入种群，但不一定最终会被淘汰。这个重要的特性保证了种群的多样性。在生物进化中，后代群体（称为子群）是通过交配产生的，新的个体也可能通过突变产生。每个基因编码着生物体的特定特征，如头发颜色、耳朵形状等。综合变异的作用使子群成长为一个新群体，取代旧群体。在一个新周期的过程中，新群组取代旧群组，再次开始循环。

在遗传算法中，可行解的编码对应于遗传学中的染色体（个体特征），通常用一维字符串结构数据表示。一定数量的个体组成一个群体。种群中所有个体的数量代表着种群的大小。两条染色体杂交产生一组新染色体的过程，类似于生物遗传中的交叉。代码的某些组成部分发生变化，类似于生物遗传中的变异。遗传学与遗传算法的术语对照如表 8.1 所示。

表 8.1 遗传学与遗传算法术语对照

遗传学术语	遗传算法术语
种群	可行解集
个体	可行解
染色体	可行解的编码
基因	可行解编码的分量

续表

遗传学术语	遗传算法术语
基因形式	遗传编码
适应度	评价的函数值（适应度函数）
选择	选择操作
交叉	编码的交叉操作

8.2.3 遗传算法基本框架

遗传算法包括的基本操作有：编码、适应度函数的设计、初始群体的选取、具体运算（选择、交叉、变异等）。

1. 编码

对于大多数计算问题，编码方案（即以特定形式建立个体特征到基因型的映射关系的方案）起着重要的作用。给定的信息必须用特定的位串进行编码。应用遗传算法，以及设计遗传算法时首先要解决的问题就是编码。编码方法会影响交叉算子、变异算子等遗传算子的运算方法，在很大程度上决定了遗传进化的效率。

迄今为止，人们已经提出了许多种不同的编码方法。这些编码方法大致可以分为三大类：二进制编码、浮点数编码、符号编码。下面我们从具体实现角度出发对这三大类方法进行介绍。

1）二进制编码

二进制编码是常用的编码方案。每个基因或染色体用 1 或 0 的字符串表示。在二进制编码中，每一位代表解的特征，它提供了更快的交叉和变异操作符的实现。然而，转换为二进制形式需要额外的努力，算法的准确性取决于二进制转换的准确性，根据具体问题改变位流。二进制编码方案由于上位性和自然表示法等原因，不适用于某些工程设计问题，但是它有以下一些优点。

（1）便于实现编码、解码。
（2）交叉、变异等遗传操作简单。
（3）遵守最小字符集编码原则。
（4）便于利用模式定理对算法进行理论分析。

二进制编码的缺点是：对于一些连续函数优化问题，其随机性使得遗传算法的局部搜索能力较差，比如一些精度较高的问题在逼近最优解时，由于变异后的表现型变化很大且不连续，所以会远离最优解，缺乏稳定性。格雷码可以防止这种情况发生。

2）格雷码编码

格雷码（Gray code）是以弗兰克·格雷（Frank Gray）命名的，又称反射二进制码，它是二进制数字系统的一种排序（因其比较重要，所以单独进行介绍），使得两个相邻的代码只差一位（二进制数字）。十进制、二进制与格雷码的转换如表 8.2 所示。

表 8.2　十进制、二进制与格雷码的转换

十进制	二进制	格雷码
0	0000	0000
1	0001	0001
2	0010	0011
3	0011	0010
4	0100	0110
5	0101	0111
6	0110	0101
7	0111	0100
8	1000	1100
9	1001	1101
10	1010	1111
11	1011	1110
12	1100	1010
13	1101	1011
14	1110	1001
15	1111	1000

自然二进制码转换为二进制格雷码的原理是将自然二进制码的最高位保留为格雷码的最高位，格雷码的次高位由二进制码的最高位和次高位之间的异或运算得到，格雷码的其他位类似于寻找其次高位的方法。

若二进制码表示为 $B[N-1]B[N-2]\cdots B[2]B[1]B[0]$，则二进制格雷码可以表示为 $G[N-1]G[N-2]\cdots G[2]G[1]G[0]$。其中，最高位保留，即

$$G[N-1] = B[N-1]$$

其他各位为

$$G[i] = B[i+1] \text{ xor } B[i], \quad i = 0, 1, 2, \cdots, n-2$$

从表 8.2 可以看出，在格雷码中，连续的两个整数所对应的编码之间只有一个码位是不同的，其余码位完全相同。因此当染色体发生变异时，其原始表现与其当前表现是连续的，从而可以提高算法的局部搜索能力。

采用格雷码编码的主要优点如下。

（1）便于提高遗传算法的局部搜索能力。

（2）能够更为简便地实现交叉、变异等遗传操作。

（3）遵守最小字符集编码原则。

（4）便于将模式定理用于算法的理论分析。

3）浮点数编码

对于一些多维、高精度的连续函数优化问题，用二进制代码表示个体存在一定的弊

端。二进制码是连续函数映射误差的离散化。当个体编码长度较短时，可能不满足精度要求，而当个体编码长度较长时，虽然可以提高精度，但同时也会大幅扩展遗传算法的搜索空间，增加解码难度。

浮点数编码是对个体的每个基因值用某一范围内的一个浮点数来表示。在浮点数编码方法中，基因值必须在给定的区间限制范围内，遗传算法中使用的交叉、变异等遗传算子必须保证其运算结果生成的新个体的基因值也在区间限制范围内。

浮点数编码有以下几个优点。

（1）适用于在遗传算法中表示范围较大的数。
（2）适用于对精度要求较高的遗传算法。
（3）遗传搜索可适用的空间更大。
（4）降低了遗传算法的计算复杂度，提高了运算速度。
（5）便于遗传算法与经典优化方法的混合使用。
（6）易于设计针对问题的专门知识的知识型遗传算子。
（7）便于处理复杂的决策变量约束条件。

4）符号编码

在符号编码中，单个染色体代码串中的基因值取自一个没有数值含义、只有代码含义的符号集，如 $\{A, B, C, \cdots\}$。

符号编码的主要优点具体如下。

（1）符合有意义积木块编码原则。
（2）便于在遗传算法中利用所求解问题的专门知识。
（3）便于遗传算法与相关近似算法的混合使用。

采用符号编码的遗传算法，一般需要精心设计交叉、变异等遗传操作的操作方法，以满足问题的各种约束，从而提高算法的搜索性能。

2. 适应度函数的设计

进化适应度是指个体适应环境和繁衍后代的能力。遗传算法的适应度函数又称评价函数，用于判断群体中个体的质量，根据问题的目标函数进行具体评估。

遗传算法在搜索进化过程中一般不需要其他外部信息，只使用评价函数来评估个体或解的优劣，并将其作为未来遗传操作的基础。由于遗传算法中，适应度函数要比较排序并在此基础上计算选择概率，所以适应度函数的值应为正。于是大多数场景下，必须将目标函数映射成求最大值形式且函数值非负的适应度函数。

适应度函数的设计需要满足以下条件。

（1）单值、连续、非负、最大化。
（2）合理、一致性。
（3）计算量小。
（4）通用性强。

在实际应用中，适应度函数的设计要结合求解问题本身的要求而定。适应度函数设计直接影响到遗传算法的性能。

3. 初始群体的选取

遗传算法中初始群体中的个体是随机生成的。初始群体的设置大致可按照如下的策略。

（1）根据问题的固有知识，设法在整个问题的空间分布范围内把握最优解所占的空间，然后，在此分布范围内设定初始群体的分布。

（2）先随机产生一定数量的个体，然后从中挑出最好的个体添加到初始群体中。不断重复这种过程，直到初始群体中的个体数目达到预定规模。

4. 具体运算

遗传算法的基本操作可以用图8.1来描述。

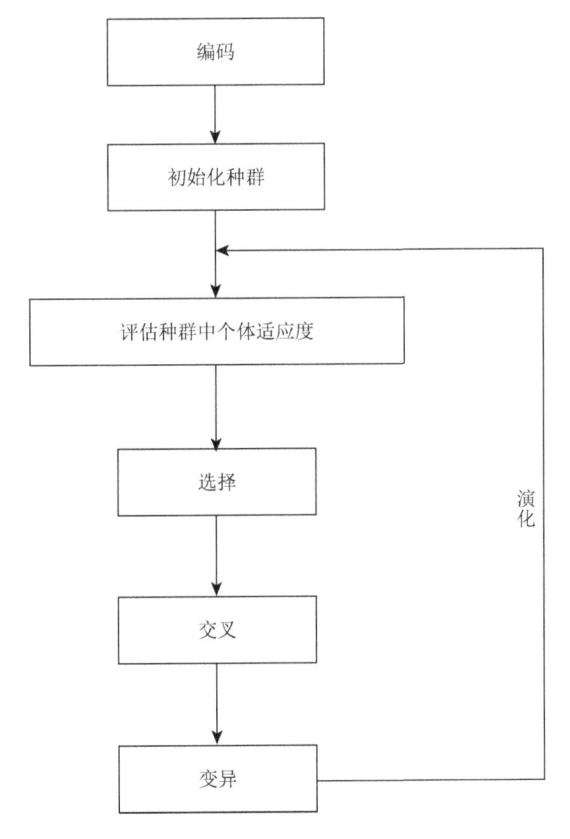

```
编码
  ↓
初始化种群
  ↓
评估种群中个体适应度  ←┐
  ↓                    │
选择                   │ 演化
  ↓                    │
交叉                   │
  ↓                    │
变异 ──────────────────┘
```

图 8.1　遗传算法基本操作

针对图8.1操作的具体步骤描述如下。

（1）种群初始化：个体的编码方式确定以后，根据问题的特点对初始化操作进行合适的设计（初始化操作应尽量简单，时间复杂度不宜过高）来初始化种群中的 N 个个体。

（2）个体评价：根据优化的目标函数计算种群中个体的适应度。

（3）迭代设置：设置种群最大迭代次数 g_{max}，并令当前迭代次数 $g=1$。

（4）个体选择：设计合适的选择算子来对种群 $P(g)$ 的个体进行选择，被选择的个体将进入交配池中组成父代种群 $FP(g)$，用于交叉变换以产生新的个体。选择策略应基于个体适应度。如果要优化的问题是一个最小化问题，应该有更大的概率选择适应度较小的个体。常见的选择策略有轮盘选择（roulette wheel selection）、锦标赛选择等。

（5）交叉算子：根据交叉概率 p_m（预先指定，一般为 0.9）来判断父代个体是否需要进行交叉操作。交叉算子应该根据优化问题的特点进行设计，它是整个遗传算法的核心，它的设计将直接决定整个算法的性能。

（6）变异算子：根据变异概率 p_c（预先指定，一般为0.1）来判断父代个体是否需要进行变异操作。变异算子的主要作用是保持种群的多样性，防止种群陷入局部最优，所以其一般被设计为一种随机变换。

通过交叉变异操作，父代种群 $FP(g)$ 生成了新的子代种群 $P(g+1)$，令种群迭代次数 $g = g+1$，进行下一轮的迭代操作［跳转到步骤（4）］，直至迭代次数达到最大的迭代次数。

1）选择

遗传算法中的选择操作就是用来确定如何从父代群体中按某种方法选取个体遗传到下一代群体的一种遗传运算，用来确定重组或交叉个体，以及被选个体将产生多少个子代个体。

常用的选择算子有如下几种。

（1）轮盘选择：轮盘选择将所有可能的字符串映射到一个轮盘上，并根据它们的适应度将轮盘按比例分配给它们；然后随机地旋转这个轮盘，以选中字符串，选中的字符串将参与下一代的形成。但它存在许多问题，如由于随机性而引入的误差。排序选择是轮盘选择的修改形式。排序选择将种群中的个体按照其适应度进行排名，然后根据排名来选择个体。排序选择减少了过早收敛到局部极小值的机会。

（2）随机竞争选择：每次按轮盘选择一对个体，然后让这两个个体进行竞争，适应度高的被选中加入下一代，如此反复，直到选满为止。虽然随机竞争选择在旅行商问题上的表现优异，但随着问题规模的增大，传统的轮盘选择的表现相对更好。

（3）最佳保留选择：首先按轮盘选择方法执行遗传算法的选择操作，然后将当前群体中适应度最高的个体结构完整地复制到下一代群体中。

（4）无回放随机选择（也称期望值选择）：根据每个个体在下一代群体中的生存期望来进行随机选择运算。方法如下：首先，计算群体中每个个体在下一代群体中的生存期望数目 N；其次，若某一个体被选中参与交叉运算，则它在下一代中的生存期望数目减去 0.5，若某一个体未被选中参与交叉运算，则它在下一代中的生存期望数目减去 1.0；最后，随着选择过程的进行，当某一个体的生存期望数目小于 0 时，该个体就不再有机会被选中。

（5）确定式选择：按照一种确定的方式来进行选择操作。具体过程如下。

第一步，计算群体中各个个体在下一代群体中的期望生存数目 N。

第二步，用 N 的整数部分确定各个对应个体在下一代群体中的生存数目。

第三步，用 N 的小数部分对个体进行降序排列，顺序取前 M 个个体加入下一代群体。

至此可完全确定出下一代群体中的 M 个个体。

（6）无回放余数随机选择：可确保适应度比平均适应度大的一些个体能够被遗传到下一代群体中，因而选择误差比较小。

（7）均匀排序：对群体中的所有个体按其适应度大小进行排序，基于这个排序来分配各个个体被选中的概率。

（8）最佳保存策略：当前群体中适应度最高的个体不参与交叉运算和变异运算，而是用它来代替本代群体中经过交叉、变异等操作后所产生的适应度最低的个体。

（9）随机联赛选择：每次选取几个个体中适应度最高的一个个体遗传到下一代群体中。

（10）排挤选择：新生成的子代将代替或排挤掉相似的旧父代个体，提高群体的多样性。

2）交叉

遗传算法的交叉操作，是指交换两个被选中染色体的子序列，从而产生两个后代。

适用于二进制编码个体或浮点数编码个体的交叉算子如下。

（1）单点交叉（one-point crossover）：指在个体编码串中只随机设置一个交叉点，然后在该点交换两个匹配的个体的部分染色体。

（2）两点交叉（two-point crossover）与多点交叉：两点交叉是在个体编码串中随机设置两个交叉点，然后再进行部分基因交换；多点交叉以此类推。

（3）均匀交叉（uniform crossover，也称一致交叉）：两个配对个体的每个基因位点上的基因都以相同的交叉概率进行交换，从而形成两个新个体。

（4）算术交叉（arithmetic crossover）：由两个个体的线性组合产生两个新的个体。该操作的对象一般是由浮点数编码表示的个体。

3）变异

遗传算法中的变异操作是指将个体染色体编码串中某些基因座的基因值替换为该基因座的其他等位基因，从而形成新的个体。

例如，101101001011001 这串二进制编码经过基因突变后，可能变成以下这串新的编码：001101011011001。

以下变异算子适用于二进制编码和浮点数编码的个体。

（1）基本位变异（simple mutation）：由单个编码串随机指定的一个或几个基因的变异操作。对于基本遗传算法中以二进制编码符号串表示的个体，如果进行变异操作的基因座的原始基因值为 0，变异操作会将其改为 1。相反，如果原始基因值为 1，变异操作会将其更改为 0。

（2）均匀变异（uniform mutation）：分别用符合某一范围内均匀分布的随机数，以某一较小的概率来替换个体编码串中各个基因座上的原有基因值（特别适用于在算法的初级运行阶段）。

（3）边界变异（boundary mutation）：随机选取基因座上的两个对应边界基因值之一来替代原有基因值（特别适用于最优点位于或接近于可行解的边界时的一类问题）。

（4）非均匀变异：对原有基因值进行随机扰动，以扰动后的结果作为变异后的新基因值。对每个基因座都以相同的概率进行变异运算之后，相当于整个解向量在解空间中做了一次轻微的变动。

(5) 高斯近似变异：进行变异操作时，用服从均值为 μ、方差为 σ^2 的正态分布的一个随机数来替换原有的基因值。

8.2.4 遗传算法的优缺点

比起其他优化搜索，遗传算法的优点主要表现在以下几个方面。

(1) 遗传算法具有自组织性、自适应性和智能性。应用遗传算法来求解问题时，在确定了编码方案、适应度函数及遗传算子后，算法将利用进化过程中所获得的信息自行组织搜索。遗传算法的这一特性，使它同时具有能根据环境的变化而自动发现环境的特性和规律的能力，从而可以应用于一些复杂的非结构化问题。

(2) 遗传算法具有并行性。遗传算法是在种群中按并行方式搜索而不是在一个单点上进行寻优。其并行性表现在两个方面。其一，遗传算法具有内在并行性，这使它本身适合大规模并行。可以说，遗传算法适合在目前所有的并行机或分布式系统上进行并行处理，而且对并行效率没有太大影响。其二，遗传算法具有内含并行性。由于遗传算法采用种群的方式组织搜索，因而可以同时搜索解空间内的多个区域，并相互交流信息。许多传统搜索方法是从单点出发进行寻优，这类方法在多峰函数优化中，极易陷入局部最优解，而且很难跳出局部最优解的陷阱。但是，遗传算法是从一个种群开始搜索，并且可以同时向不同的方向进行搜索，并对搜索空间中的多个解进行评估，因此具有极好的全局搜索性能，从而减少了陷入局部最优解的可能。

(3) 遗传算法使用参数的编码集，而不是参数本身进行工作。这一特点，使得遗传算法具有广泛的应用领域。

(4) 遗传算法基本上不需要搜索空间的知识或其他辅助信息，它使用问题本身的目标函数和相应的适应度函数进行工作。

(5) 遗传算法不是采用确定性规则，而是采用概率的变迁规则来指导它的搜索方向。在优化过程中，使搜索的每一步向最终结果靠近的机制或智能性称为搜索的探索性或启发性。在传统搜索方法中，如梯度法，采用每次向梯度变化最大的方向搜索；而遗传算法以适应度为标尺，以概率作为一种工具来引导搜索过程。虽然表面上看，遗传算法是一种盲目搜索方法，实际上它是一种导向随机搜索方法。

(6) 遗传算法对给定的问题，可以产生很多的潜在解，最终的选择可以由使用者确定。在某些特殊情况下，如多目标优化问题中，存在不止一个解，而是有一组近似最优解，这时遗传算法对于确认可替代解集而言特别适合。

尽管遗传算法有很多优点，但仍然存在以下几点不足。

(1) 算法参数的选取严重影响解的质量，目前这些参数的选取大多依赖经验。

(2) 遗传算法的本质是随机搜索，不能保证得到的是全局最优解。

(3) 遗传算法常见的编码方法有二进制编码、格雷码编码等。二进制编码比较常见，但是二进制编码容易产生汉明距离（Hamming distance，将一个字符串变换成另外一个字符串所需要替换的字符个数），可能会产生汉明悬崖（Hamming cliff，相邻整数的二进制编码之间存在汉明距离，使得交叉和遗传都难以跨越）。格雷码虽然可以克服汉明悬崖的问题，但是往往由于实际问题的复杂度过高，格雷码难以精确地描述问题。

（4）在处理有多个最优解的多峰问题时，容易陷入局部极小值而停止搜索，导致问题早熟，无法实现全局优化。

8.3 粒子群算法

8.3.1 粒子群算法思想

粒子群算法是 Kennedy 和 Eberhart（1995）提出的一种稳健的随机优化方法。它用于分析问题的搜索空间，以找到优化的关键目标或确定目标所需的结构或参数。粒子群算法起源于对简单社会系统的模拟，既保持了传统进化算法的群体智慧背景，又具有良好的优化性能。粒子群算法在计算智能领域越来越受欢迎，并已成功地应用于各种优化和搜索问题。粒子群算法是计算智能、元启发式和优化文献中最广泛使用，并得到高度重视的算法之一。该算法已广泛应用于科学和工程等多个领域。

粒子群算法在产业中的作用大致可分为以下几种。

（1）模式识别和图像处理。粒子群算法已在图像分割、图像配准、图像融合、图像识别、图像压缩和图像合成等方面发挥作用。

（2）神经网络训练。粒子群算法可完成人工神经网络中连接权值的训练、结构设计、学习规则调整、特征选择、连接权值的初始化和规则提取等，但是速度没有梯度下降算法优化得好。粒子群算法需要较大的计算资源，一般难度较高。

（3）电力系统设计。例如，日本富士电机株式会社的研究人员将电力企业某个著名的无功（功率）电压调节（reactive power voltage control，RPVC）问题简化为函数的最小值问题，并使用改进的粒子群算法进行优化求解。

（4）半导体器件综合。半导体器件综合是在给定的搜索空间内根据期望得到的器件特性来得到相应的设计参数。

（5）其他，包括自动目标检测、生物信号识别、决策调度、系统识别以及游戏训练等，在这些方面的粒子群算法应用也取得了一定的研究成果。

设想这么一个场景：一群鸟进行觅食，而远处有一片玉米地，所有的鸟都不知道玉米地到底在哪里，但是它们知道自己当前的位置距离玉米地有多远。那么找到玉米地的最佳策略，也是最简单有效的策略就是搜寻目前距离玉米地最近的鸟群的周围区域。粒子群算法就是从这种群体觅食的行为中得到了启示，从而构建的一种优化模型。

在粒子群算法中，每个优化问题的解都是搜索空间中的一只鸟，称为"粒子"，而问题的最优解就对应为鸟群要寻找的"玉米地"。所有的粒子都具有一个位置向量（粒子在解空间的位置）和速度向量（决定下次飞行的方向和速度），并可以根据目标函数来计算当前所在位置的适应度，可以将其理解为距离"玉米地"的距离。在每次的迭代中，种群中的粒子除了根据自身的"经验"（历史位置）进行学习以外，还可以根据种群中最优粒子的"经验"来学习，从而确定下一次迭代时需要如何调整和改变飞行的方向与速度。就这样逐步迭代，最终整个种群的粒子就会逐步趋于最优解。

8.3.2 粒子群算法的基本框架

有三个向量与粒子群优化相关：第一个矢量是记录粒子位置的矢量，通常称为 X 向量；第二个向量是已知的向量，用于记录由个体或粒子引入的搜索最佳解决方案，通常称为 P 向量；第三个向量是保持粒子在不受干扰的情况下航行的方向和速度的矢量。

接下来，我们给出粒子群算法中常用的迭代算子的形式。令 $X_i = (x_{i1}, x_{i2}, \cdots, x_{in})$ 代表粒子 i 的位置向量，$V_i = (v_{i1}, v_{i2}, \cdots, v_{in})$ 代表粒子 i 的速度向量（其中 n 为优化问题的维度大小），最早版本的粒子群算法的迭代算子形式如下。

速度向量迭代公式为

$$V_i = V_i + c_1 r_1 (\text{Pbest}_i - X_i) + c_2 r_2 (\text{Gbest} - X_i) \tag{8.1}$$

其中，Pbest_i 和 Gbest 分别为粒子 i 的历史最佳位置向量和种群历史最佳位置向量；参数 c_1 和 c_2 称为学习因子（learn factor），一般设置为 1.4961；r_1 和 r_2 为介于[0, 1]之间的随机概率值，用于增加搜索的随机性。

位置向量迭代公式为

$$X_i = X_i + V_i \tag{8.2}$$

由式（8.1）和式（8.2）可以看出，种群中的粒子通过不断地向自身和种群的历史信息进行学习，可以找出问题的最优解。但是，后续的研究表明，上述原始的公式中存在一个问题：式（8.1）中 V_i 的更新随机性太强，从而使得整个粒子群算法的全局优化能力很强，但是局部搜索能力较差。实际上，在迭代初期，粒子群算法需要具有较强的全局优化能力，而在后期，整个种群应该具有较强的局部搜索能力。所以根据上述弊端，Shi 和 Eberhart (1998) 通过引入惯性权重，将式（8.1）的速度向量迭代公式修改为式（8.3），从而提出了粒子群算法的惯性权重模型。

$$V_i = wV_i + c_1 r_1 (\text{Pbest}_i - X_i) + c_2 r_2 (\text{Gbest} - X_i) \tag{8.3}$$

其中，参数 w 称为粒子群算法的惯性权重（inertia weight），它的取值介于[0, 1]之间。一般应用中均采取自适应的取值方法，即一开始令 $w = 0.9$，使粒子群算法具有较强的全局优化能力，随着迭代的深入，参数 w 进行递减，从而使得粒子群算法具有较强的局部优化能力。当迭代结束时，$w = 0.1$。

粒子群算法的基础框架如图 8.2 所示。

（1）开始：输入粒子群规模、空间维度、最大迭代次数、惯性权重、学习因子以及迭代步长范围。

（2）随机初始化粒子群：随机初始化每个粒子的速度和位置。

（3）计算每个粒子的适应度。

（4）根据适应度选择每个粒子的历史最佳位置（历史最佳适应度）和种群历史最佳位置（种群历史最佳适应度），更新每个粒子的速度和位置。

```
                    开始
                     │
                     ▼
                初始化粒子群
                     │
      ┌──────────────▼
      │         计算每个粒子的适应度
      │              │
      │              ▼
      │    根据适应度选择Pbestⱼ、Gbest，更新粒子的速度和位置
      │              │
      │              ▼
   ┌──────┐     ╱是否达到最大迭代次数╲
   │更新当前迭代│ 否 ╱或全局最优位置是否满╲
   │次数和惯性权重│◄──╲   足最小界限？    ╱
   └──────┘     ╲              ╱
                     │是
                     ▼
                    结束
```

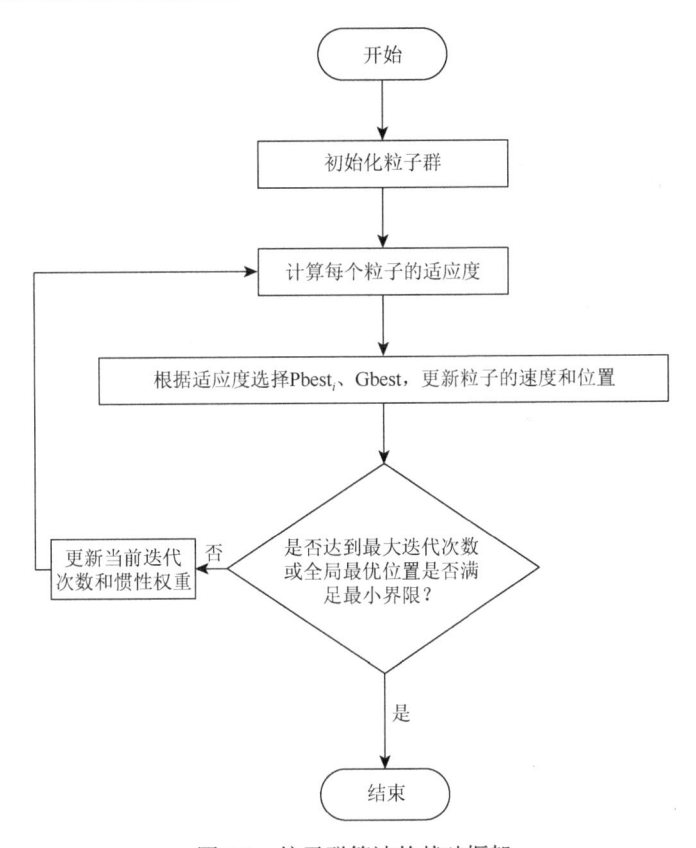

图 8.2　粒子群算法的基础框架

（5）判断是否达到最大迭代次数或全局最优位置是否满足最小界限，若是，则输出最优解并结束算法，否则更新当前迭代次数和惯性权重，然后返回（3）。

粒子群算法的关键步骤是对速度和位置向量迭代算子的设计。迭代算子是否有效将决定整个粒子群算法性能的优劣，所以如何设计粒子群算法的迭代算子是粒子群算法应用的研究重点和难点。

8.3.3　粒子群算法的优缺点

首先总结一下粒子群算法的一些优点，具体如下。

（1）它是一类不确定算法。不确定性体现了自然界的生物机制，并且在求解某些特定问题方面优于确定性算法。

（2）它是一类概率型的全局优化算法，有更多机会求解全局最优解。

（3）它不依赖于优化问题本身的严格数学性质。

（4）它是一种基于多个智能体的仿生优化算法。粒子群算法中的各个智能体之间通过相互协作来更好地适应环境，表现出与环境交互的能力。

（5）它具有本质并行性，包括内在并行性和内含并行性。

（6）它具有自组织和进化性以及记忆功能。所有粒子都保存着最优解的相关知识。

(7) 它具有稳健性。稳健性是指在不同条件和环境下算法的实用性与有效性,但是目前粒子群算法的数学理论基础还不够牢固,算法的收敛性还需要讨论。

其次,粒子群算法的缺点也是显而易见的,具体如下。

(1) 局部搜索能力较差,搜索精度不够高。

(2) 不能绝对保证搜索到全局最优解,主要有两方面的原因。一方面是有时粒子群在俯冲过程中会错失全局最优解。粒子飞翔过程中的俯冲动作使搜索行为不够精细,不容易发现全局最优目标值,所以对粒子的最大飞翔速度进行限制既是为了使粒子不要冲出搜索区域的边界,同时也是为了使搜索行为不至于太粗糙。另一方面是应用粒子群算法处理高维复杂问题时,算法可能会早熟收敛,也就是粒子群在没有找到全局最优信息之前就陷入停顿状态,飞翔的动力不够,粒子群丧失了多样性,各粒子之间的抱合力增强,紧紧地聚集在一起,并且它们的飞翔速度几乎为零。虽然此时粒子距离全局最优解并不远,但是几乎为零的飞翔速度使其无法跳出停滞不前的状态,各个粒子力不从心。这些停滞不前的早熟点未必都是局部最优点,也可能是位于局部最优点邻域内的其他点,这一点与梯度搜索法不同。梯度搜索法如果出现早熟,通常只会陷入局部最优点,而不可能陷入局部最优点邻域内的其他点。

(3) 搜索性能对参数具有一定的依赖性。对于特定的优化问题,如果用户经验不足,参数调整的确是个棘手的问题。参数值的大小直接影响到算法是否收敛以及求解结果的精度。

(4) 粒子群算法是一种概率算法,算法理论不完善,缺乏独特性,理论成果偏少。从数学角度严格证明算法结果的正确性和可靠性还比较困难;缺少算法结构设计和参数选取的实用性指导原则,特别是全局收敛研究和大型多约束非线性规划的研究成果非常少。

8.4 蚁群算法

8.4.1 蚁群算法简介

一群无智能或有轻微智能的个体通过相互协作而表现出智能行为,这一现象为求解复杂问题提供了一个新的可能性,这就是蚁群算法,它是一种群智能算法,由意大利学者 Marco Dorigo(马尔科·多里戈)等人于 20 世纪 90 年代提出。经过多年的发展,蚁群算法在理论以及应用研究上已经取得了巨大的进步。

8.4.2 蚁群算法的基本思想

蚁群算法是一种概率性的元启发式优化过程。它通过模拟蚂蚁的真实运动或行为来解决优化问题。因为蚂蚁的眼睛无法形成清晰的成像,它们会随机地从一个地方移动到另一个地方,也就是说,它们会根据概率选择一条路径。当蚂蚁离开巢穴寻找食物时,它们会寻找一条距离较短的路径。在蚂蚁觅食的过程中,它们沿着到达目的地(即食物来源地)的路径储存信息素,然后沿着同一路径返回巢穴。当其他蚂蚁寻找食物时,更多的蚂蚁会沿着一条信息素含量更高的路径觅食,直到所有蚂蚁都沿着一条最短的路径觅食。信息素路径是蚂蚁能够形成或保持一条线的主要原因。在行进中,蚂蚁会释放一定数量的信息素,为其他蚂蚁提供一条路径。

蚂蚁的这一本能解释了为什么即使在最初的路径有障碍的情况下,它们通常也会寻找最短的路径。蚂蚁默认从蚁巢到食物来源地是直线行进的。当行驶路径上出现障碍物时,领头蚂蚁必须在左右两种路径中选择。通过调查可以假设一半的蚂蚁左转,剩下的蚂蚁右转。跟随较短路径的蚂蚁会比跟随较长路径的蚂蚁更快地重建信息素路径。在较短的路径上,每单位时间内会沉积较多的信息素,因此蚂蚁更有可能选择这条较短的路径。

蚂蚁可以在没有任何空间信息的情况下找到巢穴周围的食物来源,并找到通往食物来源地的最短路径。当蚂蚁找到食物时,它会返回巢穴并留下信息素痕迹。这条信息素路径将被其他不太容易随机行走的蚂蚁跟随。随着越来越多的蚂蚁找到食物,就会有更多的信息素来加强踪迹。然而,由于一些蚂蚁的随机行为,它们不会跟随之前蚂蚁所留下的信息素踪迹,而是发现更多的可能路径。随着时间的推移,留在路径上的信息素会蒸发掉,从而降低吸引力。由此,最终会确定并保留一条最短路径(Okwu and Tartibu, 2021)。

8.4.3 蚁群算法的基本原理

根据 8.4.2 节对蚁群算法基本思想的描述,我们可以设计类似于蚂蚁找食物的算法来求解旅行商问题,经过多次迭代更新后,可以给"蚂蚁"一点点智能和经验,从而得到一个不错的解。虽然这样求解出来的解质量较高,但是不能保证是最优解。

我们令 η 为一个启发值(heuristic value),这个值依赖于边 (r, s),在旅行商问题中这个值通常设定为城市 r 与城市 s 之间距离的倒数,用 d_{rs} 表示城市 r 和城市 s 的距离,则 $\eta = \frac{1}{d_{rs}}$。另外设 $\tau(e)$ 为信息素浓度,这个值和边 e 相关。它的初始值我们设定为 $\frac{1}{|V| - \text{Mean}}$,其中 $|V|$ 为点的个数,Mean 为 E 中所有边的平均长度(E 表示所有边 e 的集合)。当然,也可以有其他的设定方式,但是要保证量级处于合适的位置。对于蚁群算法,基本的框架就是对于 m 个蚂蚁,让它们分别去构造路径,并留下信息素,在下一次迭代的过程中会利用这些信息素。对于每个蚂蚁,当它需要访问下一个城市的时候,我们让它以一个特定的概率分布对接下来要访问的城市随机进行选择,概率分布为

$$p_{rs}^k = \begin{cases} \dfrac{\tau_{rs}^\delta \cdot \eta_{rs}^\beta}{\sum\limits_{z \in J_k(r)} \tau_{rz}^\delta \cdot \eta_{rz}^\beta}, & s \in J_k(r) \\ 0, & \text{其他} \end{cases} \tag{8.4}$$

其中,p_{rs}^k 为蚂蚁 k 在城市 r 选择城市 s 的概率;$J_k(r)$ 为蚂蚁 k 在城市 r 还需要访问的城市的集合;δ 和 β 分别为 τ 和 η 的比重,δ 越大,τ 比重越大,反之亦然。通常设定 $\delta = 1$,$\beta = 6$。

根据上述准则可以构造所有蚂蚁的路径,当所有蚂蚁对所有城市访问以后,更新信息素。更新规则为

$$\tau_{rs} \leftarrow (1-\rho) \cdot \tau_{rs}, \quad \forall (r,s) \in E \tag{8.5}$$

$$\tau_{rs} \leftarrow \tau_{rs} + \Delta\tau_{rs}, \quad \forall (r,s) \in \text{Tour}^{\text{ib}} \tag{8.6}$$

其中，E 为边集；ib 为当前迭代最优的蚂蚁的编号；Tour^{ib} 为当前迭代最优解的集合；$\Delta\tau_{rs}$ 为在边 (r,s) 上留下的信息素。$\Delta\tau_{rs}$ 的计算方式为

$$\Delta\tau_{rs} \leftarrow \frac{1}{L^{\text{ib}}} \tag{8.7}$$

其中，L^{ib} 是 Tour^{ib} 的路径长度。

蚁群算法的基本步骤如图 8.3 所示。

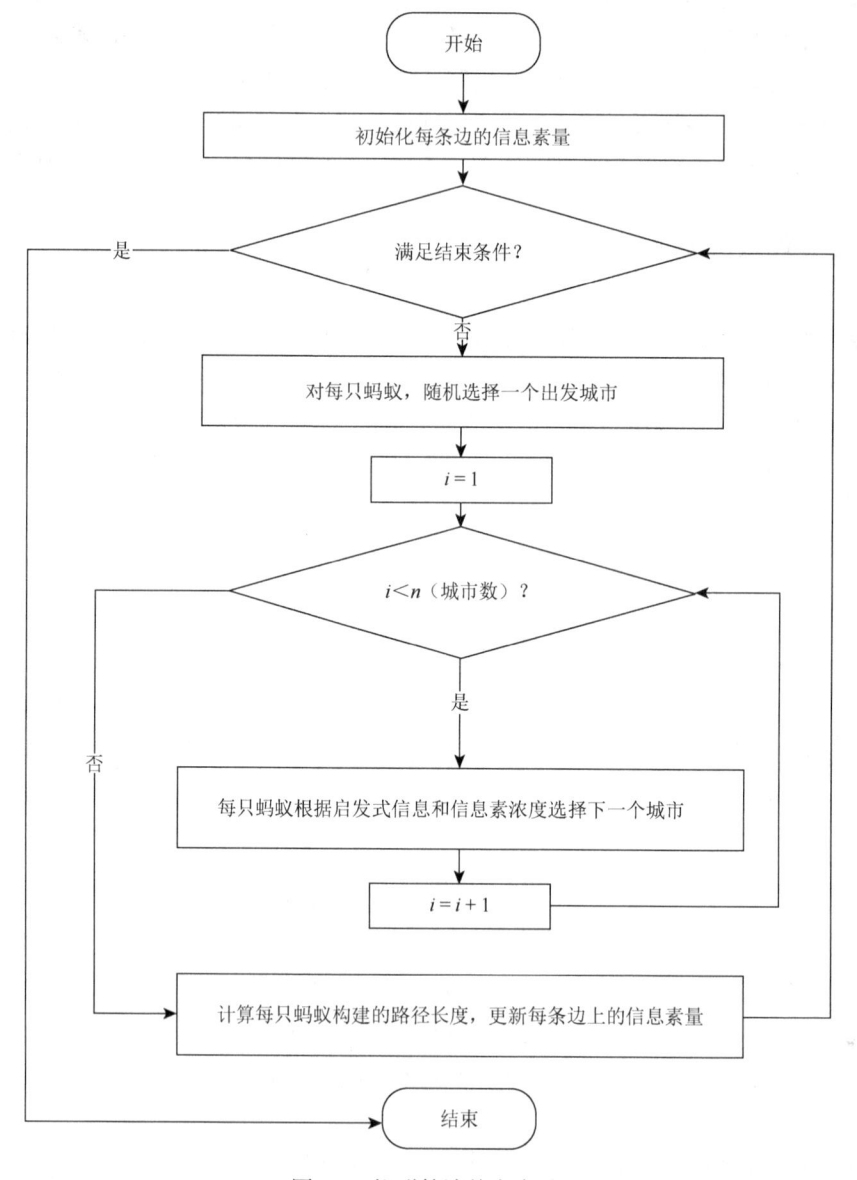

图 8.3 蚁群算法基本步骤

8.4.4 蚁群算法的缺点

1. 收敛速度慢

蚁群算法中信息素初值相同，选择下一个节点时倾向于随机选择。虽然随机选择能探索更大的任务空间，有助于找到潜在的全局最优解，但是需要较长时间才能发挥正反馈的作用，导致算法初期收敛速度较慢。

2. 局部最优问题

蚁群算法具有正反馈的特点，初始时刻环境中的信息素完全相同，蚂蚁几乎按随机方式完成解的构建，这些解必然会存在优劣之分。在信息素更新时，蚁群算法在较优解经过的路径上留下更多的信息素，而更多的信息素又吸引了更多的蚂蚁，这个正反馈的过程迅速地扩大了初始的差异，引导整个系统向最优解的方向进化。虽然正反馈使算法具有较好的收敛速度，但是如果算法开始得到的较优解为次优解，那么正反馈会使次优解很快占据优势，从而使算法陷入局部最优，且难以跳出局部最优。

3. 优化能力问题

蚁群算法中参数众多并且具有一定的关联性，虽然蚁群算法在很多领域都有广泛应用，但是参数选择更多的是依赖经验和试错，不恰当的初始参数会减弱算法的寻优能力。当进行路径规划时，为避免形成环形路径或者重复访问某些节点，会在算法中设置禁忌表，但是禁忌表很容易造成"死锁"现象，会减少种群中的有效蚂蚁数量，最终会降低算法的优化效率。

4. 种群多样性与收敛速度的矛盾

种群多样性对应于候选解在问题空间的分布。个体分布越均匀，种群多样性就越好，得到全局最优解的概率就越大，但是寻优时间也就越长；个体分布越集中，种群多样性就越差，不利于发挥算法的探索能力。正反馈加快了蚁群算法的收敛速度，却使算法较早地集中于部分候选解，因此正反馈降低了种群的多样性，也不利于提高算法的全局寻优能力。

8.4.5 改进的蚁群算法

除了标准的蚁群算法外，它的变体在解决具体问题时发挥着重要作用。常见的变体有精英蚂蚁系统（elitist ant system，EAS）、最大-最小蚂蚁系统（max-min ant system，MMAS）、基于排序的蚂蚁系统（rank-based ant system，RAS）、蚁群系统（ant colony system，ACS）、连续正交蚁群（continuous orthogonal ant colony，COAC）和递归蚁群优化（recursive ant colony optimization，RACO）等。

1. 精英蚂蚁系统

精英蚂蚁系统是对标准蚁群算法的改进，它在原蚁群算法信息素更新原则的基础上增加了一个对当前最优路径（best-so-far tour）的强化手段。精英策略的目标是引导所有蚂蚁搜索以构建包含当前最优路径的解决方案。其设计思想是在每次循环之后，给予最优路径额外的信息素，找出这个解的蚂蚁称为精英蚂蚁。将这条当前最优路径记为 T^{bs}，针对路径 T^{bs} 的额外强化即向 T^{bs} 中的每一条边增加 e/L^{bs} 大小的信息素。其中 e 是一个参数，定义了给予路径 T^{bs} 的权值大小；L^{bs} 代表 T^{bs} 的长度。信息素的更新公式为

$$\tau_{ij}(t+1) = (1-\rho)\tau_{ij}(t) + \sum_{k=1}^{m}\Delta\tau_{ij}^{k}(t) + e\Delta\tau_{ij}^{bs}(t) \tag{8.8}$$

其中，

$$\Delta\tau_{ij}^{bs}(t) = \begin{cases} \dfrac{1}{L^{bs}}, & (i,j) \in T^{bs} \\ 0, & 其他 \end{cases}$$

使用精英策略并选取一个适当的 e 值，不仅可以使蚂蚁系统算法得到更好的解，而且能够在较少的迭代次数下得到一些更好的解。

2. 最大-最小蚂蚁系统

最大-最小蚂蚁系统是目前为止解决旅行商问题最好的算法之一，该算法控制每条路径上的最大和最小信息素量，仅允许全局最佳游览或迭代最佳游览向其轨迹添加信息素。最大-最小蚂蚁系统对蚁群算法的改进主要包括以下几个方面。

（1）将各条路径可能的外激素浓度限制于 $[\tau_{\min}, \tau_{\max}]$，超出这个范围的值被强制设为 $\tau_{\min}$ 或 $\tau_{\max}$。这可以避免算法过早收敛于局部最优解，有效地避免了某条路径上的信息素量远大于其余路径，避免了所有蚂蚁都集中到同一条路径上。

（2）信息素的初始值被设定为其取值范围的上界。在算法的初始时刻，ρ 取较小的值时，算法有更好的发现较好解的能力。

（3）强调对最优解的利用。每次迭代结束后，只有最优解所属路径上的信息会被更新，从而可以更好地利用历史信息。所有蚂蚁完成一次迭代后，对路径上的信息做如式（8.9）所示的全局更新，即

$$\tau_{ij}(t+1) = (1-\rho)\tau_{ij}(t) + \Delta\tau_{ij}^{best}(t), \quad \rho \in (0,1) \tag{8.9}$$

其中，

$$\Delta\tau_{ij}^{bs}(t) = \begin{cases} \dfrac{1}{L^{best}}, & 边(i,j)包含在最优路径中 \\ 0, & 其他 \end{cases}$$

允许更新的路径可以是全局最优解，或本次迭代的最优解。逐渐增加全局最优解的使用频率，会使该算法获得较好的性能。

3. 基于排序的蚂蚁系统

基于排序的蚂蚁系统的改进思想是：在每次迭代完成后，蚂蚁所经路径将按从小到大的顺序排列，算法根据路径长度赋予不同的权重，路径越短，权重越大。全局最优解的权重为 w，第 r 个最优解的权重为 $\max\{0, w-r\}$，则信息素的更新规则为

$$\tau_{ij}(t+1) = (1-\rho)\tau_{ij}(t) + \sum_{r=1}^{w-1}(w-r)\Delta\tau_{ij}^r(t) + w\Delta\tau_{ij}^{\mathrm{gb}}(t), \quad \rho \in (0,1) \tag{8.10}$$

其中，上标 gb 表示全局最优。

$$\begin{cases} \Delta\tau_{ij}^r(t) = \dfrac{1}{L^r(t)} \\ \Delta\tau_{ij}^{\mathrm{gb}}(t) = \dfrac{1}{L^{\mathrm{gb}}} \end{cases}$$

4. 蚁群系统

蚁群系统是 Marco Dorigo 等提出的改进的蚁群算法，改进体现在如下三个方面。

（1）倾向于选择具有大量信息素的最短边。

（2）在构建解决方案时，蚂蚁通过应用局部信息素更新规则来改变它们选择的边的信息素水平。

（3）在每次迭代结束时，只允许最好的蚂蚁通过应用修改后的全局信息素更新规则来更新轨迹。

在蚁群系统中，位于地点 i 的蚂蚁 k，根据伪随机比例规则选择地点 j 作为下一个访问的地点。路径选择规则由式（8.11）给出：

$$j = \begin{cases} \arg\max\limits_{l \in \mathrm{allowed}_k}\left\{\tau_{il}[\eta_{il}]^\beta\right\}, & q \leqslant q_0 \\ J, & \text{其他} \end{cases} \tag{8.11}$$

其中，q 为均匀分布在区间 $[0,1]$ 中的一个随机量；$0 \leqslant q_0 \leqslant 1$，是一个参数；$J$ 为根据式（8.12）给出的概率分布产生的一个随机变量。

$$p_{ij}^k(t) = \begin{cases} \dfrac{[\tau_{ij}(t)][\eta_{ij}(t)]^\beta}{\sum_{s \in \mathrm{allowed}_k}[\tau_{is}(t)][\eta_{is}(t)]^\beta}, & j \in \mathrm{allowed}_k \\ 0, & \text{其他} \end{cases} \tag{8.12}$$

蚁群系统的全局信息素更新规则为

$$\tau_{ij} = (1-\rho)\tau_{ij} + \rho\Delta\tau_{ij}^{\mathrm{bs}}, \quad \forall (i,j) \in T^{\mathrm{bs}} \tag{8.13}$$

$$\Delta\tau_{ij}^{\mathrm{bs}} = \frac{1}{C^{\mathrm{bs}}} \tag{8.14}$$

蚁群系统的局部信息素更新规则为：在路径构建过程中，蚂蚁每经过一条边 (i,j)，都将立刻更新该边上的信息素，即

$$\tau_{ij} = (1-\rho)\tau_{ij} + \xi\tau_0 \tag{8.15}$$

其中，ξ 和 τ_0 为两个参数，$0<\xi<1$，τ_0 为信息素的初始量。局部更新的作用在于，蚂蚁每一次经过边 (i,j)，该边的信息素 τ_{ij} 将会减少，从而使得其他蚂蚁选中该边的概率相对降低。

8.5 人工蜂群算法

8.5.1 人工蜂群算法简介

人工蜂群算法是一种基于群的元启发式算法，由 Karaboga（2005）引入，用于优化数值问题，它的灵感来自蜜蜂的智能觅食行为。该算法专门基于 Tereshko 和 Loengarov（2005）提出的蜜蜂群觅食行为的模型。人工蜂群算法在现实中常用于神经网络训练、组合优化、电力系统优化、系统与工程设计等方面。

8.5.2 人工蜂群算法基本思想

蜜蜂群体在一些日常活动中表现出集体智慧，其中觅食任务对蜂群的生存至关重要。在觅食任务中，蜜蜂被分配为三种角色：雇佣蜂、旁观者和侦察蜂。雇佣蜂负责采集发现的食物来源的花蜜，当它到达蜂巢并卸下花蜜后，它通过跳舞来提供食物来源的信息。旁观者在舞蹈区观看一些蜜蜂的舞蹈，并选择要飞往的食物来源地。提供的食物来源地被放弃的雇佣蜂成为侦察蜂，开始寻找下一个新的来源地。

8.5.3 人工蜂群算法的基本原理

人工蜂群算法在求解优化问题时，蜜源的位置被抽象成解空间中的点，代表问题的潜在解，蜜源 i（$i=1,2,\cdots,\mathrm{NP}$，这里的 NP 表示蜜源的数量）的质量对应于解的适应度 fit_i。人工蜂群算法将蜂群分为引领蜂、跟随蜂和侦察蜂三种类型，其中引领蜂和跟随蜂各占蜂群的一半，数量等于蜜源的数量，且每个蜜源同一时间内只有一只引领蜂采蜜。

设求解问题的维数为 D，在 t 次迭代时蜜源 i 的位置为 $X_i^t=\left[x_{i1}^t,x_{i2}^t,\cdots,x_{id}^t\right]$，其中，$t$ 为当前的迭代次数；$x_{id}\in(L_d,U_d)$，L_d 和 U_d 分别表示搜索空间的下限和上限，$d=1,2,\cdots,D$。蜜源 i 的初始位置依照式（8.16）在搜索空间随机产生，即

$$x_{id}=L_d+\mathrm{rand}(0,1)(U_d-L_d) \tag{8.16}$$

在搜索开始阶段，引领蜂在蜜源 i 的周围根据式（8.17）搜索产生一个新的蜜源，即

$$v_{id}=x_{id}+\varphi(x_{id}-x_{jd}) \tag{8.17}$$

其中，d 为 $[1,D]$ 中的一个随机整数，表示引领蜂随机地选择一维进行搜索；$j\in\{1,2,\cdots,\mathrm{NP}\}$，$j\neq i$ 表示在 NP 个蜜源中随机选择一个不等于 i 的蜜源；φ 是 $[-1,1]$ 上均匀分布的随机数，决定扰动幅度。当新蜜源 $V_i=[v_{i1},v_{i2},\cdots,v_{id}]$ 的适应度优于 X_i 时，采用贪婪选择的方法用 V_i 代替 X_i，否则保留 X_i。所有的引领蜂搜索新蜜源后，飞回信息交

流区共享蜜源信息。跟随蜂根据引领蜂分享的蜜源信息，按式（8.18）计算的概率进行跟随：

$$p_i = \text{fit}_i \Big/ \sum_{i=1}^{\text{NP}} \text{fit}_i \tag{8.18}$$

接着，跟随蜂采用轮盘选择的方法选择引领蜂，即在区间[0, 1]上产生一个均匀分布的随机数 r，如果 p_i 大于 r，该跟随蜂在蜜源 i 的周围产生一个新蜜源，且采用同引领蜂相同的贪婪选择的方法确定保留的蜜源。

搜索过程中，如果蜜源 X_i 经过 trial 次迭代搜索到达阈值 limit 而没有找到更好的蜜源，该蜜源 X_i 将会被放弃，与之对应地，引领蜂角色转变为侦察蜂。侦察蜂将在搜索空间随机产生一个新的蜜源代替 X_i。上述过程如式（8.19）所示：

$$X_i^{t+1} = \begin{cases} L_d + \text{rand}(0,1)(U_d - L_d), & \text{trail}_i \geqslant \text{limit} \\ X_i^t, & \text{trail}_i < \text{limit} \end{cases} \tag{8.19}$$

为不失一般性，以最小化的优化问题为例，在人工蜂群算法中，解的适应度评价依据式（8.20）计算，即

$$\text{fit}_i = \begin{cases} \dfrac{1}{1+f_i}, & f_i \geqslant 0 \\ 1 + \text{abs}(f_i), & \text{其他} \end{cases} \tag{8.20}$$

其中，f_i 为解的函数值；$\text{abs}(f_i)$ 表示 f_i 的绝对值 $|f_i|$。

8.5.4 人工蜂群算法的优缺点

人工蜂群算法的优点是协作机制增加了全局搜索能力；缺点是后期种群多样性减少，易陷入局部最优解，收敛速度变慢，易发生停滞。

8.6 萤火虫算法

8.6.1 萤火虫算法简介

最初的萤火虫算法是杨新社在 2008 年基于热带萤火虫的闪烁特性提出的。从那时起，萤火虫算法就被广泛应用，并被推广到多目标优化问题中。

萤火虫算法被归类为群智能、元启发式和自然启发式算法。萤火虫算法已被应用到几乎所有的科学和工程领域，如数字图像压缩和图像处理、特征值优化、特征提取和故障检测、天线设计、工程结构设计、调度和旅行商问题、语义组成、聚类、刚性图像配准问题、参数选择和蛋白质折叠问题等。

8.6.2 萤火虫算法基本思想

萤火虫种群表现出特征性的发光活动，以吸引伙伴、交流和对捕食者发出风险警告。

受到这些活动的启发,杨新社在所有萤火虫都是雌雄同体的假设下提出:所有萤火虫都具有相互吸引的潜力,吸引力与个体的亮度水平成正比。因此,较亮的萤火虫会吸引相对不太亮的萤火虫向它们移动,此外,在没有萤火虫比某只萤火虫更亮的情况下,它会随机移动。

在萤火虫算法的设计中,目标函数与萤火虫种群的闪光特征相关。考虑到光强的物理原理,它与面积的平方成反比,因此该原理可以定义任意两只萤火虫之间距离的拟合函数。为了优化拟合函数,个体被迫在群体中进行系统或随机的移动。这样就保证了所有的萤火虫都向着更亮的萤火虫移动,直到聚集到最亮的那只萤火虫周围。在此过程中,萤火虫算法由吸引力、随机化和吸收三个参数执行。吸引力参数基于两只萤火虫之间的光强度,并用指数函数定义。当这个参数设置为零时,就会发生随机游走,对应的随机化参数由高斯分布原理从[0,1]区间上生成。此外,吸收参数会影响吸引力参数的值,因为它会从零变为无穷大;并且,对于收敛到无穷大的情况,萤火虫的移动表现为随机游走。

8.6.3 萤火虫算法的基本原理

光强(即光的强度,用 I 表示)与光源距离(用 r 表示)服从平方反比定律,因此由于空气的吸收,光强随着与光源距离的增加而减小,这种现象将萤火虫的可见性限定在了非常有限的半径内,即

$$I \propto \frac{1}{r^2} \tag{8.21}$$

萤火虫算法的主要实现步骤如下。

第一步:

$$I_r = I_0 \mathrm{e}^{-\gamma r^2} \tag{8.22}$$

其中,I_0 为距离 $r=0$ 时的光强(最亮),即自身亮度,与目标函数值有关,目标值越优,亮度越高;γ 为吸收系数,因为荧光会随着距离的增加和传播媒介的吸收逐渐减弱,所以设置光强吸收系数以体现此特性,可设置为常数;r 为两个萤火虫之间的距离。

第二步:种群初始化,即

$$x_{t+1} = x_t + \beta_0 \mathrm{e}^{-\gamma r^2} + a\epsilon \tag{8.23}$$

其中,t 为迭代数;x_t 为个体的当前位置;$\beta_0 \mathrm{e}^{-\gamma r^2}$ 为吸引度;$a\epsilon$ 为随机项。

第三步:计算萤火虫之间的吸引度,即

$$\beta = \beta_0 \mathrm{e}^{-\gamma r^2} \tag{8.24}$$

其中,β_0 为 $r=0$ 时的最大吸引度。

第四步:低亮度萤火虫向高亮度萤火虫运动,即

$$x_i^{t+1} = x_i^t + \beta_0 \mathrm{e}^{-\gamma r_{ij}^2} \left(x_j^t - x_i^t \right) + a\epsilon \tag{8.25}$$

第五步:更新光照强度,并对所有萤火虫进行排序,以确定当前的最佳解决方案。

8.6.4 萤火虫算法的优缺点

萤火虫算法的优点如下：能够很好地处理高度多模态和非线性优化问题；在处理全局优化问题时，具有较高的概率收敛速度；由于其具有较高的灵活性，可以作为一种混合技术，因为它可以很容易地与其他优化技术集成；在开始迭代过程时，不需要一个好的初始解决方案；在数据集中使用正确且必需的输入变量，可以在尽可能短的时间内获得最佳解决方案；具有良好的基于知识的共享机制，可以超越特定的环境进行聚类，降低陷入局部最优的可能性。

萤火虫算法的缺点包括：对优秀个体的依赖程度高、需要适当的参数设置。

8.7 布谷鸟搜索算法

8.7.1 布谷鸟搜索算法简介

布谷鸟搜索算法是由杨新社和 Suash Deb 在 2009 年开发的一种能够有效解决复杂组合优化问题的仿生启发式算法。布谷鸟搜索算法是基于布谷鸟的寄生性育雏（又名巢寄生，brood parasitism）行为提出的，可以通过莱维（Levy）飞行来增强随机游动能力，使该算法优于遗传算法和粒子群智能等元启发式优化技术（Yang and Deb，2009）。

8.7.2 布谷鸟搜索算法基本思想

布谷鸟搜索算法的灵感来自某些布谷鸟物种会在寄主鸟类的巢穴中产卵，一些寄主鸟类会与入侵的布谷鸟发生直接冲突。例如，如果寄主鸟发现这些蛋不是它们自己的，它要么将这些外来蛋扔掉，要么干脆放弃自己的巢穴，在别处建一个新巢穴。

在布谷鸟搜索算法中，巢中的每个蛋代表一个解决方案，而布谷鸟蛋代表一个新的解决方案，目的是使用新的和可能更好的解决方案（布谷鸟蛋）来代替巢中不太好的解决方案。在最简单的形式中，每个巢都有一个蛋。该算法可以扩展到更复杂的情况，其中每个巢有多个蛋代表一组解决方案。

布谷鸟搜索算法基于三个理想化的规则，具体如下。

(1) 布谷鸟一次产一个蛋，然后把它的蛋放在一个随机选择的巢穴中。

(2) 在随机选择的一组巢穴中，最好的巢穴将会被保留到下一代。

(3) 可用寄主巢穴的数量是固定的，布谷鸟产下的蛋被寄主鸟发现的概率为 $p(a) \in (0,1)$。寄主鸟可以将布谷鸟蛋扔掉，或者放弃巢穴并建造一个全新的巢穴。

8.7.3 布谷鸟搜索算法的基本原理

根据布谷鸟蛋的孵化过程，布谷鸟搜索算法的步骤可描述如下。

（1）定义目标函数，对搜索函数初始化，并随机生成 n 个巢穴的初始位置，设置种群规模、问题维数、最大发现概率 P 和最大迭代次数等参数。

（2）选择适应度函数（目标函数）并计算每个巢穴位置的目标函数值，得到当前的最优函数值。

（3）记录上一次的最优函数值，利用莱维飞行对其他巢穴的位置和状态进行更新，即

$$X = X + \alpha \times \text{Levy}(\lambda) \tag{8.26}$$

（4）现有位置函数值与上一代最优函数值进行比较，若较好，则改变当前最优值。

（5）更新位置后，比较随机数 $r \in [0,1]$ 与最大发现概率 P，若 $r < P$，则对该巢穴的位置进行随机改变，反之则不变，最后保留最好的一组巢穴位置。

（6）若未达到最大迭代次数或最小误差要求，则返回步骤（2）；否则，继续下一步。

（7）输出全局最优位置。

8.7.4 布谷鸟搜索算法的优缺点

布谷鸟搜索算法的优点是参数少且易于实现，收敛速度对参数变化不敏感，不易陷入局部最优；且易与其他算法相结合，鲁棒性强；大步长和小步长交替使用使其全局搜索能力更强。

布谷鸟搜索算法的缺点是收敛速度慢、求解精度较低、进化后期种群多样性差等。布谷鸟搜索算法通过莱维飞行机制寻找鸟巢，莱维飞行是一种由小步长的短距离飞行和偶尔大步长的长距离飞行组成的随机游走过程，因此布谷鸟的寻巢路径容易在不同的搜索区域间跳跃，导致布谷鸟搜索算法的局部精细搜索能力较差，在算法迭代后期容易在全局最优解附近的区域出现振荡现象，造成算法效率偏低、种群多样性差等不足。

课 后 习 题

1. 比较分析常见的群智能算法的优缺点。
2. 详细阐述蚁群算法的基本思想与步骤。
3. 说明布谷鸟搜索算法和萤火虫算法的不同之处。
4. 尝试用你熟悉的计算机语言编写遗传算法的代码。

第 9 章 机 器 学 习

9.1 机器学习的发展历程

人类自古以来就有着用机器代替人脑劳动的设想。为了实现这一美好的愿望，科学家为之付出了艰辛而不懈的努力。随着信息社会和知识经济时代的来临，学习已经成为大家谈论最多的话题之一。学习无疑是人类智能的主要标志和获得知识的基本手段。然而在信息社会，人类面对海量的信息，仅靠人脑表现出来的自然智能是远远不够的。人类迫切需要用机器去放大和延伸自己的智能，实现脑力劳动的自动化。学习能力是人工智能研究领域最突出和最重要的一个方面。机器学习是使计算机具有智能的根本途径。正如 R. Shank 所说："一台计算机如果不会学习，就不能称为具有智能。"

由于机器学习是机器具有智能的重要标志，同时也是机器获得知识的根本途径，机器学习在机器智能中占有重要地位（孟子流和李腾龙，2020）。自 20 世纪 80 年代以来，机器学习作为继专家系统之后人工智能应用的又一重要研究领域，在人工智能界引起了广泛的关注，它已成为人工智能的重要课题之一。

机器学习已经成为一门新的边缘学科，它与认知科学、神经心理学、逻辑学、教育学和哲学等学科都有着密切的联系，并对人工智能的其他分支，如专家系统、自然语言理解、自动推理、智能机器人、计算机视觉、计算机听觉等方面，都起到了重要的推动作用。因此，机器学习必将具有十分广泛的应用前景。

机器学习是人工智能研究较为年轻的分支。回顾它的发展历程，可以划分为不同的阶段。如何划分这些阶段，有不同的方法。例如，可以按照机器学习的研究途径和目标，将其划分为神经元模型研究、符号概念获取、知识强化学习、连接机制学习和混合型学习四个阶段；也可以按照机器学习的发展过程，将其分为热烈时期、冷静时期、复兴时期和蓬勃发展时期。下面我们按照后一种划分方法对其进行简要介绍。

9.1.1 热烈时期

这一阶段是在 20 世纪 40 年代中叶到 60 年代初期。在这个时期，所研究的是"没有知识"的学习，即"无知"学习，它的主要研究目标是研制各类自组织和自适应系统。例如，如果给系统一组刺激、一个反馈源以及修改它们自身组织的自由度，那么它们将改变自身成为最优的组织，即它们能够修改自身以适应环境。这类系统主要采用的研究方法是不断修改系统的控制参数以改进系统的执行能力，不涉及面向具体问题的知识。

这一阶段研究的理论基础是早在 20 世纪 40 年代就提出的神经网络模型。有的学者将机器学习的起点定为 1943 年，因为 McCulloch 和 Pitts（1943）开启了对神经元模型的研究。这项研究在科学史上的意义是非同寻常的,它首次发现了人类神经元的工作方式;对近代信息技术发展的影响也是巨大的,计算机科学与控制理论均从这项研究中受到了启发。由于 Pitts 的努力,这项研究结论没有仅仅停留在生物学的结果上,他为神经元的工作方式建立了数学模型,正是这个数学模型深刻地影响了机器学习的研究。

电子计算机的产生和发展,使得机器学习的实现成为可能。科学家不断研制出各种神经元类脑计算机,其中 Rosenblatt（1960）提出的感知机最为著名,它由阈值性神经元组成,试图模拟人脑的感知及学习能力。遗憾的是,大多数希望产生某些复杂智能系统的企图都失败了。不过,这一阶段的研究导致了"模式识别"这门新学科的诞生,并且同时形成了机器学习的两种重要方法,即判别函数法和进化学习。著名的塞缪尔（Samuel）设计的跳棋程序就是使用判别函数法的典型代表。该程序具有一定的自学习、自组织、自适应能力,能够根据下棋时的实际情况决定走步策略,并且从经验中学习,不断调整棋盘局势评估函数,在不断地对弈中提高自己的棋艺。四年后,这个程序战胜了设计者本人。又过了三年,这个程序战胜了美国一个八年常胜不败的冠军。不过,这种脱离知识的感知型学习系统具有很大的局限性。无论是神经网络模型、进化学习还是判别函数法,所取得的学习结果都是很有限的,它们远远不能满足人类对机器学习系统的期望。

9.1.2 冷静时期

这一阶段是在 20 世纪 60 年代中叶到 70 年代末期。这一阶段的主要研究目标是模拟人类的概念学习过程,并采用逻辑结构或者图结构作为机器内部描述。机器能够采用符号来描述概念（符号概念获取）,并提出关于学习概念的各种假设。

在此阶段,研究者意识到学习是复杂而困难的过程,因此人们不能期望学习系统可以从没有任何知识的环境中开始,学习到高深而有价值的概念。这种观点使得研究人员一方面深入探讨简单的学习问题,另一方面则把大量的领域专家知识加入了学习系统中。

这一阶段有代表性的工作是 Winston 提出的结构学习系统与 Hayes-Roth B 和 Hayes-Roth F（1979）提出的基于逻辑的归纳学习系统。1970 年,P. H. Winston 建立了一个从例子中进行概念学习的系统,它可以学会积木世界中一系列概念的结构描述。尽管这类学习系统取得了较大的成功,但是所学到的概念都是单一概念,并且大部分都处于理论研究和建立实验模型阶段。除此之外,神经网络学习因理论缺陷未能达到预期效果而转入低潮。因此,那些曾经对机器学习的发展抱有极大希望的人们感到很失望。

9.1.3 复兴时期

这一阶段是在 20 世纪 80 年代前后。这一阶段的主要研究目标仍然是模拟人类的概念学习过程,但是研究者已经从学习单个概念扩展到学习多个概念,开始探索不同的学习策略和各种学习方法。

机器的学习过程一般都是以大规模的知识库作为背景,实现知识强化学习的。值得高兴的是,这一阶段研究者开始将学习系统与各种应用系统结合起来,并获得了极大的成功，在实际应用中发挥了重要作用。同时，专家系统在知识获取方面的需求，也极大地刺激了机器学习的研究和发展。在出现第一个专家系统之后，示例归纳学习系统成为研究的主流，自动知识获取成为机器学习应用的研究目标。

1980 年，在美国的卡内基梅隆大学召开了第一届机器学习国际研讨会，标志着机器学习研究在全世界兴起。此后，机器学习开始得到大量的应用。1986 年，由三位人工智能专家共同撰文编写的《机器学习：人工智能方法（第二卷）》（*Machine Learning: An Artificial Intelligence Approach: Volume II*）出版，同年国际性杂志《机器学习》（*Machine Learning*）创刊，更加显示出机器学习突飞猛进的发展趋势。

这一阶段代表性的工作有 Mostow（1983）的指导式学习、Lenat 的数学概念发现程序——AM（automated mathematician，自动化数学家）、Langley 的贝叶斯因子模型程序及其改进程序，它们可以根据经验领域的原始数据发现一些基本的物理学定律和化学定律。其他比较著名的归纳学习方法有 Quinlan（1986）的 ID3（iterative dichotomiser 3，迭代二叉树 3 代）算法、Michalski（1983）的 STAR（system for topological analysis of relations，拓扑关系分析系统）算法及其概念聚类思想。在基于解释学习的系统中，有 Dejong 和 Mooney（1986）的 Genesis 系统、Mitchell（1982）的 LEX（Learning from Examples，从示例中学习）系统等。

这一阶段的研究特点主要有以下三点。

（1）是基于知识的方法，即建立在具备大量的初始知识的基础上。

（2）开发出了各种各样的学习方法，包括示教学习、观察和发现学习、类比学习以及解释学习等。

（3）结合生成和选择学习任务的能力，应用了启发式信息。

在这一阶段，我国的机器学习也开始有了新的起步。20 世纪 70 年代末，中国科学院自动化研究所进行质谱分析和模式文法推理研究，表明我国的机器学习研究得到了恢复。1980 年，赫伯特·西蒙来华传播机器学习的火种后，我国的机器学习研究出现了新的局面。

9.1.4 蓬勃发展时期

这一阶段是机器学习发展的最新阶段。它起始于 20 世纪 80 年代中叶。

这一阶段，一方面，神经网络的研究重新兴起。在此前的十多年中，虽然神经元模型研究落入低潮，但仍有一部分学者在潜心研究。他们在不懈努力下，终于克服了神经元模型的局限性，提出了多层网络的学习算法，再加上超大规模集成电路技术、超导技术、生物技术、光学技术等的发展与支持，神经元模型研究又在一个新的起点上再度兴起，从而使机器学习进入连接（connectionism）机制学习的阶段。目前对连接机制学习方法的研究方兴未艾，机器学习的研究已在全世界范围内出现新的高潮，对机器学习的基本理论和综合系统的研究得到了加强和发展。另一方面，实验研究和应用研究受到前所未有的重视。随着计算机技术和人工智能技术的迅猛发展，机器学习有了新的更有力、更有效的研究手段和研究环境。例如，这一阶段的符号学习由"无知"学习转向有专门领域知识的增长型学习，因而出现了具有一定领域知识的分析学习。

在连接机制学习重新兴起的同时，传统的符号学习研究也取得了很大的进展。实际上，连接机制学习和符号学习各有所长，并具有很大的互补性。因此，把符号学习和连接机制学习结合起来的混合型学习系统研究已成为一个新的热点，如果能够把这两种不同的学习机制有机地融合在一起，就可以在一定程度上有机地模拟人类的逻辑思维和直觉思维，这将是人工智能领域的一个重大突破。目前，研究者已经提出了一些混合方法，这些方法的基本思路是将符号学习所学到的不完善的领域知识按照一定的转化规则构成一个神经网络，然后再利用连接机制继续学习。

从国内外的研究现状来看，将两者结合，无论是理论研究还是实际应用都有着广阔的发展前景。例如，基于生物发育进化论的进化学习系统和遗传算法，由于吸收了归纳学习与连接机制学习的长处而受到重视。基于行为主义（activism）的强化学习系统因发展新算法和应用连接机制学习遗传算法的新成就而显示出了新的生命力。这一阶段代表性的工作有 Rumelhart 等（1985）的反向传播（back propagation，BP）算法（此算法对异或问题的解决激发了感知机研究的再生，给整个人工智能领域带来了极大的冲击）、Holland（1992）的遗传算法，以及 Sutton 和 Barto（2018）的加强学习时序差分（temporal difference，TD）算法等。

这一阶段机器学习具有以下显著特点。

（1）机器学习已成为新的边缘学科，许多高校已将机器学习作为一门课程。它综合应用了心理学、生物学、神经生理学以及数学、自动化和计算机科学，形成了自身的理论基础。

（2）开发出各种各样的学习方法，各种学习方法的应用范围不断扩大，相当一部分已形成商品。归纳学习的知识获取工具已在诊断分类专家系统中广泛使用。连接机制学习在语音识别和图像识别中占有优势。分析学习已用于设计综合型专家系统。遗传算法与强化学习在工程控制中有着较好的应用。与符号系统耦合的神经网络连接机制学习在企业的智能管理与智能机器人运动规划中发挥着作用。

（3）将多种学习方法综合集成的系统研究正在兴起，尤其是连接机制学习和符号学习的耦合，可以更好地解决连续信号处理中知识和技能的获取与求精问题，因而受到重视。

（4）机器学习与人工智能各种基础问题的统一性观点正在形成。

（5）与机器学习的有关学术活动空前活跃。全世界每年都要召开机器学习的研讨会，还有计算学习理论会议、神经网络大会以及遗传算法会议。近十多年来，我国的机器学习研究开始稳步发展和逐步繁荣，我国每两年举办一次全国性的机器学习研讨会，学术讨论和科技开发蔚然成风。目前，机器学习的研究已不仅是人工智能领域的重要问题，它已经成为计算机科学的核心问题。在机器学习领域，有几个迫切需要解决的问题。①计算的个性化，即对个人需求适应的计算。它涉及许多复杂的问题。这种适应性计算是建立在指令空间还是建立在情感空间将产生两类完全不同的计算系统。②由于机器学习中的许多算法受启于认知心理学与神经生理学等非精确科学，这些算法或多或少地存在随意性，理论描述较为缺乏。使用更精确的数学方法深入地研究机器学习中的理论问题，已是当务之急。③对结构化和非结构化海量数据的理解，即所发展的机器学习算法必须能够解决海量数据的理解问题，这是开展机器学习研究和评价研究结果的重要条件。

9.2 机器学习研究基础

9.2.1 机器学习的一个实例

在开始研究机器学习之前，先来看一个机器学习的实例。我们先给出一个机器学习的非形式化的定义：假设用 P 来评估计算机程序在某类任务 T 上的性能，若一个程序通过利用经验 E 在任务 T 上得到了性能上的改善，那么就说该程序关于 T 和 P 对 E 进行了学习。

下面我们来看一个学习国际跳棋的计算机程序。这个程序是通过不断地和自己下棋，获取经验，然后从经验中学习，不断地提高自己的下棋水平，最终达到程序设计者事先无法估计的下棋水平。为了更清晰地说明问题，通常要明确地指出一个学习问题的三个基本特征：任务 T、性能标准 P、经验 E 的来源。

对于国际跳棋学习问题，其三个基本特征如下。①任务 T：下国际跳棋。②性能标准 P：对弈中击败对手的百分比。③经验 E 的来源：和自己进行对弈。

这里对学习的定义非常宽泛。机器学习并不是要研究"学习"这个词的含义，而是要精确定义这样一类问题，并理解这类问题的基本结构和过程，探索解决这类问题的最优策略和方法。下面我们从机器学习的基本模型和算法基础两个方面来探讨机器学习。

9.2.2 机器学习的基本模型

赫伯特·西蒙对"学习"的阐述只是对机器学习的一个一般性的理念概述。根据其对"学习"的阐述，我们可以得出，一个学习系统应该满足的基本要求如下。

1. 具有合适的学习环境

这里所说的学习环境，是指学习系统进行学习时的信息来源。如果把学习系统类比为学生的话，那么学习环境则是为学生提供信息的教师、书本以及各种实验、实验条件等。毫无疑问，没有学习环境，学生就不可能学习到新的知识以及运用所学到的知识来解决问题。

2. 具有一定的学习能力

学习系统除了要有学习环境之外，还必须具备一定的学习能力和适当的学习方法，否则也学不到知识或者不会有好的学习效果。正如在同样的学习环境中，不同的学生，他们的学习能力和学习方法不同，最终的学习效果也往往大相径庭。

3. 能够运用学到的知识求解问题

学习系统之所以有意义、有价值，在于其可以学以致用。和人类学习一样，一个学习系统如果不能将所学到的知识用于实际问题的解决,那么学习也就失去了其最重要的作用和意义。学习系统应该能够将所学到的信息用于未来的估计、分类、决策和控制,以便改进系统的性能。

4. 能够通过学习提高自身的性能

在赫伯特·西蒙的阐述中,改进系统性能是学习的三个要点之一。一个学习系统应该能够通过学习增长知识,提高技能,改进性能,使自己能够做一些原来无法做到的事,或者可以将原先能做到的事做得更好。

通过以上分析,可以得出一个学习系统至少应该包括这样四个重要环节:环境、学习单元、知识库和执行单元。它们构成了机器学习的基本模型,如图9.1所示。

环境 → 学习单元 → 知识库 → 执行单元

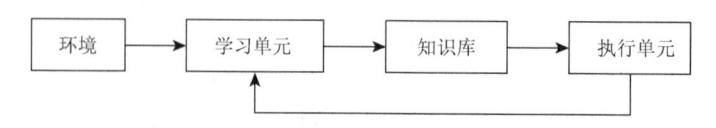

图9.1 机器学习的基本模型

图9.1给出的机器学习的基本模型,由四个部分组成。其中环境向机器学习系统提供信息,它可以是系统的工作对象,也可以是工作对象或客体所处的外界条件。环境是影响机器学习系统设计的一个非常重要的因素。环境所提供的信息无论是高水平(信息的水平是指信息的普遍化程度,或者说是指信息适用范围的广泛度)的还是低水平的,它们与执行单元所需要的信息往往是有差距的,学习单元的任务就是要缩小这种差距。高水平信息的普遍化程度较高,其适应范围较广,这时,机器学习系统通常要补充遗漏的细节,以便执行单元将其用于更具体的情况。相反,低水平信息的普遍化程度较低,其适应范围较窄,只适应个别问题。例如,环境向机器学习系统提供的是杂乱无章的、指导执行具体动作的具体信息,则学习系统需要在获得足够的数据之后,删去不必要的细节,然后再进行总结推广,形成指导动作的一般规则。这样学习单元的任务就比较重,设计起来自然就较为困难。

知识库里存放的是指导执行单元动作的一般规则,但环境向机器学习系统提供的信息却是多样的。如果信息的质量(信息的质量是指信息的正确性以及组织上的合理性)较高,与一般规则的差别较小,则学习单元比较容易处理;如果信息的质量比较低,如向机器学习系统提供的示例有干扰,或者示例的次序不合理,则学习单元就很难对其进行归纳。

知识库是影响机器学习系统设计的另一个重要因素。如何进行有效的知识表示一直是人工智能领域中一个重要的研究方向。知识库的形式与知识的表示直接相关。知识的表示方法有很多种,常用的有特征向量、谓词逻辑、产生式规则、语义网络和框架等。在选择知识表示的方法时主要考虑四个方面:表达能力强、易于推理、易于修改知识库以及知识表示易于扩充。一个知识库的初始知识是非常重要的。一个机器学习系统不能在完全没有知识的情况下,凭空获取知识,它总是在具有一定知识的基础上,根据环境所提供的信息,理解、分析和比较,做出假设,检验并修改这些假设。因此,机器学习系统的实质是对现有的知识进行扩展和改进。

执行单元是整个机器学习系统的核心。学习单元的目的是改善执行单元的动作。执行单元的反馈作用又会反过来影响学习单元。与执行单元相关的问题有任务的复杂性、反馈和透明性。不同的学习任务复杂性不同,其所需要的知识也不同。复杂的任务比简单的任务需要更多的知识。所有的机器学习系统都必须要有从执行单元到学习单元的反馈信息,即以某种方式评价学习单元所提出的假设。这种反馈信息是根据执行单元的执行情况对学习单元所提出的假设进行评价。学习单元根据这些反馈信息决定是否还需要从环境中进一步获取信息,以修改、完善知识库中的知识。有些系统是由自身自动进行评价的,这些系统有一部分独立的知识专门进行这种评价,例如,AM 程序就有很多探索规则来评价学习单元所提出的新假设的意义。更多的系统是由人来协助完成评价的。这种系统是由教师提出外部执行标准,然后观察执行单元相对于这个标准的执行情况,再将执行的结果反馈给学习单元。透明性是指系统执行单元的动作效果是否可以很容易地被知识库的规则进行评价。例如,下完一盘棋之后,从最终输赢的总的结果来判断所走的每一步的优劣是困难的,但是如果记录了每一步之后的局势,从局势判断每一步的优劣,则是比较直观和容易的。显然,执行单元的透明性越高越好。

9.2.3　机器学习的算法基础

虽然对人类学习机制的概括可以引入机器学习之中,但仅仅如此是不够的,机器学习必须考虑到计算机自身的特点。任何一个智能过程,在计算机科学领域中都必须转化为机器可执行的算法。因此,研究机器学习的算法就是必不可少的。一个机器学习的问题通常可以归结为搜索问题,而机器学习算法的本质就是寻找一个最优解,也就是说是一种优化算法。这种优化算法既可以用代数的方法来刻画,也可以用几何的方法来刻画,如果采用几何的方法,这种优化算法将需要考虑空间划分的问题。

由于被学习的对象结构的不同,机器学习可以分为结构化机器学习与非结构化机器学习。如果被学习的对象结构清晰,可以将其对象集合用关系数据库形式表示,这种基于对象集合的机器学习称为结构化机器学习,除此之外则通称为非结构化机器学习。

结构化机器学习又可根据对象的数学性质不同,进一步分类为统计机器学习与符号机器学习,尽管它们所使用的数学基函数、目标函数与搜索策略不完全相同,但都可以理解为一种优化算法。对于非结构化机器学习的研究目前尚不成熟,寻找其优化算法也十分困难。

下面我们针对数学基函数、目标函数与搜索策略几个要素来讨论机器学习的问题。

(1) 表示(数学基函数)和知识表示(模型)。尽管很多人将表示和知识表示理解为同一概念,但实际上,表示和知识表示是两个完全不同的概念。表示是一个数学基函数,而知识表示是指在这个数学基函数意义下的一个模型,通俗地说,就是数学基函数的系数有一个固定的取值。例如,对于一个函数 $y = f(cr)$,如果系数 c 是待定的,在优化理论中,它就是一个数学基函数。如果系数 c 是根据现实世界 U 来确定的,在优化理论中,

此数学基函数就是 U 的模型。在机器学习中，此数学基函数就是知识表示。这样机器学习就可以看作是在给定的数学基函数的条件下，对刻画现实世界的一个对象集合的建模过程。下面是机器学习中经常使用的例子。

采用 BP 算法的机器学习算法的基函数为 $y=f_1(w_1 \cdot f_2(w_2 \cdot x))$，根据给定的现实世界，使用广义 delta 规则，求出 w_1、w_2 就建立了一个模型，这个模型就是一个知识表示。广义 delta 规则就是机器学习算法。

采用最小二乘法的机器学习算法的基函数形如 $y=\sum a_k x^k$，根据给定的现实世界，使用最小二乘法，求出 a_k（$k=0,2,\cdots,n$），就建立了一个模型，即知识表示。

采用逻辑运算的机器学习算法的基函数是基于析取范式的，形如 $y=\vee(\wedge c_n x_n)$。使用逻辑运算和集合运算或其他运算求出所有的 c_n，并经过适当的处理，便是一个模型了。

上面给出的知识表示仅仅是语法表示，如果赋予它们不同的语义，则可构成不同的语言。

（2）选择一个好的目标函数对于一个机器学习算法是至关重要的。目标函数的选择取决于要学习的知识的确切类型以及执行算法如何使用这些知识。我们仍然以国际跳棋学习问题为例。

（3）我们从一个对于任何棋局都能产生合法走子的国际跳棋博弈程序开始。我们期望最终的程序能够学会从这些合法的走子中选择最佳的走子。这个学习任务非常典型，它代表了一类任务：合法的走子定义了一个已知的巨大的搜索空间，但是何为最佳的走子，何为最佳的搜索策略？很多优化问题最终都归结于此。

学习任务就是要从这些合法走子构成的搜索空间中做出选择，由此我们知道，要学习的信息类型就是一个程序或一个函数，它对任何给定的棋局能够选出最好的走法。我们不妨将此函数称为 CHOOSEMOVE，此函数以棋局集合中的棋盘状态作为输入，以合法走子集合中的某个走子作为输出，即可以简记为 CHOOSEMOVE: $B \rightarrow M$。如果我们将 CHOOSEMOVE 作为目标函数，很快会发现学习这个目标函数是很困难的，这是因为环境提供给系统的是间接的训练经验。因此，我们转而考虑能否将目标函数定义为一个评估函数，它可以为任何给定的棋局赋予一个数字评分。可以发现，在这个学习任务中，学习这个目标函数更为简单。我们不妨将此函数称为 V，此函数以棋局集合中的棋盘状态作为输入，以一个实数值作为输出，简记为 $V: B \rightarrow R$。对于一个好的棋局，令此目标函数 V 赋予其较高的评分，相反对于一个不利的棋局，令此目标函数 V 赋予其较低的评分。如果学习系统能够成功地学会此目标函数，那么这个系统就能够先产生每一个合法走子的所有后续棋局，然后根据 V 轻松地找到当前棋局的最佳的后续棋局，从而选择出当前的最佳走子。

到此，我们似乎已经找到了目标函数。然而，稍微仔细一想，对于任意棋局，目标函数 V 的准确值应该是多少呢？当然我们知道，任何对较好的棋局赋予较高分数的评估函数都是适用的，但是最终我们要在产生最佳对弈的众多方法中定义一个特定的目标函数 V。因此，对于棋局集合中的任意棋局状态 b，采用如下定义的目标函数 $V(b)$。

如果 b 是最终的胜局，则 $V(b)=100$。

如果 b 是最终的败局，则 $V(b)=-100$。

如果 b 是最终的和局，则 $V(b) = 0$。

如果 b 不是最终的棋局，则 $V(b) = V(b')$。其中 b' 是从 b 开始双方都采取最优对弈后可达到的终局。

以上的定义很简单，但由于它的递归性，运算效率很低，这个定义对于这个任务是不可用的，因此这个定义也被称为不可操作的定义。下面的学习任务就是发现一个可操作的目标函数 V 的定义，使它能够被国际跳棋程序采用，在实际有限的时间内估计棋局并选择下一步的走子。通常要发现这样一个完美的可操作的目标函数 V 是相当困难的。这时，我们通常在理想和可能之间寻求一个折中，也就是说，通常我们只能发现一个学习算法尽可能好的目标函数，或者说是次优目标函数，因此学习目标函数的过程常被称为函数逼近。下面为了与理想目标函数 V 相区别，我们使用 V' 来表示次优目标函数。

寻找次优目标函数 V' 的方法有很多。首先可以将每个棋局的特征提取出来，系统使用一张大表来保存这些信息。对于每一个唯一的棋盘状态，表中有一条记录，记录该棋盘的特征和状态值；或者用一个规则集配合棋局特征来表示 V'，或者用一个与棋盘特征有关的多项式函数来表示 V'，或者使用人工神经网络表示 V'。具体细节这里不再详述。

当目标函数 V' 的表示形式确定后，下面就是根据从训练经验中导出的训练样本，选择某种方法，调整系数，以求最佳拟合这些训练样本。

在机器学习中通常会根据具体问题设计一个函数，并以这个函数的最大值（或最小值）作为学习的目标，最经常而且最容易在理论上分析与处理的是均方差函数。理论上，机器学习中的搜索策略与优化理论中的搜索策略并没有本质的区别，梯度法是最简单也是最经常使用的方法。由于受到计算复杂度的限制，这种方法对海量数据的学习往往是不现实的，因此，在考虑解空间中一个可接受解的时候，搜索策略是十分必要的。搜索理论是计算机科学一个重要的研究分支，虽然存在着大量有效的搜索算法，但机器学习中所使用的搜索策略与搜索理论研究还有相当的距离，如何借鉴搜索理论，更多地借用搜索算法以改善机器学习算法的性能，是机器学习研究的一个重要课题。

9.3 机器学习算法分类

机器学习按照学习形式进行分类，可分为监督学习、无监督学习、半监督学习、强化学习等。区别在于，监督学习需要提供标注的样本集，无监督学习不需要提供标注的样本集，半监督学习需要提供少量标注的样本，而强化学习需要反馈机制。

9.3.1 监督学习

监督学习（supervised learning）的任务是学习一个模型，使模型能够对任意给定的输入，对其相应的输出做出一个好的预测（注意，这里的输入、输出是指某个系统的输入与输出，与学习的输入与输出不同），计算机的基本操作就是给定一个输入，产生一个输出，所以监督学习是极其重要的统计学习分支，也是统计学习中内容最丰富、应用最广泛的部分。

1. 输入空间、特征空间与输出空间

在监督学习中，将输入与输出所有可能取值的集合分别称为输入空间（input space）与输出空间（output space）。输入与输出空间可以是有限元素的集合，也可以是整个欧氏空间，输入空间与输出空间可以是同一个空间，也可以是不同的空间；但通常输出空间远远小于输入空间。

每个具体的输入是一个实例（instance），通常由特征向量（feature vector）表示，这时，所有特征向量存在的空间称为特征空间（feature space）。特征空间的每一维对应于一个特征，有时假设输入空间与特征空间为相同的空间，对它们不予区分；有时假设输入空间与特征空间为不同的空间，将实例从输入空间映射到特征空间，模型实际上都是定义在特征空间上的。

在监督学习过程中，将输入与输出看作定义在输入（特征）空间与输出空间上的随机变量的取值，输入、输出变量用大写字母表示，习惯上输入变量写作 X，输出变量写作 Y。输入、输出变量所取的值用小写字母表示，输入变量的取值写作 x，输出变量的取值写作 y。变量可以是标量或向量，都用相同类型的字母表示（除特别声明外，本书中向量均为列向量）。输入实例 x 的特征向量记作

$$x = \left(x^{(1)}, x^{(2)}, x^{(3)}, \cdots, x^{(l)}, \cdots, x^{(n)}\right)^{\mathrm{T}} \tag{9.1}$$

输入变量 X 和输出变量 Y 有不同的类型，可以是连续的，也可以是离散的。人们根据输入、输出变量的不同类型，对预测任务给予不同的名称：输入变量与输出变量均为连续变量的预测问题称为回归问题；输出变量为有限个离散变量的预测问题称为分类问题；输入变量与输出变量均为变量序列的预测问题称为标注问题。

2. 联合概率分布

监督学习假设输入与输出的随机变量 X 和 Y 遵循联合概率分布 $P(X,Y)$。注意，在学习过程中，假定这一联合概率分布存在，但对学习系统来说，联合概率分布的具体定义是未知的。训练数据与测试数据被看作是依联合概率分布 $P(X,Y)$ 独立同分布产生的。统计学习假设数据存在一定的统计规律，X 和 Y 具有联合概率分布的假设就是监督学习关于数据的基本假设。

3. 假设空间

监督学习的目的在于学习一个由输入到输出的映射，这一映射由模型来表示，换句话说，学习的目的就在于找到最好的模型，模型属于由输入空间到输出空间的映射

的集合，这个集合就是假设空间（hypothesis space）。假设空间的确定意味着学习范围的确定。

监督学习的模型可以是概率模型或非概率模型，由条件概率分布 $P(Y|X)$ 或决策函数（decision function）$Y = f(X)$ 表示，随具体学习方法而定，对具体的输入进行相应的输出预测时，写作 $p(y|x)$ 或 $y = f(x)$。

总的来说，监督学习利用训练数据集学习一个模型，再用模型对测试样本集进行预测。由于在这个过程中需要训练数据集，而训练数据集往往是人工给出的，所以称为监督学习。监督学习分为学习和预测两个过程，由学习系统与预测系统完成，监督学习问题可用图 9.2 来描述。

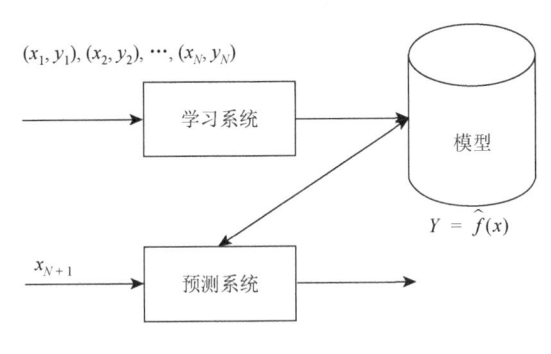

图 9.2　监督学习问题

9.3.2　无监督学习

现实生活中常常会有这样的问题：缺乏足够的先验知识，因此难以进行人工标注类别或进行人工类别标注的成本太高。很自然地，我们希望计算机能代我们完成这些工作，或至少提供一些帮助。根据类别未知（没有被标记）的训练样本解决模式识别中的各种问题，称为无监督学习。

无监督学习是利用无标记的有限数据描述隐藏在未标记数据中的结构/规律。无监督学习不需要训练样本和人工标注数据，便于压缩数据存储、减少计算量、提升算法速度，还可以避免正负样本偏移引起的分类错误问题，主要用于经济预测、异常检测、数据挖掘、图像处理、模式识别等领域，如组织大型计算机集群、社交网络分析、市场分割、天文数据分析等。

无监督学习与监督学习相比，样本集中没有预先标注好的分类标签，即没有预先给定的标准答案。它没有告诉计算机怎么做，而是让计算机自己去学习如何对数据进行分类，然后对那些正确分类行为采取某种形式的激励。

在无监督学习中，数据并不被特别标识，学习模型是为了推断出数据的一些内在结构。常见的应用场景包括关联规则的学习以及聚类等。常见算法包括 Apriori 算法、K 均值聚类算法、随机森林、主成分分析（principal component analysis）等。

目前无监督学习主要分为两类：一类是确定型的自编码方法及其改进算法，其目标主要是能够从抽象后的数据中尽量无损地恢复原有数据；另一类是概率型的受限玻尔兹曼机及其改进算法，其目标主要是使受限玻尔兹曼机达到稳定状态时原数据出现的概率最大。

确定型无监督学习主要有自编码及稀疏自编码、降噪自编码等。自编码可以看作一个特殊的三层 BP 神经网络，特殊性体现在需要使得自编码网络的输入输出尽可能近似，即尽可能使得编码无损（能够从编码中还原出原来的信息）。虽然稀疏自编码可以学习一个相等函数，使得可见层数据和经过编码解码后的数据尽可能相等，但是其鲁棒性仍然较差，尤其是当测试样本和训练样本概率分布相差较大时，效果较差。为此，Vincent 等（2008）在稀疏自编码的基础上提出了降噪自编码，其基本思想是：以一定概率使输入层某些节点的值为 0，此时输入可视层的数据变为 $\hat{x}$，隐层输出为 y；然后重构 x 的输出 z，使得 z 和 x 的差值尽可能小。概率型无监督学习的典型代表就是受限玻尔兹曼机，受限玻尔兹曼机是玻尔兹曼机的一个简化版本，可以方便地从可见层数据推算出隐层的激活状态。

9.3.3 半监督学习

半监督学习是模式识别和机器学习领域研究的重点问题，是监督学习与无监督学习相结合的一种学习方法。半监督学习使用大量的未标记数据，同时使用标记数据来进行模式识别工作。半监督学习要求尽量少的人员来从事工作，同时又能够带来比较高的准确性，因此，半监督学习正越来越受到人们的重视。

半监督学习介于监督学习与无监督学习之间，其主要解决的问题是利用少量的标注样本和大量的未标注样本进行训练与分类，从而达到减少标注代价、提高学习能力的目的。在此学习方式下，输入数据部分被标识、部分没有被标识，这种学习模型可以用来进行预测，但是该模型首先需要学习数据的内在结构以便合理地组织数据进行预测。

半监督学习的应用场景包括分类和回归，算法包括一些常用监督学习算法的延伸算法。这些算法首先试图对未标识数据进行建模，在此基础上再对标识的数据进行预测，如图论推理（graph inference）算法、拉普拉斯支持向量机（Laplacian SVM）等。

半监督学习的基本思想是利用大量的未标记数据和少量的标记数据来进行模型训练，以提高模型的泛化能力。它的形式化描述是给定一个来自某未知分布的样例集 $S = LU$，其中 L 是已标记样例集 $L = \{(x_1, y_1), (x_2, y_2), \cdots, (x_{|L|}, y_{|L|})\}$，$U$ 是一个未标记样例集 $U = \{x_{c1}, x_{c2}, \cdots, x_{c|U|}\}$。其中 x_1、x_{c1} 均为 d 维向量，$|L|$ 和 $|U|$ 分别为 L 和 U 的大小，即所包含的样例数。半监督学习就是在样例集 S 上寻找最优的学习器。如果 $S = L$，那么问题就转化为传统的有监督学习；反之，如果 $S = U$，那么问题转化为传统的无监督学习。如何综合利用已标记样例和未标记样例，是半监督学习需要解决的问题。

在半监督学习中有三个常用的基本假设来建立预测样例和学习目标之间的关系，具体如下。

(1) 平滑假设（smoothness assumption）：位于稠密数据区域的两个距离很近的样例的类标签相似。也就是说，当两个样例被稠密数据区域中的边连接时，它们在很大的概率下有相同的类标签；相反，当两个样例被稀疏数据区域分开时，它们的类标签趋于不同。

(2) 聚类假设（cluster assumption）：当两个样例位于同一聚类簇时，它们在很大的概率下有相同的类标签。这个假设的等价定义为低密度分离假设（low sensity separation assumption），即分类决策边界应该穿过稀疏数据区域，以避免将稠密数据区域的样例分到决策边界两侧。

在这一假设的前提下，学习算法就可以利用大量未标记的样本数据来分析样本空间中数据的分布情况，从而指导学习算法对分类边界进行调整，使其尽量通过样本数据分布比较稀疏的区域。例如，Joachims（1998）提出的转导支持向量机（transductive SVM，TSVM）算法，在训练过程中，算法不断修改分类超平面并交换超平面两侧某些未标记的样本数据的标记，使得分类边界在所有训练数据上最大化间隔，从而能够获得一个通过数据相对稀疏的区域，又尽可能正确划分所有有标记的样本数据的分类超平面。

(3) 流形假设（manifold assumption）：将高维数据嵌入低维流形中，当两个样例位于低维流形中的一个小局部邻域时，它们具有相似的类标签。

流形假设的主要思想是同一个局部邻域内的样本数据具有相似的性质，因此其标记也应该是相似的。这一假设体现了决策函数的局部平滑性。和聚类假设不同的是，聚类假设主要关注的是整体特性，流形假设主要考虑的是模型的局部特性。在该假设下，未标记的样本数据能够让数据空间变得更加密集，从而有利于更加标准地分析局部区域的特征，也使得决策函数能够比较完美地进行数据拟合。流形假设有时候也可以直接应用于半监督学习算法中。例如，Zhu 等（2003）利用高斯随机场和谐波函数进行半监督学习，首先利用训练样本数据建立一个图，图中每个节点代表一个样本，其次根据流形假设定义的决策函数求得最优值，获得未标记样本数据的最优标记；Zhou 等（2003）利用样本数据间的相似性建立一个图，然后让样本数据的标记信息不断通过图中边的邻近样本进行传播，直到图模型达到全局稳定状态为止。

从本质上说，这三个假设是一致的，只是关注的重点不同。其中，流形假设更具有普遍性。

9.3.4 强化学习

强化学习又称再励学习、评价学习或增强学习，是机器学习的范式和方法论之一，用于描述和解决智能体在与环境的交互过程中通过学习策略以达成回报最大化或实现特定目标的问题。

强化学习的常见模型是标准的马尔可夫决策过程（Markov decision process，MDP）。按给定条件，强化学习可分为基于模式的（model-based）强化学习和无模式（model-free）强化学习，以及主动（active）强化学习和被动（passive）强化学习。强化学习的变体包括逆向强化学习、分层强化学习和部分可观测系统的强化学习。求解强化学习问题所使用的算法可分为策略搜索算法和值函数（value function）算法两类。深度学习模型可以在强化学习中得到使用，形成深度强化学习。

强化学习理论受到行为主义心理学启发，侧重在线学习并试图在探索–利用（exploration-exploitation）间保持平衡。不同于监督学习和非监督学习，强化学习不要求预先给定任何数据，而是通过接收环境对动作的奖励（反馈）获得学习信息并更新模型参数。强化学习理论在信息论、博弈论、自动控制等领域均有应用，被用于解释有限理性条件下的平衡态、设计推荐系统和机器人交互系统。一些复杂的强化学习算法在一定程度上具备解决复杂问题的通用智能，可以在围棋和电子游戏中达到人类水平。

强化学习是从动物学习、参数扰动自适应控制等理论发展而来的，其基本原理是：如果智能体的某个行为策略导致环境给予正的奖赏（强化信号），那么智能体以后产生这个行为策略的趋势便会加强。智能体的目标是在每个离散状态发现最优策略以使期望的折扣奖赏和最大。强化学习把学习看作试探评价过程，智能体选择一个动作用于环境，环境接受该动作后状态发生变化，同时产生一个强化信号（奖赏或惩罚）并反馈给智能体，智能体根据强化信号和环境的当前状态再选择下一个动作，选择的原则是使受到正强化（奖赏）的概率增大。选择的动作不仅影响当时的强化值，而且影响环境下一时刻的状态及最终的强化值。

强化学习不同于监督学习，主要表现在教师信号上，强化学习中由环境提供的强化信号是对智能体所产生动作的好坏做出的一种评价（通常为标量信号），而不是告诉智能体如何去产生正确的动作。由于外部环境提供了很少的信息，智能体必须靠自身的经历进行学习。通过这种方式，智能体在行动评价的环境中获得知识，改进行动方案以适应环境。

强化学习系统的目标是动态地调整参数，以使得强化信号达到最大。若已知梯度信息 r/A，则可直接使用监督学习算法。因为强化信号 r 与智能体产生的动作 A 没有明确的函数形式来描述，所以梯度信息 r/A 无法得到。因此，在强化学习系统中，需要某种随机单元，使用这种随机单元，智能体在可能的动作空间中可以进行搜索并发现正确的动作。

9.4 机器学习主要算法

9.4.1 线性回归

线性回归是一种有监督的学习算法，它通过对数据拟合线性方程，尝试对连续目标变量和一个或多个自变量之间的关系进行建模。

为了使线性回归成为一个不错的选择，自变量和目标变量之间必须存在线性关系。有许多工具可以探索变量之间的关系，例如散点图和相关矩阵。图 9.3 显示了自变量（x 轴）和因变量（y 轴）之间的正相关关系，即随着自变量的增加，因变量也增加。

图 9.3 线性回归

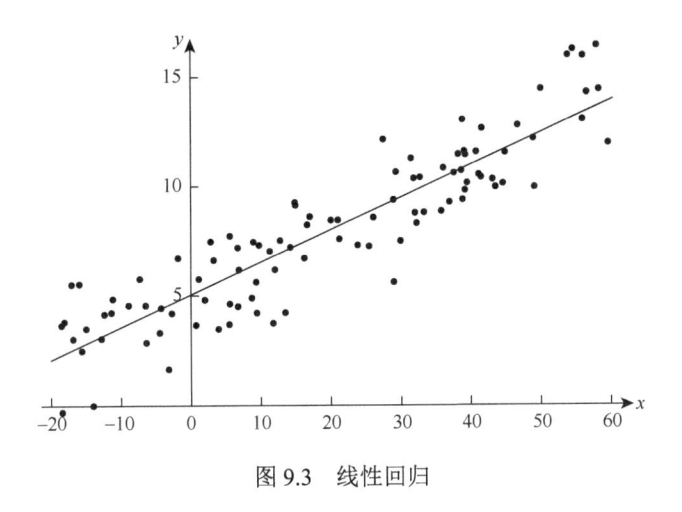

常见的线性回归的目标函数为

$$y = W^T x + b \tag{9.2}$$

线性回归模型试图使回归线适合表示关系或具有相关性的数据点。最常用的技术是普通最小二乘法。普通最小二乘法可以通过最小化数据点和回归线之间距离的平方和来找到最佳回归线。

9.4.2 KNN

KNN 是一种监督学习算法，可用于解决分类和回归任务。KNN 背后的主要思想是，数据点的值或类由其周围的数据点确定。KNN 算法常见的目标函数为

$$y = \arg\max \sum_{x_i \in N_k(x)} I(y_i = c_j) \tag{9.3}$$

KNN 分类器通过多数投票原则确定数据点的类别。如图 9.4 所示，方块和三角分别表示不同的类型，圆圈是我们要分类的点。如果 k 设置为 3，那么 KNN 算法就会找到距离圆圈最近的三个点（图中内圈），这三个点中三角出现频率最高，那么这个圆圈就被分类为三角；如果 k 设置为 5（外圈），那么这个圆圈就被分类为方块。

KNN 算法的描述如下。

（1）计算测试数据与各个训练数据之间的距离。

（2）按照距离的递增关系进行排序。

（3）选取距离最小的 k 个点。

（4）确定前 k 个点所在类别的出现频率。

（5）返回前 k 个点中出现频率最高的类别作为测试数据的预测分类。

KNN 算法的流程如下。

（1）准备数据，对数据进行预处理。

（2）选用合适的数据结构存储训练数据和测试元组。

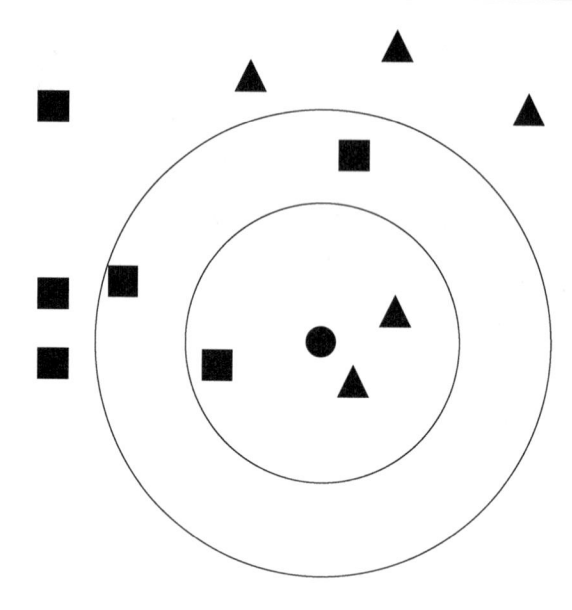

图9.4 KNN分类器

（3）设定参数，如k。

（4）维护一个大小为k的按距离由大到小排列的优先级队列，用于存储最近邻训练元组。随机从训练元组中选取k个元组作为初始的最近邻元组，分别计算测试元组到这k个元组的距离，将训练元组标号和距离存入优先级队列。

（5）遍历训练元组集，计算当前训练元组与测试元组的距离，将所得距离L与优先级队列中的最大距离L_{max}进行比较。若$L \geqslant L_{max}$，则舍弃该元组，遍历下一个元组。若$L < L_{max}$，删除优先级队列中最大距离的元组，将当前训练元组存入优先级队列。

（6）遍历完毕，计算优先级队列中k个元组的多数类，并将其作为测试元组的类别。

（7）测试元组集，测试完毕后计算误差率，继续设定不同的k值重新进行训练，最后取误差率最小的k值。

KNN算法的优点如下。

（1）简单，易于理解，易于实现，无须估计参数。

（2）训练时间为零。它没有显式的训练，不像其他有监督的算法会用训练集训练一个模型（也就是拟合一个函数），然后验证集或测试集用该模型进行分类。KNN只是把样本保存起来，收到测试数据时再处理，所以KNN的训练时间为零。

（3）KNN可以处理分类问题，同时天然可以处理多分类问题，适合对稀有事件进行分类。

（4）特别适合多分类问题（对象具有多个类别标签），在多分类问题中KNN比SVM的表现要好。

（5）KNN还可以处理回归问题，也就是可以进行预测。

（6）和朴素贝叶斯之类的算法相比，KNN对数据没有假设，准确度高，对异常点不敏感。

KNN 算法的缺点如下。

(1) 计算量太大，尤其是当特征数非常多的时候。对于每一个待分类文本，都要在计算它到全体已知样本的距离之后，才能得到它的第 k 个最近邻点。

(2) 可理解性差，无法给出像决策树那样的规则。

(3) 是懒惰学习方法，基本上不学习，导致预测时速度比逻辑回归之类的算法慢。

(4) 样本不平衡的时候，对稀有类别的预测准确率低。当样本不平衡时，如一个类的样本容量很大，而其他类样本容量很小时，有可能导致当输入一个新样本时，该样本的 k 个邻居中大容量类的样本占多数。

(5) 对训练数据依赖度特别高，对训练数据的容错性差。如果训练数据集中，有一两个数据是错误的，刚好这一两个错误数据又在需要分类的数值的旁边，则会直接导致预测数据的不准确。

9.4.3 决策树

决策树是一类常见的机器学习方法，可以帮助我们解决分类与回归两类问题。模型可解释性强，符合人类思维方式，是经典的树形结构。分类决策树模型是一种对实例进行分类的树形结构。决策树由节点（node）和有向边（directed edge）组成。节点包含了一个根节点（root node）、若干个内部节点（internal node）和若干个叶节点（leaf node）。内部节点表示一个特征或属性，叶节点表示一个类别。

简单而言，决策树是一个多层 if-else 函数，对对象属性进行多层 if-else 判断，获取目标属性的类别。由于只使用 if-else 对特征属性进行判断，所以一般特征属性为离散值，即使为连续值也会先进行区间离散化。一个关于天气的决策树如图 9.5 所示。

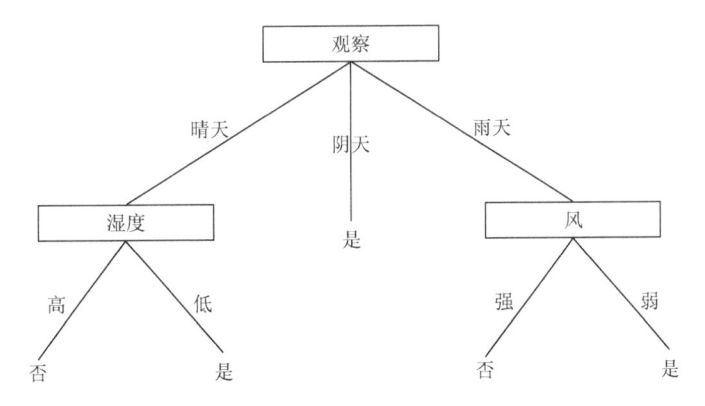

图 9.5 关于天气的决策树

构建决策树的基本步骤如下。

(1) 将数据集 D 看作一个节点。

(2) 遍历每个变量并计算一种划分方式，找到最好的划分点（属性）。

(3) 将数据集 D 划分成节点 D_1 和 D_2。

（4）对 D_1 和 D_2 执行第（2）步和第（3）步，直到满足停止生长条件。

划分点（属性）的选取标准：每次选择的属性可以让划分后的分支数据更有区分性，使各个分支的数据分类纯度更高，最好是每个分支的样本数据尽可能属于同一类别。常用的最优属性选取方法有三种：信息增益、信息增益率以及基尼系数。

其中比较典型的决策树算法是 ID3 算法。它以信息熵为核心，计算每个属性的信息增益 $\text{Gains}(X,Y)$，计算公式为

$$\text{Gains}(X,Y) = \text{Ent}(X) - \text{Ent}(X|Y) = \text{Ent}(X) - \sum_{i=0}^{v}\frac{|D^v|}{|D|}\text{Ent}(D^v) \tag{9.4}$$

$$\text{Ent}(X) = -\sum_{i=0}^{v} p_i \log_2 p_i \tag{9.5}$$

其中，v 为属性值取值个数；p_i 为第 i 类标签出现的概率。

决策树的优点如下。

（1）决策树易于理解和实现，不需要使用者了解很多的背景知识。

（2）对于决策树，对数据的预处理往往是简单的或者是不必要的。决策树能够同时处理数据型和常规型属性，在相对短的时间内能够针对大型数据源得出可行且效果良好的结果。

（3）易于通过静态测试来对模型进行评测，可以测定模型可信度。如果给定一个观察的模型，那么根据所产生的决策树很容易推出相应的逻辑表达式。

决策树的缺点如下。

（1）对于那些各类别样本数量不一致的数据，在决策树当中，信息增益的结果偏向于那些具有更多数值的特征。

（2）容易出现过拟合问题。

（3）忽略了数据集中属性之间的相关性。

9.4.4 逻辑回归

逻辑回归又称逻辑回归分析，是一种广义的线性回归分析模型，常用于数据挖掘、疾病自动诊断和经济预测等领域。例如，探讨引发疾病的危险因素，并根据危险因素预测疾病发生的概率等。以胃癌病情分析为例，选择两组人群，一组是胃癌组，一组是非胃癌组，两组人群必定具有不同的体征与生活方式等。因此因变量就为是否患胃癌，值为"是"或"否"，自变量可以包括很多，如年龄、性别、饮食习惯、是否感染幽门螺杆菌等。自变量既可以是连续的，也可以是分类的。然后通过逻辑回归分析，可以得到自变量的权重，从而可以大致了解到底哪些因素是胃癌的危险因素。同时可以根据危险因素的权值预测一个人患胃癌的可能性。逻辑回归的目标函数为

$$P(Y=1|x) = \frac{\exp(w^T x + b)}{1 + \exp(w^T x + b)} \tag{9.6}$$

$$P(Y=0|x) = \frac{\exp(w^\mathrm{T}x+b)}{1+\exp(w^\mathrm{T}x+b)} \tag{9.7}$$

最终的结果是通过比较 $P(Y=1|x)$ 和 $P(Y=0|x)$ 的大小来确定类别。本质上这就是一个二项分布。

逻辑回归的优点如下。

（1）适合需要得到一个分类概率的场景。

（2）计算代价不高，容易理解实现。逻辑回归在时间和内存需求方面相当高效。它可以应用于分布式数据，并且可以通过在线算法进行实现，可以用较少的资源处理大量数据。

（3）逻辑回归对于数据中小噪声的鲁棒性很好，并且不会受到轻微的多重共线性的特别影响（严重的多重共线性可以使用逻辑回归结合 L2 正则化来解决，但是若要得到一个简约模型，L2 正则化并不是最好的选择，因为它建立的模型涵盖了全部的特征）。

逻辑回归的缺点如下。

（1）容易欠拟合，分类精度不高。

（2）当数据特征有缺失或者特征空间很大时，表现效果并不好。

9.4.5 朴素贝叶斯

贝叶斯方法是以贝叶斯原理为基础，使用概率统计的知识对样本数据集进行分类。由于其有着坚实的数学基础，贝叶斯分类算法的误判率是很低的。贝叶斯方法的特点是结合先验概率和后验概率，既避免了只使用先验概率的主观偏见，也避免了单独使用样本信息的过拟合现象。贝叶斯分类算法在数据集较大的情况下表现出较高的准确率，同时算法本身也比较简单。

朴素贝叶斯算法是应用最为广泛的分类算法之一。朴素贝叶斯算法是在贝叶斯算法的基础上进行了相应的简化，即假设数据集属性之间是相互独立的，因此算法的逻辑性十分简单，并且算法较为稳定，当数据呈现不同的特点时，朴素贝叶斯的分类性能不会有太大的差异。换句话说，朴素贝叶斯算法的稳健性比较好，对于不同类型的数据集不会呈现出太大的差异性。当数据集属性之间的关系相对比较独立时，朴素贝叶斯分类算法会有较好的效果。缺点是这个简化方法在一定程度上降低了贝叶斯分类算法的分类效果。

属性独立性的条件同时也是朴素贝叶斯分类算法的不足之处。数据集属性的独立性在很多情况下是很难满足的，因为数据集的属性之间往往都存在着关联关系。如果在分类过程中出现不满足属性间相互独立的问题，会导致分类的效果大大降低，但是在实际的应用场景中，数据集属性的独立性极大地降低了贝叶斯方法的复杂性。朴素贝叶斯的算法原理如下。

首先，朴素贝叶斯运用了贝叶斯定理，即

$$P(y|x) = \frac{P(y)P(x|y)}{P(x)} \tag{9.8}$$

其中，$P(x)$为一个归一化项；$P(y)$为类别y出现的先验概率；$P(x|y)$为模型中的条件概率，表示在已知类别为y的条件下，样本x出现的概率。

其次，我们来看先验概率$P(y)$，它的计算公式为

$$P(y) = \frac{|D_y|}{|D|} \tag{9.9}$$

其中，D_y为类别标记为y的样本集合，D为全集。正如前文所言，朴素贝叶斯进行了一个大胆的假设：样本x的所有特征相互独立。基于这条假设，条件概率的表达式可以写为

$$P(x|y) = \prod_{j=1}^{m} P(x^{(j)}|y) \tag{9.10}$$

因此我们最终的预测结果为

$$y = \arg\max P(y) \prod_{j=1}^{m} P(x^{(j)}|y) \tag{9.11}$$

朴素贝叶斯的主要优点如下。

（1）朴素贝叶斯发源于古典数学理论，有稳定的分类效率。

（2）对小规模数据表现很好，能处理多分类任务，适合增量式训练，尤其是数据量超出内存时，可以一批批地去增量训练。

（3）对缺失数据不太敏感，算法也比较简单，常用于文本分类。

朴素贝叶斯的主要缺点如下。

（1）理论上，朴素贝叶斯模型与其他分类方法相比具有最小的误差率，但是实际上并非总是如此。这是因为朴素贝叶斯模型假设属性之间相互独立，这个假设在实际应用中往往是不成立的，在属性个数比较多或者属性之间相关性较大时，朴素贝叶斯分类效果不好。在属性相关性较小时，朴素贝叶斯性能最为良好。对于这一点，有半朴素贝叶斯之类的算法通过考虑部分关联性进行了适度改进。

（2）需要知道先验概率，且先验概率很多时候取决于假设，假设的模型可以有很多种，因此在某些时候，假设的先验模型不恰当会导致预测效果不佳。

（3）由于我们是通过先验和数据来决定后验的概率从而决定分类的，所以分类决策存在一定的错误率。

（4）对输入数据的表达形式很敏感。

9.4.6 SVM

SVM是一类有监督学习方式的对数据进行二元分类的广义线性分类器，其决策边界是对学习样本求解的最大边距超平面（maximum margin hyperplane）。SVM使用铰链损失（hinge loss）函数计算经验风险（empirical risk）并在求解系统中加入了正则化项以优化结构风险（structural risk），是一个具有稀疏性和稳健性的分类器。SVM可以通过核方法（kernel method）进行非线性分类，是常见的核学习（kernel learning）方法之一。

SVM 的优化问题同时考虑了经验风险和结构风险最小化，因此具有稳定性。从几何观点来看，SVM 的稳定性体现在其构建超平面决策边界时要求边距最大，因此间隔边界之间有充裕的空间包容测试样本。SVM 使用铰链损失函数作为代理损失，铰链损失函数的取值特点使 SVM 具有稀疏性，即其决策边界仅由支持向量决定，其余的样本点不参与经验风险最小化。在使用核方法的非线性学习中，SVM 的稳健性和稀疏性在确保可靠求解结果的同时降低了核矩阵的计算量和内存开销。

SVM 与其他线性分类器的关系如下：SVM 是一个广义线性分类器，通过在 SVM 的算法框架下修改损失函数和优化问题，可以得到其他类型的线性分类器。例如，将 SVM 的损失函数替换为逻辑回归中的损失函数就得到了接近于逻辑回归的优化问题。SVM 和逻辑回归是功能相近的分类器，二者的区别在于逻辑回归的输出具有概率意义，也容易扩展至多分类问题，而 SVM 的稀疏性和稳定性使其具有良好的泛化能力并在使用核方法时计算量更小。

SVM 不是唯一可以使用核技巧的机器学习算法，逻辑回归、岭回归和线性判别分析（linear discriminant analysis，LDA）也可通过核方法得到核逻辑回归（kernel logistic regression，KLR）、核岭回归（kernel ridge regression，KRR）和核线性判别分析（kernelized LDA，KLDA）。因此 SVM 是广义上核学习方法的实现之一。

SVM 算法的优点如下。
（1）使用核函数可以向高维空间进行映射。
（2）使用核函数可以解决非线性的分类。
（3）分类思想很简单，就是将样本与决策面的间隔最大化。
（4）分类效果较好。

SVM 算法的缺点如下。
（1）SVM 算法对大规模训练样本难以实施。
（2）用 SVM 解决多分类问题存在困难。
（3）对缺失数据敏感，对参数和核函数的选择敏感。

9.5 机器学习的应用

机器学习是人工智能的一个子集，它表示计算机使用算法从数据中学习，允许机器识别不同模式，而组织可以通过各种方式运用此技术。专家表示，机器学习可以帮助组织通过不同以往的规模和范围执行任务。因此，它可以加快工作速度，减少错误，提高准确性，从而对员工和客户有所帮助。此外，以创新为导向的组织正在寻找利用机器学习的机会，因为这不仅能提高效率，还能创造新的商业机会，使公司和业务在市场中脱颖而出。

9.5.1 实时聊天机器人代理

最早的自动化形式之一是聊天机器人（chatbots），它通过允许人类与机器进行本质上的对话，弥合了人与技术之间的通信鸿沟，而机器可以根据人类提出的请求或要求采取行动。早期的聊天机器人遵循脚本规则，这些规则告诉机器人根据关键词采取什么行动。

然而，人工智能技术家族的成员——机器学习和自然语言处理，使聊天机器人更具交互性和生产力。这些较新的聊天机器人能更好地响应用户的需求，并越来越像真人一样交谈。ABI Research 的首席分析师表示，各种数字助理都基于机器学习算法，这项技术可能会在新的客户服务和互动平台中找到替代传统聊天机器人的方法。聊天机器人是商业领域使用最广泛的机器学习应用之一，有些智能助手的编程能知道何时需要提出明确的问题，以及何时对人类提出的要求进行分类；音乐流媒体平台的机器人可以让用户收听、搜索、分享音乐并获得推荐；乘客通过聊天平台或语音请求服务，可以接收司机牌照和车型图像，以确定他们的乘车情况。

9.5.2 决策支持

在决策支持领域，机器学习可以帮助企业将其拥有的大量数据转化为可操作的见解，从而实现价值。在这里，技术可以基于历史数据和任何其他相关数据集的算法进行信息分析，并以人类无法达到的规模和速度运行多个场景，从而提出有关最佳行动方案的建议。业内专家称，它不能代替人类，而是帮助人们把事情做得更好。

在医疗保健行业，包含机器学习的临床决策支持工具能指导临床医生进行诊断和选择合适的治疗方法，提高护理人员的效率，提升治疗结果。在农业领域，基于机器学习的决策支持工具整合了气候、能源、水资源和其他因素的数据，能够帮助农民做出作物管理决策。在商业中，决策支持系统能够帮助管理层预测趋势、识别问题并加快决策。

9.5.3 客户推荐引擎

机器学习为客户推荐引擎提供了动力，能够提供个性化体验（刘浩予，2021；贾孝振，2020）。在这种场景里，算法处理单个客户的数据点，比如客户过去的购买记录或公司当前的库存、其他客户的购买历史等，从而向每个客户推荐适当的产品和服务。大型电子商务公司使用推荐引擎来提供个性化服务并优化购物体验。

这种机器学习应用程序的一个常见应用是流媒体娱乐服务，它使用客户的观看历史、具有类似兴趣客户的观看历史、有关个人节目的信息和其他数据，向客户提供个性化的推荐。在线视频平台使用推荐引擎技术帮助用户快速找到适合自己的视频。

9.5.4 客户流失模型

企业使用人工智能和机器学习可以预测客户关系何时开始恶化，并找到解决办法。通过这种方式，新型机器学习能帮助公司处理最古老的业务问题：客户流失。

在这里，算法从大量的历史、人数统计和销售数据中找出规律，确定和理解为什么一家公司会失去客户。然后，公司就可以利用机器学习能力来分析现有客户的行为，以提醒业务人员哪些客户面临着将业务转移到别处的风险，从而找出这些客户离开的原因，然后决定公司应该采取什么措施留住他们。流失率对于任何企业来说都是一个关键的绩效指标，对于订阅型和服务型企业来说尤为重要，例如媒体公司、音乐和电影流媒体公司、软件即服务公司以及电信公司都是该技术的主要适用行业。

9.5.5 动态定价策略

公司可以挖掘历史定价数据和一系列其他变量的数据集，以了解特定的动态因素（从每天的时间、天气到季节）如何影响商品和服务的需求。机器学习算法可以从这些信息中学习，并将这些洞察力与其他市场和消费者数据结合起来，帮助企业根据这些庞大且众多的变量动态定价商品，这一策略最终将帮助企业实现收入最大化。动态定价（有时称为需求定价）最常发生在运输行业，例如网约车会随着叫车人数增加而飙升定价或要求增加同乘人数，另外还有在学校假期期间飙升的机票价格等。

9.5.6 市场调查和客户细分

机器学习不仅帮助公司定价，它还能通过预测库存和客户细分帮助企业在正确的时间将正确的产品与服务交付到正确的区域。例如，零售商利用机器学习，根据影响某个商店的季节性因素、该地区的人口统计数据和其他数据点（如社交媒体上的趋势），预测哪个商店的库存最畅销。专家认为，可以把机器学习看作是为零售量身打造的推荐引擎。

类似地，公司可以使用机器学习来更好地了解整个客户群中的特定细分市场。例如，零售商可以使用这项技术来洞察特定购物群体的购买模式。这样他们就可以更好地瞄准自己的需求，比如为商店储备那些被确定的细分市场最有可能需要的商品。

9.5.7 欺诈检测

机器学习理解模式的能力，以及立即发现模式之外异常情况的能力使它成为检测欺诈活动的宝贵工具。事实上，金融机构多年来一直在这个领域使用机器学习。

它的工作原理是这样的：数据科学家利用机器学习来了解单个客户的典型行为，比如客户在何时何地使用信用卡；机器学习可以利用这些信息以及其他数据集，在短短几毫秒内准确判断出哪些交易属于正常范围，因此是合法的，而哪些交易超出了预期的规范标准，因此可能是欺诈的。机器学习检测欺诈的应用领域包括金融服务、旅行、游戏和零售等。

9.5.8 图像分类和图像识别

组织机构也开始求助于机器学习、深度学习和神经网络，以帮助他们理解图像。这种机器学习技术有着广泛的应用,从社交网站想要给其网站上的照片贴上标签,到安全团队想要实时识别犯罪行为,再到自动化汽车需要通畅的道路等,均有机器学习技术的身影。这里以零售行业为例,说明机器学习技术在图像分类和图像识别方面的应用:配备具有计算机视觉和机器学习的机器人可以扫描货架以确定哪些物品是缺货状态或放错了地方;使用图像识别可以确保从购物车中取出的所有物品被成功扫描,从而限制无意中的销售损失;通过分析图像还可以识别可疑活动,如入店行窃以及检测违反工作场所安全的行为(如未经授权使用危险设备)等。

9.5.9 操作效率

尽管很多机器学习应用是高度专业化的,但许多公司也在通过这种技术来帮助处理日常业务流程,比如金融交易和软件开发。目前为止,最常见的机器学习技术的应用领域是企业财务组织、制造系统和流程,以及软件开发和测试等。很多业务部门都使用机器学习来提高效率。机器学习可以在财务部门和公司中加快工作速度和减少人为错误。使用基于机器学习的解决方案来监控设备并提前确定何时需要维护,能够有效减少意外问题和计划外的工作中断等。另外,信息技术部门可以将机器学习作为软件测试自动化的一部分,以显著加快和改进这一过程,从而使软件开发更快、成本更低。

9.5.10 信息提取

使用自然语言处理的机器学习可以自动从文档中识别关键的结构化数据,即使所需的信息是以非结构化或半结构化的格式保存的。专家称,使用机器学习来理解文件对于各行各业都是一个巨大的机会。组织可以使用它来处理从税务报表到发票,再到法律合同的所有事情,从而提高效率和准确性,并将人力从平凡的重复性工作中解放出来。

课 后 习 题

1. 请给出二项逻辑回归模型。
2. 回归问题和分类问题的区别是什么?
3. 比较 SVM、逻辑回归模型的学习策略和算法。
4. 什么是过拟合?如何解决过拟合?
5. 什么是监督学习和无监督学习?请说明它们的区别,并各举一个例子。
6. 有一个训练集,其样本为二维空间的点,正样本为(1, 1)、(−1, −1),负样本为(1, −1)、(−1, 1)。正负样本在原空间是否线性可分?

第10章 神经网络与深度学习

10.1 神经网络概述

神经网络（neural network，NN）一词最早出现在 20 世纪中期，随着科学技术和人脑研究的发展，人们发现人体的大脑可以实现许多高级的功能，如拥有意识、产生情感等。受到人脑神经系统的启发，科学家开创了依靠简单、大量的神经元互相连接成的拥有高度非线性的超大规模连续时间动力的复杂网络系统，该系统具有高度的鲁棒性和大规模的并行分布处理能力，同时也具有一些非线性系统所具有的共性，如高维性、非平衡性、自适应性等。在现代机器学习领域，人们大多研究构成网络结构模型的人工神经元连接强度的一些学习参数，也将神经网络应用于生活当中的各种决策选择中，这是智能决策的重要研究领域。由于神经网络的各种特性，将其应用于智能决策支持系统的研究具有一定的理论价值和实用价值。

神经网络方法是一种知识表示方法和推理方法，产生式、框架等方法是知识的显式表示。例如，在产生式系统中，知识独立地表示为一条规则；而神经网络知识表示则是一种隐式的表示方法，它将某一问题的若干知识通过学习表示在同一网络中。神经网络的学习是指调整神经网络的连接权值或者结构，从而使输入和输出具有需要的特性。

神经网络的发展大致经过五个阶段，具体如下。

第一阶段：模型提出阶段，为 1943—1968 年，是神经网络发展的第一个高潮期。在此期间，科学家提出了许多神经元模型和学习规则。神经网络以其独特的结构和处理信息的方法，在许多实际应用领域（自动控制、模式识别等）中取得了显著的成效。

第二阶段：冰河期，为 1969—1982 年，是神经网络发展的第一个低谷期。在此期间，神经网络的研究处于长年停滞及低潮状态。

第三阶段：BP 算法引起的复兴阶段，为 1983—1994 年，是神经网络发展的第二个高潮期。这个时期中，BP 算法重新激发了人们对神经网络的兴趣。

第四阶段：流行度降低阶段，为 1995—2005 年。在此期间，SVM 和其他更简单的方法（例如线性分类器）在机器学习领域的流行度逐渐超过了神经网络。

第五阶段：深度学习的崛起阶段，为 2006 年至今。在这一时期研究者逐渐掌握了训练深层神经网络的方法，使得神经网络重新崛起，应用到社会的许多领域，如 Al-jaboriy 等（2019）用局部像素信息训练相关神经节点来进行急性淋巴细胞白血病分割；Liu 等（2019）使用神经网络研究了期权定价并给出了相应的隐含波动率；Ojeda 等（2021）用人工神经网络测定了混凝土抗压强度；Javaid 等（2021）将神经网络应用于新冠肺炎数据分析中，并取得了不错的成果；李建勋等（2021）基于人工神经网络对煤矿开采中的沉陷预测系统进行了设计。

10.1.1 神经网络的学习算法

神经网络按照其结构可分为前向神经网络和反馈网络,其中前向神经网络包括两种基本形式:感知机和多层前向神经网络。感知机由一个输出层和一个输入层组成,中间没有隐层,只能解决线性可分的分类问题。多层前向神经网络由一个输入层、一个或多个隐层、一个输出层组成,各层依次排列,第 i 层的神经元只接受第 $i-1$ 层神经元给出的信号,各层神经元之间没有反馈,它可以用来解决非线性分类问题。多层前向神经网络的各层均是由一些称为神经元的独立单元组成的,每个神经元都是一个处理器,用来完成对信息的简单加工,层与层之间由一组权(weight)连接,每个连接权都用来存储一定的信息,并提供信息通道。多层前向神经网络可用一个有向图表示,如图 10.1 所示。BP 网络就是一种多层前向神经网络,是目前最常见、应用最广的一种神经网络。

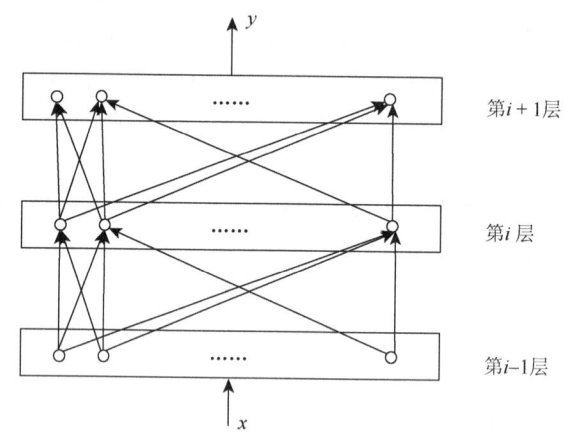

图 10.1 多层前向神经网络

圆圈表示神经元,箭头表示连接权

在图 10.1 中,对于前向神经网络,当输入一个向量 x 时,经过网络之后就得到了一个输出向量 y,故前向神经网络可以看成是完成 y 映射的一个变换器。

要对前向神经网络的神经元进行深入研究,首先必须对它建立一个数学模型。首个神经元数学模型是由 McCulloch 和 Pitts(1943)提出的,这个数学模型一直沿用至今,如式(10.1)所示:

$$y_i = \text{sgn}\left[\sum_j (\omega_{ij} x_j - \theta_i)\right] \tag{10.1}$$

其中,θ_i 为阈值;ω_{ij} 为权系数;sgn 为符号函数。

当净输入超过阈值时,y_i 取+1,反之为-1。如果考虑到输出与输入的延时作用,式(10.1)应为

$$y_i(t+1) = \text{sgn}\left[\sum_j (\omega_{ij} x_j - \theta_i)\right] \tag{10.2}$$

第 10 章 神经网络与深度学习

下面为了方便讨论 BP 算法，再介绍一个以 S 型函数为其激活函数的神经元模型。

令 $I_i = \sum_j (\omega_{ij} x_j - \theta_i)$，称为第 i 个元件的净输入；令 $y_i = f(I_i)$，称为 S 型函数（取值范围为 0—1），表示第 i 个元件的输出，其中 $f(u) = \dfrac{1}{1+e^{-u}}$。以 S 型函数为激活函数的神经元模型，称为 S 型神经模型。

先讨论采用 S 型函数的神经网络。设前向神经网络如图 10.1 所示（三层前向神经网络）。

设网络的输入是 n 维向量 $x = (x_1, x_2, \cdots, x_n)$，输出是 m 维向量 $y = (y_1, y_2, \cdots, y_m)$。第一层有 J 个神经元，其输出为 $g = (g_1, g_2, \cdots, g_J)$。第二层有 K 个神经元，其输出为 $h = (h_1, h_2, \cdots, h_K)$。第三层有 m 个神经元，其输出为 $y = (y_1, y_2, \cdots, y_m)$。第一层的权系数记为 $\omega_{ij}(1)$，第二层的权系数记为 $\omega_{ij}(2)$，第三层权系数记为 $\omega_{ij}(3)$。因为第 $i-1$ 层的输出就是第 i 层的输入，故为方便分析，下面采用一个统一的记法。

用 $O(l-1)_j^p$ 表示 l 层在学习第 p 个样本时输入向量的第 j 个分量，$O(l)_j^p$ 表示第 l 层在学习第 p 个样本时输出向量的第 j 个分量。在这个约定的记号下，第 l 层神经元对应的函数关系可表示为

$$O(l)_i^p = f\left(I(l)_i^p\right), \quad I(l)_i = \sum_{j=1}^{L} \omega(l)_{ij} O(l-1)_j^p - \theta(l)_i \tag{10.3}$$

若令 $O(l-1)_0^p = 1$，$-\theta(l)_i = \omega(l)_{i0}$，则 $I(l)_i^p$ 可以写成齐次形式，即

$$I(l)_i^p = \sum_{j=0}^{L} \omega(l)_{ij} O(l-1)_j^p \tag{10.4}$$

前向神经网络学习的问题是给定一个前馈网络以及一个训练样本集

$$K = \left\{ r^1 = (x^1, y^1), r^2 = (x^2, y^2), \cdots, r^m = (x^m, y^m) \right\} \tag{10.5}$$

现在要确定各元件的权、阈值，使其对应网络的功能函数 $f(x) = y$ 满足

$$f(x^i) = y^i, \quad \forall i \tag{10.6}$$

S 型函数的神经网络近几年被应用在许多领域，如廖聿宸等（2020）提出了一种基于 S 型函数拟合的模型定阶方法，在应用随机子空间识别方法时可以合理确定模型阶次；温惠英和周玮明（2009）根据交通流复杂性的特点，提出了一种基于 S 型函数标准化数据预处理的交通流量径向基函数（radial basis function，RBF）网络预测方法。

下面介绍前向神经网络的 BP 算法。

BP 算法实质上是以网络误差的平方和为目标函数，然后用梯度法求目标函数，并使其达到最小值的算法。

下面利用最速下降法来推导采用 S 型函数的三层前向神经网络的 BP 算法。设对样本 p 进行学习时，其输出向量的理想值为 y^p，其实际值为 $O(3)^p$，于是其第 i 个分量的误差为 $\varepsilon_i^p = \left(y_i^p - O(3)_i^p\right)$。取其平方和得

$$E^p = \sum_{i=1}^{M} \left(\varepsilon_i^p\right)^2 \tag{10.7}$$

现在我们希望通过不断改变网络中各元件的权系数，使 E 尽可能小。为此，我们采

取最速下降法进行求解。按最速下降法，各权的调整量为

$$\Delta\omega(l)_{ij} = \frac{-\alpha\partial E^p}{\partial \omega(l)_{ij}}, \quad i=1,2,\cdots,Q, \quad j=1,2,\cdots,l, \quad l=1,2,3 \quad (10.8)$$

在对函数求偏导数时，要特别注意函数的复合关系，如 E^p 对 $\omega(3)_{ij}$ 有多层复合关系。第一层 E^p 是 ε_i^p 的函数，即 $E^p = \sum\left(\varepsilon_i^p\right)^2$；第二层 ε_i^p 是 $O(l)_i^p$ 的函数，即 $\varepsilon_i^p = \left(y_i^p - O(l)_i^p\right)$；第三层 $O(l)_i^p$ 是 $I(l)_i^p$ 的函数，即 $O(l)_i^p = f\left(I(l-1)_i^p\right)$；第四层是 $I(l)_i^p = \sum\omega(l)_{ij}O(l-1)_j^p$。

若是对 $\omega(2)_{ij}$ 求偏导数，则还需再加两层复合关系：第五层 $O(l)_i^p$ 是 $I(l-1)_i^p$ 的函数，即 $O(l)_i^p = f\left(I(l-1)_i^p\right)$；第六层是 $\omega(l-1)_{ij}$ 的函数，即 $I(l-1)_i^p = \sum\omega(l-1)_{ij}O(l-2)_j^p$。

每深入一层就必须增加两次复合关系。

现在对有关函数求偏导数：

$$\frac{\partial E^p}{\partial \omega(l)_{ij}} = \frac{\partial E^p}{\partial I(l)_i^p} \times \frac{\partial I(l)_i^p}{\partial \omega(l)_{ij}} \quad (10.9)$$

定义新变量 $\delta(l)_i^p$ 为

$$-\delta(l)_i^p = \frac{\partial E^p}{\partial I(l)_i^p} \quad (10.10)$$

这个新变量的引入是非常关键的，因为它的引入，BP 算法计算公式的物理概念变得非常清晰（即误差的向后传播），而且计算公式在形式上变得十分对称优美。

式（10.9）右边第二项可直接计算，即

$$\frac{\partial I(l)_i^p}{\partial \omega(l)_{ij}} = \frac{\partial\left[\sum_{i=0}^{L}\omega(l)_{ij}O(l-1)_j^p\right]}{\partial \omega(l)_{ij}} = O(l-1)_j^p \quad (10.11)$$

将式（10.10）和式（10.11）代入式（10.9），再由式（10.8）可得

$$\Delta\omega(l)_{ij} = \alpha\delta(l)_i^p O(l-i)_j^p, \quad i=1,2,\cdots,Q, \quad j=1,2,\cdots,l, \quad l=1,2,3 \quad (10.12)$$

其中，$O(l-1)_j^p$ 可以直接从神经网络中得到，但 $\delta(l)_i^p$ 不能直接得到，为此，我们再次利用复合函数求微分法解之，即

$$\delta(l)_i^p = -\frac{\partial E^p}{\partial O(l)_i^p} \times \frac{\partial O(l)_i^p}{\partial I(l)_i^p} \quad (10.13)$$

式（10.13）右边第二项，可直接计算，即

$$\frac{\partial O(l)_i^p}{\partial I(l)_i^p} = f'\left(I(l)_i^p\right) \quad (10.14)$$

现在来计算式（10.13）右边的第一项，分两种情况进行讨论。

第一种情况，对网络的输出层（即第三层），直接计算得

$$\frac{\partial E^p}{\partial O(l)_i^p} = -2\left[y_i^p - O(l)_i^p\right], \quad l=3, \quad i=1,2,\cdots,M \quad (10.15)$$

将其代入式（10.13），得到

$$\delta(l)_i^p = 2\left[y_i^p - O(l)_i^p\right], \quad l=3, \quad i=1,2,\cdots,M \tag{10.16}$$

第二种情况，对网络的隐层，对式（10.13）右边第一项求复合微分时，每深入一层，要再增加两次复合运算，直接计算得

$$\frac{\partial E^p}{\partial O(l)_i^p} = \sum_{k=1}^{Q} \frac{\partial E^p}{\partial I(l+1)_k^p} \times \frac{\partial I(l+1)_k^p}{\partial O(l)_i^p}, \quad l=1, \ Q=K \ \text{或} \ l=2, \ Q=M \tag{10.17}$$

对式（10.17）右边第一项，有

$$\frac{\partial E^p}{\partial I(l+1)_k^p} = -\delta(l+1)_k^p \tag{10.18}$$

这样，式（10.17）可写成

$$\frac{\partial E^p}{\partial O(l)_i^p} = -\sum_{k=1}^{Q} \delta(l+1)_k^p \omega(l+1)_{ki} \tag{10.19}$$

$$l=1, \ Q=K, \ i=1,2,\cdots,J \ \text{或} \ l=2, \ Q=M, \ i=1,2,\cdots,K$$

将式（10.15）和式（10.19）代入式（10.14），可得

$$\delta(l)_i^p = \left[\sum_{i=1}^{Q} \delta(l+1)_k^p \omega(l+1)_{ki}\right] f'\left(I(l)_i^p\right) \tag{10.20}$$

$$l=1, \ Q=K, \ i=1,2,\cdots,J \ \text{或} \ l=2, \ Q=M, \ i=1,2,\cdots,K$$

在式（10.20）中，若我们将 $\delta(l)_i^p$ 理解为第 l 层误差的第 i 个分量，则由式（10.20）知，它是由上一层（第 $l+1$ 层）的误差各分量乘以对应的权系数 $\omega(l+1)_{ki}$ 的和，而 $\omega(l+1)_{ki}$ 恰好是第 $l+1$ 层的第 k 个元件与第 l 层的第 i 个元件的连线上的权系数。换句话说，是将第 $l+1$ 层的误差沿各自到第 l 层上第 i 个元件的连线（乘上对应的权系数再取和）传到第 l 层的第 i 个元件上，故称此算法为 BP 算法。

最后，对于式（10.20）中右边最后一项，由 f 的表达式可计算得

$$f'\left(I(l)_i^p\right) = O(l)_i^p \left[1 - O(l)_i^p\right] \tag{10.21}$$

于是，各 $\delta(l)_i^p$ 的计算公式为

$$\delta(l)_i^p = 2\left[y_i^p - O(l)_i^p\right] O(l)_i^p \left[1 - O(l)_i^p\right], \quad l=3$$

$$\delta(l)_i^p = \sum_{i=1}^{Q} \delta(l+1)_k^p \omega(l+1)_{ki} O(l)_i^p \left[1 - O(l)_i^p\right] \tag{10.22}$$

$$l=1, \ Q=K, \ i=1,2,\cdots,J \ \text{或} \ l=2, \ Q=M, \ i=1,2,\cdots,K$$

综上，BP 算法的网络调整系数的公式如式（10.23）、式（10.24）和式（10.25）所示。

当 $l=3$ 时，

$$\Delta^p \omega(3)_{ij} = 2\alpha \left[y_i^p - O(3)_i^p\right] O(3)_i^p \left[1 - O(3)_i^p\right] O(2)_j^p \tag{10.23}$$

$$i=1,2,\cdots,M, \quad j=0,1,\cdots,K$$

当 $l=2$ 时，

$$\Delta^p \omega(2)_{ij} = \alpha \left[\sum_{k=1}^{M} \delta(3)_k^p \omega(3)_{ki}\right] O(2)_i^p \left[1 - O(2)_i^p\right] O(1)_j^p \tag{10.24}$$

$$i=1,2,\cdots,K, \quad j=0,1,\cdots,J$$

当 $l=1$ 时,

$$\Delta^p \omega(1)_{ij} = \alpha \left[\sum_{k=1}^{M} \delta(2)_k^p \omega(2)_{ki} \right] O(1)_i^p \left[1 - O(1)_i^p \right] O(0)_j^p \quad (10.25)$$

$$i = 1, 2, \cdots, K, \quad j = 0, 1, \cdots, J$$

其中, $O(0)_j^p = x_j^p$。

由于网络采用 S 型函数,故其输出的各神经元的理想值只能趋近于 1 或 0,而不能大于 1 或 0,于是在设置样本的理想值的分量时,一般设置各值为 0.9 或 0.1 较为适宜。

求解中步幅 α 的选择也是一个非常重要的问题。在学习的开始阶段 α 可以选大些,以便加快学习的速度;但当接近最佳点时,α 必须取得相当小才行,否则权系数将产生反复振荡而不能收敛,故在学习过程中对 α 采取逐步减小的办法,能收到很好的效果。另外,还可以采用加"惯性项"的办法,即权调整的公式为

$$\Delta^p \omega(l)_{ij}(l)_k = \alpha \delta(l)_i^p (t_K) + \eta \Delta \omega(l)_{ij} (t_R - 1) \quad (10.26)$$

$$i = 1, 2, \cdots, M, \quad j = 0, 1, \cdots, K$$

式(10.26)右边最后一项 $\eta \Delta \omega(l)_{ij} (t_R - 1)$ 称为"惯性项",权系数的初始值一般取为随机值。这一算法已越来越成熟:郑安芳和杨帆(2021)将改进的 BP 算法应用在多声道超声波流量计中;朱朝阳等(2017)基于主成分分析法结合 BP 算法对人工免疫识别软件缺陷预测模型进行了研究。

10.1.2 卷积神经网络

由于 BP 学习算法具有收敛速度慢、需要大量带标签的训练数据、容易陷入局部最优等缺点,因此 BP 神经网络只能包含少许隐层,从而限制了 BP 学习算法的性能,影响了该算法在诸多工程领域中的应用。许多研究通过数学和工程技巧来增加神经网络隐层的层数,也就是深度,这样的神经网络称为深度神经网络。

机器学习是研究计算机模拟人类学习行为的学科。因此,我们先要了解人的视觉系统是怎么工作的,知道研究哪些特征好、哪些特征不好。

1958 年,David Hubel 和 Torsten Wiesel 研究瞳孔区域与大脑皮层神经元的对应关系。他们在猫的后脑头骨上开了一个 3 毫米的小洞,并向洞里插入电极,以测量神经元的活跃程度。经历了很多天的反复试验后,David Hubel 发现了一种被称为"方向选择性细胞"的神经元。当瞳孔发现物体的边缘,而且这个边缘指向某个方向时,这种神经元细胞就会兴奋。因此,神经-中枢-大脑的工作过程或许是一个不断迭代、不断抽象的过程,即从原始信号做低级抽象,然后逐渐向高级抽象迭代。人类的逻辑思维经常使用高度抽象的概念。例如,从原始信号摄入开始(瞳孔摄入像素),接着做初步处理(大脑皮层某些细胞发现边缘和方向),然后抽象(大脑判定眼前物体的形状是圆形的)、进一步抽象(大脑进一步判定该物体是只气球)。这个生理学的发现促成了人工智能在四十年后的突破性发展。

Barlow(1982)总结了 1981 年诺贝尔生理学或医学奖获得者神经生物学家 David Hulel

和 Torsten Wiesel 的主要贡献是发现了视觉系统的信息处理是分级的——从低级的 V1 区提取边缘特征，到 V2 区的形状或者目标的部分等，再到更高层整个目标的行为等。也就是说，高层特征是低层特征的组合，从低层到高层的特征表示越来越抽象、越来越能表现语义或者意图；而抽象层面越高，存在的可能猜测就越少，越利于分类。

LeCun（1989）受生物学发现的启发，提出了卷积神经网络（convolutional neural networks，CNN）的雏形，并于后期正式提出卷积神经网络。卷积神经网络更像生物神经网络，是深度学习的基础，已经成为当前众多科学领域的研究热点之一，特别是在模式分类领域。由于该网络避免了对图像的复杂前期预处理，可以直接输入原始图像，避免了传统识别算法中复杂的特征提取和数据重建过程，因而得到了广泛的应用，成为当前语音分析和图像识别领域的研究热点。

卷积神经网络是一种多层神经网络，每层由多个二维平面组成，而每个平面由多个独立神经元组成。卷积神经网络的结构示例如图 10.2 所示。

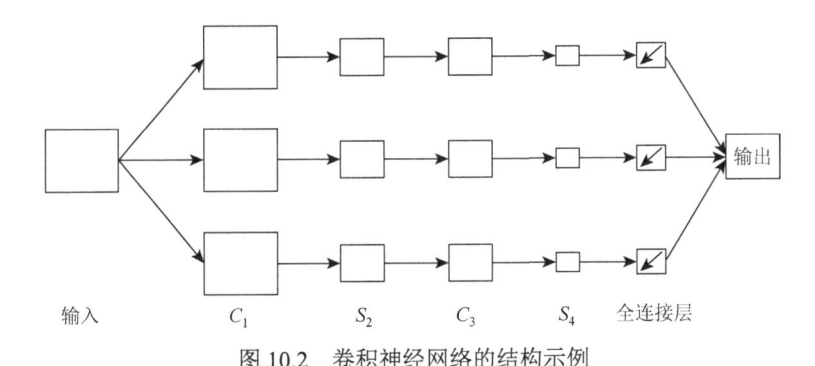

图 10.2 卷积神经网络的结构示例

不同大小的矩形代表不同层级。C 层为特征提取层，S 层是特征图层

卷积神经网络是由多个单层卷积神经网络组成的可训练的多层网络结构，是把提取特征、下采样（subsampling）和传统的神经网络整合起来形成的一个新网络。每个单层卷积神经网络包括卷积、非线性变换和下采样三个阶段，其中下采样阶段不是每层都必需的。

C 层为特征提取层，也称卷积层，代表对输入图像进行滤波处理后得到的层。每个神经元的输入与前一层的局部感受野（local receptive field）相连，并提取该局部的特征。

S 层是特征图层，也称下采样层，代表对输入图像进行下采样得到的层。网络的每个计算层由多个特征映射组成，每个特征映射为一个平面，平面上所有神经元的权值相等。特征映射结构采用影响函数核小的 sigmoid 函数作为卷积网络的激活函数，使特征映射具有位移不变性。

卷积神经网络中的每一个特征提取层 C 都紧跟着一个用来求局部平均与二次提取的计算层 S。C、S 层中的每一层都由多个二维平面组成，每一个二维平面都是一个特征图（feature map）。这种特有的两次特征提取结构能够容许识别过程中输入样本有较严重的畸变。

输入图像通过与三个滤波器和可加偏置进行卷积，在 C_1 层产生三个特征图。C_1 层的三个特征图分别通过下采样对特征图中每组的四个像素进行求和、加权、加偏置，得到 S_2 层的三个特征图。这三个特征图通过一个滤波器卷积得到 C_3 层的三个特征图。与前面类似，下采样得到 S_4 层的三个特征图。最后，S_4 层将特征图变成向量，输入传统的全连接神经网络中进一步分类，再得到输出。下采样层兼具特征降维和获得局部变化（如平移等）的不变性的双重作用。

图 10.2 中，C_1、S_2、C_3、S_4 层中的所有特征图都可以用"像素×像素"定义图像大小。由于这些特征图组成了神经网络的卷积层和下采样层，这些特征图中的每一个像素恰好代表了一个神经元，每一层所有特征图的像素个数就是这层网络的神经元个数。

一个典型的卷积神经网络结构由一系列的过程组成，如图 10.3 所示。

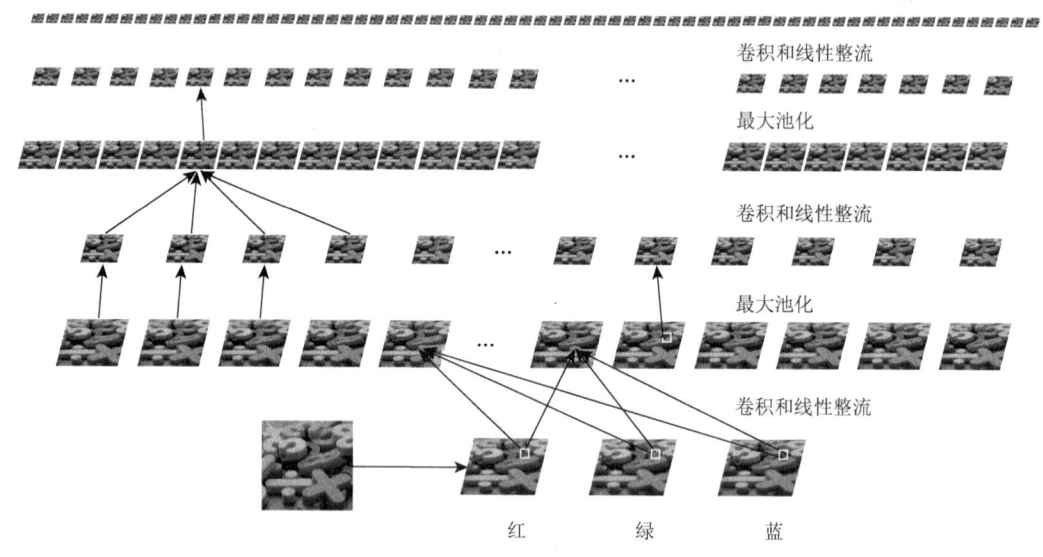

图 10.3　一个典型的卷积神经网络结构

最初的几个阶段是由卷积层和池化层组成的，卷积层的单元被组织在特征图中。在特征图中，每一个单元通过一组称为滤波器的权值被连接到上一层特征图中的一个局部块上，然后这个局部加权和被传给一个非线性函数，比如非线性激活函数 ReLU。一个特征图中的全部单元共享相同的滤波器，不同层的特征图使用不同的滤波器，使用这种结构出于两方面原因：一是在数组数据（如图像数据）中，附近的值经常是高度相关的，具有明显的局部特征；二是在一个地方出现的某个特征也可能出现在其他地方，所以不同位置的单元可以共享权值。在数学上，这种由一个特征图执行的滤波操作是一个离线卷积，这也是卷积神经网络名称的由来。

卷积神经网络使用局部连接、权值共享、多卷积核以及池化 4 个关键技术来利用自然信号的属性，下面分别介绍。

1. 卷积神经网络的局部连接

在图像处理中，往往把图像表示为像素的向量。如图 10.4（a）所示，1000×1000 像素的图像可以表示为一个包含 1 000 000 个元素的向量。在 BP 神经网络中，如果隐层数目与输入层一样，即也是 1 000 000 时，那么输入层到隐层的参数个数为 1 000 000×1 000 000 = 10^{12}，这么多的权值参数很难训练。

例如：1000×1000像素
100万个隐层神经元
10^{12}个权值

图像的空间联系是局部的

(a) 全连接神经网络

例如：1000×1000像素
100万个隐层神经元
局部感受野：10×10

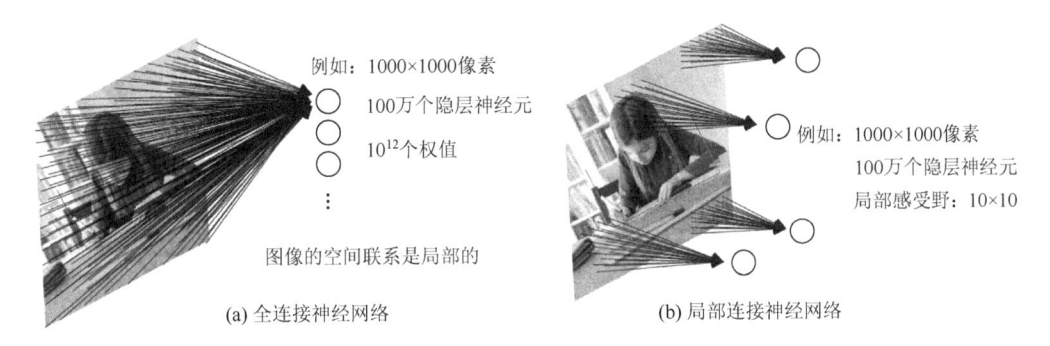

(b) 局部连接神经网络

图 10.4　卷积神经网络的局部连接

圆圈表示神经元，1M 隐层代表具有 100 万个神经元的隐层

卷积神经网络受生物学视觉系统结构启发，由每个映射面上的神经元共享权值，因而减少了网络自由参数的个数。

一般认为，人对外界的认知是从局部到全局的，而图像的空间联系也是局部的像素联系较为紧密。距离较远的像素相关性较弱。视觉皮层的神经元就是局部接收信息的，这些神经元只对某些特定区域的刺激进行响应。因而，每个神经元不是对全局图像进行感知，而是只对局部进行感知，然后在更高层将局部的信息综合起来得到全局信息。这样，就可以减少神经元之间的连接数，从而减少神经网络需要训练的权值参数的个数。

如图 10.4（b）所示，假如局部感受野是 10×10 像素，隐层的每个感受野只需要和这 10×10 像素的局部感受野相连接。所以 100 万个隐层神经元就只有 1 亿个连接，即 10^8 个参数，比原来减少了 4 个数量级，但需要训练的参数仍然很多，还可以进一步简化。

2. 卷积神经网络的权值共享

隐层的每一个神经元如果只和 10×10 像素的图像连接，也就是说每一个神经元存在 10×10 = 100 个连接权值参数，若将每个神经元的 100 个参数设置成相同的，那就只有 100 个参数。不管隐层的神经元个数有多少，输入层和隐层间的连接都只有 100 个参数，这就是卷积神经网络的权值共享。上述讨论未考虑每个神经元的偏置部分，所以共享权值个数需要加上 1，这也是同一种滤波器所共享的。

权值共享隐含的原理是：图像的一部分统计特性与其他部分是一样的。这也意味着在这一部分学习的特征也能用在另一部分上，所以对于这个图像上的所有位置都能使用同样的学习特征。

更直观一些，当从一个大尺寸图像中随机选取一小块，比如大小为 8×8 像素的图像作为样本，并且从这个小块样本中学习到了一些特征，这时可以把从该样本中学习到的特征作为探测器,应用到这个图像的任意地方中。特别是可以用从该样本中所学习到的特征与原本的大尺寸图像做卷积,从而可以从这个大尺寸图像上的任一位置获得一个不同特征的激活值。

3. 卷积神经网络的多卷积核

如上所述,只有 100 个参数时表明只有 1 个 100×100 大小的卷积核,显然,特征提取是不充分的。我们可以添加多个卷积核来提取不同的特征。每个卷积核都会将原图像生成为另一幅图像,如图 10.5 所示,两个卷积核生成了两幅图像(分别指左下和右上两个区域),这两幅图像可以看作是一张图像的不同通道。

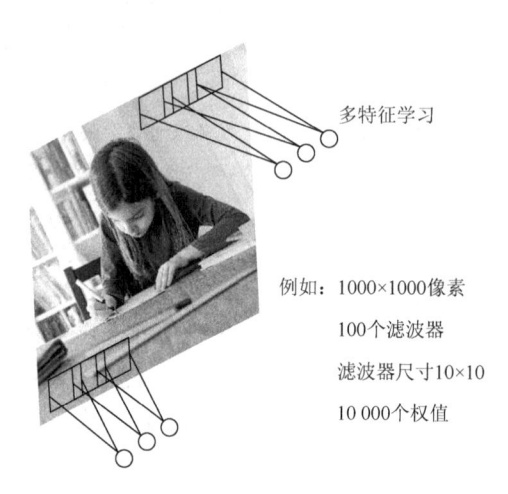

图 10.5 卷积神经网络的多卷积核

4. 卷积神经网络的池化

通过卷积获得特征之后,如果直接利用这些特征训练分类器,计算量是非常大的。例如,对于一个 96×96 像素的图像,假设已经学习得到了 400 个定义在 8×8 输入上的特征,每一个特征和图像卷积都会得到一个(96-8 + 1)×(96-8 + 1) = 7921 维的卷积特征。由于有 400 个特征,所以每个样本都会得到一个 7921×400 = 3 168 400 维的卷积特征向量。学习一个超过 300 万特征输入的分类器是非常困难的,且容易出现过拟合。

为了解决这个问题,需要对不同位置的特征进行聚合统计。例如,可以计算图像一个区域上的某个特定特征的平均值(或最大值),这些聚合的统计特征不仅拥有低得多的维度(相比使用所有提取到的特征),同时还会改善结果(不容易过拟合)。这种聚合操作就叫作池化(pooling),可以采用平均池化或者最大池化方法。

下面是卷积神经网络的实例。

自 21 世纪以来,卷积神经网络被成功地大量应用于图像识别、计算机视觉、自然语言处理等领域,这些应用都使用了大量的有标签数据,比如交通信号识别、生物信息分割、面部探测、文本等。近年来,卷积神经网络的一个重大成功应用是人脸识别,已经被用于几乎全部的识别和探测任务中。

杨立昆于 1998 年在贝尔实验室设计了一种基于卷积神经网络的手写数字识别系统 LeNet-5。该系统具有很高的准确性，当年美国大多数银行用它识别支票上面的手写数字，成功地实现了商用化。

LeNet-5 共有七层，有两个卷积层和两个全连接层。每个卷积层包括卷积、非线性激活函数映射和下采样三个步骤。除了输入层，每层都包含可训练参数（连接权重），如图 10.6 所示。LeNet-5 在两个卷积层上使用了不同数量的卷积核，第一层是 6 个，第二层是 16 个。输入图像为 32×32 像素。这样能够使一些重要特征，如笔画、断点或角点出现在最高层特征监测子感受域的中心。

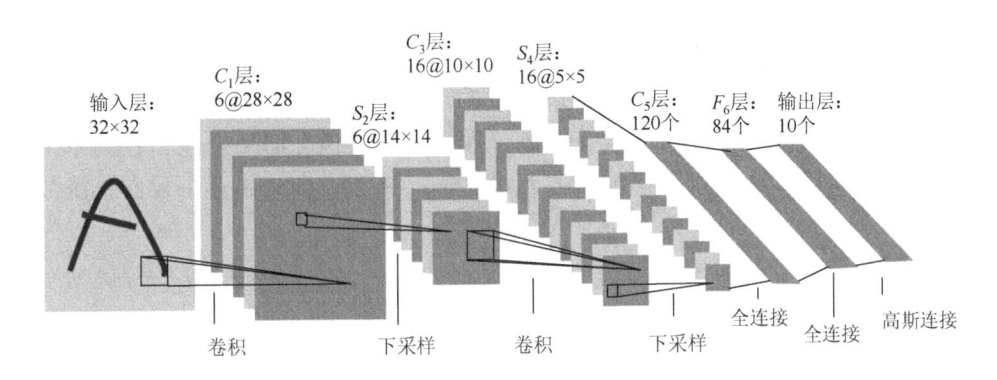

图 10.6 LeNet-5 系统结构

6@28×28 表示有 6 个大小为 28×28 像素的特征图，其余同理

C_1 层是卷积层，形成 6 个特征图谱。卷积的输入区域大小是 5×5，每个特征图谱内参数共享，即每个特征图谱内只使用一个共同卷积核，卷积核有 5×5 个连接参数加上 1 个偏置共 26 个参数。卷积区域每次滑动一个像素，这样卷积层形成的每个特征图谱的高度和宽度都是(32-5)/1 + 1 = 28，因此大小为 28×28。C_1 层共有 26×6 = 156 个训练参数，有 156×28×28 = 122 304 个连接。S_2 层是一个下采样层，有 6 个 14×14 像素的特征图。特征图中的每个单元与 C_1 层中相对应特征图的 2×2 像素邻域相连接。C_1 层每个单元的 4 个输入相加，乘以一个可训练参数，再加上一个可训练偏置，可得到 S_2 层。每个单元的 2×2 感受野并不重叠，因此 S_2 中每个特征图的大小是 C_1 层中特征图大小的 1/4（行和列各 1/2）。S_2 层有 6×(1 + 1) = 12 个可训练参数和 14×14×6×(2×2 + 1) = 5880 个连接。

C_3 层也是一个卷积层，同样通过 5×5 的卷积核去卷积 S_2 层，然后得到 10×10 个特征图，但是它有 16 种不同的卷积核，所以就存在 16 个特征图。

这里需要注意的是，C_3 层中的每个特征图并不都连接到 S_2 层中的所有特征图，我们需要将连接的数量保持在合理范围内而且使不同的特征图有不同的输入，迫使它们抽取不同的特征。这里用组合模拟人的视觉系统，底层的结构构成上层更抽象的结构，如边缘构成形状或者目标的部分。例如，C_3 的前 6 个特征图以 S_2 中 3 个相邻的特征图子集为输入，接下来 6 个特征图以 S_2 中的 4 个相邻特征图子集为输入；后续 3 个特征图以不相邻的 4 个特征图子集为输入，最后 1 个特征图以 S_2 中的所有特征图为输入。这样 C_3 层有 1516 个可训练参数和 151 600 个连接。

S_4 层是一个下采样层，由 16 个 5×5 像素的特征图构成。特征图中的每个单元与 C_3 中相应特征图的 2×2 像素邻域相连接，同 C_1 和 S_2 之间的连接一样。S_4 层 16×(1 + 1) = 32 个可训练参数和 2000 个连接。

C_5 层是一个卷积层，有 120 个特征图。每个单元与 S_4 层的全部 16 个单元的 5×5 像素邻域相连。由于 S_4 层特征图的大小为 5×5 像素，同滤波器一样，故 C_5 特征图的大小为 1×1 像素，这构成了 S_4 和 C_5 之间的全连接。C_5 层有 120×(16×5×5 + 1) = 48 120 个可训练连接。

根据输出层的设计，F_6 层有 84 个单元，与 C_5 层全相连，有 84×(120 + 1) = 10 164 个可训练参数。如同经典神经网络，F_6 层计算输入向量和权重向量之间的点积，再加上一个偏置，然后将其传递给 sigmoid 函数产生单元 i 的一个状态。输出层由欧氏径向基函数单元组成，每类一个单元，每个单元有 84 个输入。径向基函数是一个取值仅依赖于与原点距离的实值函数，欧氏距离是其中一个实例，即每个输出径向基函数单元计算输入向量和参数向量之间的欧式距离。输入离参数向量越远，径向基函数输出越大。

10.2 深度学习概述

10.2.1 深度学习的发展历程

为了学习一种好的表示，需要构建具有一定"深度"的模型，并通过学习算法来让模型自动学习出好的特征表示（从底层特征，到中层特征，再到高层特征），从而最终提升预测模型的准确率。"深度"是指原始数据进行非线性特征转换的次数。如果把一个表示学习系统看作一个有向图结构，"深度"也可以看作从输入节点到输出节点所经过的最长路径的长度。深度学习是机器学习领域中一个新的研究方向，它被引入机器学习，使其更接近于最初的目标——人工智能。陆鑫等（2002）与任明仑和杨善林（2002）对深度学习的功能及应用做了简单探讨。深度学习是学习样本数据的内在规律和表示层次，这些学习过程中获得的信息对诸如文字、图像和声音等数据的解释有很大的帮助。它的最终目标是让机器能够像人一样具有学习及分析能力，能够识别文字、图像和声音等数据。深度学习是一个复杂的机器学习算法，在语音和图像识别方面取得的效果，远远超过了先前的相关技术。Wang（2003）、Doersch 等（2015）以及 Zhou（2018）通过组合多个隐层的神经元，并利用非线性函数学习多个具有抽象意义的数据特征，达到了模拟神经网络的目的，这也是深度学习在神经网络领域的又一进展。

深度学习在搜索技术、数据挖掘、机器学习、机器翻译、自然语言处理、多媒体学习、语音、推荐和个性化技术，以及其他相关领域都取得了很多成果。深度学习使机器能够模仿视听和思考等人类的活动，解决了很多复杂的模式识别难题，使得人工智能相关技术取得了很大进步。这样我们就需要一种学习方法可以从数据中学习一个"深度模型"，这就是深度学习。深度学习是机器学习的一个子问题，其主要目的是从数据中自动学习到有效的特征表示。

图 10.7 给出了深度学习的数据处理流程。通过多层的特征转换，把原始数据变成更高层次、更抽象的表示。这些学习到的表示可以替代人工设计的特征，从而避免"特征工程"。

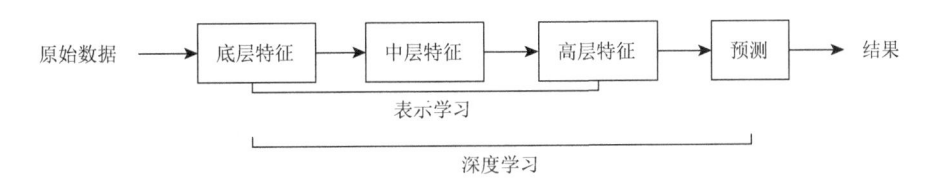

图 10.7 深度学习的数据处理流程

深度学习是将原始的数据特征通过多步的特征转换得到一种特征表示，并进一步输入预测函数得到最终结果。和"浅层学习"不同，Minsky（1961）指出深度学习需要解决的关键问题是贡献度分配问题（credit assignment problem，CAP），即一个系统中不同的组件或其参数对最终系统输出结果的贡献或影响。以下围棋为例，每当下完一盘棋，最后的结果是要么赢、要么输。我们会思考哪几步棋导致了最后的胜利，或者又是哪几步棋导致了最后的败局。如何判断每一步棋的贡献就是贡献度分配问题，这是一个非常困难的问题。从某种意义上讲，深度学习可以看作一种强化学习，每个内部组件并不能直接得到监督信息，需要通过整个模型的最终监督信息（奖励或惩罚）得到，并且有一定的延时性。

目前，深度学习采用的模型主要是神经网络模型，主要原因是神经网络模型可以使用 BP 算法，从而可以比较好地解决贡献度分配问题。只要是超过一层的神经网络都会存在贡献度分配问题，因此可以将超过一层的神经网络都看作深度学习模型，随着深度学习的快速发展，模型深度也从早期的 5—10 层增加到了目前的数百层。随着模型深度的不断增加，其特征表示的能力也越来越强，从而也使后续的预测更加容易。

在一些复杂任务中，传统机器学习方法需要将一个任务的输入和输出人为地切割成很多子模块（或多个阶段），每个子模块分开学习。比如，一个自然语言理解任务，一般需要分词、词性标注、句法分析、语义分析、语义推理等步骤。这种学习方式有两个问题：一是每一个模块都需要单独优化，并且其优化目标和任务总体目标并不能保证一致；二是错误传播，即前一步的错误会对后续的模型造成很大的影响，这样就增加了机器学习方法在实际应用中的难度。

端到端学习（end-to-end learning），也称端到端训练，是指在学习过程中不进行分模块或分阶段训练，直接优化任务的总体目标。在端到端学习中，一般不需要明确地给出不同模块或阶段的功能，中间过程不需要人为干预。端到端学习的训练数据为"输入—输出"对的形式，无须提供其他额外信息。因此，端到端学习和深度学习一样，都是要解决贡献度分配问题。目前，大部分采用神经网络模型的深度学习也可以看作一种端到端的学习。

理论上来说，参数越多的模型复杂度越高、容量（capacity）越大，这意味着它能完成更复杂的学习任务。但一般情形下，复杂模型的训练效率低，易陷入过拟合，因此难以受到人们青睐。随着云计算、大数据时代的到来，计算能力的大幅提高可缓解训练低效性，训练数据的大幅增加则可降低过拟合风险。因此，以深度学习为代表的复杂模型开始受到人们的关注。

典型的深度学习模型就是很深层的神经网络。显然，对神经网络模型，提高容量的一个简单办法是增加隐层的数目。隐层多了，相应的神经元连接权、阈值等参数就会更多。模型复杂度也可通过单纯增加隐层神经元的数目来实现，单隐层的多层前馈网络已具有很强大的学习能力；但从增加模型复杂度的角度来看，增加隐层的数目显然比增加隐层神经元的数目更有效，因为增加隐层的数目不仅增加了拥有激活函数的神经元数目，还增加了激活函数嵌套的层数。然而，多隐层神经网络难以直接用经典算法（如标准的 BP 算法）进行训练，因为误差在多隐层内逆传播时，往往会发散，而不能收敛到稳定状态。

无监督逐层训练（unsupervised layer-wise training）是多隐层网络训练的有效手段，它将上一层隐节点的输出作为本层的输入，并把本层输出作为下一层的输入，这个过程称为预训练（pre-training）。预训练完成后，对整个网络进行"微调训练"（fine-tuning）。例如，Kirwin等（2006）提出在深度信念网络（deep belief network，DBN）中，每层都是一个受限玻尔兹曼机，即整个网络可视为若干个受限玻尔兹曼机堆叠而成。在使用无监督学习算法逐层训练时，首先训练第一层，这是关于训练样本的受限玻尔兹曼机模型，可按标准的受限玻尔兹曼机训练；然后，将第一层预训练好的隐节点视为第二层的输入节点，对第二层进行预训练……各层预训练完成后，再利用 BP 算法等对整个网络进行训练。

事实上，"预训练+微调"的做法可视为将大量参数分组，对每组先找到局部看来比较好的设置，然后再基于这些局部较优的结果进行全局寻优。这样就在利用了模型大量参数所提供的自由度的同时，有效地节省了训练开销。

此外，节省训练开销的策略还有"权共享"（weight sharing），即让一组神经元使用相同的连接权。LeCun 和 Bengio（1998）提出的这个策略在卷积神经网络中发挥了重要的作用。

以 LeCun 等（1998）设计的用于手写数字识别任务的卷积神经网络为例，如图 10.8 所示。网络输入是一个 32×32 的手写数字图像，输出是其识别结果，卷积神经网络复合

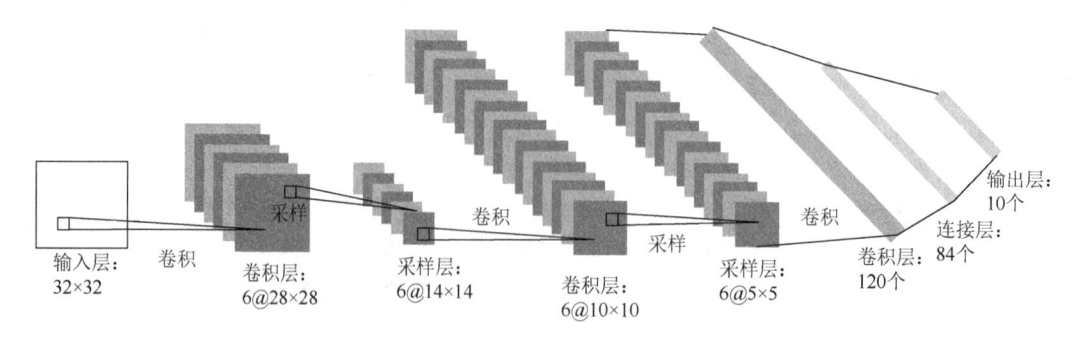

图 10.8 用于手写数字识别任务的卷积神经网络

6@28×28 表示有 6 个大小为 28×28 像素的特征图，其余同理

多个卷积层和采样层对输入信号进行加工，然后在连接层实现与输出目标之间的映射。每个卷积层都包含多个特征图，每个特征图是一个由多个神经元构成的平面，通过一种卷积滤波器提取输入的一种特征。

例如，图 10.8 中第一个卷积层由 6 个特征图构成，每个特征图大小为 28×28 像素，其中每个神经元负责从 5×5 像素的区域通过卷积滤波器提取局部特征。采样层亦称为池化层，其作用是基于局部相关性原理进行亚采样，从而在减少数据量的同时保留有用信息。例如，图 10.8 中第一个采样层有 6 个 14×14 像素的特征图，其中每个神经元与上一层中对应特征映射的 2×2 像素邻域相连，并据此计算输出。通过复合卷积层和采样层，图 10.8 中的卷积神经网络将原始图像映射成 120 维的特征向量，最后通过一个由 84 个神经元构成的连接层和 10 个神经元构成的输出层连接完成识别任务。

卷积神经网络可用 BP 算法进行训练，但在训练中，无论是卷积层还是采样层，其每一组神经元（即图 10.8 中的每个平面）都是用相同的连接权，从而大幅减少了需要训练的参数数目。

我们还可以换个角度来理解深度学习。无论是深度信念网络还是卷积神经网络，其多隐层堆叠、每层对上一层的输出进行处理的机制可看作是在对输入信号进行逐层加工，从而把初始的、与输出目标之间联系不太密切的输入表示，转化成与输出目标联系更密切的表示，使得原来仅基于最后一层输出映射难以完成的任务得以完成。换言之，通过多层处理，逐渐将初始的"低层"特征表示转化为"高层"特征表示后，用简单模型即可完成复杂的分类等学习任务。由此可将深度学习理解为进行"特征学习"（feature learning）或"表示学习"（representation learning）。

以往在机器学习用于现实任务时，描述样本的特征通常需由人类专家来设计，这称为特征工程（feature engineering）。其中的自动特征工程则引起了广泛的关注，自动特征工程的目的是自动发掘并构造相关特征来优化模型性能，包括自动选择最优参数、自动选择最优方法。除此之外，还包含特征选择、特征降维（Fisher, 1936; Vincent et al., 2008）、特征生成（Katz et al., 2016; Kanter and Veeramachaneni, 2015; Smith and Bull, 2005）、特征编码（Elad and Aharon, 2006; Zeiler et al., 2010; Yu et al., 2009）等特定的特征增强方法，这些方法在自动机器学习领域有很大的发展空间。

众所周知，特征的好坏对泛化性能有至关重要的影响，但是人类专家设计出好特征也并非易事。特征学习则通过机器学习技术自身来产生好的特征，这使机器学习向"全自动数据分析"的目标又前进了一步。

10.2.2 深度学习的应用

目前，深度学习已经得到广泛应用，而且新的应用正在像雨后春笋般不断出现，下面仅列举两个方面的应用。

1. 深度学习在博弈当中的应用

人工智能在博弈中的成功应用举世瞩目。1997 年 IBM 的深蓝计算机系统击败国际象棋棋王卡斯帕罗夫，此后的十年里，人类与机器在国际象棋比赛上互有胜负，直到 2006 年棋王克拉姆尼克被国际象棋软件 Deep Fritz 击败后，人类再也没有击败过电脑。

2016 年 3 月，AlphaGo 以 4∶1 战胜韩国棋手李世石，成为第一个击败人类职业围棋选手的电脑程序。2016 年 12 月，AlphaGo 在 5 天内横扫中日韩棋坛，以 60 场连胜纪录告退。2017 年 5 月，AlphaGo 在乌镇以 3∶0 完胜柯洁。

2. 深度学习在医学影像识别中的应用

基于深度学习等人工智能技术的 X 射线、核磁共振、计算机体层扫描（computed tomography，CT）、超声等医疗影像多模态大数据的分析技术，可提取二维或三维医疗影像中隐含的疾病特征。例如，在 I 型干扰素病识别中，将 1 万张有标记的影像交给机器学习，然后让 3 名医生和计算机一起看另外的 3000 张有标记的影像，结果显示人的精度为 84%，而计算机的精度可达 97%。

Schlegl 等将生成对抗网络（generative adversarial network，GAN）用于医学图像的异常检测，通过学习健康数据集的特征，可抽象出病变特征。例如，GAN 能够检测到测试样本中的视网膜积液，二者在训练样本集中并没有出现过，因此可将视网膜积液识别为病变特征。

10.2.3　常用的深度学习框架

在深度学习中，一般通过 BP 算法来进行参数学习。采用手工方式来计算梯度，再写代码实现的方式会非常低效，并且容易出错。此外，深度学习模型需要的计算机资源比较多，一般需要在 CPU 和 GPU（graphics processing unit，图形处理单元）之间不断进行切换，开发难度也比较大。因此，一些支持自动梯度计算、无缝 CPU 和 GPU 切换等功能的深度学习框架应运而生。比较有代表性的框架包括：Theano、Caffe、TensorFlow、PyTorch、飞桨（PaddlePaddle）、Chainer 和 MXNet 等。

Theano：一种 Python 工具包，用来高效地定义、优化和计算张量数据的数学表达式，Theano 可以透明地使用 GPU 和高效的符号微分运算。

Caffe：是由加利福尼亚大学伯克利分校开发的针对卷积神经网络的计算框架，主要用于计算机视觉。Caffe 用 C++和 Python 实现，可以通过配置文件来实现所要的网络结构，不需要编码。

TensorFlow：由 Google 公司开发的深度学习框架，可以在任意具备 CPU 或者 GPU 的设备上运行。TensorFlow 的计算过程使用数据流图来表示，TensorFlow 的名字来源于其计算过程中的操作对象为多维数组，即张量。TensorFlow 1.0 版本采用静态计算图，2.0 版本之后也支持动态计算图。

PyTorch：由 Facebook、NVIDIA、Twitter 等公司开发维护的深度学习框架，其前身为 Lua 语言的 Torch。PyTorch 也是基于动态计算图的框架，在需要动态改变神经网络结构的任务中有着明显的优势。

飞桨：是由百度开发的一个高效和可扩展的深度学习框架，同时支持动态图和静态图。飞桨提供了强大的深度学习并行技术,可以同时支持稠密参数和稀疏参数场景的超大规模深度学习并行训练,支持千亿规模参数和数百个节点的高效并行训练。

MindSpore:由华为公司开发的一种适用于云边端场景的新型深度学习训练/推理框架。MindSpore 为 Ascend(昇腾)系列的人工智能处理器提供原生支持,以及软硬件协同优化服务。

Chainer:一个最早采用动态计算图的深度学习框架,其核心开发团队为来自日本的一家机器学习创业公司 Preferred Networks,和 TensorFlow、Theano、Caffe 等框架使用的静态计算图相比,动态计算图可以在运行时动态地构建计算图,因此非常适合一些复杂的决策或推理任务。

MXNet:由亚马逊、华盛顿大学和卡内基梅隆大学等开发维护的深度学习框架。MXNet 支持混合使用符号和命令式编程来最大化效率与生产率,并可以有效地扩展到多个 GPU 和多台机器。

在这些基础框架之上,还有一些建立在这些框架之上的高度模块化的神经网络库,它们使得构建一个神经网络模型就像搭积木一样容易。其中比较有名的模块化神经网络框架有:①基于 TensorFlow 和 Theano 的 Keras;②基于 Theano 的 Lasagne;③面向图结构数据的 DGL 10。

课 后 习 题

1. 试述将线性函数 $f(x)=\omega^{\mathrm{T}}x$ 用作神经元激活函数的缺陷。
2. 试推导 BP 算法中的更新公式。
3. 试设计一个 BP 改进算法,能通过动态调整学习率显著提升收敛速度,编程实现该算法,并选择两个 UCI(University of California, Irvine,加利福尼亚大学尔湾分校)数据集与标准 BP 算法进行实验比较。
4. 试构造一个能解决异或问题的单层径向基函数神经网络。
5. 试推导用于 Elman 网络的 BP 算法。
6. 从网上下载或自己编程实现一个卷积神经网络,并在手写字符识别数据集 MNIST [MNIST 是一个手写体数字的图片数据集,该数据集由美国国家标准与技术研究所(National Institute of Standards and Technology,NIST)发起整理,"M"是 modified 的缩写] 上进行实验测试。
7. 为什么说人工神经网络是一个非线性系统?如果 BP 神经网络中所有节点都为线性函数,那么,BP 神经网络还是一个非线性系统吗?
8. 简述人工神经网络的知识表示形式和推理机制,试举例说明。
9. BP 算法是什么类型的学习算法?它主要有哪些不足?
10. 简述卷积神经网络的结构。
11. 简述卷积神经网络的 4 个关键技术及其作用。

第 11 章 智能决策支持系统及其应用

11.1 决策支持系统

11.1.1 决策支持系统概述

1. 决策支持系统的概念

通常情况下，人做出决策时，会依据个人经验感性而主观地判断事情的发展方向。随着计算机、互联网的不断普及，做决策可依据和参照的客观信息越来越多。人们可以通过对这些信息的分析解读，最大限度地提高决策成功概率。决策支持系统是管理信息系统应用概念深化后在管理信息系统基础上发展起来的系统。1971 年，由 Scott 和 Keen 首次提出了决策支持系统的概念，标志着利用计算机与信息支持决策的研究和应用进入了一个新的阶段，并形成了决策支持系统新学科。之后很多学者又在后续的实践或研究中给出了不同角度的定义。其中较为权威的有：Spraque 认为决策支持系统是解决半结构化或者非结构化问题、服务于高层决策的管理信息系统，以对话的方式使用决策支持系统，能够适应环境和用户要求的变化，并将模型和分析技术与传统的数据存储、检索功能结合起来；Keen 认为决策支持系统就是将"决策""支持""系统"汇聚成一体，通过不断发展的计算机系统技术和逐渐拓展的支持能力来实现更好的辅助决策。

本书利用陈文伟和廖建文在《决策支持系统及其开发》一书中的定义：决策支持系统是按决策问题的需要，利用数据、模型、知识等决策资源，组合形成解决问题的多种方案，通过计算获得辅助决策的依据，从而支持科学决策的计算机程序系统。在这一定义中，强调了以下几点：数据和模型对决策支持系统有支持作用；决策支持系统的工作方法比运筹学单模型辅助和单纯的知识推理更加注重决策资源的组合，以方案的形式支持决策；支持系统的解决方案可以根据需要修改；决策支持系统是计算机程序系统，易于开发。

2. 决策支持系统的作用和特征

决策支持系统只是支持用户而不是代替用户判断。因此，并不提供所谓"最优"的解，而是给出一类满意解，让用户自行决断。同时，决策支持系统并不要求用户给出一个预先定义好的决策过程。系统所支持的主要对象是半结构化和非结构化的决策（即不能完全用数学模型、数学公式来求解）。它的一部分分析可由计算机自动进行，但需要用户的监视和及时参与。采用人机对话的有效形式解决问题，能够充分利用人的丰富经验，以及计算机的高速处理及存储量大的特点，各取所长，有利于问题的解决。总的来说，决策支持系统有以下几点作用。

（1）管理并随时提供与决策问题有关的组织内部信息，如订单要求、库存状况、生产能力与财务报表等。

（2）收集、管理并提供与决策问题有关的组织外部信息，如政策法规、经济统计信息、市场行情、同行动态与科技进展等。

（3）收集、管理并提供各项决策方案执行情况的反馈信息，如订单或合同执行进程、物料供应计划落实情况、生产计划完成情况等。

（4）能以一定的方式存储和管理与决策问题有关的各种数学模型，如定价模型、库存控制模型与生产调度模型等。

（5）能够存储并提供常用的数学方法及算法，如回归分析方法、线性规划方法、最短路径算法等。

（6）使用的数据、模型与方法能容易地修改和添加，如数据模式的变更、模型的连接或修改、各种方法的修改等。

（7）能灵活地运用模型与方法对数据进行加工、汇总、分析、预测，得出所需的综合信息与预测信息。

（8）具有方便的人机对话和图像输出功能，能满足随机的数据查询要求，回答"如果……则……"之类的问题。

（9）提供良好的数据通信功能，以保证及时收集所需数据并将加工结果传送给使用者。

（10）加工速度与响应时间等工作效率指标基本能令使用者满意，不会让使用者等待太长的时间，保障效率的同时也不影响使用者的情绪。

但是，决策支持系统并不是万能的，随着计算机技术的发展，智能决策支持系统升级了很多决策支持系统不具备的功能，其更卓越的特征将在11.2节介绍。本节介绍的传统的决策支持系统有以下特征。

（1）主要针对管理人员经常面临的结构化程度不高、说明不够充分的问题。

（2）把模型或分析技术与传统的数据存取及检索技术结合了起来。

（3）易于为非计算机专业人员以交互会话的方式使用。

（4）强调对环境及用户决策方法改变的灵活性和适应性。

（5）支持但不是代替高层管理者制定决策。

3. 决策支持系统的基本结构

谭跃进等（2011）将决策支持系统的框架结构从信息分布的角度划分为"多库结构"和"3S结构"。"多库结构"是指决策支持系统由问题库、数据库、模型库、方法库、知识库、媒体库、文本库及有关的管理系统，人机系统和问题处理系统组成。"3S结构"是指决策支持系统由语言系统、问题处理系统和知识系统组成。本书采用更加具体的定义，认为决策支持系统的基本结构主要由四个部分组成，即数据部分、模型部分、推理部分和人机交互部分。①数据部分是一个数据库系统。决策支持系统的数据库不同于一般数据库，它为决策提供数据或资料，有很高的性能要求，是在原基层数据库的基础上建立起来的专用数据库。现在，一般由数据仓库来充当决策支持系统的数据库。②模型部分包括模型库及其管理系统,它是决策支持系统的核心,是最重要的也是较难实现的部分。模型库为决策提供分析能力,模型库分析能力的定义是转化非结构化问题的程度。模型库管理系统支持决策问题的定义和概念模型化以及维护模型,包括增删改查等。③推理部分由知识库、知识库管理系统和推理机组成。知识库,是对事实和规则的推理,将定性的知识推理功能和定量的计算功能有机地结合起来。知识库管理系统提供对知识和规则的存储、检索、修改、检查等操作。推理机是从已知事实推出新事实的一组程序,即利用知识库中的知识进行推理,对给定的问题进行求解,得到结论。④人机交互部分是决策支持系统的人机交互界面,用以接收和检验用户请求,调用系统内部功能软件为决策服务,使模型运行、数据调用和知识推理达到有机统一,从而有效地解决决策问题。

4. 决策支持系统的发展和挑战

决策支持系统是在信息论、计算机技术、管理科学和运筹学、信息经济学、行为科学和人工智能发展的基础上蓬勃发展起来的。在20世纪70年代,研究开发出了许多较有代表性的决策支持系统。例如,支持投资者日常投资决策的证券投资组合管理系统,用于产品推销、定价和广告决策的BRANDAID以及辅助大型卡车生产厂家规划决策的计算效率信息系统等。

到70年代末,决策支持系统大多由模型库、数据库及人机交互系统等三个部件组成,它被称为初阶决策支持系统。80年代初,决策支持系统增加了知识库,构成了三库系统。知识库系统是有关规则、因果关系及经验等知识的获取、解释、表示、推理及管理与维护的系统。知识库系统对知识的获取是一大难题,但几乎与决策支持系统同时发展起来的专家系统在此方面有所进展。

80年代后期,人工神经元网络及机器学习等技术的研究与应用为知识的学习和获取开辟了新的途径。专家系统与决策支持系统相结合,充分利用专家系统定性分析与决策支持系统定量分析的优点,形成了智能决策支持系统,提高了决策支持系统支持非结构化决策问题的能力。这将在11.2节给出详细的介绍。

近年来,决策支持系统与计算机网络技术结合构成了新型的能供异地决策者共同参与决策的群体决策支持系统(group decision support system,GDSS)。GDSS利用便捷的网络通信技术在多位决策者之间沟通信息,提供良好的协商与综合决策环境,以支持需要集体做出决定的重要决策。

在GDSS的基础上,为了支持范围更大规模的复杂决策,包括个人与组织共同参与的复杂决策,人们又将分布式的数据库、模型库与知识库等决策资源有机地集成,构建了分布式决策支持系统(distributed decision support system,DDSS)。

决策支持系统产生以来,相关研究与应用一直很活跃,新概念、新系统层出不穷。1985年Owen等学者提出了由专业人员组成的、支持决策者使用决策支持系统解决决策问题的决策支持中心(decision support center,DSC)的概念。

决策支持系统的发展还体现在组成部件的扩展与部件组成的结构变化上。其研究与应用范围不断扩大,层次不断提高,国外相继出现了多种高性能的通用和专用决策支持系统。SimPlan、IFPS(Interactive Financial Planning System,交互式财务规划系统)、Express、

EIS（Executive Information System，高管信息系统，旨在为企业高层提供关键的数据和信息）、Empire、GADS、VisiCalc 等都是国际上很流行的决策支持系统软件。

现在，决策支持系统已逐步应用于大、中、小型企业的预算分析、预算与计划、生产与销售、研究与开发等部门，并开始应用于军事决策、工程决策、区域开发等方面。目前我国在决策支持系统领域的研究已有不少成果，但总体上发展较为缓慢，并且随着科学技术的迅速发展，在现代信息化的环境下，人们对决策信息的质量要求更高，只依靠经验和直觉进行决策往往是不准确的，必须借助一些关键的、量化的指标。现如今，决策者在决策时面临的环境更加复杂，考虑全部因素，并将其合理地添加到模型中是一件十分困难的事情。另外，条件在变，环境在变，因素也在变，如何建立一个能够适应变化、及时处理变化并产生新结果的模型是十分必要但又十分困难的。随着时代进步的步伐加快，不管是个人还是集体工作的节奏都在不断加快，对于这样一个注重高效率的环境，决策支持系统也必须保证其决策速度是可以满足时代发展需要的，尤其是一些突发事件的危机管理，例如军事斗争准备、联合作战指挥控制等。

11.1.2 决策支持系统的组成部分

大多数专家学者都认为决策支持系统的组成包括数据库、模型库、知识库和人机交互系统，如图 11.1 所示。

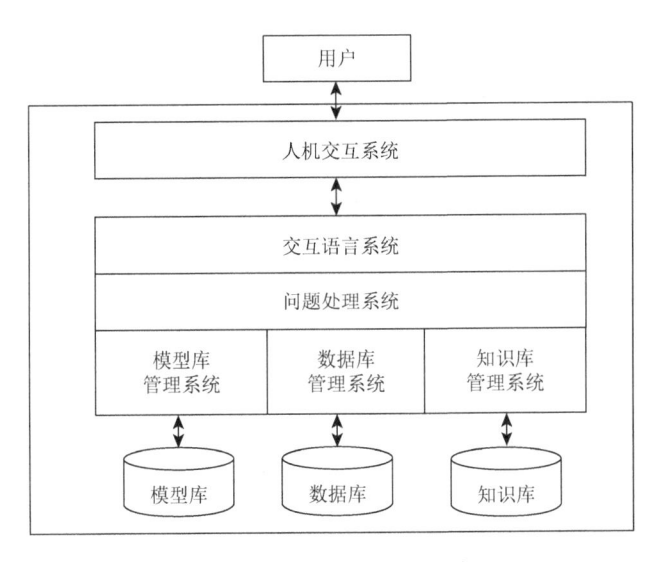

图 11.1 决策支持系统架构

1. 数据库

1）数据库支持系统

随着信息技术的发展，越来越庞大的数据资源成为管理者面对的重大问题，但也为决策提供了新的机遇。在数据时代到来之前，决策主要以模型和知识为核心，但是 20 世纪 90 年代数据仓库和 OLAP 等新概念的出现大大加强了决策支持系统的功能，促进了决策支持系统的发展。最近几年，人工智能领域兴起的数据挖掘又进一步为决策支持系统提供了强大的数据支持。

大数据时代，要求管理者快速准确分析和利用数字资源。数据仓库、OLAP、数据挖掘这三种数据处理方法是目前最为有效，也被广泛应用的方法，三者相互结合，从不同的角度进行辅助决策，构成数据驱动的决策支持系统。其中，数据仓库是基础，OLAP 和数据挖掘是两类不同的分析工具，后两者的结合能使数据仓库的辅助决策能力达到更高层次，这是一种新型的决策支持系统。下面分别对这三种方法进行介绍。

2）数据仓库

数据仓库是面向主题的、集成的、稳定的、不同时间的数据集合，用于支持经济管理中达到决策制定过程。比较流行的有 Amazon Redshift、Greenplum 和 Hive 等。

数据仓库的特点如下。

（1）面向主题的。数据仓库都是基于某个明确主题，仅需要与该主题相关的数据，其他的无关细节数据将被剔除。

（2）集成的。数据仓库从不同的数据源采集数据。

（3）随时间变化的。数据仓库的关键数据隐式或显式地基于时间变化。

（4）数据仓库的数据是不可更新的，数据装入以后一般只进行查询操作，没有传统数据库的增、删、改、查操作。数据仓库的数据反映的是一段相当长的时间内历史数据的内容，是不同时点的数据库快照的集合，以及基于这些快照进行统计、综合和重组导出的数据，而不是联机处理的数据。

数据库和数据仓库都是通过数据库软件实现的存放数据的地方，但是它们有以下五个区别，具体如表 11.1 所示。

表 11.1　数据库和数据仓库的区别

项目	数据库	数据仓库
数据更新	数据可随时更新	数据不可更新
删改数据	支持增、删、改、查操作	只能添加数据，不能改动
设计面向	面向业务交易流程	面向分析、支持战略决策
数据存储量	数据存储量较少	数据存储量较多
冗余情况	遵照范式，避免冗余	违反范式，适当冗余

数据仓库的架构如下。

（1）ODS（operational data store，操作型数据仓储）层，是接口数据的临时存储区域，为后一步的数据处理做准备。一般来说，ODS 层的数据和源系统的数据是同构的，主要目的是简化后续数据加工处理的工作。从数据粒度上来说，ODS 层的数据粒度是最细的。ODS 层的数据表通常包括两类，一类用于存储当前需要加载的数据，一类用于存储处理完后的历史数据。历史数据一般保存 3—6 个月后需要清除，以节省空间。但不同的项目要区别对待，如果源系统的数据量不大，可以保留更长的时间，甚至全量保存。

（2）DWD（data warehouse detail，数据仓库明细）层，DWD 层的数据应该是一致的、准确的、干净的，即对源数据进行了清洗后的数据。这一层的数据一般是遵循数据库第三范式的，其数据粒度通常和 ODS 层的粒度相同。DWD 层会保存商业智能系统中所有的历史数据，例如保存 10 年的历史数据。

（3）DM（data market，数据集市）层，这层是面向主题来组织数据的，通常是星形或雪花结构的数据。从数据粒度来说，这层的数据是轻度汇总级的数据，已经不存在明细数据了。从数据的时间跨度来说，这层的数据通常是 DWD 层的一部分，主要是为了满足用户分析的需求。从分析的角度来说，用户通常只需要分析近几年（如近三年）的数据即可。从数据的广度来说，DM 层仍然覆盖了所有业务数据。

星形结构的数据是由"事实表"（大表）以及多个"维表"（小表）组成的。如图 11.2 所示，"事实表"中存放了大量相关企业的事实数据，且规范化程度很高。例如，多个时期的不同数据出现在同一个表中。"维表"中存放描述性数据，它是围绕事实建立的较小的表。

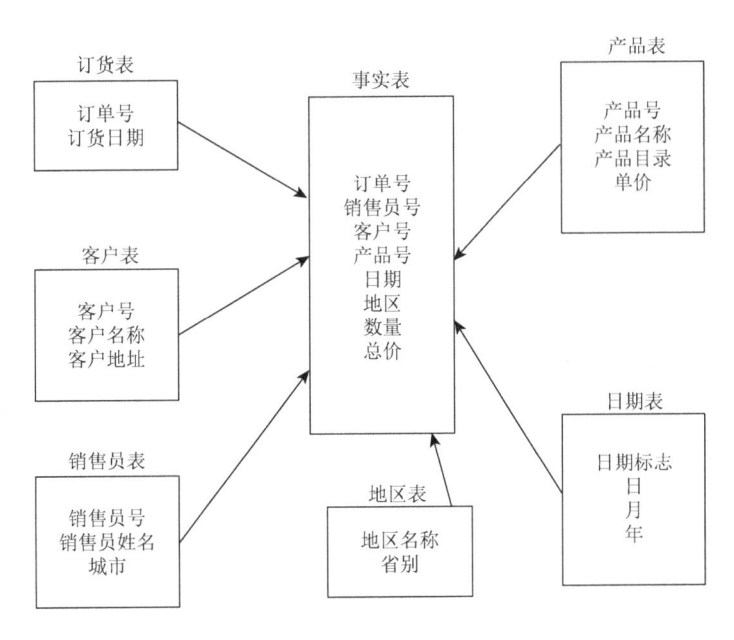

图 11.2　星形结构数据的举例

雪花结构的数据是在星形结构的基础上进一步层次化，将原来的"维表"扩展为更大的"事实表"，形成一些局部的"层次区域"。相较于星形结构，雪花结构更实用化和专业化，将存储的数据划分得更加细致，但是增加了数据处理和查询的难度，也降低了系统的通用程度。例如，将图 11.2 中的"产品表"进行扩展，就可以形成雪花结构，如图 11.3 所示。

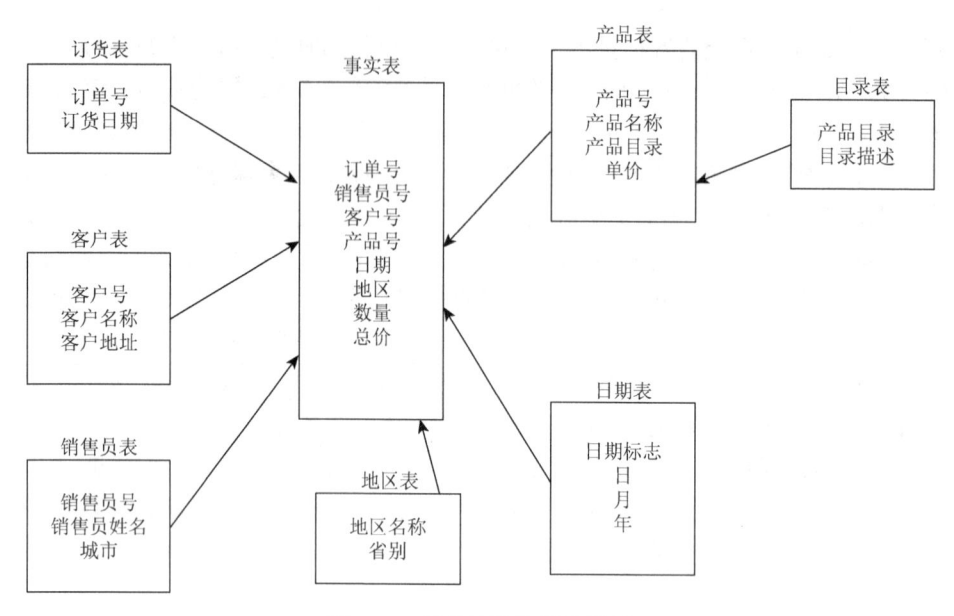

图11.3 雪花结构数据的举例

（4）App 层，为应用层，这层数据完全是为了满足具体的分析需求而构建的，也是星形或雪花结构的数据。从数据粒度来说，App 层是高度汇总的数据。从数据的广度来说，App 层并不一定会覆盖所有的业务数据，而是 DM 层数据的一个真子集，从某种意义上来说是 DM 层数据的一个重复。在极端情况下，可以为每一张报表在 App 层构建一个模型，达到以空间换时间的目的。以上是数据仓库的一种标准分层，是一个建议性质的，实际实施时需要根据具体情况确定数据仓库的分层，不同类型的数据也可能采取不同的分层方法。

在这样一个严谨的架构下，数据仓库究竟是如何进行数据处理的？首先，实际的操作环境中会产生大量琐碎的数据，这些数据存放在"提取仓库"中，分批进行"净化和转化"，之后进入"中央存储库"，也就是将净化之后的数据集成到数据仓库中，由提取日志记载提取过程的情况。这里的"中央存储库"是数据仓库技术的基石，存有数据仓库的全部数据和元数据。"中央存储库"既可以是多维数据库，也可以是关系数据库。在这个过程中，也会有一些组织之外的数据进入数据仓库，例如股票市场报告、人口统计数据、利率以及其他经济信息。

3）OLAP

数据仓库与 OLAP 的关系是互补的，现代 OLAP 系统一般以数据仓库作为基础，即从数据仓库中抽取详细数据的一个子集，并经过必要的聚集存储到 OLAP 存储器中，供前端分析工具读取。

OLAP 的概念最早由"关系数据库之父"科德（Codd）于 1993 年提出。Codd 认为，联机事务处理已不能满足终端用户对数据库查询分析的要求，用户的决策分析需要对关系数据库进行大量的计算才能得到结果，而结构化的查询语言对大容量数据库的简单查询也不能满足用户分析的需求。因此，Codd 提出了多维数据库和多维分析的概念，即

OLAP。OLAP 委员会对 OLAP 的定义为：OLAP 是使分析人员、管理人员或执行人员能够从多种角度对从原始数据中转化出来的、能够真正为用户所理解的，并真实反映企业多维特性的信息进行快速、一致、交互的存取，从而获得对数据更深入了解的一类软件技术。

OLAP 展现在用户面前的是一幅幅多维视图。维（dimension）是人们观察数据的特定角度，是考虑问题时的一类属性，属性集合构成一个维（时间维、地理维等）。对于数据的某个特定角度（即某个维），存在细节程度不同的各个描述方面，这多个描述方面为维的层次。例如，时间维分为日、月、季度和年等。维的成员（member），即维的一个取值，是对数据项在某个维中位置的描述。例如，"某年某月某日"是在时间维上位置的描述。度量（measure），即多维数组的取值。例如，2000 年 1 月，上海。

OLAP 的基本多维分析操作有钻取、切片（slice）和切块（dice），以及旋转（pivot）等。

（1）钻取是改变维的层次，变换分析的粒度。它包括向下钻取（drill-down）和向上钻取（drill-up）。向上钻取是在某一维上将低层次的细节数据概括为高层次的汇总数据，或者理解为减少维数；而向下钻取则相反，它是从汇总数据深入到细节数据进行观察，或理解为增加新维。

（2）切片和切块：是在一部分维上选定值后，关心度量数据在剩余维上的分布。如果剩余的维只有两个，则是切片；如果有三个或以上，则是切块。

（3）旋转：是变换维的方向，即在表格中重新安排维的放置（例如行列互换）。

OLAP 的主要特点是直接仿照用户的多角度思考模式，预先为用户组建多维的数据模型。在这里，维指的是用户的分析角度。例如，对销售数据的分析来讲，时间周期是一个维度，产品类别、分销渠道、地理分布、客户群类也分别是一个维度。一旦多维数据模型建立完成，用户可以快速地从各个分析角度获取数据，也能动态地在各个角度之间切换或者进行多角度综合分析，具有极大的分析灵活性。这也是 OLAP 被广泛关注的根本原因，它从设计理念和真正实现上都与旧有的管理信息系统有着本质的区别。

事实上，随着数据仓库理论的发展，数据仓库系统已逐步成为新型的决策管理信息系统的解决方案。数据仓库系统的核心是 OLAP，但数据仓库还包括更为广泛的内容。

从应用角度来说，数据仓库系统除了 OLAP 外，还可以采用传统的报表，或者采用数理统计和人工智能等数据挖掘手段，涵盖的范围更广。就应用范围而言，OLAP 往往根据用户分析的主题进行应用分割，例如销售分析、市场推广分析、客户利润率分析等，每一个分析的主题形成一个 OLAP 应用，而所有的 OLAP 应用实际上只是数据仓库系统的一部分。

4）数据挖掘

数据挖掘作为一个学术领域，横跨多个学科，涵盖了统计学、数学、机器学习和数据库等相关知识，此外其应用还包括各类专业方向，如油田电力、海洋生物、历史文本、电子通信和法律税务等。从决策支持系统的角度来说，数据挖掘就是应用一系列技术从大型数据库或数据仓库的数据中提取人们感兴趣的信息和知识，这些数据的类型可以是结构化的、半结构化的，甚至可以是异构型的。发现知识的方法可以是数学的、非数学的，也可以是归纳的。数据中知识发现的过程如图 11.4 所示。最终被发现的知识可以用于信息管理、查询优化、决策支持及数据自身的维护等。总的来说，数据挖掘是知识发现不可缺少的手段。

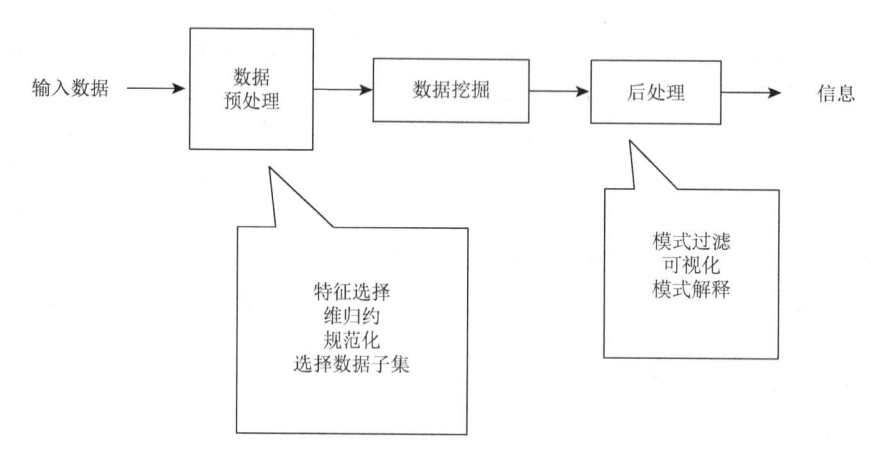

图 11.4 数据中知识发现过程

数据挖掘过程主要包括定义问题、建立数据挖掘库、分析数据、准备数据、建立模型、评价模型和实施。下面介绍每个步骤的具体内容。

（1）定义问题。在进行数据挖掘之前，最重要的就是要了解数据和业务问题。必须要对目标有一个清晰明确的定义，即决定到底想干什么。比如，想提高电子信箱的利用率时，想做的可能是"提高用户使用率"，也可能是"提高一次用户使用的价值"，要解决这两个问题而建立的模型几乎是完全不同的，必须明确目标。

（2）建立数据挖掘库。建立数据挖掘库包括以下几个步骤：数据收集、数据描述、数据选择、数据质量评估和数据清理、合并与整合、构建元数据、加载数据挖掘库、维护数据挖掘库。

（3）分析数据。分析数据的目的是找到对预测输出影响最大的数据字段，以及决定是否需要定义导出字段。如果数据集包含成百上千的字段，那么浏览分析这些数据将是一件非常耗时和累人的事情，这时需要选择一个具有好的界面和功能强大的工具软件来协助完成这些事情。

（4）准备数据。这是建立模型之前的最后一步数据准备工作，可以把此步骤分为四个部分：选择变量、选择记录、创建新变量、转换变量。

（5）建立模型。建立模型是一个反复的过程，需要仔细考察不同的模型以判断哪个模型对面对的商业问题最有用。先用一部分数据建立模型，然后再用剩下的数据来测试和验证这个得到的模型。有时还需要有第三个数据集，称为验证集，因为测试集可能受模型的特性的影响，这时需要一个独立的数据集来验证模型的准确性。训练和测试数据挖掘模型需要把数据至少分成两个部分，一个用于模型训练，另一个用于模型测试。

（6）评价模型。模型建立好之后，必须评价得到的结果、解释模型的价值。从测试集中得到的准确率只对用于建立模型的数据有意义。在实际应用中，需要进一步了解错误的类型和由此带来的相关费用的多少。经验证明，有效的模型并不一定是正确的模型。直接原因就是模型建立中隐含了各种假定，因此，直接在现实世界中测试模型很重要。先在小范围内应用，取得测试数据，觉得满意之后再大范围推广。

（7）实施。模型建立并经验证之后，可以有两种主要的使用方法。一种是提供给分析人员做参考；另一种是把此模型应用到不同的数据集上。

数据挖掘的方法与技术有很多，包括分类、聚类、关联规则、决策树和神经网络等方法。随着计算机技术的更新迭代，数据挖掘方法更是延伸到了深度学习、粗糙集理论、遗传算法和数据可视化方法等以人工智能为基础的方法。数据挖掘技术虽然比较成熟，但是决策支持系统依然存在很多发展瓶颈。例如，数值计算语言与数据库语言的异构障碍；数据库语言计算能力跟不上；数值计算语言不支持对数据库的操作；多样化数据在转换与处理上存在困难；数据仓库面对来自不同数据源的数据，数据清理过程烦琐，且数据属性难以统一、规范；难以对冗余数据、错误数据和异常数据快速辨识并消除；传统数据库对存储能力和存储技术有限制。目前应用最为广泛的数据库技术的结构化数据查询语言并不支持非结构化数据，且传统的数据库部署不能处理太字节（TB）级别的数据，因此可处理的数据十分有限。

这些问题困扰了数据处理专家很多年。随着大数据时代的到来，数据质量受到更多关注，数据库的数据分析功能更加强大，同时信息检索功能也有了巨大提升，智能化程度更高。这在很大程度上解决了数据挖掘遇到的困境。11.2 节的智能决策支持系统会详细地介绍大数据在决策支持系统中的应用。

2. 模型库

1）模型库支持系统

模型是以某种形式对一个系统本质属性的描述，以揭示系统的功能、行为及其变化规律。模型法是了解和探索客观世界最得力、最方便、最有效的方法，它在客观世界和科学理论之间架起一座桥梁，通过这座桥梁可以分析研究系统的各个侧面。客观世界的实际系统是极其复杂的，它的属性是多方面的。但是，建立模型绝不能企图将所有这些因素和属性都包括进去，否则，模型不但不能解决实际问题，反而会把问题复杂化。我们只能根据系统的目的和要求，抓住本质属性和因素，忽略非本质因素，才能准确地描述系统。因此，模型来源于实际，又高于实际，比客观世界更简单，也更抽象，是对于问题认识的飞跃和深化。

模型是管理者解决问题或者做出决定的重要工具。模型驱动的决策支持系统就是为了将管理者遇到的问题模型化，从而便于分析复杂问题。模型加上相关数据集就是待解决的具体问题，解决问题需要相关的求解器，即算法。管理者遇到一个具体的问题，要找到问题中的变量及其关系和约束条件，这些就组成了模型；而算法可以在任何选定的数据集下给出求解模型下最佳的解决方案。最常见的例子是有限的资源分配问题，比如最短路运输问题等线性规划问题。

利用模型驱动的决策支持系统有很多优点，具体如下。

（1）简单易行。只要模型构建起来，参数数值从具体的问题中提取出来之后，只需要运行计算机便可以获得决策变量的值。

（2）快速高效。实际的问题往往涉及大量的参数和约束条件，如果直接考虑的话，很可能出现错误或者无从下手。模型的好处在于，将这个具体的问题量化成数字或者数学表达式，利用计算机的运算技术就可以全面地考虑到各个条件并快速得到最优的解。模型越是巧妙，算法越是简便，计算的效率越高。

（3）成本低廉。如果不用模型解决，那么实际上会用到的就是模拟实验，这种反复试错的方法会耗费大量的成本。每一次实验积累下来的经验和数据可能是无效的或者是没有代表性的。但是模型是适用很多情况的，可以说是一本万利的方法。

（4）风险较低。商业环境时时刻刻都在发生变化，如果管理者不能随时随地地监控和处理这些变化，就可能给公司带来巨大的损失。模型恰好可以快速准确地处理信息，得到结果供管理者使用。

（5）难度递减。数学、运筹学和经济管理学的发展让模型越来越精练、普适，且模型在数量上也越来越多。对于大多数问题可以直接利用现有模型计算。对于难度更大的问题，需要修改和增加的部分也比较易于实现。

如果面对一个具体的商业问题，如何进行建模？需要遵循以下步骤。

（1）分析问题的关键条件。明确问题涉及的所有参数，将参数用字母或者符号替代。确定哪些参数是变量，哪些参数是环境固定参数。

（2）确定参数的取值范围和约束条件。例如，最大化利润的限制、最小化成本的限制、资源分配总量的限制、每个商家库存的限制等。

（3）将现实环境中的关系构造成数学关系。大多数情况下，都是需要根据一组数据通过回归分析等方式来确定。

（4）在计算机环境中编程。利用 Python 和 Java 等软件将数学表达式变成自然语言，并执行。

（5）用别的数据组来验证和调整编程代码。重复上述步骤，直至误差降低到标准误差以内。

建模是一个重复的过程，并且需要在过程中不断调整。很多研究人员提出了建模框架来规范地处理模型中的关系，如结构化建模、实体关系框架、面向对象的方法、谓词逻辑方法等。下面给出几类常见的数学模型。

（1）系统分析模型。系统分析模型分为三部分：输入、干涉变量和输出。输入部分是指冲突的根源；输出部分是指冲突的结果；干涉变量是指处理冲突的手段，手段恰当与否，将影响冲突的结果，而冲突的结果又会造成进一步的冲突。系统分析模型如图 11.5 所示。

（2）系统预测模型。面对瞬息万变的商业环境，很多管理者都需要有高瞻远瞩的能力来应对未来可能发生的变化，如果处理不得当，很可能给企业带来巨大损失。系统预测模型大大降低了管理者的预测难度。系统预测模型就是根据系统发展变化的实际数据和历史资料，运用科学的方法、理论知识以及经验，对未来一定时期内事务可能会发生的变化进行推理估计。系统预测模型的步骤如图 11.6 所示。

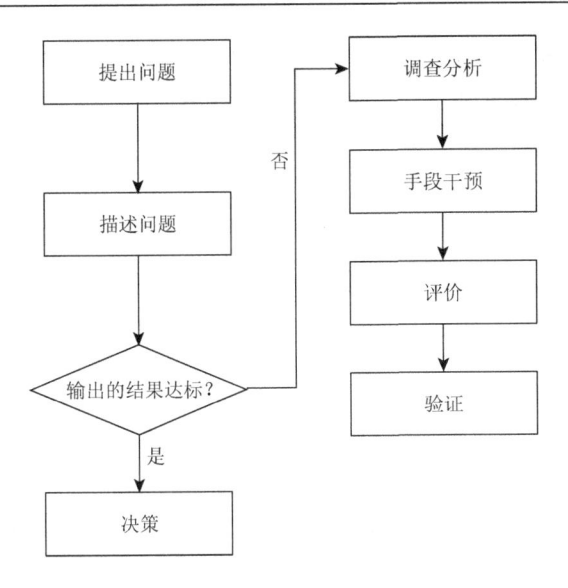

图 11.5　系统分析模型

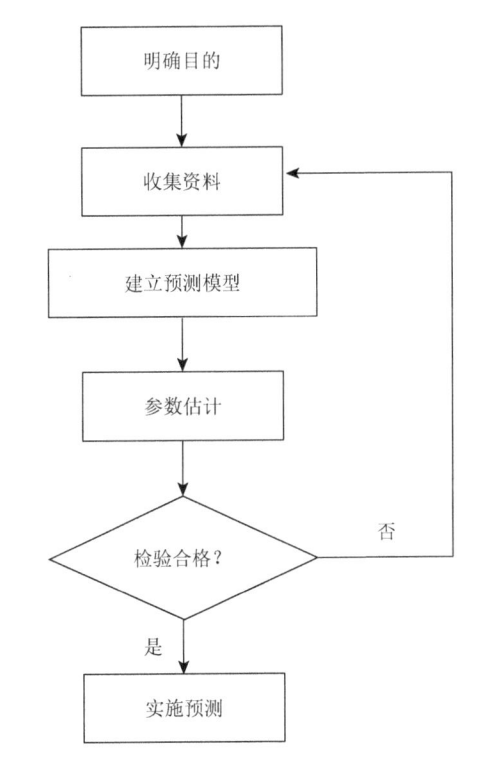

图 11.6　系统预测模型的步骤

（3）系统评价模型。系统评价模型是针对系统开发、改造、管理中存在的问题，运用系统工程的思想，根据系统目标和属性，考虑系统在社会、政治、经济、技术中的作用，对其进行综合评价的方法的总称。首先要确定评价的目的，接着确定系统指标，并将其转变成客观的定量数值或主观效用,作为对系统的评价。应用较为广泛的系统评价方法大致有三类:专家评价法、教学评价法和混合方法。

(4)系统决策模型。系统决策模型就是为了从若干个方案中选择出一个最优的方案。诺贝尔经济学奖获得者——赫伯特·西蒙将系统决策模型分为四部分:将决策问题结构化、评价方案的可能影响、确定决策者的偏好、评价与比较方案。系统决策方法大致分为以下五类:统计决策方法、多准则决策方法、群决策方法、不确定性决策方法、计算机辅助决策方法。

(5)系统优化模型。系统优化模型是利用数学手段,以计算机作为工具来寻求最优化解决方案的基本方法和技术,主要包括数学规划、网络图优化、随机优化和仿真优化。系统优化模型的具体求解方法有:解析法、以梯度法为基础的数值计算法、智能优化算法。

(6)计量经济模型。计量经济模型对经济关系的实际统计资料进行计量,并加以验证,为经济变量之间的关系提供定量数据证明,为制定经济规划和确定经济政策提供科学依据。主要方法有:经济计量法、静态投入产出法、动态投入产出法、回归分析法等。

(7)经济仿真模型。经济仿真模型主要指利用数字计算机进行数学仿真或半实物仿真。主要的数学仿真模型有:蒙特卡罗模型、系统动力学模型、Petri 网模型、定性推理模型和探索分析模型。仿真过程可以分为三个阶段:模型建立阶段、模型变换阶段和模型实验阶段。

为了具体说明模型是如何支持决策活动的,这里给出两个具体的例子,分别是线性规划模型和多目标规划模型。

线性规划模型的建立步骤如下。

(1)明确问题的目标和划定决策实施的范围。

(2)选定决策变量和参数。

(3)建立约束条件。

【例 11.1】 某单位生产甲、乙、丙三种产品,需要 A、B、C 三种材料,其生产成本及资源最大量如表 11.2 所示,甲、乙、丙三种产品的单位利润分别为 50 元/千克、30 元/千克、20 元/千克。那么该单位应该如何确定三种产品的生产量才能使得总利润最大?

表 11.2 生产成本及资源最大量

材料	甲/(千克/件)	乙/(千克/件)	丙/(千克/件)	资源最大量/千克
A	2	3	1	1500
B	1	2	1	1000
C	2	3	2	2000

假设该单位生产甲、乙、丙三种产品的数量分别为 x_1、x_2、x_3 件,则对应的目标函数和约束条件分别为

$$\max 50x_1 + 30x_2 + 20x_3$$

$$\text{s.t.} \begin{cases} 2x_1 + 3x_2 + x_3 \leqslant 1500 \\ x_1 + 2x_2 + x_3 \leqslant 1000 \\ 2x_1 + 3x_2 + 2x_3 \leqslant 2000 \end{cases}$$

此模型的求解可以利用计算机自动完成，主要使用单纯形法。

多目标规划模型：多目标规划模型中存在多个需要最大化或者最小化的目标，那么求解首先需要选定一个目标函数作为总目标，然后再把其他目标转化为约束条件。下面用大 M 法举例说明步骤。

【例 11.2】 原始函数和约束条件分别为

$$\max 2x_1 + x_2 + 2x_3$$

$$\text{s.t.} \begin{cases} 3x_2 + x_3 \geqslant 5 \\ x_1 + 2x_2 - x_3 = 1 \\ 2x_1 - 3x_2 + 2x_3 \leqslant 2 \\ x_1, x_2, x_3 \geqslant 0 \end{cases}$$

将其化为标准形式，即

$$\max 2x_1 + x_2 + 2x_3$$

$$\text{s.t.} \begin{cases} 3x_2 + x_3 - x_4 = 5 \\ x_1 + 2x_2 - x_3 = 1 \\ 2x_1 - 3x_2 + 2x_3 + x_5 = 2 \\ x_1, x_2, x_3, x_4, x_5 \geqslant 0 \end{cases}$$

接着，加入人工变量（也叫惩罚变量）M，即

$$\max 2x_1 + x_2 + 2x_3 - Mx_6 - Mx_7$$

$$\text{s.t.} \begin{cases} 3x_2 + x_3 - x_4 + x_6 = 5 \\ x_1 + 2x_2 - x_3 + x_7 = 1 \\ 2x_1 - 3x_2 + 2x_3 + x_5 = 2 \\ x_1, x_2, x_3, x_4, x_5, x_6, x_7 \geqslant 0 \end{cases}$$

变换之后利用计算机软件，如 MATLAB 等均可以求解。主要的思想就是将人工变量构成的基变量通过行变换变成非基变量，以此将人工变量 M 置换出来。

在某些复杂的环境下，可能需要用到两个及以上的模型组合。模型的组合包括模型间的组合以及模型间数据的共享和传递。模型间数据的共享和传递，是组合模型的配套要求。模型的结构拼接得更加复杂，因此能解决的问题更加复杂和广泛。但是如果数据不能共享和传递，那么内部的运行工作就不能进行。要想实现数据的共享和传递，需要将所有的数据都存放在数据库中，由统一的数据管理系统进行管理。同时，为了实现模型对数据的有效存取，需要解决好模型存取数据库的数据接口等问题。这个接口保证各模型既可以存取和修改数据库中任意位置的数据，又可以存取数据库中的大量数据。

模型间的组合有三种组织结构方式，即顺序结构、选择结构和循环结构（图 11.7）。三种结构还可以嵌套使用（图 11.8），形成任意复杂的系统结构，解决更加复杂的问题。这三种组合形式虽然在程序语言中广泛应用，但是含义大不相同。程序语言中的顺序结构、选

择结构和循环结构是在语句或者子程序上进行的,是对单一问题的处理。但模型的组合是单个模型之间的复杂拼接。一般的程序设计语言都是在语句或者子程序的基础上进行顺序、选择和循环的组合,完成单一问题的处理;而模型的组合是在模型基础上进行的活动,模型本身就可以完成某种辅助决策,它既可以独立运行,又能作为组合模型的一部分。只有实现模型间的数据共享和传递,才能使得组合模型成为一个有机整体,减少数据的冗余,实现数据的统一管理。

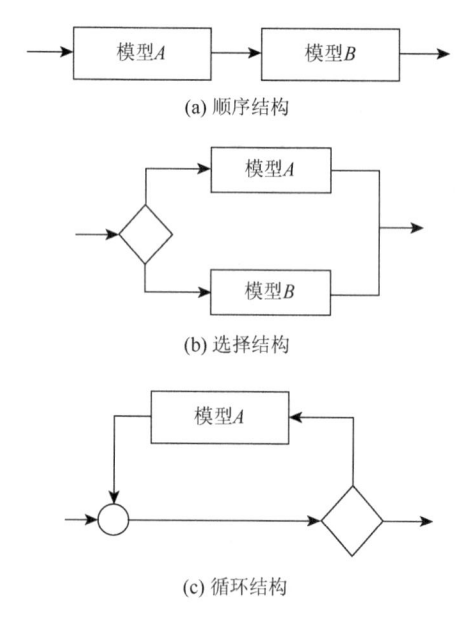

(a) 顺序结构

(b) 选择结构

(c) 循环结构

图 11.7 模型组合的三种组织结构方式

菱形表示判断框,圆圈表示数据的整合

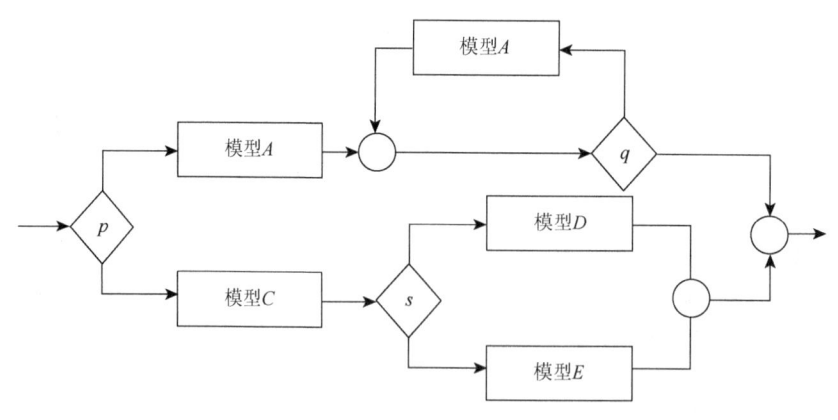

图 11.8 模型组合的嵌套方式

p、q、s 均表示判断条件;圆圈表示数据的整合

2)模型库管理系统

模型库管理系统(model base management system,MBMS)主要有两方面功能:第

一是模型的存储管理，包括模型的表示、模型存储的组织结构、模型的查询和维护；第二是模型的运行管理。

（1）模型的表示与模型自身特点有关，具体如下。①数学模型在计算机中以数值计算语言的程序形式为标志，在接收数据之后，执行程序就能得到结果。程序在计算机中是以文件形式存储的，称为程序文件。②数据处理模型可以对大量数据库数据进行选择、投影、旋转、排序和统计等处理，以数据语言的程序形式表示，也是程序文件。③图形图像模型可以利用大量有灰度和颜色的点阵组成图像。④报表模型有一定格式的结构，中间填入数字、文字等数据，由报表打印程序表示。在接收到要输出的数据之后，将数据和报表框架一起形成报表在打印机上输出。报表模型同样是程序文件。

（2）模型存储的组织结构表示为文件形式。如何组织是一个很重要的问题。若数据量较少，一般存放在计算机外存中，由操作系统中的文件系统进行管理，在开始时顺序输入各种文件，之后按空位存放新输入的文件。文件的读取则是通过文件目录找到文件位置，再读取。若数据量巨大，则会导致各种文件混杂，需要重新组织数据库。

（3）模型的查询和维护需要根据模型库的组织存储结构形式来进行。首先要查询模型字典库，查到模型名，再沿着该模型文件的存取路径查到相应的模型文件。这个过程包含模型字典库查询和模型文件查询。可以看出，模型库查询就是数据库查询和操作系统文件查询的结合。模型库的维护包括对模型进行增加、插入、删除和修改等工作。随着技术的发展，需要增加新的模型，可以增加到模型的后面，也可以插入同类模型中。如果模型过时，则需要删除旧的模型，用新的模型替代。当模型需要部分修改时，就修改部分模型程序。

（4）模型的运行管理包括模型程序的输入和编译、模型的运行控制、模型对数据的存取以及支持模型的组合。①模型程序的输入和编译：不同于数据输入，模型程序的输入需要编辑系统的帮助，编辑系统具有对程序进行输入、修改、增加和插入的功能，便于用户使用。②模型的运行控制：主要是计算机执行模型的目标程序，运行方式有两种，独立运行该目标程序或者在决策支持系统综合控制程序中运行该目标程序。③模型对数据的存取：一般程序设计语言都是自带数据或数据文件的，按照决策支持系统的观点，所有数据都应该放入数据库中，由数据库管理系统统一管理。④支持模型的组合：模型的组合包括模型间的组合和数据共享与传递，模型库管理系统本身不进行模型的组合，而是为模型的组合提供支持。

3. 知识库

1）知识库支持系统

首先我们应该认识到知识库和数据库是两个不同的概念，它们的研究目标和侧重点不同。数据库系统的研究目标主要是有效地存储和检索大量的数据，而知识库的研究目标则是有效地实现知识表示和推理机制，特别是聚焦不完全、不确定和不精确知识的表示问题。总结来说，数据库系统是进行事实的直接表示，继而实现查询检索功能，而知识库系统是进行知识的直接或间接表示，继而进行推理和启发式搜索。

知识库包括概念、事实和规则三个部分，概念一般均包含在事实内，因此这里只阐

述事实和规则两个部分。事实给出了客观特征间的固有联系，一般表示形式为
$$F(a_1,a_2,\cdots,a_n)$$
事实相当于数据库中的关系元组，因此可以认为数据库中的数据给出了事实性知识。

规则给出了客体间的因果关系或者推理关系，一般表示为
$$if\ main(x)\ then\ disease(y)$$
就像函数中自变量到因变量的映射，规则就是从 x 到 y 的变换法则。

知识库有如下特点。

（1）知识库中的知识根据它们的应用领域特征、背景特征（获取时的背景信息）、使用特征、属性特征等而被构成便于利用的、有结构的组织形式。知识片一般是模块化的。

（2）知识库的知识是有层次的。最低层是"事实知识"，中间层是用来控制"事实"的知识（通常用规则、过程等表示）；最高层次是"策略"，它以中间层知识为控制对象。策略也常常被认为是规则的规则。因此知识库的基本结构是层次结构，是由其知识本身的特性所确定的。在知识库中，知识片间通常都存在相互依赖关系。规则是最典型、最常用的一种知识片。

（3）知识库中有一种不只属于某一层次（或者说在任一层次都存在）的特殊形式的知识——可信度（或称信任度、置信测度等）。对某一问题，有关事实、规则和策略都可标记可信度。这样，就形成了增广知识库。在数据库中不存在不确定性度量。因为在数据库的处理中一切都是确定的。

（4）知识库中还存在一个通常被称作典型方法库的特殊部分。如果对于某些问题的解决途径是肯定和必然的，就可以把其作为一部分相当肯定的问题解决途径直接存储在典型方法库中。这种宏观的存储将构成知识库的另一部分。在使用这部分时，机器推理将只限于选用典型方法库中的某一部分。

知识库系统是一种资源的集成，它包括硬件、软件、信息以及有关的人员，具体包括：知识库（以及相应的存储机构）、知识库管理系统（以及相应的机器）、知识获取机构以及相应的用户界面（图11.9）。开发知识库需要考虑到三点：为自然语言理解创立语义和语用环境；为建模和数值计算提供必要的分析基础；补充和拓展决策人员的思维能力。

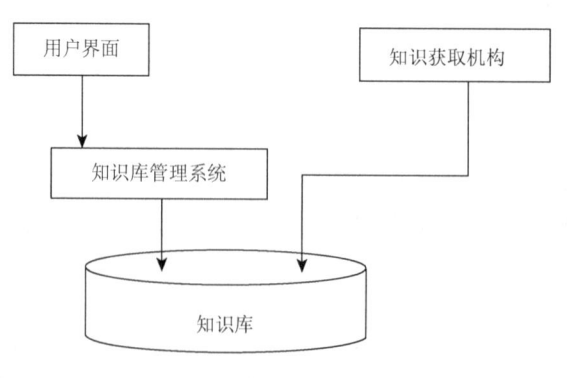

图11.9 知识库系统

2）知识库管理系统

知识库管理系统提供对知识和规则的存储、检索、修改、检查等操作。

知识库管理系统的主要功能有如下两点。

（1）处理对知识库知识的增、删、改等维护请求。

（2）处理决策过程中问题分析与判断所需知识的查询请求。

4. 人机交互系统

上文阐述的数据库与模型库是解决问题的核心部件，其结构和运行模式直接影响接口质量的高低；而人机交互系统是决策支持系统的重要组成部分，系统的人机交互界面能否得到用户的认同，也是整个决策支持系统成功与否的关键因素之一。它的主要作用是接收和检验用户请求，调用系统内部功能软件为决策服务，使模型运行、数据调用和知识推理达到有机统一，从而有效地解决决策问题。系统开发人员不仅需要研究软件的总体结构和运行模式，而且需要了解用户的交互观念与掌握计算机的程度，以便设计出布局合理的界面和可自动调节并能引导用户深入问题的辅助控制功能。

在决策支持系统中，人与计算机需要进行相互间的通信，即人机交互，实现人与计算机之间通信的硬、软件系统即人机交互系统。人机交互有很多种方式，一般包括菜单、填表、命令语言、屏幕显示、窗口和报表输出等。

人机交互系统的设计是用户和系统维护人员之间不断交流并改进的结果。

在人机交互系统的用户端，可以进行检验评价，检验评价的内容具体包括以下三点。

（1）报告模型的使用情况。

（2）分析偏差的规律及趋势，并找出原因提供优化参考。

（3）进行临时性、局部性的修改，然后运行模型，并与实际情况对比来发现问题。

在人机交互系统的维护端，可以进行修改，修改步骤具体包括以下三点。

（1）通过对话方式接受系统修改的要求。

（2）检查有关修改的要求并提醒维护人员。

（3）按要求迅速自动进行修改。

11.1.3 GDSS 和 GSS

当人们在团队中工作时，尤其是在不同地点并且可能在不同的时间工作时，他们需要互相交流和协作，同时可能面对不同的信息，这使得会议，特别是虚拟会议变得相当复杂，不当的会议决策可能会造成损失。其中一些会议是为了做出一次性的具体决定而召开的。例如，在股东大会上选举产生董事、组织在会议上分配预算、城市决定聘用哪些候选人担任领导人、美国联邦政府定期开会设定短期利率等。其中一些决定是复杂的或者是有争议的，如市政府的资源分配问题。在这种情况下，不当的会议决策造成的损失可能会非常严重。因此，通常建议使用计算机化的支持来缓解这些问题。基于计算机的支持系统包括GDSS、团体支持系统（group support system，GSS）、计算机支持的协同工作和电子会议系统，这些工具是当今工作生活中不可或缺的一部分。下面重点介绍GDSS。

1. 概念

GDSS 是决策支持系统的重要研究分支之一。在动态多变和日益复杂的市场竞争环境中，知识和信息大爆炸，组织面临的问题繁多而复杂，同时由于个人的知识范围、认识能力以及精力等都是有限的，日渐复杂的组织活动早已远远超出个人独立解决问题的能力。在这种情况下，决策往往需要一个或多个群体去进行，随之产生了 GDSS。

GDSS 是一种基于计算机的交互式信息系统，利用通信技术、计算机技术，运用群决策理论与方法，促进具有不同知识结构、不同经验、共同责任的群体对半结构化、非结构化决策问题进行求解。随着计算机技术、分布处理技术、并行计算等研究不断取得新的突破以及全球经济的迅速发展，政府或其他公共组织的重大问题决策、大型企业经营管理的首要战略决策逐步向群体决策的模式发展，如城市公共危机处理、水电站建设、政府宏观规划、企业项目分析、供应链决策等。这些决策任务涉及许多方面，且决策各方的关系和利益需要协调，尤其是随着互联网与信息技术的飞速发展，在网络环境下，决策群体的规模越来越庞大、决策的评判标准越来越多、决策群体的偏好性越来越不明了。综上所述，群体决策已成为复杂任务下的主要决策模式。

GDSS 作为一个整体具有以下一些基本特征。

（1）不受空间和时间的限制。

（2）决策成员之间信息的交流与共享方便快捷，减少了信息的片面性。

（3）允许决策成员发表各自意见，能够扩大成员的思路，提高决策方案的完整性。

（4）对小部分成员控制决策结果有一定的抑制作用。

（5）群决策成员对决策结果的满意度较高。

（6）群体数量在一定范围内，群体规模越大，决策结果越有效。

（7）可以辅助决策成员对非结构化及半结构化问题进行求解。

（8）决策成员通过人机接口与系统进行交互。

（9）决策目标为决策过程提供辅助，进而改善决策效果。

GDSS 可以消除决策群体之间的通信障碍，促进群决策成员间的信息交流与知识共享，为决策群体创造合作的工作环境，提高了群决策的质量。

GDSS 同决策支持系统一样，目的在于支持管理者进行决策而非替代决策。GDSS 可以对群决策给予全面的支持，它的作用有以下几点。

（1）信息支持。GDSS 提供各种手段使得有关的信息显示给所有与会人员，为决策提供科学依据。

（2）沟通支持。GDSS 通过现代化的通信手段为物理上分离的群体提供帮助，增加沟通的渠道以方便决策人员间的交流。

（3）模型支持。GDSS 能提供强有力的模型支持，可以为决策者提供更深入的信息，从而提高决策者对复杂问题的理解、分析以及表达能力。

（4）协调支持。GDSS 提供平等参与的机会，所有人可以自由发表意见，避免会议由少数人主导，防止消极的群体行为对决策的效果产生不良影响，促进群体确立清晰的目标，产生更高质量或更有价值的会议结果。

（5）安全支持。GDSS 可以保证决策活动在一个安全可靠的环境下进行，使决策活动不受外部干扰，提高了决策的效率以及保密性。

GDSS 主要通过提供子过程的自动化（例如，集思广益）和使用信息技术工具来支持群体决策。

GDSS 是专门设计的信息系统，而不仅是现有系统组件的配置。它可以设计用于解决一种类型的问题或做出各种小组级别的组织决策。

GDSS 鼓励创意的产生、冲突的解决和言论自由。它包含阻止负面群体行为（例如，破坏性冲突、沟通不畅）发展的内置机制。

最初的 GDSS 旨在支持决策室中的面对面会议。如今，GDSS 主要是通过网络向虚拟团队提供支持，一组人可以在同一时间或不同时间会面。当必须做出有争议的决定时（例如，资源分配、决定解雇哪些人），GDSS 尤其有用。GDSS 应用程序需要一个实际地点的协调人，或在线虚拟会议的协调人（或领导者）。常用的 GDSS 工具类型及相关功能说明如表 11.3 所示。

表 11.3 常用的 GDSS 工具类型及相关功能说明

工具类型	功能说明
电子征询	为了保证在会议中将有关重要议题都能讨论到，常在会议前将电子征询表格发给相关人士，收集提议及评论
头脑风暴软件	使与会者能使用计算机同时地、匿名地记录他们的想法，以及对别人想法的看法和建议，最终得到所有这些想法和建议的书面记录
投票和优先级别设置	投票工具用来统计和总结群体意见；优先级别设置可以让与会者对不同方案设置优先级别，便于统计评价
群体创作和概要设定	该工具可以为书面报告拟定一个概要，形成一些文字材料；也可通过记录与会者的意见产生一些固定格式的文档等

GDSS 可以通过各种方式改进决策过程。首先，GDSS 通常可以为会议计划提供结构，使小组会议保持在正轨上，尽管一些应用程序允许小组使用非结构化的技术和方法来生成想法。其次，GDSS 提供了对决策所需的外部和内部存储信息的快速、方便的访问，并支持由参与者并行处理信息和产生想法，允许异步计算机讨论。再次，GDSS 使原本难以管理的大型小组会议成为可能，一个更大规模的小组会议代表着更完整的信息、知识和技能。最后，投票可以是匿名的，且可以产生即时结果，所有通过系统的信息都可以被记录下来，以供将来分析（产生组织记忆）。

2. GDSS 的类型

部署 GDSS 技术主要有两种选择：①在特殊用途的决策室中；②作为基于互联网的群件，无论群组成员在哪里，客户端程序都可以运行。

1）决策室

最早的 GDSS 安装在昂贵的、定制的、特殊用途的设施中，称为决策室（或电子会议室），每个房间的前面都有电脑和一个大的公共屏幕。最初的想法是，只有高级管理人员才会使用此设施。电子会议室中的软件通常运行在局域网（local area network，LAN）上。电子会议室的设计有不同的形状和大小，常见的设计是一间房间会配备 12 台到 30 台联网电脑，这些电脑通常会嵌入桌面（为了更好地和参与者交流）。服务器电脑连接到大屏幕投影系统，并连接到网络，以在各个工作站上显示工作，并在决策者的工作站汇总信息。分组会议室有时位于决策室附近，这些会议室配备有连接到服务器的电脑，小组可以在其中进行商讨。来自分组的输出能够显示在大的公共屏幕上。

2）基于互联网的群件

群件就是帮助群组协同工作的软件。群件可以协助一个组织中不同的人员沟通进度、进行交流和管理，从而更有效率地工作。

按照 IBM 和 Lotus Software（莲花软件）公司的定义，群件从功能上必须满足"3C"要求，即通信（communication）、合作（collaboration）及协调（coordination）。

群件主要包括电子邮件、文档管理与工作流应用几大部分，无论是 IBM 的 Lotus Domino/Notes、Novell 公司的 GroupWise 还是微软的 Exchange，都由这几大部分组成。

Lotus Domino/Notes 软件是 20 世纪 90 年代中期出现的一个典型的群件产品。这个软件产品允许用户设立电子公告牌、安排群体会议，以及在群体环境下使用电子邮件。Lotus Domino/Notes 是在一个网络环境中运行的软件。为了保证群体的协调工作，要求有一个局域网环境。在系统结构上：Lotus Domino/Notes 采用的也是客户/服务器模式，Domino 服务器用于数据存储，而 Notes 客户端则提供各种应用。Domino/Notes 提供内部电子邮箱功能，它在硬件上需要有 Domino 服务器来完成邮件收发服务，而客户端的 Notes 软件作为邮箱。

自 20 世纪 90 年代末以来，GSS 和 GDSS 交付的最常见方法是使用基于互联网的群件，该群件（如 Webex、GoToMeeting、Adobe Connect、IBM Connections、Microsoft Teams）允许团队成员在任何时间、任何地点工作，通常包括音频会议和视频会议。相对便宜的群件的可用性，再加上计算机的功率和低成本以及移动设备的便捷性，使得这种类型的系统非常有吸引力。

3. GDSS 的应用

1）集思广益以产生想法和解决问题：头脑风暴

群体决策中的一项主要活动是创意的产生。头脑风暴是一个产生创造性想法的过程。它包括随心所欲的小组讨论，以及为解决问题、制定战略和资源分配而自发提出想法。人们试图产生尽可能多的想法，无论它们看起来有多奇怪，产生的想法由小组讨论和评估。有证据表明，群体不仅会产生更多的想法，而且会产生更好的想法。

2）计算机程序支持的头脑风暴

计算机程序可以支持各种头脑风暴活动。这种支持通常是对在线头脑风暴的支持，可以是同步的，也可以是异步的。在线头脑风暴有望消除许多流程功能障碍，并有助于产生许多新想法。头脑风暴软件可以是独立的，也可以是一般团体支持包的一部分。头脑风暴软件包的主要功能如下：创造大量创意、大群体参与、实时更新、信息颜色编码、协作编辑、设计集思广益会议、想法分享、创建思维导图、视频和文档等的发布、远程集思广益、创建电子档案等。计算机程序支持的主要限制是增加认知负荷以及需要技术援助。

为团队工作提供在线集思广益服务和支持的工具如下。

（1）eztalks：基于云的集思广益和想法分享工具。

（2）Bubbl.us：一种思维导图工具，方便个人或团体在线创建丰富多彩的树形流程图，勾勒出在脑海中构思的概念图。

（3）Mindomo：提供思维导图功能的实时协作工具。

（4）Mural：用于收集和分类富媒体文件中的创意的工具，是一个供团队创建设计并共同解决从小挑战到复杂问题的可视化协作平台。

（5）iMindQ：基于云的服务，支持创建思维导图和基本图表。

（6）Stormboard：一个协作式白板平台，专门为团队进行头脑风暴、创意构思和问题解决而设计。利用 Stormboard 进行群决策的具体步骤如下：①明确问题和用户的目标；②集思广益；③将相似的想法分组，寻找对应的模式，只选择可行的想法；④协作、改进概念和评估会议目标；⑤使用户通过关注选择标准来确定建议想法的优先顺序，让所有参与者表达他们的想法，并引导团队形成凝聚力；⑥列出几个更好的想法；⑦给出最好的想法，并建议实施；⑧规划项目实施；⑨管理项目；⑩定期审查进展情况。

3）全面的群件工具

尽管许多支持群体决策的功能都嵌入了常用的办公软件（如 Microsoft 365），但了解说明群件某些独特功能的特定软件还是很有指导意义的。Meeting Rooms 是首批全面的、同一时间的电子会议套餐之一；它的后续产品 GroupSystems Online 也提供了类似的功能，并且它在网络上以异步模式（随时随地）运行（Meeting Rooms 只在局域网上运行），是一套辅助各种群体决策活动的工具，如它可以缩短头脑风暴的周期时间；而智库通过面向团队目标的可定制流程，比前几代产品更快、更有效地改进了面对面或虚拟团队之间的协作。智库的主要作用如下。

（1）它可以提供高效的参与、工作流程、优先顺序和决策分析。

（2）它的匿名集思广益是捕捉参与者创造力和体验的理想方式。

（3）产品增强的第二代互联网用户界面确保参与者无须特殊培训即可加入，因此用户可以 100%专注于解决问题和决策。

（4）收集与会者共享的所有知识，将其保存在文档和电子表格中，并自动转换为会议纪要，在会议结束后供所有与会者使用。

4）其他决策支持

处理多准则群体决策问题的支持系统有知识系统和专家系统。Yoon 等（2017）提出了一种基础设施资产管理的中介群决策方法。有关物流和供应链管理中的 GDSS，请参阅 Yazdani 等（2017）的研究。

4. GSS

GSS 是硬件和软件的任意组合，可以增强团队工作效率。GSS 是一个通用术语，包括所有形式的通信和协作计算。它是在信息技术研究人员认识到可以开发技术来支持在虚拟会议中开展通常在面对面会议上发生的许多活动（例如，产生创意、建立共识、匿名排名）之后发展起来的。此外，会议的重点是协作，而不是尽量减少冲突。完整的 GSS 被认为是专门设计的信息系统软件，但今天，它的特殊功能已经嵌入标准的信息技术生产力工具中，例如，Microsoft 365 包括 Microsoft Office，还包括用于网络会议的工具。此外，许多商业产品被开发为支持团队工作的一个或两个方面（例如，视频会议、创意生成、屏幕共享等）。

GSS 如何改进小组工作？

GSS 的目标是通过简化和加快决策过程以及提高决策质量，为与会者提供支持，以提高会议的生产率和有效性。GSS 试图增加过程和任务收益，减少过程和任务损失。总体而言，GSS 已经成功地做到了这一点。改进是通过为小组成员提供支持来生成和交换想法、意见以及偏好来实现的。特定的功能，如小组中的参与者同时处理一项任务的能力（例如，创意生成或投票）和匿名性，都会有所改进。以下是一些具体的 GSS 支持的活动。

（1）支持信息和创意生成的并行处理（头脑风暴）。
（2）使拥有更完整信息、知识和技能的更大群体能够参与。
（3）允许团队使用结构化或非结构化的技术和方法。
（4）提供快速、轻松的外部信息访问。
（5）允许并行计算机讨论。
（6）帮助参与者勾勒出一幅宏伟的图景。
（7）提供匿名性，允许害羞的人参与会议（即每个人做需要做的事情）。
（8）提供有助于防止咄咄逼人的个人控制会议的措施。
（9）提供多种方式参与即时匿名投票。
（10）为规划过程提供结构，使集团保持在正轨上。
（11）使多个用户能够同时交互。
（12）记录会议上提交的所有信息（即提供组织记忆）。

有关 GSS 应用的成功案例，在一些供应商的网站上可以查找到。正如其中许多案例所述的那样，协作计算极大地改进了流程并节省了成本。

11.1.4　决策支持系统开发

决策支持系统的开发是围绕决策支持系统的特点和组成进行的，开发步骤如下。
（1）分析系统，包括根据实际决策问题，确定决策目标。
（2）初步设计，即决策支持系统的总体设计，包括问题综合控制设计（可继续向下分解为子问题的控制设计）和问题分解（可继续向下分解为子问题设计）两个部分。
（3）详细设计，包括各个子问题的详细设计（数据设计、模型设计和知识设计）和总控详细设计。数据设计包括数据文件设计和数据库设计；模型设计包括模型库设计、模型算法设计；知识设计包括知识库设计、推理机设计。总控详细设计即对各个子问题的综合控制设计。

（4）各部件编制程序，包括：编制总控程序（以此控制模型的运行和组合，以及对知识的推理、对数据库数据的存取和计算等）和人机交互程序，建立数据库和数据库管理系统，建立模型库和模型库管理系统、编制模型程序，建立知识库及知识库管理系统、编制推理机程序。

（5）集成。由总控程序和人机交互程序的运行解决数据部件、模型部件、知识部件的部件接口问题，并实现系统各部件的集成，最终形成决策支持系统。

决策支持系统的具体开发流程如图 11.10 所示。

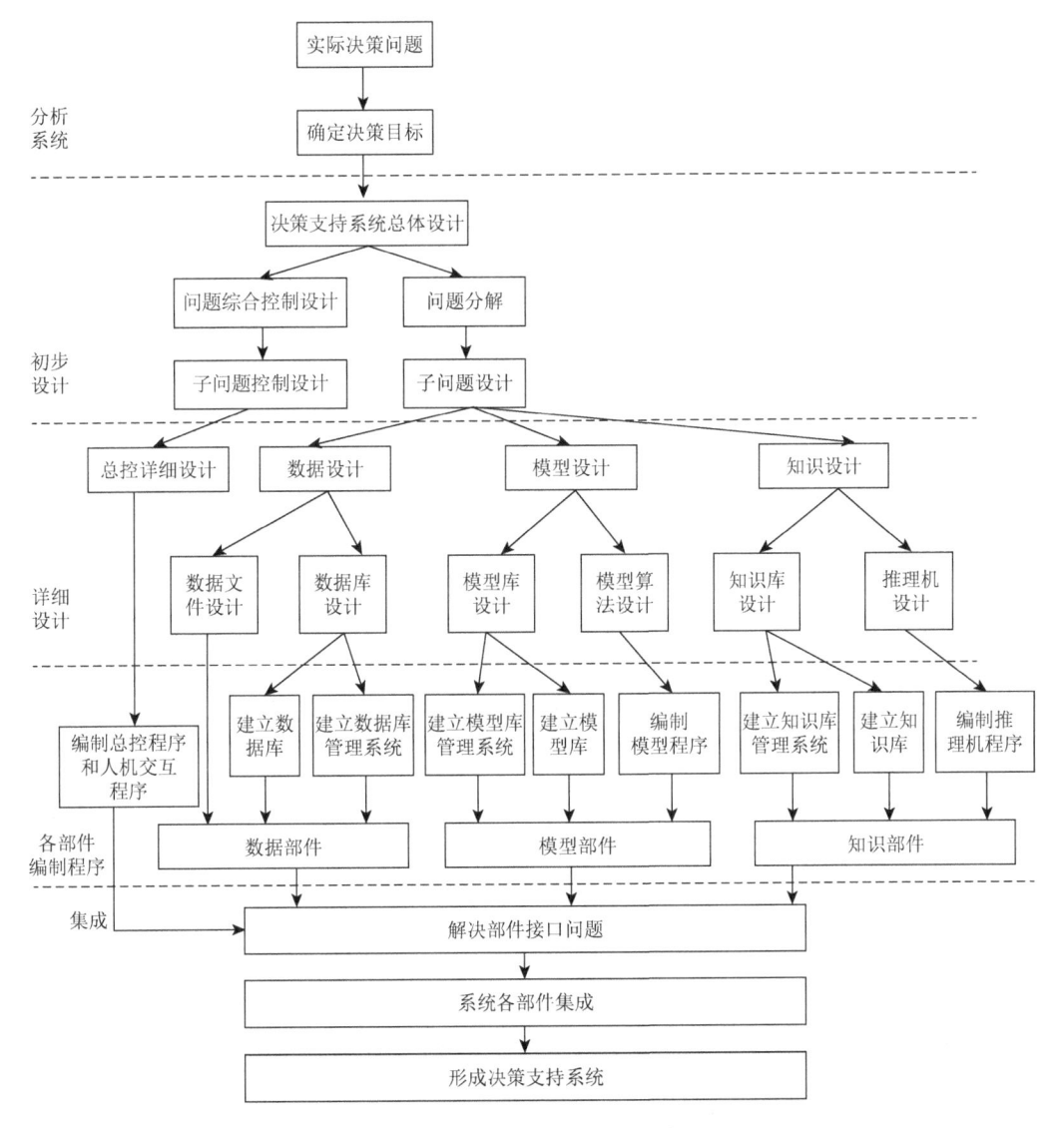

图 11.10 决策支持系统开发流程

11.2 智能决策支持系统

11.2.1 智能决策支持系统简介

1. 智能决策支持系统的含义

智能决策支持系统是人工智能和决策支持系统相结合，应用专家系统技术，使决策支持系统能够更充分地应用人类的知识（如关于决策问题的描述性知识、决策过程中的过程性知识、求解问题的推理性知识等），通过逻辑推理来帮助解决复杂的决策问题的辅助决策系统。

2. 智能决策支持系统的产生背景

近年来人工智能的兴起引起了各界的无数争论。例如，IBM 前首席执行官罗睿兰认为人工智能技术是"增强人类智能的技术……总的来说，世界将是一个人与机器以伙伴关系共存的世界，这实际上会让世界变得更美好，让人类做最擅长做的事情"。但是，霍金评论说："人工智能完全的发展可能意味着人类种族的终结。"比尔·盖茨也说过人类应该担心人工智能带来的威胁。来自主流专家的观点截然不同，他们呼吁应进一步调查人类应该如何与人工智能共存，以及如何最大限度地减少技术带来的负面影响。

人工智能没有一个被普遍接受的定义。它通常指机器从经验中学习，适应新的输入并执行类似人类的任务的能力。从 20 世纪 50 年代起，人工智能经历了它的兴起和没落。当前，随着大数据技术的飞速发展，人工智能开始复兴。Bean（2018）提到，人工智能在顶级公司中获得了大量的支持。Miller（2018）提到，人工智能赋能的系统在组织中正在迅速获得采用。Daugherty 和 Wilson（2018）提到，人工智能正在改变商业模式。新一波的人工智能系统改善了组织使用数据进行预测的能力，并大大降低了预测成本（Heath，2019）。根据 Gartner 发布的《2018 年十大战略技术趋势》(Top 10 strategic technology trends for 2018[①])，人工智能被列为第一大战略技术。使用人工智能将会增强决策能力、重塑商业模式和生态系统、改善用户体验，到 2025 年，掌握这些数字科技上的主动权，将会带来回报。Gartner 的调查显示，59%的组织仍在收集信息以构建人工智能战略，而其余的组织已经在试点或采用人工智能方面取得了进展。

致力于使用新一代人工智能系统的组织"会发现人工智能和任何未经证实与不成熟的技术一样，会在进行中面临常见的阻碍"，Gartner 公司的副总裁兼杰出分析师 Whit Andrews 在 2017 年的一次研讨会上这样说道。然而，早期的人工智能项目为企业架构和技术创新领导者提供了有价值的经验与观点，他们开始试点并进行更正式的人工智能研发。

目前，有许多来自领先的技术供应商的白皮书和报告，以及顶级管理期刊，如《哈

---
① https://www.gartner.com/ngw/globalassets/en/information-technology/documents/top-10-strategic-technology-trends-for-2018.pdf。

佛商业评论》(*Harvard Business Review*)和《MIT 斯隆管理评论》(*MIT Sloan Management Review*)上的文章，为企业在如何从人工智能中获利提供战略和实践指导。

人工智能系统在一些领域被应用或至少被考虑贯穿了整个人工智能系统时期。潜在原因很可能是一个成功的系统中潜藏着经济回报。这些领域包括制造业、卫生保健行业和法律行业等。

推荐系统在整个人工智能系统时期也很常见，但其重点在不断变化。早期的系统倾向于解决重大投资问题，例如财产（Lu and Mooney，1989）或股权和股票问题（Dugdale，1996），但它们的实际作用是有限的。处理高体量但低价值决策的系统在实践中获得了广泛使用，并且成为亚马逊和 Netflix 等组织成功的核心。这些企业已经成功利用了他们获得的大数据。还有一些其他方面应用的例子，如阅读哪些书、观看哪些视频或购买哪些厨房用具等。

智能信息检索从最早期就获得了关注（Wormell，1984），自然语言理解技术的改进促进了这方面的发展，并逐渐深入（Chung，2014；Bouakkaz et al.，2017）。其他领域也反映了这一技术的变化，例如关于网站质量的文献的出现（Heradio et al.，2013；Rekik et al.，2018）。其他领域的应用反映了该技术已经达到了实用的临界点，例如 Araújo 和 Pestana（2017）提到的在员工健康和福祉方面的工作，以及 Ragini 等（2018）提到的关于灾难响应和恢复方面的应用。

尽管如此，一些领域仍停留在具有"潜力"的水平。Martinsons（1997）讨论了知识系统在人力资源管理中的应用潜力，并评论说它"仍未实现"。许多系统已经被开发，并用于工作匹配和筛选，但人们对它们仍然存在不满态度。例如，欧莱雅集团使用聊天机器人来回答求职者的查询；在伦敦的工作面试中使用基于人工智能程序的采访，特别是在金融部门。这给求职者带来了新的挑战，因为关于人工智能的面试培训将花费他们约 9000 英镑。

3. 人工智能在决策中的应用

最近几年，人们已经开发出了很多能够在一些任务上表现超过人类的机器，这些机器所取得的实际成就也被广泛报道。20 世纪 80 年代以来，人工智能在主要领域取得了稳步发展。

利用人工智能进行决策一直是人工智能历史上最重要的应用之一。人工智能的作用已经以各种方式被分类。Bader 等（1988）确定了基于知识的系统的六个角色：智能助理、评论家、辅助思考、专家指导、自动运营和私人指导。

Edwards 等（2000）对不同级别和不同角色的业务决策专家系统进行了分析。人工智能（例如专家系统）的作用是通过三个组织决策级别，即战略、战术和运营决策来检查决策的可行性、效率等。他们的结论如下。

（1）扮演替代角色的专家系统在战术决策层面上是有效的，但在战略层面上有局限性。

（2）扮演支持角色的专家系统可以帮助用户在所有三个决策级别上做出更好的决策，但其有效性只能通过用户来实现。

(3) 扮演支持角色的专家系统并不一定会节省用户的时间,但扮演替代角色的专家系统确实能提高决策制定的效率。

(4) 扮演支持角色的专家系统的用户不认为他们从使用该系统中学到了经验。

人工智能系统在决策中的作用也是基于决策结构来讨论的,这些决策结构是由 Simon（1987b）以结构化、半结构化和非结构化决策命名的。Edwards 等（2000）的研究发现,人工智能系统作为决策支持工具,可以用于代替人类决策者处理结构化或半结构化决策,以让人类处理组织战略层面的非结构化决策。

在一项关于人工智能在组织中潜在应用的相关评估中,Lee（1985）认为,"因为机械推理依赖于一个稳定的、固定的语义,一个理想化的、完全集成的、基于知识的推理系统的效用将局限于完全稳定环境中的组织"以及"集成信息系统将只用于组织活动中可以保持语义稳定性的那些方面"。这表明,由于早期人工智能技术在处理动态环境方面的局限性,组织决策领域的人工智能在稳定和熟悉的条件下工作更有效。

此外,Davenport 和 Ronanki（2018）研究了 152 个包含广泛业务功能和流程的基于人工智能系统的人工智能部署项目。根据调查结果,他们将人工智能系统的应用程序分为了以下三类。

(1) 认知过程自动化：使用"机器人流程自动化"来自动化办公室的管理和财务活动。

(2) 认知洞察力：使用基于统计学的机器学习算法来检测数据中的模式并解释其意义。

(3) 认知参与：使用自然语言处理聊天机器人、智能代理和机器学习来吸引员工和/或客户。

随着人工智能技术的进步,研究人员能够创造先进的机器,人工智能有可能承担更复杂的在以前看来似乎是不可能完成的任务,如根据认知能力做出隐性判断、感知情绪和驱动过程。因此,越来越多的工作是由没有人工控制和监督的人工智能系统自动执行的（Złotowski et al.，2017）。有许多关于人工智能有利于决策的报道,例如人工智能被认为能够帮助员工做出更好的决策,提高其分析和决策能力,提高创造力（Wilson and Daugherty，2018）。然而,随着人工智能的复兴,一种新的人机共生关系即将出现,一个问题仍然存在：人类和新的人工智能如何在组织决策中互相补充,互相促进？

4. 智能决策支持系统对传统的决策支持系统的扩展

对于智能决策支持系统,通常根据其处理数据类型的能力,以及将数据转化为辅助决策的知识和洞察力的能力进行分类（Chen et al.，2012；Watson，2018；Phillips-Wren et al.，2015）。现代智能决策支持系统可以处理传统的结构化数据（如结构化数据库管理系统中的数据），图像、音频、传感器数据等非结构化数据,半结构化数据以及这些数据类型的组合。一般来说,可以分析的数据类型越复杂,智能决策支持系统就越先进。

智能决策支持系统技术受到行业需求的驱动,并在供应商和从业者的研究中得到推广。有人认为智能决策支持系统的能力超过了决策支持系统,但一些研究人员提出,这些超出的领域存在分歧（Arnott and Pervan，2014）。许多研究者承认,智能决策支持系统是处理数据爆炸所需的大数据分析技术和基础设施发展的产物（Chen et al.，2012；

Holsapple et al., 2014)。大数据的特征通常用数据的体积、数据生成的速度和数据类型的多样性来考量（Phillips-Wren et al., 2015），也有一些研究者在此基础上添加了数据其他的属性，如准确性或价值。由远程服务器组成的云计算为许多组织机构提供了可伸缩性和灵活性，因此数据量不再是一个问题，云计算使组织能够快速收集和存储数据，直到准备好处理为止（Gorelik, 2019）。从异构大数据分析产生见解以预测未来决策的机会一直是推动各种组织机构投资智能决策支持系统项目的主要因素之一。

值得注意的是，在解决不良问题的战略决策层面，智能决策支持系统提供了新的功能（如预测分析、风险管理、智能推荐等），需要数据科学家的参与来产生新的方法和模型，以处理大量的结构化与非结构化数据。这一发展在早期的决策支持系统文献中被预测，该系统需要决策者整理数据并与决策支持系统接口，从而为管理者生产可选择方案（Maynard et al., 2001）。下面介绍智能决策支持系统的架构和扩展。

1）智能决策支持系统的架构

为了确定智能决策支持系统和决策支持系统是否可以在一个体系结构中进行协调，我们回顾了 Sprague 和 Watson（1979）以及 Sprague（1980）所描述的经典决策支持系统的组件。这些组件包括决策者、用户界面、数据库管理系统、模型库管理系统、数据库，如图 11.11 所示（阴影部分）。然后，比较了 Phillips-Wren 等（2015）提出的独立于决策支持系统的智能决策支持系统和大数据分析框架，确定了智能决策支持系统和经典决策支持系统之间的重叠部分（阴影部分），并将经典决策支持系统和 Phillips-Wren 等（2015）提出的框架作为最初提出的智能决策支持系统框架进行了集成，具体如图 11.11 所示。

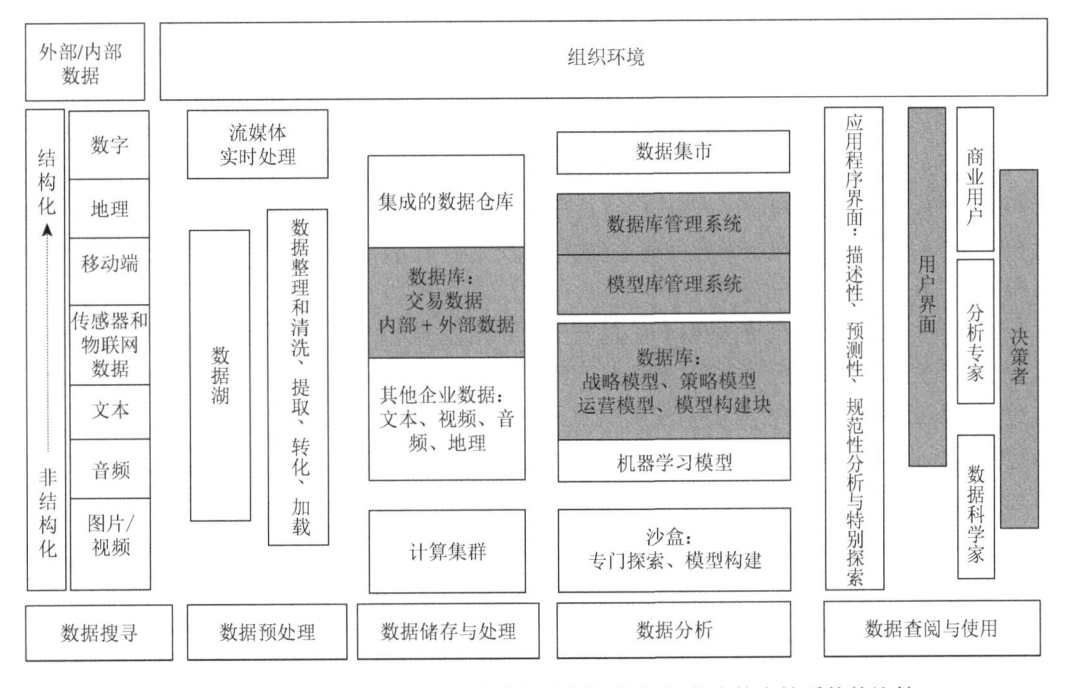

图 11.11 智能决策支持系统和大数据分析框架与经典决策支持系统的比较

经典的决策支持系统组件用阴影表示

2）数据管理系统和数据库的扩展

新的技术扩展了传统决策支持系统框架所设想的能力。现在分析人员可以获得多种类型的数据，如图 11.11 左侧所示，所考虑的数据类型越多样化，智能决策支持系统就越复杂。可访问的云计算和 5G（fifth generation of mobile communications technology，第五代移动通信技术）等快速迁移技术的出现将传统的数据库管理系统扩展到了包括非结构化和半结构化数据的层次，并进一步超越了组织处理能力的边界。

为了高速处理大数据，流处理是人工智能经常使用的一种技术，它可以在接收数据的短时间内连续查询数据流并检测规定的条件。此外，批量处理允许将数据构建到某个特定点，然后将它们视为一个组。诸如 Lambda 架构等技术是为大数据设计的，是利用批量处理和近实时流处理的混合方法（Marz and Warren，2015）。

数据在数据库的保存区存储，并通过数据整理成为一个或多个数据集的过程，让数据对分析或训练机器学习模型有用。同时，需要进行数据清洗，处理掉混乱的数据，如处理缺失值、删除异常值、转换数据类型等。然后，可以通过传统的提取、转换和加载进程，或使用一种称为数据准备的新实践对较快的进程进行处理。

数据可以加载到统一或分布式的企业数据仓库中，并使用数据库管理系统进行分析。通常会为有特定需求的用户创建被称为"数据集市"的专门数据库。此外，新技术允许使用计算集群在多个处理器上分发大量数据，并使用 Hadoop 或 Spark 等系统在对决策者合理的时间框架内进行处理。

3）模型管理系统和模型库的扩展

Sprague（1980）设想了一个模型管理系统，该系统访问一个模型基础，包括战略模型和策略模型，以及嵌入决策支持系统中的模型构建块，并具有健全的建模语言和管理系统。随着 20 世纪 80 年代人工智能等智能方法的出现，决策支持系统利用这些进展来更好地对人类解决问题的过程进行建模（Guerlain et al.，2000）。在医疗保健等领域，已经成功开发出了智能决策支持系统应用程序，并将继续证明这些方法的可行性和有效性（Haghighi et al.，2013）。这些智能决策支持系统结合了基于规则的技术、概率和决策理论模型、机器学习和不确定性表示等方法，从而影响决策制定的过程和结果（Phillips-Wren et al.，2015）。

大数据对决策者决策的规模和范围提出了挑战，即找到早期图形表示无法观察到的模式。数据可视化技术已经能够提供针对非常大的数据集的灵活的、可访问的渲染，以通过交互式地将表示与数据类型配对来支持解释。例如，可以通过允许用户放大数据表示特定区域或轻松地过滤数据来处理高基数或许多唯一值。此外，位置分析可以将地理信息与感兴趣的数据相结合，并可以纳入预测。

4）用户界面的扩展

如前所述，决策支持系统的用户界面被设想为处理与用户的各种对话问题，适应不同媒体类型的用户操作，以各种格式呈现数据，并为用户的个人知识库提供灵活的支持。今天的用户界面通过仪表板等设计对多标准决策的支持越来越成熟，它扩展了 Sprague（1980）讨论的基本特性。图 11.11 中显示的决策者与智能决策支持系统的用户界面进行交互，目的是进行描述性、预测性、规范性分析以及特别探索。描述性分析提供了有关数据的统计信息，并使用聚类或关联等技术来查找数据元素之间的联系。预测性分析使用回归或神经网络等技术基于数据中的历史模式来预测未来的状态。规范性分析试图使用优化或遗传算法等方法找到最佳结果。最后，特别探索是一种对可能帮助决策者的有趣模式的非定向搜索。

5）决策者角色的扩展

人们面临着需要决策、采取行动并对后果负责的问题，即图 11.11 中的决策者。但是 Sprague（1980）等认识到，在决策支持系统的开发和操作中还需要其他角色。例如，一名中介人或工作人员助理，作为决策者的助手。此外，Sprague（1980）还建议使用一个决策支持系统构建器来配置决策支持系统，一个技术支持者来添加组件，以及一个"工具匠"来开发新技术。

图 11.11 显示了三种不同但有时会重叠的系统用户类型——数据科学家、分析专家、商业用户（Watson，2019）。

数据科学家是一个适应性强、技术高度熟练的人，有能力处理从后端数据源到前端决策的整个流程中的问题。他们拥有先进的计算机编码和统计分析技能，能够将数据移动到数据库，并利用集群计算，可以在任何地方与数据交互，创建新的模型并对可视化结果进行解释，使用审计数据提出创新，并指导棘手问题的决策。在许多组织中，数据科学家的角色是由几个在一个或多个方面具有深厚专业知识的人担任的。在从业者访谈中，各种组织中的角色具有流动性。数据科学家可以直接访问任何组件。

数据科学家的角色可能取决于公司和行业。在咨询公司中，数据科学家可以以数据架构师的角色支持多个项目。然而，在一个属于单一行业的公司中，数据科学家直接为一个可能是经理的决策者提供洞察力。在以技术为中心的公司中，数据科学家可能是一个决策者。这里使用"决策者"一词来表示对决策问题提供答案或建议的人；决策者不一定只是实施者，可能也会有额外的管理监督任务。因此，数据科学家可以根据行业来适应他们的角色。然而，在所有情况下，数据科学家都是高度技术性的，具有先进的计算机科学和统计技能，这使他们能够在整个计算环境中移动。

分析专家能够使用复杂的分析软件和数据技术进行分析，具有适用于某些应用程序的计算机编码技能，并能够使用可视化技术来帮助分析。商业用户通常对特定的信息感兴趣，以解决量身定制的问题。例如，可以创建仪表板从数据集市传递特定的信息，或者商业用户也可以访问预先开发的查询功能。一般来说，商业用户是针对其业务决策的描述性和预测性分析的消费者。

6）组织环境的扩展

Sprague（1980）指出了管理信息系统和决策支持系统在组织使用方面的差异。管理信息系统的最低级别是电子数据处理，重点是业务级别的数据、存储、处理、流动和报告。管理信息系统（management information system，MIS）关注中层管理人员、结构化信息流、业务功能集成以及查询和报告生成。决策支持系统是以决策者的决策为重点，强调灵活性和响应时间、用户启动和控制，以及对个人差异的支持。在决策支持系统发展的早期，人们就认识到在组织环境中提供决策支持会导致管理控制问题（Hackathorn and Keen，1981）。

智能决策支持系统的扩展组织背景包括数据管理和治理、审计、安全、法律和监管考虑。多国政府已经通过了规范数据存储和使用的法律,数据作为资产的价值,导致了保护数据的需要。数据需要管理机构来规定访问权限、修改使用规则。

智能决策支持系统和大数据分析框架扩展了经典决策支持系统结构。有人可能会说,数据库、沙盒和数据科学家为智能决策支持系统创建了一个互补的数据架构,由于实现和使用这种数据架构所需的技术是无法实现的,本书建议可以将智能决策支持系统认为是一种特殊的决策支持系统,与数据驱动的决策支持系统相关。

11.2.2 厘清人工智能影响因素的必要性

1. 重新定义人工智能相关术语的必要性

人工智能已应用于许多不同的领域,有许多术语用于描述基于人工智能的决策系统,如专家系统、基于知识的系统、智能决策支持系统、智能软件代理系统、智能执行系统等。然而,随着人工智能的不断发展和进步,许多基于人工智能的决策系统的名称已经消失,或被新的名称所取代。可以认为,定义人工智能及其相关术语需要一直被关注。

为了澄清任何概念上的混淆和争议,有必要对与人工智能相关的定义和术语进行系统的审查,并重新定义它们。定义人工智能可能很困难,但重新定义人工智能和相关术语的概念,以反映大数据时代人工智能的开发与应用性质的变化是有益的。

2. 开发衡量人工智能影响指标的必要性

随着人工智能应用程序的快速发展,许多人工智能开发人员和大公司提出了它的重大好处与影响。例如,Davenport 和 Ronanki(2018)进行了一项对 250 名熟悉他们公司使用认知技术的高管的调查,结果显示,其中四分之三的人"相信人工智能将在三年内大幅改变他们的公司"。

由于大多数类似的说法都没有得到可测量的实证证据和严格的学术研究的证实,因此很难知道人工智能系统是如何、为什么以及在何种程度上被使用,并影响个人和组织的决策的。这就对如何从短期到长期,以及从社会、经济和政治的角度来衡量人工智能对决策的好处与影响提出了挑战。

衡量人工智能的好处及其影响非常困难,但也是可能的。因此,有必要开发和测试理论上健全的和实际上可行的人工智能影响指标,以衡量其效益。总的来说,为了系统地理解基于人工智能的系统是如何以及为什么被使用,并影响个人和组织的绩效的,应该建立一个适当的理论框架。有必要对人工智能的使用及其对决策的影响进行理论化,因此需要一个集成的概念框架,提供对人工智能的系统理解。

11.2.3 人工智能决策的新问题

1. 人工智能决策作用的新认识

对于人工智能在商业和管理领域的早期应用,Edwards(1992)指出,专家系统从早期系统的科技领域的专家知识应用到管理和行政应用中的传播非常缓慢。他提出要将专家系统应用于管理问题，传统的"封闭世界"专家系统图景通常是不够的。专家系统在管理中角色（甚至是人类专家的角色）的真正表现，比在科学和技术领域涉及更多的谈判和互动。由此产生的结果是，它看起来更像一个传统的决策支持系统，而不是一个经典的独立的专家系统。

Seeger（1983）表示"人工智能领域开发的复杂程序可能带来信息系统设计，其中信息工作的知识程序将由机器执行"。这可能会使人类信息输入的重要组成部分（信息工作的知识程序）过时。在人工智能和大数据时代，Miller（2018）提出了一种新的人机共生的必要性，并呼吁重新思考"人类和机器需要如何共生工作，以增强彼此的能力"。近年来，人们对研究人工智能的作用，即自动化或增强越来越感兴趣。一些人工智能从业人员和研究人员认为，人工智能应该用来增强人类的判断，而不是实现自动化（Miller，2018；Wilson and Daugherty，2018）；Jarrahi（2018）也认为"人工智能系统的设计应该增加而不是取代人类的贡献"。但这一论断需要得到进一步严格的研究和调查的支持，证明人工智能如何以及为什么应该支持人类判断，而不是实现决策自动化。

Wilson和Daugherty（2018）认为，利用人工智能取代员工的公司只会看到短期生产率的提高。证明这一说法的证据是什么？如果这是真的，为什么以及如何使用人工智能来替换员工不能带来长期收益？应该如何克服这一缺点？他们还声称，公司可以受益于优化"人类与人工智能之间的协作"，并发展员工的"融合技能"，使他们能够在人机界面上有效地工作。然而，一些人工智能系统没有能力解释决策的推理过程，如何解决黑盒问题，即知道为什么以某种方式做出决策（Davenport and Ronanki，2018），并向人工智能用户提供解释？为了解决这个问题，Miller（2019）观察到，可解释的人工智能领域出现了复苏，因为研究人员和从业者试图使人工智能算法更容易理解。

许多之前的研究都考察了在大数据时代之前的人工智能的作用。然而，考虑到新一代人工智能的超能力，以及对人工智能在决策中的作用极度混杂的观点和争论，必须重新审视和定义人工智能的作用。因此，虽然人工智能可以在决策中扮演多种角色，但人工智能将被人类决策者作为决策支持或增强工具，而不是实现决策的自动化来取代他们。

2. 支持决策的系统设计标准

由于人工智能系统的决策有效性只能通过最终用户的接受和使用来实现（Edwards et al.，2000），基于人工智能的系统设计标准自人工智能早期应用以来一直是一个问题。例如，系统设计标准从 SSIS（structured systems analysis and design methodology integration services，结构化系统分析和设计方法集成服务）转变为 IIM（integrated information management，集成信息管理）就已经成为一个问题（Pejtersen，1984）。基于对人工智能作用的理解，无论是支持、增强、替换，还是自动化决策，研究人员需要从技术与人类交互的角度提出设计标准，面向系统开发人员，为人类决策者创建理想的人工智能系统。例如，开发适合决策的人工智能系统的人体工程学设计问题是什么？人工智能系统的人体工程学设计对于它们的成功很重要,但对于支持、增强、替换或自动化系统而言,对应的人体工程学问题是不同的。

3. 人工智能决策系统性能再认识

人类智力的独特优势在于它具有学习和适应新环境和挑战的能力。在深度学习和大数据开发之前,通过持续学习改进和提高性能一直是推进人工智能的挑战。深度学习作为加工学习的一个子集,是人工智能重新成功的重要推动因素之一。当决策者在使用人工智能系统时,它们可以通过深度学习进行改进吗?这个问题需要通过进一步的研究来解决,本书认为当决策者使用人工智能系统时,人工智能系统可以通过深度学习改进决策性能。

4. 人工智能用户行为问题

为什么人类决策者会接受或拒绝使用人工智能进行决策?以往的研究表明,当人们使用人工智能作为决策的支持工具时,不同的人可能会对人工智能系统推荐的决策采取不同的态度和行动。例如,Davenport 和 Ronanki(2018)以及 Miller(2018)指出,员工需要适应被用于部分或完全自动化认知工作的智能机器。Davenport 和 Kirby(2016)引入了"five modes of reframing"(五种步进模式),帮助人类重新协调与机器的关系,并调整人类的贡献,以便在人工智能时代与智能机器共存。例如,高级管理人员对使用人工智能的态度可能至关重要,因为 Plumb(2017)认为,在企业中扩大人工智能需要新的方式来让高级管理人员参与技术。考虑到用户本身对使用人工智能行为的重要性,本书认为:人工智能用户的个人特征、对人工智能的知识和理解将显著影响人工智能的使用及成功。

11.2.4 人工智能系统的实施条件

1. 了解关键成功因素

人工智能通过大数据恢复了活力,并变得比以前更加强大。虽然技术进步可能没有限制,但其应用可能会遇到瓶颈和前所未有的障碍。因此,基于从现实世界的人工智能应用中收集到的经验证据来确定什么是最关键的成功因素是很重要的。这些关键的成功因素将帮助组织通过解决最关键的问题来变得更加专注。关键的成功因素也可以为人工智能设计师和开发人员提供有价值的指导方针,使他们努力克服困难,以便为决策者提供最有效和可接受的系统。

根据 Duan 等(2012)的工作,利用人工智能支持决策执行的技术挑战是智能体能够理解具有特定工作和特定领域的个人用户。他们呼吁减轻将人工智能应用在依靠人类直觉和判断的方面。例如,了解该技术对于采用人工智能决策的成功至关重要。Davenport 和 Ronanki(2018)认为,在启动人工智能计划之前,公司必须了解哪些技术可以执行哪些类型的任务,以及每种技术的优势和局限性。

总体而言,影响信息系统的使用以及成功和失败的因素已被广泛研究(Dwivedi et al.,

2015；Hughes et al.，2016；Hughes et al.，2017；Hughes et al.，2020），但缺乏全面研究来确定当前使用人工智能及其在大数据时代关键的影响因素。

2. 理解人工智能和大数据的协同作用

大数据推动了人工智能当前的繁荣，如果不利用大数据分析的好处，认知计算领域将不完整（Gupta et al.，2018）。大数据时代，增加了以前没有用于分析的数据类型，比如来自社交媒体的数据。此外，人工智能通过认知计算使大数据具有意义，因为人类对大数据的分析可能非常耗时，因此利用人工智能技术有助于更好地使用大数据（Gupta et al.，2018）。人工智能只是使用大数据的众多方式之一（Yaqoob et al.，2016），目前仍有必要进一步探索和理解人工智能与大数据的协同作用，并需要更多的研究来确定这些技术结合所获得的独特优势，了解如何随着大数据的数量、多样性和速度的可用性而进一步提高人工智能的水平。因此，有必要充分了解人工智能和大数据的协同作用及其对人工智能研究和实践的影响。

3. 了解文化对人工智能应用的影响

过去许多研究认为文化是技术接受的重要影响因素。文化，如国家或组织文化，以及个人和宗教价值观，是否也在接受/采用和使用人工智能应用程序方面发挥了关键作用？例如，Ransbotham 等（2017）研究了"为什么中国公司对人工智能的态度不同"。Liu 等（2018）发现，组织文化和中国民族文化对知识管理都有重大影响。如果文化确实发挥了作用，它为什么以及在多大程度上影响着人工智能的成功？此外，人工智能在支持和自动化人类决策中的广泛应用会改变文化吗？这是一个迄今为止尚未得到很好探索的领域。人工智能在决策中的接受和成功应用可能会导致组织文化与个人行为的改变，这需要进一步的研究。

4. 解决道德和法律问题

人工智能的快速发展引发了严重的伦理问题。Remenyi 和 Williams（1995）给出了关于人工智能系统伦理考虑的早期例子。围绕人工智能应用的伦理和法律问题已成为一个重大挑战。然而，政府是解决伦理问题和法律挑战至关重要的角色，特别是在责任和可解释性的决策由一个自动化的人工智能系统完成时，政府在塑造人工智能的未来角色上必须进行更多的研究。例如，政府应该如何制定适当的政策、法规、道德指导和法律框架，以防止人工智能的滥用及其对个人和社会层面的潜在灾难性后果？

11.3 智能决策支持系统的应用

11.3.1 基于定性推理理论的智能决策支持系统

1. 概述

传统的决策支持系统主要基于数学模型的定量分析方法，用于辅助解决半结构化问题，对于待决策的问题提供数学分析工具和计算模型，估测在现有的各种条件下可能产生的结果，然后由决策者根据经验来判断半结构化决策问题最为有效的解决方案。但在管理领域中存在大量劣构问题，存在各种模糊的概念与不确定性因素，难以用定量方法精确表示和求解，一般需要依赖于管理领域专家的知识、经验进行定性描述、推理和分析。人工智能和专家系统技术恰好可通过定性分析解决问题，将人工智能和专家系统技术引入决策支持系统，就产生了智能决策支持系统或基于知识的决策支持系统（knowledge based decision support system，KB-DSS）。智能决策支持系统应用专家的启发知识或经验知识，提高了辅助决策的效率和水平，大大推动了决策支持系统的发展和应用。但随着智能决策支持系统应用的深入，智能决策支持系统辅助决策也存在着许多问题，特别是对高层决策的支持陷入了困境。这有以下几个方面的原因。

（1）基于专家系统的智能决策支持系统受其知识表达方式所限制，根据专家的经验和判断所建立的知识是一种"浅层"知识。之所以称其为"浅"，是因为它们是直接从现实世界的观察中总结出来的，是一种经验性（"如果……就……"类型）的知识，因此，在外界条件发生变化，碰到新情况或一个特定情况使得系统的知识不完备时，智能决策支持系统往往不能提供正确的判断和支持。

（2）在高层决策中，决策者面临的环境十分复杂而又多变，决策者面对着大量不确定、不完整甚至是错误的信息，难以对其进行量化并构造出定量模型。

（3）智能决策支持系统一般不能提供意向决策或直觉决策，而需要提供意向决策支持的问题在智能决策支持系统的应用领域，特别是在高层决策中是常见的。

（4）由于常识的不确定性、非单调性的特点，智能决策支持系统不能很好地解决常识推理，而常识推理在决策中是十分重要的。

（5）智能决策支持系统不能提供定量与定性知识的有效集成。从智能决策支持系统的发展趋势可以看出，智能决策支持系统向着高层管理决策应用方向发展。在高层决策中，决策者面临的环境十分复杂而又多变，决策者面对着大量不确定、不完整甚至是错误的信息，决策问题规模越来越大，结构越来越复杂。从认知科学的一般角度讲，人类分析求解复杂问题的一般方法是：在许多情况下，采用分解还原的方法，开始分析问题时，采用定性分析方法，企图对问题的本质进行把握，并随着对问题的认识程度加深，对复杂问题的不断分解细化，当对某一个子问题或某方面问题感兴趣时，希望能进一步应用有关数量模型进行定量分析，并通过抽象定量分析的结果进一步辅助上一级定性或定量分析。整个问题的分析求解过程呈现出逐渐细化和不断综合的一种求解过程。

另外，许多专家认为传统决策支持系统、智能决策支持系统或任何基于计算机技术为组织成员提供信息支持的系统，都忽略了重要的组织层次因素。大到国家、企事业单位，小到车间、科室，其管理决策任务是有组织层次的，从高度结构化到高度非结构化。管理决策层次金字塔一般如图 11.12 所示。

在底层的日常控制层，一般遇到的问题是特定的，环境要求是很容易定义的，即结构化问题，因此，可以用精确的数据模型来求解；并且，该问题经常是重复的，其决策任务可容易地委托给机器处理。

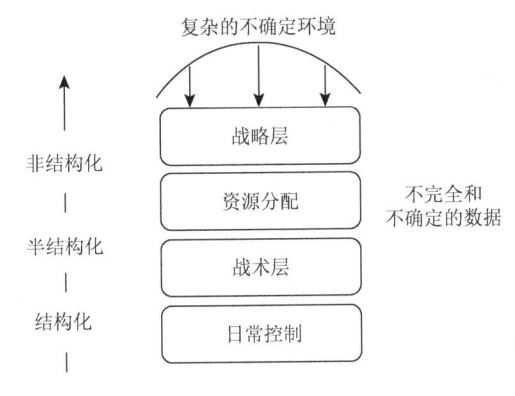

图 11.12 管理决策层次金字塔

随着决策层次的提高，决策问题越来越趋向于半结构化、非结构化，决策者使用的知识变得越来越抽象，使用的数据不能再用低层的数据形式。对于半结构化问题，问题领域还是局部的，仍然可以建立数量模型，可以获取和利用下层的有关记录，数量模型在这些水平上是必需的。许多中层管理者对决策的数据化存在着偏见，他们认为决策支持系统对任何决策问题必须能提供精确的数据支持。

高层管理决策的非结构化问题与中、低层决策问题有着较大的差异，表现为不同的形式，决策问题涉及的范围更大，决策环境多为动态多变的，决策目标更多的是模糊和不确定的，涉及的数据是高度浓缩抽象和定性的。显然，数量模型在这种情况下难以解决问题，高层管理者需要对决策环境有一个全局的观点，决策者需要通过定性分析和推理来抽象系统的特征，把握事物的发展方向，而不太注意细节信息。若决策者对某些关键的因素十分感兴趣，则需细化数量模型进行详细的分析。高层决策者决策的结果是下级决策的行动指南，下层决策者必须遵循上级决策的目标，在此基础上优化本级的决策行为；本级的决策行为又为本级的下级决策提供行动指南。

从以上的分析中可以看出，高层决策涉及下列几个方面的问题。

（1）大量的不确定、不完全的定性信息的处理。

（2）定性和定量信息的综合集成。

（3）决策过程的纵向递阶分解。

（4）复杂问题的横向分解。

为了讨论解决这些问题，本节拟将从物理系统中发展起来的定性推理理论引入智能决策支持系统，解决智能决策支持系统中的定性分析、定性推理能力不足的问题。定性推理理论作为一种不确定、不完全的知识处理工具和理论，在决策支持中有着重要的作用。本节将应用"递阶分解"思想，探讨如何将定性推理理论引入智能决策支持系统，并研究定性和定量集成问题以及智能决策支持系统中的定性推理集成机制等。

定性推理，又称定性物理（qualitative physics）、常识物理（common-sense physics）或朴素物理（naive physics）等，是属于人工智能范畴的一个热点研究领域。定性推理是通过对系统结构、行为和功能的描述，以及它们之间的关系与因果性研究，来探讨人类的定性（常识）推理机制。定性推理可以有效地解决常识推理、反映动态特性的时态推理以及反映直觉思维的因果推理等难题。许多人工智能领域的科学家认为，定性推理的自然特性可表示决策者的决策方式。

定性推理是人工智能领域发展起来的一个重要分支。定性推理理论产生之后，在理论上出现了百家争鸣的局面，研究者根据自己的见解提出了各自的建模和仿真理论。根据 Cellier（1991）的观点，目前，除了定性推理分支外，人工智能领域还有两大理论派别：模糊仿真方法和归纳推理法。

模糊数学早在 1965 年就已被提出，其核心思想是将数学引入模糊现象这一区域，模拟人脑，对复杂事物进行模糊度量、模糊识别、模糊推理、模糊控制和模糊决策。将模糊数学与定性仿真理论结合起来，就产生了模糊仿真方法。模糊数学在定性理论中一般用来作为一种描述手段，最初，是采用区间模糊数的行为来描述系统的定性值，之后进一步将其发展到用凸模糊数来描述定性值，在数据表示上前进了一大步。此后，又有人在其基础上引入了概率论来度量生成的多个行为的可信度。但模糊仿真方法也存在弱点。例如，很难确定描述系统的模糊量，即系统的真实值与模糊量在空间上的映射；并且，模糊量值及其空间一旦确定后就不再变动，不能根据需要引入新的模糊量，限制了其描述能力。另外，由于其结果是"模糊"的，所以评价仿真过程和结果比较困难。

归纳推理法是一个新方向，它起源于通用系统理论，主要利用其中的通用系统问题求解技术，输入尽可能多的行为，通过归纳学习的方式，构造系统的定性模型，进行仿真研究。归纳推理法最突出的优势在于它完全不需要对象系统的结构信息，不需要预先提供任何模型。但是，这种优点往往又是其缺点，它需要采集大量的数据进行处理和维护；由于现实条件的限制，不能保证归纳的完备性。

根据对系统因果性的注重与否可以将定性推理的建模方法分为：因果类方法与非因果类方法。因果类方法一般是利用有向图或定性传递函数（qualitative transfer function，QTF）进行定性建模和分析。非因果类方法在建模时不需要明确指出系统内状态变迁的因果方向，该方法主要的代表有：基于流概念的 EnVision（entity-centric envisionment，以实体为中心的设想）方法，以过程为中心的 QPT（qualitative process theory，定性过程理论）方法；基于定性微分方程，以约束为中心的 QSIM（qualitative simulation for imprise model，企业模型的定性仿真）方法；TCP（time constraint propagation，时间约束传播）方法等。

下面简要阐述几种重要的定性推理方法。

（1）EnVision 方法——以实体为中心的方法。该方法是由定性推理理论的先驱人物 John Seely Brown 和 John de Kleer 于 1984 年提出的。该方法是一种基于流概念的理论，"流"是一组多变量线性方程，其变量取的是定性值。该理论认为一个系统可以用三种元素来描述："材料"（material）、"组元"（component）、"通道"（conduit）。"组元"作用于"材料"并改变其形式或特征；一个"组元"的"材料"经"通道"流到另一个"组元"，且"通道"不改变"材料"的任何属性；"组元"以一系列变量、流和连接点描述。整个系统的模型可以通过连接不同的"组元"来得到。举例来说，可以将水、空气等看作"材料"，将传输水或空气等的管道、阀门看作"通道"，将对水加热、水经阀门的流进流出的数学表示看作"组元"。

在该方法中，变量的取值只有三个，即{+,0,-}；"组元"的行为用流表示，流表示的是一种约束关系，这种约束关系决定处在平衡点附近变量的变化。流可以从平衡状态的微分方程中推导出来。一个系统可能有若干子模型，每个子模型由一些列流来描述。

仿真过程不考虑系统有多个子模型。首先在符号代数中利用定性计算或约束传播技术求解流，解表示系统的可能状态。随后，应用从连续可微函数的一些特征，如通过介值和中值定理推导出的启发知识，将系统的状态按时间序列列在时间轴上。从一个给定的初始状态节点出发，得到的结果是以一系列状态表示的系统可能行为的序列图。

（2）QPT方法——以过程为中心的方法。Forbus（1984）围绕着"过程"（process）的概念提出了QPT建模与仿真方法。他认为，分析物理系统实际上就是确定该系统是由哪些过程（如液体流动过程、热量产生过程等）组成的，并且这些过程在不同情况下是如何影响系统发展的。模型的基本要素是对象（object），它是与物理系统的组成部件（如阀门、管子等）相对应的。个体视图则描述了对象群体和相互间的关联，它具有四个要素：组成视图的对象或其他个体视图、个体视图存在的前提条件、址值条件、函数关系。过程是与对象或个体视图相关联的，系统变量的值只能由与它关联的活动过程改变。过程的定义与个体视图的定义基本一样，不过还包括直接影响。

Forbus（1984）认为QPT的核心思想是：当且仅当一个量受到某个过程的直接或间接影响时，量值才会改变。

（3）QSIM方法——以约束为中心的方法。Kuipers（1986）提出了基于定性微分方程（qualitative differential equations，QDEs）的定性仿真理论，并给出了QSIM算法。他认为系统是由三种元素组成的，分别为变量（variables）、约束（constrains）和操作域（operating regions），通过约束关系用数学化的方法可推导出系统的定性行为。

定性仿真算法QSIM的过程是：从系统的初始状态出发，通过查看状态转换表，生成当前状态的所有后继状态，然后过滤掉不满足约束方程的状态，剩余的状态组成新的当前状态集合；再从当前状态集合中取出一个状态作为新的当前状态，重复以上过程。如此下去，从初始状态到结束状态的一条路径就是系统的一个定性行为。

定性推理理论由于其处理不完全、不确定知识和模糊数据的突出能力，在社会科学、人文科学、管理科学等领域得到了广泛的关注。许多学者开始将定性推理方法和思想应用到管理事务中，进行预测、分析、控制和辅助决策。

定性推理在决策支持方面的应用，比较典型的有以下几个方面。

有学者在1990年研究出一个商业行为分析的定性仿真模型。在模型中，他们使用了因果关系、静态约束的关系理论，并用约束逻辑语言CHIP（Constraint Handling in Prolog，Prolog编程语言中的约束处理）编程。他们就公司的商业运行进行了仿真分析，对某个公司的销售地址、商品价格、资金状态进行建模，分析其商业行为的变化，如为什么广告量的减少会带来销售量的下降、什么原因导致了公司资产减少、是否存在经营危机等。对于银行贷款之前的商业调查与决策，该模型具有广阔的应用前景，荷兰银行（ABN AMRO Bank）在此基础上进行了深入的研究。

Bailey等（1991）则致力于商业行为的计划、控制和评估等领域的研究，他们运用

QSIM 算法，对商业票据流通系统进行建模、仿真，以帮助市场人员进行预测和分析，使用故障模型找出流通过程的问题所在。

Alpar 和 Dilger（1995）运用定性推理理论建立市场定性模型，用于诊断和预测市场占有率的变化，该模型还能对全国整体市场的总体趋势做出分析。

Benaroch 和 Dhar（1995）运用 QSIM 算法等技术来控制投资决策的复杂性等。

在运用相关技术预测市场发展趋势方面，有学者曾运用 QSIM 算法对市场发展预测进行研究并建立了定性仿真模型。他们首先应用 QSIM 方法对单个啤酒市场的市场需求、供给和价格等关系进行分析，可以预测出，市场需求、供给、价格等因素的变化可能引起啤酒单一市场的变化。在此基础上，他们又重点对茶、咖啡、牛奶、巧克力等新鲜饮品的多市场互动关系进行了研究，建立了整个市场的定性模型，并应用 QSIM 算法进行分析预测。目前该模型已应用于饮料市场的变化预测。

总之，定性推理理论已有许多学者将其应用于管理领域，进行分析、预测、评价等工作。但目前为止，查阅文献资料还没有发现从决策支持系统的一般概念模型的研究出发，研究定性推理理论对决策支持系统的支持。但从定性推理的建模能力和应用情况来看，定性推理在决策支持系统，特别是在支持高层决策的智能决策支持系统中将有重要的应用前景。与其他不确定性推理方法相比，不需要先验概率等参数估计、符合人们正常思维习惯的推理方法在智能决策支持系统中将起到如下作用。

（1）提高智能决策支持系统对定性问题的分析、处理能力。
（2）拓展智能决策支持系统的应用范围。
（3）提高智能决策支持系统对高层决策者的决策支持效率。

当然，这种方法也有其局限性，它适用于在对系统内部精确的运动规律不确定但又大致了解的情况下，运用定性推理预测系统的未来发展。

2. 智能决策支持系统中的定性推理集成机制

20 世纪 90 年代初，我国著名学者钱学森先生在大量研究的基础上，提出了开放的复杂巨系统的概念，并提出了处理开放的复杂巨系统的方法——"从定性到定量综合集成方法"。开放的复杂巨系统，是指这样一类系统，它们与外界周围环境有物质、能量和信息的交换，包含成千上万的种类繁多的子系统，并且有许多层次，即开放的复杂巨系统具有开放性、复杂性、巨大性和多层次性四个特点。针对这种系统，钱学森先生提出了"从定性到定量综合集成研讨厅体系"的实践形式。"从定性到定量综合集成方法"的实质是将专家群体（与所研究问题有关的专家）、统计数据和信息资料（也与研究问题相关）、计算机三者有机结合起来，构成一个高度智能化的人机交互系统，它具有综合集成各种知识、从感性上升到理性、实现从定性到定量的功能。从思维科学角度看，这个方法充分体现了辩证思维和社会思维的特点。

20 世纪 80 年代初开始，从控制理论中逐渐产生发展了大系统控制论，涂序彦教授在大系统控制论方面做了大量的研究。对大系统的协调控制普遍采用"递阶控制结构方案"，通过协调控制，使大系统中的各子系统（小系统）相互协调、相互配合、相互制约、相互促进，从而在实现各小系统的目标、子任务的基础上，实现大系统的总目标、总任务。

得益于上面两个方面的启发，下面将定性推理理论按照"递阶分解"的思想引入智能决策支持系统中。因为高层管理者的决策环境往往是复杂的、动态的，决策目标和对象一般具有不确定性与模糊性，高层决策环境和过程与开放的复杂巨系统的环境和大系统控制论的协调控制过程相似。

递阶分解，就是将决策问题或模型按一定的准则和层次逐级细化分解。在这个分解层次中，上层是下层的抽象和约束，下层是上层的细化和补充，呈现出一个"金字塔"形状。每一层、每一个部分都有自己的目标函数，越往高层，其目标越重要、越权威、越具全局性，同时也就越模糊、越定性化；越往低层，其目标越具体、越具局部性，同时也就越可以数量化。

按照上述递阶分解的集成思路，可以将定性推理理论集成到智能决策支持系统中。这里提出一个基于定性推理的智能决策支持系统结构（intelligent decision support system's structure based on qualitative reasoning，ISBQR）模型，如图 11.13 所示。该模型将定性分析、定性建模、定性推理、定性数据、定性模型等定性信息全面集成到智能决策支持系统中，使得智能决策支持系统能够存储、处理定性信息以及利用定性信息进行定性推理判断。

下面对图 11.13 中相关结构和信息处理方法进行简单讨论。

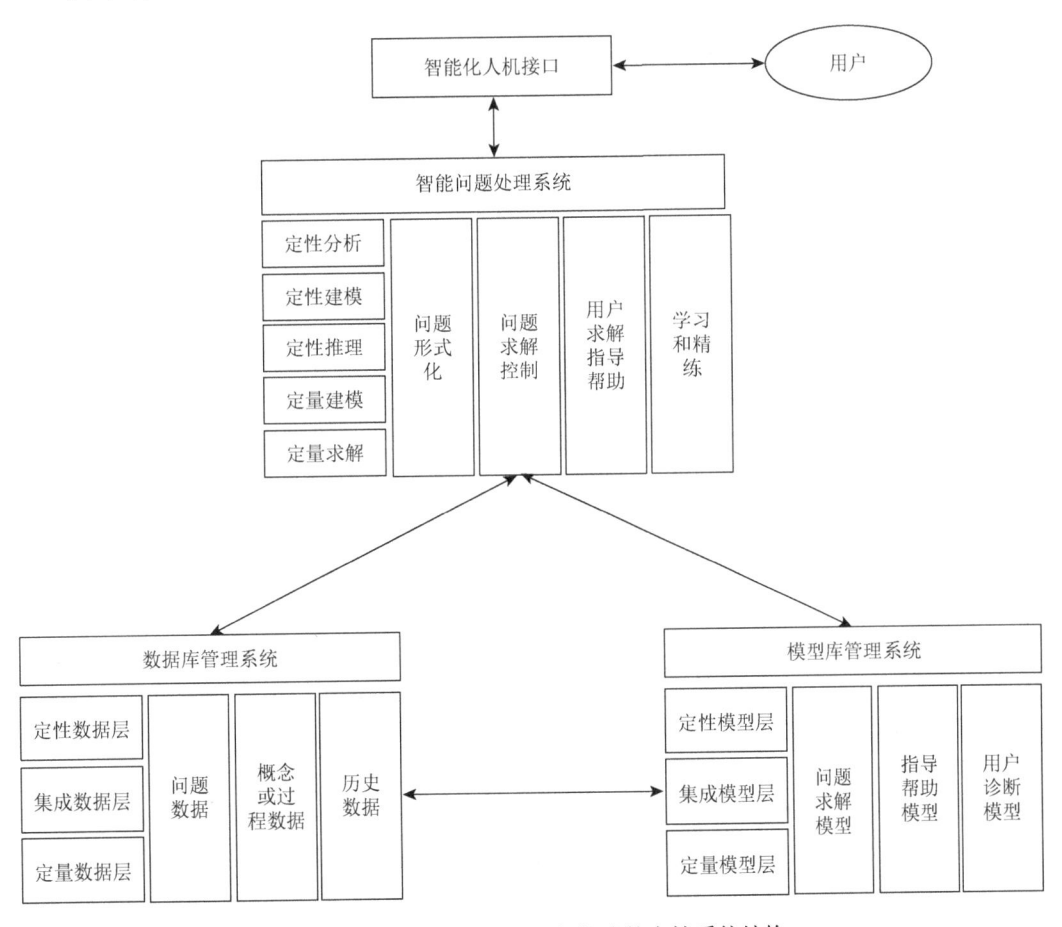

图 11.13 基于定性推理的智能决策支持系统结构

1）智能化人机接口

人机接口又称用户界面，是用户（决策者）和应用系统之间信息交互的窗口。因此，作为智能决策支持系统的一个组成部分，人机接口是十分重要的。由于智能决策支持系统是决策支持系统发展的高级阶段，比决策支持系统有更强的功能和适应性，具有某种程度的智能，所以智能决策支持系统的人机接口应该更加友好，并且具有某种智能，故称为智能化人机接口。在此，首先探讨有关人机接口的研究方向。

在近来的智能决策支持系统人机接口研究中，"人机共栖"的理论得到了较为广泛的认同。"人机共栖"就是使用户在与智能决策支持系统的交互过程中，不仅能够不断得到启发和引导去深入研究问题，而且感到十分自然和舒适，使得智能决策支持系统真正成为决策者决策时的参谋与助手。实际上，"人机共栖"也是一种人机相互激发、优势互补、共同寻求问题解答的有效途径。因此，智能决策支持系统"人机共栖"接口强调的是，决策者和决策工具的自然和谐。当然，这种人机接口有相当高的智能或智慧，是智能决策支持系统最理想的人机接口。目前，智能决策支持系统的人机接口完全实现"人机共栖"目标还有一定的难度。

基于知识的人机接口是人机接口的又一发展方向。在传统的决策支持系统中，为了获得友好的接口，人们使用了联机帮助，有多种多样的对话风格，如问答方式、命令驱动、菜单驱动、表格输入、图形界面等技术，但是从本质上说，这些技术都是静态的，在设计时就已经固化在系统中，用户在运行时不能改变这些对话方式。基于知识的接口通过使用用户知识、自身知识、领域知识来协调用户与系统的交互，接口具有一定的智能，用户的反应能够反馈到接口，人机接口能够主动调节。同时，在运行时能够指导用户进行操作，减轻用户负担，提高接口的友好性。自然语言接口就是一种基于知识的人机接口，它能够理解用户自然语言对问题的描述，并且用自然语言输出，这是国内外的研究热门，尚处于探索阶段。

上面简单讨论了目前对智能决策支持系统人机接口研究的两个主要方向，随着计算机技术、图形技术以及多媒体技术的发展，智能决策支持系统人机接口的构造方法和技术日益丰富和完善。在设计智能决策支持系统的人机接口时，要区分开智能决策支持系统与其他信息系统功能上的差异，突出"决策支持"的作用，结合智能决策支持系统中的问题处理部件，以最能够充分发挥决策者的学识、经验等为原则，同时人机接口还需要具有较高的智能，这样才能带给决策者一个满意高效、舒适的人机操作环境。

2）智能问题处理系统

问题处理系统，又称问题求解单元，用以接收用户的决策有关问题并运用数据、知识和模型实现对用户问题的求解。在智能决策支持系统中，问题处理系统的研究是一个关键的问题。智能决策支持系统的决策效率以及智能化程度在很大程度上取决于问题处理系统。目前，对问题处理系统的研究可以说是仁者见仁、智者见智，研究者根据不同的应用环境和应用技术提出了不同的体系结构与处理方法。智能问题处理系统由三大块组成：问题库及其管理系统、问题处理求解主模块以及综合推理系统。问题处理系统包含预定义模型执行模块、基于知识的推理模块以及语言近似输出模块；具体来讲，智能问题处理系统包含系统总控和协调机构的元控制、目标推理机、分析解释器等。因此，一般认为问题处理系统都是基于知识的、具有智能的、用于协调控制的问题求解系统。

应用递阶分解的集成思想，智能问题处理系统在功能上，分为问题形式化、问题求解控制、用户求解指导帮助以及学习和精炼等；同时，每一个功能有不同的层次，根据信息的详细程度和处理要求可分为定性分析、定性建模、定性推理、定量建模和定量求解五个层次（图 11.13）。集成定性推理的智能问题处理系统的工作流程如图 11.14 所示。

从图 11.14 中可以看出，智能问题处理系统的递阶分解主要过程如下。

（1）定性分析。从人机接口传递过来的用户问题，首先根据一定的准则或历史记录对决策问题进行定性分析，定性分析的目标是对决策问题的应用领域、复杂程度以及所需的知识等设定一个框架范围，为以后的推理求解、用户帮助等提供原则指导。

（2）定性分解。根据定性分析结果，判断问题是否复杂。若不复杂，则无须分解，直接对系统进行推理求解；若复杂，则对系统进行定性分解，应用一定的标准和方法将复杂系统分解为多个相互联系、相互制约的子系统（子模型），对子系统分别进行推理求解，再综合得到系统的整体行为。

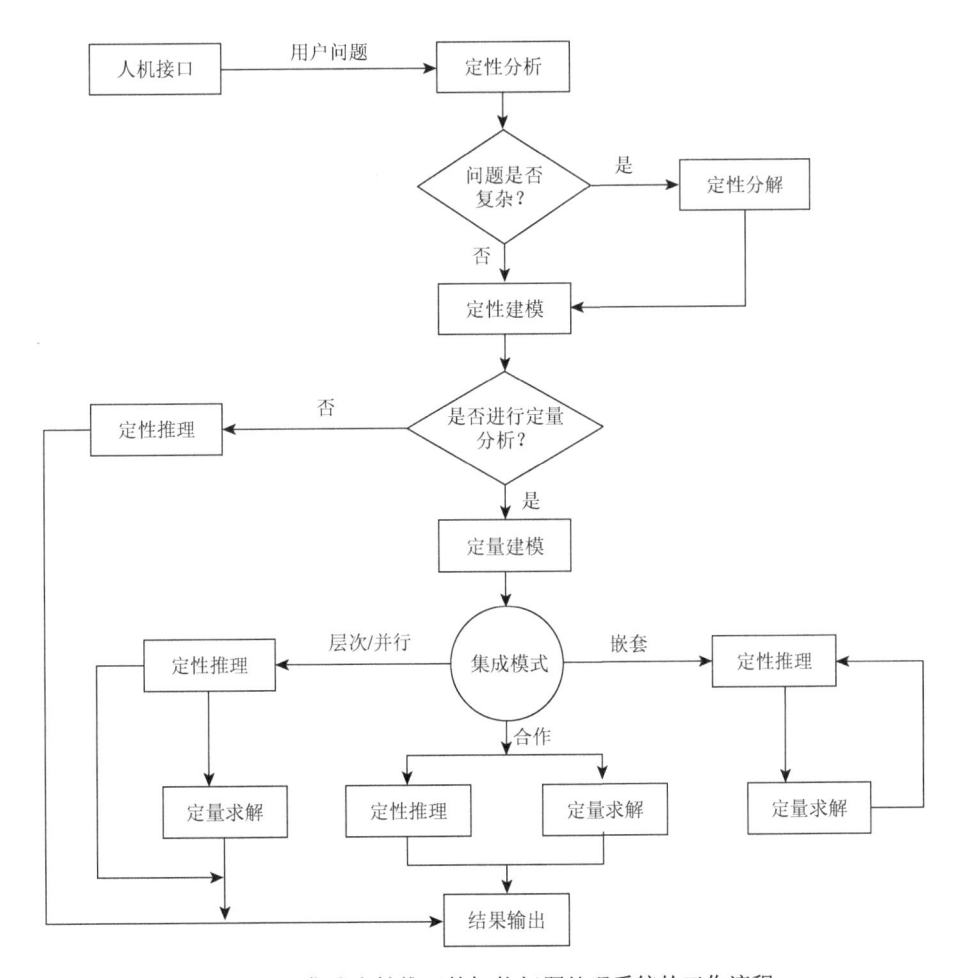

图 11.14　集成定性推理的智能问题处理系统的工作流程

（3）定性建模。根据定性推理理论的要求，构建定性模型。

（4）定量分析和定量建模。根据决策问题、领域知识、决策者的意愿和偏好、分析确定是否对某些定性问题进行定量分析。若是，则选择建立相应的定量模型，当然，定量模型如果很复杂，还可进一步做定量分解；若否，则直接进行定性推理。

（5）定性推理和定量求解。对上面的建立的模型进行推理求解，若有多个定性、定量模型，则根据它们之间的约束关系，综合推理求解。

（6）结果输出。按一定的要求，综合模型推理求解的结果，以一定形式传递给人机接口。

智能问题处理系统中的功能——问题形式化、问题求解控制、用户求解指导帮助以及学习和精练等方面，则包含在问题的推理和求解的过程中，具体如下所述。

（1）问题形式化。决策问题形式化就是决策问题的公式化、模型化，即根据领域知识和知识库中的知识，协助决策者或决策分析者对决策问题建立定性或定量模型，以及确定模型之间的约束关系。

（2）问题求解控制。问题求解控制是系统的总控和协调机构。根据系统知识库有关的元知识以及决策分析建模的情况，辅助对问题的识别，确定目标及相应的求解推理策略，对整个问题求解过程实现控制、监督和协调。

（3）用户求解指导帮助。用户求解指导帮助是系统的一个重要功能。根据用户的历史数据以及目前的操作情况，主动地给决策者以某种形式的指导和帮助，使得系统具有较高智能。

（4）学习和精练。学习和精练是系统的一个自学习模块。通过学习和精练，系统能够具有更好的自适应、自演化能力。智能系统的自适应、自演化能力一直是人工智能研究者孜孜不倦追求的目标。学习和精练模块可以集成应用神经网络、遗传算法、人工生命等各种先进技术。

3）数据库管理系统

数据库管理系统是提供对决策有关数据进行存储、查询、修改、处理和转换等功能的管理子系统。目前，主要的应用是在通用数据库系统中。常用的是关系、网络和层次数据库系统，而关系数据库系统应用最为广泛。对于决策支持系统/智能决策支持系统，也有根据具体问题，采用通用程序设计语言，利用其文件系统自行设计数据管理部件的。近年来，演绎数据库、多媒体数据库、面向对象的数据库以及数据仓库技术等成为数据库领域研究的新内容和方向。

数据库管理系统的数据库中包含着不同类型、不同层次的数据，可实现对不同类型、不同层次数据的存储、检索和转换等功能。特别是对不同层次的数据转换映射工作，可以交给数据库管理系统来完成，以分担问题处理系统的负荷，简化问题处理系统的流程。数据库管理系统包含的数据层次至少有三层：定性数据层、既是定性又是定量的集成数据层、定量数据层。根据智能问题处理系统的要求，数据库管理系统有三种类型的数据，分别如下所示。

（1）问题数据：是决策者提出或期望解答的决策问题的数据。

（2）概念或过程数据：是与决策领域有关的概念和处理过程数据，提供对决策过程的解释和指导。

（3）历史数据：存放决策者决策求解的有关历史记录，提供学习和精练模块历史记录中的对决策者的评价和对决策过程知识的演化，以提高系统的智能水平。

4）模型库管理系统

模型库管理系统是提供对决策有关的模型、方法、推理规则等知识进行存储、查询、修改和转换等功能的子系统。它实际上是智能决策支持系统的模型库和知识库的结合体。

在智能决策支持系统的发展过程中，模型库及其管理一直是极其重要的研究内容之一，模型库及其管理功能的强弱在很大程度上反映了智能决策支持系统的功能和效率。

同数据库管理系统一样，模型库管理系统的模型库中包含着不同类型、不同层次的模型和方法，模型库管理系统可实现对不同类型、不同层次模型的存储、检索和运行等功能。特别是不同层次模型的组合运行，可以由模型库管理系统来完成部分工作，也可分担智能问题处理系统的负荷，简化智能问题处理系统的流程。模型库管理系统包含的模型层次至少有三个：定性模型层、既有定性又有定量模型的集成模型层、定量模型层。根据智能问题处理系统的要求，模型库管理系统有以下三种类型的模型。

（1）问题求解模型：是对决策者提出的决策问题进行推理求解的模型。

（2）指导帮助模型：是根据决策领域知识、当前的决策环境以及决策者的偏好和能力，提供对决策过程的解释和指导的模型。

（3）用户诊断模型：用来判断决策者的偏好和能力，根据历史数据和当前决策过程，提供对决策环境、决策状态的诊断，学习和精练决策过程知识，提高系统的智能能力。

根据定性模型和定量模型在系统的主导作用的不同，可将定性模型和定量模型的集成模式分为三种模式：嵌套模式、层次/并行模式和合作模式。

（1）嵌套模式。定性模型和定量模型的最明显、最直接的集成模式是嵌套模式，即在一个定性模型中嵌入定量模型，或在一个定量模型中嵌入定性模型，如图 11.15 所示。

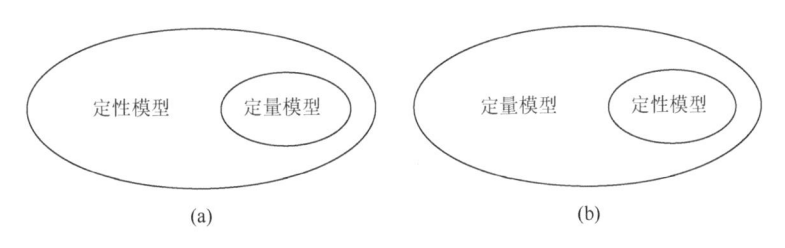

图 11.15 嵌套模式

这种嵌套模式是以一种模型为主导，另一种模型为辅助的集成模式，辅助模型可以弥补主导模型的某些不足。嵌套模式在控制系统，特别是在模糊控制中大量存在。例如，在一个定量模型中存在控制机构或调整机构时，这些机构的判断条件不一定是定量信息，而可能是某些定性规则，这就是定量模型嵌入定性模型的模式。同样，在大型定性推理控制机制中，局部嵌入定量模型进行优化控制，这就是定性模型嵌入定量模型的模式。

（2）层次/并行模式。层次/并行模式如图 11.16 所示。

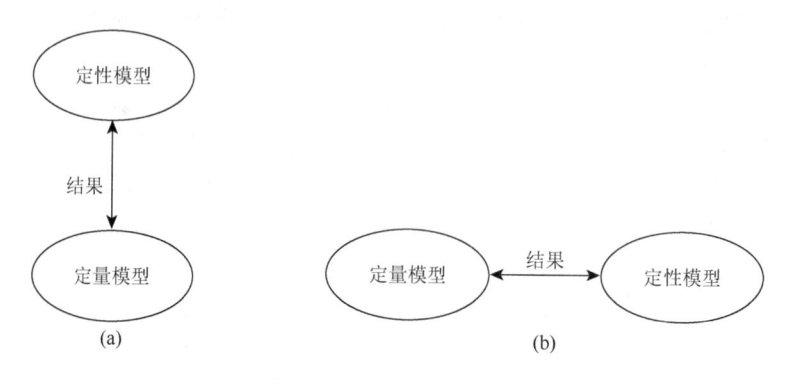

图 11.16 层次/并行模式

层次/并行模式不像嵌套模式，在层次/并行模式中，定性模型和定量模型没有明显的主次之分，二者可以说具有相同的重要性，在模型的运作和功能上的发挥是平行的。两者之间的关系如下：或者是定性模型要使用一个单独的定量模型的结果，或者是定量模型要使用一个单独的定性模型的结果，或者两者相互接受对方的结果。因此这种集成模式称为层次/并行模式。实际上，可以认为是两个单独系统之间的结合。目前，对定量模型接受定性模型的结果这个方面的研究还不够深入，有待于进一步研究。对定性模型接受定量模型的结果这方面的研究，在定性推理研究中是一个引人注目的研究方向。为了改进定性推理机制，提高系统行为的效率，减少冗余行为，人们做了许多努力，如利用动态系统轨迹理论、利用高阶导数的推理方法进行研究等。

（3）合作模式。还有一种模式，定量模型与定性模型是交叉集成的，通过共享参数共同作用、相互影响实现系统功能，这种模式称为合作模式，如图 11.17 中方框中所示。合作模式是一种典型的定性定量相集成的建模方式。

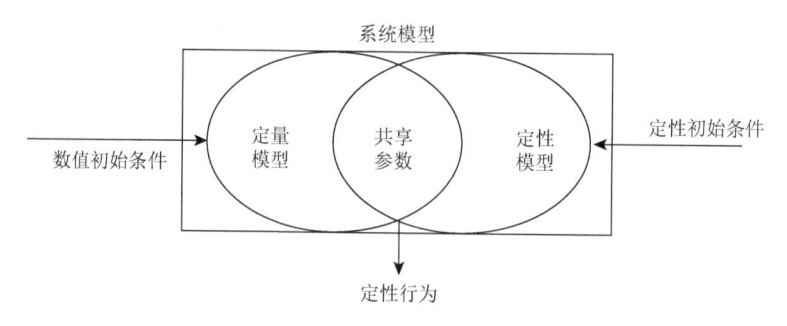

图 11.17 合作模式的系统模型

在系统中，有的部分可以建立定量模型，有的部分不能建立精确的定量模型，而只能建立定性模型，这样，系统就需要定性、定量分开建模。定性模型和定量模型通过共享参数相互作用、相互制约，共同完成任务并得到系统的行为结果。在此，简单讨论一个典型的集成方法，即 QQSIM（quantitative and qualitative simulation，定量和定性仿真）

方法,该方法是由 Bonarini 和 Maniezzo(1991)提出的。QQSIM 是基于 QSIM 的集成仿真算法,它用由定性模型和定量模型的共享参数来约束剪枝,选择扩展系统行为树。

设系统有一个定量模型和一个定性模型,定量模型作用于定量变量集 $QT = \{Qt_1, Qt_2, \cdots, Qt_n\}$,定性模型作用于定性变量集 $QL = \{Ql_1, Ql_2, \cdots, Ql_m\}$。定性模型和定量模型的共享参数集为 $QTL = \{Qtl_1, Qtl_2, \cdots, Qtl_p\}$,分别对应于 QT 的子集 $\{Qt_i, Qt_{i+1}, \cdots, Qt_{i+p-1}\}$ 和 QL 的子集 $\{Ql_j, Ql_{j+1}, \cdots, Ql_{j+p-1}\}$,QTL 中的变量有定性定量双重描述。该系统把共享参数的定量值映射到对应的定性值上,于是两个子系统就可以并行地扩展了。假定定量模型是任意的差分或微分方程,数值方程的解基于欧拉法和龙格-库塔法;定性模型基于 QSIM 算法,采用宽度优先扩展行为树。系统开始仿真时,按照 QSIM 算法,找出初始状态所有可能的状态转移,并按一致性原则进行过滤,对状态树进行修剪,然后进一步用定量模型作为过滤器,定量模型也在每一个时间区间,即定性仿真时间步中进行计算。直到发现一个定性状态的改变,即共享参数中至少有一个变量的定性状态改变,这时定量仿真暂停,并记下此时状态,由共享参数对应的定性值来过滤定性仿真中的定性状态,删除定性仿真扩展状态中与定量仿真中不一致的状态,只保留一致状态,并以此状态作为新的初始状态。重复上述步骤,直到定量仿真时间终止,或找到某一特定状态,最后系统输出定性定量整体行为。

从上面的定性定量几种集成模式中可以看出,在综合集成方法中,一个关键的问题是如何实现定性值与定量值之间的转换,从函数映射的观点来看,即定性量值空间或符号空间与定量的数值域之间的映射关系。

(1) 定量到定性的映射。从定量到定性的转换过程就是定址信息的定性化过程,可以说就是这样一个映射:它将定量元素集合 N 上的每一个元素都唯一地映射到一个定性集合 Q 上的一个元素,这一过程如图 11.18 所示。

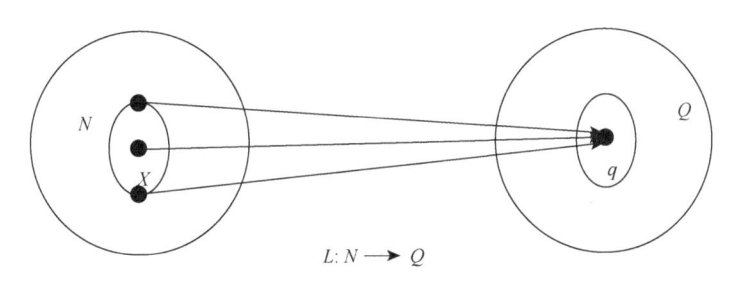

图 11.18 定量到定性的映射

显然,在定量集 $N \subseteq R$ 上可以定义大小顺序关系"<",在定性集 Q 上也可以定义一种顺序关系"≤"。设定性化映射为 L,则有

$$\forall x, y \in N, \quad 且 x < y, \quad 设 L(x) = p, \quad L(y) = q, \quad 则 p \leq q$$

也就是说,定性化映射 L 必须是一种保序映射。

对于将定量值转换为定性值有许多方法,根据不同的应用环境有不同的方法。典型的方法是应用模糊数学的方法将精确值转化为模糊数或区间数等。由于区间代数在定性推理中得到了广泛的应用,在此对其进行简单讨论。

区间代数在自然语言中是一种很常见的表达方法和思维工具,并且使用起来比较方便。这种方法就是把一些量按照人们的习惯划分出一定的区间。比如,人们在说明一个人的高矮时,常用"很矮""矮""偏矮""中等个""偏高""高""很高"表示;说明对冷热的感觉时,常用"很冷""冷""偏冷""适中""偏热""热""很热"等表示,对长短、好坏、多少等都可以用类似的方法表示。把这种表达方式抽象一下,可产生典型的区间代数,表示方法如表 11.4 所示。

表 11.4 典型的区间代数表示法

区间代号	NL	NM	NS	N0	ZE	P0	PS	PM	PL
区间代数	负大	负中	负小	负零	零	正零	正小	正中	正大

注:"正零"指比零稍大,"负零"指比零稍小,"零"指零附近的随机波动

表 11.4 中的方法被称为九段表示法。如果去掉 N0 和 P0 便是七段表示法。同样,若再去掉 NM 和 PM 就是五段表示法,这种方法也很常用。当然随具体情况的不同可有不同的表示方法,甚至可以取非对称的,即仅取正方向或仅取负方向。当然,也可增加一些项,如正无穷、负无穷等,这完全视具体情况而定。区间代数可进行算术运算、传递区间信息。区间代数的算术运算法则如表 11.5 所示。区间代数可用在定性推理中,对定性行为进行过滤。

表 11.5 区间代数的算术运算法则表

$[a,b]+[c,d]=[a+c,b+d]$
$[a,b]-[c,d]=[a-c,b-d]$
$[a,b]\times[c,d]=[p,q]$, $p=\min\{a\times c,b\times c,a\times d,b\times d\}$, $q=\max\{a\times c,b\times c,a\times d,b\times d\}$
$[a,b]\div[c,d]=[a,b]\times[1/c,1/d]$, $0\in[c,d]$
$-[a,b]=[-b,-a]$

(2)定性到定量的映射。从定性到定量的转换相当于从定量到定性的逆转换。首先来分析定量到定性映射的一般性质。设定性集合为 Q,定量集合为 N,则定量到定性的转换就是映射 $L:N \to Q$。L 是一个单值保序映射,也就是说,一个定量值只对应一个定性值。但是实现定性到定量的映射,将不再是如此方便,不再可能是一个单值保序映射。

设这时的映射为 M,则定性到定量的映射可表示为:$Q \to p(N)$。其中,$p(N)$ 为 N 的一个子集,这一过程如图 11.19 所示,图中 $A=M[q]$,$A \in p(N)$。定性到定量的映射关系同定量到定性的映射关系一样,不同的应用环境有不同的方法,在此只能给出一些要考虑的因素。一般构造定性到定量的映射,需考虑以下几个方面的因素:①定量集的定义域;②对应的定量到定性的映射关系;③定性空间的划分。

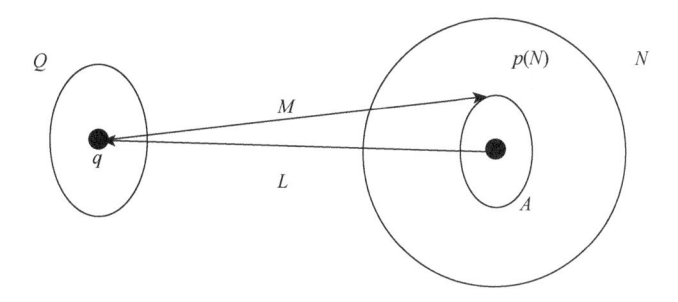

图 11.19 定性到定量的映射

总之，定性到定量的映射必须在具体问题的分析中才能确定。

3. 定性仿真方法

美国学者 Benjamin J. Kuipers 是较早进行定性建模和定性仿真工作的。他于 1986 年在国际人工智能杂志上发表的题为"定性仿真"（Qualitative Simulation）的论文，为定性建模和定性仿真奠定了很好的研究与应用基础。Kuipers 的方法总结了前人的思想（如 Johan de Kleer、Kenneth D. Forbus 等），并以严格的形式定义了定性仿真的算法——QSIM。它是一种面向约束的方法，它从一个定性约束集和一个初始状态出发，预测系统未来所有可能的行为。作为微分方程的抽象，定性仿真有着精确的数学语义，它被证明是在管理决策分析中运用不完全和定性知识进行推理的有效工具。

首先阐述定性仿真理论和 QSIM 算法的概念。

1）定性仿真的有关概念

在 Kuipers 的定性仿真方法中，系统结构是由一组表示系统参数的符号和一组描述这些参数间彼此之间关系的定性约束方程（qualitative constraint equation，QCE）来表达的。下面简要介绍下定性约束方程、参数及其相关概念。

定义 11.1 一个定性约束方程是一个四元组 $\langle V, Q, C, T \rangle$。其中，$V$ 是变量的一个集合，每个变量是一个时间可推理函数（reasonable function）；Q 是量值空间的一个集合，每个量值空间对应于 V 中的一个变量；C 是 V 中变量约束的一个集合，V 中的每一个变量必须出现在某些约束中；T 是一个转换集合，转换是定义定性约束方程应用领域边界的规则。

从定义 11.1 中可以看出，定性约束方程就是一般的求解问题空间，因此定性仿真可以应用到日常分析决策问题中去。

在定性仿真中，系统的每一个参数是一个随时间变化的函数，但这个函数是一个可推理函数，它和普通函数有所不同。

定义 11.2 对于 $[a,b] \in R^*$，这里 R^* 是实数轴 R 的扩充，$R^* = [-\infty, +\infty]$。如果满足以下四个条件，则 $f:[a,b] \to R^*$ 是一个可推理函数。

(1) f 在 $[a,b]$ 上连续。
(2) f 在 $[a,b]$ 上可微。
(3) f 在任何有界区间内仅有有限多个驻点。
(4) $\lim_{t \downarrow a} f'(t)$ 和 $\lim_{t \uparrow a} f'(t)$ 在 R^* 中存在，并定义 $\lim_{t \downarrow a} f'(t) = f'(a)$，$\lim_{t \uparrow b} f'(t) = f'(b)$。

定义 11.2 中条件（1）、条件（2）是为了保证函数在它的定义域内为一条光滑的曲线，只有在这个前提下，一个函数才能由已知状态推出它的未来状态；条件（3）、条件（4）是为了保证函数在一个有界区间内只能包括有限多个定性状态。

定义 11.3 路标值（landmark value）是可推理函数 f 的值域 R^* 中的一些关键值，f 的量值在这些路标值处存在定性差异。比如，描述水温随时间变化的函数 T_w 在它的值域中至少有两个路标值——0℃ 和 100℃，因为水温在这两个值处存在定性差异，而在 0℃ 和 100℃ 间的水温不存在定性差异。

定义 11.4 可推理函数 f 的值域 R^* 上的一个由有序且有限的路标值组成的集合叫作 f 的定量空间（quantity space），记作 QS。QS 中的路标值是有限的，但不是固定不变的，函数 f 的 QS 中的路标值至少包括 0、$-\infty$、$+\infty$ 和 $f(t)$ 驻点值，并且随着仿真过程的推进可以产生新的路标值。一种最简单和最常用的定量空间叫作 IQ3（interval quantity 3，三值定量空间），它由路标值 $-\infty, 0, +\infty$ 组成，并将 R^* 分成三个区间 $(-\infty, 0)$、$[0]$、$(0, +\infty)$，一般将其缩写为 $(-, 0, +)$。

几乎在所有的定性推理方法中，数量都是从定量空间的角度被描述的，不同的只是路标值和序关系选取的方式不同，Johan de Kleer 用 IQ3 作为量值空间；Forbus 的 QPT 中的定量空间是一个偏序集；而在 Kuipers 的定性仿真中，一般用全序集 $l_1 < l_2 < \cdots < l_i < \cdots < l_n$ 表示定量空间，一个函数在任何给定时间点 t 的值要么在路标值 l_i 上，要么在两个路标值 (l_i, l_{i+1}) 之间。

定义 11.5 设 f 是一个可推理函数，$t_i \in [a, b]$，如果有 $f(t_i) = l_i$，而 l_i 是 f 的一个路标值，则称 t_i 是 f 的一个可区分时间点（distinguished time-point）。

定义 11.5 的含义是：在一个可区分时间点，函数 f 的值会发生重要的变化，如要通过一个路标值或达到一个极限值等。

在定性仿真中，时间被表达为由可区分时间点组成的时间点有序集，即 $\{t_0 < \cdots < t_i < \cdots < t_n < \cdots < \infty\}$，当前的时间，要么在一个可区分时间点 t_i 上，要么在两个可区分时间点 (t_i, t_{i+1}) 之间。

有了以上概念，就可以为系统参数下一个较严格的定义。

定义 11.6 系统的参数是一个可推理函数 $f: [t_0, t_n] \to \text{QS}$，函数的定义域 $[t_0, t_n]$ 是由可区分时间点集合 $t_0 < \cdots < t_i < \cdots < t_n$ 所表示的时域，函数的值域 QS 是一个由路标值 $l_0 < \cdots < l_i < \cdots l_n$ 组成的定量空间。

一个参数当前所处的时刻，要么在一个可区分时间点 t_i 上，要么在两个可区分时间点 (t_i, t_{i+1}) 之间；一个参数当前的取值同样要么在一个路标值 l_i 上，要么在两个路标值 (l_i, l_{i+1}) 之间。

定义 11.7 一个参数 l 在任意时刻 t 的定性状态由参数在其定量空间中的位置和参数的变化方向所构成的一个二元组 $\langle \text{qval}, \text{qdir} \rangle$ 表示，qval（quantitative value）指参数的"定量值"，qdir（quantitative direction）指参数的"定向"。具体如下所示：

$$\text{qval} = \begin{cases} l_i, & f(t) = l_i \\ (l_i, l_{i+1}), & f(t) \in (l_i, l_{i+1}) \end{cases}$$

$$\text{qdir} = \begin{cases} \text{inc}, & f'(t) > 0 \\ \text{std}, & f'(t) = 0 \\ \text{dec}, & f'(t) < 0 \end{cases}$$

其中，参数变化方向采用 IQ（interval quantity，区间量）值，在定性仿真中用符号空间 (inc, std, dec) 表示，分别代表参数 l 增加、不变和减少三种情况。

由于在两个相邻的可区分时间点之间，f 不能通过路标值，$f'(t)$ 不会改变符号，所以在相邻的两个可区分时间点之间，函数的定性状态为常量。也就是说，如果 $a = t_0 < \cdots < t_n < b$ 是 f 的可区分时间点，任意 $s, t \in (a, b)$ 且 $t_i < s < t < t_{i+1}$ 以及 $QS(f, s) = QS(f, t)$ 恒成立。这样，可以定义 f 在两个相邻的可区分时间点 (t_i, t_{i+1}) 的定性状态 $QS(f, t)$，其中 $t \in (t_i, t_{i+1})$。

定义 11.8 参数 f 在 $[a, b]$ 上的定性行为由 f 的定性状态序列 $QS(f, t_0)$, $QS(f, t_0, t_1)$, $QS(f, t_1)$, $\cdots$, $QS(f, t_{n-1}, t_n)$, $QS(f, t_n)$ 组成。也就是说，参数的定性行为是由它在可区分时间点的定性状态和可区分时间点区间的定性状态不断交替的过程而构建的。

定义 11.9 定义一个由多个具有各自的路标值集合和可区分时间点集合的推理函数组成的系统为 $F = \{f_1, f_2, \cdots, f_n\}$，系统定性状态是由单个函数定性状态所组成的 n 元组组成的，则

$$QS(F, t_i) = [QS(f_1, t_i), QS(f_2, t_i), \cdots, QS(f_n, t_i)] \quad (11.1)$$

$$QS(F, t_i, t_{i+1}) = [QS(f_1, t_i, t_{i+1}), QS(f_2, t_i, t_{i+1}), \cdots, QS(f_n, t_i, t_{i+1})] \quad (11.2)$$

其中，系统 F 的可区分时间点是单个函数 f_i 的可区分时间点的并集，若 t_i 或 t_{i+1} 正好不是某一参数 f_i 的可区分时间点，则 t_i 或 (t_i, t_{i+1}) 必须包括在 f_j 的两个可区分时间点 t_k 和 t_{k+1} 之间，这样 $QS(f_j, t_i)$ 与 $QS(f_j, t_i, t_{i+1})$ 之和等于 $QS(f_j, t_k, t_{k+1})$。

定义 11.10 系统的定性行为是系统的定性状态序列，令 Beh 表示系统的定性行为，State 表示系统的定性状态，则

$$QS(F, t_0), QS(F, t_0, t_1), QS(F, t_1), \cdots, QS(F, t_{n-1}, t_n), QS(F, t_n)$$

可以写成

$$\{\text{Beh}_1, \text{Beh}_2, \cdots, \text{Beh}_m\} = [\text{State}(t_0), \text{State}(t_0, t_1), \text{State}(t_1), \cdots, \text{State}(t_{n-1}, t_n), \text{State}(t_n)] \quad (11.3)$$

系统的定性仿真就是从已知的系统结构和一个初始状态出发，产生一个有向图。该有向图由系统将来可能的状态和状态之间的直接后继关系组成，系统的行为就是有向图中从初始状态出发的一条路径。

2）定性模型

定性模型是通过描述系统结构参数及其约束关系而构成的。约束关系包括代数约束和定性约束，代数约束是一些基本的代数和微分关系，一般是参数的二元或三元关系表现形式，其中有几个熟悉的数学关系，在定性模型中分别用二元或三元谓词 ADD、MULT、MINUS、DERIV 和 CONSTANT 表示，其定义分别如定义 11.11—定义 11.16 所示。

定义 11.11 $ADD(f, g, h)$ 是表示系统参数 $f, g, h:[t_0, t_n] \to QS$ 关系的一个三元谓词，$ADD(f, g, h)$ 为真的充分必要条件是对于任意 $t \in [a, b]$，$f, g, h:[t_0, t_n] \to R^*$ 满足 $f(t) + g(t) = h(t)$。

定义 11.12 $MULT(f, g, h)$ 是表示系统参数 $f, g, h:[t_0, t_n] \to QS$ 关系的一个三元谓

词，MULT(f,g,h) 为真的充分必要条件是对于任意 $t\in[a,b]$，$f,g,h:[t_0,t_n]\to R^*$ 满足 $f(t)\times g(t)=h(t)$。

定义 11.13 MINUS(f,g,h) 是表示系统参数 $f,g,h:[t_0,t_n]\to$ QS 关系的一个三元谓词，MINUS(f,g,h) 为真的充分必要条件是对于任意 $t\in[a,b]$，$f,g,h:[t_0,t_n]\to R^*$ 满足 $f(t)=-g(t)$。

从定义 11.13 可知，上面三个约束满足交换关系，即

$$\text{ADD}(f,g,h)\Leftrightarrow \text{ADD}(g,f,h) \tag{11.4}$$

$$\text{MULT}(f,g,h)\Leftrightarrow \text{MULT}(g,f,h) \tag{11.5}$$

$$\text{MINUS}(f,g,h)\Leftrightarrow \text{MINUS}(g,f,h) \tag{11.6}$$

定义 11.14 DERIV(f,g) 是表示系统参数 $f,g:[t_0,t_n]\to$ QS 关系的一个二元谓词，DERIV(f,g) 为真的充分必要条件是对于任意 $t\in[a,b]$，$f,g:[a,b]\to R^*$ 满足 $f'(t)=g(t)$。

在实际系统中，一个参数和另一个参数可能具有某种函数关系，但具体的函数关系形式不知道，上面四种约束不能描述系统的这种不完备知识。由于在函数关系中，最常见和最重要的是函数间的单调关系，因此，引入两种属于二元谓词 CONSTANT 的定性约束——$M+(f,g)$ 和 $M-(f,g)$，分别表示函数间的单调增和单调减关系，它们是对精确数学关系的抽象。正是由于引进了这两个约束，定性模型能够描述系统的不完备知识。下面介绍它们的严格定义。

定义 11.15 $M+(f,g)$ 是表示系统参数 $f,g:[t_0,t_n]\to$ QS 关系的一个二元谓词，$M+(f,g)$ 为真的充分必要条件是：存在函数 $H(t)$，$H(t)$ 的定义域为 $g(a,b)$、值域为 $f(a,b)$，$H'(t)>0$ 且满足对于任意 $t\in[a,b]$，$f(t)=H(g(t))$。

定义 11.16 $M-(f,g)$ 是表示系统参数 $f,g:[t_0,t_n]\to$ QS 关系的一个二元谓词，$M-(f,g)$ 为真的充分必要条件是：存在函数 $H(t)$，$H(t)$ 的定义域为 $g(a,b)$、值域为 $f(a,b)$，$H'(t)<0$ 且满足对于任意 $t\in[a,b]$，$f(t)=H(g(t))$。

根据 $M+$ 和 $M-$ 约束的定义，可以得到定理 11.1 和定理 11.2。

定理 11.1 $M+(f,g)$ 成立，则有如式（11.7）—式（11.9）所示的关系：

$$f'(t)=0\Leftrightarrow g'(t)=0 \tag{11.7}$$

$$f'(t)<0\Leftrightarrow g'(t)<0 \tag{11.8}$$

$$f'(t)>0\Leftrightarrow g'(t)>0 \tag{11.9}$$

定理 11.2 $M-(f,g)$ 成立，则有如式（11.10）—式（11.12）所示的关系：

$$f'(t)=0\Leftrightarrow g'(t)=0 \tag{11.10}$$

$$f'(t)<0\Leftrightarrow g'(t)>0 \tag{11.11}$$

$$f'(t)>0\Leftrightarrow g'(t)<0 \tag{11.12}$$

需要注意的是，$M+(f,g)$ 和 $M-(f,g)$ 并不要求 f、g 在 $[a,b]$ 上是单调函数，如约束 $M+(2\cos t,\cos t)$ 在 $[0,2\pi]$ 上恒为真，其中 $\cos t$ 表示 t 的余弦函数，$H(x)=2x$。

$M+$、$M-$约束是精确数学关系的一种抽象,多个函数关系被抽象为一个定性约束关系$M+$和$M-$。正是$M+$和$M-$约束的引入,使描述系统的定性知识成为可能。对应于数字仿真把系统结构描述为一组常微分方程,定性仿真将系统抽象出的定性约束方程称为定性微分方程。定性微分方程构成物理系统、社会系统或其他系统的定性模型。通过对定性模型的仿真,就可以对系统进行预览、控制、分析等。

对于定性模型的建立,可以从系统结构参数之间的关系中直接得出其定性约束方程;可以通过常微分方程得出相应的定性微分方程;也可用 Bernd Franke 的基于组元-连接(component-connection,CC)的建模思想建立定性约束模型或用 Forbus 的定性进程理论建立定性约束方程。

3) 定性状态转换

定性仿真本质上就是一种定性推理的过程,定性仿真过程就是由当前定性状态产生后继状态的一个不断推进的过程。Kuipers 提供了一个经过证明的通用定性状态转换表,如表 11.6 所示,该表给出了每一种当前状态可能具有的后继状态。由表 11.6 可以看出,参数的定性状态转换有两种类型:I-转换[从可区分时间点之间到可区分时间点上的定性状态转换,即 $QS(f, t_{i-1}, t_i) \rightarrow QS(f, t_i)$]和 P-转换[从可区分时间点上到可区分时间点之间的定性状态转换,即 $QS(f, t_i) \rightarrow QS(f, t_i, t_{i+1})$]。表 11.6 的状态转换可以用微积分学中的中值定理和均值定理证明,它包含了连续可微函数的所有可能的状态转换。在仿真推理过程中,通过查表 11.6,就可以求出系统中单个函数的后继状态。

表 11.6 通用定性状态转换表

I-转换	$QS(f, t_{i-1}, t_i) \rightarrow QS(f, t_i)$	P-转换	$QS(f, t_i) \rightarrow QS(f, t_i, t_{i+1})$
I_1	$\langle l_j, \text{std}\rangle \quad \langle l_j, \text{std}\rangle$	P_1	$\langle l_j, \text{std}\rangle \quad \langle l_j, \text{std}\rangle$
I_2	$\langle (l_j, l_{j+1}), \text{inc}\rangle \quad \langle l_{j+1}, \text{std}\rangle$	P_2	$\langle l_j, \text{std}\rangle \quad \langle (l_j, l_{j+1}), \text{inc}\rangle$
I_3	$\langle (l_j, l_{j+1}), \text{inc}\rangle \quad \langle l_{j+1}, \text{inc}\rangle$	P_3	$\langle l_j, \text{std}\rangle \quad \langle (l_{j-1}, l_j), \text{dec}\rangle$
I_4	$\langle (l_j, l_{j+1}), \text{inc}\rangle \quad \langle (l_j, l_{j+1}), \text{inc}\rangle$	P_4	$\langle l_j, \text{inc}\rangle \quad \langle (l_j, l_{j+1}), \text{inc}\rangle$
I_5	$\langle (l_j, l_{j+1}), \text{inc}\rangle \quad \langle l_j, \text{std}\rangle$	P_5	$\langle (l_j, l_{j+1}), \text{inc}\rangle \quad \langle (l_j, l_{j+1}), \text{inc}\rangle$
I_6	$\langle (l_j, l_{j+1}), \text{dec}\rangle \quad \langle l_{j+1}, \text{dec}\rangle$	P_6	$\langle l_j, \text{dec}\rangle \quad \langle (l_{j-1}, l_j), \text{dec}\rangle$
I_7	$\langle (l_j, l_{j+1}), \text{dec}\rangle \quad \langle (l_j, l_{j+1}), \text{dec}\rangle$	P_7	$\langle (l_j, l_{j+1}), \text{dec}\rangle \quad \langle (l_j, l_{j+1}), \text{dec}\rangle$
I_8	$\langle (l_j, l_{j+1}), \text{inc}\rangle \quad \langle l^*, \text{std}\rangle$		
I_9	$\langle (l_j, l_{j+1}), \text{dec}\rangle \quad \langle l^*, \text{std}\rangle$		

注:I_8 和 I_9 转换发现了新的路标值 l^*,$l_j < l^* < l_{j+1}$。

4) 定性描绘图和定性行为树或表

在定性仿真中,一般用定性描绘图来表示参数的定性行为。通过定性描绘图的图形示例可以直观地了解系统行为的演化。定性描绘图的纵坐标代表参数的路标值，有意义的垂直位置在路标值上或路标值中间；横坐标是系统的可区分时间点，真实的时间点是在可区分时间点上或可区分时间点之间。每个点用"↑""↓""○"标记，分别表示参数的变化方向为增加、减少和不变，图中点的纵坐标位置则确定了参数的定性值。一阶系统的响应定性描绘图的形式如图 11.20 所示。其中，INF 表示系统的响应趋向于正无穷，MINF 表示系统的响应趋向于负无穷，Normal 表示系统的响应在正常范围内。

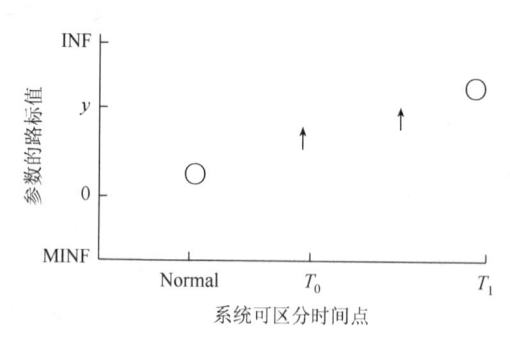

图 11.20　一阶系统的响应定性描绘图

对于定性仿真结果，也可以用定性行为树或表格表示。对于复杂多变量的系统，若用定性描绘图说明，可能十分复杂，并且不易比较定性行为之间的差异，这时可用定性行为树/表来表示。定性行为树用"●"表示可区分时间的状态，用"○"表示时间区间的状态。定性行为树示意图如图 11.21 所示。

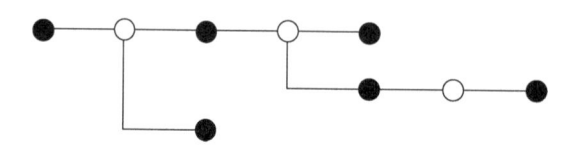

图 11.21　定性行为树示意图

5）定性仿真过程——QSIM 算法

如前所述，定性仿真的一般过程是：从系统的初始状态出发，通过查看状态转换表，产生当前状态的所有后继状态，然后根据约束方程过滤掉不满足约束方程的状态，剩余的状态组成新的当前状态集合，从当前状态集合中取出一个状态作为新的当前状态；重复以上过程，如此下去，则从初始状态到结束状态的一条路径就是系统的一个定性行为。

定性仿真算法就是实现定性仿真过程的算法，其核心是 QSIM 算法，QSIM 算法是以描述系统定性结构的定性约束方程和系统的初始状态为输入，通过仿真输出系统的预测行为。具体来说，就是给定系统的定性约束方程和它在 t 时刻的状态，QSIM 算法以状态树的形式预测出系统所有可能的行为，系统的一个特定行为由这棵树的根节点（初始状态）到叶节点（终止状态）的路径上的所有状态所组成，其形式为

$$\text{behavior} = \{\text{state}(t_0), \text{state}(t_0, t_1), \text{state}(t_1), \cdots, \text{state}(t_n)\} \quad (11.13)$$

QSIM 算法的形式可归纳为

$$\text{QSIM}:(\text{QCE, state}(t_0) \to \text{or}(B_1, B_2, B_3, \cdots, B_k))$$

其中，B_i 为系统的一个可能行为；or 表示"或"，表示系统可能表现出任何一种行为。

由 QSIM 算法产生的 k 个行为中，只有部分是系统的真实行为。产生多余行为是由系统参数值的不确定性造成的。必须指出，QSIM 算法是充分的但不是完备的。

对 QSIM 算法来说，其输入包括以下五个部分。

（1）代表系统参数的一个函数集合。

（2）用 $M+$、$M-$、ADD、MULT、DERIV 和 MINUS 等约束关系建立的约束方程集合。

（3）每个参数的代表函数路标值的有序集合，其中至少包含 $\{-\infty, 0, +\infty\}$。

（4）每个函数的上、下极限。

（5）初始时间点 t_0 和每个函数 f_i 在 t_0 的定性状态。

QSIM 算法的输出是系统的一个或多个定性行为描述，每个定性行为由以下三个部分组成。

（1）表示系统可区分时间点的符号序列 $\{t_0, t_1, \cdots, t_n\}$。

（2）每个函数的一个完整的、可能扩展了的有序路标值集合。

（3）根据函数路标值描述的每一个函数在所有可区分时间点上和两个相邻可区分时间点间的定性状态。

相应地，QSIM 算法的主要步骤是：不断地选取一个当前状态，然后产生它所有可能的后继状态，最后过滤掉与定性约束不一致的状态。由于可能产生多个后继状态，QSIM 算法将创建一棵系统状态树。具体步骤如下。

步骤 1：初始化活动状态表。将与定性约束方程一致的完备初始状态 Qstate(t_0) 放入活动状态表，用状态完备约束给定的初始信息对其进行初始化，用过滤约束算法对定性约束方程中变量的值域进行初始化处理。

步骤 2：判断活动状态表是否为空，如果活动状态表为空，或超出资源限制，则停止，产生系统定性行为树为 $\{\text{Beh}_1, \text{Beh}_2, \cdots, \text{Beh}_n\}$；否则，从活动状态表中取出一个状态作为当前状态，并进行下一步骤。

步骤 3：状态转换。对每一个参数 v_i，使用定性状态转换表确定其可能的后继状态集合 $\text{QS}(v_i, S)$。

步骤 4：局部过滤。进行约束一致性检查，对每一个约束，将各个函数独立产生的状态转换组合为相应的二元或三元组，根据约束的限定对这些元组加以检验，过滤掉与约束不一致的元组。主要包括两个方面的检验：定性值的一致性和变化方向的一致性。

步骤 5：配对过滤。对元组进行配对一致性检查，具有相同函数的两个元组，对同一函数的转换必须一致。配对一致性检查是为了保证相邻约束中共享函数有一致的状态转换。

步骤 6：全局解释。将经过上述过滤剩余的元组加以组合，产生系统状态的全局解释。如果不存在相应的全局解释，则做不一致标记，否则将它们标记为当前状态的后继状态。全局解释的目的是把经过过滤剩余的函数转换赋给相应的函数，以产生系统的新状态，并不是所有元组的组合都是全局解释。全局解释是通过深度优先遍历元组空间来完成的。如果一个全局解释失败了，则当前状态的所有后继状态都将被删除，当前状态就是系统的结束状态。

步骤 7：全局过滤。对新产生的定性状态运用全局过滤法来决定是否将新状态加入活动状态表。除非全局过滤判断出 S_i 符合 inconsistent(S_i)、quiescent(S_i)、cycle(S_i)、transition(S_i)（不一致、静态、循环、转换）中的一个或在 S_i 时 $t=\infty$，否则认为新产生的状态 S_i 是符合条件的。

步骤 8：将剩余状态加入活动状态表，转到步骤 2 继续；或者结束运行。

QSIM 算法的流程图如图 11.22 所示。从图 11.22 可以看出，定性仿真实际上是一个约束满足问题（constraint satisfaction problem，CSP），Kuipers 称 QSIM 算法建立在约束过滤（constraint-filter）算法和状态完备（state-completion）算法之上。图 11.22 中的"局部过滤"和"配对过滤"的本质是约束过滤算法；"全局解释"和"全局过滤"的本质是状态完备算法。

Kuipers 的 QSIM 算法仅给出了解决问题的粗略描述。QSIM 算法的精髓在于给出了解决 CSP 的有效思路，在元组过滤等步骤上并没有严格的限制，因此，自 QSIM 算法诞生以来，算法在思想不变的情况下，所有的函数都有改进，并增添了许多功能。图 11.22 只是对 Kuipers 提出的算法流程的形式化描述。

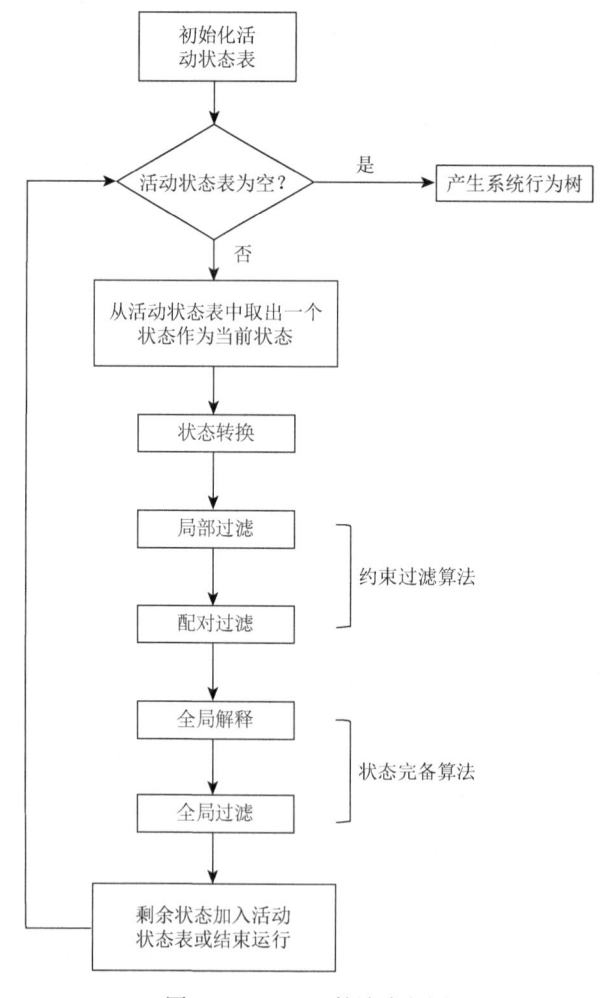

图 11.22 QSIM 算法流程图

接着对QSIM算法的完备性及其处理方法进行说明。由于Kuipers的定性约束模型中包含定性描述系统，一个定性模型可以代表一类系统。假定一个系统真实的结构可用一个常微分方程$F\left(u(t), u'(t), u^2(t), \cdots, u^n(t)\right) = 0$来表示，$u(t_0) = y_0$以及$u'(t) = y_1, u^2(t) = y_2, \cdots, u^n(t) = y_n$是方程的初始值，$u:[a, b] \to R$是满足上述初始值的方程解。但在实际中，由于可能方程的参数不能准确获得，所以应用 Kuipers 的定性仿真方法建立其定性模型。设C是通过QSIM 算法从上述方程导出的约束方程组，$QS(F, t_0)$是根据给定的初始值确定的系统初始定性状态，T为由QSIM算法从C和$QS(F, t_0)$产生的定性状态树，则u及从它导出的子函数必定满足T中的行为描述。所以，QSIM算法可以保证产生系统所有的真实行为，即QSIM算法是具备稳健性的。

但定性仿真可能产生多余的行为，这是由于定性模型里包含系统的不完全知识。在建立系统的定性约束方程时，将实际系统进行了抽象，并且用$M+$和$M-$约束来描述系统的定性知识。由于$M+$和$M-$约束是一种弱的函数约束关系，从而导致了多余行为的产生。既然定性仿真用于具有不完备知识系统的仿真，定性模型中又包含系统的不完全知识，那么仿真产生多余的行为是不可避免的。

综上所述，QSIM算法能够保证产生实际系统的真实行为，但也会产生实际系统中不可能发生的行为。如果QSIM产生唯一的行为，则这个行为肯定是系统的真实行为。总之，QSIM算法是有效的、稳健的，但也是不完备的。

当QSIM在实际应用时，若系统十分复杂，系统变量之间的关系趋向于松散耦合时，系统仿真会产生大量的不可控分枝问题，产生许多无意义的结果，反而会使系统的真实行为变得模糊。为了消除或尽量减少定性仿真的不可控分枝问题，目前有三种解决问题的途径，具体如下。

（1）增加信息量，对定性仿真而言，意味着需要增加定量信息，这种定量信息可以是不完全的定量信息。典型的方法有区间代数和模糊数学的方法等。

（2）使用有效的数学方法，在定性建模时就加入可以剪除虚假分枝的约束。比较典型的方法是增加高阶导数约束的方法和面向目标与顺序因果约束的方法。

（3）第三种是运用递阶分解的思想，对定性模型进行分解仿真，这在后面的第8）部分进行详细阐述。

6）增加高阶导数约束和增加定量信息的定性仿真方法

（1）高阶导数的引入。高阶导数约束利用的是隐含于定性约束方程中的高阶导数知识，这种方法的思路就是希望通过高阶导数来唯一确定参数的变化方向，如图11.23所示。

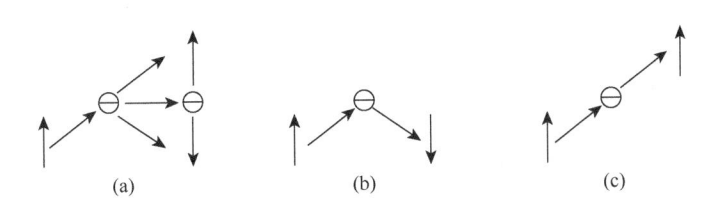

图11.23 参数变化方向图

⊖表示参数

假设参数 $x(t)$ 在 t_i 时刻到达驻点，于是有 $x'(t_i)=0$，由本章的定性状态转换规则可知，$x'(t_i)$ 在下一时域 (t_i,t_{i+1}) 内可以为正、负或零，即 qdir(x) 等于 inc、dec 或 std。如果 $x(t)$ 的导数不能由约束直接或间接地确定，则不能排除图 11.23（a）中三种可能性的任一分支；但如果知道 $x''(t_i)<0$，则可以消除两种可能性，能得到在时域 (t_i,t_{i+1}) 中唯一的定性状态描述，如图 11.23（b）所示。同样，如果 $x''(t_i)=x'(t_i)=0$，而 $x'''(t_i)>0$，则也只有一个分支存在，如图 11.23（c）所示。

（2）定量信息的引入。由于定性模型中包含系统的不完全、不精确的知识，所以定性推理产生的歧义性分支问题如果不解决的话，将影响定性推理理论的实际应用。许多定性推理研究者，包括定性推理理论的开创者（如 Kleer、Forbus 和 Kuipers）都正视了这个问题，虽然和定性推理的初衷有些不符并伴随着些许无奈，但他们将定性推理与定量方法结合，充分利用已经成熟的定量数学工具，力图为定性推理的研究开创一个新阶段。Kleer 指出，"定性推理与传统代数、区间代数与运算、数值仿真和动力学的结合是一种发展趋势"。

目前与定性推理相结合的定量方法主要有以下几种：与区间分析相结合、与模糊逻辑相结合、与数值仿真技术相结合、与量级思想相结合。下面逐一进行简单介绍。

第一种：与区间分析相结合。区间分析是一种数学工具，Kleer 之所以认为与它结合是定性推理的发展趋势之一，是因为从数学角度来说，定性推理中的量值空间就是将实数域 R 划分的不同区间。当采用 {+,0,-} 符号语义时，可以认为这是对实数域 R 的 $(-\infty,0)$、$[0]$、$(0,+\infty)$ 区间的划分，这是 EnVision 方法和 QPT 方法所采用的。Kuipers 的路标值定量空间 R^* 则可以认为是由 $(-\infty,-l_n),[-l_n,-l_n],(-l_n,-l_{n-1}),\cdots,(-l_{i-1},-l_i)$，$[l_i,l_i],\cdots,(l_{n-1},l_n),[l_n,l_n],(l_n,+\infty)$ 组成的 op 全序集，其中一个可区分时间点的路标值可认为是一个点区间 $[l_i,l_i]$，当每一个区间都退化成点区间时，R' 则变为通常的实数轴。因此，随着区间划分的不同，可以在定量和定性之间架起一座桥梁。当定量信息完全时，可以使用点区间表示参数；当定量信息不完全时，可以使用一般的区间表示参数；当定量信息高度抽象时，则可以使用符号区间表示参数，而符号区间是定性代数中的一种参数表示法。

比较有代表性的与区间分析相结合的研究有：David Williams 企图将定性和定量代数统一，提出了对称秩-1（symmetric rank-one，SR1）方法；Kuipers 将区间作为不完全的定量信息与定性仿真集成，在 QSIM 算法的基础上发展出了 Q2 算法，用区间来约束变量的取值范围并进行传播；后来，Kuipers 在 Q2 的基础上又发展出了 Q3 算法。

第二种：与模糊逻辑相结合。尽管 Forbus 等人并不情愿人们将他们的理论称为"模糊逻辑"，但有部分研究人员将模糊集理论引入了定性推理理论。模糊理论是解决复杂系统的不确定性、模糊性的有效方法之一，模糊理论可以更容易地描述系统的知识，它比区间化的描述更接近于人的直觉，将模糊理论与定性推理理论结合似乎是十分自然的事。在这方面的工作中，Shen 和 Leitch（1993）的工作和 Michio Sugeno 的工作比较有成效。

第三种：与数值仿真技术相结合。数值仿真在科学和工程中扮演着越来越重要的角色，但数值仿真也有其限制性。例如，大部分仿真模型是手工构造的，用普通的软件进行建模要花费大量的时间和人力；隐含在仿真中的物理描述只在技术报告中和文献中给出，不能从仿真中获取；数值仿真能产生漂亮的结果，但却没有提供对结果进行解释的机制等。鉴于传统数值仿真技术的长处与不足，也考虑到定性仿真需要定量技术的要求，Forbus 等人将定性进程理论与数值仿真技术集成在一起，建立了一种叫作"自解释仿真"的方法，这种"自解释仿真"方法具有三个优点：提高了系统建模和仿真的自动化程度、改进了系统的自我监控能力、提供了较好的解释能力。它既能像传统的数值仿真那样产生行为的数值描述，同时也能定性地描述行为并提供行为的因果解释。

第四种：与量级思想相结合。量级思想可以认为是一种模糊的思维方式，当两个数量的模糊关系为"大致相等"时，可以认为它们的量级相等，类似于"$\approx$""$\ll$"这样的关系表示，量级思想是处理不完全定量知识的一种重要的思维方式。Olivier Raiman 等学者将量级思想用于定性推理，发展出了量级推理。Raiman 用四种不同的量级标尺将一个精确的数量映射到四个不同水平的区间上，通过定义量级标尺，建立了粗略模型（coarse model），并设法得到它的粗略解。

7）改进的 QSIM 算法

对于基于序列因果关系和目标搜寻的 QSIM 算法，这里做如下说明。定性推理由于其描述和处理不确定性、不完全性知识的能力，可以从一给定的初始状态，产生系统的所有未来可能行为，从而对系统行为进行预测，因而得到了较为广泛的研究和关注。将定性推理方法应用到决策分析中，可以帮助高层决策者对决策问题进行有效的分析、预测等，但将定性推理应用于像经济系统、人文系统和社会系统等这类复杂的大型系统中时，还是会存在令人不满意的地方。这有两个方面的原因。一方面，在复杂的大型系统中，变量之间的影响有时间滞后性。比如，在经济系统中，今年西瓜大丰收，种瓜多，产量大，市场价格很低，瓜农们种瓜无利可图，那么，明年他们就可能不种瓜或少种瓜。这样，到明年，由于瓜的产量少，西瓜价格可能会偏高，种瓜利润较大，则又可能导致后年西瓜种得较多。假设忽略有关政策等因素的影响，从这个很简单的例子中可以看出，今年西瓜的价格影响明年的产量，系统中事件的影响不是立即发生作用，而是对以后的事件产生影响。这就是序列因果关系。在序列因果关系中，其原因和结果之间有一个中间状态，该状态是一个决策过程，因此序列因果关系发生在两步中，即 A 的变化导致在 A 变化基础上的一个决策，该决策又会影响 B，原因和结果之间总有一个时间滞后。另一方面，决策分析中存在着这种情况，决策者往往通过直觉或其他途径趋向于某一决策目标或事物发展的某一状态，希望借助于定性推理，分析这一决策目标或期望能否实现或实现需要什么条件。然而，现有的定性推理方法难以有效地处理此类问题，无法充分满足决策者的需求。

在 QSIM 定性推理方法中，虽然其定性模型包含着变量之间的因果关系，但其因果关系是隐含在内部的，所表示的定性约束都是同期约束，并且 QSIM 算法没有显式地表示时间，因此，QSIM 算法不能显式地解决时间滞后性的问题。作者认为，在定性模型中若能显式地表示序列因果关系，一方面可以更符合人们的直觉概念，另一方面，可能提高 QSIM 的效率和应用范围。

对上述两个方面的问题，本节提出改进的 QSIM 算法。

QSIM算法的本质就是解决 CSP，系统的一个行为是变量通过一约束集约束转移传播而得到的。对于序列因果关系的实现思路是：将序列因果关系转化为约束关系，使之在仿真过程中对前后两个不同时期的变量进行约束过滤。

分析QSIM算法可知，QSIM算法的工作方式实际上是一种产生-测试模式，在每一个时间区间内，产生每一个变量的所有可能状态，然后消除不满足转换或模型约束的状态。这种工作方式，在一定程度上相当于图论中的横向优先搜索方法，对于系统的组织和层次结构来说是十分清晰的，但往往可能使系统的效率不是很理想。如果可以借助于图论中的纵向优先搜索方法，根据一定的约束来产生变量的可能状态，然后再进行过滤等工作，就可大大减少状态搜索空间，提高系统效率。基于这个思路，作者认为定性推理的目标搜索实际上就是根据对有兴趣的状态进行搜索的一种纵向状态树的查找过程。

下面首先对QSIM算法中序列因果的约束定义和目标状态进行讨论。

序列因果关系是约束限制在相邻时间区间中变量的因果影响关系的方法，根据因果影响的方向性，在QSIM算法中，定义两个约束因子SC+和SC−。

定义 11.17　$SC+(X,Y)$表示系统参数X、Y在(t_{i-1},t_i)和(t_i,t_{i+1})之间的因果影响关系，$SC+(X,Y)$是定性状态关系的一个二元谓词，$SC+(X,Y)$为真的条件如下。

（1）若在(t_{i-1},t_i)区间qdir $X = $ inc $\to$ 在(t_i,t_{i+1})区间qdir $Y = $ dec。

（2）若在(t_{i-1},t_i)区间qdir $X = $ dec $\to$ 在(t_i,t_{i+1})区间qdir $Y = $ inc。

（3）若在(t_{i-1},t_i)区间qdir $X = $ std $\to$ 在(t_i,t_{i+1})区间qdir $Y = $ any（any意指任何方向）。

从SC+定义可知，SC+是正影响的序列因果关系。

定义 11.18　$SC-(X,Y)$表示系统参数X、Y在(t_{i-1},t_i)和(t_i,t_{i+1})之间的因果影响关系，$SC-(X,Y)$是定性状态关系的一个二元谓词，$SC-(X,Y)$为真的条件如下。

（1）若在(t_{i-1},t_i)区间qdir $X = $ inc $\to$ 在(t_i,t_{i+1})区间qdir $Y = $ dec。

（2）若在(t_{i-1},t_i)区间qdir $X = $ dec $\to$ 在(t_i,t_{i+1})区间qdir $Y = $ inc。

（3）若在(t_{i-1},t_i)区间qdir $X = $ std $\to$ 在(t_i,t_{i+1})区间qdir $Y = $ any。

从SC−定义可知，SC−是负影响的序列因果关系。这样，通过SC+和SC−两个约束算子，就可以将序列因果关系显式地加入QSIM算法的定性模型。

当然，对于SC+和SC−在QSIM算法的约束传播也有特殊的地方。从其定义可以看出，SC+和SC−约束只对相邻的两个时间区间的变量变化方向进行约束，因此，在计算系统定性行为时，可以忽略不感兴趣的路标值，将定性状态映射到qdir（方向）上。这样，可以将QSIM算法状态转换表中的一个I转换和一个P转换聚合为一个区间到区间的转换。

目标状态是一个广义的概念。从定性推理的角度讲，可以将任一定性状态定义为目标状态。从决策者的角度讲，他可以根据他的经验或直觉等，设定某一状态或行为是他所感兴趣的。例如，在企业现金流量定性模型中，若销售量增加至某一水平，企业现金持有量是否可以不变？从应用问题领域的角度讲，目标状态可以是一些特定的状态，如在经济系统中，有这样三类可能令人感兴趣的行为：平衡行为、不变行为和周期行为。

下面就以经济系统中这三类行为作为例子说明目标状态。经济系统中的平衡行为是从一个初始状态到一个平衡状态的一条路径，平衡状态下，所有变量的变化方向是不变的，即 qdir(v) = std；不变行为是其状态始终不变的路径，不变状态下，其变化的后继状态就是它自己；周期行为是相当于元素周期变化的一个行为，就是说，有一条路径其起始状态也是终止状态。

目标状态也可以被作为约束在 QSIM 算法中进行约束过滤。

8) SRSQM 算法

对于复杂决策的定性模型的分解推理，定性仿真方法——QSIM 算法会产生不可控分枝的缺点，因此本节应用复杂系统递阶分解的系统求解思路，对于大型复杂决策系统提出一个新的定性模型分解推理仿真（split and reasoning simulation for qualitative model, SRSQM）算法。这种方法就是将复杂的定性模型分解成若干个单元（子模型）及其单元之间的约束，通过对各个单元的定性推理以及将单元推理的结果进行全局传播和过滤，得到整个系统的全局解。在对定性模型的分解算法中，通过引入"矢量距离"的概念，使得模型分解得以程序化。在单元之间的约束过滤中，通过引入"视图／规约树"的概念，单元之间的耦合关系会变得十分清晰，从而削弱单元之间的关联关系，方便系统的仿真实现。当然，对模型的分解以及单元的约束传播等都是一个 CSP，存在着不确定性，需要借助于专家的经验知识。但通过 SRSQM，可大大降低定性仿真产生的不可控分枝，特别是对于复杂系统的定性推理，其推理效率可得到较大程度的提高。

下面对定性模型的分解和推理过程进行说明。

为了更清楚地说明 QSIM 算法使用全局状态表示来描述系统的行为所产生的大量无意义的分枝问题，现用某化工厂串级油库为例进行说明。如图 11.24 所示，油库 A 上面有一油管向里注油，同时，下面有一圆洞向外流油，并流向油库 B。油库 B 也有一圆洞向外管道输油，对两个油库的有关圆柱表面积、高度等参数不能确切测得，只能进行定性仿真。接下来对这个系统进行行为分析。

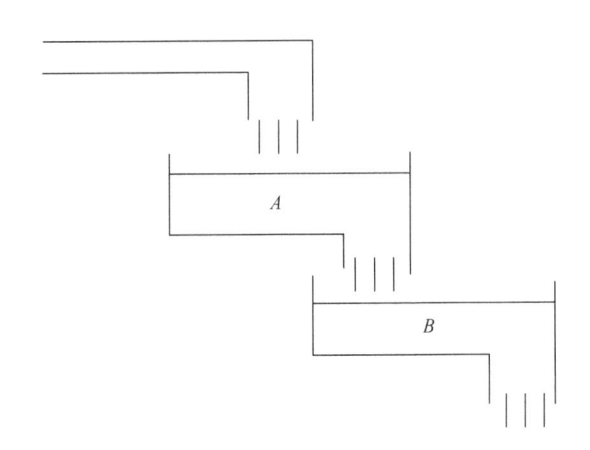

图 11.24 某化工厂串级油库图

假定系统要考虑的参数有：流入油库 A 的流量为 inflow A、油库 A 中油的质量为 amount A、油库 A 的液面高度为 level A、底面压力为 pressure A、流出油库 A 的流量为 outflow A、油库 A 的净流量为 netflow A；同样，对于油库 B，有 inflow B、amount B、 outflow B、level B、pressure B、netflow B。油库 B 的流入量等于油库 A 的流出量,即 inflow B = outflow A。

对于油库 A,变量之间的关系为 inflow A = outflow A + netflow A,netflow A = d(amount A)/dt,level A = h(amount A),pressure A = p(level A),outflow A = f(pressure A);对于油库 B,变量之间的关系为 inflow B = outflow B + netflow B,netflow B = d(amount B)/dt,level B = h(amount B),pressure B = p(level B),outflow B = f(pressure B)。

对于这个并不是十分复杂的系统,如果用标准的 QSIM 算法来进行定性仿真,则仿真结果将产生大量不可控分枝。出现这种情况的原因是标准的 QSIM 算法是基于全局状态的约束过滤,从而使得没有直接关系或毫无相关的变量状态进行了组合。例如,有包含油库 A 的 level A 和油库 B 的 level B 的状态信息,level A 和 level B 都有多种后继状态,仅它们之间就有很多组合,而它们之间几乎没有约束关系。因此,包含它们的组合状态中,有一部分是以它们的状态组合为特征的,当然就不可能被完全过滤掉,从而会产生无意义的事件分枝。

如果将上面的定性模型分解,根据物体分解成两个部分,如油库 A 部分和油库 B 部分,对每部分进行独立仿真,并通过部分之间的关系进行约束检查,这样可大大减少无关变量的无意义的状态组合。

基于这个思路,本节提出 SRSQM,下面讨论该算法的总体思路和求解过程。

为了对 SRSQM 有更深刻的认识,可将定性仿真看作一个 CSP,其每一个行为对应 CSP 的一个唯一解。定性仿真能够详细地计算 CSP 中所有可能的结果。在 CSP 中,即使变量相互之间毫无约束,所有可能的解集合中也将包含每个变量可能值的交叉组合结果。QSIM 算法由于对事件无约束的临时排序,会产生许多无意义的连接分枝;SRSQM 则避免了详细计算交叉组合的结果,它是将问题 P_M 分解成一个较小子问题集合 $\{P_1, P_2, \cdots, P_n\}$,每一个子问题包含 P_M 中的一个变量子集,共享参数则表示子问题之间的约束。

SRSQM 详细求解每一个问题的所有结果,子问题 P_i 的每一求解结果是 P_M 的一个部分求解结果,因为子问题 P_i 的每一求解结果提供了对一个变量子集的赋值。如果它们给任一共享参数赋同样一个值,则两个部分的求解结果是一致的。对于一个与系统其他部分全部一致的部分结果,它必须和 P_M 中的有关变量约束说明相一致。决定一个部分求解结果是否全局一致也是一个 CSP。

通过将模型分解成较小问题的集合,SRSQM 能够以两种方式利用模型内的结构。第一种方式是避免对原始 CSP 详细求解所有可能的结果,而是求出每一个子问题的所有结果,然后利用子问题之间的约束关系,对子问题结果进行全局一致性判断,求出全局 CSP 的一个结果。第二种方式是应用因果关系来识别子问题之间的次序关系,使得对因果关系中属于"因"的(又称为"上游的")子问题的结果的全局一致性判断完全独立于属于"果"的(又称为"下游的")子问题。

SRSQM 的分解推理过程被分为两大部分:模型分解算法和仿真算法。

模型分解算法的目标是通过一定的方法将一个大而复杂的定性模型分解成许多较小的单元模型,这些单元定性模型也是相互关联的,它们可还原成原来的大的复杂的定性模型。模型分解算法的一个要点是将那些紧密相关的变量分配到同一单元中，将关系松散或没有关联的变量分解到不同的单元。模型分解算法一般包含下列步骤。

（1）变量聚类。将原模型中所有的参数变量按其约束关系或系统特性聚类。由于不同系统有不同特征，按系统特性聚类难以形式化表示。例如，油库问题中，系统中变量按属于油库 A 或油库 B 分类，就是属于按参数从属物体的特性聚类。当然，这种聚类方法有其直观性的一面，但也有不合理的地方。本节不讨论这种分类方法，只讨论按变量之间的约束关系进行聚类的方法，即将相互之间约束较紧的变量分在同一类中，但如何聚类、采用什么判断标准来确定一个聚类是否合适等问题也是一个 CSP。

（2）确定单元。根据变量聚类和系统的原始约束关系（定性约束方程），将原始模型分成各自相对独立的单元（子模型）。为了仿真计算的方便，将单元内变量分为两部分，一部分是聚类变量，也称为单元分区变量；另一部分是影响本单元的变量，也可以称为单元边界变量。这样原始约束关系也将分解成两大部分，一部分是只包含单元分区变量的约束，也称子模型约束或单元约束；另一部分是单元边界变量与单元内变量的约束关系，也称为单元之间的约束。

（3）构成单元图。将每个单元作为一个节点，根据单元之间的关系，确定单元之间的因果关系有向图。确定单元图的目的是进行有关单元部分结果的全局一致性判断。

这样，通过分解将复杂模型分成许多小单元（子模型），SRSQM 消除了不同单元内变量之间的临时关联，从而大幅降低了仿真总体的复杂性。但同时，仿真算法的复杂性增加了，即需对单元仿真的部分结果之间的一致性进行判断和传播，如何解决这个问题是 SRSQM 的一个关键。本节采取在单元之间设置中间行为树（又称视图/规约树）的方法来解决这个问题。

仿真算法是根据各单元的独立仿真和全局一致性判断综合得到系统的行为描述。仿真算法一般也包含两大步骤，具体如下。

（1）单元内的仿真。对每一个单元，可应用标准 QSIM 算法进行仿真。每个单元仿真保证其每一个行为是与单元内的相关约束和参数变量是一致的。

（2）单元仿真一致性判断。主要判断每一个单元产生的行为是否与模型的其余部分相一致。

下面将详细讨论定性模型分解问题和单元仿真问题的有关概念与算法。

给定一个 QSIM 算法的模型 M 和一个初始状态 S，定性模型的分解算法可生成一个单元（子模型）集合，并同时产生一个单元图。

系统变量的聚类是根据变量之间的关系，对变量进行聚类分析。聚类分析是数理统计中研究"物以类聚"的一种系统聚类方法。系统聚类方法的基本思想是：先将 n 个样品各自看成一类，然后规定样品之间的距离和类与类之间的距离；开始，因每个样品自成一类，类与类之间的距离可以是两类样品间的最小距离或平均距离，选择距离最小的一对并成一个新类；计算新类和其他类之间的距离，再将距离最近的类合并；重复进行上述步骤，直至所有的样品都成一类。

对变量聚类的目的是将大模型分解成许多小模型，所以，变量的聚类与数理统计中的系统聚类有所不同，变量的聚类也是一个 CSP。通过分析，可以发现对变量聚类有三个问题需要解决：变量之间的距离如何量化？变量聚类到什么程度才算合理？应采用什么算法对变量进行聚类？

下面逐步解决这三个问题。

第一个问题：变量之间距离的量化。对定性模型中变量之间的距离进行量化，是根据它们之间的约束关系，应用最小距离方法进行量化，即将定性模型中的变量按其约束关系的松散程度分别取值，对约束关系进行分类，不同分类的约束，其变量之间有不同的距离。有一点比较特殊的是，由于部分约束关系是因果性约束，在此引入"矢量距离"的概念，这样有因果性约束关系的变量之间的距离是有向的，而无因果性约束关系的变量之间的距离是无向的，即其双向距离是相等的。

定义 11.19 若变量 A 和变量 B 是通过因果性约束关系 $A \to B$ 确定的，则 A 到 B 之间存在着一个矢量距离，将其设为某一数值，而 B 到 A 没有距离或矢量距离为 0。若变量 A 和变量 B 是非因果性约束关系，则 A 与 B 之间的距离是无向相等的。

通过分析，根据定性模型约束关系的无向/有向性以及因果约束的松散程度，可以将定性约束分类量化，具体分类如下。

(1) $\text{ADD}(x, y, z)$、$\text{MULT}(x, y, z)$、$\text{MINUS}(x, y)$ 为一类：x、y、z 三个变量或 x、y 两个变量之间的无向距离为 1。

(2) $\text{DERIV}(x, y)$ 为一类：x 到 y 的矢量距离为 3。

(3) $M+(x, y)$、$M-(z, y)$ 为一类：y 到 x 的矢量距离为 5。

(4) $\text{SC}+(x, y)$、$\text{SC}-(z, y)$ 为一类：y 到 x 的矢量距离为 7。

(5) 变量本身之间的距离为 0。

这样通过对定性模型的约束分类量化，就可以将模型中变量之间的距离量化，并构成变量之间的距离矩阵，这个距离矩阵也是系统聚类分析中样本距离矩阵的一个扩展。

定义 11.20 设定性模型中有 n 个变量，根据约束关系的量化规则，构建 $n \times n$ 的距离矩阵 D，其元素 D_{ij} 表示第 i 个变量与第 j 个变量的无向距离或矢量距离。若第 i 个变量与第 j 个变量是通过因果性约束关系 $A \to B$ 确定的，则矩阵元素 D_{ij} 为某一数值的矢量距离，而元素 D_{ji} 的值为 0。若第 i 个变量与第 j 个变量是通过非因果性约束关系确定的，则 $D_{ij} = D_{ji}$。

由此可知，变量的矢量距离矩阵一般是不对称的。

第二个问题：变量的聚类程度。变量应聚类到什么程度的问题，即将模型中的变量根据约束关系分为多少组，以及每个组有多少变量才算合理的问题。这个问题可以说又是一个 CSP，不同的问题、不同的要求、不同的应用环境和领域，对模型的分解都是不确定的。但聚类分组有两个大的原则：①约束关系较紧密的变量最好聚类在一个组中；②局部的、有约束反馈的变量应聚类在一个组中。在具体的聚类算法中，可根据系统的复杂度（一个重要的指标是属性变量数目 N），将变量聚类为一定数量的组。

当然，上述两个原则一般较难掌握。可以确定的是，变量聚类的目标是分解模型，分解模型的最终目的是通过分解推理提高定性推理的效率，而推理效率不是完全取决于对变量的聚类，变量聚类只会部分地影响分解推理的效率。

第三个问题：变量的聚类算法。对于变量的聚类算法，本节应用变量之间的关系距离矩阵进行运算，并用因果图的遍历算法来辅助计算。下面先讨论一下因果图的概念，然后探讨变量的聚类求解过程。

9）因果图

因果图是 Yoshihiko Iwasaki 在 1988 年提出的因果序算法中的一个概念，因果序算法是一种将模型内的约束图转化为因果图的有向超图算法。因果图相当于数据结构中的有向图和无向图的混合体，Iwasaki 对因果图的定义如定义 11.21 所示。

定义 11.21 一个因果图是一个为模型 M 定义的有向/无向混合超图，使得：① M 内每一个变量产生一个节点；② M 中每一个约束 C 相关变量的约束产生一个超边；③每一个超边最多有一条外出链（outgoing link）；④每一个节点从一条超边推导出来至多有一条引入链（incoming link）。

如果变量 v 和 v' 之间存在一条超边，并且其外出链指向 v'，则变量 v 会直接影响 v'。如果一个约束指定的两个因果关系是模糊的，那么其对应的超边将不包含一个外出链。

从因果图定义可以看出，因果序算法的流程是比较简单的，只需循环调入模型的约束，形成节点，并分析变量之间的关系，在节点之间构建超边即可。因果序算法的关键是判断模型 M 的约束中变量的因果性约束关系，在 SRSQM 中，可以指定约束中的因果关系，如 $y \rightarrow x$，意指 x 随 y 单调增加，y 是因，x 是果，产生一条超边连接 x 和 y，并有一条外出链指向 x。对于 ADD(x, y, z)，若认为 $x+y \rightarrow z$，则产生一条超边，分别连接节点 x、y 和 z，并有一条外出链指向 z，也可以认为 $r+y=z$，但它们之间没有因果关系，这样产生超边时，就没有外出链。

可以通过扩展因果序算法来得到变址之间的关系。对于因果序算法这里就不详细讨论了。下面给出变量的聚类算法，具体步骤如下。

步骤 1：求出变量之间的矢量距离矩阵 D。设定性模型中的变量数目为 N，则变量的矢量距离矩阵为 $N \times N$ 矩阵，其对角线元素全为 0。

步骤 2：应用 Iwasaki 提出的因果序算法求出因果图 G。

步骤 3：循环计算关系距离矩阵的平方、三次方……i 次方，直至矩阵对角线的元素值大于 0 或 i 增加到某一个值 U 时退出。其中，U 是一个经验值，U 的确定可根据有关规则进行修改，一般可指定为矩阵中变量数目的 1/2。

步骤 4：若计算出关系距离矩阵的某次方的对角线元素值大于 0，则说明在因果图中有局部环路，应用图的遍历技术，将对角线大于 0 的元素所构成的一个环路中的元素作为一个分类，用一个新的变量表示，并应用聚类分析中的最小距离法重新构建新的关系距离矩阵 D'，然后转到步骤 3；若没有计算出关系距离矩阵的某次方的对角线元素值大于 0，则说明在一定的范围内没有环路，则转到步骤 5。

步骤 5：扩展数理统计聚类分析中的最小距离法，查找关系距离矩阵中除 0 外的最小距离的两个变量进行聚类，并将两个变量作为一类，用一新类变量替代，并重新计算与其他变量或类之间的距离。注意：类之间的距离是两类中除去 0 的最小值。

步骤 6：判断新的关系距离矩阵的变量或类数。对于聚类程度的判断标准，可由专家根据经验进行设定。根据系统规模大小等经验判断准则，若最后的关系距离矩阵中的变量或类数达到一定范围，则认为变量聚类较为适中；若进一步聚类，则可能使子类变得复杂；若没有聚类到这一步，则可能子类太多了。一般地，最后的关系距离矩阵变量数为 $\log_2 N$ 至 $N/10$ 之间的某个值时，可认为变量聚类程度较为适中。

步骤7：根据聚类，产生变量的分类集合，每一类是一个变量集合。

根据系统变量聚类的结果，对于每一个变量聚类，由系统约束关系生成一个单元。

定义 11.22 对于一个变量聚类 V_i，一个单元 C_i 是一个四元组 $\langle V_i, BV_i, Q, Con_i \rangle$，其中具体变量的含义如下。

（1）V_i 是单元分区变量集合。单元分区变量是对应于一个聚类指定的变量，在系统中，一个变量只能被分类为一个单元的分区变量。

（2）BV_i 是单元边界变量集合。这种变量是包含在其他聚类中的，即是其他单元的分区变量，它与本分区变量有因果影响关系。

（3）Q 是量值空间集合，等同于标准的 QSIM 中变量的量值空间。

（4）Con_i 是约束集合，它是原始模型 M 中约束集合内关于本单元变量的最大集合。假设 $Var(Con_i)$ 表示 Con_i 内所包含的变量集合，则 $Var(Con_i) \leq (V_i \cup BV_i)$。

边界变量对于 SRSQM 来说是一个重要概念，每个单元都要推理出单元内分区变量的行为描述，为了方便计算和条理清晰起见，将对本单元的定性行为有因果影响的变量作为边界变量包含进来，对单元行为进行约束。一个单元的边界变量可用原模型的定性约束方程中的因果分析来确定，当且仅当一个变量 v 是一个因果序中的直接前提，并通过原始模型中的一个约束与单元 C 中的一个分区内变量相关，则变量 v 是单元 C 的一个边界变量。边界变量是与两个单元相关的。

注意，对一个变量是分区变量还是边界变量的分类是相对于指定的单元的。从单元的定义可以看出，单元的生成主要包括两个部分：单元边界变量的判别和约束关系的分区。

边界变量的判别是用模型中变量的因果序来标识的，可以通过扩展因果序算法来得到边界变量。

定义 11.23 给定一个模型的因果图，变量 v 是单元 C_i 的一个边界变量，当且仅当以下三个条件成立：①v 不是 C_i 的一个分区内的变量；②v 是通过 Con_i 中一个约束与变量 w 相关，而 w 是 C_i 的分区变量；③对应于 Con_i 的因果图的超边是一非因果关系或有一指向 w 的外出链。

因此，对单元边界变量的判别算法如下。根据边界变量的定义，逐次检查单元中分区变量在因果图中节点的引入链和相连的超边，若因果图中的节点有一个引入链，则引入链的上游节点的变量就是本变量的一个边界变量。同时还需检查与其相连的超边有没有外出链，若没有，则超边的另一边节点对应的变量也是本变量的边界变量。这样就可以判别出一个单元所有分区变量的边界变量，从而找出单元边界变量集合。

定义 11.24 约束分区就是将模型中的约束分配至单元，如果一个约束 Con 所包含的所有变量是一个单元 C 中变量的子集，即 $Var(Con) \leq (V_i \cup BV_i)$，则仅在这种情况下，才将约束 Con 分配到单元 C 中（其中 $V_i \cup BV_i$ 是单元 C 的分区变址和边界变量的并集）。

可以判定，模型中的每一个约束能被至少分配到一个单元。对任一约束 Con，如果 Con 中所有变量包含在一个单元的分区变量中，则 Con 将被分配到该单元中。否则，该约束变量将跨越多个分区。若 Con 对应的超边有一个外出链，那么，由这个链指向的单元将约束包含的其他变量作为本单元的边界变量，因此 Con 也将被分配至这个单元；若 Con 对应的超边没有一个外出链，那么，包含 Con 中变量的每一个单元将 Con 包含的其余变量作为其边界变址。因此，Con 将被分配到所有这些单元。

约束关系的分区算法是比较简单的：逐一调入模型约束，求出它包含的变址的集合，判断该集合是哪些单元的所有变量集合（分区变量和边界变量的并集）的子集，即判断 $Var(Con) \leqslant (V_i \cup BV_i)$ 是否成立；若约束变量集合是某一单元所有变量集合的子集，则该约束就属于此单元。

另外，在仿真前，还需确定每个单元的初始状态。每个单元的初始状态是原始系统初始状态简单投射到单元包含的变量而形成的。在仿真期间，每个单元产生的一个行为树称为"单元树"。"单元树"是与单元的定性约束方程相一致的，定性约束方程是由变量 $V_i \cup BV_i$、每个变量的量值空间和 Con 约束集定义的。"单元树"内的每一个状态称为"单元状态"。

10）单元图的创建

单元图是将单元作为一个节点来形成一个有向图，创建单元图的目的是考虑每个单元产生的单元行为或单元状态与其他部分的一致性问题。下面先给出单元图等几个概念的定义。

定义 11.25 给定相关单元的一个集合 $\{C_1, C_2, \cdots, C_n\}$，单元图是一个有标识的有向图，其每一个节点对应一个单元，其边满足如下两点。

（1）当且仅当存在一个变量 v，它是 C_i 的一个分区变量，并且是 C_j 的一个边界变量，则从节点 C_i 到节点 C_j 存在一条边。

（2）从节点 C_i 到节点 C_j 的一条边被标记为既是 C_j 的边界变量又是 C_i 的分区变量的集合。

定义 11.26 单元 C_i 直接影响单元 C_j，当且仅当在单元图中存在从 C_i 到 C_j 的一条边。在单元图中，也可以将单元 C_1 称作单元 C_2 的边界单元。

本节用 $A \xrightarrow{vab} B$ 作为缩写，表示单元图中连接 A 到 B 的一个变量标识的边。注意，对于两个单元 A 和 B，有可能存在这种情况：A 直接影响 B，并且 B 又直接影响 A。这种情况发生时，在两个单元之间有两个分离的不同方向的约束。对每一个方向只存在一条链，并唯一由关系方向定义。

定义 11.27 如果单元图中，从单元 C_i 到 C_j 存在一条路径，那么 C_i 被设定为 C_j 的因果上游，同时 C_j 为 C_i 的因果下游。如果 C_i 是 C_j 的因果上游，但不是 C_j 的因果下游，即在单元图中 C_j 和 C_i 之间没有构成环路，则称 C_i 是 C_j 的严格因果上游。

将单元作为节点创建单元图的目的是在单元之间传播约束一致性，因此，在单元图的基础上又定义了单元直接影响和上游/下游的概念，主要是为了说明单元状态或行为的一致性传播。

单元图创建算法类似于因果图的建立方法，但比因果图的建立方法要简便，即将每个单元作为节点，根据每个单元中的边界变量，判断其边界变量属于哪个单元的分区变量，从而建立单元之间的连接链，并在链上标注相应的变量集合。

为了更有效地传播单元状态或单元行为的约束一致性，本节在单元图的基础上，引入"簇"的概念，用单元图的无向变体来求出"簇"。单元图的无向变体，就是将单元图中的所有有向边看作是由无向边构成的图。

定义 11.28 簇是单元图的一个分区，单元图被划分为一个簇集合 CL，$CL = \{CL_1, CL_2, \cdots, CL_m\}$，$CL_1$ 是单元 $\{C_1, C_2, \cdots, C_n\}$ 的一个最大集，当且仅当在单元图的无向变体中，若存在一个包含 C_i 和 C_j 的环路，则两个单元 C_i 和 C_j 将被包含在同一个簇中。

可以应用一个树簇（cluster tree）算法将单元图转化成树簇，树簇算法是由 Dechter 和 Pearl（1989）提出的，是将一个 CSP 转化为一种基于树的表示形式，利用 CSP 内的结构和因果关系来降低 CSP 的复杂性。一个簇标识了一个单元集合，使得存在一个环路中的任何两个单元都在一个簇中，一个单元行为的一致性只依赖于在同一簇中的单元和单元图的上游单元。图 11.25 是表示一个应用结构和因果关系的簇示意图。在图 11.25 中，总共有 9 个单元，应用树簇算法，将其组合成 4 个簇，用虚线圆圈标识，C_2、C_3、C_4、C_5 在单元的无向变体图中是一个环路，因此，将 $\{C_2, C_3, C_4, C_5\}$ 构成一个簇。单元 C_1 中行为的全局一致性可独立于其余部分而被确定，单元 C_6 将簇 2 和簇 4 分离开来，如果 C_7 的单元行为是由 C_6 中的全局一致行为所支持，那么，C_7 的单元行为将与 C_6 单元图上游的所有行为一致。这样，CSP 的复杂性是由簇的大小确定的。

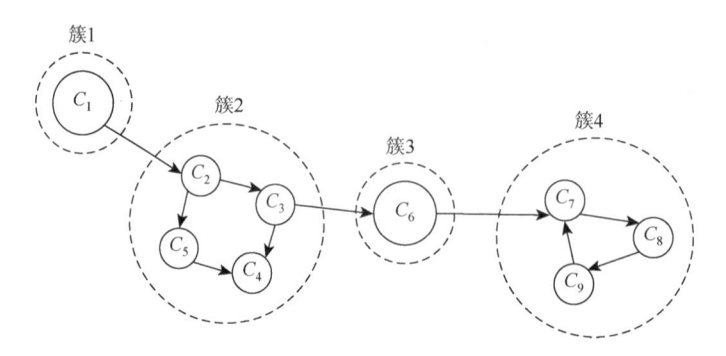

图 11.25　表示一个应用结构和因果关系的簇示意图

11）定性模型分解算法

定性模型分解算法是上面有关步骤的综合。给定一个定性模型的变量量值空间、定性约束方程和初始状态，定性模型分解算法可以根据变量之间约束关系的松散程度，生成一个单元集合，每个单元（子模型）同原始模型一样，包含对应的变量量值空间、定性约束方程和初始状态。同时，定性模型算法根据单元之间的关系生成单元图。相应地，SRSQM 中的定性模型分解算法的主要步骤如下。

步骤 1：对系统定性模型 M 的变量和约束方程，根据因果序理论，产生一个因果图。

步骤 2：根据因果图，结合变量的等价关系，应用聚类方法，对变量进行聚类分析，产生聚类变量集合 $V = \{V_1, V_2, \cdots, V_n\}$，并且 $V(m) = V_1 \cup V_2 \cup \cdots \cup V_n$，$V_1 \cap V_2 \cap \cdots \cap V_n = \varnothing$。

步骤 3：对每一个聚类变量集合，根据边界变量的定义，产生一个对应的边界变量集合 $BV = \{BV_1, BV_2, \cdots, BV_n\}$。

步骤4：对每一个聚类变量集合和其对应的边界变量集合$V_i \cup BV_i$，根据约束分区定义，产生一个对应的约束分区集合。

步骤5：对每一个聚类变量集合和其对应的边界变量集合$V_i \cup BV_i$，将系统模型M的初始状态投射到$V_i \cup BV_i$，产生一个对应的初始状态集合S_0，其中$S_0 = \{S_{01}, S_{02}, \cdots, S_{0n}\}$。

步骤6：对每一个聚类变量集合V_i、边界变量集合BV_i、约束集合Con_i、初始状态集合S_{0i}，生成一个单元集合$C = \{C_1, C_2, \cdots, C_n\}$。

步骤7：对单元集合，根据单元图的定义，生成单元图。

步骤8：对于单元图，根据簇的定义，生成一个簇集合$CL = \{CL_1, CL_2, \cdots, CL_m\}$。

SRSQM根据变量聚类和单元仿真计算出的系统定性行为包含系统所有可能的行为，与标准的基于全局状态的QSIM算法相比，大大减少了系统不可控的无意义分枝，提高了系统的效率和处理复杂问题的能力。

11.3.2 基于证据理论的智能决策支持系统

1. 概述

自1976年Shafer发表了著作《证据的数学理论》(*A Mathematical Theory of Evidence*)以来，证据理论上获得了很大的发展，应用上也取得了丰富的成果。证据理论在多分类器融合、不确定性推理、专家意见综合、多准则决策、模式识别和综合诊断等领域中都得到了较好的应用。

证据理论基于人们对客观世界的认识，根据人们掌握的证据和知识，对不确定性事件给出不确定性度量，这样做使不确定性度量更贴近人们的习惯，更易于应用于管理决策问题。证据理论对证据合成给出了系统的合成公式，使多个证据合成后得到的基本可信数依然满足证据基本可信数的性质。合成公式满足结合律与交换律，使其有利于计算的实现。

1) 概率与信度

以下是概率的各种解释。

客观解释（频率主义解释）：概率描述了一个可以重复出现的事件的客观事实，即该事件可重复出现的频率，如掷骰子。

个人主义解释（主观解释、贝叶斯解释）：概率反映了个人主义的一种偏好，是个人的主观意愿作用的结果，如赌博。

必要性解释（逻辑主义解释）：概率是对命题与命题之间联系程度的度量。这种联系是纯客观的，与人的作用无关。演绎推理是概率推理的特例。

频率主义解释和逻辑主义解释赋予了概率一种客观属性，概率的得到与人类主观活动没有关系。贝叶斯解释把概率看成人的偏好或主观意愿的度量，而没有强调概率如何构造。Shafer指出以上三种解释都没有涉及概率推断的构造性特征，证据理论对概率给出了一种新的构造性解释，认为概率是某人在证据的基础上构造出的他对一个命题为真的信任程度，简称信度。

前三种概率满足可加性，即

$$P(A \cup B) = P(A) + P(B), \quad \forall A, B \in \Theta, \quad A \cap B = \varnothing \tag{11.14}$$

其中，A、B、Θ、$\varnothing$ 均为概率的集合。

根据可加性，如果相信一个命题为真的程度为 S，那就必须以 $1-S$ 的程度去相信该命题的反命题。在许多情况下，这是不合理的，例如"地球以外存在着生命"这一命题，其反命题是"地球以内不存在生命"。

证据理论舍弃了可加性这一原则，而用半可加性原则来代替，这使得多个证据合成后得到的不确定性度量依然满足证据基本可信数的性质，从而使证据的信度合成具有系统完整性。

在证据理论中，证据指的是人们在分析命题的基础上，求其基本可信数所依据的事物的属性与客观环境，以及人们根据经验、知识和对该问题所进行的观察和研究。假设人们通过对证据的分析得出命题的基本可信数分配函数为 $m(A)$，则信度的形成可用图 11.26 表示。

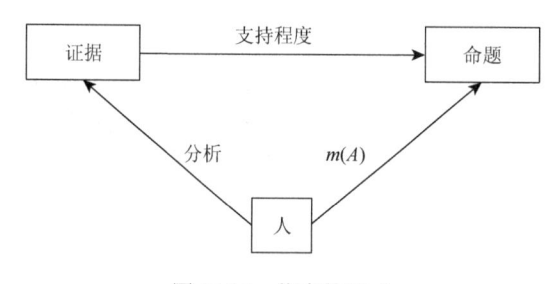

图 11.26　信度的形成

对一个判断问题，设人们所能认识到的可能结果用集合 Θ 表示，那么人们所关心的任一命题都对应于 Θ 的一个子集。Θ 被称为识别框架（frame of discernment），识别框架依赖于人们的认识水平。

若 $\Theta = \{\theta_1, \theta_2\}$，其中 θ_1 和 θ_2 是 Θ 的子集，$\varnothing$ 表示空集，则有幂集：

$$2^\Theta = \{\varnothing, \Theta, \{\theta_1\}, \{\theta_2\}\} \tag{11.15}$$

定义 11.29　设 Θ 为识别框架。如果集函数 $m: 2^\Theta \to [0,1]$ 满足：

$$m(\varnothing) = 0$$

$$\sum_{A \subset \Theta} m(A) = 1$$

则称 m 为识别框架 Θ 上的基本可信度分配（basic probability assignment），对于 $\forall A \subset \Theta$，$m(A)$ 称为 A 的基本可信数。基本可信数反映了对 A 本身（不管它的任何真子集与前因后果）的信度大小。

定义 11.30　设 Θ 为识别框架，$m: 2^\Theta \to [0,1]$ 为框架 Θ 上的基本可信度分配，则称由 $\text{Bel}(A) = \sum_{B \subset A} m(B)$（其中 $\forall A \subset \Theta$）所定义的函数 $\text{Bel}: 2^\Theta \to [0,1]$ 为 Θ 上的信度函数（belief function）。信度函数表达了对每个命题的信度（考虑前因后果）。

一批证据对一个命题提供支持，那么它也应该对该命题的推论提供同样的支持。所以，对一个命题的信度应该等于证据对它的所有前提本身提供的支持度之和。

如果 $m(A)>0$，则称 A 为信度函数 Bel 的焦元（focal element），所有焦元的并称为它的核心（core）。

定义 11.31 设函数 $Q:2^\Theta \to [0,1]$，若对于 $\forall A \subset \Theta$，有

$$Q(A) = \sum_{A \subset B} m(B) \qquad (11.16)$$

则称 Q 为众信度函数（commonality function）。众信度函数 $Q(A)$ 反映了包含 A 的集合的所有基本可信数之和。

信度函数 Bel 是从一个结论的前提的角度来描述信度的，而众信度函数 Q 是从一个前提的结论的角度来描述信度的。

定义 11.32 设函数 $\mathrm{pl}:2^\Theta \to [0,1]$，如果

$$\mathrm{pl}(A) = 1 - \mathrm{Bel}(\bar{A}) \qquad (11.17)$$

$$\mathrm{pl}(A) = \sum_{B \cap A \neq \varnothing} m(B), \quad \forall A \subset \Theta \qquad (11.18)$$

则称 pl 为似真度函数（plausibility function）。$\mathrm{pl}(A)$ 称为 A 的似真度，表示不怀疑 A 的程度。$\mathrm{pl}(A)$ 包含了所有与 A 相容的那些集合（命题）的基本可信度。$\mathrm{pl}(A)$ 是比 $\mathrm{Bel}(A)$ 更宽松的一种估计。

定理 11.3 设 Θ 为识别框架，集函数 $\mathrm{Bel}:2^\Theta \to [0,1]$ 是信度函数，当且仅当它满足如下三个条件——$\mathrm{Bel}(\varnothing) = 0$、$\mathrm{Bel}(\Theta) = 1$、$\forall A_1, A_2, \cdots, A_n \subset \Theta$（$n$ 为任意自然数），则

$$\mathrm{Bel}\left(\bigcup_{i=1}^n A_i\right) \geq \sum_{i=1}^n \mathrm{Bel}(A_i) - \sum \mathrm{Bel}(A_i \cap A_j) + \cdots + (-1)^{n+1} \mathrm{Bel}\left(\bigcap_{i=1}^n A_i\right) \qquad (11.19)$$

需要注意的是，式（11.19）为半可加性应满足的条件，满足可加性则一定满足半可加性。贝叶斯信度函数是一个点函数而不是集函数。

定理 11.4 如果信度函数 $\mathrm{Bel}:2^\Theta \to [0,1]$ 是由基本可信度分配 $m:2^\Theta \to [0,1]$ 所给出的，则

$$\forall A \subset \Theta, \quad m(A) = \sum_{B \subset A}(-1)^{|A-B|} \mathrm{Bel}(B) \qquad (11.20)$$

定理 11.4 说明，信度函数除了可以从基本可信度分配的角度定义以外，也可以从自身满足什么特性的角度来定义。

定理 11.5 设 $\mathrm{Bel}:2^\Theta \to [0,1]$ 为 Θ 上的信度函数，Q 是它的众信度函数，那么

$$\forall A \subset \Theta, \quad \mathrm{Bel}(A) = \sum_{B \subset A}(-1)^{|B|} Q(B) \qquad (11.21)$$

$$\forall A \subset \Theta, \quad Q(A) = \sum_{B \subset A}(-1)^{|B|} \mathrm{Bel}(\bar{B}) \qquad (11.22)$$

定理 11.5 说明，Bel 与 Q 可以互相定义；众信度函数从侧面反映了信度。

设 $\mathrm{Bel}_1, \mathrm{Bel}_2, \cdots, \mathrm{Bel}_n$ 是同一识别框架 Θ 上的信度函数，$m_1, m_2, \cdots, m_n$ 是对应的基本可信度分配，如果 $\mathrm{Bel}_1 \oplus \mathrm{Bel}_2 \oplus \cdots \oplus \mathrm{Bel}_n$ 存在，则

$$\forall A \subset \Theta, \quad A \neq \varnothing, \quad A_1, A_2, \cdots, A_n \subset \Theta$$

$$m(A) = K \sum_{\substack{A_1, A_2, \cdots, A_n \subset \Theta \\ A_1 \cap A_2 \cap \cdots \cap A_n = A}} m_1(A_1) m_2(A_2) \cdots m_n(A_n) \quad (11.23)$$

其中，

$$K = \left(\sum_{\substack{A_1, A_2, \cdots, A_n \subset \Theta \\ A_1 \cap A_2 \cap \cdots \cap A_n = \varnothing}} m_1(A_1) m_2(A_2) \cdots m_n(A_n) \right)^{-1} \quad (11.24)$$

Dempster 合成法则是一个反映证据的联合作用的规则。给出同一识别框架上基于不同证据的信度函数，如果这几个证据不是完全冲突的，那么就可以用 Dempster 合成法则计算出一个信度函数，这个信度函数是在这几个证据的联合作用下产生的。

冲突权重的定义如下：对两个证据的合成来说，设 Bel_1 与 Bel_2 是识别框架 Θ 上的信度函数，用 Dempster 合成法则求它们的直和时，$A_i \cap B_j = \varnothing$ 时丢弃 $m_1(A_i) m_2(B_j)$。在 Bel_1 与 Bel_2 合成的整个过程中，冲突程度为

$$k = \sum_{A_i \cap B_j = \varnothing} m_1(A_i) m_2(B_j) \quad (11.25)$$

当 $A_i \cap B_j = \varnothing$ 时，Bel_1 与 Bel_2 分别给两个不相容的命题赋予了信度，两个证据发生了冲突。k 值越大，说明冲突越大。k 值的大小反映了两个证据间的冲突大小。

假设识别框架 $\Theta = \{C, D\}$，证据 A 的基本可信数 m_a 为 (0.4, 0.6, 0)，证据 B 的基本可信数 m_b 为 (0.4, 0.6, 0) 时，A、B 两个证据的合成为 m，由式 (11.23) 与式 (11.24) 可计算得出合成结果为 (0.3077, 0.6923, 0)。从该结果可以看出，当两个证据都对 D 事件具有较高的信度支持时，其合成结果就具有更高的信度。它较好地反映了当证据之间没有较大冲突时人们的决策规律。

在 Dempster 合成法则中，n 个证据合成时，由于集合的交运算满足交换律，容易证明 Dempster 合成法则也满足交换律。

Dempster 合成法则的计算随着合成信息源 n 的增加，计算次数呈指数增长。设 Θ 有 k 个元素，则 Dempster 合成法则的算法复杂度为 $O(2^k \times k^n)$。

Dempster 合成法则满足结合律可大大简化合成计算。可用递归调用两个证据的合成公式，实现对 n 个证据的合成，并可监控计算过程，从而选择有利于证据合成质量提高的证据源。

2）框架的转化

细分与粗化（相容变换）：设 Ω 为一个识别框架，它的元素是由另外一个识别框架 Θ 中的元素剖分而得到的。对任意的 $\theta \in \Theta$，将所有由 θ 通过剖分得到的那些可能事件或结果记为 $\omega(\{\theta\})$，则 $\omega(\{\theta\}) \subset \Omega$。假定所有的 $\omega(\{\theta\})$（其中 $\theta \in \Theta$）组成了一个分类，如果以下三个条件成立，则对于 $\forall A \in \Theta$，令 $\omega(A) = \bigcup_{\theta \in A} \omega(\{\theta\})$，那么 $\omega(A)$ 包含了所有通过剖分 A 的元素得到的可能结果。称这样定义的映射 $\omega : 2^\Theta \to 2^\Omega$ 为 Θ 到 Ω 的一个细分。细分的反映射称为粗化。

(1) $\forall \theta \in \Theta$, $\omega(\{\theta\}) \neq \varnothing$。

(2) 如果 $\theta' \neq \theta$，则 $\omega(\{\theta\}) \cap \omega(\{\theta'\}) = \varnothing$。

(3) $\bigcup_{\theta \subset \Theta} \omega(\{\theta\}) = \Omega$。

收缩与扩张（不相容变换）：如果在一个框架 Θ 上加上一个新假设，则 Θ 的元素必定要减少，设 Θ_1 是由 Θ 加上一个新假设而得到的识别框架，则 Θ_1 作为可能事件或结果的一个集合将是可能结果 Θ 的一个子集。此时，称 Θ_1 是 Θ 的一个收缩，Θ 是 Θ_1 的一个扩张。

3）证据理论与决策

对某个决策问题，可根据经验和知识在识别框架上得到一个基本可信度分配。一般是向该领域的专家进行咨询，根据每个专家的意见得到 Θ 上的基本可信度分配，然后将这些专家的意见用证据合成方法综合起来就得到了反映专家集体智慧的结果。然而，根据证据理论，合成得到的结果可能是一个一个的集合，需要在集合中找到符合决策要求的真值状态。一般采用"最少点"原则求真值，即将所得到的集合逐步缩小，并观察信度的变化，在满足信度要求的基础上找到符合决策目标的最小集合。若这样做达不到要求，则要重新向领域专家进行咨询，然后再进行决策信息的合成，直到找到决策者满意的决策方案。

2. 相关证据合成方法

当两个证据中某些焦元的基本可信数由同一证据源（或依据相同特征、属性）产生时，称这样的焦元为相关焦元，称这两个证据互为相关证据。

在相关证据的合成中，若不考虑证据的相关性，而用 Dempster 合成法则进行相关证据的合成，那么将会产生其合成结果的超估计。

相关证据合成方法的思想主要有两种：一种是将两个相关证据在已知相关源证据的条件下分解为三个独立的源证据，然后再将相互独立的源证据按 Dempster 合成法则进行合成；另一种是在相关证据合成时，将基本可信数函数乘以一个调整系数，力图将相关证据转化为独立证据，再按 Dempster 合成法则进行合成。

1）相关证据分解成独立源证据的合成方法

证据理论只适用于证据独立的情况，而实际使用中往往需要处理不独立的证据。

图 11.27 中 E_a、E_x、E_b 是三个独立的源证据，它们合成为 E_1、E_2 这两个相关证据。E_1 由 E_a 和 E_x 合成，E_2 由 E_b 和 E_x 合成。E_x 是相关源证据。

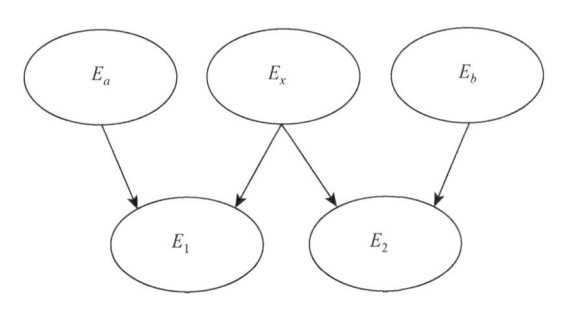

图 11.27 相关证据的产生

证据 E_1、E_2、E_a、E_x、E_b 对应的基本可信数函数分别为 m_1、m_2、m_a、m_x、m_b，则有

$$m_1 = m_a \oplus m_x \tag{11.26}$$

$$m_2 = m_b \oplus m_x \tag{11.27}$$

若直接用证据理论合成 E_1 与 E_2，则有

$$m' = m_1 \oplus m_2 = m_a \oplus m_x \oplus m_b \oplus m_x \tag{11.28}$$

在式（11.28）的合成中，独立的相关源证据 E_x 被多用了一次，因此合成证据的 m 函数应为

$$m = m_a \oplus m_x \oplus m_b \tag{11.29}$$

假设识别框架 $\Theta = \{C, D\}$，m_1, m_2, m_a, m_x, m_b，相关证据合成的差异如表 11.7 所示。若已知独立的相关源证据 E_x 的基本可分配数 m_x，则可由式（11.26）和式（11.27）反向求出独立源证据 E_a、E_b 的基本可分配数 m_a、m_b，然后，用 Dempster 合成法则对独立源证据 E_a、E_x、E_b 合成，求出 E_1、E_2 合成证据的基本可信数函数 m。

表 11.7 相关证据合成的差异

基本可信数函数	$\{C\}$	$\{D\}$	$\{C, D\}$
m_a	0.1	0.3	0.6
m_b	0.5	0.2	0.3
m_x	0.2	0.7	0.1
m_1	0.1724	0.7586	0.069
m_2	0.3343	0.6065	0.0492
m'	0.1444	0.8503	0.0053
m	0.2941	0.6706	0.0353

相关证据分解成独立证据的合成方法，从理论上说合理可行。但是，用该方法处理的相关证据要具备如下一些条件。①它只适用于相关焦元集合 C 的构成元素与相关证据 E_1、E_2 的核心 A、B 的构成元素相等的情况，该条件是相关证据的特殊情况。②它要求已知独立的相关源证据 E_x 及其 m_x，这是应用该方法解决问题的关键。③用 Dempster 合成法则反向求出独立源证据 E_a、E_b 的基本可分配数 m_a、m_b，计算工作量大，且计算结果不唯一。上述三个条件限制了该合成方法在一般相关证据合成中的应用。

2）调整相关证据基本可信数函数的合成方法

在相关证据的合成中，为了减少用 Dempster 合成法则进行相关证据的合成而产生其合成结果的超估计，可以产生对相关证据的基本可信数，然后进行衰减。

定义 11.33 设证据 E 的焦元为 A（$A_1, A_2, \cdots, A_k$），焦元的个数为 $n(A)$，焦元 A_i 的基数是 $|A_i|$，焦元 A_i 的基本可信数为 $m(A_i)$，则证据强度可定义为

$$S(E) = \sum_{\substack{i=1 \\ A_i \neq \Theta}}^{n(A)} \frac{m(A_i)}{|A_i|} \tag{11.30}$$

定义 11.34 设证据 E_1 对 E_2 的相关焦元为 C（$C_1, C_2, \cdots, C_k$），焦元的个数为 $n(C)$，焦元 C_i 的基数是 $|C_i|$，证据相关强度可定义为

$$S(E_1, E_2) = \sum_{\substack{i=1 \\ A_i \neq \Theta}}^{n(C)} \frac{m(C_i)}{|C_i|} \tag{11.31}$$

定义 11.35 E_1 对 E_2 证据的规范证据相关度为

$$r(E_1, E_2) = \frac{S(E_1, E_2)}{S(E_1) + S(E_2)} \times \frac{S(E_2)}{S(E_1)} \tag{11.32}$$

规范证据相关度与证据相关强度成正比，证据相关度越大，相关证据的基本可信数对相关证据合成时的影响就越大。为了消除其影响，应对相关证据的基本可信数进行更大的修正，修正系数为"1-规范证据相关度"。

首先对相关证据的基本可信数 $m_1(A_i)$、$m_2(A_j)$ 按式（11.33）和式（11.34）进行修正：

$$m_1'(A_i) = \begin{cases} [1 - r(E_1, E_2)]m_1(A_i), & A_i \neq \Theta \\ 1 - \sum_{A_i \in \Theta} m_1'(A_i), & A_i = \Theta \end{cases} \tag{11.33}$$

$$m_2'(B_j) = \begin{cases} [1 - r(E_2, E_1)]m_2(B_j), & B_j \neq \Theta \\ 1 - \sum_{B_j \in \Theta} m_2'(B_j), & B_j = \Theta \end{cases} \tag{11.34}$$

其次，对修正后的基本可信数按 Dempster 合成法则进行合成。定义的修正系数具有较强的假设性，它假设相关证据合成时与相关证据对合成证据焦元的基本可信数的超估计成比例，这样修正后的证据可看成是独立证据，用 Dempster 合成法则对其进行合成。

最后，修正未考虑相关证据中相关焦元与非相关焦元的区别，用修正系数对相关证据的所有焦元进行修正。

3）修正的相关证据合成方法

（1）相关证据的焦元分布情况分析

设相关证据 E_1、E_2 对应的基本可信度分配分别为 m_1、m_2，对应的焦元分别为 A（$A_1, A_2, \cdots, A_n$）、B（$B_1, B_2, \cdots, B_m$），相关焦元为 C（$C_1, C_2, \cdots, C_k$），E_1、E_2 的焦元的交集为 G，则相关证据的焦元集合 C 与 A、B、G 的关系可用图 11.28 表示。

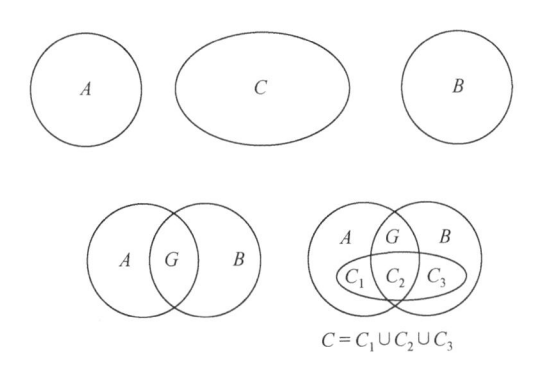

图 11.28 相关证据的焦元集合 C 与 A、B、G 的关系

分析图 11.28 可知，一般情况下，相关焦元的集合 C 满足：$C \subseteq A \cup B$。C 集合可分解成 C_1、C_2、C_3 三个部分，$C_2 \subseteq G$，$C_1 \subseteq A$，$C_3 \subseteq B$。当焦元都是单点元素时，$C \subseteq A \cap B$，并且 C_1 与 C_3 为空集。一般情况下，相关证据的焦元可分为相关焦元与非相关焦元两个部分。

（2）基于可变参数优化的相关证据合成方法

为了消除上述相关证据合成方法（相关证据分解成独立源证据的合成方法、调整相关证据基本可信数函数的合成方法）存在的弱点，并考虑相关证据的相关焦元分布的一般情况，基于可变参数优化的相关证据合成方法如下。

设 Bel_1、Bel_2 是同一识别框架 Θ 上的两个相关证据 E_1、E_2 的信度函数，m_1、m_2 是对应的基本可信度分配，对应的焦元分别为 $A_1, A_2, \cdots, A_k$ 和 $B_1, B_2, \cdots, B_l$，相关焦元集合为 C（$C_1, C_2, \cdots, C_k$），如果 $\mathrm{Bel}_1 \oplus \mathrm{Bel}_2$ 存在，$\sum_{A_i \cap B_j = \varnothing} m_1(A_i) m_2(B_j) < 1$，且基本可信度分配为 m，则对于 $\forall A \subseteq \Theta, A_i, B_j \subseteq \Theta$，有

$$m(A) = \begin{cases} K \sum_{A_i \cap B_j = A} m_1'(A_i) m_2'(B_j), & A \neq \varnothing \\ 0, & A = \varnothing \end{cases} \quad (11.35)$$

其中，

$$K = \left(1 - \sum_{A_i \cap B_j = \varnothing} m_1'(A_i) m_2'(B_j)\right)^{-1} \quad (11.36)$$

$$m_1'(A_i) = \begin{cases} \alpha_A m_1(A_i), & A_i \subset C \\ m_1(A_i), & A_i \not\subset C, A_i \subset \Theta, A_i \neq \Theta \\ 1 - \sum_{A_i \in \Theta} m_1'(A_i), & A_i = \Theta \end{cases} \quad (11.37)$$

$$m_2'(B_j) = \begin{cases} \alpha_B m_2(B_j), & B_j \subset C \\ m_2(B_j), & B_j \not\subset C, B_j \subset \Theta, B_j \neq \Theta \\ 1 - \sum_{B_j \in \Theta} m_2'(B_j), & B_j = \Theta \end{cases} \quad (11.38)$$

基于可变参数优化的相关证据合成方法主要从以下方面进行了改进。

第一，在相关证据的合成中，产生合成证据焦元的基本可信数的超估计的原因是相关焦元的基本可信数被重复运用于证据的合成，所以应只对相关焦元的基本可信数进行衰减，而不应对相关证据的所有焦元进行衰减。

第二，修正系数 α_A、α_B 是可变参数。由于相关证据合成在实际应用中都是面向具体问题的，修正系数 α_A、α_B 的确定可根据相关证据合成所解决的具体问题来确定。α_A、α_B 可以用已有的解决具体决策问题的数据为学习样本，通过神经网络、遗传算法等方法来优化确定。这样面向具体问题时，即使不知相关焦元的基本可信数，也可进行相关证据合成的修正计算，并使合成方法具有更好的通用性。

第三，在式（11.37）、式（11.38）中，α_A、$\alpha_B \in [0,1]$。当 E_1 与 E_2 互为独立证据时，$\alpha_A = 0$，$\alpha_B = 0$，此时，修正的证据合成式（11.37）、式（11.38）还原成 $m_1(A_i)$、$m_2(B_j)$，式（11.35）、式（11.36）还原为 Dempster 合成式（11.23）、式（11.24）。可以证明，由式（11.35）、式（11.36）计算得到的基本可信数满足基本可信数函数的要求。

（3）修正 Dempster 合成法则和基本可信数的方法

Dempster 合成法则对各信息源提供的证据是平等对待的，认为各信息源提供证据的重要性与可靠性无优劣之分。但是实际应用中往往会碰到不同的信息源提供证据的重要性与可靠性存在差异的情况，这时应对 Dempster 合成法则或基本可信数进行修正。

① 修正的 Dempster 合成法则

基于集合加权"与"运算算子，可将 Dempster 合成法则修正为加权的 Dempster 合成法则。Dubois 和 Prade（1988）给出了一种基于一致性因子的集合加权"与"运算算子，所给出的两个集合 A 与 B 的加权"与" $A*B$ 定义为

$$\forall v, \mu_{A*B}(v) = \min\{\mu_A(v), \max(\mu_B(v), 1 - P[B|A])\} \quad (11.39)$$

其中，μ_A、μ_B 分别为集合 A、B 的隶属度函数；A、B 为常规集合；v 为一变量。因此，$\mu_A(v) \in \{0,1\}$，$\mu_B(v) \in \{0,1\}$。$P[B|A]$ 为可能性度量，定义为

$$P[B|A] = \sup \min(\mu_A(v), \mu_B(v)) \quad (11.40)$$

② 修正基本可信数的方法

基于集合加权"与"运算算子的 Dempster 合成法则定义为

$$m(A) = m_1 * m_2(A) = \sum_{A_{1i}*A_{2j}=A} m_1(A_{1i}) m_2(A_{2j}) \quad (11.41)$$

该方法在一定的场合下比 Dempster 合成法则具有更好的性能，但是，该方法不满足互换律，合成时需按证据的优先级排序进行，而信息源优先级的确定依赖于该方法使用者的主观判断。考虑到不同信息源与决策专家的重要程度，在应用 Dempster 合成法则前，应采用加权的方法对基本可信数 m 进行修正，然后使用 Dempster 合成法则进行合成。

（4）修正冲突信度分配的方法

当两个证据具有较强冲突时，证据合成规则将导致合成结果有悖常理。这里举一个两个医生看病的例子，具体如下。对一个病人病情进行诊断，识别框架是 $\Theta = \{\theta_1, \theta_2, \theta_3\}$（其中 θ_1 表示脑膜炎，θ_2 表示脑瘤，θ_3 表示脑震荡），医生 A、B 分别给出了如下的信度值：

$$m_a(\theta_1) = 0.99, \quad m_a(\theta_2) = 0.01, \quad m_a(\theta_3) = 0.00$$
$$m_b(\theta_1) = 0.00, \quad m_b(\theta_2) = 0.01, \quad m_b(\theta_3) = 0.99$$

用 Dempster 合成法则合成，则可得脑瘤的信度值为 1。显然，该合成结果不合常理，这时可采用修正冲突信度分配的方法进行处理。在 Dempster 合成法则中，可去掉归一化因子 $1/(1-k)$，并将 k 赋给 $m(\Theta)$。这样做是将冲突的信度部分归入未知领域。对两个证据，其合成公式为

$$m(A) = \begin{cases} \sum_{A_i \cap B_j = A} m_1(A_i) m_2(B_j), & A \subset \Theta, A \neq \Theta \\ \sum_{A_i \cap B_j = \Theta} m_1(A_i) m_2(B_j) + k, & A = \Theta \end{cases} \quad (11.42)$$

即使证据之间存在着冲突，它们也是部分可用的，并且可用程度取决于证据的可信度 ε。对 n 个证据，其合成公式为

$$m(A) = \begin{cases} p(A) + k \cdot \varepsilon \cdot q(A), & A \subset \Theta, A \neq \Theta \\ p(A) + k \cdot \varepsilon \cdot q(A) + k(1-\varepsilon), & A = \Theta \end{cases} \quad (11.43)$$

其中，

$$p(A) = \sum_{\substack{A_1, A_2, \cdots, A_n \subset \Theta \\ A_1 \cap A_2 \cap \cdots \cap A_n = A}} m_1(A_1) m_2(A_2) \cdots m_n(A_n) \quad (11.44)$$

$$q(A) = \frac{1}{n} \sum_{i=1}^{n} m_i(A) \quad (11.45)$$

合成式（11.43）的第一部分 $p(A) + k \cdot \varepsilon \cdot q(A)$ 可写成 $m(A) = (1-k)\dfrac{p(A)}{1-k} + k \cdot \varepsilon \cdot q(A)$，这实际上是一个加权和形式的合成公式，$1-k$ 和 k 是加权系数。合成式（11.43）中，ε 定义为证据冲突程度的减函数，其定义如下：

$$\varepsilon = \mathrm{e}^{-\tilde{k}}, \quad \tilde{k} = \frac{1}{n(n-1)/2} \sum_{i<j} k_{ij}$$

其中，$k_{ij} = \sum_{A_i \cap A_j = \varnothing} m_i(A_i) m_j(A_j)$。$\varepsilon$ 定义的修正系数是否合理，应由解决的应用问题来检验。

上述所有的证据合成方法从不同的角度对 Dempster 合成法则的弱点进行了改善，并且在某些领域取得了较好的应用。但是，它们均未能综合考虑重要性、可靠性与证据高度冲突情况下对证据合成的要求，并且其使用的修正系数都是用一种特定的计算公式进行计算的，这样得到的合成方法很难适用于所有问题。

（5）冲突证据的合成

对冲突证据的合成，可用对基本可信数进行预处理的方法将部分基本可信数传给未知领域 Θ。传给 Θ 的基本可信数的大小取决于对基本可信数的修正系数。修正公式为

$$m_1'(A_i) = \begin{cases} \alpha_{A_i} m_1(A_i), & A_i \neq \Theta \\ 1 - \sum_{A_i \in \Theta} m_1'(A_i), & A_i = \Theta \end{cases} \quad (11.46)$$

$$m_2'(B_j) = \begin{cases} \alpha_{B_j} m_2(B_j), & B_j \neq \Theta \\ 1 - \sum_{B_j \in \Theta} m_2'(B_j), & B_j = \Theta \end{cases} \quad (11.47)$$

式（11.46）和式（11.47）中，综合修正系数 $\alpha(\alpha_{A_i}、\alpha_{B_j})$ 的取值范围是 $[0,1]$。当各证据的重要性相同，且可靠性很高，以及没有高度冲突时，其取值为 1，这时式（11.46）和式（11.47）还原为 Dempster 合成公式。综合修正系数 α 取值越小，传给未知领域 Θ 的基本可信数就越大。

综合修正系数 α 的选择一般遵循如下的启发规则。

（1）证据的重要性、可靠性越高，其对应的综合修正系数越大，即给重要的证据分配较大的权重。

（2）证据冲突越高、可靠性越低，其对应的综合修正系数越小，即要对它进行较大的修正，将冲突的信度部分更多地传给未知领域Θ。

一般情况下，综合修正系数的取值面向具体应用问题，通过自适应学习、分析计算得出。

综合上述分析可知：第一，从不同证据源得到的证据对解决问题的重要性与可靠性不同，因此在证据合成前，需要对证据的基本可信数进行加权修正，以反映证据不同的重要性与可靠性；第二，当证据之间存在高度的冲突时，为使合成的结果更符合常理，可对证据的基本可信数进行加权修正，以将冲突的基本可信数的一部分传给未知领域Θ。然而，综合考虑上述要求如何确定对证据的基本可信数的修正系数是建立新的合成方法的关键。

软计算的思想为面向具体应用问题、寻找适合特定问题的证据合成方法与综合修正系数提供了理论和方法的基础。在软计算中，神经网络、遗传算法和模拟退火等计算方法成为寻找最优综合修正系数的有力工具。可以对具体问题建立学习样本，通过优化计算找出最优综合修正系数，用式（11.46）、式（11.47）对要合成的基本可信数进行修正计算，然后，用 Dempster 合成法则合成。

3. 基于神经网络的证据合成方法及其性质

Dempster 合成法则要求被合成的证据是独立的证据，其使用条件较为苛刻，限制了该方法的使用。由此产生了调整相关证据基本可信数函数的合成方法、修正的 Dempster 合成法则或修正基本可信数的方法、修正冲突信度分配的方法等多种方法。所有的修正方法都是考虑了不同的修正因素来确定综合修正系数，使之满足证据合成要求。如何确定综合修正系数是解决问题的关键。

本节将神经网络学习引入证据合成过程，将神经网络的学习功能与证据理论的系统完整性有机地结合起来，形成一种系统的、适用范围更广的证据合成理论与方法。该方法面向具体应用问题，先考虑证据的独立性、重要性、可靠性与证据之间冲突的情况，对基本可信数进行修正预处理，然后用 Dempster 合成法则合成。该方法用神经网络学习优化对基本可信数进行修正，使证据合成的结果更符合解决问题的要求。实验结果表明，基于神经网络的证据合成方法应用于解决实际问题时具有更好的效果。

1）人工神经网络

人工神经网络是模拟生理学上人脑神经网络的结构和功能，用具有若干特性的某种理论抽象、简化和模拟而构成的一种信息处理系统。它是由大量神经元通过丰富和完善的连接而构成的自适应非线性动态系统。

设$x_1, x_2, \cdots, x_n$为输入信号，u_i为神经元内部状态，θ_i为阈值，ω_{ij}为u_i到u_j连接的权值，s_i表示外部输入信号，y_i为输出。人工神经元的结构模型如图 11.29 所示，其中，"f"表示激发函数。

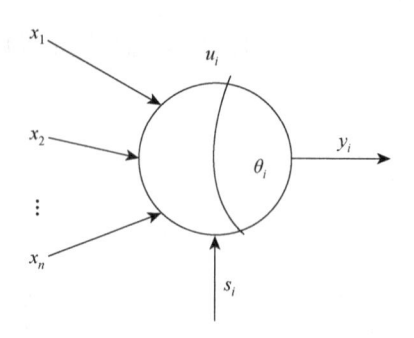

图 11.29 人工神经元的结构模型

上述模型的数学形式可描述为

$$y_i = f\left(\sum_j \omega_{ij} x_j + s_i - \theta_i\right)$$

神经元被认为是一个自适应元件，它的权值能够根据它所接收到的输入信号、它的输出信号和相应的监督信号进行调整。将大量神经元相互连接组成人工神经网络具有以下特征：①信息分布存储、具有容错性和联想记忆功能，呈现出较强的鲁棒性；②具有自学习、自组织和自适应性；③能进行大规模并行处理；④表现出一般复杂非线性动态系统的特性，可以处理一些环境信息复杂、知识背景不清楚和推理规则不明确的问题。由于人工神经网络具有上述特性，所以其被广泛应用在联想记忆、分类、优化计算、控制系统、专家系统等领域。

2）自适应神经网络

自适应神经网络是一种整体输入输出特性由一组可调参数来确定的神经网络结构，是由有向链接连接的一组节点组成的。其中每个节点对其输入信号执行某一静态的节点函数，并产生一个节点输出信号。每个链接规定了从一个节点到另一个节点的信号流方向，节点间的链接表示被连接节点之间的因果关系。通常节点函数是带有可调参数的参数化函数，通过改变这些参数，就可以改变节点输出值，以及自适应神经网络的整体特性。

自适应神经网络的学习规则定义了应该如何更新这些可调参数使规定的误差指标最小。误差指标是对网络实际输出与期望输出的差值进行测定的数学表达式。自适应神经网络的基本学习规则是最陡下降法，它通过连续使用链式法则导出梯度向量。

自适应神经网络的整体参数是组成网络的各个节点参数集的并集。如果一个节点的参数集非空，则该节点函数与参数值有关，用方块来表示这类自适应节点。如果一个节点的参数集为空，则该节点函数与参数值无关且是固定的，用圆圈表示这类固定节点。在证据合成中将对每个证据的综合修正系数作为节点参数，用自适应神经网络来表示证据合成系统。该合成系统可用前向自适应神经网络来表示，如图 11.30 所示。

3）基于神经网络与 Dempster 合成法则的证据合成方法

基于神经网络与 Dempster 合成法则的证据合成方法分为两个步骤。首先，面向具体问题确定学习样本，应用神经网络寻找最优的考虑证据相关性、重要性、可靠性与证据冲突的综合修正系数。其次，用 Dempster 合成法则进行证据合成。

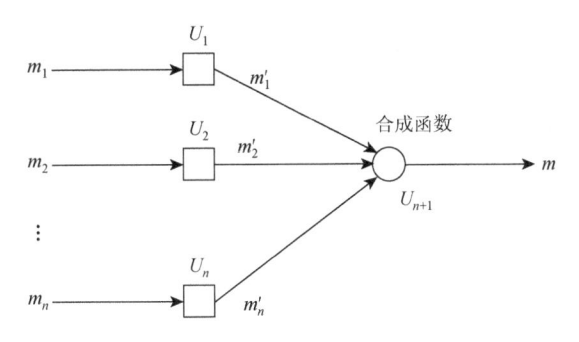

图 11.30 前向自适应神经网络表示的证据合成系统

m 表示可信度分配；U 表示节点，其中 $U_1, U_2, \cdots, U_n$ 表示自适应节点，U_{n+1} 表示固定节点

设识别框架 $\Theta = \{\theta_1, \theta_2, \cdots, \theta_h\}$，则该识别框架有 $H = 2^h$ 个元素，$\text{Bel}_1, \text{Bel}_2, \cdots, \text{Bel}_n$ 是同一识别框架 Θ 上 n 个证据的信度函数，$m_1, m_2, \cdots, m_n$ 是对应的基本可信度分配，如果 $\text{Bel}_1 \oplus \text{Bel}_2 \oplus \cdots \oplus \text{Bel}_n$ 存在，设其基本可信度分配为 m。

设第 i 个证据对第 j 个元素的基本可信数为 $m_i(A_j)$，其对应的综合修正系数为 $\alpha_i(A_j)$，$i = 1, 2, \cdots, n$，$j = 1, 2, \cdots, 2^{h-1}$，$A_1, A_2, \cdots, A_n \subseteq \Theta$，则对第 i 个证据的基本可信数的修正公式（该修正公式可看成自适应节点的节点函数）为

$$m_i'(A_j) = \begin{cases} \alpha_i(A_j) m_i(A_j), & A_j \neq \Theta \\ 1 - \sum_{A_j \subseteq \Theta} \alpha_i(A_j) m_i(A_j), & A_j = \Theta \end{cases} \tag{11.48}$$

对基本可信数进行修正后，用 Dempster 合成法则进行合成，就可得出 n 个证据的合成结果 m，即对于 $\forall A \in \Theta, A \neq \varnothing, A_1, A_2, \cdots, A_n \subseteq \Theta$，有

$$m(A) = K \sum_{\substack{A_1, A_2, \cdots, A_n \subseteq \Theta \\ A_1 \oplus A_2 \oplus \cdots \oplus A_n = A}} m_1'(A_1) m_2'(A_2) \cdots m_n'(A_n) \tag{11.49}$$

其中，

$$K = \left(1 - \sum_{\substack{A_1, A_2, \cdots, A_n \subseteq \Theta \\ A_1 \oplus A_2 \oplus \cdots \oplus A_n = A}} m_1'(A_1) m_2'(A_2) \cdots m_n'(A_n) \right)^{-1} \tag{11.50}$$

在式（11.48）中，$\alpha_i(A_j)$ 的取值用神经网络基于学习样本进行优化计算得到，其取值范围是 $[0,1]$。在进行 $\alpha_i(A_j)$ 的计算时，采用前向自适应神经网络的 BP 算法。

设有 P 组学习样本，每组样本对应于 n 个证据合成的一组输入与合成结果输出的正确值。将第 p 组训练数据的误差指标定义为误差平方和，即

$$E_P = \sum_{k=1}^{H} (d_k - m_k)^2 \tag{11.51}$$

其中，d_k 为第 p 个期望输出向量的第 k 个分量，其值由学习训练的样本给出；m_k 为给网络施加第 p 组输入向量所产生的实际输出向量的第 k 个分量，其值可由式（11.49）计算

得到。p 组训练数据的整体误差指标定义为 $E = \sum_{p=1}^{P} E_p$，优化的目标是使 E 最小。

综合修正系数的变化对误差指标的影响可用图 11.31 表示。

图 11.31 综合修正系数对误差指标的影响

整体误差指标 E 相对于综合修正系数 $\alpha_i(A_j)$ 的导数为

$$\frac{\partial^+ E}{\partial \alpha_i(A_j)} = \sum_{p=1}^{P} \frac{\partial^+ E_p}{\partial \alpha_i(A_j)} \qquad (11.52)$$

综合修正系数 $\alpha_i(A_j)$ 可简写为 $\alpha_{i,j}$，其第 $i+1$ 次更新迭代公式为

$$\alpha_{i,j}(i+1) = \alpha_{i,j}(i) + \Delta \alpha_{i,j}(i) \qquad (11.53)$$

$$\Delta \alpha_{i,j}(i) = -2\eta \sum_{p=1}^{P} (d_i - m_i) \cdot \frac{\partial m_i^+(A_j)}{\partial \alpha_i(A_j)} \qquad (11.54)$$

$$\frac{\partial m_i^+(A_j)}{\partial \alpha_i(A_j)} = K^2 \times m_i(A_j) \{ f_i(A_j) - f_i(\Theta) \} \times m_i(A_j) \times \{ F_i(A_j) - F_i(\Theta) \} \qquad (11.55)$$

其中，η 为学习速率；K 由式（11.50）定义；f 与 F 函数定义如下，即

$$f_i(A_j) = \sum_{\substack{A_1, A_2, \cdots, A_{i-1}, A_{i+1}, \cdots, A_n \subset \Theta \\ A_1 \cap A_2 \cap \cdots \cap A_{i-1} \cap A_j \cap A_{i+1} \cap \cdots \cap A_n = \emptyset}} m_1'(A_1) m_2'(A_2) \cdots m_{i-1}'(A_{i-1}) m_{i+1}'(A_{i+1}) \cdots m_n'(A_n)$$

$$(11.56)$$

$$f_i(\Theta) = \sum_{\substack{A_1, A_2, \cdots, A_{i-1}, A_{i+1}, \cdots, A_n \subset \Theta \\ A_1 \cap A_2 \cap \cdots \cap A_{i-1} \cap \Theta \cap A_{i+1} \cap \cdots \cap A_n = \emptyset}} m_1'(A_1) m_2'(A_2) \cdots m_{i-1}'(A_{i-1}) m_{i+1}'(A_{i+1}) \cdots m_n'(A_n)$$

$$(11.57)$$

$$F_i(A_j) = \sum_{\substack{A_1, A_2, \cdots, A_{i-1}, A_{i+1}, \cdots, A_n \subset \Theta \\ A_1 \cap A_2 \cap \cdots \cap A_{i-1} \cap A_j \cap A_{i+1} \cap \cdots \cap A_n = A_j}} m_1'(A_1) m_2'(A_2) \cdots m_{i-1}'(A_{i-1}) m_{i+1}'(A_{i+1}) \cdots m_n'(A_n)$$

$$(11.58)$$

$$F_i(\Theta) = \sum_{\substack{A_1, A_2, \cdots, A_{i-1}, A_{i+1}, \cdots, A_n \subset \Theta \\ A_1 \cap A_2 \cap \cdots \cap A_{i-1} \cap \Theta \cap A_{i+1} \cap \cdots \cap A_n = A_j}} m_1'(A_1) m_2'(A_2) \cdots m_{i-1}'(A_{i-1}) m_{i+1}'(A_{i+1}) \cdots m_n'(A_n)$$

$$(11.59)$$

将式（11.54）至式（11.59）代入式（11.53），即可进行 $\alpha_i(A_j)$ 的迭代计算。设定迭代次数与迭代误差，即可在计算机上进行程序设计并进行计算，求出 $\alpha_i(A_j)$。该方法用于证券市场专家预测意见的合成时，取得了较好的效果。

下面阐述基于神经网络与 Dempster 合成法则的证据合成方法的三个性质。

假设对 n 个证据的合成，存在 p 组学习样本，该样本可看成是 n 个证据合成的 p 组理想目标值，则对这组理想目标值来说，n 个证据合成的目标函数为

$$\min E = \sum_{p=1}^{P}\sum_{k=1}^{H}(d_{p,k}-m_{p,k})^2 \tag{11.60}$$

则基于神经网络与 Dempster 合成法则的证据合成方法存在以下三个性质。

性质 11.1 基于神经网络与 Dempster 合成法则的证据合成方法的合成结果等于或优于 Dempster 合成法则。

对基于神经网络与 Dempster 合成法则的证据合成方法来说，综合修正系数矩阵 $\alpha_{i,j}$ 的各项都取值为 1 时，即

$$\alpha_{i,j} = \begin{bmatrix} 1 & 1 & \cdots & 1 \\ 1 & 1 & \cdots & 1 \\ \cdots & \cdots & \cdots & \cdots \\ 1 & 1 & \cdots & 1 \end{bmatrix}_{n\times(H-1)}$$

这时，m_i' 等于 m_i，即此时的合成结果与 Dempster 合成法则的合成结果相同。设此时的合成误差为 E_d。由于神经网络在优化综合修正系数时的目标函数为求 E 的最小值。因此，

$$\min E \leqslant E_d \tag{11.61}$$

即基于神经网络与 Dempster 合成法则的证据合成方法的合成结果与学习样本的误差小于或等于 Dempster 合成法则。

性质 11.2 基于神经网络与 Dempster 合成法则的证据合成方法具有对证据按信息的质量进行加权选择与排除的能力。也就是说，综合修正系数 $\alpha_{i,j}$ 的取值越大，则该系数对应的第 i 个证据中第 j 个元素的基本可信数对证据合成结果的影响就越大。当第 i 个证据没有信息价值时，该证据对应的修正系数取为 $\alpha_i = (0, 0, \cdots, 0)$，则该证据对证据合成结果的影响被排除。

性质 11.3 基于神经网络与 Dempster 合成法则的证据合成方法的合成结果等于或优于 n 个证据中性能最好的单个证据的基本可信数。

11.3.3 基于神经网络的智能决策支持系统

1. 总体框架

基于神经网络的智能决策支持系统主要是以知识、数据和模型为主体，结合神经网络进行推理、数据挖掘和模型选择。图 11.32 给出了基于神经网络的智能决策支持系统研究框架。其中有三个重点，即神经网络数据挖掘系统、神经网络推理系统和神经网络模型选择系统（对应图 11.32 中的人机交互系统）。

神经网络数据挖掘系统是利用神经网络技术协助从数据中抽取信息。数据挖掘有五项基本任务，包括相关分析、聚类、概念描述、偏差检测、预测。前向神经网络，例如 BP 神经网络，可用于概念描述及预测。

神经网络推理系统主要利用神经网络的并行处理机制来解决传统推理方法中存在的"组合爆炸""无穷递归"等问题。

神经网络模型选择系统是利用神经网络自动地选择出一个适合决策问题的模型。选择一个合适的模型对于用户来说是至关重要的。传统系统中，模型选择是通过人机对话部分，以菜单方式、命令方式或窗口方式由用户来完成的。模型库中存储着许多模型，要求用户针对自己的问题从中选择合适的模型是十分困难的，因为一方面用户的问题各种各样、千变万化；另一方面，模型库中的模型很多，模型的结构、类型及适用范围等也都不一样。如果由用户自己选择模型，就不仅要求用户对面临的决策问题做深入分析，提取出问题的特征和要素，同时还要求用户熟悉模型库中存储的各模型的类型、结构及适用范围。这种要求是十分不现实的，有必要研究出一种能根据用户提供的决策问题自动地从模型库中选择出合适模型的方法。

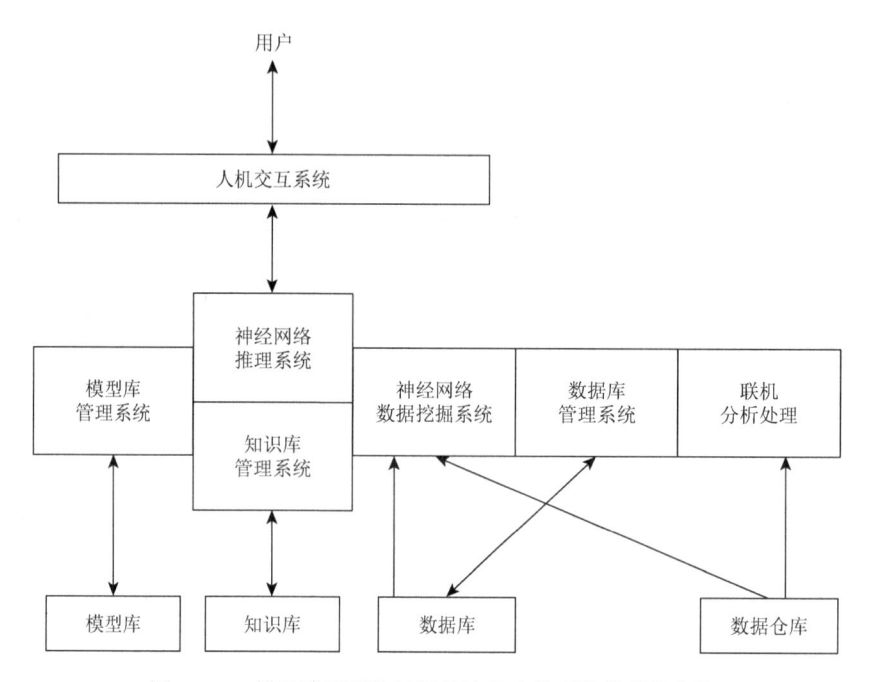

图 11.32 基于神经网络的智能决策支持系统的总体框架

2. 自动模型选择

随着计算机技术，特别是人工智能和人工神经网络技术的快速发展，人们逐渐意识到用人工智能和人工神经网络来实现模型自动选择的巨大潜力。

神经网络的自组织、自学习、自适应的能力已在模式识别领域得到了广泛应用。实际上，模型选择，尤其是模型结构的选择也可以看成是一种特殊的模式识别，即对问题数据特征的识别。例如，对趋势预测模型结构的识别也就是对历史数据趋势的一种识别。所以，本节认为神经网络用于模型的自动选择是可行的。神经网络已在模式识别方面有许多成功的经验和例子，如神经网络对图像、语音、手写体的识别等，有时识别的正确率可达 99% 以上。

决策支持系统的模型选择也可以分为三个层次，即模型的类型选择、模型的结构选择和模型的实例确定。类型选择是根据问题的性质选取某类模型；结构选择是在某类模型中，根据问题的特征，从众多的模型结构中取一个合适的模型结构；模型的实例确定是指在选择模型结构以后，采用与这种结构相对应的手段对该模型的结构进行估值。

传统决策支持系统用户在选择模型时，首先根据问题描述语言描述的初始状态和目标确定模型的类型，即通过对问题的描述确定模型的类型，然后根据问题的数据描述来确定模型的结构及其参数。一般来说，模型类型和模型结构都确定以后，模型参数的确定就比较容易，例如，可以采用一元回归、二元回归、神经网络法等对模型结构进行参数估计。

1）模型类型的自动选择

为了针对问题选择合适的预测模型类型，用户需要在问题的语言描述中借助人机交互系统，通过人机对话，提取有关问题的各种信息。以选取预测模型类型为例，需要知道预测的时间范围、资料的性质、模型的类型、需要的预测费用、预测的适用性及精确度等信息。这些信息一般存储在模型的内部数据库中，选择时，可运用知识库中的推理系统，由此得到合适的模型类型（图 11.33）。

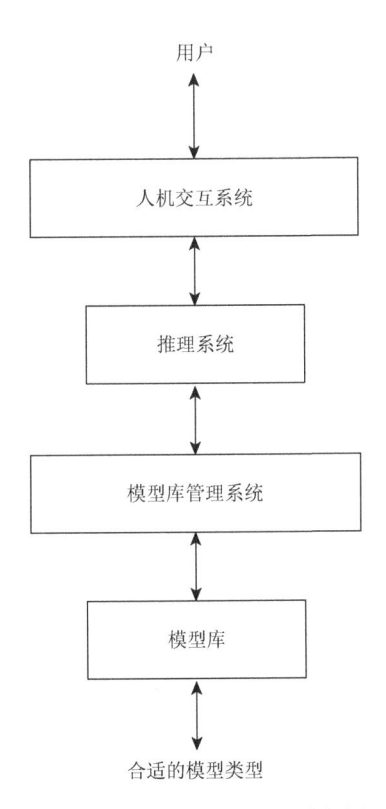

图 11.33 取得模型类型的过程图

在用人工智能方法选择了模型类型之后，下一步的工作就是根据问题的数据描述来自动选择模型结构。由于决策支持系统问题的数据描述比较复杂，不可能为模型的结构选择建立一个推理的规则库，因为既没有推理的规则可循，也没有推理的前提可依，所以还不能用推理的方法来选择模型的结构。例如，在选择趋势预测模型结构时，还没有办法建立一个推理规则来根据一组历史数据去判断这组数据是直线型的、双曲线型的或者是正弦曲线型的。在这里，可以通过神经网络来获得根据数据选择模型结构的知识。

2）预测模型结构的确定：趋势外推

时间序列趋势外推是一种定量预测的重要方法，利用它进行预测的关键在于选择合适的预测模型结构。因此，如果预测对象在过去和未来的变化是按同一规律进行的，则这类对象就比较适合于用趋势外推进行预测。

趋势外推模型结构的形式应当尽可能简单，以便计算；模型曲线应尽量光滑。这里所说的简单，就是要求函数项数少，幂次低，极值及拐点少；光滑就是要求曲线连续且代表一定趋势。常用的趋势外推模型结构有以下六种：①线性型；②指数型；③双曲线型；④生长曲线型；⑤正弦周期型；⑥指数加正弦周期型。如果模型结构选择不正确，那么正确的预测就根本无从谈起，选择合适的模型结构，就是要根据历史数据的变化趋势，找到变化的规律，再根据变化的规律，确定合适的模型结构。

一般来说，利用趋势外推模型进行预测，就是假定预测对象在历史上的变化规律已延续到现在，并且在将来也会一直延续下去。现在常用的选择趋势外推模型结构的方法是作图法，这种方法分为两步。一是将数据分类，即按数据的变化特点确定类型，如对已知数据 $y_1, y_2, \cdots, y_n$ 和 $t_1, t_2, \cdots, t_n$，分别算出 $\Delta y_1, \Delta y_2, \cdots, \Delta y_{n-1}$ 和 $\Delta t_1, \Delta t_2, \cdots, \Delta t_{n-1}$，以及 $\Delta y_1^2, \Delta y_2^2, \cdots, \Delta y_{n-1}^2$；然后对这些变化量进行分析，根据变化的特点，确定模型结构类型；接着，将已知数据列成表格，从表中得出预测模型的升降区间、极值点及拐点情况。二是根据以上分析及表格得到的图形信息，对数据描点，绘制出草图，最终选择合适的模型结构。作图法虽然是一种选择趋势外推模型结构的有效方法，但应用这种方法时，需对不同函数对应的模型结构的数据变化特点及图形特点做到心中有数，当用户没有足够的数学知识或模型结构的变化特点不明显时，即使有经验的预测者也难以做出正确的判断去选择合适的趋势外推模型结构。

为了使模型选择更客观、更准确、更方便用户，可以采用机器学习的方法来判断模型结构，这就是采用人工神经网络的方法来完成模型结构的选择。

11.3.4 基于人工神经网络和专家系统的智能决策支持系统

人工智能应用的两大分支是人工神经网络和专家系统。人工神经网络是通过采用物理可实现的器件或采用计算机来模拟生物体中神经网络的某些结构与功能，就其性质看，神经网络属于基于案例学习的模型。它模拟人的神经元结构，从而构造人工神经元，吸取了生物神经网络的部分优点。人工神经网络在结构上由许多很小的处理单元相互连接而成，局部或部分的神经元损伤后不会影响全局的活动，其连接权值和连接结构都可以通过对样本数据的学习而得到。

智能决策支持系统由于能充分利用人类已有的知识，所以在用户决策问题的输入、机器对决策问题的描述、决策过程的推理、问题求解与输出等方面都能得到显著的改进。

专家系统的弱点是：知识获取困难。因为它是人工地把各种专家知识从人类专家的头脑中或其他知识源那里转换到知识库中，费时且低效；对于动态和复杂的系统，由于其推理规则是固定的，难以适应变化的情况；专家系统不能从过去处理过的事例中继续地学习，这使知识获取变得更加困难。

与专家系统相比，人工神经网络具有良好的自组织、自学习和自适应能力，因而特别适于处理复杂问题或开放系统，这正好弥补了专家系统的不足。同样，人工神经网络也有其弱点：人工神经网络的知识是分布在整个系统内部的，对用户而言是个黑箱；而且人工神经网络对于自己的结论不能做出合理的解释。因此，将人工神经网络技术与专家系统集成到一起，就可以解决它们各自都无法单独解决的问题。

本节提出的基于人工神经网络和专家系统的智能决策支持系统的工作思路如下：首先利用人工神经网络直接从用户提供的大量数据中进行知识学习，掌握有关规律，通过直接处理用户不完全的、部分错误的，甚至矛盾的数据，获取所给数据的内在信息，实现专家系统知识获取自动化；其次，利用统计方法完成人工神经网络知识的规则抽取，找出输入与输出之间的对应关系；最后，利用专家系统良好的用户界面，根据抽取的规则实现对系统的解释功能，使系统解决问题过程"可视化"。图 11.34 是基于这种思路实现的人工神经网络与专家系统集成模式图。

图 11.34　人工神经网络与专家系统集成模式图

在图 11.34 中，人工神经网络被作为调用的函数嵌入专家系统，起着专家系统知识获取或信息收集工具的作用，然后将所得到的知识转化为专家系统推理过程中的事实和规则。图 11.35 是人工神经网络与专家系统集成模式的结构图。

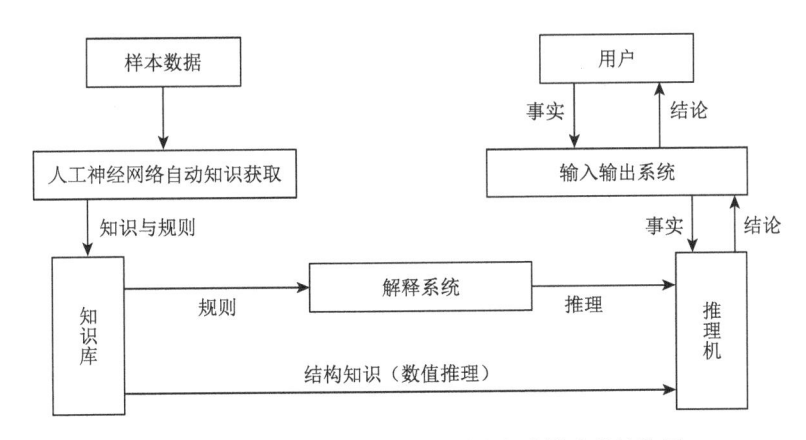

图 11.35　人工神经网络与专家系统集成模式的结构图

图 11.35 中人工神经网络自动知识获取模块研究如何获取专家知识；推理机制给出如

何使用知识去解决问题的方式；解释系统模块用于说明集成系统根据何种推理思路做出决策；输入输出系统是用户界面，通过它提出问题并获得结果。

知识获取包括提出所需神经网络的结构（如网络层数、各层节点数、学习率等）、组织待训练的样本、使用神经网络学习算法以及通过对样本的学习得到所需的权值分布而完成知识获取，并依据一定的算法实现规则抽取。

知识库的知识由人工神经网络自动知识获取机制得到，它是推理机完成推理和解决问题的基础。知识库可以不断更新，表现为在其基础上对新样本学习后，获得表现更多知识与经验的新的网络参数分布。

智能集成系统的推理机制与现有的专家系统所用的基于逻辑的演绎方法不同，它的推理机制主要是数值计算过程。

课 后 习 题

1. 你对决策支持系统的定义有怎样的理解？
2. 决策支持系统的组成有哪几部分？
3. 说明数据库和数据仓库的区别与联系。
4. 说明模型组合和程序语言组合的区别与联系。
5. 分析数据仓库、OLAP、数据挖掘对于决策分析系统的作用，三者各自有什么优势？
6. 什么是定性推理理论？
7. 有哪些重要的定性推理方法？
8. 请简述定性模型的分解和推理过程。
9. 什么是证据理论？
10. 有哪些常用的证据合成方法？
11. 请简述基于神经网络的证据合成方法及其性质。

参 考 文 献

阿罗 K J. 2010. 社会选择与个人价值[M]. 2 版. 丁建锋, 译. 上海: 上海人民出版社.
白方周, 张雷. 1998. 定性仿真导论[M]. 合肥: 中国科学技术大学出版社.
陈珽. 1987. 决策分析[M]. 北京: 科学出版社.
陈文伟. 2000. 决策支持系统及其开发[M]. 2 版. 北京: 清华大学出版社.
陈文伟, 黄金才. 2004. 数据仓库与数据挖掘[M]. 北京: 人民邮电出版社.
戴汝为. 2009. 从定性到定量的综合集成法的形成与现代发展[J]. 自然杂志, 31(6): 311-314, 326.
丁浩天. 2021. 基于知识图谱的聊天机器人的设计与实现[D]. 哈尔滨: 哈尔滨工业大学.
高洪深. 2005. 决策支持系统(DSS): 理论·方法·案例[M]. 3 版. 北京: 清华大学出版社.
韩家炜, 堪博. 2007. 数据挖掘概念与技术[M]. 范明, 孟小峰, 译. 北京: 机械工业出版社.
韩明. 2015. 贝叶斯统计学及其应用[M]. 上海: 同济大学出版社.
何丽丽. 2012. 商务智能决策支持系统框架的研究与设计[D]. 哈尔滨: 哈尔滨工程大学.
黄金超. 2017. 贝叶斯统计分析[M]. 芜湖: 安徽师范大学出版社.
贾孝振. 2020. 基于流式计算的个性化推荐系统的研究与实现[D]. 西安: 西安电子科技大学.
孔钦, 叶长青, 孙赟. 2018. 大数据下数据预处理方法研究[J]. 计算机技术与发展, 28(5): 1-4.
李东, 蔡剑. 2005. 决策支持系统与知识管理系统[M]. 北京: 中国人民大学出版社.
李建勋, 李旭, 李磊. 2021. 基于人工神经网络的煤矿开采中沉陷预测系统设计[J]. 陕西煤炭, 40(6): 177-179, 192.
李泽锋. 2010. 基于 OAIS 的可信电子文件管理系统的体系构建[J]. 情报杂志, 29(8): 136-140.
廖聿宸, 张坤, 宗周红, 等. 2020. 基于 S 型函数的随机子空间模型定阶方法[J]. 东南大学学报(自然科学版), 50(3): 440-446.
刘浩予. 2021. 无人售货系统及其推荐引擎的设计与实现[D]. 长春: 吉林大学.
陆鑫, 高阳, 李宁, 等. 2002. 基于神经网络的强化学习算法研究[J]. 计算机研究与发展, (8): 981-985.
马秋实. 2013. 基于数据挖掘的商务智能技术研究与实现[D]. 武汉: 武汉理工大学.
茆诗松. 1999. 贝叶斯统计[M]. 北京: 中国统计出版社.
孟子流, 李腾龙. 2020. 机器学习技术发展的综述与展望[J]. 集成电路应用, 37(10): 56-57.
牛艺臻, 陈丽莉, 吕卫国. 2021. 基于人工智能的临床决策支持系统在妇产科疾病诊治中的应用现状[J]. 中华妇产科杂志, 56(8): 579-583.
钱学森. 1988. 软科学是定性与定量相结合的系统科学[J]. 国家图书馆学刊, (1): 5-8.
钱学森, 于景元, 戴汝为. 1990. 一个科学新领域: 开放的复杂巨系统及其方法论[J]. 自然杂志, (1): 3-10, 64.
邱菀华. 1995. 群组决策系统的熵模型[J]. 控制与决策, (1); 50-54.
邱菀华. 2002. 管理决策与应用熵学[M]. 北京: 机械工业出版社: 280-285.
任明仑, 杨善林. 2002. 敏捷信息系统体系结构的研究[J]. 合肥工业大学学报(自然科学版), (1): 1-4.
任明仑, 杨善林, 朱卫东. 2002. 智能决策支持系统: 研究现状与挑战[J]. 系统工程学报, (5): 430-440.
邵希娟, 杨建梅. 2006. 行为决策及其理论研究的发展过程[J]. 科技管理研究, (5): 203-205.
孙惠. 2018. 基于商务智能的现代物流管理与应用初探[J]. 中国市场, (5): 136-137.
孙全, 叶秀清, 顾伟康. 2000. 一种新的基于证据理论的合成公式[J]. 电子学报, (8): 117-119.

谭银凤, 王成成. 2021. 数据挖掘对企业决策支持系统的作用分析[J]. 长江技术经济, 5(S2): 203-205.
谭跃进, 黄金才, 朱承. 2011. 决策支持系统[M]. 北京: 电子工业出版社.
滕宇, 梁方楚. 2011. 动态规划原理及应用[M]. 成都: 西南交通大学出版社.
田麦久, 刘筱英. 1984. 论竞技运动项目的分类[J]. 体育科学, (3): 41-46.
王金凤. 2009. 影响决策的情感因素: 后悔理论的研究述评[J]. 社会心理科学, (1): 17-23.
王晋忠, 张志毅. 2013. 过度自信理论文献综述[J]. 经济学家, (3): 94-99.
王莲芬, 许树柏. 1990. 层次分析法引论[M]. 北京: 中国人民大学出版社.
王中胜, 李敏强, 寇纪淞. 1995. 层次分析法判断矩阵不一致性的形成机理和一种修正方法[J]. 系统工程理论与实践, 15(9): 36-43.
温惠英, 周玮明. 2009. 基于S型函数预处理的RBF神经网络交通流量预测[J]. 交通信息与安全, 27(4): 22-25.
吴兰岸, 刘延申, 刘怡. 2016. 欧美国家知识发现与数据挖掘过程模型研究及其教育领域应用启示[J]. 远程教育杂志, 35(3): 24-31.
吴沦浦. 1980. 多指标动态规划[J]. 中国科学, (4): 388-395.
吴俣, 李舟军. 2021. 检索式聊天机器人技术综述[J]. 计算机科学, 48(12): 278-285.
西蒙 H A. 2013. 管理行为[M]. 詹正茂, 译. 北京: 机械工业出版社.
萧浩辉. 1995. 决策科学辞典[M]. 北京: 人民出版社.
肖人彬, 王雪. 1993. 相关证据合成方法的研究[J]. 模式识别与人工智能, (3): 227-234.
肖条军. 2019. 行为决策理论: 建模与分析[M]. 北京: 科学出版社.
徐玖平. 1992. 多属性评价的一种排序方法[J]. 成都科技大学学报, (1): 55-62, 76.
徐玖平, 陈建中. 2009. 群决策理论与方法及实现[M]. 北京: 清华大学出版社: 431.
徐南荣, 仲伟俊. 1995. 科学决策理论与方法[M]. 南京: 东南大学出版社.
燕君. 2013. 一本书读完经济学名著[M]. 北京: 电子工业出版社.
杨春, 李怀祖. 2001. 一个证据推理模型及其在专家意见综合中的应用[J]. 系统工程理论与实践, (4): 43-48.
杨雷, 席酉民. 1998. 理性群体决策的概率集结研究[J]. 系统工程理论与实践, (4): 90-94.
杨良斌. 2016. 信息分析方法与实践[M]. 长春: 东北师范大学出版社.
姚明霞. 2000. 西方社会福利函数理论述评[J]. 教学与研究, (11): 65-68.
袁志发, 宋世德. 2009. 多元统计分析[M]. 2版. 北京: 科学出版社.
岳超源. 2003. 决策理论与方法[M]. 北京: 科学出版社.
张睿. 2012. 决策支持系统[M]. 哈尔滨: 哈尔滨工程大学出版社.
张顺明, 叶军. 2009. 后悔理论述评[J]. 系统工程, 27(2): 45-50.
张尧庭, 陈汉峰. 1991. 贝叶斯统计推断[M]. 北京: 科学出版社.
张一飞. 2014. 基于政企联合视角的电网应急管理群决策研究[D]. 武汉: 武汉大学.
张玉峰. 2004. 决策支持系统[M]. 武汉: 武汉大学出版社.
赵新泉, 彭勇行. 2008. 管理决策分析[M]. 2版. 北京: 科学出版社.
郑安芳, 杨帆. 2021. 改进的BP算法在多声道超声波流量计中的应用[J]. 自动化与仪表, 36(1): 71-76.
朱朝阳, 陈相舟, 闫龙, 等. 2017. 基于主成分分析法的人工免疫识别软件缺陷预测模型研究[J]. 计算机科学, 44(S1): 483-485, 518.
朱佳俊, 郑建国. 2009. 群决策理论、方法及其应用研究的综述与展望[J]. 管理学报, 6(8): 1131-1136.
Aguilar-Martin J. 1994. Qualitative control, diagnostic and supervision of complex processes[J]. Mathematics and Computers in Simulation, 36(2): 115-127.
Ahmad S N, Laroche M. 2017. Analyzing electronic word of mouth: a social commerce construct[J].

International Journal of Information Management, 37(3): 202-213.

Al-jaboriy S S, Sjarif N N A, Chuprat S, et al. 2019. Acute lymphoblastic leukemia segmentation using local pixel information[J]. Pattern Recognition Letters, 125: 85-90.

Alpar P, Dilger W. 1995. Market share analysis and prognosis using qualitative reasoning[J]. Decision Support Systems, 15(2): 133-146.

Araújo J, Pestana G. 2017. A framework for social well-being and skills management at the workplace[J]. International Journal of Information Management, 37(6): 718-725.

Arnott D, Pervan G. 2014. A critical analysis of decision support systems research revisited: the rise of design science[J]. Journal of Information Technology, 29(4): 269-293.

Arrow K J. 2012. Social Choice and Individual Values[M]. 3rd ed. New Haven: Yale University Press.

Arrow K J, Debreu G. 1954. Existence of an equilibrium for a competitive economy[J]. Econometrica, 22(3): 265.

Arrow K J, Hurwicz L. 1977. An optimality criterion for decision-making under ignorance[M]//Arrow K J, Hurwicz L. Studies in Resource Allocation Processes. Cambridge: Cambridge University Press: 461-472.

Asemi A, Safari A, Zavareh A A. 2011. The role of management information system (MIS) and decision support system (DSS) for manager's decision making process[J]. International Journal of Business and Management, 6(7): 164.

Bader J, Edwards J, Harris-Jones C, et al. 1988. Practical engineering of knowledge-based systems[J]. Information and Software Technology, 30(5): 266-277.

Bailey A D, Kiang M Y, Kuipers B, et al. 1991. Analytic procedures and qualitative reasoning in auditing[J]. Applications in Management Science, 6: 7-57.

Barber B M, Odean T. 2000. Trading is hazardous to your wealth: the common stock investment performance of individual investors[J]. The Journal of Finance, 55(2): 773-806.

Barlow H B. 1982. David Hubel and Torsten Wiesel: their contributions towards understanding the primary visual cortex[J]. Trends in Neurosciences, 5: 145-152.

Bean R. 2018. How big data and AI are driving business innovation in 2018[J]. MIT Sloan Management Review, 47: 777-780.

Behzadian M, Kazemzadeh R B, Albadvi A, et al. 2010. PROMETHEE: a comprehensive literature review on methodologies and applications[J]. European Journal of Operational Research, 200(1): 198-215.

Bell D E. 1983. Risk premiums for decision regret[J]. Management Science, 29(10): 1156-1166.

Benaroch M, Dhar V. 1995. Controlling the complexity of investment decisions using qualitative reasoning techniques[J]. Decision Support Systems, 15(2): 115-131.

Benayoun R, de Montgolfier J, Tergny J, et al. 1971. Linear programming with multiple objective functions: step method (stem)[J]. Mathematical Programming, 1(1): 366-375.

Bernardo J M, Smith A F M. 1994. Bayesian Theory[M]. Hoboken: John Wiley & Sons.

Bickel P, Diggle P, Fienberg S, et al. 2009. Springer Series in Statistics[M]. New York: Springer.

Black D. 1987. The Theory of Committees and Elections[M]. Berlin: Springer Science.

Bonarini A, Maniezzo V. 1991. Integrating qualitative and quantitative modeling[J]. International Journal of Expert Systems, 4(1): 51-70.

Bonczek R H, Holsapple C W, Whinston A B. 1981. Foundations of Decision Support Systems[M]. Salt Lake City: Academic Press.

Bordley R F. 1982. A multiplicative formula for aggregating probability assessments[J]. Management Science, 28(10): 1137-1148.

Bouakkaz M, Ouinten Y, Loudcher S, et al. 2017. Textual aggregation approaches in OLAP context: a survey[J]. International Journal of Information Management, 37(6): 684-692.

Brajnik G, Clancy D J. 1996. Trajectory constraints in qualitative reasoning[J]. American Association on Artificial Intelligence, 2: 78-84.

Brans J P. 1982. L'ingéniérie de la Décision: Elaboration d'in-struments d'aide à la Décision[M]. Quebec: Université Laval.

Brans J P, Vincke P. 1985. Note: a preference ranking organisation method: the PROMETHEE method for multiple criteria decision-making[J]. Management Science, 31(6): 647-656.

Calpine H C, Golding A. 1976. Some properties of pareto-optimal choices in decision problems[J]. Omega, 4(2): 141-147.

Cellier F E. 1991. General system problem solving paradigm for qualitative modeling[M]//Fishwick P A, Luker P A. Qualitative Simulation Modeling and Analysis. New York: Springer: 51-71.

Charnes A, Cooper W W, Seiford L, et al. 1982. A multiplicative model for efficiency analysis[J]. Socio-Economic Planning Sciences, 16(5): 223-224.

Chatterjee P, Athawale V M, Chakraborty S. 2010. Selection of industrial robots using compromise ranking and outranking methods[J]. Robotics and Computer-Integrated Manufacturing, 26(5): 483-489.

Chatterjee S, Chatterjee S. 1987. On combining expert opinions[J]. American Journal of Mathematical and Management Sciences, 7(3/4): 271-295.

Chen H, Chiang R H L, Storey V C. 2012. Business intelligence and analytics: from big data to big impact[J]. MIS Quarterly, 36(4): 1165-1188.

Chircop K, Zammit-Mangion D. 2013. On ε-constraint based methods for the generation of pareto frontiers[J]. Journal of Mechanics Engineering Automation, 3: 279-289.

Choi I Y, Oh M G, Kim J K, et al. 2016. Collaborative filtering with facial expressions for online video recommendation[J]. International Journal of Information Management, 36(3): 397-402.

Chung W. 2014. BizPro: extracting and categorizing business intelligence factors from textual news articles[J]. International Journal of Information Management, 34(2): 272-284.

Coles S. 2001. An Introduction to Statistical Modeling of Extreme Values[M]. London: Springer.

Colina-Morles E, Mort N. 1993. Neural network-based adaptive control design[J]. Journal of Systems Engineering, 2(1): 9-14.

Cook W D, Seiford L M. 1982. R&D project selection in a multidimensional environment: a practical approach[J]. Journal of the Operational Research Society, 33(5): 397-405.

Cooper W W, Seiford L M, Zhu J. 2011. Data envelopment analysis: history, models, and interpretations[M]// Cooper W, Seiford L, Zhu J. Handbook on Data Envelopment Analysis. Boston: Springer: 1-39.

Dague P. 1995. Qualitative reasoning: a survey of techniques applications[J]. AI Communications, 8(3/4): 119-192.

Dalkey N. 1972. An impossibility theorem for group probability functions[R]. Santa Monica: Rand Corp.

Daniel K, Hirshleifer D, Subrahmanyam A. 1998. Investor psychology and security market under-and overreactions[J]. The Journal of Finance, 53(6): 1839-1885.

Daradkeh Y I, Tvoroshenko I. 2020. Technologies for making reliable decisions on a variety of effective factors using fuzzy logic[J]. International Journal of Advanced Computer Science and Applications, 11(5): 43-50.

Dasarathy B V. 1976. SMART: similarity measure anchored ranking technique for the analysis of multidimensional data arrays[EB/OL]. https://ieeexplore.ieee.org/stamp/stamp.jsp?tp=&arnumber=4309424 [2023-10-1].

Daugherty P R, Wilson H J. 2018. Human + Machine: Reimagining Work in the Age of AI[M]. Cambridge: Harvard Business Press.

Davenport H. 2000. Multiplicative Number Theory[M]. New York: Springer.

Davenport T H, Kirby J. 2016. Only Humans Need Apply: Winners and Losers in the Age of Smart Machines[M]. New York: Harper Business.

Davenport T H, Ronanki R. 2018. Artificial intelligence for the real world[J]. Harvard Business Review, 96(1): 108-116.

Dawes R M. 1964. Social selection based on multidimensional criteria[J]. Journal of Abnormal Psychology, 68: 104-109.

Deb K. 2001. Multi-objective Optimization Using Evolutionary Algorithms[M]. Hoboken: John Wiley & Sons.

Deb K, Gupta S, Daum D, et al. 2009. Reliability-based optimization using evolutionary algorithms[J]. IEEE Transactions on Evolutionary Computation, 13(5): 1054-1074.

Deb K, Kumar A. 2007a. Interactive evolutionary multi-objective optimization and decision-making using reference direction method[C]. London: The 9th Annual Conference on Genetic and Evolutionary Computation.

Deb K, Kumar A. 2007b. Light beam search based multi-objective optimization using evolutionary algorithms[C]. Singapore: 2007 IEEE Congress on Evolutionary Computation.

Dechter R, Pearl J. 1989. Tree clustering for constraint networks[J]. Artificial Intelligence, 38(3): 353-366.

Dejong G, Mooney R. 1986. Explanation-based learning: an alternative view[J]. Machine Learning, 1(2): 145-176.

DerSimonian R, Laird N. 1986. Meta-analysis in clinical trials[J]. Controlled Clinical Trials, 7(3): 177-188.

Doersch C, Gupta A, Efros A A. 2015. Unsupervised visual representation learning by context prediction[C]. Santiago: The 2015 IEEE International Conference on Computer Vision.

du Plessis T, du Toit A S A. 2006. Knowledge management and legal practice[J]. International Journal of Information Management, 26(5): 360-371.

Duan Y Q, Ong V K, Xu M, et al. 2012. Supporting decision making process with "ideal" software agents: what do business executives want?[J]. Expert Systems with Applications, 39(5): 5534-5547.

Dubois D, Prade H. 1988. Default reasoning and possibility theory[J]. Artificial Intelligence, 35(2): 243-257.

Dugdale J. 1996. A cooperative problem-solver for investment management[J]. International Journal of Information Management, 16(2): 133-147.

Dwivedi Y K, Rana N P, Janssen M, et al. 2017. An empirical validation of a unified model of electronic government adoption (UMEGA)[J]. Government Information Quarterly, 34(2): 211-230.

Dwivedi Y K, Rana N P, Jeyaraj A, et al. 2019. Re-examining the unified theory of acceptance and use of technology (UTAUT): towards a revised theoretical model[J]. Information Systems Frontiers, 21(3): 719-734.

Dwivedi Y K, Wastell D, Laumer S, et al. 2015. Research on information systems failures and successes: status update and future directions[J]. Information Systems Frontiers, 17(1): 143-157.

Edwards J S. 1992. Expert systems in management and administration: Are they really different from decision support systems?[J]. European Journal of Operational Research, 61(1/2): 114-121.

Edwards J S, Duan Y, Robins P C. 2000. An analysis of expert systems for business decision making at different levels and in different roles[J]. European Journal of Information Systems, 9(1): 36-46.

Edwards W. 1961. Behavioral decision theory[J]. Annual Review of Psychology, 12: 473-498.

Efron B. 1986. Why isn't everyone a Bayesian?[J]. The American Statistician, 40(1): 1-5.

Elad M, Aharon M. 2006. Image denoising via sparse and redundant representations over learned dictionaries[J]. IEEE Transactions on Image Processing, 15(12): 3736-3745.

Elphick C H. 1980. Operations research techniques for management[J]. Journal of the Operational Research Society, 31(12): 1115-1116.

Fayyad U, Piatetsky-Shapiro G, Smyth P. 1996. From data mining to knowledge discovery in databases[J]. AI Magazine, 17(3): 37-54.

Fishburn P C. 1970. Utility Theory for Decision Making[M]. Hoboken: John Wiley & Sons.

Fishburn P C. 1971. The theorem of the alternative in social choice theory[J]. Operations Research, 19(6): 1323-1330.

Fishburn P C. 1976. Utility independence on subsets of product sets[J]. Operations Research, 24(2): 245-255.

Fisher R A. 1936. The use of multiple measurements in taxonomic problems[J]. Annals of Eugenics, 7(2): 179-188.

Forbus K D. 1984. Qualitative process theory[J]. Artificial Intelligence, 24(1/2/3): 85-168.

Forbus K D. 1994. Self-explanatory simulators: making computers partners in the modeling process[J]. Mathematics and Computers in Simulation, 36(2): 91-101.

Furukawa N. 1968. A Markov decision process with non-stationary transition laws[J]. Bulletin of Mathematical Statistics, 13(1/2): 41-52.

Furukawa N. 1980. Characterization of optimal policies in vector-valued Markovian decision processes[J]. Mathematics of Operations Research, 5(2): 271-279.

Gervais S, Heaton J B, Odean T. 2002. The positive role of overconfidence and optimism in investment policy[EB/OL].https://rodneywhitecenter.wharton.upenn.edu/wp-content/uploads/2014/04/0215.pdf[2023-09-04].

Ghorabaee M K, Zavadskas E K, Turskis Z, et al. 2016. A new combinative distance-based assessment (CODAS) method for multi-criteria decision-making[J]. Economic Computation and Economic Cybernetics Studies and Research, 50(3): 25-44.

Gong J H, Xu J P. 2006. The integration of valued outranking relations in ELECTRE methods for ranking problem[J]. World Journal of Modelling and Simulation, 1: 3-14.

Gorelik A. 2019. The Enterprise Big Data Lake: Delivering the Promise of Big Data and Data Science[M]. Sebastopol: O'Reilly Media.

Griffin D, Tversky A. 1992. The weighing of evidence and the determinants of confidence[J]. Cognitive Psychology, 24(3): 411-435.

Guerlain S, Brown D E, Mastrangelo C. 2000. Intelligent decision support systems[C]. Nashville: 2000 IEEE International Conference on Systems, Man and Cybernetics.

Gupta S, Kar A K, Baabdullah A, et al. 2018. Big data with cognitive computing: a review for the future[J]. International Journal of Information Management, 42: 78-89.

Hackathorn R D, Keen P G W. 1981. Organizational strategies for personal computing in decision support systems[J]. MIS Quarterly, 5(3): 21-27.

Haghighi P D, Burstein F, Zaslavsky A, et al. 2013. Development and evaluation of ontology for intelligent decision support in medical emergency management for mass gatherings[J]. Decision Support Systems, 54(2): 1192-1204.

Haimes Y Y. 1971. On a bicriterion formulation of the problems of integrated system identification and system optimization[J]. IEEE Transactions on Systems, Man, and Cybernetics, 1(3): 296-297.

Hamscher W, Kiang M Y, Lang R. 1995. Qualitative reasoning in business, finance, and economics:

introduction[J]. Decision Support Systems, 15(2): 99-103.

Han J, Kamber M. 2006. Data Mining: Concepts and Techniques.[M]. 2nd ed. San Francisco: Morgan Kaufmann Publishers.

Hayes-Roth B, Hayes-Roth F. 1979. A cognitive model of planning[J]. Cognitive Science, 3(4): 275-310.

Heath D R. 2019. Prediction machines: the simple economics of artificial intelligence[J]. Journal of Information Technology Case and Application Research, 21(3/4): 163-166.

Heradio R, Cabrerizo F J, Fernández-Amorós D, et al. 2013. A fuzzy linguistic model to evaluate the quality of Library 2.0 functionalities[J]. International Journal of Information Management, 33(4): 642-654.

Hezam I M, Abdel-Baset M, Smarandache F. 2016. Neutrosophic goal programming[J]. Neutrosophic Sets & Systems, 11: 112-118.

Holland J H. 1992. Adaptation in Natural and Artificial Systems: An Introductory Analysis with Applications to Biology, Control, and Artificial Intelligence[M]. Cambridge: MIT Press.

Holsapple C, Lee-Post A, Pakath R. 2014. A unified foundation for business analytics[J]. Decision Support Systems, 64: 130-141.

Hopfield J J. 1982. Neural networks and physical systems with emergent collective computational abilities[J]. Proceedings of the National Academy of Sciences, 79(8): 2554-2558.

Horton N J, Switzer S S. 2005. Statistical methods in the journal[J]. The New England Journal of Medicine, 353(18): 1977-1979.

Howard R A. 1966. Decision analysis: applied decision theory[M]//Hertz D B, Melese J. Proceedings of the Fourth International Conference on Operational Research. London: John Wiley & Sons.

Hughes D L, Dwivedi Y K, Rana N P. 2017. Mapping IS failure factors on PRINCE2® stages: an application of interpretive ranking process (IRP)[J]. Production Planning & Control, 28(9): 776-790.

Hughes D L, Dwivedi Y K, Rana N P, et al. 2016. Information systems project failure: analysis of causal links using interpretive structural modelling[J]. Production Planning & Control, 27(16): 1313-1333.

Hughes D L, Rana N P, Dwivedi Y K. 2020. Elucidation of IS project success factors: an interpretive structural modelling approach[J]. Annals of Operations Research, 285: 35-66.

Humphrey S J. 2004. Feedback-conditional regret theory and testing regret-aversion in risky choice[J]. Journal of Economic Psychology, 25(6): 839-857.

Hwang C L, Yoon K. 1981. Methods for multiple attribute decision making[M]//Hwang C L, Yoon K. Multiple Attribute Decision Making. Berlin: Springer: 58-191.

Jarrahi M H. 2018. Artificial intelligence and the future of work: human-AI symbiosis in organizational decision making[J]. Business Horizons, 61(4): 577-586.

Javaid M, Khan I H, Vaishya R, et al. 2021. Data analytics applications for COVID-19 pandemic[J]. Current Medicine Research and Practice, 11(2): 105.

Joachims T. 1998. Text categorization with support vector machines: learning with many relevant features[C]. Berlin: European Conference on Machine Learning.

Kahneman D, Tversky A. 2013. Prospect theory: an analysis of decision under risk[M]//Maclean L C, Ziemba W T. Handbook of the Fundamentals of Financial Decision Making: Part I. Singapore: World Scientific Publishing: 99-127.

Kahraman C, Onar S C, Oztaysi B. 2015. Fuzzy multicriteria decision-making: a literature review[J]. International Journal of Computational Intelligence Systems, 8(4): 637-666.

Kanter J M, Veeramachaneni K. 2015. Deep feature synthesis: towards automating data science endeavors[C]. Paris: 2015 IEEE International Conference on Data Science and Advanced Analytics (DSAA).

Kao J H, Chan T C, Lai F P, et al. 2017. Spatial analysis and data mining techniques for identifying risk factors of out-of-hospital cardiac arrest[J]. International Journal of Information Management, 37(1): 1528-1538.

Karaboga D. 2005. An idea based on honey bee swarm for numerical optimization[R]. Kayseri: Erciyes University.

Katoch S, Chauhan S S, Kumar V. 2021. A review on genetic algorithm: past, present, and future[J]. Multimedia Tools and Applications, 80(5): 8091-8126.

Katz G, Shin E C R, Song D. 2016. ExploreKit: automatic feature generation and selection[C]. Barcelona: 2016 IEEE 16th International Conference on Data Mining.

Kay H, Rinner B, Kuipers B. 2000. Semi-quantitative system identification[J]. Artificial Intelligence, 119(1/2): 103-140.

Keeney R L, Raiffa H, Rajala D W. 1979. Decisions with multiple objectives: preferences and value trade-offs[J]. IEEE Transactions on Systems, Man, and Cybernetics, 9(7):403.

Kennedy J, Eberhart R. 1995. Particle swarm optimization[C]. Perth: ICNN'95-International Conference on Neural Networks.

Kiang M Y, Hinkkanen A, Whinston A B. 1995. Reasoning in qualitatively defined systems using interval-based difference equations[J]. IEEE Transactions on Systems, Man, and Cybernetics, 25(7): 1110-1120.

Kilic H S, Yalcin A S. 2021. Comparison of municipalities considering environmental sustainability via neutrosophic DEMATEL based TOPSIS[J]. Socio-Economic Planning Sciences, 75: 100827.

Kilic H S, Zaim S, Delen D. 2014. Development of a hybrid methodology for ERP system selection: the case of Turkish airlines[J]. Decision Support Systems, 66: 82-92.

Kilic H S, Zaim S, Delen D. 2015. Selecting "The Best" ERP system for SMEs using a combination of ANP and PROMETHEE methods[J]. Expert Systems with Applications, 42(5): 2343-2352.

Kim J K, Kim H K, Oh H Y, et al. 2010. A group recommendation system for online communities[J]. International Journal of Information Management, 30(3): 212-219.

Kirwin S J, Dowdell K C, Hindinger C, et al. 2006. Altered neuroantigen-specific cytokine secretion in a Th2 environment reduces experimental autoimmune encephalomyelitis[J]. Journal of Neuroimmunology, 178(1/2): 30-39.

Kolmogorov A N. 1991. Selected Works I: Mathematics and Mechanics[M]. Berlin: Springer Science.

Korhonen P J, Laakso J. 1986. A visual interactive method for solving the multiple criteria problem[J]. European Journal of Operational Research, 24(2): 277-287.

Kuipers B J. 1986. Qualitative simulation[J]. Artificial Intelligence, 29(3): 289-338.

Kunda Z. 1987. Motivated inference: self-serving generation and evaluation of causal theories[J]. Journal of Personality and Social Psychology, 53(4): 636-647.

Langley A. 1999. Strategies for theorizing from process data[J]. Academy of Management Review, 24(4): 691-710.

LeCun Y. 1989. Generalization and network design strategies[C]. Zurich: Connectionism in Perspective.

LeCun Y, Bengio Y. 1998. Convolutional networks for images, speech, and time series[M]//Arbib M A. The Handbook of Brain Theory and Neural Networks. Cambridge: MIT Press: 255-258.

LeCun Y, Bottou L, Bengio Y, et al. 1998. Gradient-based learning applied to document recognition[J]. Proceedings of the IEEE, 86(11): 2278-2324.

Lee R M. 1985. On information system semantics: expert vs. decision support systems[J]. Social Science Information Studies, 5(1): 3-10.

Levy W B, Delic H. 1994. Maximum entropy aggregation of individual opinions[J]. IEEE Transactions on Systems, Man, and Cybernetics, 24(4): 606-613.

Li M. 2009. Combining expert opinions[R]. Montreal: Concordia University.

Liao H C, Wu X L, Liang X D, et al. 2018. A new hesitant fuzzy linguistic ORESTE method for hybrid multicriteria decision making[J]. IEEE Transactions on Fuzzy Systems, 26(6): 3793-3807.

Lin R J. 2013. Using fuzzy DEMATEL to evaluate the green supply chain management practices[J]. Journal of Cleaner Production, 40: 32-39.

Liu J, Song Y I, Lin C Y. 2011. Competition-based user expertise score estimation[C]. Beijing: The 34th international ACM SIGIR Conference on Research and Development in Information Retrieval.

Liu S Q, Oosterlee C W, Bohte S M. 2019. Pricing options and computing implied volatilities using neural networks[J]. Risks, 7(1): 16.

Liu Y, Chan C, Zhao C H, et al. 2018. Unpacking knowledge management practices in China: do institution, national and organizational culture matter?[J]. Journal of knowledge Management, 23(4): 619-643.

Loomes G, Sugden R. 1982. Regret theory: an alternative theory of rational choice under uncertainty[J]. The Economic Journal, 92(368): 805-824.

Loomes G, Sugden R. 1987. Some implications of a more general form of regret theory[J]. Journal of Economic Theory, 41(2): 270-287.

Lu M T, Mooney S P. 1989. Assessing expert system applications: a case study[J]. International Journal of Information Management, 9(4): 267-273.

MacCrimmon K R. 1968. Decisionmaking among multiple-attribute alternatives: a survey and consolidated approach[R]. Santa Monica: Rand Corporation.

Mahajan J. 1992. The overconfidence effect in marketing management predictions[J]. Journal of Marketing Research, 29(3): 329-342.

Marchi S, Manini I, Kistner O, et al. 2020. Serologically-based evaluation of cross-protection antibody responses among different a (H1N1) influenza strains[J]. Vaccines, 8(4): 656.

Mardani A, Nilashi M, Zakuan N, et al. 2017. A systematic review and meta-Analysis of SWARA and WASPAS methods: theory and applications with recent fuzzy developments[J]. Applied Soft Computing, 57: 265-292.

Martinsons M G. 1997. Human resource management applications of knowledge-based systems[J]. International Journal of Information Management, 17(1): 35-53.

Marz N, Warren J. 2015. Big Data: Principles and Best Practices of Scalable Realtime Data Systems[M]. Greenwich: Manning Publications.

Maynard S, Burstein F, Arnott D. 2001. A multi-faceted decision support system evaluation approach[J]. Journal of Decision Systems, 10(3/4): 395-428.

McCulloch W S, Pitts W. 1943. A logical calculus of the ideas immanent in nervous activity[J]. The Bulletin of Mathematical Biophysics, 5: 115-133.

Meeker W Q, Escobar L A, Pascual F G. 2021. Statistical Methods for Reliability Data[M]. 2nd ed. New York: John Wiley & Sons.

Metropolis N, Ulam S. 1949. The Monte Carlo method[J]. Journal of the American Statistical Association, 44(247): 335-341.

Michalski R S. 1983. A theory and methodology of inductive learning[M]//Michalski R S, Carbonell J G, Mitchell T M. Machine Learning. Berlin: Springer: 83-134.

Miettinen K. 1998. Nonlinear Multiobjective Optimization[M]. Berlin: Springer.

Miller S M. 2018. AI: augmentation, more so than automation[J]. Asian Management Insights, 5(1): 1-20.

Miller T. 2019. Explanation in artificial intelligence: insights from the social sciences[J]. Artificial Intelligence, 267: 1-38.

Minsky M. 1961. Steps toward artificial intelligence[J]. Proceedings of the IRE, 49(1): 8-30.

Mitchell T M. 1982. Generalization as search[J]. Artificial Intelligence, 18(2): 203-226.

Mitten L G. 1974. Preference order dynamic programming[J]. Management Science, 21(1): 43-46.

Morris P A. 1977. Combining expert judgments: a Bayesian approach[J]. Management Science, 23(7): 679-693.

Mostow D J. 1983. Machine transformation of advice into a heuristic search procedure[M]//Michalski R S, Carbonell J G, Mitchell T M. Machine Learning. Berlin: Springer: 367-403.

Norman J M. 1983. Discrete and dynamic decision analysis[J]. European Journal of Operational Research, 13:109.

O'Brien C, van Riper III C, Myers D E. 2009. Making reliable decisions in the study of wildlife diseases: using hypothesis tests, statistical power, and observed effects[J]. Journal of Wildlife Diseases, 45(3): 700-712.

Ojeda J M P, Bocanegra S R, Huatangari L Q. 2021. Determination of the compressive strength of concrete using artificial neural network[J]. International Journal of Engineering and Technology Innovation, 11(3): 204-215.

Okwu M O, Tartibu L K. 2021. Metaheuristic Optimization: Nature-Inspired Algorithms Swarm and Computational Intelligence, Theory and Applications[M]. Chan: Springer International Publishing.

Parker D, Stradling S G, Manstead A S R. 1996. Modifying beliefs and attitudes to exceeding the speed limit: an intervention study based on the theory of planned behavior[J]. Journal of Applied Social Psychology, 26(1): 1-19.

Pearson K. 1901. LIII. On lines and planes of closest fit to systems of points in space[J]. The London, Edinburgh, and Dublin Philosophical Magazine and Journal of Science, 2(11): 559-572.

Pejtersen A M. 1984. Design of a computer-aided user-system dialogue based on an analysis of users' search behaviour[J]. Social Science Information Studies, 4(2/3): 167-183.

Phillips-Wren G, Iyer L, Kulkarni U, et al. 2015. Business analytics in the context of big data: a roadmap for research[J]. Communications of the Association for Information Systems, 37: 448-472.

Plumb S. 2017. Artificial intelligence gets real[J]. Automotive Design & Production, 129(5): 56.

Pothos E M, Ward R. 2000. Symmetry, repetition, and figural goodness: an investigation of the weight of evidence theory[J]. Cognition, 75(3): B65-B78.

Qian Y H, Liang J Y, Pedrycz W, et al. 2011. An efficient accelerator for attribute reduction from incomplete data in rough set framework[J]. Pattern Recognition, 44(8): 1658-1670.

Quinlan J R. 1986. Induction of decision trees[J]. Machine Learning, 1(1): 81-106.

Rademacher H. 1973. Topics in Analytic Number Theory[M]. Berlin: Springer Science.

Ragini J R, Anand P M R, Bhaskar V. 2018. Big data analytics for disaster response and recovery through sentiment analysis[J]. International Journal of Information Management, 42: 13-24.

Raiffa H, Schlaifer R. 1961. Applied Statistical Decision Theory[M]. Boston: Harvard University Press.

Rajesh R, Ravi V. 2015. Supplier selection in resilient supply chains: a grey relational analysis approach[J]. Journal of Cleaner Production, 86: 343-359.

Ransbotham S, Kiron D, Gerbert P, et al. 2017. Reshaping business with artificial intelligence: closing the gap between ambition and action[EB/OL]. https://sloanreview.mit.edu/projects/reshaping-business-with-artificial-intelligence/[2023-05-05].

Redman T C. 1998. The impact of poor data quality on the typical enterprise[J]. Communications of the ACM, 41(2): 79-82.

Rekik R, Kallel I, Casillas J, et al. 2018. Assessing web sites quality: a systematic literature review by text and association rules mining[J]. International Journal of Information Management, 38(1): 201-216.

Remenyi D, Williams B. 1995. Some aspects of ethics and research into artificial intelligence[EB/OL]. https://philpapers.org/rec/REMSAO[2023-09-01].

Rezaei J. 2015. Best-worst multi-criteria decision-making method[J]. Omega, 53: 49-57.

Rieger C, Grinberg M. 1977. The declarative representation and procedural simulation of causality in physical mechanisms[C]. Cambridge: The 5th International Joint Conference on Artificial Intelligence.

Ritov I, Baron J. 1990. Reluctance to vaccinate: omission bias and ambiguity[J]. Journal of Behavioral Decision Making, 3(4): 263-277.

Robinson M D, Oshlack A. 2010. A scaling normalization method for differential expression analysis of RNA-seq data[J]. Genome Biology, 11(3): R25.

Rosenblatt F. 1960. Perceptron simulation experiments[J]. Proceedings of the IRE, 48(3): 301-309.

Roubens M. 1982. Preference relations on actions and criteria in multicriteria decision making[J]. European Journal of Operational Research, 10(1): 51-55.

Rumelhart D E, Hinton G E, Williams R J. 1985. Learning internal representations by error propagation[M]//Rumelhart D E, McClelland J L. Explorations in the Microstructure of Cognition. Cambridge: MIT Press: 318-362.

Russo J E, Schoemaker P J H. 1992. Managing overconfidence[J]. Sloan Management Review, 33(2): 7-17.

Saaty T L. 1988. What is the analytic hierarchy process?[M]//Mitra G, Greenberg H J, Lootsma F A, et al. Mathematical Models for Decision Support. Berlin: Springer: 109-121.

Saaty T L. 2004. Fundamentals of the analytic network process: dependence and feedback in decision-making with a single network[J]. Journal of Systems Science and Systems Engineering, 13(2): 129-157.

Sage A P. 1990. Decision making: information processing and organizational models[M]//Sage A P. Information Processing in Systems and Organisations. Oxford: Pergamon Press: 96-103.

Salomon R. 1990. Improved convergence rate of back-propagation with dynamic adaption of the learning rate[C]. Berlin: International Conference on Parallel Problem Solving from Nature.

Samuelson P A. 1938. A note on the pure theory of consumer's behaviour[J]. Economica, 5: 61.

Sandeep V, Gitanjali J. 2011. Trust negotiations using cryptographic approach[J]. International Journal on Computer Science and Engineering, 3(5): 2086-2092.

Seeger T. 1983. Changes in the occupation and profession of information work: the impact of the new communication technologies[J]. Social Science Information Studies, 3(4): 199-208.

Shafer G. 1976. A Mathematical Theory of Evidence[M]. Princeton: Princeton University Press.

Shafer G. 1987. Probability judgment in artificial intelligence and expert systems[J]. Statistical Science, 2(1): 3-16.

Shen Q, Leitch R. 1993. Fuzzy qualitative simulation[J]. IEEE Transactions on Systems, Man, and Cybernetics, 23(4): 1038-1061.

Shi Y, Eberhart R. 1998. A modified particle swarm optimizer[C]. Anchorage: 1998 IEEE International Conference on Evolutionary Computation.

Shukla P K, Deb K. 2007. On finding multiple Pareto-optimal solutions using classical and evolutionary generating methods[J]. European Journal of Operational Research, 181(3): 1630-1652.

Simon H A. 1955. A behavioral model of rational choice[J]. The Quarterly Journal of Economics, 69(1): 99-118.

Simon H A. 1987a. Making management decisions: the role of intuition and emotion[J]. Academy of Management Perspectives, 1(1): 57-64.

Simon H A. 1987b. Two heads are better than one: the collaboration between AI and OR[J]. Interfaces, 17(4): 8-15.

Simonson I. 1992. The influence of anticipating regret and responsibility on purchase decisions[J]. Journal of Consumer Research, 19(1): 105-118.

Skowron A. 1989. The relationship between the rough set theory and evidence theory[J]. Bulletin of Polish Academy of Science: Mathematics, 37(1): 87-90.

Smith M G, Bull L. 2005. Genetic programming with a genetic algorithm for feature construction and selection[J]. Genetic Programming and Evolvable Machines, 6(3): 265-281.

Sobel M J. 1975. Ordinal dynamic programming[J]. Management Science, 21(9): 967-975.

Sprague R H, Jr. 1980. A framework for the development of decisoin support systems[J]. MIS Quarterly, 4(4): 1-26.

Sprague R H, Jr, Watson H J. 1979. Bit by bit: toward decision support systems[J]. California Management Review, 22(1): 60-68.

Sprague R H, Jr, Watson H J. 1993. Decision Support Systems Putting Theory into Practice[M]. 3rd ed. Upper Saddle River: Prentice Hall: 257-310.

Suchanskiy M Y. 1994. Qualitative reasoning on physical systems[J]. Journal of Computer & System Sciences International, 32(1): 58-69.

Sutton R S, Barto A G. 2018. Reinforcement Learning: An Introduction[M]. 2nd ed. Cambridge: MIT Press.

Tereshko V, Loengarov A. 2005. Collective decision making in honey bee foraging dynamics[J]. Computing and Information Systems, 9(3): 1-7.

Thornett A M. 2001. Computer decision support systems in general practice[J]. International Journal of Information Management, 21(1): 39-47.

Timme M, Steinacker J M, Schmeling A. 2017. Age estimation in competitive sports[J]. International Journal of Legal Medicine, 131(1): 225-233.

Tomczyk M K, Kadziński M. 2019. Robust indicator-based algorithm for interactive evolutionary multiple objective optimization[C]. Prague: The Genetic and Evolutionary Computation Conference.

Travé-Massuyès L, Milne R. 1995. Application oriented qualitative reasoning[J]. The Knowledge Engineering Review, 10(2): 181-204.

Ulam S M, von Neumann J. 1947. On combination of stochastic and deterministic processes[J]. Bulletion of the American Mathematical Society, 53: 1120.

Umarusman N. 2018. Solution proposal for supplier selection: problem an application in agricultural machinery sector with global criterion method[J]. Dokuz Eylül Üniversitesi İktisadi ve İdari Bilimler Fakültesi Dergisi, 33: 353-368.

Viktor H L, Cloete I. 1998. Inductive learning with a computational network[J]. Journal of Intelligent and Robotic Systems, 21(2): 131-141.

Vincent P, Larochelle H, Bengio Y, et al. 2008. Extracting and composing robust features with denoising autoencoders[C]. Helsinki: The 25th International Conference on Machine learning.

von Neumann J, Morgenstern O. 1944. Theory of Games and Economic Behavior[M]. Princeton: Princeton University Press.

Voorbraak F. 1991. On the justification of Dempster's rule of combination[J]. Artificial Intelligence, 48(2): 171-197.

Wang S C. 2003. Artificial neural network[M]//Wang S C. Interdisciplinary Computing in Java Programming. Boston: Springe: 81-100.

Wang X, Lu K, Zhang Y, et al. 2021. QSIM: a novel approach to node proximity estimation based on Discrete-time quantum walk[J]. Applied Intelligence, 51(4): 2574-2588.

Watson H J. 2018. Revisiting Ralph Sprague's framework for developing decision support systems[J]. Communications of the Association for Information Systems, 42: 363-385.

Watson H J. 2019. Update tutorial: big data analytics: concepts, technology, and applications[J]. Communications of the Association for Information Systems, 44: 21.

Wilson H J, Daugherty P R. 2018. Collaborative intelligence: humans and AI are joining forces[J]. Harvard Business Review, 96(4): 114-123.

Winston P H. 1970. Learning Structural Descriptions from Examples[M]. Cambirdge: MIT Press.

Wormell I. 1984. Cognitive aspects in natural language and free-text searching[J]. Social Science Information Studies, 4(2/3): 131-141.

Wu S L. 2013. The weighted Condorcet fusion in information retrieval[J]. Information Processing & Management, 49(1): 108-122.

Xu Z S, Xia M M. 2011. Induced generalized intuitionistic fuzzy operators[J]. Knowledge-Based Systems, 24(2): 197-209.

Yager R R. 1987. On the Dempster-Shafer framework and new combination rules[J]. Information Sciences, 41(2): 93-137.

Yager R R, Kacprzyk J, Fedrizzi M. 1994. Advances in the Dempster-Shafer Theory of Evidence[M]. New York: John Wiley & Sons.

Yang F, Ling L Y, Gou Q L, et al. 2009. Olympics performance evaluation and competition strategy based on data envelopment analysis[C]. Wuhan: 2009 International Conference on Computational Intelligence and Software Engineering.

Yang X S. 2008. Nature-Inspired Metaheuristic Algorithms[M]. Beckington: Luniver Press.

Yang X S, Deb S. 2009. Cuckoo search via Lévy flights[C]. Coimbatore: 2009 World Congress on Nature & Biologically Inspired Computing.

Yaqoob I, Hashem I A T, Gani A, et al. 2016. Big data: from beginning to future[J]. International Journal of Information Management, 36(6): 1231-1247.

Yazdani M, Alidoosti A, Zavadskas E K. 2011. Risk analysis of critical infrastructures using fuzzy copras[J]. Economic Research-Ekonomska Istraživanja, 24(4): 27-40.

Yazdani M, Zarate P, Coulibaly A, et al. 2017. A group decision making support system in logistics and supply chain management[J]. Expert Systems with Applications, 88: 376-392.

Ying W C, Pee L G, Jia S L. 2018. Social informatics of intelligent manufacturing ecosystems: a case study of KuteSmart[J]. International Journal of Information Management, 42: 102-105.

Yoon K. 1987. A reconciliation among discrete compromise solutions[J]. Journal of the Operational Research Society, 38(3): 277-286.

Yoon K P, Hwang C L. 1995. Multiple Attribute Decision Making: An Introduction[M]. London: Sage Publications.

Yoon Y, Hastak M, Cho K. 2017. Preference clustering-based mediating group decision-making (PCM-GDM) method for infrastructure asset management[J]. Expert Systems with Applications, 83: 206-214.

Yu K, Zhang T, Gong Y H. 2009. Nonlinear learning using local coordinate coding[C]. Vancouver: The 22nd International Conference on Neural Information Processing Systems.

Zakay D, Tuvia R. 1998. Choice latency times as determinants of post-decisional confidence[J]. Acta Psychologica, 98(1): 103-115.

Zavadskas E K, Antucheviciene J, Razavi Hajiagha S H, et al. 2014. Extension of weighted aggregated sum product assessment with interval-valued intuitionistic fuzzy numbers (WASPAS-IVIF)[J]. Applied Soft Computing, 24: 1013-1021.

Zeelenberg M, Beattie J, van der Pligt J, et al. 1996. Consequences of regret aversion: effects of expected feedback on risky decision making[J]. Organizational Behavior and Human Decision Processes, 65(2): 148-158.

Zeiler M D, Krishnan D, Taylor G W, et al. 2010. Deconvolutional networks[C]. San Francisco: 2010 IEEE Computer Society Conference on Computer Vision and Pattern Recognition.

Zheng L, Yapa P D, Chen F H. 2003. A model for simulating deepwater oil and gas blowouts: part I: theory and model formulation[J]. Journal of Hydraulic Research, 41(4): 339-351.

Zhou D Y, Bousquet O, Lal T N, et al. 2003. Learning with local and global consistency[EB/OL]. https://proceedings.neurips.cc/paper_files/paper/2003/file/87682805257e619d49b8e0dfdc14affa-Paper.pdf [2023-06-01].

Zhou Z H. 2018. A brief introduction to weakly supervised learning[J]. National Science Review, 5(1): 44-53.

Zhu X J, Ghahramani Z, Lafferty J. 2003. Semi-supervised learning using Gaussian fields and harmonic functions[EB/OL]. https://pages.cs.wisc.edu/~jerryzhu/pub/zgl.pdf[2023-06-01].

Złotowski J, Yogeeswaran K, Bartneck C. 2017. Can we control it? Autonomous robots threaten human identity, uniqueness, safety, and resources[J]. International Journal of Human-Computer Studies, 100: 48-54.

Zolfani S H, Saparauskas J. 2014. New application of SWARA method in prioritizing sustainability assessment indicators of energy system[J]. Engineering Economics, 24: 408-414.

Zurada J. 1992. Introduction to Artificial Neural Systems[M]. Paul: West Publishing Company.